主　编　杨守林

副主编　刘佛珍　吴家辉

编　委　董玉邦　戴品鑫　田发娟　陈嘉龙
　　　　裴宗敏　林　崇　闫国苍　畅喜云

ZHONGCAOYAO ZAIPEI JISHU

中草药栽培技术

图书在版编目（CIP）数据

中草药栽培技术 / 杨守林主编. -- 兰州 : 兰州大学出版社，2015.11（2017.5重印）
ISBN 978-7-311-04836-5

Ⅰ. ①中… Ⅱ. ①杨… Ⅲ. ①药用植物－栽培技术－教材 Ⅳ. ①S567

中国版本图书馆CIP数据核字(2015)第273411号

策划编辑 濮丽霞
责任编辑 佟玉梅
封面设计 周晓萍

书　　名 中草药栽培技术
作　　者 杨守林 主编
出版发行 兰州大学出版社 （地址：兰州市天水南路222号 730000）
电　　话 0931-8912613(总编办公室) 0931-8617156(营销中心)
0931-8914298(读者服务部)
网　　址 http://www.onbook.com.cn
电子信箱 press@lzu.edu.cn
印　　刷 兰州人民印刷厂
开　　本 787 mm×1092 mm 1/16
印　　张 7.75(插页2)
字　　数 143千
版　　次 2015年11月第1版
印　　次 2017年5月第2次印刷
书　　号 ISBN 978-7-311-04836-5
定　　价 24.00元

前　言

西北地区，地域辽阔，高寒阴湿，山清水秀，自然环境优良，药用植物资源类型多，分布范围广，是发展中药材种植的一块沃土。甘草、秦艽、大黄、当归、黄芪、党参等中药材已大面积种植，经济、社会、生态效益明显提高。

《中草药栽培技术》的编写，旨在普及中草药栽培技术。通过学习，可以有效地将现代科学技术要素植入农牧业发展之中，以推动具有地域特色的现代农业发展。

由于采集野生中药材存在数量不足，质量难以保证，资源遭到破坏甚至造成物种灭绝，影响可持续发展等问题，所以，只有通过人工驯化种植，才能保证医药加工企业的原料供应。中药材种植要因地制宜（气候、土壤、温度、光照、降水），以市场为导向，及时了解信息，掌握市场动态，不能违背市场经济运行规律盲目地进行种植，要根据生产各环节的技术要素，严格掌握，灵活应用，从而提高农（牧）民种植中药材的质量与效益。

《中草药栽培技术》以中药材无公害栽培为主线，从源头上防止了有害重金属及农药残留超标，确保中药材质量的安全性、稳定性，达到绿色无污染。本书在编写过程中，尽量做到理论结合实际，通俗易懂，可操作性强，以便指导生产实践。本书书名以“中草药”命名，为便于理解和行文方便，书中多使用“中药材”。

由于时间紧迫，学识所限，疏漏之处在所难免，敬请专家、同仁批评指正。

2015年11月

目 录

概　　述

我国历史悠久，幅员辽阔，地形错综复杂，气候条件多种多样。从北部寒冷的黑龙江到南部气候炎热的南海诸岛，从帕米尔高原到东海之滨，从高山到平原，从陆地到江河湖海，优越的自然条件，蕴藏着极为丰富的药用植物资源。我国开发药用植物资源历史悠久，对中华民族的生存繁衍、兴旺发达起到了巨大的促进作用。药用植物资源是我国人民防病治病、康复保健的物质基础，并有很高的实用价值，是祖国医学宝库的重要组成部分。药用植物的开发和应用有明显的社会效益、经济效益和生态效益。

植物是人类生存发展不可缺少的物质基础，人类的衣食住行及医疗保健都离不开植物。凡是治疗、预防疾病和对人体有保健功能的植物统称为药用植物。我国是世界上药用植物种类最多、应用历史最悠久的国家。优越的自然条件使我国各地均有药用植物分布，且种类各具特色。北方地区气候寒冷干燥，分布的种类相对较少，除陕西和新疆超过2000种外，其他省区在600～1500种。南方地区气候温和湿润，华东地区各省分布的种类在1300～2000种，中南地区各省分布的种类在2000～4000种，西南地区属于亚热带、热带气候，分布的种类最多，在3700～4700种。根据我国第3次中药资源普查统计，我国共有药用植物111180种，约占中药资源（药用植物、动物、矿物）总数的90%。

我国人工栽培药用植物约400种，面积500万～600万亩。药用植物进出口量居世界之冠，在药用植物贸易中扮演着生产者、消费者、进口地、出口地和转口地等多种角色。据国家中医药管理局统计，我国平均每年出口中药材接近14.4万t，销往全球130多个国家和地区。据统计，我国中药材收购总量达32万t，销售额在90亿元以上。因此，中药材是我国的一大经济优势，中药材多层次、多领域的综合开发早已被世界所瞩目,被列为联合国卫生组织和国际医药界研究开发的重大课题。据有关专家预言,21世纪初至21世纪中叶,是我国拓展中医贸易市场的黄金时代,也是我国大力发展中药材种植生产的关键时期。21世纪的中药材生产必须走传统技术与现代技术相结合之路,按国际认可的中药材生产质量管理规定实行中药材无公害生产种植,这样才能进入国际医药市场,这也是中国中药材走向世界的必由之路。2002年,国家食品药品监督管理总局颁布了《中药材生产质量管理规范》(简称GAP),这个规范是为确保中药材的质量而定,使生态环境、种植、栽培、采收、加工、包装、运输等环节都要处在严格的控制之下,具有一定的可追溯性。至2013年全国有113家企业建立了生产基地,有当归、三七、丹参、麦冬、人参、板蓝根等近70个品种通过GAP认证,这标志着我国中药材已进入生产规范化、种植规模化、质量标准化、加工现代化、贸易国际化的轨道,逐步达到"真实、稳定、有效、可控"的目的,实现了我国丰富的中药材资源优势的可持续发展。

当前,我国农业和农村经济发展已进入一个新的发展阶段。为了适应新的形势要求,需要对农业和农村经济结构进行战略性调整,开辟农民增收的新途径和新领域。特别是进入21世纪以来,各地政府结合农业生产结构调整,把调整目标定位于药用植物的种植,使全国药用植物栽培基地建设热潮空前高涨,什么药用植物价位高就种什么,以致药用植物栽培比比皆是。在缺乏市场信息和规范化栽培技术指导的情况下,许多地区的药用植物栽培不能按药用植物对气候条件的适应性,合理选择药用植物种类和合理布局,不尊重药用植物栽培"地道性"的原则,盲目引种,在栽培药用植物之前没有对当地的土壤、水质、大气及环境质量进行检测,导致药用植物栽培出现了不规范的局面,结果生产出来的药材重金属、农药残留超标,达不到无公害、无污染、绿色药材的标准。还有的地方,在种植药用植物时,缺少对药用植物的种源鉴定,引的种不是原种药用植物,种植出来的药材不能入药,造成了不应有的损失。这些问题的出现,主要是药用植物栽培技术没有规范化。药用植物规范化栽培就是将药用植物栽培按照国家有关法规的要求,制定出药用植物栽培规范化生产标准操作规程,使药用植物栽培技术系统化、科学化、规范化,生产的中药材达到无公害、无污染、绿色药材的标准。

第一章　中药材生产与环境条件的关系

我国药用植物栽培的品种约400个，遍及全国各地。各类药用植物对自然环境的条件，如海拔、光照、温度、水分、土壤等主要因子的需求往往差异很大。如人参喜冷凉气候，不耐高温，适合在我国北方生长；砂仁喜热气候，不耐寒冷，适合在我国南方生长。因此，本地区适宜种植哪些药材品种，首先应摸清当地的自然环境条件，其次应根据供需情况，科学地、因地制宜地发展中药材生产。

第一节　大气环境

大气环境是药用植物生态环境的重要组成部分，是生物必需的环境因子。空气的成分、含量及空气流动对生物都有重要的生理作用。二氧化碳是植物光合作用的重要原料，大气中二氧化碳浓度的改变会影响高等植物的光合作用效能，从而影响植物的生长量。氧气是植物呼吸作用所必需的，特别是深根植物，不良的通透条件严重损害根系的生理活动。大气中含有二氧化硫、一氧化碳、臭氧、氮氧化物、氟化物、粉尘等主要污染物，根系不同的药用植物对大气污染物敏感程度不同，有些敏感植物可以作为大气污染的指示植物。此外，空气流动形成的风通过风媒、风播等作用直接影响植物的生长，还会改变环境中的温度。温度和二氧化碳浓度间接地影响植物的生长量、生理活动、形态和结构。因此，大气环境对中药材种植是至关重要的，它必须符合国家规定的质量标准（见表1-1）。

表1-1 大气环境质量标准

项 目	标 准		
	日平均*	任意一次**	单 位
二氧化碳	0.05	0.15	mg/m^3
氮氧化物	0.05	0.10	
总悬浮颗粒	0.15	0.30	
氟	7		$\mu g/(dm^2 \cdot d)$

*日平均:任意一日的平均浓度不许超过的限值。

**任意一次:任意一次采样测定不许超过的浓度限值。

第二节 光 照

绿色植物必须在一定的阳光照射下进行光合作用,制造有机物质,积累有效成分,如脂类、蛋白质、核酸、挥发油等。而各类药用植物对光照强度的要求也各不相同,如薄荷、菊花、山药、川芎、丹参、白芍、地黄、防风、元胡等宜种植在向阳的环境,称阳生植物;人参、三七、黄连、黄精、玉竹、细辛等宜种植在阴凉的环境,称阴生植物;贝母、郁金、百合、麦冬、苍术、党参、白术、牛膝等在向阳或稍遮蔽的环境下均能生长,称中生植物。因此,喜光的阳性植物在阳光充足的条件下,才能使枝条生长充实,茎秆粗壮,叶纯肥厚。干物质积累也较多。若光照不足,则茎秆细长,叶片嫩黄,容易倒伏,影响药材的产量和质量。而喜阴的植物,不耐强光直射,人工栽培时必须搭设棚架来调节遮蔽度,才能正常生长发育。

第三节 温 度

药用植物从种子萌发、出芽、生长、发育,直至开花结果,都要求有一定的温度。不同种类的植物对温度的要求也各不相同。如亚热带中药材砂仁,喜高温,生长温度为22~23 ℃;又如吉林人参,性耐寒,在冬季-40 ℃的严寒条件下仍能保持生命力。一般药用植物在温度低于0 ℃时,不能生长,在0 ℃以上时,生长随温度的增高而加快,温度高于35 ℃时,生长逐渐停止,甚至死亡。生长的最适宜温度在20~25 ℃。

第四节 水 分

水分是生命的基础。在植物生理过程中，水是细胞原生质的重要成分，约占植物体总重量的80%～90%。但是水分过多或过少对植物生长发育均不利，严重时可造成植物死亡。

不同种类的药用植物，对水分的要求也各不相同。如甘草、芦荟、景天等有发达根系或茎叶呈叶肉质，只有发达的薄壁组织，能储存大量的水分，称为旱生植物。又如莲藕、芡实、泽泻等因输导组织，根的吸收能力很弱，能在水田或池塘中生长，称为水生植物；而黄连、细辛、秋海棠、蕨类植物等抗旱能力较差，缺水就会影响其生长发育，必须在湿润或阴湿的环境中栽培，称为湿生植物。大多数药用植物宜生长在干湿适中的环境，如白芷、白术、红花、牛膝、地黄、山药、丹参等，称为中生植物；而金鱼藻、水王孙等其根、茎、叶全部都在水下生长，称为沉水植物。因此，在发展中药材生产时，要掌握各类植物对水的适应能力，就是同一类药用植物，在不同的生长发育阶段对水分的需求也不一样。如薏苡在出苗、拔节、抽穗、灌浆期要求有足够的水分，如遇干旱，就会造成严重减产。如需灌溉，必须符合农田灌溉水质量标准（见表1–2）。

表1–2 农田灌溉水质量标准

项 目	标准/mg·L^{-1}
pH值	5.5～8.5
总汞	＜0.001
总镉	＜0.05
总砷	＜0.05（水田），＜0.1（旱田）
总铅	＜0.1
铬（六价）	＜0.1
氯化物	＜250
氟化物	＜2.0（高氟区），＜3.0（一般地区）
氰化物	＜0.5

第五节　土　壤

1.土壤肥力

土壤肥力就是土壤供给作物所需要的养分、水分、空气和热量的能力，这是土壤最基本的特征。每一种中药材对土壤的需求是不同的，如当归喜肥沃，甘草耐瘠薄、喜湿润，地黄要求干燥。若把喜肥的中药材种植在瘠薄的土壤里，植物得不到足够的养分，将会造成大量减产；若把有些耐瘠薄的中药材栽培在过于肥沃的土壤中，不仅不能提高产量，却因水肥充足，植株徒长，使植物的生理状况发生改变，反而影响药用部分的产量和质量；若把喜湿润的中药材种植在干旱的土壤中，则会因缺水而生长不良，甚至枯萎；若把喜干燥的中药材栽培在低洼积水的土壤中，将会使植物的地下部分发生腐烂。因此，在选地时，就要按照中药材的生长特征，选择养分、水分等肥力合适的土壤。

2.土壤质地

土壤质地是指土壤的物理性状，即土壤的黏性、沙性程度。所有土壤都是由许多大小不同的土壤颗粒组成的。土壤颗粒直径小于0.01 mm的称为沙粒。根据土粒大小及组成比例的不同，通常把黏粒占5%～10%，沙粒占90%～95%，干时松散，湿时可捏成表面粗糙的土团，但一触即散的土壤称为沙土。把黏粒占60%～80%，沙粒占20%～40%，干团，将其压成土饼，边缘也很少裂，土条弯曲成小圆圈也不会断的土壤称为黏土。壤土组成比例介于沙土和黏土之间，干时用手摸有面粉感，湿时可捏成团，压成土饼边缘有细裂缝，易搓成条但将土条弯曲成小圆圈时，即有折断的土壤称为壤土。沙土、黏土、壤土又可根据沙、黏性程度分为重壤土、重黏土、中壤土、轻壤土、沙壤土、沙土、粗沙土等。各种中药材对土壤质地的要求也不相同。如麻黄、甘草可在沙土中栽种，瞿麦和沙苑子在黏土中也能正常生长，但大多数中药材均适宜在壤土中栽种，尤其是沙粒占80%左右，黏粒占20%左右，湿时可捻成团而不能搓成条的沙质壤土中。因此，在选地时一定要根据中药材对土壤质地的不同需求，尽可能地选用适宜中药材质地的土壤栽培。

3.土壤酸碱度

土壤酸碱度就是溶解在土壤中的酸性和碱性物质两者存在量的多少来决定的酸碱程度，通常用pH值来表示。值等于7为中性，值大于7为碱性，值小于7为酸性，值大于8.5为强碱性，值小于5.5为强酸性。土壤过酸或过碱对中药材生长都是不利的。如碱土中常含有大量碳酸钠或碳酸氢钠，影响种子发芽或造成死苗。也有一些中药材有喜酸或喜碱的习性，如枸杞、酸枣、甘草喜碱性土壤；当归、厚朴喜微酸性土壤。大多数中药材都适宜栽种在微酸性或微碱性之间的土壤中。

4.土层深度

土层深度是指土壤的深浅程度。每一种中药材，因其根系长短、枝干高矮和药用部分的不同，对土层的深度也有一定的要求。如深根性的黄芪、党参、大黄等必须选择土层深厚的土壤，否则不利根系生长，影响产量。

5.土壤质量

土壤中含有害物质过多，超过了土壤的自净能力，有害物质或其分解物就会在土壤中逐渐积累，通过土壤上面种植的作物吸收，再通过食物链进入人体，达到危害人体健康的程度时称土壤污染。其污染源主要来自工业“三废’，长期大量使用农药、化肥以及空气中的污染物沉降到地面。如磷肥中除五氧化二磷外，含有砷、锑、铅、铬等重金属，农药残留物超标。有些无机氮肥，造成土壤硝酸盐大量积累，在人体内形成亚硝酸盐，导致肠胃、食道疾病的发生。因此，土壤质量是关系到中药材质量的关键所在，在中药材种植区，土壤质量必须符合国家规定标准(见表1-3)。

表1-3　土壤质量标准

项　目	含量限制	
	pH值为6.5～7.5	pH值＞7.5
镉/mg·kg^{-1}	≤0.30	≤0.60
汞/mg·kg^{-1}	≤0.50	≤1.0
砷(水田)/mg·kg^{-1}	≤25	≤20
铬(水田)/mg·kg^{-1}	≤300	≤350
铅/mg·kg^{-1}	≤300	≤350
铜(农田等)/mg·kg^{-1}	≤100	≤100

注：重金属铬(主要为三价)和砷均按元素量计，适用于阳离子交换量＞5 cmol(+)/kg土壤，若≤5 cmol(+)/ kg，其标准为表内数值的半数。

学习与思考

一、名词解释

土壤肥力　土壤质地　土壤酸碱度

二、简答题

1.影响中药材生产的环境条件是什么？

2.根据土粒大小及比例，土壤可分为哪些类型？

第二章　施肥原则和施肥方法

能否合理使用肥料是中药材生产中的重要环节。正确使用肥料必须限定在对环境和作物不会产生不良后果，不使产品中有害物质残留积累而影响人体健康的限度内，并使足够数量的有机物返回土壤之中，以保持和增加土壤有机物的含量及生物活性，从而达到减少污染，保护环境，提高土壤氮、磷、钾和必需的微量元素等营养的供应能力，形成供需平衡的一个良性生态环境。

第一节　中药材生产对肥料的要求

根据国家管理食品生产的有关规定，生产绿色食品是指使用天然生物肥料及限量使用部分化学肥料，有鉴于此，应将相关规定作为中药材生产中肥料使用的标准。允许使用肥料的种类有以下几种。

1.有机肥料

有机肥料又称农家肥料，含有大量生物物质、动植物残体、排泄物、生物废物等积存而成。一般可就地取材积放，就地使用。施用有机肥料不仅能为作物提供全面营养，而且肥效长，可以增加和交换新生土壤有机物，促进微生物繁殖，改善土壤的理化性质和生物活性。有机肥料是中药材生产主要的营养肥料来源。

(1)厩肥：系马、鸡、鸭等畜、禽的粪尿和秸秆垫料堆沤制成的肥料。

(2)泥肥：未污染的河泥、塘泥、沟泥、灌泥、湖泥等。

(3)饼肥：花生饼、菜籽饼、豆饼、棉籽饼等。

(4)秆肥:农作物的秸秆是主要的有机肥源之一。作物秸秆含有相当数量的为农作物所必需的营养元素,在适宜的条件下这些元素通过土壤微生物的作用,经过矿化再回到土壤中,为作物吸收利用。

(5)沼气肥:在密封的沼气池中,有机物在嫌气条件下腐熟分解产生沼气后的副产物,包括沼气液和残渣。

(6)沤肥:沤肥所用物资与堆肥基本相同,只是在深水条件下(嫌气性)进行发酵而成。

(7)绿肥:利用栽培野生的绿色植物体作为肥料。我国绿肥资源丰富,种类繁多。绿肥主要分为豆科和非豆科两大类。豆科有绿豆、蚕豆、草木樨、苜蓿等;非豆科最常用的有禾本科、十字花科、菊科、苋科等。

2. 半有机肥料(有机复合肥)

半有机肥料是由有机和无机物质混合或化合制成的肥料。

(1)经无害化处理后的畜、禽粪便加入适量的锌、锰、硼、钼等微量元素组成的肥料。

(2)发酵废液干燥复合肥料以发酵工业废液干燥物质为原料,配合种植蘑菇或养禽用的废弃混合物制成的肥料。

3. 微生物肥料

微生物肥料指用特定微生物菌种培养生产具有活性的微生物制剂。它是无毒无害、不污染环境,通过特定微生物的生命活动,增加植物的营养,或产生植物生长激素,促进植物生长。根据微生物肥料对改善植物营养元素的不同,可将其分为五类。

(1)复合菌肥料:含有两种以上的有益微生物(固氮菌、磷细菌、硅酸盐细菌或其他一些细菌),它们之间互不拮抗,并能提高作物一种或几种营养元素的供应水平,且含有生理活性物质。

(2)硅酸盐细菌肥料:能对土壤中云母、长石等含钾的硅酸盐及磷灰石进行分解,释放出钾、磷与其他灰分元素,改善作物的营养条件。它有硅酸盐细菌、其他解钾微生物等。

(3)磷细菌肥料:能把土壤中难分解的磷转化为作物可利用的有效磷,改善作物磷素营养。它有磷细菌、解磷真菌、菌根菌等。

(4)根瘤菌肥料:能在豆科植物根上形成根瘤,可同化空气中的氮气,改善豆科植物的氮素营养。它有花生、大豆、绿豆等根瘤菌剂。

(5)固氮菌肥料:能在土壤中跟很多作物根际固定空气中的氮气,为作物提供氮素营养;又能分泌激素刺激作物生长。它有自生固氮菌、联合固氮菌等。

4.腐殖酸类肥料

腐殖酸类肥料是指泥炭(草炭)、褐煤、分化煤等含有腐殖酸类物质的肥料,其结构与土壤腐殖质相似。腐殖酸类物质有一定的刺激作用,能促进作物生长发育,提早成熟,增加产量,改善品质。

5.叶面(根外)肥料

叶面(根外)肥料是喷施于植物叶片被其吸收利用的肥料,亦称根外肥料。叶面(根外)肥料可含有少量天然的植物生长调节剂,不得含有化学合成的植物生长调节剂。

(1)植物生长辅助物质肥料:用天然有机物提取液或接种有益菌类的发酵液,再配加一些腐殖酸、氨基酸、藻类、维生素、糖及其他营养元素制成。

(2)微量元素肥料:以铜、锰、铁、锌、硼、钼等微量元素为支配量的肥料。

6.无机(矿质)肥料

无机(矿质)肥料是矿质经物理或化学工业方式制成,养分是无机盐形式的肥料。它包括矿物钾肥和硫酸钾、矿物磷肥(磷矿粉)、煅烧磷酸盐(钙镁磷复肥、脱氟磷肥),还有石灰石(限在酸性土壤中使用)和粉状硫肥(限在碱性土壤中使用)。

7.其他肥料

其他肥料包括:不含合成添加剂的食品、纺织工业的有机副产品;锯末、刨花、木材废弃物等成分组成的肥料;不含防腐剂的鱼渣、骨粉、牛羊毛废料、骨胶废渣、氨基酸残渣、家禽家畜加工废料、糖厂废料等有机物料制成的肥料。

第二节　中药材对肥料的技术要求

(一)有机肥料

有机肥料一般均含有丰富的有机物和各类养分。它是作物养分的直接来源,可活化土壤中潜在养分和增强土壤生物活性,促进物质转化。它还能改善土壤物化性质,提高土壤肥力。这些作用是化学肥料所不能安全具备的。因此,各地充分利用有机肥源,科学积制、合理施用,既符合加速物质循环、保护环境、创造良好的农业生态系统的要求,又可达到肥沃土壤及生产无公害中药的目的。其技术要求重点有以下几点:

(1)不管采用任何原料(包括人、畜粪尿,秸秆,杂草,泥炭,城市垃圾等)制作堆肥,必须经过50 ℃以上5～7天发酵,以杀灭各种寄生虫卵和病原菌、杂草种子、去除有害有机酸和有害气体，使之达到无害化卫生标准。高温堆肥卫生标准见表2-1 。

表2-1　高温堆肥卫生标准

项　目	卫生标准及要求
堆肥温度	最高堆温为50～55 ℃，持续5～7天
蛔虫卵死亡	95%~100%
粪大肠菌值	10^{-1}～10^{-2}
苍蝇	有效控制苍蝇滋生，堆肥周围没有活的蛆、蛹或新羽化的成蝇

（2）高温堆肥的人粪尿贮存需注意的问题：一是加强保氮措施，避免粪池露天敞开贮存、粪中加草木灰等碱性物质或晒大粪干等不科学的做法。对于暂时没有条件加棚、加盖的粪池，可以加一些干草、落叶、泥炭等吸收性强的物质做覆盖，以减少氨的挥发。二是防止新鲜人粪尿对土壤、水源、作物等的污染。新鲜人粪尿必须经腐熟后才能施用。三是防止硫化氢中毒。人粪尿在长期发酵过程中，会产生大量硫化氢气体，当开盖取出时，大量硫化氢气体对人有毒害作用。为此，在长期密闭的粪池出粪之前，要先用长柄工具伸入池内搅动，待硫化氢大量逸散后再取粪。

堆肥按堆制材料和堆制方法的差异，可分为普通堆肥和高温堆肥两大类。普通堆肥是在较为嫌气条件下腐熟的，高温阶段不明显，腐熟时间较长；高温堆肥是在较为好气条件下腐熟的，由于加入了骡、马粪以接种好热性纤维分解菌，有明显的高温阶段，可以较彻底地消灭有害物质，腐熟速度较快。各种堆肥应符合堆肥腐熟度的鉴别指标（见表2-2）。

表2-2　各种堆肥应符合堆肥腐熟度的鉴别指标

指 标	堆肥性质
颜色气味	堆肥的秸秆变成褐色或黑色，有黑色汁液，有氨臭味，铵态氮含量明显增高（用铵试纸速测）
秸秆硬度	用手握堆肥，湿时柔软，有弹性；干时很脆，容易破碎，有机质失去弹性
堆肥浸出液	取腐熟的堆肥加水搅拌后（肥水比例一般为1∶5～10），放至3～5 min，堆肥浸出液颜色呈浅黄色
堆肥体积	腐熟的堆肥，堆肥的体积比刚堆肥时塌陷1/3～1/2
C/H	一般为20～30∶1（其中五碳糖含量在12%以下）
腐殖化系数	30%左右

新鲜厩肥也必须腐熟后才能使用。腐熟的目的：一方面是通过微生物生活活动促使厩肥矿物化和腐殖质化，提高厩肥的品质；另一方面是消除家畜粪和垫圈材料中的病菌、虫卵和杂草种子，以免危害作物。此外，腐熟厩肥比较松散、均匀，便于田间施用。厩肥堆积的场所应选在厩舍附近干燥而阴凉的地方，离房舍和水源要有一定的距离。厩肥的堆积方法可分为紧密堆积、疏松堆积和疏松紧密堆积三种。

(3)城市生活垃圾经无害化处理除达到堆肥卫生标准和堆肥腐熟化指标外,还必须严格执行城镇垃圾农用控制标准(见表2-3)。

表2-3 城镇垃圾农用控制标准

序 号	项 目	标准限值
1	杂物(%)	<3
2	粒度(mm)	<12
3	蛔虫卵死亡率(%)	95～100
4	大肠菌值	10^{-3}～10^{-2}
5	总镉(以镉计,mg/kg)	<3
6	总汞(以汞计,mg/kg)	<5
7	总铅(以铅计,mg/kg)	<100
8	总铬(以铬计,mg/kg)	<300
9	总砷(以砷计,mg/kg)	<30
10	有机质(以碳计,%)	>10
11	总氮 (以氮计,%)	>0.5
12	总磷(以五氧化二磷计,%)	>0.3
13	总钾(以氯化钾计,%)	>0.1
14	pH值	6.5～8.5
15	水分(%)	25～35

(4)禽、畜类加工肥料。其营养成分:氮≥2.5%,五氧化二磷≥2.5%,氧化钾≥1.5%。禽粪主要是指鸡、鸭、鹅等家禽的排泄物和海鸟粪。禽粪中的氮素以尿酸盐为主,尿酸盐不能被作物直接吸收,而且有害于根系的正常生长;施用新鲜禽粪还能使地下虫害加剧。因此禽粪必须腐熟后施用。禽粪的积存方法:一般是将干细土或碎秸秆均匀铺于禽舍或禽场地面,定时清扫、积存。禽粪养分浓度高,容易腐熟并产生高温,造成氮的挥发损失,可以选择阴凉干燥处堆积存放。施用前加水沤制,或与其他材料混合制成堆肥或厩肥。

在农村普遍利用人粪尿作为堆肥。如将人粪尿或人粪与碎土按一定比例分层堆腐制成大粪土,或按一定比例与作物秸秆、家畜粪尿制高温堆肥。这两种方法一般都用泥浆封堆,同时又有一些细土吸收肥分,所以可保蓄大部分养分。同时,在堆积过程中,微生物分解有机质产生的热量使肥堆内温度上升,可杀死大部分病原体,达到无害化要求。

(5)沤肥和沼气肥是嫌气条件下发酵的产物。沼气发酵卫生标准可用于无害化指标,也可用于三格化粪池处理法和密封贮存处理粪便的卫生评价指标。沼气发酵卫生标准见表2-4。

表2-4　沼气发酵卫生标准

序　号	项　目	卫生标准及要求
1	密封贮存期	30天以上
2	高温沼气发酵温度	53 ℃+2 ℃持续2天
3	寄生虫卵沉降率	90%以上
4	血吸虫卵和钩虫卵	在使用粪液中不得检出活的血吸虫卵和钩虫卵
5	粪大肠菌值	普通沼气是10^{-4}~10^{-2}
6	蚊、蝇	有效地控制蚊、蝇滋生，粪液池的周围无活的蛆、蛹或新羽化的成蝇
7	沼气池残渣	经无害化处理后方可用作农肥

（二）微生物肥料

微生物肥料的生产要求采用严格控制条件下的工业发酵过程，生产工艺必须符合微生物学的要求。生产过程的核心是菌种，菌种对土壤、作物、药材产品和人民健康关系重大，必须认真检查，杜绝一切以植物检疫对象、传染病病源作为菌种生产微生物肥料。

微生物肥料的功用就是通过人工接种的方法，把微生物肥料中大量的有益微生物加入到农作物根际和土壤中。通过它们的活动来提高土壤肥力，刺激作物生长和抑制有害微生物的活动。因此微生物肥料中有效活菌的数量是微生物质量的重要标准之一，须符合农业部质量标准。微生物肥料成品技术指标和成品无害化指标见表2-5和表2-6。

表2-5　微生物肥料成品技术指标

项　目		剂　型		
		液　体	固　体	颗　粒
1.外观		无异臭味液体	黑褐色或褐色粉状、湿润、松散	褐色颗粒
2.有效活菌数				
根瘤菌肥料				
慢生根瘤菌，亿/ml	≥	5	1	1
快生根瘤菌，亿/ml	≥	10	2	1
固氮菌肥料，亿/ml	≥	5	1	1
硅酸盐细菌肥料，亿/ml	≥	10	2	1
磷细菌肥料				
有机磷细菌，亿/ml	≥	5	1	1
无机磷细菌，亿/ml	≥	15	3	2
复合菌肥料，亿/ml	≥	10	2	1

续表2-5

项　目	剂　型		
	液　体	固　体	颗　粒
3.水分,%	—	20～35	<10
4.细度粒径,mm	—	粒径0.18	粒径2.5～4.5
5.有机质（以碳计）,%　≥ （以蛭石等作为吸附剂不在此列）		20	25
6.pH值	5.5～7.0	6.0～7.5	6.0～7.5
7.杂菌数,%　≤	5	15	20
8.有效期	不得低于6个月		

*在产品标明的失效期前有效活菌数应符合指标要求,出厂时产品有效活菌数必须高出本指标30%以上。

表2-6　微生物肥料成品无害化指标

序　号	参　数	单　位	标准限值
1	蛔虫卵死亡率	%	95～100
2	大肠杆菌值		10^{-1}
3	汞及化合物(以汞计)	mg/kg	≤5
4	镉及化合物(以镉计)	mg/kg	≤3
5	铬及化合物(以铬计)	mg/kg	≤70
6	砷及化合物(以砷计)	mg/kg	≤30
7	铅及化合物(以铅计)	mg/kg	≤60

(三)硫酸钾

营养成分,氧化钾≥50%;每1%的氧化钾中含有砷≤40%,氯≤3%,硫酸≤0.5%。

(四)煅烧硫酸盐

营养成分,有效磷≥12%;每1%的五氧化二磷中,含有镉≤0.0015%,砷≤0.004%,锑≤0.04%,铬≤0.1%。

(五)叶面肥料

1.微量元素肥料

营养成分,微量元素(铜、铁、锰、锌、硼)总量≥10%,每1%的成分中,镉≤0.000075%,砷≤0.002%,锑≤0.02%,锡≤0.005%,铬≤0.05%。

2.植物生长辅助物质肥料

含有腐殖酸、藻酸、氨基酸、维生素、糖及其他营养元素的肥料。营养元素中,腐殖酸≥10%,藻酸≥5%,氨基酸≥10%。每含1%成分中,镉、砷、锑、铬的指标同微量元素肥料。

第三节　中药材生产的施肥技术

无公害中药材生产要求药材商品硝酸盐含量不超过标准。目前检测药材商品硝酸盐含量过高，主要原因是氨肥使用量过高，有机肥使用偏少，磷、钾肥搭配不合理而造成的。因此，要使药材商品硝酸盐含量不超过无公害中药材的标准，可通过施肥技术来解决。另外，无公害中药材生产中要求肥料使用必须有足够数量的有机物质返回土壤，以保持或增加土壤肥力及土壤生物活性。无公害中药材生产的肥料使用必须遵循以下准则：

（1）所有有机或无机肥料，尤其是富含氨的肥料，应以对环境和作物（营养、味道、品质和植物抗性）不产生不良后果的方法使用。

（2）尽量选用国家生产绿色食品的肥料使用准则中允许使用的肥料种类，可适当有限地使用部分化学合成肥料，但禁止使用硝态氮肥。

（3）使用肥料时必须与有机肥配合施用。有机氮和无机氮之比以1:1为宜，大约厩肥1000 kg，加尿素20 kg（厩肥作为基肥、尿素可作为基肥和追肥用）。最后一次追肥必须在收获前30天进行。化肥也可与有机肥、微生物肥配合施用。其比例为厩肥1000 kg，加尿素10 kg或磷酸二铵20 kg，再加适宜的微生物肥料。

（4）饼肥对中药材的品质有提升的作用，腐熟的饼肥可适当多用。一般高氮油饼不含有毒物质，作为肥料只需粉碎就能施用。含氮量低的油饼常含有皂素或其他有毒物质，做肥料时需先经发酵，消除毒素。含毒素的油粕有茶籽饼、茶籽饼、柏籽饼、桐籽饼、蓖麻饼等。

（5）腐熟的达到无害化要求的沼气肥水及腐熟的人、畜粪尿可用作追肥。严禁在中药材植株上浇不腐熟的人粪尿。

在无公害中药材生产中，人粪尿必须经贮存、腐熟后才适宜施用。其主要原因是：一是新鲜人粪尿常含有多种寄生虫（卵）、病菌和病毒，是痢疾、伤寒、病毒性肝炎、蛔虫病、钩虫病和血吸虫病等多种疾病的主要传染源，需经过贮存、腐熟后才能施用；二是新鲜人粪尿中的养分大都是有机态的，一般难以被植物吸收利用，也不易被土壤所保蓄；三是新鲜人粪尿所含盐分和养分浓度高，常会使局部土壤溶液浓度过高，从而影响出苗或作物生长。故应施腐熟的人粪尿。至于人粪尿的合理贮存方式，应符合以下要求：能够保蓄肥分，减少氨的挥发和防止肥液渗漏；防止蚊、蝇滋生繁殖，有利环境卫生。

(6)城市生活垃圾在一定的情况下,使用是安全的。但要防止金属、橡胶、砖瓦石块的混入;还要注意垃圾中经常含有重金属等。因此,城市生活垃圾要经过无害化处理,达到标准后才能使用。每年每亩农田限制用量,黏性土壤不超过3000 kg,沙性土壤不超过2000 kg。

(7)绿肥利用形式有覆盖与翻入土中,混合堆沤。栽培绿肥一定要在适宜时期进行翻压,深度要适宜,盖土要严,翻后耙匀。

(8)秸秆还田,有堆沤还田、过腹还田(牛、马、猪等牲畜粪尿)、直接翻压还田、覆盖还田等多种形式。秸秆直翻入土中,要注意和土壤充分混合,不要产生根系架空现象,并加入含氮丰富的人、畜粪尿,调节还田后的碳、氮比为20:1,也可以用一些氮素化肥,调节碳、氮比为20:1。

(9)微生物肥料可用于拌种,也可用于基肥和追加肥使用。使用时应严格按照使用说明书的要求操作。微生物肥料对减少中药材硝酸盐含量,改善中药材品质有明显效果,要积极推广应用。

(10)叶面肥料,喷施于作物叶片,可施用一次或多次,但最后一次必须在收获前20天喷施。

学习与思考

一、简答题

1. 简述中药材种植使用的肥料种类。

2. 有机肥料是中药材种植的首选肥料,使用有机肥料有哪些好处?

3. 生产无公害中药材使用肥料必须遵循的原则是什么?

第三章　中药材生产农药施用技术

随着农业、药业生产的发展，农药的用量越来越大，列为农药剂型的杀虫剂、杀菌剂、杀螨剂、杀线虫剂、除草剂、灭鼠剂、植物生长调节剂等的种类也越来越多。农药是防治中药材病、虫害的重要手段，特别是病、虫害大面积发生流行时，只有农药才能迅速控制其蔓延，起到保护生产的作用。农药已成为中药材生产中不可缺少的组成部分。但农药的大量使用不仅杀死了害虫及病原微生物，也使有效的天敌、有益微生物受到危害，破坏了农业生态系统；同时还造成了中药材产品中农药的过量残留，危害人体健康。因此，掌握农药的使用准则和施用技术极为重要。

第一节　无公害中药材生产对农药的要求

根据国家对绿色食品生产的有关规定，生产绿色食品允许使用生物源农药、矿物源农药及限量使用部分有机合成农药。故可将此作为无公害中药材生产中的使用准则。允许使用的农药种类有以下品种。

（一）生物源农药

生物源农药指直接利用生物活体或生物代谢过程中产生的具有生物活性的物质，或从生物体提取出的物质作为防治病、虫、草害的农药。

1.植物源农药

（1）杀虫剂：鱼藤酮、除虫菊素、茼蒿素、烟碱、植物油乳剂。

（2）杀菌剂：大蒜素。

(3)驱避剂:印楝素、川楝素。

(4)增效剂:芝麻素。

2. 动物源农药

(1)昆虫信息素(或昆虫外激素):如性信息素。

(2)活体制剂:寄生性、捕食性的天敌动物。

3. 微生物源农药

微生物源农药包括农用抗生素和活体微生物农药。

(1)农用抗生素:防治真菌病害的有灭瘟素、春雷霉素、多抗霉素(多氧霉素)、井冈霉素、农抗120等;防治螨类的有浏阳霉素、华光霉素。

(2)活体微生物农药:真菌剂,如绿僵菌、鲁保1号;细菌剂,如苏云金杆菌、乳状芽孢杆菌;拮抗菌剂,如"5406"、菜丰宁B1;线虫,如昆虫病源线虫;原虫,如微孢子原虫;病毒,如核多角体病毒、颗粒体病毒。

(二)矿物源农药

矿物源农药有效成分来源于矿物的无机化合物和石油类农药。

1. 矿物油乳剂

由天然矿物质提取的油乳剂,如低磺酸值机油乳剂、油乳剂、煤油乳膏等。

2. 无机杀螨杀菌剂

(1)铜制剂:硫酸铜、氧氯化铜、氢氧化铜、波尔多液。

(2)硫制剂:硫悬乳剂、可湿性硫黄、石硫合剂。

(三)有机合成农药

有机合成农药由人工研制而成,并由有机化学工业生产的商品化的一类农药,包括杀虫杀螨剂、杀菌剂、除草剂;在中药材无公害栽培生产中可限量使用。

第二节 农药的使用准则

无公害中药材生产中高毒、高残留农药不得使用,检出率应为0,一般允许使用的化学农药,除限定安全使用的农药种类和限时、限量使用外,各国均规定了农药残留极限量,如敌百虫为0.05～0.1 mg/kg,乐果为0.2～2 mg/kg,敌敌畏为0.1～0.2 mg/kg,托布津为0.05～0.08 mg/kg,百菌清为1 mg/kg等。因此,中药材无公害只允许限量使用低毒低残留化学农药,主要采用农业综合防治技术。

无公害中药材生产应从作物病、虫害等整个生态系统出发,综合运用各种防治措施，创造不利于病、虫害滋生和有利于各类天敌繁衍的环境条件，保持农业生态系统的平衡和生物多样化，减少各类病、虫害所造成的损失。例如，优先采用农业措施，通过选用抗病(虫)品种、非化学药剂种子处理、嫁接、培育壮亩、加强栽培管理、中耕除草、秋季深翻晒土、轮作倒茬、间作套作等一系列措施，起到防治病、虫害的作用。此外，还应尽量利用灯光、色彩、声波诱杀害虫，机械捕捉害虫，机械和人工除草等措施，防治病、虫、草害。必须使用农药时，应遵循以下准则。

(一)不限量使用的农药

允许使用植物源农药、动物源农药和微生物源农药。在矿物源农药中允许使用硫制剂、铜制剂。

(二)禁止使用的农药

严格禁止使用剧毒、高毒、高残留或具有“三致”(致癌、致畸、致突变)的农药，中药材生产中禁止使用的化学农药种类见表3-1。

表3-1　中药材生产中禁止使用的化学农药种类

种　类	农药名称	禁用作物、原因
无机砷杀虫剂	砷酸钙、砷酸铅	所有作物、高毒
有机砷杀虫剂	甲基砷酸锌、甲基砷酸铁铵(田安)	所有作物、高残毒
有机锡杀虫剂	薯瘟锡(三苯基醋酸锡)、三苯基氯化锡和毒菌锡	所有作物、高残留
有机汞杀菌剂	氯化乙基汞(西力生)、醋酸苯汞(赛力散)	所有作物、剧毒、高残留
有机氯杀虫剂	滴滴涕、六六六、林丹、艾氏剂、狄氏剂	所有作物、高残留
有机氯杀螨剂	三氯杀螨醇	蔬菜果蔬
有机磷杀虫剂	甲拌磷、乙拌磷、久效磷、对硫磷、甲基对硫磷、甲胺磷、甲基异丙磷、治螟磷、氧乐果、磷铵	所有作物、高毒
有机磷杀菌剂	稻瘟净、异稻瘟净、异嗅米	所有作物
卤代烷类熏蒸杀虫剂	二溴乙烷、二溴氯丙烷	所有作物、致癌、致畸
氟制剂	氟化钙、氟化钠、氟乙酸钠、氟乙酰胺 、氟铝酸钠、氟硅酸钠	所有作物、剧毒 高毒
取代苯类杀虫杀菌剂	五氯硝基苯、稻瘟醇	所有作物、致癌
氨基甲酸酯杀虫剂	克百威、涕灭威、灭多威	所有作物、高毒
二甲基甲脒类杀虫剂	杀虫脒	所有作物、致癌

续表 3-1

种　类	农药名称	禁用作物、原因
螨剂		
拟除虫菊酯类杀虫剂	所有拟除菊酯类杀虫剂	水稻、对鱼毒性大
生长调节剂	有机合成植物生长调节剂	所有作物
二苯酯除草剂	除草醚、草枯醚	所有作物、慢毒性
除草剂	各类除草剂	蔬菜

(三)限量使用的农药

必要时,允许有限度地使用部分有机合成化学农药,并严格按照表3-2中规定的方法使用。

(1)有机合成农药在作物产品中的最终残留量应从严掌握,采用国际上最低残留限值标准或国家标准。

(2)最后一次施药距采收间隔天数不得少于表3-2中规定的日期。

(3)严格控制各类遗传工程微生物制剂的使用。

(4)根据国家生产二级绿色食品农药使用准则,每种有机合成农药在一种药材作物的生长期内只允许使用一次。但基于目前药材生产尚未统一标准,可暂时放宽使用次数。今后应逐步减少使用次数,最终达到国家规定的标准。

表 3-2　农药常用的安全使用标准

农药指标	剂型/%	兑水倍数	最多使用次数	收获前禁用/天
敌百虫	80SP	1000	5	7
敌敌畏	80EC	2000	5	3
乐果	40EC	1000	6	7
氰戊菊酯	20EC	2000	3	5
杀虫畏	20EC	800		3
二嗪农	40EC	1000		10
敌杀死	2.5EC	3000	3	7
氯氰菊酯	10EC	2000	3	3
顺氧氰菊酯	10EC	5000	3	3
百树菊酯	5.7EC	1000		7
功夫	2.5EC	5000	3	7
抗蚜威	50WP	2500	3	7
除虫脲	25WP	1500		
低毒硫磷	50EC	1500		7
杀螟松	50EC	1000		21
氧氯化铜	30F	600		

续表 3-2

农药指标	剂型/%	兑水倍数	最多使用次数	收获前禁用/天
除虫菊酯	10EC	2000		2
Bt乳剂		600		
毒死蜱	40EC	1000	3	7
喹硫磷	25EC	1000	2	24
伏杀磷	35EC	800	2	7
西维因	25SWP	1000		30
巴丹	30SP	2000		21
灭扫利	20EC	2000	3	3
来福灵	5EC	8000	3	3
马扑立克	10EC	1000	3	7
来风灵	10EC	1000	3	11
双甲脒	20EC	1000		30
倍乐霜	25WP	1000		21
尼索朗	5EC	2000		
瑞毒霉	25WP	1000	3	1
杀毒矾	30F	1000	4	3
多菌灵	65WP	400	4	15
琥胶肥酸铜	30F	600		3
代森锌	65WP	600	4	15
托布津	50SL	800		5
代森锰锌	WP	300		15
天王星	2.5EC	8000	3	4
托尔克	50WP	2000	2	7
百菌清	75WP	600		7
粉锈宁	25WP	1000		7
辛硫磷	50EC	1000		5
亚胺硫磷	25EC	800		7
乙酰甲胺磷	25EC	1000	2	7

学习与思考

一、名词解释(参考附录Ⅲ)

生物源农药　有机合成农药

二、论述题

结合实际论述中药材种植中农药的使用准则。

第四章　中药材病、虫害的综合防治

在农业、药业生产中如何保护栽培作物健康生长，或者说怎样防治作物在生长过程中的病、虫害，以使中药材作物茁壮成长，从而达到优质高产的目的，这是栽培生产的主要目的。然而，在栽培过程中，每年因病、虫害造成的损失很大。据联合国粮食及农业组织统计，全世界每年因病、虫害和杂草造成的损失高达总产值的35%，局部严重的地方甚至完全失收。因此，在农业、药业生产过程中，加强作物保护已成为增产丰收的重要措施。

人类在与作物病、虫害的斗争中取得了卓越的经验，化学农药问津以来，已使病、虫害遭到了沉重的打击。但是，随着化学农药的大量使用，病、虫害经过严格的自然筛选，逐步产生并增强了抗药性。据联合国粮食及农业组织统计，1956年具有抗药性的害虫只有26种，到1967年便上升到224种。此后，数量在不断增加。引起植物病害的病原菌，近年有50余种已经产生了抗药性。这种抗药性的增强，已经使很多杀虫剂、杀菌剂在原有杀死浓度下不能发挥作用，使农业、药业生产中的病、虫害又猖獗了起来。另外，化学农药的使用，特别是为对付抗药性的增强而提高施药浓度和施药次数，造成农药对环境的污染，有些农药在植物体内残留，对人、畜有害。这种危害违背了农业生产为人类提供更多、更好的食物的宗旨，现代社会中人类对这种危害愈来愈重视。

为了解决化学农药对环境和农产品的污染，克服其对人、畜安全的威胁，人类不断探索，找到了防治病、虫害的又一途径——生物防治。生物防治，就是人们有目的地利用生物种间、种内的关系，调节有害生物种群密度，以生物群治生物群。这种综合防治是采用各种防治措施协调进行，把有害生物的种群控制在造成经济损失的水准以下；同时不能给人类健康、作物、家畜、家禽、野生生物资源、环境造成危害，使植物生产系统就其经济、社会和环境效益达到最优化。综合防治能够充分利用自然控制因素，如耕作制度、昆虫疾病、种间竞争、寄生物、遗传来控制以及巧施农药等。它要求从农业生产全局和农业生态系统的总体观点出发，以预防为主，经济、安全和有效地保持生产、社会和环境的良好状态。综合防治具体有以下几个方面。

（一）农业防治

所谓农业防治就是利用生产中的各项高产栽培管理技术来控制病、虫害的发生，这是防治病、虫害的基础措施。这类防治措施不需要单独的投资，结合栽培管理措施，既能提高药材的产量、质量，又能控制病、虫害的发生。这类防治措施虽然有时看不到明显的防治效果，但是从长远看这是最根本的防治措施。并不是所有的农业技术措施都有防治病、虫害的作用，有的农业技术措施可能促进病、虫害的发生。当进行药田管理时，应当考虑每种管理措施可能对病、虫害发生的影响。因此，选择合理的耕作制度既能充分利用地力，控制病、虫害的发生，又能提高中药材的产量和质量。

1.轮作

轮作可以防治土壤、病株残体等传播病害，如红花枯萎病、茄子绵疫病、罗汉果根结线虫病等。这类病害以轮作田病轻，连作田病重为主要表现。故轮作可以减轻土传病害的发生，使病害保持在一个较低的水平，无须再进行防治。轮作耕地所以病轻，原因有三：一是药田充分利用地力，生长发育良好，提高抗病能力；二是田间的病原物遇到不适合的寄生而逐渐死亡，因而发病率低；三是由于药材根系的作用，改变了土壤微生物群落，抗生菌活动增强，抑制或减轻了病害的发生。

轮作对土壤传播的危害，如地黄枯萎病、黄萎病、桑叶青枯病、根结线虫病、姜腐烂病、人参根肿病等都有很好的防病效果。对田间病株残体传播的病害，如茄褐纹病、田七根腐病、西洋参炭疽病等也有较好的防病效果。对能在土壤中腐生的病菌，如丝核菌、腐霉菌等防病效果较差。

轮作年限的长短，一般根据病原物在土壤中或田间存活时间的长短来定。如洋地黄、菊花枯萎病田的轮作年限一般为3～4年，川芎菌核病田轮作1年即可。轮作并不能把病害完全清除，只能减轻病害的发生。所以轮作要与其他防治措施配合，才可提高其防病效果。如配合清除田间病残体，及时翻耕土壤，不施带病菌的粪肥等，则轮作的防病效果会更好。

2.整地耕地

深翻土地可以减少在土壤中越冬的病虫。土地整平可以预防田间积水，防止流水传播病害和诱发病害发生。

土地深耕可将地面的病株残体和病虫翻入土中，加逗病株残体分解，能减少越冬病虫。有些病菌翻入土中后不能出土而死亡，有些害虫翻到地面，加速其死亡。深耕还可以改变土壤的理化性状。多施有机肥，不要偏施氮肥，增施磷、钾肥，可以改善土壤肥力，提高药材的抗病能力。施足底肥，巧施追肥，不施带有病的土杂肥。

3.改良土壤

土壤的结构、理化性质、肥力等对病、虫害的发生有一定的影响。如十字花科药材根肿病多发生在偏酸性的土壤中，在偏碱性的土壤中很少发生。蝼蛄多发生在沙质土中，不喜欢黏土。丹参根结线虫病多发生在通气良好的土壤。氮肥偏多的土壤易诱发藿香褐斑病和绵疫病的发生。土壤潮湿易诱发各种中药材疫病；土壤干旱则促使党参病毒病和首乌花叶病发生等。根据病、虫害发生的条件，及时改良土壤，也可减轻病、虫害的发生。

4.选好苗床和土壤消毒

中药材育苗最好选没有种过中药材的地作为苗床，而且土壤要肥沃，便于管理，可以防止土壤和粪肥传播病害。育苗通常不用老苗床育苗，一般选择多年没有种过药材的地方作为苗床，这样可大大减轻苗床病害的发生。如果用老苗床，一定要挖去旧床土，换上没有种过药材的新床土，在无病新床土上播种育苗。苗床要选在地势高，便于排灌的地方。床土要肥沃，粪肥要充分腐熟。播种要均匀，不宜过密。播种或覆土不要太厚，以利出苗，并要做好防寒保温的准备。

用旧床土或药地作为苗床育苗时，一定要换用无病的新土或进行土壤消毒。土壤消毒的药物或用50%甲基异柳磷1份加50%福美双1份混匀；或用50%辛硫磷乳油7份加58%瑞毒锰锌3份混匀；或用50%多菌灵可湿性粉剂。用药8～10 g/cm^2。具体消毒方法是按苗床面积大小称取药量，先用少量细干土与药粉混匀，然后再加10～15 kg细干土，充分混匀，配成药土。播种前苗床要先浇透底水，待水渗下后，用1/3的药土撒在床面，然后播种，播种后再将剩下的药土覆盖在种子上面。此外，也可以用福尔马林消毒。

苗床管理要特别注意控制苗床温湿度，预防苗床病害发生。在苗床管理过程中要注意防止传染病毒，适当蹲苗，提高中药材抗病力，还要注意防治地下害虫。

5.选择抗病高产品种及种子消毒

在中药材生产上种植高产品种是提高中药材产量的重要措施之一，但是有些品种高产不抗病，甚至高度感病，在病区种植这些高感品种，可能导致病害严重发生，造成减产。因此，在选择品种时，一定要注意品种的抗病性，在病区不要种植高感品种。

中药材品种抗病性的强弱区别于品种不同，故抗病强弱也不同。中药材品种分别有免疫品种、高抗品种、抗病品种、耐病品种，还有感病品种、高感品种等。对这些品种的选择标准首先要高产与抗病，因为优良品种能大大提高产量和品质。但是人们还要看到，在品种选择与推广过程中，有些品种抗病，能控制病害的发生流行；有些品种感病，又能导致病害的发生流行。故高产优质抗病的品种是比较理想的品种，但是要育出这样十全十美的品种是很困难的，在育种过程中往往有所得，也有所失。因此，根据每种中药材抗病、虫的能力，产量高低，品质好坏，选择适合在当地种植的高产、优质、抗病品种，这是防治中药材病、虫害的措施之一。

抗病品种在防治病害中虽然是重要措施，但是它不是万能的，不能解决所有的中药材病、虫害问题。要保持品种的抗病性，发挥品种抗病性的作用，就要注意解决以下问题。①鉴于抗病品种不是万能的，也会丧失抗病性，有的抗病性不强，有的抗某种病害而感染另一些病害。因此，要科学利用抗病品种，且要配合其他的防病措施，才能充分发挥品种抗病性的作用。②不要长期种植一个品种，品种要轮换种植和搭配种植。③要发挥品种抗病性的作用。④良种、良法一起推广，即推广抗病品种时要采用相应的优良栽培方法。此外，在做好高产抗病良种选择的同时，还要做好种子检验工作。对从外地引进的药材种子要进行检验，以防止外地危险性病、虫、草引进来。如调进中药块根种薯要注意防止粉痂病、黄化矮缩病、人参金线虫、天麻块茎蛾等的传入；还有十字花科类根肿瘤病、半夏溃疡病、贝母黑腐病等也要注意防止传入。因为许多中药材的病、虫害是通过播种带有病菌的播种材料（种子、种薯等）而传播给下一个生长季节，还可以通过调运带有病菌的种苗而向外传播。因此，选用不带病菌的播种材料播种，是防治作物病害的重要措施之一。常用的种子消毒方法有以下几种：

（1）药液浸种：按一定的浓度配成药液，然后将种子浸入药液中经一定时间后捞出即可。如番茄种子用清水浸泡3～4 min后，再浸入10%磷酸三钠液中浸泡20～30 min，捞出后用清水冲洗干净，即可清除种子所带的病毒。

（2）温汤浸种：如艾子种子在55 ℃温水中浸种10 min即可杀死种子上的褐纹病菌。

（3）药粉或药灰拌种：取一定量的药粉或药灰拌在种子上即可。

（4）药土垫种或盖种：具体方法见土壤消毒。

6. 选择适宜的播种期和播种方式

播种期的早晚对病、虫害的发生有一定的影响。如穿心莲在南方4～5月播种育苗，易发生立枯病、枯萎病和疫病，导致严重减产；若在2～3月初播种，则可避免或减轻这些病害，从而获得高产。红花春播易患炭疽病、枯萎病与菌核病，降低产量，如果实行秋播则可大大减少这些病害的发生；而免疫喷施农药，可减轻污染，获得少投资，高收益。故可以通过调整播种期，实现高产防病。

播种方式不同也会影响中药材的产量和病、虫害的发生。如鸡骨草、金钱草等中药材实行直播可减少根腐病与立枯病的发生；如采取育苗移栽方式则上述病害严重发生，产量减低。

栽培方式不同于中药材的病、虫害发生及产量亦有关系，如板蓝根高畦软腐病轻，平畦软腐病重。再有栽培株行距的配置，过密时田间阴湿，通风透光不好，易发生病害；过稀时产量下降。中药材的种植方式还要注意：多次采收叶、果的中药材高畦栽培，有利于植株伤口愈合，减少软腐病菌的侵染，发生病较轻。菊花高垄栽培，深沟灌水，加大昼夜温差，可以减轻病毒退化病的发生。间作套种的药田在播种时要保留好位置。育苗移栽的药田同样也需要选择既能高产又能控制病、虫害的种植方式。

7.田间管理

田间管理包括许多工作，如间苗定苗、移栽、中耕除草、肥水管理、整枝打顶、搭架绑蔓、打老叶等，这些措施都与病、虫害发生有关系。在操作过程中还可能传播病害，如通过手的接触传染病毒病。

药田栽培管理措施是多方面的，首先要弄清各种栽培管理措施与病、虫害发生的关系，再"对症下药"。如预防西红花病毒病的发生，北方有三水齐苗，五水一苗，降低温度等措施，预防病毒发生。南星魔芋灌水前要先拔除软腐病株，预防流水传病。土壤干旱时及时追肥浇水。薏苡定植后至坐果期连续喷50×10^{-5}～100×10^{-5}增产灵，都可以提高苡仁的抗病力。

及时中耕除草、整枝打顶、搭架绑蔓、去老叶等有利于药田通风透光，降低田间湿度，可减轻病害的发生。田间工作前要先用肥皂水洗手，工作时不要吸烟；操作时先管理健株，后管理病株，可以减少病毒病在田间的传染。及早摘除病叶、病果，拔除病株，搞好田间清洁，可以减少田间早期病菌的数量，推迟病害发生流行的时期。及早铲除田边和田间杂草，如荠菜、瓜蒌、罗汉果等，这些杂草上带有黄瓜花叶病毒，铲除该杂草就可减轻黄瓜花叶病的发生。雨后及时排除积水，可以减轻茄子褐纹病和绵疫病的发生。

在肥水管理方面，生长期要及时追肥浇水，可以减轻病毒病的发生。不要偏施氮肥，适当追施磷、钾肥，可以提高药材的抗病力，减轻危害的发生。田间管理施肥时底肥要施足够的有机肥，培养地力，提高药材的抗逆力。有机肥中往往混有病株残体，施到地里就会传播病菌。因此，有机肥一定要经高温堆肥后再用。药田施用未腐熟的有机肥往往会引起种蝇和地下害虫发生危害。要增施磷、钾肥作底肥，提高中药材的抗病力。

8.收获与贮藏期的防治

中药材收获期的预防措施，重点在收获前要选无病单株留种，以防种子和种株传病。选留抗病品种，淘汰感病品种，适时收获成熟的种子。种子要充分晒干，贮藏期不要受潮发霉和混杂放置，保证种子质量。

中药材收获后许多病株残体遗留田间，故收获后要及时清除遗留田间的病株残体和病根，集中烧掉。如果将其拿来沤粪，一定要进行高温堆肥发酵，以杀死堆肥中的病菌。清除病残体后要及时翻耕土壤,将地面残留的病株残体翻入土中,加速分解,减少越冬病菌的数量。

中药材在贮藏运输期间也会发生多种病、虫害,如不及时防治也会造成很大损失。如党参、人参、天麻、三七以及当归、山药、黄芪等药材在贮藏期都会发生多种病害。解决中药材贮藏期的病害和保质问题的方法有:一是低温贮藏,适当通风换气,抑制病害的发生和水分的散失;二是气调贮藏,抑制药材的呼吸作用和水分散失,也能抑制病害的发生。

(二)生物防治

生物防治广义地说是指利用除人以外的各种生物以防治病虫、害的措施。狭义地说是指以虫治虫、以菌治虫和以菌治病。生物防治是直接或间接的自然控制因素,是病、虫害综合防治的核心。现在生物防治还存在很多问题,没有起到核心的作用,但是从长远看,生物防治在病、虫害综合防治中将越来越重要。生物防治包括以虫治虫、以菌治虫和以菌治病。现将其方法简单地介绍如下。

1. 以虫治虫

以虫治虫是害虫生物防治中较常用的方法之一,它是利用寄生性和捕食性天敌(统称天敌)昆虫来控制与防治害虫,有的已在生产中应用,取得显著效果,如赤眼蜂、瓢虫的利用等。天敌的种类很多,几乎所有的害虫都有自己的天敌。如菜青虫的天敌有凤蝶金小蜂、广赤眼蜂、广大腿蜂、长脚胡蜂、姬猎蝽等,应注意保护利用。瓜蚜的天敌有七星瓢虫、草蛉、食蚜蝇、蚜茧蜂等。温室白粉虱的天敌有丽蚜小蜂、棉铃虫。烟青虫的天敌有赤眼蜂、姬蜂、瓢虫、草蛉等。对于这些天敌生物要加以保护利用。由于天敌的存在,使害虫发展不起来。一旦失去天敌(如农药大量杀伤天敌),害虫就会发展起来。如果人们把害虫完全消灭,天敌也就没有了。人们应当使害虫和天敌之间保持着动态平衡。常用的方法有以下3种。

(1)保护和招引自然天敌:使用不杀伤天敌的农药,如抗蚜威,只杀伤蚜虫,不杀伤天敌。间隔施药,保护天敌。种植诱集天敌植物,以招引天敌,如种植绿肥、蜜源植物以招引赤眼蜂等。

(2)人工释放天敌:在室内人工大量繁殖天敌,然后再释放到药田,以防治害虫。如释放赤眼蜂,以防治危害颠茄和番茄的棉铃虫。

(3)引进天敌:国内引进天敌的成功率一般为1/3左右。我国引进的丽蚜小蜂可以控制保护地内危害药材与蔬菜的白粉虱;也可以采用助迁的方法,将瓢虫迁移到药田防治蚜虫。

2. 以菌治虫

以菌治虫是利用有益的微生物或微生物农药防治药材害虫。寄生虫在害虫上的病原物已发现有2000多种，包括病毒、细菌、真菌。我国已从102种害虫上分离到50多种病毒。在药材与蔬菜上应用的有莱青虫GV颗粒体病毒剂和棉铃虫NPV核型多角体病毒。细菌方面，如“7216”可湿性粉剂（Bt乳剂）可防治30多种药材和蔬菜害虫（如莱青虫、小菜蛾、小地老虎等）。真菌方面，用于防治害虫的真菌有30多种，目前应用较广的是白僵菌和绿僵菌，可用于防治豆荚螟、马铃薯瓢虫、地老虎等。常用的微生物农药有Bt乳剂、白僵菌粉、病毒杀虫剂等，如莱青虫颗粒体病毒制剂（济南-79毒株）1000～1500倍液对莱青虫有良好的杀虫效果，防治莱螟可以用Bt乳剂、青虫菌或杀螟杆菌菌粉，防治棉铃虫可以用棉铃虫病毒杀虫剂、青虫菌粉、杀螟杆菌粉等。

3.以菌治病

以菌治病为中药材病害生物防治中用得较多的一种方法。它是利用有益的微生物或其抗生素防治中药材病害。其中包括利用病毒、细菌、真菌等抗生菌和抗生素来预防病害的发生。具体措施有以下几种。

（1）控制病原物：利用抗生菌、重寄生菌、弱致病菌、抗生素控制病原物。如我国利用抗生素“5406”控制苗期病害；利用重寄生菌（如木霉菌）防治白绢病、纹枯病；利用弱致病菌控制栗疫病；利用放射野杆菌防治癌病；利用抗生素如农药链霉素、农抗120等，控制药材和蔬菜病害。这方面的研究虽然很多，但在生产上用得还很少。

（2）防护侵染点：利用抗生微生物保护病原菌的侵染部位，以阻止病原物的侵染，达到防病目的。利用抗生菌处理播种材料可以防治多种病害。如用增产菌或莱丰宁拌种，既增产又防病。利用抗生素保护根、叶片、花器、果实等都已试验成功，如接种菌根真菌可以减轻根腐蚀病。利用草生欧式杆菌处理白芨块茎可以增强中药白芨的抗冻性。防治药材软腐蚀可以喷洒农用链霉菌、新植霉素，结合灌根，可以提高防治效果；也可以用抗75-1拌种，或配成药土施入播种穴内；还可以用莱丰宁B1播种。以上几种抗生素还可以用来防治十字花科药材的黑腐病。防治黄连白粉病可喷洒农抗120、农抗B0-10。防治苦根枯萎病可以用农抗120灌根。防治西红花病毒可以用弱病疫苗N14和卫星病毒CMV-S52等。

（3）交叉防护和诱导抗性：交叉防护是指微生物作用于病原物，从而减轻病害的发生。诱导抗性是指微生物作用于寄生植物而诱导其产生抗病性，从而减轻病害的发生。这两者不易区分。这是近年来新发展起来的一种生物防治措施。如利用弱病毒株系N14防治太子参和番茄花叶病，已在生产上广泛应用。王守正等用瓜类枯萎病菌弱致病菌株诱导西瓜、黄瓜抗枯萎病都已获得成功，国外诱导瓜类抗炭疽病也获得成功。

利用物理因素预防中药材病虫，就叫物理防治。物理防治包括灯光诱杀、糖醋液诱杀、人工捕杀、性诱剂诱杀、不育剂和激素的使用、高脂膜的使用、嫁接防病、高温杀菌等。如利用蚜虫对黄色的正趋性和对银灰色的负趋性,可以用黄板诱蚜,也可以用银灰色膜避蚜。利用灯光、性诱剂、糖醋液的引诱作用进行诱杀病虫。在中药材上喷高脂膜可以防治白粉病。在板蓝根和丝瓜上喷糖水可以提高这两种中药材对霜毒病的抗性。

(三)药物防治

化学农药防治虽是当前防治病、虫害的重要措施,但在病、虫害综合防治中化学药剂防治仅能是一种补救措施,只是在没有做好病、虫害预防工作时才使用。因为化学农药防治可带来许多有害的作用,如破坏农田生态平衡,诱发某些病、虫害的发生,污染环境,影响人、畜健康,造成作物减产等。应当看到,中药材病、虫害化学防治措施对控制病、虫害的作用很大,但又不可忽视其副作用。现在存在的问题是人们往往只看到病、虫害防治措施能防治病、虫害的一面,而忽视其带来的有害作用,这是十分不利的。如农药有广谱性和特异性之分,使用广谱性农药虽然有杀伤多种病、虫害的好处,但是也会把天敌和有益微生物杀伤,毒害人、畜。如用有机磷农药防治蚜虫,可把蚜虫和蚜虫的天敌都杀死。特异性强的农药虽然防治病、虫害种类少,但是一般不杀伤天敌和有益生物。如抗蚜威农药杀伤蚜虫,不杀伤蚜虫的天敌。这类农药存在的最大问题是连续施用后易促使害虫和病菌产生药性,导致药效较低或失效。据联合国粮农组织报道,已有432种害虫产生了抗药性,还有不少病菌也产生了抗药性。随着抗药性的产生,就要增加农药用量,最后导致农药失效,病、虫害仍然严重发生。再如施用苯并咪唑类农药防治豆类夹腐病,由于杀伤了害虫的天敌,夹腐病虽然轻了,但某些害虫却上升了。除草剂克草猛施用后,使土壤中腐霉菌、疫霉菌所致病害加重。故一般常用的化学药剂都有一定的毒性,只是毒性大小不同。所以使用农药一定要注意安全,包括对人、畜、有益生物和作物的安全。要认真贯彻执行《农药安全使用标准》和《中华人民共和国环境保护法(试行)》。使用农药一定要做到科学使用,包括选择高效、低毒、低残留农药种类和剂型等。为此,对化学农药的使用,特做以下建议。

1.发展高效、低毒、低残留的新农药和无害的农药

这类农药由于残留量低或者是残留而无公害,对人、畜和环境不造成污染。如灭蚜威对菜蚜毒性大,不杀伤天敌。氨基甲酸酯类农药也有这个特点。性诱剂、激素杀虫剂等都不污染环境和药材。许多内吸收杀菌剂,如多菌灵、粉锈宁等表现高效低毒。无公害农药,如植病灵等防治沙参、半夏病毒病效果很好。利用弱病毒、卫星病毒防治颠茄花叶病、黄瓜花叶病已在生产上应用,喷糖水可以提高药材对低糖病害的抗病性。

2.合理使用农药

合理使用农药的目的是既能控制病、虫、草害,又不污染中药材和环境。

(1)选择用药,禁用剧毒农药:在中药材上禁用剧毒农药,选用低毒、低残留农药,规定在中药材采收前停止使用农药的天数等。

(2)改进施药技术,减少用药量:改常量喷雾为低量喷雾,改农药单一使用为混合使用或交替使用,改农药的普遍使用为轮流或间隔使用等。

(3)加强农药的管理,制定农药的残留标准:认真贯彻《农药安全使用标准》《农药安全使用准则》,严格执行农药在大气、水体、土壤和食品中允许的残留量标准。对农药的生产、运输、保管、使用等都要加强管理,认真贯彻执行有关法规的规定。

学习与思考

一、名词解释

生物防治　农业防治

二、简答题

1. 简述使用化学农药的危害。

2. 简述农业防治的具体措施。

3. 简述生物防治的方法。

4. 如何合理使用化学农药进行病、虫害的防治?

第五章　常见中药材栽培技术

第一节　甘　草

甘草为豆科甘草属植物，又名乌拉尔甘草、甜草根、甜根子、甜甘草等，药用其根。能补脾益气、清热解毒、和中缓急、止痛、祛痰止咳、调和药性。用于脾胃虚弱、食少便汤、胃痛、腹泻、胃及十二指肠溃疡、倦怠乏力、心悸气短、咳嗽、支气管炎、咽喉肿痛、痈肿疮毒等症。药理研究表明，甘草含有100多种化学成分，甘草酸对某些药物中毒（如水分氟氯醛、士的宁、巴比妥等）、食物中毒（如河豚等）、体内代谢产物中毒及细菌毒素均有一定解毒能力。因为甘草酸水解后产生的葡萄糖醛酸能与毒物结合起解毒作用。甘草酸也有抗炎和抗过敏作用。甘草酸及甘草次酸有刺激肾上腺皮质激素作用，长期饮用可导致水肿及血压升高。甘草有抗醇及解痉作用。甘草次酸有抗白血病作用。实验表明，甘草对白喉杆菌、金黄色葡萄球菌和结核杆菌有抑制作用，广泛用于啤酒、油墨、农药、印染、香烟配料、饮料、食品、化妆品、国防工业等领域。甘草主产于内蒙古、新疆、甘肃等地，此外辽宁、吉林、黑龙江、河北、青海、宁夏、山西、陕西等地也有大面积种植。

一、植物形态

甘草为多年生直立草本。根和根状茎粗壮，红棕色。枝梢曲折，被白色柔毛和刺毛状腺体。奇数羽状复叶互生，有小叶7～17片，稍疏离，具短柄，小叶倒卵形或阔卵形，长2～5 cm，宽1～3 cm，顶端钝或渐尖，基部近圆形，两面被短柔毛和腺体。夏季开花，总状花序腋生，通常比叶短，密花。花萼钟状，外面被短柔毛和刺毛状腺体；花冠深紫色，蝶形，长1.4～2.5 cm，荚果线形，呈镰刀状或环状弯曲，密生刺毛状腺体。种子每荚6～8粒，暗紫色，圆形或肾形，长约3 mm。花期6～8月，果期7～10月。

二、生物学特性

甘草为耐旱植物，对土壤适应性强，盐碱地、光板地、二潮地等均可种植，属强阳性植物，需充足的光照，长期遮阴会导致植株细弱而死亡。甘草最喜欢钙质土，是钙质土的指示植物。在多雨地或土质较黏的土壤和排水不良的地方不宜种植，易烂根或根短，支根和毛根较多。

三、种植技术

甘草种植可选择土层深厚、疏松、排水良好的河岸沙地、向阳坡地或荒原。前茬作物以小麦、玉米、油菜等为好。要求土壤pH值为8的微碱性土为宜。每亩地施农家肥3000～4000 kg，过磷酸钙50 kg，深翻土壤30～40 cm，整平耙细。栽种苗是上年育的苗，第2年移到大田。栽时用犁开沟，沟深15～25 cm，犁间距25～30 cm，将甘草苗平放在沟内，苗头与苗头的距离为20～25 cm，然后翻土整平。

(一)田间管理

1.间苗

当幼苗长至2～3片真叶时即可间苗。拔除弱苗、病苗，留取壮苗、大苗，当年苗株距在10～15 cm为宜。第2年再次去杂，株距最终为20～25 cm。

2.排、灌水

甘草为旱生植物，但苗期仍需要一定量的水，应保持土壤湿润。如出苗前后久旱无雨水，及时灌水，以避免出苗的幼嫩芽萎蔫，保证大田苗全苗壮。浇地时要浇透，有利于主根向下生长。雨季要注意排水，减少土壤水分，降低地下水位。

3.中耕

甘草苗期生长缓慢，杂草对其生长影响较大，应结合中耕及时去除杂草，当年除草2～3次。植株长大以后，杂草变少，注意人工拔除大草，不宜锄地，以免损伤从根茎前发出的新株。

4.追肥

甘草具根瘤，有固氮作用，一般不追氮肥，以追磷、钾肥为主。在生长期间每亩可追施过磷酸钙30 kg，硫酸钾15 kg。秋末甘草地上部分枯萎后，每亩地可追施农家肥1500～2000 kg，覆盖地面，以增加地温和土壤肥力。

5.加碱

在酸性或中性土壤中,春、秋季节可适当撒一些生石灰,以符合甘草喜碱的生长特性,促进根系的生长。

(二)病、虫害及其防治

1.病害防治

(1)锈病:危害茎叶,形成黄褐色夏孢子堆,后期为黑褐色冬孢子堆,致使叶茎脱落。

防治方法:发病初期用25%粉锈宁可湿性粉剂1000倍液喷雾,7～10天喷1次,连续喷2～3次。

(2)白粉病:发生于潮湿季节或通风不良的环境,后期危害严重,最终致使叶、茎焦枯死亡。

防治方法:用50%甲基托布津可湿性粉剂1000倍液喷雾,7～10天喷1次,连续喷1～2次。

2.虫害防治

(1)甘草种子小蜂:是一种广肩蜂,成虫在成果期的种皮上产卵,幼虫孵化后蛀食种子,并在种子内化蛹,成虫羽化后,咬破种皮逃离出壳,和子被蛀空。

防治方法:在成果期用40%乐果乳油1000倍液喷雾,10～15天喷1次,连喷2～3次。

(2)蚜虫:危害嫩枝、叶、花、果,严重时叶片发黄脱落。

防治方法:用40%乐果乳油1000～1500倍液喷雾,10～15天喷1次,连续喷2～3次。

(3)红蜘蛛:高温干旱时易发生,在叶背吸食汁液,发生初期叶面出现黄白色小点,叶背可见蜘蛛网,后期叶片皱缩,出现红色小点,严重时全叶枯死。

防治方法:用40%乐果乳油2000倍液喷雾,7天喷1次,连续喷2～3次。

四、留种技术

繁殖方法采用种子繁殖和根茎繁殖两种。

(一)种子繁殖

甘草因种皮坚实,不透水,发芽困难,在播种前要进行种子处理。

1.增温复浸法

将种子放入60 ℃的温水中浸泡6～8 h,此时大部分种子吸水饱满,与未吸收水的种子(未浸开的坚实种子)分离成两层,未浸开的种子在下,浸开的种子在上,但不浮于水面,可随倒水将浸开的种子漂出,反复几次直到把浸开的种子全部漂出使用。再将未开的种子放入100 ℃开水中浸10～20 s，捞出，立即放入凉水中，使种皮收到热冷刺激，然后再放入60 ℃温水中浸泡3～5 h，此种子已处理好，与漂出的种子和在一起，用清水漂洗掉黏液，即可用作播种用种。增温复浸法处理的甘草种子发芽率达91.3%，出苗率达90%。

2. 硫酸处理法

取纯净的种子1 kg，用80%的硫酸20～30 mL搅拌均匀，经4～7 h用清水冲洗干净即可，但经过处理的种子必须晒干再用。

3. 碾破种皮法

将甘草种子放入碾盘上，厚3 cm，随碾随翻动种子。碾时要注意甘草种子种皮的变化，当碾至种皮呈黄白色时即可，然后将碾过的种子放入40 ℃的温水中浸泡2～4 h捞出用清水冲洗掉黏液，即可播种，出苗率达85%。

4. 播种

春播在3～4月，秋播在8～9月。条播者，可按行距50 cm开沟，育苗移栽按行距20～25 cm开沟，沟深3 cm，将种子撒入沟内，然后覆土。穴播者，如直播按行株距50 cm×25 cm开穴；育苗移栽按行株距25 cm×20 cm开穴，然后覆土。常用的是起垄播种，垄宽1.2 m，高10～15 cm，垄距30 cm，将垄面整平后撒入种子，用铁网筛将土筛入垄面，土厚1～2 cm，每亩地用种量8～10 kg。

（二）根茎繁殖

甘草地下茎有明显的节，每个节均可形成地上苗和地下根。将较细的地下茎从母株上切断，切成20 cm左右的段，每段上保留1～2个芽，开沟或挖穴栽植，沟穴深30 cm，埋条后不要马上浇水，等苗将出土时再浇水。

五、采收与加工

（一）采收季节

甘草中的主要成分是甘草酸和甘草次酸。甘草酸的含量以春季最高，秋季最低，而夏季正是甘草的生长旺季，甘草酸含量也过低，故不能在夏季采挖。甘草的最佳采收期应在初解冻之后，发芽之前。人工栽培的三年生甘草采挖供药为好。采收时应顺着根系生长的方向深挖，尽量不刨断，不伤根皮，挖出后抖净泥土，不得用水洗，去掉芦头。

（二）初加工方法

将采挖出的甘草按主根、侧根、枝杈分开剪下晾晒，半干时按不同径级捆成小捆，晒至全干，即成甘草成品。

学习与思考

1. 简述甘草的药用价值。
2. 简述甘草田间管理的技术要点。
3. 简述甘草的病、虫害及防治方法。
4. 简述甘草种子的处理。

第二节 大 黄

大黄为蓼科大黄属植物,以其根及根茎供药用,又名将军、香大黄、马蹄黄、南大黄等,其药理作用十分广泛,对人体有多方面的生化作用。大黄的主要成分含蒽醌类衍生物、大黄酸、大黄素、大黄酚、芦荟大黄素、大黄甲醚葡萄糖苷等,具有泻下、泻实热、下积滞、行瘀解毒的功能。主治便秘、湿热黄疸、急性阑尾炎、肠梗阻、痈疖疔疮、化脓性皮肤病、烧烫伤等症。近年来,我国医药学家对大黄的研究有新的突破,发现大黄还能治疗急腹症、上消化道出血、高血脂、细菌和病菌性感染、肝炎、肾功能不全、脉管炎等症,受到国内外医药科学家的关注。大黄是我国传统出口药材,驰名中外。大黄主产于青海、甘肃、四川等地,近年来各地均有引种栽培,尤以西宁大黄体重质结,内色呈槟榔纹朱砂斑点,为同类产品之冠。

一、植物形态

大黄为多年生高大草本,株高1.5～2 m。根状茎及根部肥厚。茎直立,上部分枝,具稀疏的短柔毛。基生叶,具粗壮的长柄,叶片近圆形,掌状形浅裂或深裂,叶基心形,主脉5条,上面无毛,下面被毛;茎生叶较小,柄短,叶鞘筒状,被短毛,圆锥花序,大型,花小,数朵成簇,红紫色或黄白色。瘦果有3棱,棱上有黑褐色的翅。花期6～7月,果期7～8月。

二、生物学特性

大黄喜高寒、湿润、凉爽气候,怕高温。大黄系深根作物,要求土层深厚,富含腐殖质而排水良好,pH值为6.5～7.5的沙壤土。凡土壤黏重或过酸,根茎生长不良,产量不高。若土壤过于疏松或排水不良的低洼地,则多分一枝,品质不好,均不宜栽培,忌连作。

三、种植技术

(一)选地整地

栽培地应选土质疏松、土层深厚、排水良好的壤土或沙壤土。然后深翻土壤30 cm以上,结合整地,每亩施入腐熟农家肥2500～3000 kg,翻入土中作为基肥。然后做畦或不做畦,开好排水沟栽种。

(二)移栽

当年秋季播种的于翌年9～10月秋后移栽,当年春播的于翌年3～4月上旬移栽。以秋季移栽为好,幼苗生长健壮。栽前,选根茎有中指粗的壮苗,剪去主根下部细长的部分以及主根上的侧根。按株间距50 cm×70 cm挖穴,穴深一般20～30 cm,具体根据苗的长短而定。然后覆土压严。秋栽覆土要厚,应高出芽嘴5～7 cm以上,免遭冻害;春栽可适当浅覆土,使苗叶露出地面即可。大黄移栽后的第1年,可在行间种大豆或玉米等作物。

(三)田间管理

1.中耕除草

一般栽后当年(秋栽的于第2年)苗小而株行距大,杂草容易滋生,要每隔两个月左右拔草1次。第2年(秋栽的于第3年)于返青后第1次中耕除草,隔3个月左右再进行1次。第3年(秋栽的于第4年)只在春季中耕除草1次,以后植株高大封行,不再中耕除草。

2.追肥培土

大黄较喜肥,多施肥不但是增产的措施之一,而且还可以提高药材质量。一般每年追肥1～2次。以农家肥为好,每亩地施2000～3000 kg。因大黄需磷、钾较多,每亩地追施过磷酸钙30 kg,硫酸钾15 kg。施肥时,挖开根部四周的泥土,尽量不要伤及根部,将已备的肥料混合撒于沟内,用原土封盖。大黄的根茎在膨大伸长时,会露出地面,因此,在中耕除草追肥时,应把削起的土培于植株根部,形成丘堆,以利根茎的生长。

3.摘花薹

大黄移栽后的3～4年,于每年5～6月抽薹开花,要消耗大量养分,除要留种的植株之外,应全部及时摘掉花薹,使养分集中输送到地下根茎部,这样既能增产,也是提高药材质量的关键。

四、病、虫害及其防治

1.主要病害及防治方法

(1)大黄根腐病:为大黄毁灭性的病害,常在收获的当年7～8月高温多湿季节时发病，连作地更为严重。发病后，根茎初为湿润性不规则的褐色斑点，后迅速扩大，侵入根茎组织内部，并向四周蔓延腐烂，最后使全根变黑。地上的茎叶先从叶柄基部开始出现水浸状棕褐色长形或不规则病斑，后逐渐蔓延扩大，最后全株死亡。

防治方法：实行轮作。宜与马铃薯、豆类、蔬菜等轮作，4～5年后才能复种；及时疏沟排水，降低田间湿度；发现病根及时拔除，烧毁深埋，用5%石灰乳灌病穴；发病时用药材根腐灵800～1000倍液灌根，7～10天灌根1次，连续2～3次；清洁田园，将枯枝残叶和杂草集中烧毁，消灭越冬病源。

（2）大黄霜霉病：4月中、下旬发病，在高温多湿条件下发病严重。患病植株的叶片上出现呈多角形或不规则状病斑，黄绿色、无边缘，叶背面生有灰紫色的霜霉状物，致使叶片枯黄而死。

防治方法：发现病株后，可连土移出深埋，并在穴内撒生石灰消毒；实行轮作，避免造成留在地里的病叶浸染；在发病前或发病时用58%瑞毒霉锰锌600～700倍液，或75%百菌清800倍液，或25%甲霜灵600倍液喷雾，10天喷1次，连喷2～3次。

（3）大黄叶斑病：6月下旬发病，7～8月危害严重。危害叶片，叶部初期出现黄色不规则状斑点，后扩大蔓延，使植株枯萎死亡。

防治方法：收获后彻底清理枯枝残体，集中烧毁；严格实行轮作，不宜重茬；发病初期用50%托布津1000倍液喷雾，10天喷1次，连喷2～3次；发病严重时，喷50%多菌灵500～1000倍液或托布津800倍液，7～10天喷1次，连喷2～3次。

（4）大黄轮纹病：幼苗出土及收获前均能发生。受害叶片出现近圆点形的病斑，红褐色，具有同心轮纹，边缘不明显，出黑褐色小点，严重时使叶片枯死。

防治方法：秋季和早春彻底清除地面残病叶，并集中烧毁；发病期选用50%代森锰锌500倍液，或50%多菌灵500倍液喷雾2次。

2. 主要虫害及防治方法

（1）金龟子：蛴螬的成虫，夏季发生，危害叶片及根茎，造成大片缺苗断垄，严重影响产量和质量。

防治方法：秋冬季节深耕土壤，避免与幼虫嗜食的作物连作或套种；施用的有机肥料要充分腐熟，以防成虫产卵；耕地时顺犁沟人工拣除；用40%乐果乳油1000倍液喷雾或40%乐斯本乳油500 mL拌入细土，顺犁沟施入。

（2）地老虎：常发生在苗期7月下旬至10月上旬，以幼虫咬食叶片为主，8月严重时叶片被食光，只剩下主脉。

防治方法：在傍晚前后喷药防治，可选用2.5%功夫乳油3000倍液或40%氯氰菊酯乳油1000倍液喷雾，10天喷1次，连喷2～3次。

五、留种技术

繁殖方法以种子繁殖为主，亦可子芽繁殖。

(一)种子繁殖，先育苗，后移栽

1. 采种

选生长健壮，无病、虫害感染的3年生优良品种作为母株。5～6月抽薹时在株旁放一支柱，用塑料绳轻轻捆住，避免折断。7月中下旬当大部分种子呈黑褐色时，剪取花梗，置于通风阴凉处使其后熟。数日后收集种子立即播种。如用于翌春播种，则要将种子阴干贮藏。种子自然寿命只有1年，隔年种子发芽率较低。

2. 播种育苗

育苗地应选向阳、排水良好的地块，结合整地施足基肥，每亩地施入腐熟农家肥2000～3000 kg，翻入土中，整平耙细后按1.3 m宽的高畦播种。春播或秋播，秋季种子随采随播为好。秋播于7月中、下旬，在整好的苗地上开沟条播或撒播。沟心距20～25 cm，播幅10 cm，深3～5 cm，然后将种子撒入沟内；撒播是将种子均匀撒在垄面并覆盖细土，以不见种子为度，厚0.8～1.2 cm。每亩地用种量8～10 kg。春播用上年收的种子，播前用20 ℃温水浸种6～8 h，然后用湿布覆盖催芽，翻动数次，保持湿度均匀，达到10%的种子裂口时即可播种。

3. 苗期管理

播后几天就能发芽，发芽后于阴天或傍晚揭去盖草。苗出齐后进行第1次除草。秋后苗枯倒苗后，用草帘覆盖畦面，以利保湿保温。翌春解冻后，当幼苗萌发时及时揭去盖草，进入正常生长时期。一般每亩地育苗可供大田25～30亩地栽种。

(二)子芽繁殖

大黄根茎侧面萌生有芽眼，在收挖大黄时，将生长发育健壮的母株上的芽眼用刀割下，选芽饱满，无病、虫害的大子芽移栽于苗床培育，至翌年秋季即可出圃定植。切割过子芽的母株上的伤口，要用草木灰处理，以防伤口腐烂。

六、采收与加工

(一)采收

春栽3年，秋栽4年要挖。于9～10月，当大黄地上茎叶枯黄时，即可采收。否则地下根茎易腐烂，大黄有效成分明显下降，影响药材质量和产量。收挖时，先割去地上茎叶，挖开植株四周的泥土，小心收根完整挖取，除去泥土，运回加工。

(二)加工

青海种植大黄的人习惯上将大黄根茎挖出后立即趁鲜刮去外表粗皮，不用水洗。

然后，将大个的切成两半，小圆个的削成椭圆形，再晒干或烘干，里外要干透；也可趁鲜切成1 cm的厚片，晒干、阴干或烘干；也可切成两块或数块吊于线绳上，挂在通风的屋檐下，挂100天左右，阴干后即成商品。

学习与思考

1. 简述大黄的药用价值。
2. 简述大黄的种植技术要点。
3. 简述大黄的病、虫害及防治方法。
4. 简述大黄的繁殖方法。

第三节 当 归

当归为伞形科当归属植物，又名秦归、云归、西当归、岷当归等，以根供药用。当归为中医妇科主要药材，主要化学成分有挥发油、香豆素类、黄酮类、皂苷类和生物碱类，具有活血补血，调经止痛，润燥滑肠的功效，主治月经不调，功能性子宫出血，血虚，闭经，痛经，头痛，跌打损伤等病。当归主产于甘肃岷县、漳县、渭源县、宕昌县等地，为甘肃地道药材。此外，云南、四川、贵州、陕西等地也有栽培，尤以甘肃的“岷归”品质最佳，在国内外享有盛誉。

一、植物形态

当归为多年生草本，高50～100 cm。主根肥大、肉质、有香气，略呈圆柱形，表皮黄色或土黄色，断面粉白色呈菊花纹。茎直立稍带紫色。叶互生，茎部扩大呈鞘状，紫褐色。基生叶及茎下部叶为2～3回奇数羽状复叶，边缘缺刻状锯齿或粗锯齿。复伞形花序，顶生，每个小伞形花序具小花12～36朵，白色；双悬果，扁平，有膜翅，长椭圆形，熟时粉白色。花期6～7月，果期8～9月。

二、生物学特性

当归性喜气温凉爽的湿润环境，在海拔2000～3000 m的高山，空气温度较大的自然环境下生长良好。幼苗期喜阴，忌阳光直射，遮蔽度80%～90%为宜；以后逐渐增大透光度。当归对温度要求较严，在低海拔地区引种栽培常因夏季高温的影响而使植株萎蔫枯死，对水分要求比较严，雨水均匀，雨量充沛的地区能获高产，年降水量500～

700 mm最为适宜。但雨水过多，则易生根腐病。土壤以微酸性到中性、土层深厚、疏松肥沃、排水良好的沙质土壤或腐殖质壤土为好。忌连作。当归为低温长日照发育型植物。在整个发育过程中，由营养生长到生殖生长，至少经过两个发育阶段，即春化阶段和光照阶段，也就是说要经过0 ℃左右的低温和12 h以上的长日照。因此，人工栽培要第1年育苗，第2年大田移栽，采收后的根部入药，第3年就抽薹开花、收种；但这个阶段根部木质化、失去药用价值。当归早期抽薹，就是移栽的当年开花结籽，根部木质化不能药用，影响产量的提高，对其机理目前尚未研究解决，但从实践中总结出了一定的经验，首先要推迟育苗时间，苗龄控制在110天以内，苗子的直径应以0.2～0.5 cm为好。

三、种植技术

（一）选地整地

栽种当归宜选海拔2200～2400 m的川区、半山区地段，土层深厚、土质肥沃、疏松湿润的沙质壤土或垆土为宜，低洼积水、高燥干旱、碱性大的土壤地不能栽种。前茬作物以麦类、油菜类为好。豆类作物茬易发生病、虫害，坚决不能种重茬。前茬作物收获后，立即深翻，不耙不磨、让土壤暴晒熟化，封冻前再翻一次，耙平使土壤充分熟化，翌春，每亩地施入农家肥2000～3000 kg，菜籽油饼50 kg（必须腐熟）或硫酸钾10 kg，磷酸二铵20～30 kg作为基肥。栽种前再深耕一遍，耙细磨平，使肥料和土壤混匀。要随翻随栽，不能隔夜，以免土壤水分蒸发，降低肥力。

（二）选苗

栽种前要细心选择种苗，以减少抽薹，缺苗断苗和病、虫害发生。苗子过大，侧根过多的苗易抽薹，抽薹率为80%～100%，苗子根尖有烧苗的（腐烂的）不能用，容易发生根腐病。选苗要以中等大小，顺直匀称，侧根少，直径为0.3～0.5 cm的苗子为好。

（三）栽种时期和方法

栽种时间以4月中旬最为适合。栽种有穴栽（平栽）和地膜覆盖栽两种。穴栽是在整好的地里按株间距30 cm×30 cm打窝，每穴2株栽苗，将苗顺齐，苗距1～1.5 cm，垂直放入穴内，压土稳苗，然后覆土1～2 cm，整平，每亩地保苗7000穴左右。

（四）地膜覆盖

先起垄，拣去石块及杂物整平，以免划破地膜，然后覆膜，膜宽70～90 cm，按株行距25 cm×30 cm栽种。

（五）病、虫害及其防治

1.麻口病

麻口病是一种土壤传播病害，在当归主产区发病率为86%，严重率为30%～

50%。病源为腐烂茎线虫及其他复合病灶，在土壤0～10 cm处线虫密度分布最大。麻口病在当归移栽一直到收获均有危害。其症状是病根表皮呈褐色纵裂，根毛增多并畸形发展，多在归头至归身部位，地上部分无明显变化，内部组织呈海绵状木质化，失去油性，药材质量下降。

防治方法：搞好轮作倒茬，以小麦、油菜、青禾茬为好，豆类作物不宜栽种；对病株要集中烧毁或深埋，消灭病源；深耕土壤，施足肥料，增加植株抗病能力；栽前浸苗，用50%辛硫磷乳油1000倍液浸苗5～10 min，晾干后移栽；用3%辛硫磷颗粒剂5 kg拌细土100 kg，按穴施入，防治效果显著；用线虫杀净或线虫必治效果更佳。

2.根腐病

根腐病是一种真菌性的病害。病源为茄镰刀菌、燕麦镰刀菌、尖孢镰刀菌等，发生于夏、秋高温多雨季节。发病后的根部出现黄褐色不规则的病斑，从苗期到成药期均有危害，使植株全部腐烂。

防治方法：搞好轮作倒茬，以小麦、油菜、青禾茬为好，豆类作物不宜栽种；对病株要集中烧毁或深埋，消灭病源；深耕土壤，施足肥料，增加植株抗病能力；栽前用根腐灵1000倍液浸苗5～10 min，晾干后可移栽；发现病株立即拔除，并在病穴内撒石灰粉消毒。

3.蛴螬

常见当归根部被蛴螬咬食呈凹凸不平的空洞或断根，使植株逐渐枯萎，严重者枯死。

防治方法：封冻时进行翻耕，消灭越冬虫卵及幼虫；用95%敌百虫1000～1500倍液在植株周围浇灌毒杀；结合整地人工捕杀；在栽种前每亩地施3%乐斯本颗粒剂4～5 kg，或用50%辛硫磷乳油拌成毒土撒入地内。

4.地老虎

当归出苗时地老虎咬断地上部叶茎，造成植株死亡。

防治方法：根据地老虎的活动规律，可在下午4时左右叶面喷施敌敌畏或敌百虫1000倍液，每亩地用量30～45 kg，7天喷1次，连喷2～3次即可。

四、留种技术

（一）留种

1.选背阴缓坡，排水良好，周围环境无污染，人、畜不易践踏的地块

植株叶色深绿、无皱折、无斑点、无病害和虫害，栽培密度正常的田块作为留种田。留种田当年不收挖，留在田间越冬。第2年3月下旬返青，重新发出枝叶，5月下旬地上茎开始抽出地面，并迅速伸长，最高达1.5 m，在中央主茎现蕾后，头穗花序开放

前摘去头穗花蕾,促使各分枝均衡发育,使主茎和分枝的顶端形成大型复伞形花序,这样既可缩小种子间的差异,提高种子质量,又可避免形成过劣的种子,使种子发育适中。7月中旬开花,8月下旬果实成熟即可采收。

2.种子的采集

当归种子成熟的标志是果穗下垂,果翅展开,种子饱满,颜色深紫色变为粉白色。为保证种子质量,收种工作必须分批进行,边熟边采,切忌整株整体收取。采种时间一般为晴天上午10时左右,待露水干后进行。果皮颜色由红色变为微褐色的老熟种子,不能作为种用,不可再采收。青绿色带白色的为嫩种子,也不宜采收留种。

3.种子的风干

采集的果穗按10～15枝扎成1把。收回后,悬挂在阴凉通风、干燥、无烟、无污染的地方,经过两个月后充分干燥,即可脱粒。

4.种子脱粒

在11月中旬选择晴天,将风干的果穗取下放在清洁干燥的篷布上晒1～2 h,用手或小木棍轻轻敲打。尽量保持种子完整,并剔除混杂物。

5.种子贮藏

当归种子宜在低温环境下贮藏。种子脱粒后装入布制的带子,每袋2～3 kg,放置在干燥、阴凉、无烟的地方,并要有好的防潮、防虫、防鼠设施。贮藏期超过1年的种子发芽率极低,甚至不发芽,不能作为种用。

(二)育苗

育苗是当归生产中的重要环节。苗子的质量是当归产量的保证。

1.育苗地的选择和整理

育苗地宜选择海拔2400～2600 m的半阴坡生荒地,以排水流畅,土层深厚,土质肥沃,坐南向北或坐西向东的朝阳段为好。在小满后开荒整地。播种前每亩地施磷酸二铵40～50 kg,用锄头深挖1遍,然后耕平做畦,畦宽1 m,畦距30 cm,长度以地形而定。

2.播种

播种期在小满至芒种之间(5月中下旬),多用撒播。播种时种子均匀地撒在畦面上,然后覆土。可用铁筛网将土筛入畦面,厚度0.3～0.5 cm。覆土过厚,则不易透苗;覆土太薄,如遇干旱,种子不易萌生。每亩地播种量5～6 kg。播种过密出苗细弱,移栽后不易透苗;过稀出苗强壮,移栽后虽耐旱、生长旺盛,但容易抽薹。播种后在畦面盖一层约3 cm的禾本科杂草,以保证土壤湿润,防止土壤板结。给幼苗创造隐蔽的生长环境,注意盖草不要太实,应有通风透光的空隙。为了防止盖草被风吹走,可在其上散压一些带土的草块。近几年来,为了防止植被遭到破坏,保持生态平衡,科研人员研究出了一套熟地育苗、设施育苗技术，目前正在逐渐推广应用。

3.苗田管理

(1)松虚盖草：当苗透齐后长出4个叶子时，用小竹棍将盖草挑抖一遍，使盖草不影响幼苗的生长，并保持通风透光的空隙。

(2)除草：一般结合松虚盖草和揭去盖草进行两次除草，除草时要小心仔细，避免伤苗。较小的草常用食指和中指固定地皮，将夹在两指中间的杂草轻轻拔除；较大的草拔出时损坏周围的幼苗，可用剪刀从根处剪掉。以后视杂草的多少，可随时拔除。

(3)揭除盖草：立秋以后幼苗已大，太阳光也不太强烈，可用竹棍将盖草挑掀去，使幼苗迅速生长。

(4)捕捉田鼠：为了防止田鼠损害苗根，可在鼠洞口放置弓箭诱杀或在地的周围喷施杀虫农药。

4.收获与贮存

在寒露前后(9月底到10月初)选晴天进行收获，勿使雨淋，以免引起种苗腐烂。收获时可用锄头将苗挖出，除去残叶病根，掺和原土，苗、土比为1∶1，扎成10～12 cm大小、0.5 kg重左右的小把，运回贮存。种苗运回后，选地势较高、不易进水的阴凉处，挖深1～1.5 m、直径2～3 m的窖。在窖里放一层种苗，上面盖一层生湿土，以此类推，距窖口30 cm即可，然后填土较地面稍突起，呈馒头形；也可选阴凉角落或室内均可，但要防止鼠类进入啃食。

五、采收与加工

当归根供药用，当归采收的季节性很强，根据群众经验和科学数据表明，一定要在霜降后进行。霜降前采收的当归，不仅质量较差，而且产量也不如霜降后收获得高。采收要抓紧时间，要在土地封冻前收完，以免让当归冻结在地里而不易采收，使当归受冻变质。当归运回后，置室内或屋檐下通风干燥的地方堆置，待其水分蒸发变得柔软时进行扎把。将扎把的当归放在木椽和竹子搭的棚上，地上点燃柴草放烟，勿使明火升起。3～4天当归外皮变色，以后火烟应保持恒定，并及时翻棚，使棚上所有当归着色均匀，一般是10天左右即可，然后自然风干即为商品。当归加工规格要求如下。

1.归头

归头为全干纯主根，呈长圆锥形，或掌状，表面黄白或黄褐色，要求去枯干、杂质、粗皮。按大小分成四等：一等，每千克40支以内；二等，每千克80支以内；三等，每千克120支以内；四等，每千克160支以内。

2.全归

全归为干货(水分含量10%~13%),按大小分成五等:一等,每千克40支以内,根梢不细于0.2 cm;二等,每千克70支以内;三等,每千克110支以内;四等,每千克130支以内;五等,也就是不符合以上等级的小当归侧根、归渣等。

3.箱归

箱归因用纸箱包装而得名,主要用于出口,按出口市场要求,每箱净重25 kg,去须全干,身长腿壮。按个头大小分为四等:一等,每千克52支以内;二等,每千克76支以内;三等,每千克114支以内;四等,每千克250支左右。

学习与思考

1.简述当归的药用价值。

2.简述当归种植技术要点。

3.简述当归常见病虫、害及防治方法。

4.简述当归育苗技术要点。

第四节 秦 艽

秦艽为龙胆科龙胆属多年生草本植物,又名牛尾艽,粗茎秦艽。药用秦艽和小秦艽的干燥根有祛风湿、清湿热、止脾痛之功效,主治风湿脾痛、筋脉拘挛、骨节烦痛、小儿疳积和发热。秦艽多为野生,亦有家种,分布于东北、西北、西南等地。

一、植物形态

秦艽为多年生草本植物,植株高20~35 cm,直立或偏状。直根粗壮,圆形,多为独根,或有少数分叉者,微扭曲状,黄色或黄褐色。茎圆形有节,光滑无毛。基生叶腐烂后呈丝状纤维残存基部。叶片披针形,根生叶较大,茎生叶较小,叶基联合异鞘,叶片平滑无毛,叶脉5出。花在茎顶或叶腋间轮状丛生,呈头状聚伞花序,花冠先端5裂,浅黄绿色。蒴果长圆形。种子细小,椭圆形,褐色,有光泽。

二、生物学特性

秦艽系高山药用植物,分布于海拔2400~3500 m,气候冷凉,雨量较多,日照充足的高山地区,多生长在土层深厚、土壤肥沃、富含腐殖质的山坡草丛中。小秦艽喜温和气候，耐寒，耐旱，多生于海拔2000～2800 m山区、丘陵区的坡地、林缘及灌木丛中，以二阴坡生长较佳。秦艽在土层深厚、肥沃的壤土及沙壤上生长较好，忌积水、盐碱地、强光。

三、种植技术

（一）选地整地

选海拔2500 m左右，比较温暖的山地，含有丰富腐殖质的沙壤土或壤土为好。在选好的地上，施1次基肥，每亩地用肥1500～2000 kg，翻犁1次，深度30 cm左右，然后耙细整平，按120～150 cm宽做成畦。

（二）繁殖方法

繁殖方法有种子繁殖和分株繁殖。

1.种子繁殖

播种分春播和秋播，播种前要对种子进行处理，种子与沙的比例为1∶3，埋在室外，经低温进行处理。春播在春季解冻后播种，在整平的畦面上，按行距20～30 cm，开成深3 cm、宽3 cm的浅沟，然后把拌细土的种子均匀地撒在沟内，覆一层薄细土即可。秋播在8～9月播种，当年即能出苗长出两片叶子，可移栽。每亩地用种量0.5～1 kg。

2.分株繁殖

分株繁殖分春、秋两季，春季在未萌动之前，挖出根，分成小簇（生育旺盛植株旁边所生的子株及种根），每簇1～2个芽，按行距20～30 cm、株距10～20 cm栽植，穴深根据根的大小而定。栽根，埋上芽，覆土3 cm左右，压实；土干要浇水，每亩地可栽植1万株。

（三）田间管理

1.间苗定苗

撒播的当苗高4～5 cm时，按株行距20 cm×30 cm间苗，苗高6～8 cm时进行定苗，间苗后要适当浇水施肥。

2.松土除草

每年松土除草3～4次，勿伤幼苗及其茎叶。

3.浇水追肥

结合中耕除草进行追肥，以农家肥为主，每亩地施用人粪尿1500～2000 kg或腐熟油饼每亩地50～100 kg，加水1500 kg。化肥以复合肥为好，一般在植株封垄降雨后或浇水时撒施，每亩地20 kg。开花期间可叶面喷施磷酸二氢钾，每亩地0.3 kg，分多次喷施。

(四)病、虫害及其防治

秦艽主要的病、虫害是叶斑病和蚜虫叶斑病,多在6～7月发生,严重时可致植株枯萎死亡。发现病、虫害时应及时清除病叶,集中烧毁。发病初期用10%代森铵800倍液,喷1～2次。蚜虫虫害以花期最为严重,可利用瓢虫、食蚜蝇等天敌进行生物防治,或在发生期用1000倍乐果液喷洒防治。

四、采收与加工

(一)采收

秦艽生长到第3年以后,大量开花结果。一般在9～10月,种子呈浅黄色时,将果实带部分茎秆收割,置于通风处,后熟。待干后抖出种子,贮于干燥处。

(二)加工

播种后2～3年,即可采收。在9～11月倒苗时,全根挖起,除净茎叶和泥土,晒至半干,堆拔"发汗"1～2天,然后再摊开晒至全干。理顺根条,芦头约留1 cm长。根茎繁殖1年收获。

学习与思考

1.简述秦艽的药用价值。

2.简述秦艽的生物学特征。

3.简述秦艽常见病、虫害及防治方法。

4.简述秦艽的种植技术要点。

第五节 柴 胡

柴胡为伞形科柴胡属植物,又名地熏、山菜、菇草、柴草。柴胡以干燥根入药。野生柴胡主要分布在东北、华北、西北等地。家种柴胡的主要产区在山西、甘肃和内蒙古等地。柴胡味苦、性微寒。主要化学成分为挥发油、柴胡醇、油酸、亚麻酸、棕榈酸、葡萄糖及皂苷等。有解表和里、升阳、疏肝解郁的功能。常用于治疗感冒、上呼吸道感染、寒热往来、胁痛、肝炎、胆道感染、月经不调、子宫脱垂、脱肛等症。

一、植物形态

(一)柴胡

柴胡为多年生草本,植株高45～85 cm。主根圆柱形,分枝或不分枝,质坚硬,黑褐色或淡棕色。茎直立丛生，上部分枝，略呈“之”字形弯曲。叶互生，基生叶倒披针形，基部渐窄成长柄；茎生叶长圆状披针形或倒披针形，无柄；叶长5～12 cm，宽0.5～1.5 cm，先端渐尖呈短芒状，全缘，有5～9条平行脉，背面具粉霜。复伞形花序腋生兼顶生，伞梗4～10个，总苞片1～2片，常脱落；小总苞5～7枚，有3条脉纹。花小，鲜黄色；雄蕊5枚，子房椭圆形，花柱2个。双悬果宽椭圆形，扁平，长2.5～3 mm，分果有5条明显的主棱。花期7～9月，果期8～10月。

(二)狭叶柴胡

狭叶柴胡为多年生草本，高30～60 cm。叶互生，线形或狭线形，长7～17 cm，宽2～6 mm，先端渐尖，具短芒，基部最窄，有5～7条平行脉，具白色骨质边缘。复伞形花序多数，集成疏松圆锥花序；总苞片1～3片，条形；伞幅3～8个；小总苞片5片，狭披针形；花梗6～15支；花黄色。双悬果宽椭圆形。花期7～9月，果期8～10月。

二、生物学特性

(一)生长发育习性

野生柴胡生长于向阳的荒山坡、小灌木丛、丘陵、林缘、林中空地等，表现为较强的耐旱、耐寒特性，常喜较冷凉而湿润的气候，怕高温和水涝，以沙壤土和腐殖土丰富的土壤长势健壮。土壤pH值为5.5～6.5。一年生植株除个别情况外，均不抽薹，只有基生叶，10月中旬逐渐枯萎进入越冬休眠期。第2年全部开花、结种。从开花到种子成熟需要45～55天，成株年生长期需要185～200天。

(二)种子生物学特性

柴胡的种子较小，长2.5～3.5 mm，中心宽度0.7～1.7 mm，厚度仅为1 mm左右，外观性状上的差异较大，表面粗糙，呈黄褐色或褐色，胚较小，包藏在胚乳中。由于生长地区各种因素的不同种子的千粒重差距较大，千粒重一般为1.35～1.85 g。新采收的种子具有胚后熟的生理过程，在阴凉通风处存放1个月后发芽率为50%～60%；若采收种子自然存放半个月转入5 ℃以下低温半个月，发芽率为60%～70%。贮存条件相同的种子，用水浸种子24 h，发芽率可提高10%～15%，发芽适宜温度为15～22 ℃，10～15天开始发芽，低于15 ℃发芽较慢，高于25 ℃则抑制发芽。贮存12个月后发芽率几乎为零，因此在种植时不能使用隔年的种子。

三、种植技术

(一)选地和整地

在没有任何污染源的基础上，种植地选择土质疏松肥沃的沙壤土或腐殖质丰富的土壤，要求地势较平或坡度小于20°以下的地块，种植地还要有较好的排涝性能，附近应具备灌溉使用的水源,黄黏土、强沙土、低洼易涝地、易干旱的大坡度地不宜种植。种植地确定后,将其翻耕,深度25～30 cm,清除石块等杂物,每亩地施750～1000 kg充分腐熟达到无公害化卫生标准的农家肥作为基肥,均匀撒入,拌匀,耙平耙细,做垄、做畦均可。也可将柴胡套种,选用油菜、小麦、青稞等作物,在土壤湿润时期播于行间。

(二)品种

柴胡属植物较多,全世界约有150种,我国约有60种,可供药用的约有20余种。其中大叶柴胡因其毒性较强,目前被禁止使用。我国药典将北柴胡和南柴胡列为正品,有些品种仅限于产地使用,如线叶柴胡、细叶柴胡等。

(三)种植方法

柴胡主要是用种子来繁殖,种子繁殖分为直接播种和育苗移栽两种。播种分为秋播、春播、夏播,在生产中秋播和春播最为常见,而夏播多不宜采用。其原因:一是种子的发芽率降低;二是高温多雨。

1.选种

种子品质的好与劣是影响药材产量与质量的首要因素,因此在种植时必须选好种源。第一,品种要纯正;第二,要有较高的自然发芽率;第三,要有较高的千粒重;第四,种子的净度要达到种植的要求;第五,种植地区要有与种源相似的自然环境、气候等因素。

2.种子处理

当年采收的种子秋播时无须做任何处理,结合整地,当时播种,既经济实用,又有很高的出苗率。春播时将种子用30 ℃的温水浸泡24 h,中间更换1次水,用水浸种还可以除去漂浮的瘪粒、小果柄等杂质,同时也提高了种子的纯净度。若用0.1%的高锰酸钾溶液浸种还可以起到杀菌的作用。

3.播种

秋播应在霜降前播种完,春播宜在3月下旬至4月上旬播种。播种时用耙子将畦面反复耙至成细土,耙平,行距20～25 cm,套种的行距与前作物一致,开沟深度2.5～3 cm,踩平底格。由于柴胡的种子细小,播种时拌入2～3倍量细湿沙(握之成团、松之撒开),可使种子撒得均匀,也不至于密度太大;覆土的厚度1.5～2 cm,稍加镇压。每亩地种子用量1.25～1.50 kg。无论秋播还是春播,播种后若盖上细软的草帘子,除具有保湿的功能外,还能够有效地防止土壤干燥结块,在小苗即将出土前揭去草帘,由初苗到齐苗需要10～15天,播种后到出苗期间要保持土壤湿润,防止因干旱造成根芽干瘪现象的发生,用水必须符合农田灌溉用水的标准,灌溉时间应选择气温较低的清晨进行,小苗出齐后要适当控制水量,避免徒长。实践证明,秋播好于春播。在大多数情况下,柴胡采用套种方式,播种时在前期作物的行间播下柴胡种子,有很高的出苗率。

4.育苗移栽

育苗可分为温室育苗和室外拱棚育苗。温室育苗应在3月上旬进行,室外拱棚育苗应在3月下旬至4月中上旬进行。育苗方法:一是采用育苗盘;二是在地面做畦条播,地面做畦高5～6 cm,畦面宽1～1.2 m。育苗的行距10～15 cm。无论采用温室育苗还是室外育苗,应保持土壤湿润,并且要有适宜的发芽温度,高温时注意通风。育苗移栽的最大优点是小苗比直播苗可提前生长30天左右,但也有其他的缺点(移栽时间集中、费工费时等)。移栽应在小苗长出4～5片真叶或小亩高度在5～6 cm时进行,每穴2～3株,行距20～25 cm,株距10 cm,灌溉,7～10天可正常生长。

5.田间管理

柴胡幼苗生长缓慢,此时各种杂草生长较快,应及时松土除草。由于北柴胡当年植株多数是不抽薹的,只以基生叶为主。以抽薹的为准,当株高5～6 cm时间苗,每穴1株,株距3～4 cm,断苗处要补栽。进入6月份,随着气温的升高,植株生长发育加快,因此,5月下旬施少量氮肥,以促进生长发育的需要,施肥为根部追肥或者叶面喷肥,每亩地根部追肥10～15 kg,喷肥浓度以肥量计算,控制在0.3%～0.5%。7、8月份是植株生长旺盛期,对根部进行少量的培土。此时又是多雨季节,应当注意排水,防止烂根,雨天过后要及时松土,增加土壤的透气性以减少病、虫害的发生率。平时多查看,发现病情及时对症下药,防止蔓延,对虫害也是一样。8月上、下旬再进行两次叶面喷肥,以磷、钾肥为主,如磷酸二氢钾,浓度0.3%～0.5%,因为磷肥有助于营养物质的积累,钾肥能增加植株的抵抗性;或使用1%～2%的磷、钾肥的水溶液根部浇灌,低浓度的叶面喷肥既利于植物的吸收利用,又不易造成土壤碱化。当年抽薹的植株在现蕾期将其割去,以促进根的生长发育。柴胡主要以套种方式栽培,第1年的田间管理根据套种作物确定,套种作物收获后留茬过冬。第2年返青前,顺便撒盖腐熟的过筛厩肥,每亩地750～1000 kg,稍加灌溉。谷雨过后要进行松土除草。这一年是采收年,应加强田间管理。6月下旬、7月中旬再进行以磷、钾肥为主的叶面喷肥,同时要及时打顶,保证根的生长发育和营养物质的积累,以提高收获药材的质量和产量。

6.病、虫害及其防治

病、虫害的防治首先是要做好预防工作,以减少病、虫害的发生率,同时也减少使用农药的次数,平时多观察,做到早发现、早防治。多雨天要及时排水防涝,要掌握各种病、虫害发生的时间及在植株上的表现症状,采取最安全有效的防治方法。

(1)柴胡斑枯病:主要危害叶片,叶片上病斑近圆形或圆形,直径1～3 mm,边缘较深,上面生有黑色小点,即病原菌的分生孢子器。严重发病时,叶上病斑连成一片,导致叶片枯死,影响其生长。病原菌是壳针孢属真菌。

发病规律:病菌以菌丝体和分生孢子器在病株残体上越冬,翌年春,分生孢子借风、雨传播，引起病害的侵染，发病时病斑上形成新的分生孢子器和分生孢子，不断进行再侵染，高湿、高温有利病害流行。7～8月为发病盛期。

防治措施：植株枯萎后进行清田，或烧或深埋，减少病源。合理施肥，灌溉，多雨天做好排水。发病时用40%代森锌1000倍液或50%多菌灵600倍液进行防治2～3次，每次间隔7～10天。还可见到锈病，危害茎叶，要做好清田工作，处理好病残株。发病时用25%的粉锈宁800～1000倍液防治。遇到高温多雨天气时，田间排水不畅易发生根腐病，俗称烂根，要注意及时排水。此外，要轮作，忌连作。

(2)虫害：主要是蚜虫，危害茎梢，常密集成堆吸食内部汁液，施用生物农药杀虫，或者用40%乐果1200～1500倍液喷杀。此外，还有地老虎、蛴螬等害虫咬食根部，可用毒饵诱杀或捕杀。

四、留种技术

培育柴胡良种应从以下两个方面着手。

(一)单独留种

首先要稀植，第1年要加强水肥管理，培育壮苗，以后每年花期要注意水肥的管理，适当增施磷、钾肥，并随时清除病残株。其次要适当疏花，尤其是末花期的花，使根部提供的营养物质供给留种部分发育使用，这样可使籽粒饱满，成熟期也较为一致，从而使获得的种子有较高的千粒重和发芽率。

(二)在单独留种的基础上，选择生命周期旺盛阶段的植株留种

柴胡的生命周期6～8年。2～4年生的植株处于生命周期的旺盛期，所结种子粒大、饱满、生命力强，是留种的最佳选择。株龄越大，尽管籽粒饱满，千粒重和成熟度都较高，但所结种子的抗性相对减弱，发芽率相对低一些，因此，尽可能不留作种源。

以上两者相辅相成，密不可分。此外还可以采取杂交育种、定期更换异地种子等方法进行留种。当有85%的种子由青色转为黄褐色或者褐色时进行收割，人工或机械脱粒，除净各种杂质，稍加晾晒，置于阴凉通风处，待用。

五、采收与加工

(一)采收

柴胡以根入药，种植生长两年即可采收，传统的采收时间是以种子成熟后或地上部分枯萎为准。柴胡的采收可以人工采收或机械采收。采收时选择晴朗的天气，土壤水分适中时拔出柴胡即可。将地上部分割下，根晒干，茎秆趁鲜切成5 cm以下的小段，晒干或阴干，可用于提取其中的有效成分，达到合理利用，节约药源。采收时要挖全根，尽可能避免断根。

（二）加工

挖出的根抖净泥土，剪去芦头和基生叶，然后进行晾晒，晾晒的场所及周边应清洁，无污染源，最好的晾晒场所是在水泥地上直接晾晒，晾晒1～2天，用小木棍进行敲打，使残存的泥土脱净，晒至8成干时用清洁、无毒、无异味的线绳捆扎成小把，每把根头部直径不超过10 cm为宜，再晒至完全干燥为止。另外，采挖的鲜根也可除去残茎叶后用清水进行冲洗，甩干或晾至表面无水分后趁鲜切片，晒干或烘干，烘干时的温度控制在60～70 ℃。外观性状以质地坚实、根长、洁净、无芦头残存者为佳。

学习与思考

1. 简述柴胡的药用价值。
2. 简述柴胡种植技术要点。
3. 简述柴胡常见病、虫害及防治方法。
4. 简述柴胡留种技术。

第六节　川　芎

川芎为伞形科藁本属植物，又名抚芎、小叶川芎等。川芎为四川地道药材，以干燥的根状茎供药用。川芎含阿魏酸、川芎嗪、挥发油、多糖、川芎内酯等有效成分。具有活血行气、祛风止痛、疏肝解郁的功能。主治头痛、胸胁痛、经闭腹痛、风湿痛、跌打损伤等症。川芎主产四川省川西平原的灌县（都江堰市）等地，栽培历史悠久，药材质量最佳，驰名中外。近几年来，江西、湖北、云南、陕西、甘肃、青海等地均有引种栽培。

一、植物形态

川芎为多年生草本，株高30～70 cm。根状茎呈不规则的结节拳状团块，有多数芽眼，外表棕褐色。茎丛生，直立，圆柱形，中空，上部分枝，基部的节膨大成盘状。叶互生，2～3回奇数羽状复叶，柄基部扩大抱茎。小叶3～5对，有柄，羽状深裂；复伞形花序，着生于枝端。花小，白色。双悬果，广卵形。花期6～7月，果期7～8月。

二、生物学特性

川芎喜气候温和、雨量充沛、日照充足而又较湿润的环境。但川芎苓种培育阶段和贮藏期，则要求冷凉的气候条件。栽培土壤要求土质疏松、土层深厚、肥力较高的中性或微酸性壤土，过沙或过黏的土壤以及排水不良的低洼地块，不宜栽种。

三、种植技术

(一)选地整地

栽植地宜选禾本科作物田。收割后翻耕1次，开沟做畦，畦宽1.6 m，沟宽30 cm，沟深25 cm，将表土耙松整细，做成龟背形畦面。

(二)栽种

栽种于立秋前后进行，不得迟于8月底。过早，在高温影响下幼苗容易枯萎；过迟，气温已下降，对根茎生长不利。栽种应选晴天进行，当天栽完为好。栽前，将无芽或芽已损坏的、茎节被虫咬过的、节盘带虫或芽是萌发的苓子，一律剔除，然后按苓子大小分级栽种。栽时，在畦面上横向开浅沟，行距30～40 cm，深3 cm左右，然后按株距17～20 cm将苓子斜放入沟内，芽头向上轻轻按紧，栽入不宜过深或过浅。同时，还要在行与行之间的两头各栽苓子2个。每隔10行的行间再栽1行苓子，以作为补苗之用。栽后，用细土或石灰混合堆肥覆盖苓子的节盘。最后，在畦面上盖上杂草，以避免阳光直射和雨水冲刷。每亩地用苓子30～40 kg。

(三)田间管理

1. 中耕除草

一般进行3次：第1次在8月下旬齐苗后，浅锄1次；间隔20天后进行第2次中耕除草，宜浅松土，切勿伤根；再隔20天进行第3次除草，此时正值地下根茎发育盛期，只拔除杂草，不宜中耕。

2. 施肥

川芎栽种后的当年和第2年，当地上茎叶生长旺盛，形成一定的营养面积，制造大量的干物质时，才能将养分输送到地下根茎，促其生长发育健壮。因此，在栽后的2个月内需集中追肥2次，可结合中耕除草进行。第1次每亩地施用农家肥1000～1500 kg、腐熟饼肥25～50 kg，混合均匀穴施；第2次每亩地用农家肥1500～2000 kg、腐熟饼肥30～50 kg，还可以用饼肥、堆肥、土粪等500 kg混合成干肥，于植株旁穴施，施后覆土盖肥。时间在霜降以前为宜，过迟，有机肥不易分解，肥效不高。翌年3月下旬返青后，再增施1次农家肥，以促进生长发育，可提高产量。

(四)病、虫害及其防治

1. 主要病害及防治方法

(1)叶枯病：多在5～7月发生。发病时，叶部产生褐色、不规则的斑点，随后蔓延至全叶，致使全株叶片枯死。

防治方法：发病初期喷50%多菌灵600～800倍液防治。10天喷1次，连喷3～

4次。

(2)白粉病:6月下旬开始至7月高温高湿时发病严重,先从病叶发病,叶片和茎秆上出现灰白色的白粉,后逐渐向上蔓延,后期病部出现黑色小点,严重时使茎叶变黄枯死。

防治方法:收获后清理田园,将残株病叶集中烧毁;发病初期,用25%粉锈宁1500倍液,或50%托布津1000倍液喷雾,10天喷1次,连喷2～3次。

(3)根茎腐烂病:在生长期和收获时发生,发病根茎内部腐烂成黄褐色,呈水浸状,有特殊的臭味,呈软腐状。生长期受害后,地上部分叶片逐渐变黄脱落。

防治方法:发病后立即拔除病株,集中烧毁,以防蔓延;注意排水,尤其是雨季,雨水过多,排水不良,发病严重;在收获和选种时,剔除有病的"抚芎"和已腐烂的"苓子"。发病初期用2%的农抗120粉剂150～200倍液灌根。

2.主要虫害及防治方法

(1)川芎茎节蛾:以幼虫蛀入茎秆,咬食节盘,危害苓子,使其不能留作种用。严重时多半无收。

防治方法:在育苓和苓子贮藏期,喷80%的敌百虫1000～1500倍液防治;栽种前,用40%乐果1000倍液,浸苓子3 h后下种。

(2)蛴螬:发现时按常规防治,尤其是在9～10月当幼苗生长盛期时及时防治。

四、留种技术

繁殖方法采用无性繁殖。川芎繁殖材料为地上茎节,俗称"苓子"或"芎苓子"。

1.选地整地

选择气候阴凉的高山阳山,或低山半阴半阳山的生荒地或2～3年的休闲地。栽前,除净杂草,挖松土壤30 cm,做成宽1.5 m的畦。

2.繁殖苓子

9月下旬至翌年4月上旬,将川芎挖起,除去须根和泥土称"抚芎"。然后运到海拔较高的地区培育"苓子"。清明前,整平耙细畦面,抚芎按大、中、小分级栽种。行株距分别按30 cm×30 cm、25 cm×25 cm、20 cm×20 cm挖穴,穴深6～7 cm,每穴大的抚芎栽1个,小的栽2个,芽口向上栽稳压实,然后施堆肥或水肥,覆土填平穴面。

3.抚育管理

5月上旬出苗,齐苗后进行1次中耕除草,并结合进行疏苗。疏苗时先扒开土壤,露出根茎顶端,选留粗细均匀、生长健壮的茎秆8～10根,其余的全部拔除。5月下旬至6月底中耕除草1次,中耕时宜浅锄,避免伤根。结合中耕除草追施1次有机肥,每次每亩地施用农家肥2000 kg和菜籽饼50 kg。

4.收获苓子

8月中、下旬，当茎节盘显著膨大、略带紫色，茎秆呈花红色时，选阴天或晴天的早晨采挖。收挖后，剔除腐烂植株，选留健壮植株，除去叶片，割下根茎，称“山川芎”，亦可供药用。然后，将所收茎秆捆成小捆运往阴凉的山洞贮藏作为繁殖材料。

5.苓子贮藏

苓子贮藏在山涧或阴凉的室内。贮藏时，要在地面铺上一层茅草，将茎秆交错堆放其上，再用茅草盖好。7～10天上下翻动1次。立秋前取出，按节的大小，切成3～4 cm长的短节，每节中间必须留有节盘1个，即成苓子。每150 kg抚芎可产苓子200～250 kg。然后，进行个选、分级、分别栽种。

五、采收与加工

（一）采收

采收以栽后第2年的夏至前后为最适期。过早，地下根茎尚未充实，产量低；过迟，根茎已熟透，在地下易腐烂。采收时选晴天，将全株挖起，摘去茎叶，除去泥土，运回加工。

（二）加工

采收后要及时干燥，一般用火烘干。火力不宜太大，烘时每天要上、下翻动1次，经2～3天后，川芎散发出浓香气时，取出放入竹筐内抖撞，除净泥土和须根，即成商品。折干率30%～35%。

学习与思考

1.简述川芎的药用价值。

2.简述川芎种植技术要点。

3.简述川芎常见病、虫害及防治方法。

4.简述川芎繁殖技术要点。

第七节 天南星

天南星为天南星科天南星属植物，又名南星、掌叶半夏、虎掌南星、异叶天南星、一把伞等，以球状块茎供药用。天南星具有祛风定惊、化痰止咳的功能。主治面神经麻痹、半身不遂、小儿惊风、破伤风、子宫颈癌等症。外用可治疗疮肿毒、毒蚊咬伤等症。

野生天南星具有毒性，人中毒时可致舌、喉发痒后肿大，严重时可窒息而死。中毒轻者可用醋、浓茶、蛋清解毒。近年来，天南星由于野生资源少，用量大，人工栽培少，一直为紧俏中药材之一。天南星多系野生，主要分布于辽宁、吉林、黑龙江、河北、陕西、甘肃、青海、河南、湖南、四川、云南、贵州、安徽、浙江等地。我国南北各地均能栽培。

一、植物形态

天南星为多年生草本，株高40～90 cm。块茎扁球形，外皮黄褐色。叶1片从块茎顶端生出，叶柄圆柱形，肉质，直立如茎状，下部成鞘，基部包有绿白色或散生污紫色斑点的透明膜质长鞘；叶片辐射状全裂成7～23片，集于叶柄顶端向四周辐射如伞状；裂片披针形，先端多呈芒状而柔弱，全缘，光滑无毛。肉穗花序，包于鞘状大苞片内，花序梗先端呈长尾状，伸出苞片外面。雌雄异株。浆果卵圆形，红色。花期5～6月，果期7～8月。

二、生物学特性

天南星喜湿润、疏松、肥沃的土壤和环境。天南星喜水肥，其块茎不耐冻，但由于种子萌发的当年实生苗，第1年幼苗只生1片小叶，第2、3年后小叶片数逐次增多，且较能耐寒。人工栽培宜与高秆作物间作，或选择有遮蔽的林下、林缘、山谷较阴湿的环境；土壤以疏松肥沃、排水良好的黄沙土为好。凡低洼、排水不良的地块不宜种植。

三、种植技术

（一）整地施肥

选好地后于秋季将土壤深翻20～25 cm，结合整地每亩地施入腐熟厩肥或堆肥3000～5000 kg，翻入土内作为基肥。栽种前，再浅耕1遍。然后，整细耙平做成宽1.2 m的高畦或平畦，四周开好排水沟，畦面呈龟背形。

（二）移栽

春季4月至5月上旬，当幼苗高达6～9 cm时，选择阴天，将生长健壮的小苗，稍带土团，按行株距20 cm×15 cm移栽于大田。栽后浇1次定根水，以利成活。

（三）田间管理

1.松土除草、追肥

苗高6～9 cm时，进行第1次松土除草，且浅不宜深，只要耙松表土层即可。锄后随即追施1次稀薄的人、畜粪水，每亩地1000～1500 kg；第2次松土除草于6月中、下旬，松土可适当加深，并结合追肥1次，量同前次；第3次松土除草于7月下旬正值天南星生长旺盛时期，结合除草松土，每亩地追施粪肥1500～2000 kg，在行间开沟施入，施后覆土盖肥；第4次松土除草于8月下旬，结合松土除草，每亩地追施尿素10～20 kg兑水施入，另增施饼肥50 kg和适量的磷、钾肥，以利增产。

2. 排、灌水

天南星喜湿，栽后经常保持土壤湿润，要勤浇水；雨季要注意排水，防止田间积水。水分过多，易使苗叶发黄，影响生长。

3. 摘花薹

5～6月天南星肉穗状花序从鞘状苞片内抽出时，除留种以外，应及时剪除，以减少养分的无谓消耗，有利增产。

4. 间套作

天南星栽后，前两年生长较缓慢，在畦埂上按株距30 cm间作豆类，或其他药材。这样既可为天南星遮阴，又可增加经济效益。

(四)病、虫害及其防治

1. 病毒菌

病毒菌为全株性病害。发病时，天南星叶片上产生黄色不规则的斑毛，使叶片变为花叶症状，同时发生叶片变性、皱缩、卷曲，变成畸形症状，使植株生长不良，后期叶片枯死。

防治方法：选择抗病品种栽种，如在田间选择无病单株留种；增施磷、钾肥，增强植株抗病力；及时喷药消灭传毒害虫。用50%的甲基托布津1000倍液喷雾，7～10天喷1次，连喷2～3次。

2. 红天蛾

红天蛾以幼虫危害叶片，咬成缺刻和空洞，7～8月发生严重时，可把天南星叶子吃光。

防治方法：在幼虫低龄时，喷90%敌百虫800倍液杀灭；忌连作，也忌与同科植物间作。

3. 红蜘蛛、蛴螬

防治方法同红天蛾的防治方法一致。

四、留种技术

繁殖方法以块茎繁殖为主，亦可采用种子繁殖。

(一)块茎繁殖

9～10月收获天南星块茎后，选择生长健壮，完整无损，无病、虫害的中、小块茎，晾干后置地窖内贮藏作为种栽。挖窖深1.5 m左右，大小视种栽多少而定，窖内温度保持在5～10 ℃为宜。低于5 ℃，种栽易受冻害；高于10 ℃，种栽则容易提早发芽。一般于翌年春季取出栽种，亦可于封冻前进行秋栽。春栽于3月下旬至4月上旬，在整好的畦面上，按行距20～25 cm，株距14～16 cm挖穴，穴深4～6 cm。然后，将芽头向上，放入穴内，每穴1块。栽后覆盖土杂肥和细土，若天旱浇1次透水，约半个月即可出苗。大块茎作为种栽，可以纵切两半或数块，只要每块有1个健壮的芽头，都可作为种栽用。但切后要及时将伤口拌以草木灰封口，避免腐烂。块茎切后种植的小块茎，覆土要浅，大块茎宜深。每亩地需大种栽45 kg左右，小种栽20 kg左右。

（二）种子繁殖

天南星种子于8月下旬成熟，红色浆果采集后，放于清水中搓洗去果肉，捞出种子，立即进行秋播。在整好的苗床上，按行距15～20 cm挖浅沟，将种子均匀地播入沟内，覆土与畦面齐平。播后浇1次透水，以后经常保持床土湿润，10天左右即可出苗。冬季用厩肥覆盖畦面，保温保湿有利幼苗越冬。翌年春季幼苗出土后，将厩肥压入苗床作为肥料，当苗高6～9 cm时，按株距12～15 cm定苗。多余的幼苗可另行移栽。

五、采收与加工

9月下旬至10月上旬采收，过迟天南星块茎难去表皮。采挖时，选晴天挖起块茎，去掉泥土、残茎及须根。然后，装入筐内，置于流水中，用大竹扫帚反复刷洗去外皮，洗净杂质。未洗净的块茎，可用竹刀刮净外表皮。天南星全株有毒，加工块茎时要戴橡胶手套和口罩，避免接触皮肤，以防中毒。

学习与思考

一、简答题

1. 简述天南星的生物学特性。

2. 简述天南星的繁殖方法。

二、论述题

1. 举例说明天南星种植时期主要的病、虫害及其防治方法。

2. 论述天南星的主要栽培技术。

第八节　丹　　参

丹参为唇形科鼠尾草属植物，又名紫丹参、红根、血参根、大红袍等，以根供药用，具有活血调经、祛瘀生新、镇静安神、凉血消痈、消肿止痛等功能。丹参的主要化学成分有丹参酮、丹参酸甲酯、鼠尾草酚以及缩羧酸化合物等。用于治疗月经不调、痛经、产后淤滞腹痛、关节酸痛、神经衰弱、失眠、心悸、痈肿疮毒等症。近代医学临床证明，丹参有扩张血管与增进冠状动脉血循环的作用，用来治疗冠心病、心绞痛、心肌梗死、心动过速等症有显著的疗效；还用来治疗慢性肝炎、早期肝硬化等症，亦有良好的效果。丹参为医药工业的重要原料，需要量大，目前全国各地都有人工栽培。丹参主产于四川、青海、河北、安徽、江苏、山东、浙江等地。

一、植物形态

丹参为多年生草本，株高30～70 cm。根肉质，肥厚，有分枝，外皮红色，内黄白色，长约30 cm。茎方形，被长柔毛。奇数羽状复叶，对生，小叶3～7片，卵圆形，边缘有钝锯齿，两面均被有长柔毛。轮伞状花序，顶生或腋生，花淡紫或粉色，唇形。小坚果4个，椭圆形，成熟时灰黑色。花期5～7月，果期6～8月。

二、生物学特性

丹参喜气候温暖、湿润，阳光充足的环境。在气温-5 ℃时，茎叶受冻害；地下根部能耐寒，可露地越冬。苗期遇高温、干旱天气，使幼苗生长停滞甚至死亡。丹参根深，要求土层深厚，排水良好，若土壤过于肥沃，参根反而不壮实。丹参最忌水涝，在排水不良的低洼地栽培可造成烂根；土壤酸碱度近中性为好，过沙或过黏的土壤不宜栽培。

三、种植技术

(一)选地整地

育苗地宜选择地势较高、土层疏松、灌溉方便的地块。播前进行翻耕，施入腐熟的厩肥或堆肥作为基肥，整细耙平，做高畦播种。栽植地宜选择土层深厚、疏松、肥沃、排水良好的地块种植。山地宜选向阳的低山坡，坡度不宜太大。丹参根深，入土33 cm以上。因此，在前作物收获之后，土壤深耕35 cm以上，结合整地，每亩地施入腐熟厩肥或堆肥2500～3000 kg，加过磷酸钙50 kg，翻入土中作为基肥。栽前，土壤再浇灌1次，整细耙平，做成1.3 m宽的高畦，四周开好深的排水沟，以利排水。

(二)移栽

春播后，幼苗培育75天左右即可移栽。可春栽，也可秋栽。春栽于4月中旬进行，秋栽于9月下旬进行。移栽宜早不宜迟，早移栽，早生根，翌年早返青。

栽种时，在畦面上按行株距33 cm×23 cm挖穴，穴深视根长而定。穴底施入适量粪肥作为基肥，与穴土拌均匀后，每穴栽入种子繁殖的幼苗(实生苗)1～2株，栽植深度以种苗原自然生长深度为准，微露心芽即可。栽后浇透定根水。扦插苗每穴栽1

株,按同样方法和栽植密度栽入穴内。

(三)田间管理

1. 中耕除草

4月上旬齐苗后,进行第1次中耕除草,宜浅松土,随即追施1次稀薄人、畜粪水,每亩地1500 kg;第2次中耕除草于5月上旬至6月上旬进行,然后追施1次腐熟人粪尿,每亩地2000 kg,加饼肥50 kg;第3次中耕除草于6月下旬至7月中、下旬进行,结合中耕除草,重施1次腐熟、稍浓的粪肥,每亩地3000 kg,加过磷酸钙25 kg、饼肥50 kg,以促参根生长发育。施肥方法可采用开沟施入或开穴施入,施后覆土盖肥。

2. 摘花薹

丹参自4月下旬至5月将陆续抽薹开花,为使养分集中于根部生长,除留种外,一律剪除花薹,时间宜早不宜迟。

3. 排、灌水

丹参最忌积水,在雨季要及时清沟排水;遇干旱天气,要及时进行沟灌或浇水,多余的积水应及时排除,避免受涝。

(四)病、虫害及其防治

1. 叶斑病

叶斑病危害叶片,病部常出现深褐色病斑,近圆形或不规则形,后逐渐融合成大斑,严重时叶片枯死。5月初发生,6～7月发病严重。

防治方法:加强田间管理,实行轮作;增施磷、钾肥,或于叶面上喷施0.3%磷酸二氢钾,以提高丹参抗病力;发病初期喷多菌灵或托布津1000倍液喷雾防治。

2. 根腐病

初期个别支根或须根变褐腐烂,后逐渐向主根扩展,致使全根腐烂,外皮变成黑色,最后植株死亡。

防治方法:用50%药材根腐灵1000倍液灌根或喷雾。

3. 丹参根结线虫病

由于根结线虫的寄生,丹参根部生长出许多瘤状物,使植株生长矮小,发育缓慢,叶片退绿,逐渐萎黄,最后全株枯死。拔起病株,须根上有许多虫瘿状的瘤,肉眼可见白色小点,此为雌线虫。

防治方法:与禾谷类作物轮作;结合整地,每亩地施入3%乐斯本颗粒剂5 kg,撒于地面,翻入土中,进行土壤消毒。

4. 银纹夜蛾

银纹夜蛾是以幼虫取食丹参叶片,咬成孔洞或缺刻,严重时可将叶片吃光。此虫每年发生5代,第2代幼主于6～7月开始危害丹参,7月下旬至8月中旬危害最为严重，应及早进行防治。

防治方法：收获后将田间残枝病叶集中烧毁，以杀灭冬虫口；栽培地于夜间悬挂黑光灯，诱杀成蛾；病、虫害发生时用10%杀灭菊酯2000～3000倍液，或40%氧化乐果1000倍液，或30%敌百虫1000倍液等杀灭。

5.其他害虫

蛴螬、地老虎等可按常规方法防治。

四、留种方法

繁殖方法以分根繁殖、芦头繁殖为主，亦可种子繁殖和扦插繁殖。

（一）分根繁殖

秋季收获丹参时，选择色红、无腐烂、发育充实、直径0.7～1 cm的根条作为种根，用湿沙贮藏至春栽种；亦可选留生长健壮，无病、虫害的植株在原地不起挖，留作种株，待栽种时随挖随栽。

春栽于早春3～4月，在整平耙细的栽植地畦面上，按行距33～35 cm、株距23～25 cm挖穴，穴深5～7 cm，穴底施入适量的粪肥或土杂肥作为基肥，与底土拌匀。然后，将径粗0.7～1.0 cm的嫩根，切成5～7 cm长的小段作为种根，大头朝上，每穴直立栽入1段，栽后覆盖火土灰，再盖细土，厚2 cm左右，不宜过厚，否则难以出苗。不能倒栽，否则不发芽。每亩地需种根50 kg左右。气温低的地区，可采用地膜覆盖培育种苗的方法。

（二）芦头繁殖

收挖丹参根时，选取生长健壮，无病、虫害的植株，粗根切下供药用，将径粗0.6 cm的细根连同根基上的芦头切下作为种栽，按行株距33 cm×23 cm挖穴，栽入方法与分根繁殖相同。最后覆盖细土，厚2～ 3 cm，稍加压实即可。

（三）种子繁殖

3月下旬选阳畦播种。畦宽1.3 m，按行距33 cm横向开沟条播，沟深1 cm，因丹参种子细小，要拌细沙均匀地撒入沟内，盖土不宜太厚，以不见种子为度。播后覆盖地膜，保温保湿，当地温为18～22 ℃时，半个月左右即可出苗。出苗后在地膜上打孔放苗，当苗高6 cm时进行间苗，培育至5月下旬即可移栽。

（四）扦插繁殖

青海地区于7～8月进行扦插繁殖。先将苗床畦面灌水湿润，然后，剪取生长健壮的茎枝，切成长17～20 cm的插穗。按行株距20 cm×10 cm，将插穗斜插入土中，深为插条的1/2～2/3，随剪随插，不可久置，否则影响成苗率。插后保持床土湿润，适当遮阴，半个月左右即能生根。待根长3 cm时，移栽于大田。

以上4种繁殖方法，以采用芦头作为繁殖材料产量最高，其次是分根繁殖。

五、采收与加工

(一)采收

采用无性繁殖的，于栽后当年11月或第2年春季前采收；采用种子繁殖的，于移栽后第2年的10～11月，当地上茎叶枯萎后到第3年的早春萌发前均可采收。丹参根入土深，质脆易断，应选晴天且土壤半干半湿时小心挖取，先刨松根际，后将参根完整挖取。挖取后在田间晾晒，去泥土后运回加工，忌用水洗。

(二)加工

将根条晾晒至五成干且质地变软后，用手捏顺，扎成小束，堆放2～3天使其“发汗”；然后，再摊开晾晒至全干，去除芦头，剪去细尾即成商品。

学习与思考

1. 简述丹参的药用价值。
2. 简述丹参的生物学特征。
3. 简述丹参种植技术要点。
4. 简述丹参常见病、虫害及防治方法。
5. 简述丹参的繁殖方法。

第九节 半 夏

半夏为天南星科半夏属植物，又名三叶半夏、三步跳、麻玉果、燕子尾等。半夏为常用中药，以块茎供药用。主要化学成分有β谷甾醇、葡萄糖苷、半夏蛋白、草酸钙、胡萝卜苷、大黄酚等。半夏有燥湿化痰、降逆止呕等功能。主治痰饮呕吐、湿痰咳嗽、气逆、胸脘痞闷，外用治痈肿、止血。生半夏有毒。半夏主产于长江流域各省以及东北、华北等地。由于用量大，产量低，常供不应求。

一、植物形态

半夏为多年生草本，株高15～30 cm。块茎球形或扁球形。叶基生，具长柄；幼苗为单叶，卵状心形，先端尖，全缘；第2、3年生大苗，有3到5小叶复叶，椭圆形至披针形，中间一段较大，先端锐尖；叶柄下部内侧或3小叶基部都生有珠芽可作为繁殖材料。肉穗花序，基生部与佛焰苞贴生。上生雄花，下生雌花，系雌雄同株；花小，淡绿色。浆果多数，成熟时红色，果内有种子1粒。花期5～7月，果期6～9月。

二、生物学特性

半夏喜湿润，怕干旱，畏强光；在阳光直射或水分不足条件下，易发生倒苗。耐阴、耐寒、块茎能自然越冬。土壤要求湿润、肥沃、深厚，以含水量40%～50%、pH值为6～7呈中性反应的沙质壤土为宜。过沙、过黏以及易积水之地均不宜种植。每年常出现3次出苗与倒苗现象：第1次在4月上旬至6月上旬，第2次在6月至8月中旬，第3次在8月至10月下旬。每次出苗后生长期50～60天，珠芽萌生初期在4月初，高峰期在4月中旬，成熟期为4月下旬至5月上旬。每年6～7月珠芽增殖数量最多，约占总数的50%以上。半夏幼苗怕炎热和寒冷，8～10 ℃萌动生长，最适宜生长温度为15～25 ℃，气温在26 ℃以上时倒苗，13 ℃以下时枯苗。

三、种植技术

（一）选地整地

种植地宜选湿润肥沃、保水保肥力较强、质地疏松、呈中性反应的沙质壤土或壤地；亦可选择半阴半阳的缓坡山地，或油菜地、麦地、果木林进行套种。地选后，于冬季翻耕土壤，深20 cm左右，使其风化熟化，结合整地，每亩地施入厩肥或堆肥2000 kg、过磷酸钙50 kg翻入土中作为基肥。播前，土壤再翻耕1次，然后整细耙平做宽1 m的高畦，畦沟宽40 cm。

（二）水肥管理

无论采用哪一种繁殖方法，有条件的在播前应浇1次透水，以利出苗。栽培环境阴凉而又湿润，可延长半夏生长期，推迟倒苗，有利于光合作用，多积累干物质。因此，加强肥水管理是半夏增产的关键。除施足基肥外，生长期追肥4次：第1次于4月上旬齐苗后，每亩地施入农家肥1000 kg；第2次于5月下旬珠芽形成期，每亩地施用农家肥2000 kg；第3次于8月倒苗后，当子半夏露出新芽，母半夏脱壳重新长新根时，用1∶10的粪水泼浇，每半月1次，至秋后逐渐出苗；第4次于9月上旬，半夏全苗齐苗时，每亩地施入腐熟饼肥25 kg，过磷酸钙20 kg，尿素10 kg，与沟泥混拌均匀，撒于土表，起到培土和有利于作物灌浆的作用。

（三）田间管理

1. 中耕除草

在幼苗未封行前，要经常除草，避免草荒，中耕深度不超过5 cm，避免伤根。因半夏的根生长在块茎周围，其根系集中分布在5～8 cm的表土层，故中耕宜浅不宜深。

2.摘花薹

除留种外，于5月抽花薹时剪除花薹，集中养分使块茎生长，有利增产。

3.排、灌水

半夏喜湿怕旱。遇久晴不雨时，应及时灌水；遇雨水过多时，应及时排水，避免因田间积水造成块茎腐烂。

(四)病、虫害及其防治

1.褐斑病

褐斑病初夏时发生，病叶上出现紫褐色斑点，后期病斑上生有许多小黑点，发病严重时，病斑布满全叶，使叶片卷曲焦枯而死。

防治方法：发病初期喷65%代森锌500倍液，7～10天喷1次，连喷2～3次。

2.病毒病

病毒病多在夏季发生，病叶卷缩扭曲，或形成花叶、畸形，植株生长矮小。

防治方法：选无病植株留种；及时防治病害；发现病株立即拔除，集中烧毁深埋，病穴用5%石灰乳浇灌，以防蔓延。

3.腐烂病

腐烂病多在高温多湿季节发生，危害地下块茎，造成腐烂，地上部分枯黄倒苗死亡。

防治方法：雨季及大雨后及时疏沟排水；发病初期，用根腐灵800倍液或5%石灰乳淋穴；及时防治地下害虫，可减轻危害。

4.红天蛾

夏季发生，红天蛾的幼虫咬食叶片，食量很大，情况严重时可将叶片食光。

防治方法：用90%晶体敌百虫800～1000倍液，5～7天喷1次，连喷2～3次。

四、留种技术

繁殖方法以采用块茎繁殖和珠芽繁殖为主，亦可种子繁殖，但种子发芽率不高，生长周期长，一般不采用。

(一)块茎繁殖

半夏栽培2～3年，可于每年6、8、10月倒苗，然后挖取地下块茎。选横茎粗0.5～1 cm，生长健壮，无病、虫害的小块茎作为种用。种茎拌以干湿适中的细沙土，贮藏于通风阴凉处，于当年冬季或翌年春季取出栽种。半夏以春栽为好，秋栽产量低。春栽，宜早不宜迟，气候温暖的地区，可于3月上旬在整细耙平的畦面上开横沟条播。按行距12～15 cm，株距5～10 cm，开沟宽10 cm、深5 cm左右，在每条沟内交错排列，芽向上摆入沟内。栽后，上面覆盖一层混合肥土(由腐肥加人、畜肥，土灰等搅拌均匀而成)。每亩用量2000 kg,然后,将沟土覆盖,厚5～7 cm。每亩地需种栽100 kg左右,适当密植半夏,苗势生长才均匀且产最高。过密,幼苗生长纤弱,且除草困难,苗少草多,产最低。覆土过厚,出苗困难,将来出芽虽大,但往往在土内形成不易采摘;覆土过薄,种茎则容易干缩而不能发芽。栽后遇干旱天气,要及时浇水,土壤始终要保持湿润。

(二)珠芽繁殖

半夏每个茎叶长有1粒珠芽,数量充足,且发芽可靠,成熟期早,是主要的繁殖材料。夏、秋之间,当老叶将要枯萎时,珠芽已成熟,即可采下繁殖。按行株距10 cm×8 cm挖穴直播,每穴种2～3粒;亦可在原地盖土繁殖,即每倒苗一批,盖上一次,以不露珠芽为度。同时,施入适量的混合肥,既可促进珠芽生长,又能为母块茎增施肥料,一举两得,有利增产。

(三)种子繁殖

2年生以上的半夏,从初夏至秋冬,能陆续开花结果。当佛焰苞萎黄下垂时,采收种子,进行湿沙贮藏。翌年3～4月上旬,在苗床上按行距5～7 cm,开浅沟条播,然后覆盖1 cm厚的细土,并盖草保温保湿,半个月左右即可出苗。种子繁殖的出苗率较低,生产上一般不采用。

五、采收与加工

(一)采收

种子繁殖的于第3、4年采收,块茎繁殖的于当年或第2年采收。一般于夏、秋季茎叶枯萎倒苗后采收,但以夏季芒种至夏至间采收为好。因为此时半夏水分少,粉性足,质坚硬,色泽洁白,药材质量好,产量高。采收时选晴天小心挖取,避免损伤。采收的半夏抖去泥,放入筐内盖好,切忌暴晒,否则不易去皮。

(二)加工

将鲜半夏洗净泥土,按大、中、小分级,分别装在麻袋内,先在地上轻轻摔打几下,然后倒入清水缸中,反复揉搓,直至外皮去净为止。再取出暴晒,并不断翻动,晚上收回平摊于室内晾干,次日再取出晒至全干,即成生半夏。出口半夏质量要求较高,还需要进一步加工,即将生半夏按等级过筛,再回水清洗浸泡10～15 min,用手反复轻轻揉搓,除去浮灰、霉点、杂质,至表面为洁白止。然后,捞出晒干,即成出口半夏。

学习与思考

1. 简述半夏的药用价值。
2. 简述半夏种植技术要点和繁殖方法。
3. 简述半夏常见病、虫害及防治方法。

第十节 苦 参

苦参为豆科槐属植物，又名野槐、苦骨、地骨、山槐子等，以根供药用。具有清热祛湿、杀虫的功效。主治痢疾、黄疸、皮肤瘙痒、痔疮等症；外用可治滴虫性阴道炎、外阴瘙痒等症。现代医学研究表明，苦参浸膏能清热解毒、祛湿杀虫，可治疗热毒赤痢、温病、胸闷、腹痛、口干、烦躁发狂、皮炎湿疹、瘙痒性皮肤病、心律不齐等症；用苦参注射液可以治疗湿疹、皮炎、急慢性肾炎等。因此，栽培苦参前景宽广。苦参主产于河南、河北等地，全国各地均有种植。

一、植物外形

苦参为落叶亚灌木，株高1～3 m。根圆柱形，外皮黄色。茎直立，绿色，多分枝，有稀疏细毛。叶互生，奇数羽状复叶，小叶片椭圆形，全缘，先端尖或钝，叶面绿色，叶背苍白色。总状花序，腋生或顶生，花蝶形，淡黄色。荚果长圆柱形，先端尖长缘，成熟后黑褐色，不开裂。种子1～14粒，淡褐色，长圆柱形。花期5～6月，果期7～9月。

二、生物学特性

苦参喜温暖气候。苦参是深根植物，土壤以土层深厚、肥沃，排水良好的沙壤土和壤土为好。低洼易积水之地，不宜种植。

三、种植技术

（一）选地整地

苦参是深根植物，宜选土层深厚、土质疏松肥沃的沙壤土种植。地选后，与头年秋、冬季深翻土30 cm以上，让其充分熟化。播种于翌年春季3～4月，将土壤整细耙平，做成宽1.3 m的高畦，四周开通较好的排水沟，以利排水。

（二）播种

播种前，将种子放入40～50 ℃温水中浸泡10～12 h，然后在畦面上按株距30 cm、行距50 cm挖穴点播，穴深5 cm，每穴放入种子5～6粒。播种后覆盖细土约1 cm，每亩地用种量2～3 kg。

(三)田间管理

1.间苗和补苗

种子发芽出苗后,当苗高10～15 cm时,进行间苗,留强取弱,每穴留苗2～3株。发现缺苗,用间下的苗补栽,做到苗全、苗齐。

2.中耕除草

齐苗后,进行1次中耕除草,以后每隔1个月除草1次。

3.追肥

结合中耕除草,每亩地施入农家肥1000～1500 kg,饼肥30 kg或过磷酸钙30 kg。肥料于行间开沟施入,施后用畦沟土盖肥,与畦面齐平。

4.摘花薹

除留种地外,于5～6月抽薹时,及时摘除花薹,使营养集中于地下根部生长,有利增产。

四、留种技术

繁殖方法以种子繁殖为好,也可采用分株繁殖。

(一)种子繁殖

选择生长健壮,无病、虫害的植株作为采种母株。采种的前一年,加强田间管理,培育壮苗;增施磷、钾肥,使籽粒饱满。当8～9月荚果变为深褐色且充分成熟时,及时采下果实,晒干脱粒,捡净杂质,置于通风干燥处贮藏备用。

(二)分株繁殖

于每年冬季或早春萌发前,结合采挖,按芦头上芽的多少和根的生长状况将其分成数株,作为繁殖材料。每株必须有根、壮芽2～3个,然后在整好的畦面上按行株距5 cm×30 cm挖穴,穴深10 cm左右,每穴栽入分根苗1株,栽时施入土肥或火土灰,再盖土与畦面齐平。

五、采收与加工

苦参栽后2～3年收获,于每年秋后季节茎叶枯黄至翌春萌发前挖取全根,再按根茎生长状况,将其分割草根,然后除去芦头和细根,晒干或烘干即成商品。

学习与思考

1.简述苦参的药用价值。

2.简述苦参种植技术要点。

3.简述苦参的繁殖方法。

第十一节 黄 芪

黄芪为豆科黄芪属植物，又名白皮芪、大有芪、西芪、正口芪等。现常用内蒙古黄芪或膜荚黄芪，以根供药用，是出口创汇的主要药材之一。黄芪主要化学成分有黄酮类、皂苷类、多糖类、叶酸、维生素D、阿魏酸等，具有补气固表、利水退肿，排脓托毒，敛疮生肌等功效。主治内伤劳倦，脾虚腹泻、肺虚咳嗽，脱肛便血、子宫下垂、自汗盗汗、水肿、痈疽难溃或久溃不敛等气虚心亏之症。黄芪主产于内蒙古包头、固阳、武川，山西的浑源、繁峙，黑龙江省的林口、东宁，甘肃的陇西、定西等市县。青海、吉林、辽宁、河北等省区均有栽培。

一、植物形态

黄芪为多年生草本，株高40～120 cm。主根直长，圆柱状，长25～75 cm，稍带木质，根头直径1.5～3 cm，表皮浅棕黄色或深棕色。茎直立、多分枝、被长柔毛。奇数羽状复叶，互生；叶柄基部有披针形托叶；小叶25～27片，呈椭圆形，长5～12 mm，宽3～6 mm，先端稍钝，全缘，两面有白色长柔毛。总状花序腋生，有花10～25朵，排列疏松；小花梗短、生黑色硬毛；苍片状披针形；花萼筒状，约5 mm长，萼尾齿5个；花冠黄色，蝶形，旗瓣三角状，倒卵形，无爪，翼瓣和龙骨瓣均有长爪；雄蕊10枚，二体；子房有柄，光滑无毛，花柱无毛。荚果膜质，膨鼓充气，卵状长圆形，宽11～15 mm，先端具有明显网纹，种子5～6粒，肾形，黑色。花期6～7月，果期8～9月。

二、生物学特性

黄芪为典型草原中旱生多年生草本植物，喜冷凉高燥和光照充足，忌水涝和土壤黏重板结的深根植物。耐旱、耐寒，宜适应的生态环境为高山草地、林地、山地。土层要求深厚，有机质多，透水力强，pH中性或微碱性，草原栗钙土或黄沙土均可。

黄芪种子吸水膨胀后，当地温达到6 ℃时即可开始发芽，以20～25 ℃发芽最快，播后5～7天就出苗。小苗五出复叶出现后，根瘤形成，吸收根显著增多，根系的水分、养分供应能力较强，叶面积扩大，光合作用增强，幼苗生长速度显著加快。一年生黄芪仅有一个茎，随着生长年限的增加，茎数相应增加，可为10～20个。因此，生长多年的黄芪呈丛生状态。

三、种植技术

(一)选地整地

选择土层深厚、土质疏松肥沃、排水良好、向阳高燥的中性或微酸性沙质土壤,平地或向阳的山坡地均可栽种。地选后,要深翻土壤约30 cm以上,结合整地每亩地施农家肥2000～3000 kg,过磷酸钙50 kg,翻入土中作为基肥。

(二)栽苗

在整好的地上,用铁锨或步犁开沟,按行株距30 cm×20 cm,把苗一株一株地平摆在沟内,每亩地用苗80～100 kg(以苗子大小而定),当年秋季采收。平栽的黄芪便于人工和机械采挖。

(三)田间管理

1.中耕除草

黄芪幼苗生长缓慢,不及时除草易造成草荒。因此,在苗高5 cm左右时,结合间苗及时进行第1次中耕除草;第2次中耕除草于苗高8～10 cm后进行;第3次中耕除草于定苗后进行。始终做到生长地内无杂草出现。

2.追肥

黄芪喜肥,在生长第1、2年,每年结合中耕除草追肥1～2次,每亩地用农家肥1000 kg,与过磷酸钙30 kg,硫酸铵或尿素10 kg,共同混合均匀后按行间开沟施入,施后覆土。

3.排水

雨季湿度过大,要注意排水,以防烂根死苗。

4.打顶

为了控制植株高度生长,减少养分消耗,于7月底以前进行打顶,可以增产。

(四)病、虫害及其防治

1.白粉病

白粉病主要危害叶部和荚果。苗期至成株期均可发生。受害叶片两面和荚果表面均有白色绒状霉斑,严重时霉斑布满叶片和荚果。后期在病斑上出现很多小黑点,造成叶片早期脱落,严重时叶片和荚果变褐色或逐渐干枯死亡。

防治方法:收获后清除田间病残体,集中烧毁深埋,以减少越冬病原菌;发病初期喷25%粉锈宁1500倍液,或50%托布津1000倍液,效果较为明显。

2.黄芪紫羽纹病

黄芪紫羽纹病俗称“红根病”,发病后根茎变成红褐色,先由须根发病,而后逐渐向主根蔓延。发病初期,可见白线状物缠绕根上,此为病菌菌素,后期菌素变为紫褐色,并互相交织成为一层菌膜和菌核。根部自皮层向内部腐烂,最后全株烂完,叶片枯萎,直至死亡。

防治方法:收获时将病残株烧毁深埋,可减少越冬病菌;实行与禾本科作物轮作,轮作期为3～5年;发现病株及时挖除,病穴及周围撒上石灰粉,以防蔓延;雨季降水较多,注意排水,降低田间湿度;结合整地每亩地施药材病菌灵1.5 kg进行土壤消毒处理。

3.豆荚螟

豆荚螟在每年6月下旬至9月下旬发生。成虫在黄芪嫩荚或花苞上产卵,孵化后幼虫蛀入荚内咬食种子。老熟幼虫钻出果荚外,入土结茧越冬。

防治方法:避免与豆类作物连作或套种,幼虫入土化蛹期结合灌溉可杀死初化蛹;在花期用40%敌百虫1000倍液或40%乐果800～1000倍液喷杀,7天喷1次,直至种子成熟;每亩地用50%敌敌畏500 mL加水拌锯末20 kg撒施于地面熏蒸。

4.拟地甲

拟地甲主要危害幼苗,可用90%敌百虫800～1000倍液喷杀。

5.广肩小蜂

广肩小蜂是以成虫产卵管刺入荚果种皮内产卵的,孵化出的幼虫可危害嫩籽。

防治方法:在结荚初期用40%乐果1000倍液喷杀,7天喷1次,直至种子成熟。

四、留种技术

繁殖方法为种子繁殖。

(一)留种与采种

黄芪播种于第2年开花结籽。当秋季果荚下垂黄熟,种子变褐色时应立即采收,否则果荚开裂,种子散失难以收集。因种子成熟期不一致,应随熟随采。果荚采回后,晒干脱粒、除净杂质,通过风选或水选,剔除瘪粒和虫蛀粒,选籽粒饱满而有褐色光泽的优良种子贮藏备用。

(二)种子处理

由于黄芪种子硬实,种皮不透性、吸水力差、发芽困难,播种前必须进行处理。

1.沸水催芽

先将种子放入容器中,加入沸水速搅拌50～60 s,立即加入冷水,使水温降为40 ℃左右,再浸泡2～4 h。然后将水倒出种子加盖麻袋等物闷12 h,待种子膨胀或外皮破裂露白时,选墒情好时播种最佳。

2.机械损伤

将种子用石碾快速碾数遍,使外种皮由棕黑色有光泽变为灰棕色表皮粗糙时为度,以种利子吸水膨胀;亦可将种子拌入2倍的细沙揉搓,擦伤种皮时,即可带沙下种。

3. 硫酸处理

对老熟坚硬的种子，可用70%～80%的浓硫酸溶液浸泡3～5 min，取出种子迅速置流水中冲洗30 min后播种。此法能破坏坚实种皮，发芽率可在90%以上。同时必须谨慎，不能让硫酸灼烧。

(三)播种

春播在4月下旬到5月上旬，秋播在8月下旬到9月上旬。播种前要进行选种及种子处理。播种方法有垄播、撒播、条播、穴播等。经常采用的有垄播。在整好的地上先起垄，垄宽1～1.2 m，高10～15 cm，垄间距30 cm，用钉耙将垄面整平，除去杂草根及石块，然后撒种。由于种子数量少，难以掌握，可将处理好的种子按1:3的比例和入细土，均匀撒入垄面，盖土厚1～2 cm，稍加镇压。育苗每亩地用种量12～15 kg，出苗后拔草2～3次，如发现病、虫害及时防治。每亩地产苗可供8～10亩地栽种。

五、采收与加工

(一)采收

黄芪播后2～3年采收，于秋、冬季节地上部茎叶枯萎后，小心挖取全根，避免挖伤外皮和断根。

(二)加工

黄芪运回后去净泥土，趁鲜切去芦头，去掉须根，置于阳光下暴晒，半干时将根部顺直，捆成小把，再晒干或烘干即成商品。

学习与思考

1. 简述黄芪的药用价值。
2. 结合黄芪的生物学特征简述黄芪种植的选地整地技术。
3. 简述黄芪种植技术要点。
4. 简述黄芪常见病、虫害及防治方法。
5. 简述黄芪种子的处理方法。

第十二节 党 参

党参为桔梗科党参属植物，为常用中药材。原产于山西上党，其根如参，又名为潞党、东党、台党、口党、西党、条党、白党等，以根供药用。主要化学成分有多糖、党参甙、木栓酮、胆碱、甾醇类等。具有补气养血、和脾胃、生津清肺等功能。主治气短无力、津伤口渴、脾胃虚弱、食欲不振、大便清稀、肺虚咳喘、热症后的虚弱、气虚脱肛等各种气虚之症。党参药材品种较多，如西党，主产于甘肃、山西、四川等省；东党，主产于辽宁、吉林、黑龙江等省；潞党，主产于山西、河南等省。其中尤以西党中的台党质量最佳。

一、植物形态

党参为多年生草质藤本，具浓臭，株高1.5～2 m。根肥大肉质，呈纺锤状圆柱形，顶端有一膨大的根头，具多数瘤状茎痕，外皮灰黄色或灰棕色。茎细长而多分枝。叶互生、对生或假轮生，叶呈卵形或广角形，先端钝或尖，基部圆形或浅波状，两面有毛。花单生于叶腋，有梗，花冠广钟形，浅黄绿色，具淡紫色斑点，先端分裂。蒴果圆锥形，种子多数细小，褐色有光泽。花期8～9月，果期9～10月。

二、生物学特性

党参适应性强，喜温和、冷凉、湿润气候，对光照要求较严，耐干旱，较耐寒。在各个生长期对温度要求不同。气温在3～7 ℃时，开始萌芽，6～8 ℃出苗，日平均气温18～20 ℃时，植株生长最快。最适宜的春化温度为0～5 ℃。一般在8～30 ℃能正常生长，温度在30 ℃以上党参的生长就受到抑制。党参具有较强的抗寒性，党参根在土壤中越冬，即使在-25 ℃左右的严寒条件下也不会被冻死，仍能保持生命力。生长期持续高温炎热，地上部分易枯萎和患病害。党参为深根系植物，土壤pH值以6.5～7.0为宜，应选择中性、偏酸、土壤疏松、土层深厚、土壤肥沃、排水良好、富含腐殖质的土壤，以利党参根系充分发育。党参对水分的需求随生长期不同而异。播种期和苗期需水较多，缺水不易出苗，出苗后也易干死。定植后对水分要求不严格，但不宜过于潮湿，一般在年降水量400～800 mm，平均相对湿度40% ～ 70%的条件下即可正常生长。党参对光的要求比较严格，幼苗喜阴，成株喜阳。苗期忌日晒，育苗多选背阴处。定植地要选阳光充足的地方。党参忌连作，一般应隔3～4年再种植，前茬以豆科、禾本科作物为好。党参种子细小，种子萌发时土壤含水量以13% ～20%为宜；种子萌发最低温度为5 ℃，15 ～20 ℃为最适温度，超过30 ℃不利于出苗。生产时党参播种不能太深，翻土不能过厚，以满足种子萌发时对光的需求。

三、种植技术

（一）选地整地

育苗地要选择靠近水源，土壤疏松、肥沃，排水良好的沙质壤土和背阳的阳坡为好；栽种地应选地势高燥，排水良好的缓坡、梯田、生荒地以及平地均可，但土层要深厚,较肥沃,结构良好,易耕作的土壤栽种。然后深耕土壤25～30 cm,整平耕细,做成宽1 m、高15 cm的畦,畦与畦之间要留宽30 cm的沟,便于人工作业。熟地栽种,宜于春季前整地。结合整地每亩地施腐熟的农家肥2000～3000 kg,硫酸钾10~15 kg翻入土中作为基肥。然后整平耙细做1 m宽的垄,四周开好排水沟。

(二)移栽

播种育苗后的当年秋季地上茎叶黄枯后,或翌年早春土壤解冻后立即进行起苗,宜早不宜迟,否则党参苗萌发后影响生长。移栽前,将苗挖起,剔除无芽头、带病苗、损伤断根以及过于幼小的劣苗,扎成小把,随栽随取。若当天栽不完,应埋在湿土中,切不可洒水。移栽时,按行距20 cm在地上挖沟,深15 cm左右,将党参苗按株距8～10 cm斜放在沟内,尾部要顺直,不能弯曲。然后覆土超过根头4～ 6 cm,压实即可。每亩地需种苗40～50 kg。

(三)田间管理

1.除草

幼苗出土后,立即拔除杂草;之后,在间苗和补苗时各进行1次除草,宜用手拔,耙松表土,避免伤及根系。苗高约10 cm以上方可松土锄草,封行后停止。

2.施肥

育苗地苗期不追肥,以控制苗期徒长。栽植地于每年春季结合中耕除草后,每亩地追肥过磷酸钙30 kg、尿素15 kg,或腐熟的饼肥20 kg拌匀撒入行间,翻入土中。追肥要视田间植株生长状况而定,如果底肥充足就没有必要去追肥。

3.排、灌水

苗期及移栽后要做到少灌、勤灌水,定植的移栽成功后,要少浇水或停止浇水。雨季要注意排水,防止积水烂根。

4.搭支架

当苗高30 cm时,要用竹竿或树枝搭设支架,使蔓茎攀缘向上生长,有利于通风透光,增强光合作用,又可防止田间湿度过大容易发生病、虫害,这是党参栽培的一项增产措施。

(四)病、虫害及其防治

1.根腐病

根腐病主要发生在两年生以上的党参植株。5～6月开始发生,发病初期,近地面处的侧根和须根部分变黑褐色腐烂,雨水多时,引起全株腐烂,地上部分枯死。

防治方法:实行与大豆、小麦、油菜等不同作物的轮作;拣除带病的栽种苗;发现病株及时拔除,病穴用石灰消毒,以防蔓延;结合整地用药材根腐灵或病菌灵进行土壤消毒;发病初期,用根腐灵或托布津1000倍液灌根,7～10天灌根1次,连续2～3次。

2. 锈病

锈病于7～8月发生，危害叶片，病叶背面出现橙黄色微隆起的疮斑，破裂后散发黄色或锈色粉末，即为锈病的夏孢子。发病后可使叶片干枯，造成早期落叶或嫩茎枯死。

防治方法：清洗田园，烧毁枯枝、病残枝，消灭病源物；及时搭设支架，改变通风条件，降低田间湿度；发病初期用粉锈宁1000倍液，或敌锈钠500倍液喷雾防治。

3. 红蜘蛛和蚜虫

红蜘蛛和蚜虫于夏季发生，用40%乐果乳油1000倍液喷雾防治。

4. 地老虎、蛴螬和蝼蛄

地老虎、蛴螬和蝼蛄在苗期危害时用90%晶体敌百虫100 g与炒香的菜籽饼5 kg制成毒饵诱杀。

四、留种技术

(一)繁殖方法

采用种子繁殖，以育苗移栽为好，亦可直播。

1. 培育良种与采种

选择根形粗壮，无病、虫害的幼苗作为种栽苗，栽后加强管理，增施磷、钾肥，培育至第2年的9～10月。当果实呈白色，种子呈黑褐色时，将果实连同茎蔓割下，置通风处晾干，然后脱粒，净选，装于布袋内留作种用。

2. 种子处理

播种前1～2天，将种子放入40～50 ℃的温水中浸泡，要做到边搅拌边放入种子，直至水温降为15 ℃左右不烫手为止。然后将种子取出装入布袋当中，用清水淋洗数次，与温润的细沙混合贮藏在瓦缸内。数量较多时，可在室外挖穴层积贮藏。7～10天，种子多数裂口露白即可播种。党参新鲜种子发芽率可在80%以上，隔年陈旧种子发芽率极低，不可用作种用。

3. 育苗

春播于4月中旬进行，秋播于9月中、下旬进行。春播宜早不宜晚，早播早出苗，根系扎得深，抗旱能力强，生长良好。播种可采用条播和散播两种。一般以条播为好，每亩地用种量为2～3 kg。在整好的畦面上按行距18～20 cm横向开浅沟，沟深为2～3 cm，播幅宽10 cm，将种子均匀地撒入沟内，覆盖细土厚约为0.5 cm，并盖草保温保湿。当土温在15 ℃左右时，5～7天就可以发芽，幼苗出土后及时揭去盖草。当苗高5 cm左右时，开始中耕除草和间苗。到10月份气温降低，地上部分开始发黄枯萎即可起苗。秋播的使其越冬，第2年秋后可收苗。

五、采收与加工

(一)采收

党参直播的需3年收获,育苗移栽的第2年收获为宜。当秋季地上部分茎叶枯黄后,选晴天,小心深挖,挖出全根,避免挖伤或挖断,以免浆汁流出,形成黑疤,降低质量。

(二)加工

将收获的党参洗净分级,分别加工。先放在晒席上摊晒2～3天,当晒至参体发软时,将各级党参分别捆成小把,一手握住根头,一手向下顺搓数次,次日再晒出,晚上收回再进行顺搓,反复进行3～4次。然后将头尾整理顺直,扎成牛角把子,每把重1～2 kg为宜。然后再置木板上反复压搓,继续晒干即成商品。遇阴雨天时可用60 ℃文火烘干。

学习与思考

1. 简述党参的药用价值。
2. 简述党参的生物学特征。
3. 简述党参种植技术要点。
4. 简述党参常见病、虫害及防治方法。
5. 简述党参育苗技术要点。

第十三节 独 活

独活为伞形科当归属,重齿毛当归及毛当归的干燥根。前者习称“川独活”,后者习称“香独活”。两者均性微温,味苦、辛。具祛风、除湿、散寒、止痛的功效。重齿毛当归产于湖北、四川等省。

一、植物形态

重齿毛当归为多年生草本,高60～100 cm。根粗大,多分枝。茎直立,带紫色。基位叶和茎下部叶的叶柄细长,基部成鞘状;叶为2～3回3出掌状复叶,小叶片分裂,最终裂片长圆形,两面均被短柔毛,边缘有不整齐重锯齿;茎上部叶退化成膨大的叶鞘。复伞形花序顶生或侧生,密被黄色短柔毛,伞幅10～25个,极少达45个,不等长;小伞形花序具花15～30朵；小总苞片5～8片；花瓣5片，白色；双悬果背部扁平，长圆形侧棱翅状，分果棱槽间有油管1～4个，合生面有4～5个。花期7～8月，果期9～10月。毛当归与重齿毛当归的区别点在小叶片边缘有钝锯齿；分果棱槽间有油管2～3个，合生面有2～6个。

二、生物学特性

独活喜生于海拔2000～2700 m的草丛中，或稀疏灌木林下。喜气候凉爽、湿润，在肥沃、疏松的碱性土壤、黄沙土或黑油土上生长良好，黏重土或贫瘠土不宜种植。种子不耐贮藏。隔年种子不能用，种子发芽要变温，发芽率在50%左右，生产上采用春播，如温度适宜，30天左右可出苗。

三、种植技术

(一)选地整地

独活耐寒、喜潮湿环境，适宜生长在海拔2000～2700 m的高寒山区，可选择处于半阴坡的土层深厚、土质疏松、富含腐殖质、排水良好的沙壤土或黑土；而土层浅、积水坡和黏性土壤均不宜种植。一般深翻30 cm以上，每亩地施圈肥或土杂肥3000～4000 kg作为基肥，肥料要捣细，撒匀翻入土中，然后耙细整平，做成高畦，四周开好排水沟。

(二)田间管理

1.中耕除草

春季苗高20～30 cm时进行中耕除草，当年5～8月每月1次，结合中耕除草施肥以提苗壮苗。

2.间苗定苗

苗高20～30 cm时及时间苗，通常30～50 cm的距离内留1～2株大苗就地生长，余苗另行移栽。春栽3～4月，秋栽9～10月，以春栽为好。

3.施肥

一般结合中耕除草时施入。施入饼肥，每亩地40～50 kg，过磷酸钙30～50 kg，粪肥1000～1500 kg，在粪肥腐熟之后施入，施肥后培土，防止倒伏，并促使其安全越冬。

4.摘花

由于生殖生长与营养生长存在着竞争关系，生殖生长旺时，营养生长就偏差，独活根部则营养少，根干瘪，使药材质量下降，甚至不能作为药用。所以生产上常采取早期摘花处理。

(三)病、虫害及其防治

1.根腐病

根腐病于高温多雨季节在低洼积水处易发生。

防治方法:注意排水,选用无病种苗。发病初期,用50%多菌灵1000倍液喷施;忌连作。

2.蚜虫和红蜘蛛

6～7月蚜虫和红蜘蛛吸食茎叶汁液,造成危害。

防治方法:清理病株;害虫发生期可喷50%杀螟松1000～2000倍液,或喷1:200乐果乳剂,7天喷1次,连喷3次。此外,尚有黄凤蝶、褐斑病及食心虫等,栽培时应根据病症辨别病因,以利防治。

四、留种技术

繁殖方法为种子繁殖。采用直播,也可采用育苗移栽,但以直播为佳。冬播在10月采鲜种后立即播种;春播在4月,分条播和穴播。条播按行距50 cm,开沟3～4 cm深,将种子均匀撒入沟内;穴播按行距50 cm,穴距20～30 cm点播,每穴播种10～20粒;覆土2～3 cm,稍许压实,并盖上一层草以保温保湿,每亩地用种2～3 kg。

五、采收与加工

育苗移栽的当年10～11月就可采收;直播的独活生长2年后采收,霜降后割去地上茎叶,挖出根部,挖时忌挖伤挖断,挖出后抖掉泥土。独活加工时先切去芦头和细根,摊晾,待水分至六七成干时,堆放回潮。然后将独活理顺扎成小捆,晾晒至全干即可。

学习与思考

1.简述独活的药用价值。

2.简述独活的生物学特征。

3.简述独活种植技术要点。

4.简述独活常见病、虫害及防治方法。

第十四节 桔 梗

桔梗为桔梗科桔梗属植物，又名包袱花、铃铛花、梗草等。桔梗为常用中药，以根供药用，主要含有三萜皂苷、黄酮类化合物、酚类化合物、脂肪酸、无机元素、挥发油等成分。具有宣肺、散寒、祛痰、排脓的功能。主治外感咳嗽、咳痰不爽、咽喉肿痛、胸闷腹胀、支气管炎、胸膜炎等症。除药用外，因其含有丰富的营养而被用于各种保健食品和化妆品之中。我国南北各地均有栽培，尤以安徽桐城的“桐桔梗”质量为佳。

一、植物形态

桔梗为多年生草本，株高30～100 cm。有乳汁，全株光滑无毛。根肥大肉质，长圆锥形，外皮黄褐色或灰褐色。茎直立，上部稍有分枝。叶互生，近无柄；茎中、下部叶常对生或3～4片轮生，叶片卵形或卵状披针形，边缘有不整齐的锐锯齿。花单生枝顶或数朵集成假总状花序；花萼钟状，花冠蓝紫色或白色，花开呈钟状。蒴果倒卵形，成熟时顶部盖裂为5瓣。种子多数，褐色、光滑。花期6～8月，果期9～10月。

二、生物学特性

桔梗喜凉爽、湿润气候，要求阳光充足，雨量充沛的环境，能耐寒。土壤以土层深厚、疏松肥沃、排水良好的夹沙土为好。桔梗怕风害，大风易使植株倒伏。忌积水，土壤过于潮湿易造成烂根。

三、种植技术

(一)选地整地

桔梗为深根作物，应选择土层深厚、疏松肥沃、排水良好、含腐殖质丰富的沙质壤土或腐殖质壤土为好。壤土过沙，保水保肥性能差；过黏，通透性能差，且易板结，不利于根部生长。故均不适宜种桔梗。地选后，于头年冬季深耕30 cm以上，使其风化熟化。翌春结合整地每亩地施厩肥或堆肥2000 kg，加过磷酸钙和饼肥各50 kg，翻入土中作为基肥。然后整平耙细，做成宽1.3 m，高10～15 cm，沟宽40 cm的畦，要求沟底平整，排水畅通。

（二）移栽

移栽在育苗的当年秋、冬季茎叶枯萎后至翌年春季萌发前进行，以春季3月中旬移栽为适期。栽前，将种苗挖起，按大、中、小分级，分别栽植。栽时，在畦面上按行距15～18 cm开横沟，深20 cm，按株距5～ 7 cm将主根垂直栽入沟内，不要损伤须根，也不要剪去侧根，以免影响质量。栽后，盖土踩实，使根系舒展，最后覆土略高于根头。适当密植有利增产，每亩地保持基本苗在5万株左右。

（三）田间管理

1.中耕除草和追肥

齐苗后，栽植地进行1次中耕除草，结合追肥1次，每亩追施农家肥1500～2000 kg，促进幼苗生长健壮；6月底进行第2次中耕除草，并追施1次花前肥，每亩地施过磷酸钙30 kg；8月进行第3次中耕除草，追施1次果期肥，每亩地施农家肥2500 kg，加施过磷酸钙30 kg。入冬以后，栽植地要重施1次越冬肥，每亩地施腐熟厩肥或堆肥1500 kg与饼肥100 kg、过磷酸钙50 kg混合均匀，于株间开沟施入，施后覆土盖肥，并进行培土。在收获前栽植地要适当控施氮肥，多施磷、钾肥，使茎秆和主根生长粗壮，还可防止倒苗。

2.排水

桔梗种植密度高，在高温多湿的梅雨季节，要及时清沟排水，防止积水烂根。

3.除花

桔梗花期长达3个月，开花需要消耗大量的养分。当摘除顶端花蕾时，桔梗又能萌发侧枝，形成新的花蕾。因此，人工除花不仅费工时，而且不易除尽。据报道，杭州植物园在桔梗盛花期喷施40%乙烯利，每亩地用量75～100 kg（约需乙烯利原液250～300 mL），其疏花效果显著，值得一试。

（四）病、虫害及其防治

1.根结线虫病

植株根部被线虫危害后，植株生长缓慢，叶片退绿，逐渐变黄，最后全株枯死。病株拔起可见主根或侧根有许多大小不等的虫瘿，用针挑开，内有许多白色的雌线虫。

防治方法：实行与禾本科作物轮作；结合整地进行土壤消毒处理，每亩地施用3%乐斯本颗粒剂5 kg，撒于地面，翻入土中。

2.枯萎病

枯萎病为全株性病害，据调查有些地方发病率在90%以上。发病初期，近地面根头部分和茎基都变褐色，呈干腐状。病菌沿导管向上扩展，使全株枯萎。在湿度较大时，根茎或茎部表面产生粉白色霉层（为病菌的分生孢子），最后全株枯死。

防治方法：实行2～3年的轮作期；雨后注意排水，使田间没有积水现象；发病初期用50%多菌灵和50%托布津800～1000倍液喷雾或灌根。

3.紫纹羽病

紫纹羽病主要危害根部，根部表皮变红，后逐渐变为红褐色至紫褐色。根皮上密布网状红褐色菌丝，后期形成绿豆大小的紫褐色菌核，最后根部腐烂只剩下空壳，地上茎枯死造成严重减产。

防治方法：同枯萎病防治方法相同。山地栽培每亩地施生石灰100 kg，可减轻危害。

4.害虫

害虫有红蜘蛛、地老虎等，按常规方法防治。

四、留种技术

繁殖方法采用种子繁殖、直播或育苗移栽。

（一）培育良种与采种

桔梗花、果期较长。9～10月果实由上至下成熟，应分期分批采集。为了培育良种，留种植株可于6月上旬剪去小侧枝和顶部的花序，集中养分于上、中部使果实充分发育成熟，籽粒饱满。当果实由绿色变为黄色、果皮变黑色、种子也变黑色成熟时，及时采集；否则，蒴果开时种子散失，难以收集。种子采回后，置通风干燥的室内后熟4～5天，然后晒干、脱粒、除去杂质，贮藏备用。桔梗种子寿命仅1年，发芽率70%左右。隔年陈种不宜作为种用。

（二）播种

播种可分为直播和育苗移栽两种方法。其中以直播为好，主根挺直粗壮，分叉少，便于刮皮。

1.直播

9月下旬至10月上旬为播种适期，亦可春播，最迟不过4月底。桔梗种子细小，播前，苗床要进行精细整地，充分整平耙细，然后在畦面上按行距15～20 cm开横沟条播，沟深1.5～2 cm，播幅宽10 cm左右，沟底要平整。播前，种子用0.3%～0.5%高锰酸钾溶液浸泡24 h，取出冲洗晾干后下种，可以提高发芽率和增加产量。播时，将种子与草木灰，人、畜粪水拌匀后，均匀地撒入沟内，覆盖薄层土，以不见种子为度。最后盖草，保温保湿。秋播的于翌年3～4月出苗，最后按株距5～6 cm定苗。每亩地用种量0.5 kg左右。

2.育苗

苗床宜选避风向阳的沙质壤土地块。于翻地前，每亩地施入农家肥1500～2000 kg，然后深翻入土作为基肥，整平耙细，做畦条播。春播于3～4月进行，播前种子同直播处理，按行距10～15 cm，开沟深1.5 cm。将种子均匀地撒入沟内，覆盖细肥土，厚1 cm左右，最后盖草，保温保湿和防止雨水冲刷。春播后，当气温升为18～25 ℃时，半个月左右出苗。出苗后及时揭去盖草，当苗高1.5 cm时进行间苗，拔去过密和细弱的小苗；苗高3 cm时，按株距3～4 cm定苗。以后加强苗期管理，培育1年即可出圃移栽，每亩地用种量1 kg左右。

五、采收与加工

(一)采收

一般在播种后培育2年采收。与10月中、下旬当地上茎叶枯黄时挖取。采收过早，产量低，质量差；采收过迟，根皮难以刮净，且不易晒干。收挖时不要伤根，以免汁液流出。

(二)加工

挖出根条，除去茎叶和泥土，放在清水中洗净，用碗碎片或竹刀趁鲜刮去外皮，晒干即成商品。

学习与思考

1. 简述桔梗的药用价值。
2. 结合桔梗的生物学特征简述桔梗种植的选地整地技术。
3. 简述桔梗种植技术要点。
4. 简述桔梗常见病、虫害及防治方法。

第十五节 防　风

防风属伞形科防风属，是多年生草本植物，以根部入药。主要化学成分有挥发油、色原酮、香豆素、有机酸、杂多糖、丁醇等。具有解热发汗，祛风镇痛的作用。主治外感风寒、头痛目眩、周身尽痛、风寒湿痹、骨节疼痛、四肢挛急等症。防风为常用中药材，野生于山坡、林边、草原、沙质壤土和多石砾的向阳山坡。耐寒、耐旱，忌过湿和雨涝，适宜在夏季凉爽、地势高燥的地方种植。

一、植物形态

防风为多年生草本，株高30～100 cm，全株无毛。主根粗长，表面淡棕色，散生凸出皮孔。根茎处密生褐色纤维状叶柄残基，茎单生。基生叶丛生，叶柄长，基部具叶鞘,叶片长卵形或三角状卵形,2～3回羽状分裂;茎生叶较小,有较宽的叶鞘。复伞形花序顶生;无总苞片,少有1片;小伞形花序有花4～9朵,萼片短三角形,较明显;花瓣5片,白色。双悬果,成熟果实黄绿色或深黄色,长卵形,具疣状突起,稍侧扁;果有5棱。花期8～9月,果期9～10月。

二、生物学特性

防风适应性较强,耐寒、耐干旱,喜阳光充足、凉爽的气候条件,适宜在排水良好、疏松干燥的沙壤土中生长,在我国北方及长江流域地区均可栽培。种子容易萌发,在15～25 ℃的范围内均可萌发,新鲜种子发芽率可在50%以上,贮藏1年以上的种子发芽率显著降低,故在生产上以新鲜的种子作种为好。防风发芽适宜温度为15 ℃,生产上春、秋季播种均可。种子在春季播种20天左右出苗,在秋季播种于翌年春天出苗。

三、种植技术

(一)选地

防风种植地块应选择地势高燥,向阳,土质疏松、肥沃,土层深厚,排水良好的沙质壤土最为适宜。

(二)整地

防风为根深作物,根长50～70 cm,秋天应对种植防风地块深耕40 cm以上,早春整平耙细清除根茬和杂物碎石,为防风生长创造良好的基础条件。

(三)施肥

种植防风地块必须施足底肥,每亩地施优质农家肥3000～4000 kg,同时施过磷酸钙20～30 kg或磷酸铵8～10 kg,最好在秋耕前施入地表,然后翻入耕层。

(四)田间管理

1.间苗

苗高5 cm时,按株距7 cm间苗;苗高10～13 cm时,按13～16 cm株距定苗。

2.除草和培土

6月前需要进行多次除草,保持田间清洁。植株封行时,先摘除老叶,后培土壅根、以防倒伏;入冬时结合清理场地,再次培土以利于根部越冬。

3.追肥

每年6月上旬或8月下旬需要各追肥1次,用人粪尿、过磷酸钙或堆肥开沟施于行间。

4.摘花薹

两年以上植株,除用以留种的外,都要及时摘花薹。

5. 排、灌水

在播种或栽种后到出苗前的时期内，应保持土壤湿润。防风抗旱力强，一般不需要浇灌，雨季注意及时排水，以防积水烂根。

（五）病、虫害及其防治

1. 白粉病

白粉病夏、秋季发生，危害叶片。

防治方法：施磷、钾肥，注意通风透光；发病时以50%托布津800～1000倍液喷雾防治。

2. 黄翅茴香螟

黄翅茴香螟在现蕾开花时开始危害花蕾及果实。

防治方法：在早晨或傍晚用90%敌百虫800倍液或Bt乳剂300倍液喷雾防治。

3. 黄凤蝶

黄凤蝶于5月开始危害，幼虫咬食叶、花蕾。

防治方法：人工捕杀；在幼龄期，喷90%敌百虫800倍液或80%敌敌畏乳油1000倍液。

四、留种方法

繁殖方法以种子繁殖为主，也可采用分根繁殖。

（一）种子繁殖

在春、秋季都可播种。春播，在3月下旬至4月中旬；秋播，在9～10月，在地冻前播种，第2年春天出苗。春播须将种子放在温水中浸泡1天，使其充分吸水以利发芽。在整好的畦内按30～40 cm行距开沟条播，沟深2 cm，把种子均匀播入沟内，覆土盖平，稍加镇压，盖草浇水，保持土壤湿润，播后20～25天即可出苗。每亩地用种2 kg。

（二）分根繁殖

在收获时或早春，取粗0.7 cm以上的根条截成3 cm长的小段留作种用。按株行距15 cm×50 cm、穴深6～8 cm栽种，每穴1根段，顺穴插入，栽后覆土3～5 cm，每亩地用量约50 kg。

五、采收与加工

防风一般在栽种第2年开花前或冬季采收，早春用根段栽种可于当年冬采收，均以根长30 cm，粗1.6 cm以上者方可采挖，挖时先在畦面挖一条深沟，然后再一行行掘出，防止挖断，挖出后除净残茎、细梢毛须及泥土，晒至九成干，按粗细长短分别捆成约250 g小捆，再晒干或烘至全干即可。

学习与思考

1.简述防风的药用价值。

2.结合防风的生物学特征简述防风种植的选地整地技术。

3.简述防风田间管理的要点。

4.简述防风常见病、虫害及防治方法。

第十六节 黄 芩

黄芩为唇形科黄芩属植物,又名山茶根、黄芩茶、土金茶根、条芩、枯芩等。黄芩以根供药用。具有清热、燥湿、解毒、止血、安胎等功能。主治热病发烧、感冒、目赤肿痛、吐血、衄血、肺热咳嗽、肝炎、湿热黄疸、高血压病、头痛、肠炎、痢疾、胎动不安、痈疽疮疡、烧伤以及预防猩红热等症。黄芩是制药工业的重要原料,如"银黄口服液"的主要成分就是黄芩提取物。黄芩主产于山西、河北、辽宁、陕西、山东、内蒙古、黑龙江等省区以及长江以北的其他大部分地区。

一、植物形态

黄芩为多年生草本,高30～70 cm。主根粗壮,肉质略呈圆锥形,表皮棕褐色,断面黄色,茎四棱形,基部多分枝,单叶对生,叶片披针形,全缘,上面深绿色,下面淡绿色,有黑色腺点。总状花序顶生,花排列紧密,偏生于花序的一边;花唇形,蓝紫色。蒴果小,近球形,黑褐色,包围于宿萼中。花期7～10月,果期8～10月。

二、生物学特性

黄芩喜温暖,耐高温,耐严寒,成株的地下根部能耐-30 ℃低温,植株又能耐35 ℃左右的高温。在高燥、向阳、雨量中等、排水良好,且中性和微碱性的壤土或沙质壤土地块内生长良好。黄芩性耐旱,怕水涝。在低洼积水或雨水过多的地方,生长不良,易造成烂根死亡。

三、种植技术

(一)选地整地

黄芩宜选择在地势高燥、阳光充足、土层深厚、排水良好以及地下水位较低的中性至微碱性的沙质壤土或腐殖质壤土中种植。地选后，结合整地，每亩地施入厩肥2500 kg加过磷酸钙50 kg作为基肥，深翻土壤30 cm以上。播前，整细耙平做宽1.3 m的高畦；也可做平畦。开畦沟宽40 cm，四周开好较深的排水沟，沟深底平，以使排水畅通。

（二）移栽

黄芩于10月地上茎叶枯萎，翌年4月萌芽返青。移栽宜于秋、冬季土壤封冻前或第2年春季萌芽前移栽。在整平耙细的畦面上，按行距25～27 cm开横沟，将挖取的种苗按大小分成两级，分别按株距8～10 cm垂直栽入沟内，以根头在土下3 cm为度。栽后填土压紧，及时浇水；再盖土与畦面齐平。

（三）田间管理

1. 中耕除草

中耕除草在移栽后4月返青时进行1次，以后每隔两个月中耕除草1次，直至田间封行，做到畦内表土层松软无杂草。

2. 追肥

移栽后每年追肥3次，分别于4、6、10月。前两次，每亩地施用人、畜粪水1500～2000 kg；第3次于10月重施1次冬肥，每亩地施过磷酸钙或饼肥混合堆沤的复合肥1500 kg，于株行间开沟施入，施后培土，以利越冬。

3. 排水

黄芩耐旱怕涝，雨季要注意排水，雨水过多或畦内积水易造成烂根。

4. 摘花蕾

除留种外，7～10月出现花蕾时，选晴天的上午分期分批摘除花蕾，使养分集中于根部生长。

（四）病、虫害及其防治

1. 叶枯病

叶枯病危害叶部。发病初期，先从叶尖或叶缘出现不规则的黑褐色病斑，后迅速自下而上蔓延，严重时叶片枯死。

防治方法：冬季收获后，清除病残枝叶，消灭越冬病原；发病初期用50%多菌灵1000倍液喷雾。

2. 根腐病

根腐病在8～9月发生，初期只是个别侧根和须根变褐色腐烂，后逐渐蔓延至主根腐烂，全株枯死。

防治方法：雨季注意排水，降低田间湿度；发病初期，用50%托布津1000倍液浇灌病株。

3.菟丝子病

菟丝子病发生在6～10月，菟丝子缠绕黄芩茎秆，吸取养分，造成茎叶早期枯萎。防治方法：播前净选种子，发现菟丝子随时拔除，喷洒生物农药“鲁保1号”灭杀。

四、留种技术

繁殖方法采用种子繁殖、直播或育苗移栽。

（一）采种

黄芩花果期较长，为3个多月，且成熟不一致，极易脱落。应于7～8月，当大部分蒴果由绿变黄时，连果序剪下，晒干，拍打出种子，净选后装入布袋内置阴凉干燥处贮藏备用。种子寿命3年以上。

（二）直播

青海地区于10月下旬封冻前进行直播。在整平耙细的畦面上，按行距25～27 cm横向开沟条播，沟深2～3 cm，播幅宽7～10 cm。然后，将新鲜种子拌入土灰均匀地撒入沟内，覆土厚1～1.5 cm，压平，以不见种子为度。每亩地用种量0.5～0.75 kg。播后保持土壤湿润，春播的7～10天出苗；冬播的于翌春出苗。苗期加强管理，苗高5 cm开始间苗，按株距10 cm定苗。

（三）育苗

育苗于春季3月下旬至4月初，在整平耙细的苗床上，按行距27 cm开横沟，深2 cm左右。播前，将种子用40～45 ℃温水浸种6 h，然后捞出，置室温下保温保湿进行催芽，待多数种子裂口时，取出均匀地播入沟内，覆盖细肥土，厚1 cm，以不见种子为度。每亩地用种量2 kg左右。播后用细孔喷壶洒水，畦面盖草保温和保持土壤湿润，当气温在15～ 20 ℃时，7～10天出苗。

出苗后，及时揭去盖草，进行中耕除草和间苗，苗高5 cm左右，按株距10 cm定苗，并及时追肥和灌溉，培育1年即可移栽。种子繁殖以直播为好，播后生长快，管理方便，所生长的根条长，分叉少，质量好，产量高。小面积栽培也可育苗移栽。

五、采收与加工

直播的于播后第2～3年采收，育苗的于移栽后第2年早春萌发前或10月上、中旬茎叶枯萎后采收。生长3年的采收药材质量最佳，产量最高。因黄芩主根深长，收获时要深挖，小心挖取全根，避免伤根和断根。然后除去残茎，晒至半干时，放入箩筐内撞掉老皮，使根呈棕黄色。然后再将其晒至全干，撞净老皮，使体形光滑呈黄白色即成商品。在晾晒中，避免暴晒过度，否则根条发红；同时要防止雨淋及水洗，否则根条见水变绿发黑，影响质量。

学习与思考

1. 简述黄芩的药用价值。
2. 结合黄芩的生物学特征简述黄芩种植的选地整地技术。
3. 简述黄芩常见病、虫害及防治方法。
4. 简述黄芩的育苗方法。

第十七节　知　母

知母为百合科知母属植物,又名肥知母、毛知母、蒜辫子草、羊胡子根、地参等。知母为常用中药,以地下的根状茎供药用。具有清热、滋阴、润肺、生津的功效。主治高热烦躁、口渴、阴虚火旺、骨蒸潮热、盗汗、肺热咳嗽、肠燥便秘、糖尿病等症。知母主产于河北、山西、内蒙古、陕西、甘肃等省区,尤以河北易县的质量最佳。

一、植物形态

知母为多年生草本,株高60～100 cm。根茎肥大,横生、密被黄褐色纤维状的残留叶基,下长有多数细长的须根。叶基为丛生,线形或条形,质稍硬、先端长尖而细,基部扩大成鞘状,全缘,无毛。花茎自叶丛中抽出,花1～3朵簇生于茎顶,排列成总状花序;花被平片白色或浅蓝紫色。蒴果长圆形,成熟时3裂。种子黑色,三棱形。花期5～7月,果期6～9月。

二、生物学特性

知母性喜温暖气候,能耐寒,耐旱,对土壤要求不严,以土质疏松、肥沃,排水良好的沙质壤土或腐殖质壤土为好。在阴坡及土质黏重、排水不良的低洼地不宜种植。知母为多年生宿根植物。每年春季气温在10 ℃以上时萌发出土;4～6月为生长旺盛期;8～10月为地下根茎膨大充实期;11月植株枯萎。生育期230天左右。

三、种植技术

(一)选地整地

知母宜选土壤肥沃、疏松,排水良好且阳光充足的地块种植,以沙质壤土或含腐殖质较多的壤土为好,土层深厚的山坡荒地也能种植。土壤以中性壤土生长良好。地选后，每亩地施腐熟农家肥3000 kg，氮、磷、钾复合肥10 kg，或腐熟的饼肥50 kg，撒入地内，翻入土中作为基肥。若为酸性土，还要撒适量石灰粉，调节pH值为7左右。然后深耕土壤25 cm，整平耙细后，做成宽1.3 m的高畦或平畦。若遇土壤干旱，先在畦内灌水，待水渗后，表土稍干时播种。

（二）定植

定植于春季或早春进行。春季播种育苗，待秋后形成分蘖芽后定植为好。栽时按行距18～20 cm、株距5～7 cm，开沟深4～5 cm横向平栽，栽后翻土，严实，浇水。定植苗宜带较多的须根，有利成活。每亩地用种量100～200 kg。

（三）田间管理

1.间苗、定苗

春季在苗萌发后，当苗高4～5 cm时进行间苗，取弱留强。苗高10 cm左右时，按株距4～5 cm定苗。合理密植是知母增产的关键。

2.松土除草

间苗后进行第1次松土除草，宜浅松土，搂松土壤即可，但杂草要除净。定苗后再松土除草1次，保持畦面疏松无杂草。

3.追肥

合理施肥是知母增产的重要措施。除施足基肥外，苗期以追施氨肥为主，每亩地施用人、畜粪水1000～1500 kg，生长的中后期以追施氮、钾肥为好，每亩地施厩肥和草木灰1000 kg，或硫酸钾30 kg。在每年的7～8月生长旺盛期，每亩地喷施0.3%磷酸二氢钾溶液50 kg，每隔半月喷施叶面1次，连续喷2次（根外追肥）。喷施时间以晴天下午4时以后效果最好。喷施后若遇雨天，应重喷1次。

4.排、灌水

封冻前灌1次冬水，以防冬季干旱；春季萌发出苗后，若土壤干旱，及时浇水，以促进根部生长，雨后要及时疏通排水。

5.摘花薹

知母播后于第2年夏季开始抽薹开花，需要消耗大量养分。除留种外，一律于花前剪除花薹，可促进地下根茎粗壮、充实，有利于增产。

6.盖草

1～3年生知母幼苗，在每年春季松土除草和追肥后，畦面覆盖杂草，可有利于保温保湿，抑制杂草滋生的效果。

（四）病、虫害及其防治

蛴螬能咬断知母幼苗或地下根茎，造成缺株。

防治方法：浇施马拉松乳剂800～1000倍液，或用50%辛硫磷乳油每亩地500 mL，兑水浇穴。

四、留种技术

繁殖方法采用种子繁殖和分株繁殖。

(一)种子繁殖

1.选种采种

选择3年生以上的,无病、虫害的健壮植株作为采种母株。成熟的果实在8月中旬至9月中旬采集,脱粒、净选、晒干,贮藏备用。

2.种子处理

知母种子发芽率为40%～50%,一般进行沙藏至翌年春季播种为好。在播种前的3月上、中旬,将种子放入60 ℃温水中浸泡8～12 h,捞出晾干表面水分,与2倍的湿润细沙混拌均匀,在向阳温暖处挖一浅坑,坑的大小以种子的多少而定。然后将混沙种子堆于坑内,上盖细沙,土厚5～6 cm,再用地膜覆盖,周围用土压紧。待多数种子露白时,即可取出播种。

3.播种

春播于4月中旬进行。在整好的畦面上,按行距20 cm横向开浅沟,沟深2 cm。然后将催芽籽均匀撒入沟内,覆土盖严后稍加镇压,以不见种子为度。播后保持土壤湿润,半个月左右即可出苗。每亩地用种量10 kg左右。育苗1亩地可移栽大田10亩地。

(二)分株繁殖

分株繁殖宜在秋、冬季植株休眠期至翌年早春萌发前进行。秋季当植株萎蔫时,挖取2年生的知母根茎,选生长健壮、粗长、分枝少的根茎留作种栽。然后将根茎切成3～5 cm的小段,每段必须带芽头2～3个及少量须根。在整好的畦面上,按行距20 cm开横沟,沟深4～5 cm,将切好的种茎每隔5 cm平放1段于沟内,覆盖细肥土,压紧,浇1次定根水。

五、采收与加工

(一)采收

种子繁殖的于第3年采收,分株繁殖的于第2年的春、秋季采收。据试验,知母有效成分含量最高时期为花前的4～5月,其次是果后的11月。此期间采收质量最佳。

(二)加工

1.知母肉

知母肉又称光知母,4月下旬抽薹前挖取根茎,趁鲜剥去外皮,不能沾水。然后切片,干燥即成商品。

2. 毛知母

11月挖取根茎，去掉芦头，洗净泥土，晒干或烘干，再用细沙放入锅内，用文火炒热，不断翻动，炒至能用手搓去须毛叶，再把根茎捞出置于竹筐内，趁热搓去须毛，但要保留黄绒毛，然后洗净，切片后即成毛知母。

学习与思考

1. 简述知母的药用价值。
2. 结合知母的生物学特征简述知母种植的选地整地技术。
3. 简述知母种植技术要点。
4. 简述知母常见病、虫害及防治方法。
5. 简述知母的繁殖方法。

第十八节　枸　　杞

枸杞为茄科枸杞属植物，又名西枸杞、白疙针、枸杞子、宁夏枸杞等，为我国名贵的中药材。果实和根皮(地骨皮)供药用。果实具有滋补肝肾、益精明目的功能，主治肝肾阴虚、气血不足、腰膝酸痛、视力减退、头晕目眩等症；根皮有除湿凉血、补正气、降肺火的功能，主治肺结核低热、骨蒸盗汗、肺热咯血、高血压病、糖尿病等症。据测定，果实内含有总糖量25%～50%，蛋白质10%～20%，脂肪12%，还有丰富的甜菜碱、酸浆红色素、胡萝卜素、维生素B_1、核黄素、烟酸、维生素C以及微量元素和钙、磷、铁等成分。现代药理研究证明：枸杞具有抗癌作用和降低血糖、降低血压、扩张血管、防止动脉硬化的形成以及降低胆固醇的作用。其中甜菜碱能显著增加血清和肝素的含量，有滋补肝肾的功效。枸杞用途广，除满足国内市场需要外，还大量出口。枸杞主产于宁夏、山西、内蒙古、陕西、甘肃、青海、河北、新疆等省区，尤以宁夏中宁、中卫两县和青海海西地区所产枸杞品质最佳，驰名中外。

一、植物形态

宁夏枸杞为落叶灌木，高1.5～2 m。树皮幼时灰白色，光滑；老时深褐色，沟裂。树冠开张，主枝数条，粗壮，分枝多，先端通常弯曲下垂，常成刺状。叶互生或数片簇生于短枝上；叶柄短，叶片卵状披针形或窄倒卵形，全缘，无毛。花单生或数朵簇生于叶腋，花冠粉红色或淡紫红色，具暗紫色脉纹；花梗细；花萼钟状。浆果椭圆形或卵圆形，熟时红色或橘红色。种子多数(20～50粒),扁肾形,黄白色。花期5～10月,果期6～11月。

二、生物学特性

枸杞喜凉爽气候。喜光,在遮阴环境下虽能生长,但产量低;喜肥,在肥水充足时,栽后第2年便开花结果,5年以后便入盛果期,30年以后结果率才逐渐减少,40年以后开始衰退进入衰老期,管理不好20年左右就开时衰老。枸杞适应性强,能耐寒、耐旱、耐盐碱,无论在沙土壤、黄土、盐碱地均能生长。萌蘖力极强,4～8月每月均能萌发新枝;花芽为混合芽,腋生。枸杞多在1～2年生枝条结果。人工栽培以土层深厚、肥沃,排水良好的沙质壤土和中性或微碱性的土壤为好。田埂边以及低洼积水之地不宜种植。

三、种植技术

(一)选地整地

育苗地宜选择地势平坦,灌溉方便,阳光充足,土层深厚,土壤pH值为8以下,排水良好的沙壤土。播种的头1年秋季深翻土地,结合整地每亩地施厩肥2500～3000 kg,灌冬水,翌年开春土壤解冻10 cm,再整平耙细,做成宽1.3 m的高畦播种。定植地宜选用含盐量在0.3%以下的沙质壤土,建立枸杞园,集约栽培。地选后,翌年冬季进行全面翻耕,使土壤风化熟化,建好道路、沟穴和排灌系统。栽前再翻耕1遍,整平田园,浇灌底水,挖好空植穴,施足基肥,然后进行定植。

(二)定植

定植在秋冬、落叶后至翌春树苗萌发前均可进行,以春季3月下旬至4月上旬定植为好,成活率较高,定植时按株距2 m×2 m(156株/亩)挖穴,穴径和深各40 cm。每穴施腐熟厩肥或堆肥3～5 kg,与底土混合后,覆盖细土10 cm。然后将1～2年生壮苗去掉过长的细根,每穴栽入1株。栽时先填表土,再填新土,至半穴时,将树苗向上轻提,让根系舒展,再填土至满穴,浇水,踏实,栽正后覆土高出地面10 cm,使呈龟背形。前期可与瓜、豆、蔬菜等作物套种。

(三)田间管理

1.中耕除草

定植后的2年内,结合间作进行松土除草、灌溉、施肥等田间管理措施,以促进幼树生长。2年后不再间作。一般于3月中旬至4月上旬翻晒园土1次,深10～15 cm。并于8月中、下旬再翻晒园土1次,深20 cm,可起到提高土温的作用,有利根系生长健壮。

2.追肥

生长期追施腐熟的人、畜粪水或尿素、硫酸铵等速效肥料3次，分别于5月上旬、6月上旬和6月下旬施入，每株每棵施尿素100 g，于株旁穴施，施后灌水，盖土。此外，5、6、7月用0.5%尿素和0.3%磷酸二氢钾进行根外追肥1次，翌年于11月上、中旬灌封冻水前，每株施用人、畜粪20 kg，次杂肥50 kg，饼肥2 kg，于根际周围挖穴或开沟施入，施后盖土，并在根际培土，以利越冬。

3.灌水

新枝叶生长至开花结果期间，应灌水3～4次，第1次灌水于4月底至5月初，以后每隔半个月灌水1次；夏季高温正值果实成熟期，需水量更大，每次采果后都应灌水1次，秋梢生长期，于8月上旬、9月上旬、11月上旬各灌1次水，封冻前要灌1～2次冬水。

4.整形修剪

为了培育骨架稳固、树冠圆整、通风透光、主体结果的丰产树型，根据主产区的经验，宜采取“主干分层形”的树型为好；树高为2 m左右，从主干上放出主枝，在中央主干上3层分布，各层间有一定的间距，主枝与中央主干成一定角度，向外张开，通风透光。其整形修剪的方法如下。

(1)幼龄树的整形修剪：定植后的当年，在树干高60 cm处剪顶定干，春季从剪口15 cm左右处发出的新侧枝中选留分布均匀的5～6个侧枝培养成为第一层树冠的主枝，并于当年夏、秋季留长20 cm进行短截；第2年春季在上年所留的主枝上又能抽生众多的新侧枝，生长旺者，于夏季留长20～30 cm进行短截，并适当疏删弱枝。定植后第2年，从主干上部发出的直立性枝条中，选留1个壮枝作为延伸主干，在距第1层树冠60 cm处剪顶，从剪口处发出的新侧枝中，选留5～6个作为培养第2层树冠的主枝。定植后第3年，再从第2层树冠顶上发出的直立性枝条中选留1个壮枝作为延伸主干，在距第2层树冠40 cm处剪顶再从剪口处发出的新侧枝中，选留3～5个作为培养第3层树的主枝。总之，定植后4～5年内，主要是扩大、充实幼树各层树冠和中央主干的加粗生长。对生长过密的枝条，可适当疏剪；对生长过旺的枝条，予以短截。

(2)成年树的修剪：是指定植5～6年后已进入盛果期对枸杞树的修剪。春季，于萌芽至新梢生长初期，主要是剪除主枝和枯梢。夏季，于5～6月间剪去主干或主、侧枝上无用的徒长枝、密生枝和病虫枝，以减少养分的无谓消耗，促进果实发育。秋季，在8～11月，主要是清除主枝基部萌生的徒长枝；剪除树冠顶端直立性枝条，以控制树体高度，还要剪除树冠内有的老、弱枝，以增强树冠内膛的通风透光度，并剪除无用的横生枝、针刺枝、徒长枝和病虫枝，保留生长健壮的“七寸枝”和“老眼枝”作为下一年的结果枝。

(3)衰老树的更新修剪：对树冠残缺不全而树干生长尚好的植株，可通过修剪，利用徒长枝进行树冠更新。对大部分植株生长尚好而部分植株生长不良或衰老死亡的枸杞园,可挖去枯死植株,补植幼株,进行更新;对已经衰老的枸杞园,应全部挖除,重新建园。

(四)病、虫害及其防治

1.枸杞黑果病

枸杞黑果病又称炭疽病,主要危害果实和叶片。果实发病,绿果上产生圆形不规则的褐色微凹陷的病斑,上有小黑点,排列成轮纹状。有的在病斑上出现橙红色黏质物。后期,病果变黑,僵死早落。叶片发病,初期为黄色小点,后扩大为不规则的病斑,边缘红褐色。后期病斑上有小黑点,有的破裂穿孔,7～8月高温多湿时发病严重。

防治方法:冬季修剪时,剪除的病虫枝连同残叶集中烧毁,消灭越冬病源;用40%氟硅酸乳油2000倍液或32%咪鲜胺乳油1500倍液喷雾防治,7～10天喷1次,连喷2～3次。

2.枸杞灰斑病

枸杞灰斑病主要危害叶片。发病后叶片上出现圆形、中央灰白色、边缘褐色的病斑,后在叶背面出现淡黑色的霉状物。

防治方法:增施磷、钾肥,提高抗病力;用10%苯醚甲环唑可湿性乳剂1000倍液防治,7～10天喷1次,连喷2～3次。

3.枸杞根腐病

枸杞根腐病危害根茎部。初为须根变褐色,腐烂,后蔓延主根发黑,腐烂,严重时外皮腐烂剥落后只剩下木质部,最后全部枯死。

防治方法:发现植株叶片发黄,枝条萎缩,侧枝枯死的主枝,立即拔除,病穴用5%石灰乳消毒,以防蔓延;发病初期用50%多菌灵1000～1500倍液浇灌根部。

4.虫害

虫害有地老虎、蛴螬、蛀果蛾、卷梢蛾、实蝇等。喷施波美3度石硫合剂,以降低病原虫源基数;也可用10%吡虫啉乳油2000倍液或3%啶虫脒乳油1500倍液喷雾。虫体较大的可以人工捕捉。

四、留种技术

繁殖方法以种子繁殖为主,也可扦插繁殖和分蘖繁殖。

(一)种子繁殖

1.采种及种子处理

选择6年生以上,生长健壮,果大,无病、虫害的优良品种作为采种母株,6～11月当果实由绿色变红色时及时采摘成熟的果实。果实先用30～50 ℃温水浸泡24 h,捞出揉搓，在清水中淘洗出种子，捞去果肉果皮，取沉淀底层的种子，晾干后随即进行播种。另外，将种子与3倍的湿沙混合放入木箱内，置20 ℃的室内层积催芽。翌年春季待有30%～50%的种子裂口露白时，取出播种。

2.播种

春、夏、秋季均可播种。以春季3月下旬播种为好，在整好的苗床上，按行距20～30 cm横向开浅沟条播，沟深2～3 cm，播幅宽5 cm；也可将催芽籽均匀地播入沟内。备用干籽，先将种子浸泡1～2天，捞出晾干后拌细沙或草木灰栽种。播后覆盖细土，稍加镇压后畦面盖草，保温保湿。每亩地用种量150～200 g。种子出苗后揭去盖草，土壤干旱要适时灌水，待水渗后进行中耕除草，一般每年进行4～5次。结合中耕除草，进行间苗，第1次在苗高5 cm左右，拔去弱苗，10～15 cm定苗；第2次在7月上、中旬，去弱留强，按株距10～15 cm定苗，并追施稀薄人、畜粪水或尿素，促进幼苗生长健壮。当苗高30 cm时，应及时拔除从基部发出的侧枝；苗高60 cm以上时，打顶，以加速主干和主、侧枝生长粗壮。春季育苗的于当年年后出圃定植；夏、秋季育苗的于冬季灌1次封冻水，留床于翌年秋后出圃定植。

（二）扦插繁殖

于春季树液流动后、萌芽放叶前，剪取优良母树上的徒长枝或“七寸枝”，截成长18～20 cm的枝条。下切口用50×10^{-4}～10×10^{-4} IBA溶液快速浸渍10～15 s，晾干后按行株距15 cm×7 cm斜插入苗床内，插后经常保持床土湿润，搭矮棚遮阴，成活率可在80%以上。当苗高80 cm左右即可出圃定植。可直接折插，成苗后加强肥水管理，当年就能开花结果。

（三）分蘖繁殖

枸杞萌蘖力极强，常在根际周围发出许多根蘖苗，可于秋、冬季带根挖取幼苗，截离母株，另行定栽。

五、采收与加工

（一）采收

7～11月果实陆续成熟，当果实由绿色变红色或粉红色、果肉稍软、果蒂疏松时，应及时采收。采收过早，色泽不鲜，果不饱满；过迟，果实易脱落，加工后质量差。切勿采收雨后果及露水果。

（二）加工

采收后的鲜果及时晒干或烘干。先将鲜果均匀摊于晒席上摊晒，头两天中午阳光强烈时要移至阴处晾晒，因暴晒后易成僵子，色泽不佳，且不易干燥，待下午3时以后再移到阳光下日晒。第3天可整天晾晒，直至全干。一般要晒7～10天才能干燥。若遇阴雨天，要进行烘干。烘房的温度控制在50～55 ℃，在烘干过程中要勤翻动，使之受热均匀，一般烘1～2天。果实不软不脆，含水量在10%～12%即可，折干率25%左右。果实干燥后，应除去果柄，分级包装。根皮(地骨皮)：将根挖起后，洗净泥土，用刀将其横切数段，每段长7～10 cm，用木棒敲打，使根皮与木心分离，然后去掉木心，晒干即成商品。

学习与思考

1. 简述枸杞的药用价值。
2. 简述枸杞种植的选地整地技术。
3. 简述枸杞田间管理的技术要点。
4. 简述枸杞常见病、虫害及防治方法。
5. 简述枸杞的采收与加工技术。

第十九节　牛　蒡

牛蒡为菊科牛蒡属草本植物，又名大力子、牛蒡子等，原产于亚洲及北欧，我国各地都有野生种分布与栽培。牛蒡果实(瘦果)供药用，其根和叶也有一定的药效，常作为一种保健蔬菜食用。牛蒡性寒，味辛苦，入肺、胃经，具有疏散风热、宣肺透疹、消肿解毒之功效。主治风热感冒、咽喉肿痛、麻疹、腮腺炎、痈肿疮毒等症。其根具有祛风、利咽、清热、解毒、利尿之功效，主治风热感冒、咳嗽、咽喉肿痛、脚癣和湿疹等；其叶外用有显著的消炎镇痛作用，内服稍有利尿作用。牛蒡主产于山东、河北、甘肃、青海、吉林、辽宁等省。近年研究表明，经常食用牛蒡根可滋补强体，防止人体衰老，对防治便秘、高血压、直肠癌以及降低胆固醇有一定功效。牛蒡出口日本、韩国及欧美很受欢迎，市场前景很好，值得进一步开发利用，推广种植。

一、植物形态

牛蒡为两年生草本，高1～2 m。根粗壮，肉质，圆锥形。茎直立，上部多分枝，带紫褐色，有纵条棱。基生叶大形，丛生，有长柄；茎生叶互生；叶片长卵形或广卵形，长20～50 cm，宽15～40 cm；先端钝，具刺尖，基部常为心形，全缘或具不整齐波状微齿，上面绿色或暗绿色；具疏毛，下面密被灰白色短绒毛。头状花序簇生于茎顶或排列成伞房状，直径2～4 cm，花序梗长3～7 cm，表面有浅沟，密被细毛；总苞球形，苞片多数，覆瓦状排列，披针形或线状披针形，先端钩曲；花小，红紫色，均为管状花，两性，花冠先端5浅裂，聚药雄蕊5枚，与花冠裂片互生，花药黄色；子房下位，1室，先端圆盘状，冠毛短刚毛状；花柱细长，柱头2裂。瘦果长圆形或长圆状倒卵形，灰褐色，具纵棱，冠毛短刺状，淡黄棕色。花期6～8月，果期8～10月。

二、生物学特性

（一）对环境条件的要求

牛蒡适应性强，喜温暖、湿润和阳光充足的环境，耐寒，耐旱，不耐涝。春、夏、秋皆可播种，生育时间长短不一。整个生育期可分为发芽期、幼苗期、叶片生长旺盛期、肉质根膨大期、越冬休眠期、开花结实期和成熟期。种子在10～35 ℃条件下均可发芽，最适宜发芽的温度为20～25 ℃。植株生长适温为20～25 ℃，但能耐35 ℃高温，3 ℃以下地上部分会枯死，地下部肉质根能耐-20 ℃低温，翌年春季发芽生长。当气温在5 ℃左右和长日照条件下，经58天左右即可完成春化阶段，其后才能抽薹开花结籽。花期6～7月，果期7～9月。但如果栽种在高山区和贫瘠的土壤上，生长3～4年才能开花。牛蒡主根发达，是深根系植物，在低洼积水的地方易烂根，但它对土壤要求不严格，丘陵、山地、林边均能种植，尤以深厚疏松，肥力中等，pH值为6.5～7.5的沙质壤土为宜。

（二）生长发育习性

牛蒡为深根性植物，应在深厚肥沃的土壤中栽培。牛蒡适应性强，耐寒，耐旱，较耐盐碱，生长期需要水较多。牛蒡除在大田种植外，也可在房前、屋后、沟边、山坡等地栽培，野生的多见于山野、路旁、沟边或山坡草地。喜温暖、湿润环境，低山区和海拔较低的丘陵地带最适宜生长。种子发芽适温为20～25 ℃，发芽率为70%～90%。种子寿命为2年，播种当年只形成叶簇，第2年才能抽薹、开花、结果。

三、种植技术

（一）选地整地

牛蒡种植应选土层深厚，土质疏松，有机质较丰富的沙壤土或壤土，pH值为6.5～7.5，排水良好的地块栽培为好。牛蒡忌连作，可与小麦、油菜、马铃薯等轮作。由于牛蒡的食用部分为肉质根，应按70 cm的行距，挖宽30～40 cm、深40 cm的坑，然后按每亩地施2000 kg腐熟的有机肥、50 kg三元复合肥、50 kg过磷酸钙作为基肥。一层有机肥、一层土均匀填平播种坑，并且每亩地施50%的辛硫磷农药0.5 kg，与肥同施或兑水施入地下坑内，以防地下害虫。把地整成行距70 cm，宽、高各15～20 cm的小高垄（位于播种坑上）以备播种。

(二)田间管理

1.查苗补苗

出苗后要检查出苗情况,如发现缺苗,应及时补种或进行移栽。

2.间苗、定苗

苗出全,于叶展开后进行第1次间苗;幼苗有1～2片真叶时进行第2次间苗;苗高10～20 cm,即具有4～5片真叶时进行定苗,穴播,每穴留苗2株。定苗的同时可进行补苗,补苗时应浇水。

3.中耕除草

牛蒡在苗期生长缓慢,杂草容易丛生,应及时进行中耕除草,在生长前期应进行2～3次中耕除草,中耕除草时宜浅耕,以免伤根。生长后期牛蒡植株封严田面,杂草较少,不宜再中耕除草。

4.追肥

牛蒡需肥量大,在施足基肥的基础上,还要追肥2次。第1次是在间苗定苗后,每亩地用稀畜粪尿1000 kg或尿素10 kg,过磷酸钙15 kg,硫酸钾5 kg,在植株旁开穴施入,然后覆土,浇水。第2次追肥在肉根膨大期,每亩地施尿素20 kg,过磷酸钙15 kg,硫酸钾8 kg,方法同第1次追肥相同。

5.水分管理

牛蒡苗期需要湿润土壤,土壤干旱时应及时浇水保苗。成株怕涝,田间不能积水,雨季应注意排水防涝。

(三)病、虫害及其防治

常见的病害有黑斑病、菌核病。害虫有蚜虫、红蜘蛛、地老虎、根结线虫、大象鼻虫等。病、虫害要认真加以防治,尤其在发病初期喷洒相应药剂效果更为明显。

1.黑斑病

黑斑病为真菌性病害,主要危害叶片。发病初期,叶片和叶柄出现灰白色至灰褐色病斑,有时病斑上出现不规则轮纹,多个病斑连接成片,其周围产生黄色晕环。叶片薄且易破裂。湿度大时病斑上生黑色茸毛状物,这是它的分生孢子和分生孢子梗。叶柄病斑呈梭形,暗褐色,稍凹陷,可见斑环纹。潮湿条件下,病斑腐烂。

防治方法:合理密植,密度不宜过大,轮作,摘除病叶集中烧毁。药剂防治可用75%的百菌清可湿性粉剂500～600倍液,或70%甲基托布津可湿性粉剂1000～1500倍液喷雾,7天喷1次,连喷2～3次。

2.菌核病

菌核病也是真菌性病害,病害先从下部叶片上发生,病斑较大,引起腐烂,进而危害叶柄和茎部,使植株腐烂、折倒。有时全株感染,表面覆盖浓密的白霉。后期腐烂的茎很快失水,地上茎上有黑色菌核。

防治办法同黑斑病的防治方法相同,也可在播种前用55 ℃温水浸种10 min就能杀死菌核。

3.虫害

虫害可用50%的辛硫磷乳油1000倍液喷雾。

四、留种技术

繁殖方法是种子繁殖。春、夏、秋季均可播种。春播在清明前后,夏播在夏至前后,秋播在立秋前后,为缩短占地时间,以夏、秋播为宜。播种分为直播和育苗移栽两种。

(一)直播

将种子用温水浸泡24 h后,放温暖处,用温水每天冲洗1次,待种子露白时播种。在整好的土地上,按行株距70 cm×40 cm挖3～4 cm深的穴,每穴撒饱满种子3～4粒,覆土盖平,使种子与土壤密结。夏、秋播的约6～7天出苗,出苗后每穴留2株健苗,缺苗处及时补上。每亩地播种量0.3 kg。

(二)育苗移栽

在整地前,每亩地施土杂肥2000～3000 kg,捣细撒匀,深耕20～25 cm,耙细整平,做1 m宽的平畦,若天旱应向畦内浇水。播种时,每畦按4～5行开2～3 cm深的沟,将处理好的种子撒于沟内,覆土盖平,稍加镇压。每亩地播种量2 kg。幼苗长出2片真叶时,按株距3 cm进行间苗。育苗后,春、夏播的可在秋季移栽,秋播的在立春未展叶前移栽。移栽时,幼苗从苗畦内挖出,略带田土,按行株距70 cm×70 cm挖穴,深度与畦内原深度相同,填土踩实,浇足定根水以保成活。

五、采收与加工

(一)牛蒡籽的采收与加工

牛蒡从播种到收获一般为2～3年时间,当总苞呈枯黄时,即可采收种子。因开花期不一致,种子成熟期也不尽相同,应成熟一批采收一批。采收时间宜在早晨或阴天进行,此时总苞钩刺较软,不致伤害皮肤引起疼痛和刺痒。因果实上长有许多细冠毛,会随风飞扬,采收时应站在上风口,且要戴上口罩、挡风镜和手套,以防伤害眼睛和皮肤。采回后,先将果序或割取地上部的茎叶果序摊开暴晒,充分干燥后,用木棒反复打击,脱出果实,然后扬净杂质,晒至全干即成商品。牛蒡脱粒时有大量绒毛,最好戴口罩。

(二)牛蒡根的采收与加工

牛蒡根因播期不同收获期也不一样,一般9～10月采收。采收时用镰刀割除地上茎叶,留15 cm左右的叶柄,从垄一侧挖沟,沟宽25～35 cm挖至根部基本暴露出时,再用双手握住植株基部晃动几下,以75°的倾斜角度将根部拔出,除去须根,洗净泥土,晾干,贮藏待售。

(三)牛蒡叶的采收与加工

叶片在5月份开花前摘下,晒干后放通风干燥处贮存,供药用或食用。

学习与思考

1. 简述牛蒡的药用价值。
2. 简述牛蒡的生物学特征。
3. 简述牛蒡的种植技术要点。
4. 简述牛蒡常见病、虫害及防治方法。
5. 简述牛蒡籽的采收与加工技术。

第二十节　板蓝根

板蓝根为十字花科大青属植物,又名菘蓝、北板蓝、大蓝根、大青根等。为常用中药,以根供药用。有清热解毒、凉血的功能。主要化学成分有生物碱类、黄酮类、木质素类、有机酸类、醌类、芥子苷类、氨基酸类、含硫类、甾醇类等。近代药理研究证明,板蓝根具有抗病毒作用、抗菌作用、抗内毒素作用、抗癌作用等。主治流行性感冒、流行性腮腺炎、流行性脑脊髓膜炎、急性传染性肝炎、咽喉肿痛等症。其叶供药用,称大青叶,具有根的同样功效。板蓝根主产于河北、江苏、安徽、陕西、河南等省,现全国各地均有栽培,尤以河北安国所产者质量最佳。

一、植物形态

板蓝根为2年生草本,株高40～90 cm。主根深长,圆柱形,外皮灰黄色。茎直立,上部多分枝,光滑无毛。单叶互生,基生叶较大,具柄;叶片长圆状椭圆形,茎生叶长圆形至长圆状倒披针形,基部垂耳状箭形半抱茎。复总状花序,花梗细长,花瓣4片,花冠黄色。角果长圆形,扁平,边缘翅状,紫色,顶端圆钝。种子1枚,椭圆形,褐色有光泽。花期4～5月,果期5～6月。

二、生物学特性

适应性较强，对自然环境和土壤要求不严，能耐寒，我国南北各地都能栽培。其根深长，喜土层深厚、疏松肥沃、排水良好的沙质壤土。土质黏重以及低洼易积水之地，不宜种植。

三、种植技术

（一）选地整地

选择地势平坦、排水良好、疏松肥沃的沙质壤土，于秋季深翻土壤40 cm以上，越深越好。结合整地每亩地施堆肥或厩肥2000 kg、过磷酸钙50 kg或草木灰100 kg，翻入土中作为基肥。然后整平耙细，做成宽1.3 m的高畦，四周开好排水沟，以防积水。

（二）播种

播种可春播，亦可夏播。春播于4月上旬，夏播于5月下旬至6月上旬，种子成熟，随采随播。可撒播，亦可条播，以条播为好，便于管理。在整好的畦面上按行距20～25 cm横向开浅沟，沟深2 cm左右，将种子均匀地播入沟内。播前最好将种子用30～40 ℃温水浸泡4 h，捞出晾干后下种。播后，施入腐熟的人、畜粪水，覆土与畦面齐平。保持土壤湿润，5～6天即可发芽。每亩地用种量2 kg左右。

（三）田间管理

1.间苗定苗

苗高7～10 cm时，进行间苗，去弱留强。苗高12 cm时，按株距7～10 cm定苗，留壮苗1株。

2.中耕除草

齐苗后进行第1次中耕除草，以后每隔半个月除草1次，保持田间无杂草。封行后停止中耕除草。

3.追肥

间苗后，结合中耕除草追施1次人、畜粪水，每亩地1500～ 2000 kg。每次采叶后，追施1次人、畜粪水，每亩地 2000 kg，加硫酸铵5～ 7 kg，以促多发新叶。若不采叶，可少追肥。

4.排、灌水

夏播后遇干旱天气应及时浇水。雨水过多时，应及时清沟排水，防止田间积水。

（四）病、虫害及其防治

1.霜霉病

霜霉病主要危害叶片。发病初期病叶背面产生白色或灰白色霉状物，无明显病斑和症状。随着病情的加重,叶面出现淡绿色病斑,严重时叶片枯死。

防治方法:收获后清洁田园,将病枝残叶集中烧毁、深埋,可减少越冬病源;降低田间湿度,及时排除积水,改善通风透光条件;发病初期喷1:1:100波尔多液,或65%代森锌500倍液,7～10天喷1次,连喷2～3次。

2. 根腐病

根腐病在多雨季节易发生,可使根部腐烂,导致全株枯死。

防治方法:发病初期用50%多菌灵1000倍液,或70%甲基托布津1000倍液灌根;及时拔除病株烧毁,用上述农药灌病穴,以防蔓延。

3. 白粉蝶

成虫为白色粉蝶,常产卵于板蓝根叶片上。卵长瓶状,浅黄色,在春、夏季孵化。幼虫咬食叶片,造成孔洞、空洞,严重时叶片可被食光,只留下叶脉。因幼虫全身青绿色,又叫菜青虫。

防治方法:在幼虫幼龄时,用90%敌百虫800倍液喷杀。

4. 小菜蛾

幼虫咬食叶片,造成缺刻、空洞,严重时叶片仅留下叶脉。

防治方法:同白粉蝶的防治方法一致。

5. 桃蚜

桃蚜主要危害嫩茎、叶。成虫和若虫群集叶背和嫩茎上吸取汁液,使叶片枯黄,生长不良。

防治方法:用50%灭蚜松乳剂1000倍液,40%乐果乳剂1500倍液喷杀。

四、留种技术

繁殖方法采用种子繁殖。

板蓝根春播的当年不开花,培育至第2年才开花结果,采集种子。10月间当地上茎叶枯萎时,挖起全根,选择生长健壮,无病、虫害,根粗不分叉的枝留作种栽。按行株距40 cm×30 cm,移栽到另一整好的地块上。栽后及时浇水,以保成活,除施足基肥外,应多施磷肥、钾肥,精心管理使其抽薹开花,籽粒饱满。培育在5～6月,分期分批采集成熟的种子。然后晒干、脱粒,置通风干燥处贮藏备用。

五、采收与加工

(一)板蓝根

10月中、下旬,当地上茎叶枯萎时,挖取根部。先在畦沟边开60 cm的深沟,然后顺着向前小心挖取,切勿伤根或断根。根部运回后,去掉泥土和茎叶,洗净,晒至七八成干时,扎成小捆,再晒至全干。遇雨天可将其烘干。

(二)大青叶

春播的可于7月上旬,9月上旬,10月中、下旬采收3次;夏播的可于第2年4～5月、7～10月采收3～4次。收割大青叶时,要从植株基部离地面2 cm处割取,以便重新萌发新枝叶,继续采收。大青叶割回后晒至七八成干时,扎成小把,继续晾晒至全干。遇阴雨天可将其烘干。

学习与思考

1. 简述板蓝根的药用价值。
2. 简述板蓝根的种植技术要点。
3. 简述板蓝根常见病、虫害及防治方法。
4. 简述板蓝根和大青叶的采收与加工方法。

第二十一节 红 花

红花为菊科红花属植物,又名草红花。红花以花入药,为妇科药,具有活血化瘀、消肿止痛的功能。主治痛经闭经,子宫瘀血,跌打损伤等症。主要化学成分有黄酮类、木脂素类、多炔类及蛋白质、脂肪、膳食纤维和微量元素。现代药理研究,红花有抗凝血,抗血栓,降低血压及调节血脂,抗炎,兴奋子宫,镇痛,保肝,免疫调节,抗肿瘤等作用。红花除药用外,还是一种天然色素和染料。种子中含有20%～30%的红花油,是一种重要的工业原料及保健用油。红花主产于河南、浙江、四川、河北、新疆、安徽等地,全国各地均有栽培。

一、植物形态

红花为1年生草本,高30～100 cm,全株光滑无毛。茎直立,上部有分枝。叶互生,基部抱茎,长椭圆形或卵状披针形,长4～9 cm,宽1～3.5 cm,先端尖,基部渐窄,边缘有不规则的锐锯齿,齿端有刺;上部叶渐小,成苞片状,围绕头状花序。夏季开花,头状花序顶生,直径3～4 cm;总苞近球形,总苞片多列,外侧2～3列,上部边缘有不等长锐刺;内侧数列卵形,边缘为白色透明膜质,无刺;最内列为条形,鳞片状透明薄膜质,有香气,先端5深裂,裂片条形,初开放时为黄色,渐变淡红色,成熟时变成深红色;雄蕊5枚,合生成管状,位于花冠上;子房下位,花柱细长,丝状,柱头2裂,裂片舌状。瘦果类白色，卵形，无冠毛。

二、生物学特性

红花喜温暖和稍干燥的气候，耐寒，耐旱，适应性强，怕高温，怕涝。红花为长日照植物，生长后期如有较长的日照，能促进开花结果，可获高产。红花对土壤要求不严，但以排水良好、肥沃的沙壤土为好。

三、种植技术

（一）选地整地

选择肥沃的、排水良好的沙壤土。前茬作物以小麦、油菜为好。作物收后马上翻地18～25 cm深，随时耙细，施底肥每亩地1500～2000 kg，隔数日后再犁耙1次，播种前又耙1次，使土壤细碎疏松。做畦，便于排水。

（二）繁殖方法

1. 采种选种

红花栽培，应当建立留种地。收获前，将生长正常，株高适中，分枝多，花朵大，花色橘红，早熟及无病害的植株选为种株。待种子完全成熟后即可采收。播种之前，须用筛子精选种子，选出大粒、饱满、色白的种子播种。

2. 播种

青海地区以春播为主。3～4月，当土地开化后开始播种。行距40 cm，株距25 cm挖穴，穴深2～4 cm，然后每穴放2～3粒种子，踩实，搂平浇水。每亩地用种量3～4 kg。

（三）田间管理

1. 间苗补苗

红花播后7～10天出苗，当幼苗长出2～3片真叶时进行第1次间苗，去掉弱苗，第2次间苗即定苗，每穴留1～2株，缺苗处选择阴雨天补苗。

2. 中耕除草

一般进行3次，第1、2次与间苗同时进行，锄松表土，深3～6 cm，第3次在植株郁闭之前结合培土进行。

3. 追肥

追肥3次，在两次间苗后进行，每亩地施农家肥2000～2500 kg，第2次追肥每亩地应施入磷酸二铵10 kg，第3次在植株郁闭、现蕾前进行，每亩地增施过磷酸钙15 kg。

4. 打顶

第3次中耕追肥后，可以适当打顶，促使多分枝，蕾多花大。

5. 排水灌溉

红花耐旱怕涝，一般不需浇水，幼苗期和现蕾期如遇干旱天气，要注意浇水，可使花蕾增多，花序增大，产量提高。雨季必须及时排水。

（四）病、虫害及其防治

1. 锈病

锈病主要危害叶片，以叶背面发生较多。

防治方法：采花后捡净残株病叶烧毁；喷97%的敌锈钠300～400倍液，10天喷1次，连喷2～3次即可。作物进行轮作，以防治土壤中的病原菌再次危害。

2. 根腐病

植株被根腐病菌侵染，整个生育阶段均可发生，尤其是幼苗期、开花期发病严重。发病后植株萎蔫，呈浅黄色，最后死亡。

防治方法：发现病株要及时拔除烧掉，防止传染给周围植株，在病株穴中撒一些生石灰，杀死根际病虫；用50%的托布津1000倍液浇灌病株。

3. 黑斑病

病原菌为半知菌，发病在4～5月，受害后叶片上呈椭圆形病斑，具同心轮纹。

防治方法：清除病枝残叶，集中销毁；与禾本科作物轮作；雨后及时开沟排水，降低土壤湿度。发病时可用70%代森锰锌600～800倍液喷雾，7天喷1次，连喷2～3次。

4. 炭疽病

炭疽病为红花生产后期的病害，主要危害枝茎、花蕾茎部和花苞。

防治方法：选用抗病品种；与禾本科作物轮作；用30%菲醌25 g拌种5 kg，拌后播种；用70%代森锰锌600～800倍液进行喷洒，10天喷1次，连喷2～3次；注意排除积水，降低土壤湿度，抑制病原菌的传播。

5. 钻心虫

钻心虫对花絮危害极大，一旦有虫钻进花絮中，花朵死亡，严重影响产量。

防治方法：在现蕾期应用甲胺磷叶面喷雾2～3次，可杀死钻心虫。在蚜虫发生期，用乐果1000倍液喷雾2～3次，可杀死蚜虫。

四、采收与加工

青海地区的红花8～9月开花，进入盛花期后，应及时采收红花。红花满身有刺，给花的采收工作带来麻烦，采收者可穿厚的牛仔衣服进田间采收，也可在清晨露水未干时采收，此时的刺变软，有利于采收工作。采回的红花，放阴凉处阴干，也可用文火焙干，温度控制在45 ℃以下，未干时不能堆放，以免发霉变质。一般每亩地产干花30～40 kg，高产可达50 kg，种子15 kg。

学习与思考

1. 简述红花的药用价值。
2. 简述红花的种植技术要点。
3. 简述红花常见病、虫害及防治方法。
4. 简述红花的采收与加工技术。

第二十二节 荆 芥

荆芥为唇形科荆芥属植物，又名假苏、香荆芥、裂叶荆芥。荆芥的地上全草经干燥后供药用。花序又名芥穗，芥穗比秸秆药力大而快，有解表散风、透疹等功效。主治感冒、头痛、麻疹不透、荨麻疹初期、疮疖等症。炒炭具止血功效，治便血、崩漏。荆芥分布很广，全国大部分地区有产，主产于江苏、浙江、江西、四川、河北、山东、湖北等省，现主要靠家种提供商品。

一、植物形态

荆芥为1年生草本，株高60～100 cm，香气甚浓。茎直立，方茎，上部有分枝，全株被短柔毛。叶对生；叶片羽状深裂，裂片3～5片，两面均被柔毛，背面具凹腺点。花为轮伞花序，多密集于枝端，形成穗状；花小，淡紫色；花萼钟形，先端5齿裂；花冠2唇形；雄蕊4枚、2强；子房4裂。小坚果4枚，卵形或椭圆形，长约1 mm，表面光滑，棕色。花期6～9月，果期8～10月。

二、生物学特性

荆芥喜阳光充足、湿润气候。幼苗期喜土壤湿润，切忌干旱和积水。成苗期喜干燥，怕涝，短期积水也有死亡。荆芥对土壤要求不严，重黏土生长不良，忌连作。种子的地温19～25℃，如湿度适宜，播后7～10天即可出苗。生长期120～200天。生长期春播约150天，夏播约120天，秋播约200天。种子寿命1年，隔年种子不发芽。

三、种植技术

1. 选地整地

选阳光充足的土壤栽种。按每亩地施圈肥2000～4000 kg，捣细撒于地内。然后深耕20～25 cm，反复耙地，使土壤细碎、平整，以利排灌。做1.3 m宽高畦，畦间保留30 cm的排水沟。浇水润透，待水渗下，表土松散时播种。

2. 繁殖方法

繁殖方法采用种子繁殖，春播或夏播均可。

（1）春播：在清明前后播种，秋分前后收获。生长期150天，全草长得高而粗壮，分枝多。荆芥的产量高，但芥穗产量不高。以收芥穗为目的，则不宜播种过早。

（2）夏播：在芒种至夏至之间，可用麦茬地播种，寒露后收获，生长期120天，全草长得矮小，侧枝少，芥穗多，质量好。

播种方法分条播和撒播两种。条播：播前先用温水浸种4～8 h，再与细沙拌匀，在整好的畦内，按行距20～25 cm，划6 cm深的沟。将种子撒在沟内，覆土盖平，再盖6～10 mm厚的细沙。撒播：将拌细沙的种子撒于畦面，盖细沙6 mm左右，7～10天可出苗。每亩地用种量0.5～0.8 kg。如用麦茬地种植，可先育苗，待收麦以后及时抢茬移栽或直接播于麦田行间。

3. 选育良种

收获时要留部分生长壮、分枝多、无病害的植株留作种株，霜降前后种子成熟时收割，打下种子供翌年播种。

4. 田间管理

（1）间苗松土：幼苗出土后，结合中耕，间去过密的弱苗。苗高7 cm左右时定苗。条播的按株距20～25 cm留苗。撒播的按株距15～20 cm定苗。第1次中耕松土要浅，以免压倒小苗，以后中耕松土可深些。保持土壤疏松，无杂草，封垅后不再松土和除草。

（2）追肥排灌：荆芥幼苗期喜湿润，需水量较大，可勤浇水，畦面应经常保持土壤湿润；但不可放大水浇灌，以免冲倒幼苗。定苗后苗高10～12 cm时追肥，按每亩地用尿素10 kg，撒于行间，或施稀人、粪尿1500 kg，接着浇水。开花前再施1次尿素，追肥数量和方法同第1次相同。雨季应及时排涝，以免地内积水烂根。抽穗开花时期一般不需要再浇水。

四、防治病、虫害

1. 根腐病

根腐病的病原菌是真菌中的一种半知菌。发病在7～8月高温多雨季节。病株地上部分迅速萎蔫，根部变黑腐烂。

防治方法：忌连作；拔除病株；发病初期可用50%多菌灵1000倍液灌根；雨季及时排水，防止畦内积水。

2.地老虎

幼虫咬断幼苗造成缺苗断垅,发现时可用敌百虫毒饵诱杀。

3.造桥虫

造桥虫主要危害叶片,可喷洒2.5%敌百虫粉剂防治。

五、采收和加工

秋分至寒露期间,芥穗下部已有种子,顶端的花尚未落时(俗称半花半种)即可采收。割取地上全草晒干,即为全荆芥;花穗在最下一节花处剪下即为芥穗;去穗的秸秆即称荆芥。一般3～4 kg鲜草可加工1 kg干货。采收时宜选晴天,在露水干后进行,否则产品变黑。

全荆芥以色浅绿、茎细、穗长而密者为佳。芥穗以穗长、无茎秆和叶、香气浓、无杂质者为佳。

学习与思考

1.简述荆芥的药用价值。

2.简述荆芥的种植技术要点。

3.简述荆芥常见病、虫害及防治方法。

4.简述荆芥的采收与加工技术。

附　录

附录Ⅰ　中药材生产质量管理规范(试行)

第一章　总则

第一条　为规范中药材生产,保证中药材质量,促进中药标准化、现代化,制定本规范。

第二条　本规范是中药材生产和质量管理的基本准则,适用于中药材生产企业(以下简称生产企业)生产中药材(含植物、动物药)的全过程。

第三条　生产企业应运用规范化管理和质量监控手段,保护野生药材资源和生态环境,坚持"最大持续产量"原则,实现资源的可持续利用。

第二章　产地生态环境

第四条　生产企业应按中药材产地适宜性优化原则,因地制宜,合理布局。

第五条　中药材产地的环境应符合国家相应标准:空气应符合大气环境质量二级标准;土壤应符合土壤质量二级标准;灌溉水应符合农田灌溉水质量标准;药用动物饮用水应符合生活饮用水质量标准。

第六条　药用动物养殖企业应满足动物种群对生态因子的需求及与生活、繁殖等相适应的条件。

第三章　种质和繁殖材料

第七条　对养殖、栽培或野生采集的药用动植物，应准确鉴定其物种，包括亚种、变种或品种，记录其中文名及学名。

第八条　种子、菌种和繁殖材料在生产、储运过程中应实行检验和检疫制度以保证质量和防止病、虫害及杂草的传播；防止伪劣种子、菌种和繁殖材料的交易与传播。

第九条　应按动物习性进行药用动物的引种及驯化。捕捉和运输时应避免动物机体和精神损伤。引种动物必须严格检疫，并进行一定时间的隔离、观察。

第十条　加强中药材良种选育、配种工作，建立良种繁育基地，保护药用动植物资源。

第四章　栽培与养殖管理

第一节　药用植物栽培管理

第十一条　根据药用植物的生长发育要求，确定栽培适宜区域，并制定相应的种植规程。

第十二条　根据药用植物的营养特点及土壤的供肥能力，确定施肥种类、时间和数量，施用肥料的种类以有机肥为主，根据不同药用植物物种生长发育的需要有限度地使用化学肥料。

第十三条　允许施用经充分腐熟达到无害化卫生标准的农家肥。禁止施用城市生活垃圾、工业垃圾及医院垃圾和粪便。

第十四条　根据药用植物不同生长发育时期的需水规律及气候条件、土壤水分状况，适时、合理灌溉和排水，保持土壤的良好通气条件。

第十五条　根据药用植物生长发育特性和不同的药用部位，加强田间管理，及时采取打顶、摘蕾、整枝修剪、覆盖遮阴等栽培措施，调控植株生长发育，提高药材质量，保持质量稳定。

第十六条　药用植物病、虫害的防治应采取综合防治策略。如必须施用农药时，应按照《中华人民共和国农药管理条例》的规定，采用最小有效剂量并选用高效、低毒、低残留农药，以降低农药残留和重金属污染，保护生态环境。

第二节　药用动物养殖管理

第十七条　根据药用动物生存环境、食性、行为特点及对环境的适应能力等，确定相应的养殖方式和方法，制定相应的养殖规程和管理制度。

第十八条　根据药用动物的季节活动、昼夜活动规律及不同生长周期和生理特点，科学配制饲料，定时定量投喂。适时适量地补充精料、维生素、矿物质及其他必要的添加剂,不得添加激素、类激素等添加剂。饲料及添加剂应无污染。

第十九条 药用动物养殖应视季节、气温、通气等情况,确定给水的时间及次数。草食动物应尽可能通过多食青绿多汁的饲料补充水分。

第二十条 根据药用动物栖息、行为等特性,建造具有一定空间的固定场所及必要的安全设施。

第二十一条 养殖环境应保持清洁卫生,建立消毒制度,并选用适当消毒剂对动物的生活场所、设备等进行定期消毒。加强对进入养殖场所人员的管理。

第二十二条 药用动物的疫病防治,应以预防为主,定期接种疫苗。

第二十三条 合理划分养殖区,对群饲药用动物要有适当密度。发现患病动物,应及时隔离。传染病患动物应处死、火化或深埋。

第二十四条 根据养殖计划和育种要求,确定动物群的组成与结构,适时周转。

第二十五条 禁止将中毒、感染疫病的药用动物加工成中药材。

第五章 采收与初加工

第二十六条 野生或半野生药用植物的采集应坚持“最大持续产量”的原则,应有计划地进行野生抚育、轮采与封育,以利于生物的繁衍与资源的更新。

第二十七条 根据产品质量及植物单位面积产量或动物养殖数量,并参考传统采收经验等因素确定适宜的采收时间(包括采收期、采收年限和方法)。

第二十八条 采收机械、器具应保清洁、无污染,存放在无虫鼠害和禽畜的干燥场所。

第二十九条 采收及初加工过程中应尽可能排除非药用部分及异物,特别是杂草及有毒物质,剔除破坏、腐烂变质的部分。

第三十条 药用部分采收后,经过拣选、清洗、切制或休整等适宜的加工,需干燥的应采用适宜的方法和技术迅速干燥,并控制温度和湿度,使中药材不受污染,有效成分不被破坏。

第三十一条 鲜用药材可采用冷藏、沙藏、罐贮、生物保鲜等适宜的保鲜方法,尽可能不使用保鲜剂和防腐剂。如必须使用时,应符合国家对食品添加剂的有关规定。

第三十二条 加工场地应清洁、通风,具有遮阳、防雨和防鼠、虫及禽畜的设施。

第三十三条 地道药材应按传统方法进行加工。如有改动,应提供充分试验数据,不得影响药材质量。

第六章 包装、运输与贮藏

第三十四条 包装前应再次检查并清除劣质品及异物。包装应按标准操作规程操作,并有批包装记录,其内容应包括品名、规格、产地、批号、重量、包装工号、包装日期等。

第三十五条　所使用的包装材料应是清洁、干燥、无污染、无破损,并符合药材质量要求。

第三十六条　在每件药材包装上,应注明品名、规格、产地、批号、包装日期、生产单位,并附有质量合格的标志。

第三十七条　易破碎的药材应使用坚固的箱盒包装;毒性、麻醉性、贵细药材应使用特殊包装,并应贴上相应的标记。

第三十八条　药材批量运输时,不应与其他有毒、有害、易串味物质混装。运载容器应具有较好的通气性,以保持干燥,并应有防潮措施。

第三十九条　药材仓库应通风、干燥、避光,必要时应安装空调及除湿设备,并具有防鼠、虫、禽畜的措施。地面应整洁、无缝隙、易清洁。

药材应存放在货架上,与墙壁保持足够距离。防止虫蛀、霉变、腐烂、泛油等现象的发生,并定期检查。在应用传统的贮藏方法的同时,应注意选用现代贮藏保管新技术、新设备。

第七章　质量管理

第四十条　生产企业应设质量管理部门,负责中药材生产全过程的监督管理和质量监控,并应配备与药材生产规模、品种检验要求相适应的人员、场所、仪器和设备。

第四十一条　质量管理部门的主要职责:

(一)负责环境监测、卫生管理;

(二)负责生产资料、包装材料及药材的检验,并出具检验报告;

(三)负责制订培训计划,并监督实施;

(四)负责制订和管理质量文件,并对生产、包装、检验等各种原始记录进行管理。

第四十二条　药材包装前,质量检验部门应对每批药材,按中药或经审核批准的中药材进行检验。检验项目应至少包括药材性状与鉴别、杂质、水分、灰分与酸不溶性灰分、浸出物、指标性成分或有效成分含量。农药残留量、重金属及微生物限度均应符合国家标准和有关规定。

第四十三条　检验报告应由检验人员、质量检验部门负责人签章。检验报告应存档。

第四十四条　不合格的中药材不得出场和销售。

第八章 人员和设备

第四十五条 生产企业的技术负责人应有药学或农学、畜牧学等相关专业的大专以上学历,并有药材生产实践经验。

第四十六条 质量管理部门负责人应有大专以上学历,并有药材质量管理经验。

第四十七条 从事中药材生产的人员均应具有基本的中药学、农学或畜牧学常识,并经生产技术、安全及卫生学知识培训。从事田间工作的人员应熟悉栽培技术,特别是农药的施用及防护技术;从事养殖的人员应熟悉养殖技术。

第四十八条 从事加工、包装、检验人员应定期进行健康检查,患有传染病、皮肤病或外伤性疾病等不得从事直接接触药材的工作。生产企业应配备专人负责环境卫生及个人卫生检查。

第四十九条 对从事中药材生产的有关人员应按本规范定期培训与考核。

第五十条 中药材产地应设厕所或盥洗室,排出物不应对环境及产品造成污染。

第五十一条 生产企业生产和检验用的仪器、仪表、量具、衡器等其适用范围和精密度应符合生产和检验的要求,有明显的状态标志,并定期校验。

第九章 文件管理

第五十二条 生产企业应有生产管理、质量管理等标准操作规程。

第五十三条 每种中药材的生产全过程均有详细记录,必要时可附照片或图像。记录应包括:

(一)种子、菌种和繁殖材料的来源;

(二)生产技术与过程:

1.药用植物播种的时间、数量及面积;育苗、移栽以及肥料的种类、施用时间、施用量、施用方法;农药中包括杀虫剂、杀菌剂及除锈剂的种类、施用量、施用时间和方法等。

2.药用动物养殖日志、周转计划、选配种记录、产仔或产卵记录、病例病志、死亡报告书、死亡登记表、检免疫统计表、饲料配合表、饲料消耗记录、谱系登记表、后裔鉴定表等。

3.药用部分的采收时间,采收量、鲜重和加工、干燥、干燥减重、运输、贮藏等。

4.气象资料及小气候的记录等。

5.药材的质量评价:药材性状及各项检测的记录。

第五十四条 所有原始记录、生产计划及执行情况、合同及协议书等均应存档,至少保存5年。档案资料应有专人保管。

第十章　附则

第五十五条　本规范所用术语：

(一)中药材　指药用植物、动物的药用部分采收后经产地初加工形成的原料药材。

(二)中药材生产企业　指具有一定规模、按一定程序进行药用植物栽培或动物养殖、药材初加工、包装、储存等生产过程的单位。

(三)最大持续产量　即不危害生态环境，可持续生产(采收)的最大产量。

(四)地道药材　传统中药材中具有特定的种质、特定的产区或特定的生产技术和加工方法所生产的中药材。

(五)种子、菌种和繁殖材料　植物(含菌物)可供繁殖用的器官、组织、细胞等，菌物的菌丝、子实体等，动物的种物、仔、卵等。

(六)病、虫害综合防治　从生物与环境整体观点出发，本着预防为主的指导思想和安全、有效、经济、简便的原则，因地制宜，合理运用生物的、农业的、化学的方法及其他有效生态手段，把病虫的危害控制在经济阈值以下，以达到提高经济效益和生态效益之目的。

(七)半野生药用动植物　指野生或逸为野生的药用动植物辅以适当人工抚育和中耕、除草、施肥或喂料等管理的动植物种群。

第五十六条　本规范由国家药品监督管理局负责解释。

第五十七条　本规范自2002年6月1日起施行。

(国家药品监督管理局令，2002年第32号)

附录Ⅱ　国家明令禁止使用的农药

为从源头上解决农产品尤其是蔬菜、水果、茶叶的农药残留超标问题，我部在对甲胺磷等5种高毒有机磷农药加强登记管理的基础上，又停止受理一批高毒、剧毒农药的登记申请，撤销一批高毒农药在一些作物上的登记。现公布国家明令禁止使用的农药和不得在蔬菜、果树、茶叶、中草药材上使用的高毒农药品种清单。

一、国家明令禁止使用的农药

六六六(HCH)，滴滴涕(DDT)，毒杀芬(camphechlor)，二溴氯丙烷(dibromochloropane),杀虫脒(chlordimeform),二溴乙烷(EDB),除草醚(nitrofen),艾氏剂(aldrin),狄氏剂(dieldrin),汞制剂(Mercury compounds),砷(arsena)、铅(acetate)类,敌枯双,氟乙酰胺(fluoroacet amide),甘氟(gliftor),毒鼠强(tetramine),氟乙酸钠(sodium fluoroace tate),毒鼠硅(silatrane)。

二、在蔬菜、果树、茶叶、中草药材上不得使用和限制使用的农药

甲胺磷(methamidophos),甲基对硫磷(parathion-methyl),对硫磷(parathion),久效磷(monocrotophos),磷胺(phosphamidon),甲拌磷(phorate),甲基异柳磷(isofenphos-methyl),特丁硫磷(terbufos),甲基硫环磷(phosfolan-methyl),治螟磷(sulfotep),内吸磷(demeton),克百威(carbofuran),涕灭威(aldicarb),灭线磷(ethoprophos),硫环磷(phosfolan),蝇毒磷(coumaphos),地虫硫磷(fonofos),氯唑磷(isazofos),苯线磷(fenamiphos)19种高毒农药不得用于蔬菜、果树、茶叶、中草药材上。三氯杀螨醇(dicofol),氰戊菊酯(fenvalerate)不得用于茶树上。任何农药产品都不得超出农药登记批准的使用范围使用。

各级农业部门要加大对高毒农药的监管力度,按照《农药管理条例》的有关规定,对违法生产、经营国家明令禁止使用的农药的行为,以及违法在果树、蔬菜、茶叶、中草药材上使用不得使用或限用农药的行为,予以严厉打击。各地要做好宣传教育工作,引导农药生产者、经营者和使用者生产、推广和使用安全、高效、经济的农药,促进农药品种结构调整步伐,促进无公害农产品生产发展。

(中华人民共和国农业部公告第199号)

附录Ⅲ　生产绿色食品的农药使用准则

1.范围

本标准规定了AA级绿色食品及A级绿色食品生产中允许使用的农药种类、卫生标准和使用准则。

本标准适用于在我国取得登记的生物源农药(biogenic pesticides)、矿物源农药(pesticides of fossil origin)和有机合成农药(synthetic organic pesticides)。

2.引用标准

下列标准所包含的条文,通过在本标准中引用而构成为本标准的条文。在标准出版时,所示版本均为有效。所有标准都会被修订,使用本标准的各方应探讨,使用下列

标准最新版本的可能性。

GB 4285-84农药安全使用标准。

GB 8321.1-87农药合理使用准则(一)。

GB 8321.2-87农药合理使用准则(二)。

GB 8321.3-89农药合理使用准则(三)。

GB 8321.4-93农药合理使用准则(四)。

GB 8321.5-1997农药合理使用准则(五)。

GB 8321.6-1999农药合理使用准则(六)。

NY/T 1999绿色食品产地环境质量标准。

3.定义

本标准采用下列定义。

3.1 绿色食品

系指遵循可持续发展原则,按照特定生产方式生产,经专门机构认定,许可使用绿色食品标志的无污染的安全、优质、营养类食品。

3.2 AA级绿色食品

系指在生产地的环境质量符合《绿色食品产地环境质量标准》,在生产过程中不使用化学合成的肥料、农药、兽药、饲料添加剂、食品添加剂和其他有害于环境和健康的物质,按有机生产方式生产,产品质量符合绿色食品产品标准,经专门机构认定,许可使用AA级绿色食品标志的产品。

3.3 A级绿色食品

指生产地的环境质量符合《绿色食品产地环境质量标准》,生产过程中严格按照绿色食品生产资料使用准则和生产操作规程要求,限量使用限定的化学合成生产资料,产品质量符合绿色食品产品标准,经专门机构认定,许可使用A级绿色食品标志的产品。

3.4 生物源农药

指直接利用生物活体或生物代谢过程中产生的具有生物活性的物质或从生物体提取的物质作为防治病虫草害的农药。

3.5 矿物源农药

有效成分起源于矿物的无机化合物和石油类农药。

3.6 有机合成农药

由人工研制合成,并由有机化学工业生产的商品化的一类农药,包括中等毒和低毒类杀虫杀螨剂、杀菌剂、除草剂,可在A级绿色食品生产上限量使用。

3.7 AA级绿色食品生产资料

指经专门机构认定,符合绿色食品生产要求,并正式推荐用于A A 级和A级绿色食品生产的生产资料。

3.8 A级绿色食品生产资料

指经专门机构认定,符合A级绿色食品生产要求,并正式推荐用于A级绿色食品生产的生产资料。

4.农药种类

4.1 生物源农药

4.1.1 微生物源农药

4.1.1.1 农用抗生素

防治真菌病害:灭瘟素、春雷霉素、多抗霉素(多氧霉素)、井冈霉素、农抗120、中生菌素等。

防治螨类:浏阳霉素、华光霉素。

4.1.1.2 活体微生物农药

真菌剂:蜡蚧轮枝菌等。

细菌剂:苏云金杆菌、蜡质芽孢杆菌等。

拮抗菌剂。

昆虫病原线虫。

微孢子。

病毒:核多角体病毒。

4.1.2 动物源农药

昆虫信息素(或昆虫外激素):如性信息素。

4.1.3 植物源农药

杀虫剂:除虫菊素、鱼藤酮、烟碱、植物油等。

杀菌剂:大蒜素。

拒避剂:印楝素、苦楝、川楝素。

增效剂:芝麻素。

4.2 矿物源农药

4.2.1 无机杀螨杀菌剂

硫制剂:硫悬浮剂、可湿性硫、石硫合剂等。

铜制剂:硫酸铜、王铜、氢氧化铜、波尔多液等。

4.2.2 矿物油乳剂

4.3 有机合成农药

5.使用准则

绿色食品生产应从作物–病虫草等整个生态系统出发，综合运用各种防治措施，创造不利于病虫草害滋生和有利于各类天敌繁衍的环境条件，保持农业生态系统的平衡和生物多样化，减少各类病虫草害所造成的损失。

优先采用农业措施，通过选用抗病抗虫品种，非化学药剂种子处理，培育壮苗，加强栽培管理，中耕除草，秋季深翻晒土，清洁田园，轮作倒茬，间作套种等一系列措施起到防治病虫草害的作用。

还应尽量利用灯光、色彩诱杀害虫，机械捕捉害虫，机械和人工除草等措施，防治病虫草害。特殊情况下，必须使用农药时，应遵守以下准则：

5.1 生产AA级绿色食品的农药使用准则

5.1.1 允许使用AA级绿色食品生产资料农药类产品。

5.1.2 在AA级绿色食品生产资料农药类不能满足植保工作需要的情况下，允许使用以下农药及方法：

5.1.2.1 中等毒性以下植物源杀虫剂、杀菌剂、拒避剂和增效剂。如除虫菊素、鱼藤根、烟草水、大蒜素、苦楝、川楝、印楝、芝麻素等。

5.1.2.2 释放寄生性捕食性天敌动物，昆虫、捕食螨、蜘蛛及昆虫病原线虫等。

5.1.2.3 在害虫捕捉器中使用昆虫信息素及植物源引诱剂。

5.1.2.4 使用矿物油和植物油制剂。

5.1.2.5 使用矿物源农药中的硫制剂、铜制剂。

5.1.2.6 经专门机构核准，允许有限度地使用活体微生物农药，如真菌制剂、细菌制剂、病毒制剂、放线菌、拮抗菌剂、昆虫病原线虫、原虫等。

5.1.2.7 经专门机构核准，允许有限度地使用农用抗生素，如春雷霉素、多抗霉素（多氧霉素）、井冈霉素、农抗120、中生菌素、浏阳霉素等。

5.1.3 禁止使用有机合成的化学杀虫剂、杀螨剂、杀菌剂、杀线虫剂、除草剂和植物生长调节剂。

5.1.4 禁止使用生物源、矿物源农药中混配有机合成农药的各种制剂。

5.1.5 严禁使用基因工程品种及制剂。

5.2 生产A级绿色食品的农药使用准则。

5.2.1 允许使用AA级和A级绿色食品生产资料农药类产品。

5.2.2 在AA级和A级绿色食品生产资料农药类产品不能满足植保工作需要的情况下，允许使用以下农药及方法：

5.2.2.1 中等毒性以下植物源农药、动物源农药和微生物源农药。

5.2.2.2 在矿物源农药中允许使用硫制剂、铜制剂。

5.2.2.3　有限度地使用部分有机合成农药，应按GB 4285、GB 8321.1、GB 8321.2、GB 8321.3、GB 8321.4、GB 8321.5、GB 8321.6的要求执行。

此外，还需严格执行以下规定：

a.应选用上述标准中列出的低毒农药和中等毒性农药。

b.严禁使用剧毒、高毒、高残留或具有三致毒性(致癌、致畸、致突变)的农药。

c.每种有机合成农药(含A级绿色食品生产资料农药类的有机合成产品)在一种作物的生长期内只允许使用一次(其中菊酯类农药在作物生长期只允许使用一次)。

5.2.3.4　严格按照GB 4285、GB 8321.1、GB 8321.2、GB 8321.3、GB 8321.4、GB 8321.5、GB 8321.6的要求控制施药量与安全间隔期。

5.2.3.5　严禁使用高毒高残留农药防治贮藏期病、虫害。

5.2.3.6　有机合成农药在农产品中的最终残留应符合GB 4285、GB 8321.1、GB 8321.2、GB 8321.3、GB 8321.4、GB 8321.5、GB 8321.6的最高残留限量(MRL)要求。

5.2.3.7　严格禁止基因工程品种(产品)及制剂的使用。

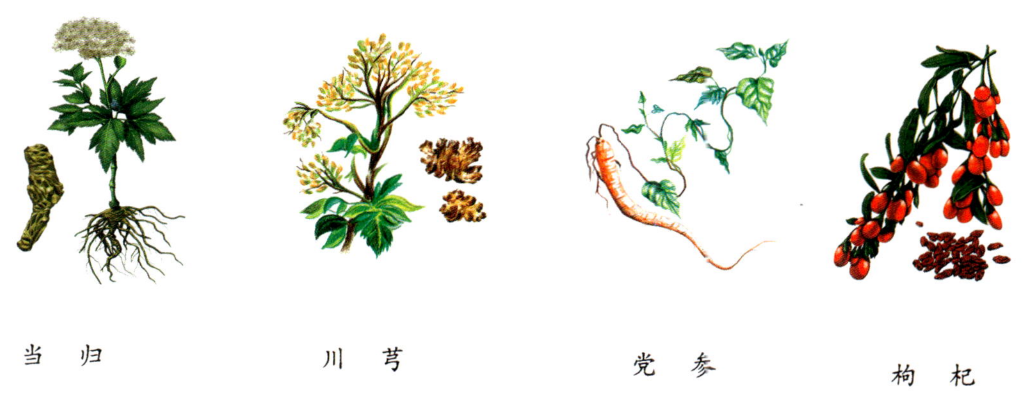

当归　川芎　党参　枸杞

防风

黄芪

甘草

红花

荆芥

桔梗

半夏

板蓝根

秦艽

牛蒡

柴胡

大黄

独活

黄芩

苦参

天南星

知母

丹参

高等学校省级规划教材

——土木工程本科专业系列教材

道路勘测设计

赵　青　主　编

李海涛
陶明霞　副主编

孙　强　主　审

合肥工业大学出版社

安徽省高校土木工程系列规划教材

编 委 会

前　言

《道路勘测设计》是土木工程领域中道路桥梁等专业的一门非常重要的主干课程，具有很强的理论性和实践性。本教材是根据高等教育发展的新趋势，立足于最新规范及技术标准，借鉴和吸收国内外成功的经验、成熟的理论及先进技术，结合建筑类各相关专业的教学特点，依照本科教学大纲的要求编写而成。

本书是高等学校省级规划教材——土木工程专业系列教材之一。作为一门重要的专业课，本书强调理论联系实际，注重学以致用。既突出基本概念、基本理论，亦强调设计原理和设计过程。本书以公路工程为背景，兼顾城市道路，主要阐述道路路线设计的主要依据，道路的平面、纵断面、横断面设计，道路的选线与定线，道路平面交叉口和立体交叉设计，道路交通设施设计，道路排水设计，小桥涵勘测设计和道路计算机辅助设计等内容。学生通过本课程的学习，在熟悉工程设计的基本工作内容后，获得从事道路的规划、勘测设计及技术管理方面的基本知识和基本技能。

本书由安徽建筑工业学院赵青主编，安徽理工大学李海涛和安徽建筑工业学院陶明霞为副主编。全书共分十四章，其中第一章由安徽建筑工业学院赵青编写，第二、十、十二、十三章由安徽理工大学李海涛编写，第三、四、五章由安徽建筑工业学院马志平和李宁波编写，第六、七、八章由安徽建筑工业学院陶明霞编写，第九、十一章由安徽建筑工业学院王文清编写。安徽建筑工业学院孙强教授主审了该书，并对本书的编写提出了许多建设性的意见，在此特致谢意。

本书在编写过程中参考了有关书籍，在此一并表示感谢。

限于编者水平，难免有错误和未尽善之处，敬请读者批评指正。

编　者

2010 年 3 月

目　　录

第1章 绪 论

1.1 道路运输

1.1.1 交通运输体系

由于社会生产与消费的需要，为了实现人与物的移动，人们必须克服空间上的阻碍，为具体实现这种移动提供运输，我们把实现这种服务的物质生产全过程称为交通运输。

交通运输是国民经济的基础，是联系工业和农业、城市和乡村、生产和消耗的纽带，是国民经济的大动脉。交通运输的发展，有利于促进整个社会的经济发展和人民物质文化生活水平的提高，有利于加强国防建设。交通运输是一个国家得以繁荣昌盛的重要的物质基础，要实现国民经济的高度发展与现代化，必须首先实现交通运输的现代化。

按照运输线路和工具的不同，交通运输体系可分为：铁路运输（火车）、道路运输（汽车）、水路运输（轮船）、航空运输（飞机）及管道运输等。铁路运输运量大，运程远，在交通运输中起着主要作用；水路运输成本低，但运速较慢并受到航道的限制；道路运输机动灵活，分布广，对于客货运输，特别是短途运输有着显著的效益；航空运输速度高，运输快，对于运送旅客、紧急物资及邮件起着重要作用；管道运输由于受管线的限制，仅适用于液态、气态和散装粉状（如石油、煤气、水泥等）的运输。上述不同的运输方式各有所长，只有合理分工、协调配合、取长补短，才能组成一个综合的交通运输体系，为社会生产和消费服务。

目前我国的交通运输发展以铁路为骨干，道路为基础，充分利用内河、沿海和远洋运输资源，积极发展航空事业，形成具有不同功能、远近结合、四通八达、全国统一的综合交通运输网络体系。

1.1.2 道路运输的特点

道路运输在交通运输体系中占有极重要的位置，它可以进行“门对门”的直达运输，也可以与其他运输方式相配合起到客货集散、运输衔接等作用。其主要特点如下：

1. 机动灵活、适应性强

由于道路网分布面宽，密度大，其分布区域比铁路、水运要大十几倍，因而它能深入工矿和山村，中转环节少，货运损失也较少。汽车运输可以随时调动、装卸、起运；可以运送少量客货，也可以运送大量客货；可以单独运行，也可以组队运输，这对国防和山区建设有重要意义，特别是在农村经济发展中占有优先的地位。

2. 运送速度快捷、运行持续性差

据有关资料表明，在各种运输方式中，公路的平均运距最短，运行持续性较差。但在中、短途运输中，特别是在高等级道路上运行，比铁路运输更快。随着人民生活水平的提高，旅游事业的发展，客货运输中的中、短途运输增加很快，它可以减少货物积压，加快资金周转，特别对高档货物及鲜货等的紧急运输有重要意义。随着高速公路的发展，运行的持续性将逐步改善。

3. **投资较少、资金周转快**

道路建设原始投资较少，车辆购置费也较低，资金周转快，社会效益显著。

4. **运量较小、运输成本高**

与铁路和水路运输相比，由于汽车装载量小，道路运输费用较高，特别是在低等级道路上长途运输，车速低，运输成本就较高。

5. **安全性较低、环境污染大**

公路运输的事故发生率较高。此外，汽车行驶中发动机的废气含有害成分，特别是在汽车密度大的地区会造成环境污染。

1.1.3 道路的基本属性

道路建设是物质生产，道路的产品是一种特殊的物质产品，因而它必然具有物质生产的基本属性，同时，它又有其本身特有的基本属性。

1. **公益性，分布广**

道路分布广泛，涉及面宽，能使全社会受益，同时也受到各方面的关注和支持。特别是近年来，由于公路运输在促进社会和经济发展方面所发挥的巨大作用，使道路建设受到社会的关注。目前国内诸如"要致富，先修路"、"公路通，百业兴"、"小路小富，大路大富，高速公路快富"等提法就是由这一关注所致。

2. **商品性，但不具有商品形式**

道路建设是物质生产，道路的产品必然具备商品的基本属性，它既具有商品的价值，又具有商品的使用价值。这一属性是目前发展商品化公路（亦称收费道路）的基本依据。通常一条上百公里的道路建成需要 2～3 年的时间，高等级道路更长，在实施过程中需耗用大量的人力、物力和财力。投入使用后一般使用年限为 10～20 年。在使用过程中还需进行经常性的养护、维修和管理工作。道路虽然具有商品性，但不具有商品的形式。在商品经济中，一般的产品，都采取商品交换形式，出售后，进入消费。而道路建成后，不能作为商品出售，也不存在等价交换的买卖形式，只提供给社会使用。其投资费用以收费和运输运营中收费形式来补偿。

3. **灵活性，快捷方便**

公路运输与其他运输相比有更大的灵活性，它具有两快（送达速度快、资金周转快）和两少（中转少、损耗少）及门到门直达运输的特性，能适应客货流变化和提供多样服务。道路运输的灵活性主要反映在时间上的机动性、运量变化上的适应性及运送的方便性等方面。

4. **超前性，储备性**

道路的超前性主要是指道路的先行作用。道路是为国民经济和社会发展服务的，它作为国家联结工农业生产的链条和经济起飞的跑道，其发展速度应高于其他部门的发展速度。这就是通常所说的"先行官"作用。道路建设是资金密集型和技术密集型产业，属于国家基本建设项目。道路建设不仅要满足其修建时通行能力的要求，还要考虑今后一段时间内交通量增长的要求，即要有一定的储备能力。这就要求道路建设之前，必须要有统一的规划、可行性论证、周密的经济和交通调查，加强交通预测及精心设计等工作，以满足远景发展的需要。

5. 专业性,系统性

道路是固定在广阔地域上的线形建筑物,不能移动。这不同于一般的工业生产和建筑业。工业生产一般是生产设备固定,产品从原材料到成品在生产过程中流动,而道路与此相反。建筑业虽然也是这样,但其产品多分布在各点上,而不是线形工程。因此,道路建设的流动空间更大,工作地点很不固定,受社会和自然因素影响大,具有更强的专业性。

道路是作为一个完整的系统发挥其作用,为社会和经济服务。一条道路由路线、路基、路面、桥涵等各部分组成完整的系统。而一个区域的道路网,则是由许多道路组成的一个有机网络系统。这个系统又成为交通运输系统中的一个子系统,这就要求各条道路的修建要统筹规划,相互协调,密切配合,从整体的角度为社会和经济服务。

另外,汽车运输与其他运输方式相比,有一些弱点,如运量小、运输成本高、油耗和环境污染较大等。

综上所述,道路运输在交通运输中主要有如下功能:

(1)主要承担中、短途运输任务(短途运输为50km以内,中途运输为50～200km)。

(2)补充和衔接其他运输方式,担任大运量运输(如火车及轮船运输)的集散运输任务。

(3)在特殊条件下,也可独立担负长途运输任务。特别是随着高速公路的发展,中、长途运输的运量将逐步增大。

1.1.4 我国道路建设及发展规划

1. 道路发展简史

道路是供各种车辆和行人通行的工程设施的总称。可以说,从有人类开始就有了道路。路是人走出来的。

人类祖先在生存活动中,徘徊于自然界的山河之间,打猎、捕鱼、采集食物,其惯行的足迹,不知不觉地形成了“路”。

人工修建道路,最早始于中国。据确切的记载,道路的出现是公元前2000年到公元300年这一时期。相传公元前2000多年就有轩辕氏造舟车。到周朝又有“周道如砥,其直如矢”的记载,并有战车、田车、乘车,还有专管道路的“司空官”。公元前3世纪,秦朝为了统治全国,修建了驰道。据《史记》记载有:“秦为驰道于天下,东穷燕齐,南极吴楚,江湖之上,濒海之观毕至。道广50步,三丈而树”。可见其规模之宏大。

公元前300年,在罗马修建了第一条军用道路,叫“罗马道路”。当时已把道路分为国道、地方道路和专用道路。到公元200年止,“罗马道路”总里程已达12万km,并以罗马为中心,有26条呈放射状的路线。“罗马道路”基宽11.2m,道路中央供军队行军用,两侧略低,供一般人、马通行。

公元前50年左右,我国丝绸向西方输出,其行经路线形成了举世闻名的“丝绸之路”,这条商路长达数万公里,东起我国的西安,经陕西、甘肃、新疆,越过帕米尔,再经中亚、西亚,西到地中海岸的威尼斯。

唐代是我国古代道路发展的极盛时期,初步形成了以城市为中心的四通八达的道路网。

到清代全国已形成了层次分明,功能较完善的道路系统——“官马大路”、“大路”、“小路”,构成从京城到各省城、省城至地方重要城市及重要城市到市镇的三级道路。其中“官马大路”就长达4000余华里。

从1886年,第一辆汽车在德国问世,到1905年,全世界拥有汽车400多万辆。由于当时汽车少、车速低，多数公路均由马车道稍加改善，再铺上一层砂石而形成。

从 1905 年到 1945 年，汽车的性能和数量都有很大提高，汽车总数已达 6000 万辆，平均时速达 40km。这个时期，干线公路线形及路幅有很大提高，高级路面在一些国家开始大量铺筑，同时由于交通事故的增多，“交通工程学”作为一门新兴学科开始产生。

从 1945 年到 1971 年止，全世界拥有汽车 2.5 亿辆，并向大型化、高速化发展，一般时速已达 60～80km。公路网布局合理，密度提高，并广泛进行以改善路面为中心的技术改造。这时，全世界公路总里程已达 18725318km，高级路面铺筑率达 23.3%。这一时期，高速公路大量修建，已有 40 多个国家拥有高速公路 8 万多公里。

70 年代以来，公路运输进入飞速发展的新时期，许多国家打破了一个世纪以来以铁路为中心的局面，公路运输在交通运输中开始起主导作用。目前，全世界拥有汽车 4 亿辆，公路总里程达 2200 万 km，高速公路里程 13.5 万 km，已初步建立了国际和洲际的干线公路联系。公路运输已渗透到社会生活的各个方面，影响着生产、流通、分配、消费各个环节，在人类社会中产生着巨大的影响，并以新的效力造福人类。

我国的汽车运输业起步是比较早的，从 1901 年上海进口两辆汽车开始，到 1902 年在上海投入了第一辆汽车运输，我国道路进入汽车时代。1913 年建成了我国第一条公路即长沙—湘潭公路，1918 年又建立了第一个专业汽车运输公司，即张库运输公司，经营从张家口到乌兰巴托的运输业务。但由于封建主义的束缚，在近代，我国的道路发展十分缓慢，到 1949 年全国仅有汽车 5 万辆，通车里程仅有 8 万 km。

2. 我国道路建设

新中国成立以来，我国公路发展很快。特别是改革开放后的十几年来，公路建设迅速发展。到 2000 年底中国公路总里程达 167.98 万 km，其中高速公路通车里程为 1.63 万 km。全国公路总里程中，国道 11.9 万 km、省道 21.2 万 km、县道 46.2 万 km、乡道 80.1 万 km、专用公路 8.6 万 km。在公路总里程中，等级以上公路 131.5 万 km，占总里程 78.3%。高级、次高级路面里程占公路总里程的 38.9%。全国共有公路桥梁 27.9 万座，1031.2 万延米。公路隧道 1684 处，62.8 万延米。全国每百平方公里的公路密度为 17.5km，乡镇公路通达率为 99.2%，行政村公路通达率为 90.8%。

2001 年底中国公路通车总里程达 169.8 万 km，其中高速公路总里程达 1.95 万 km。

2002 年底中国公路通车总里程达 175.8 万 km，其中高速公路总里程达 2.52 万 km。

2003 年底中国公路通车总里程达 181 万 km，其中高速公路总里程达 3 万 km。

2004 年底中国公路通车总里程达 185 万 km，其中高速公路总里程达 3.4 万 km。

根据交通部发布的《二〇〇五年公路水路交通行业发展统计公报》，到 2005 年底中国公路通车总里程达 193 万 km，全国县道、乡道里程达到 147.57 万 km，总里程达 340.6 万 km，其中高速公路总里程达 4.1 万 km。全国公路总里程中，国道 132674km、省道 233783km、县道 494276km、乡道 981430km、专用公路 88380km。全国等级公路里程 159.18 万 km，占公路总里程的 82.5%。全国公路桥梁达 33.66 万座、1474.75 万延米。全国公路隧道达 2889 处、152.70 万延米。全国公路密度为 20.1km/百平方公里。

2006 年底中国公路通车总里程达 348 万 km，其中高速公路总里程达 4.54 万 km。

2007 年底中国公路通车总里程达 357.3 万 km，其中高速公路总里程达 5.36 万 km。总规模约 3.5 万 km 的“五纵七横”国道主干线系统全部贯通，比原规划提前 13 年。乡镇通公路率达 98.54%，建制村通公路率达 88.15%。

2008 年底中国公路通车总里程达 368 万 km，其中高速公路总里程达 6.03 万 km。

我国道路建设虽然取得了巨大的成就，但道路的落后状态还未得到彻底的改变，与发达国家相比仍有较大差距，主要表现以下几个方面：

(1)公路数量少、等级低、质量差

从通车里程看，我国仅为美国的 1/5.3。美国人口约占世界的 5%，而公路里程却占世界的 28%；我国人口约占世界的 22%，而公路里程仅占世界的 5%。全国公路混合交通十分严重，占全国公路里程的 99.6%，并且运输时速慢，干线公路平均车速为 37km/h，不少公路路面狭窄、弯急、坡陡，加之混合交通严重，使得车速低、油耗大、运输成本高。公路等级偏低，等外级公路还有 21.3%，四级及四级以下的公路占 73.73%。高级和次高级路面铺装率仅有 33.4%。

(2)公路网密度低，通达深度不够

我国公路无论在总量上，质量上与我国的国土面积和人口数量相比仍不相称。由于公路里程少、密度低，通达深度不够，很多地区的经济发展仍将受到制约。

(3)公路交通发展不平衡，东西部地区差距大

由于受历史、自然、地理环境和经济等因素的影响，目前东、西部地区公路交通水平存在着较大的差距，且差距还在拉大。

(4)交通及运输经营管理技术落后

目前，我国交通自动控制管理和运输经营管理电子技术虽已在一些地区使用，但尚未普及，多数管理方法仍然落后，使得一些地区运输紧张，阻车严重，事故增多，运输效率低，成本高，汽车运输的优越性不能很好地发挥。

(5)公路测设和施工技术水平较落后

近年来，我国在公路测设和施工方面开始使用一些新技术、新工艺、新设备，有很大进步。但是在整个公路测设和施工过程中，劳动强度仍然较大，施工进度较慢，技术装备不足。一些测设新技术如航测与遥感技术、计算机线形优化、测量信息自动化技术、施工机械化程度方面，还落后于发达国家。

3. 我国道路发展规划

(1)国道主干线规划

交通部在“七五”期末制订了交通发展长远规划。即：在发展以综合运输体系为主的交通运输业总方针指导下，按照“统筹规划、条块结合、分层负责、联合建网”的方针，从“八五”开始用 30 年左右的时间建设公路主骨架、水运主通道、港站主枢纽和交通支持系统的“三主一支持”交通长远规划。“三主一支持”中的公路主骨架即国道主干线系统，它是国道网中由专供汽车行驶的高速公路和汽车专用一级、二级公路为主组成的快速通道。国道主干线系统，总里程约 3.5 万 km，由五纵七横 12 条路线组成。连接首都、各省(自治区)省会(首府)、直辖市、中心城市、主要交通枢纽和重要口岸。这个系统形成以后，车辆行驶速度可提高一倍，城市间、省际间、经济区域间 400～500km 的公路运输可当日往返，800～1000km 的可当日到达，这标志着现代化公路运输网络的建成。

国道主干线的五纵七横总体布局如图 1-1 所示。

五纵如下：① 从同江经哈尔滨、长春、沈阳、大连、烟台、青岛、连云港、上海、宁波、福州、深圳、广州、湛江、海口至三亚；② 由北京经天津、济南、徐州、合肥、南昌至福州；③ 由北京经石家庄、郑州、武汉、长沙、广州至珠海；④ 由二连浩特经集宁、大同、太原、西安、成都、内

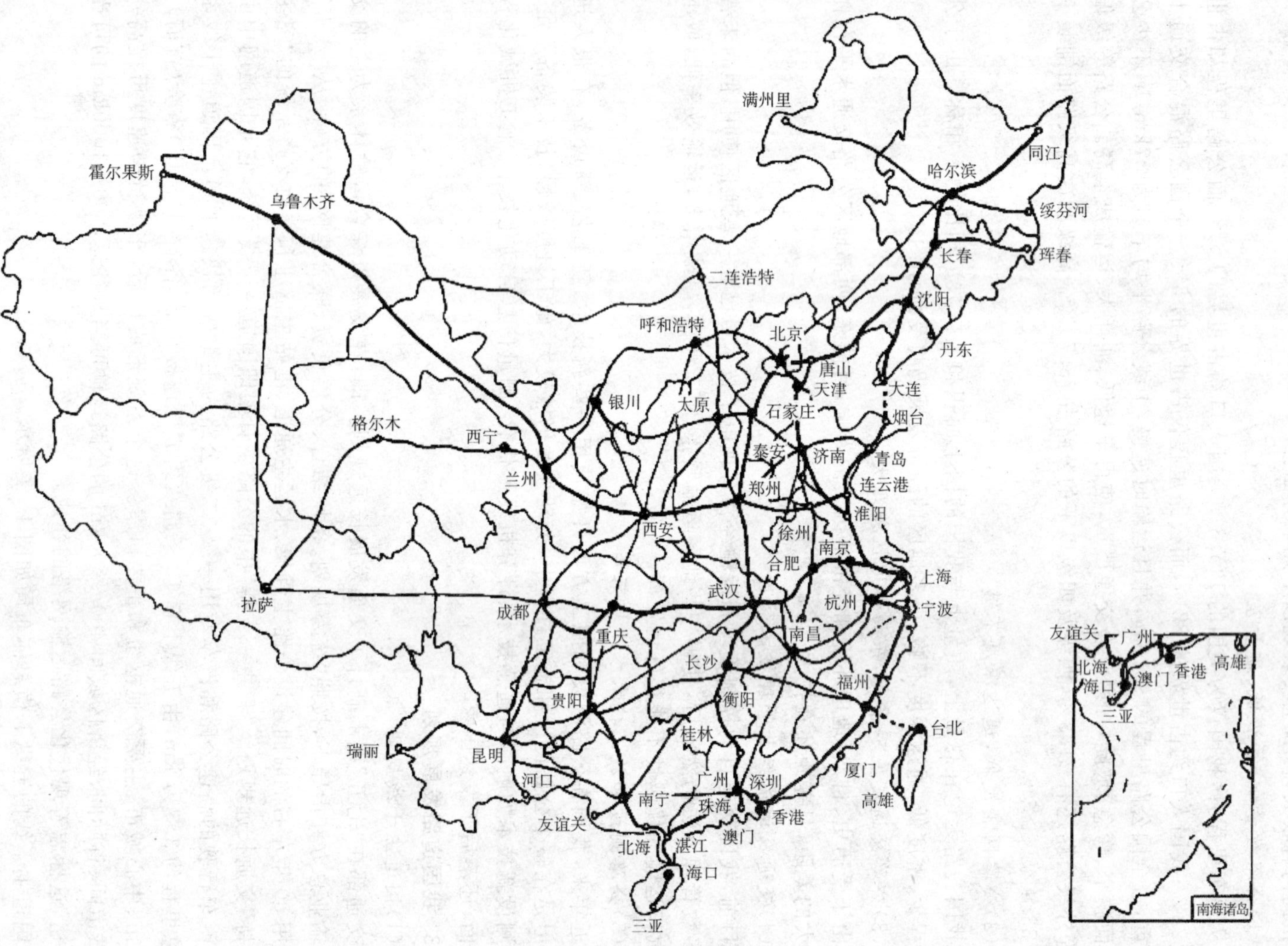

图 1-1　国道主干线系统

满州里
同江
哈尔滨
绥芬河
珲春
长春
沈阳
丹东
霍尔果斯
乌鲁木齐
二连浩特
呼和浩特
北京
唐山
天津
大连
烟台
银川
太原
石家庄
格尔木
西宁
兰州
泰安
济南
青岛
连云港
郑州
淮阳
西安
徐州
南京
合肥
上海
拉萨
武汉
杭州
宁波
成都
重庆
南昌
长沙
福州
贵阳
衡阳
台北
桂林
瑞丽
昆明
厦门
河口
广州
深圳
高雄
南宁
珠海
香港
友谊关
澳门
北海
湛江
海口
三亚
友谊关
广州
北海
香港
高雄
海口
澳门
三亚
南海诸岛

江、昆明至河口;⑤ 由重庆经贵阳、南宁至湛江。

七横如下:① 由绥芬河经哈尔滨至满洲里;② 由丹东经沈阳、唐山、北京、呼和浩特、银川、兰州、西宁、格尔木至拉萨;③ 由青岛经济南、石家庄、太原至银川;④ 由连云港经徐州、郑州、西安、兰州、乌鲁木齐至霍尔果斯;⑤ 由上海经南京、合肥、武汉、重庆至成都;⑥ 由上海经杭州、南昌、长沙、贵阳、昆明至瑞丽;⑦ 由衡阳经南宁至昆明。

为了加强沿海、沿边对外开放及各大经济区域间的联系,国家将重点支持建设同江—三亚、北京—珠海、连云港—霍尔果斯、上海—成都等两纵两横的主干线和北京—沈阳、北京—上海、重庆—北海等三个重要路段。这个目标建筑里程约 1.85 万 km,目前已全部建成。

(2)国道与省道规划

除国道主干线五纵七横外,我国还作出国道规划和省道规划。国道规划以北京为中心,连接全国各省市重要大城市、港站枢纽和工农业基地等。国道按首都放射线、北南放射线、东西横线分别顺序编号。以首都为中心的放射线由一位标识码“1”和两位顺序号组成;由北向南的纵线由一位标识码“2”和两位顺序号组成;由东向西的横线由一位标识码“3”和两位顺序号组成。我国现有国家干道 70 条,合计 108654.7km。国家干道公路包括:

自首都北京出发的放射线 12 条,编号为 101—112,合计 22596.1km;

自中国版图从南向北纵线 28 条,编号为 201—228,合计 37448.3km;

自中国版图从东向西横线 30 条,编号为 301—330,合计 48510.3km。

除国道主干线外,各省、市自治区还根据本区的情况,正在规划修建省级干线网。当这些规划完全实现后,我国的公路交通就将彻底改变面貌。

1.2 道路的分类、分级与技术标准

1.2.1 道路的分类

1. 道路的定义

道路是供各种车辆(无轨)和行人等通行的工程设施。按其使用特点分为公路、城市道路、厂矿道路、林区道路及乡村道路等。

2. 公路

公路是指连接城市、乡村和工矿基地等,主要供汽车行驶,具备一定技术和设施的道路。公路按其重要性和使用性质又可划分为:国家干线公路(简称国道)、省干线公路(简称省道)、县公路(简称县道)、乡道及专用公路。

(1)国道

国道是指在国家干线网中,具有全国性的政治、经济、国防意义,并经确定为国家干线的公路。

(2)省道

省道是指在省公路网中,具有全省性的政治、经济、国防意义,并经确定为省级干线的公路。

(3)县道

县道是指具有全县性的政治、经济意义,并经确定为县级的公路。

(4)乡道

乡道是指主要为乡(镇)村经济、文化、生活服务的公路,以及不属于县道以上公路的乡与乡之间及乡村与外部联络的公路。

(5)专用公路

专用公路是指厂矿、农(牧)场、林区、油田、港口、旅游、军事要地等部门与外部联络的公路。

在厂矿、农(牧)场、林区、港口等内部的道路,都不属于公路范畴,但穿过小城镇的路段仍属公路。

3. 城市道路

城市范围内供车辆及行人通行的,具备一定技术条件和设施的道路叫城市道路。城市道路的功能除了把城市各部分联系起来为城市各种交通服务外,还起着形成城市结构布局的骨架,提供通风、采光、保持城市生活环境空间及为防火、绿化提供场地的作用。

4. 厂矿道路

厂矿道路指主要为工厂、矿山运输车辆通行的道路。通常分为厂内道路、厂外道路和露天矿山道路。厂外道路为厂矿企业与国家公路、城市道路、车站、港口相衔接的道路或厂矿企业分散的车间、居住区之间连接的道路。

5. 林区道路

林区道路指修建在林区,主要供各种林业运输工具通行的道路。由于林区地形及运输木材的特征,其技术要求应按专门制定的林区道路工程技术标准执行。

6. 乡村道路

乡村道路是指修建在乡村、农场,主要供行人及各种农业运输工具通行的道路。由于乡村道路主要为农业生产服务,一般不列入国家公路等级标准。

各类道路由于其位置、交通性质及功能均不相同,在设计时其依据、标准及具体要求也不相同。

1.2.2 道路的等级和标准

1.2.2.1 公路的等级和标准

1. 公路等级的划分

公路根据功能和适应的交通量分为五个等级:高速公路、一级公路、二级公路、三级公路和四级公路。

(1)高速公路

高速公路为专供汽车分向、分车道行驶并应全部控制出入的多车道公路。四车道高速公路应能适应将各种汽车折合成小客车的年平均日交通量25000～55000辆;六车道高速公路应能适应将各种汽车折合成小客车的年平均日交通量45000～80000辆;八车道高速公路应能适应将各种汽车折合成小客车的年平均日交通量60000～100000辆。

(2)一级公路

一级公路为供汽车分向、分车道行驶,并可根据需要控制出入的多车道公路。四车道一级公路应能适应将各种汽车折合成小客车的年平均日交通量15000～30000辆;六车道一级公路应能适应将各种汽车折合成小客车的年平均日交通量25000～55000辆。

(3)二级公路

二级公路为供汽车行驶的双车道公路。双车道二级公路应能适应将各种汽车折合成小客车的年平均日交通量5000～15000辆。

(4)三级公路

三级公路为主要供汽车行驶的双车道公路。双车道三级公路应能适应将各种车辆折合成小客车的年平均日交通量2000～6000辆。

(5)四级公路

四级公路为主要供汽车行驶的双车道或单车道公路。双车道四级公路应能适应将各种车辆折合成小客车的年平均日交通量2000辆以下；单车道四级公路应能适应将各种车辆折合成小客车的年平均日交通量400辆以下。

2. 公路设计交通量的预测

各级公路设计交通量的预测应符合下列规定：

(1)高速公路和具干线功能的一级公路的设计交通量应按20年预测；具有集散功能的一级公路，以及二级、三级公路的设计交通量应按15年预测；四级公路可根据实际情况确定。

(2)设计交通量预测的起算年应为该项目可行性研究报告中的计划通车年。

(3)设计交通量的预测应充分考虑走廊带范围内远期社会、经济的发展和综合运输体系的影响。

3. 公路等级选用的基本原则

公路等级的选用应根据公路功能、路网规划、交通量，并充分考虑项目所在地区的综合运输体系、远期发展等，经论证后确定。确定等级应先确定该公路的功能，是干线公路还是集散公路，即属直达还是连接，以及是否需要控制出入等，然后根据预测交通量初拟等级，再结合地形、交通组成等，确定设计速度、路基宽度。

(1)一条公路可分段选用不同的公路等级或同一公路等级不同的设计速度和路基宽度，但不同公路等级、设计速度、路基宽度间的衔接应协调，过渡应顺适。

(2)预测的设计交通量介于一级公路与高速公路之间时，拟建公路为干线公路时，宜选用高速公路；拟建公路为集散公路时，宜选用一级公路。

(3)干线公路宜选用二级及二级以上公路。

4. 确定公路用地范围的原则

公路建设应贯彻切实保护耕地、节约用地的原则，在确定公路用地范围时应符合以下规定：

(1)公路用地范围为公路路堤两侧排水沟外边缘(无排水沟时为路堤或护坡道坡脚)以外，或路堑坡顶截水沟外边缘(无截水沟为坡顶)以外不小于1m范围内的土地；在有条件的地段，高速公路、一级公路不小于3m，二级公路不小于2m范围内的土地为公路用地范围。

(2)在风沙、雪害等特殊地质地带设置防护设施时，应根据实际需要确定用地范围。

(3)桥梁、隧道、互通式立体交叉、分离式立体交叉、平面交叉、交通安全设施、服务设施、管理设施、绿化、料场及苗圃等用地，应根据实际需要确定用地范围。

5. **公路建设的规定**

公路建设必须贯彻国家环境保护的政策，并符合以下规定：

(1)公路环境保护应贯彻“以防为主、以治为辅、综合治理”的原则。

(2)公路建设应根据自然条件进行绿化，美化路容、保护环境。

(3)高速公路、一级公路和有特殊要求的公路建设项目应作环境影响评价。

(4)生态环境脆弱的地区，或因工程施工可能造成环境近期难以恢复的地带，应作环境保护设计。

公路分期修建必须遵照统筹规划、总体设计、分期实施的原则，使前期工程在后期仍能充分利用。高速公路整体式断面路段不得横向分幅分期修建。

6. **公路改建的规定**

公路交通量接近或达到饱和时，应对改建与新建方案进行比选论证。采用改建方案时，应符合以下规定：

(1)改建公路，当利用现有公路的局部路段，因提高设计速度可能诱发工程地质病害时，经论证，该局部路段的设计可维持原设计速度，但其长度不宜大于相应公路等级的设计路段长度。

(2)高速公路的改建必须在进行交通量预测、交通组织设计、交通安全评价等基础上作出具体实施方案设计。在工程实施中，应减少对既有公路的干扰，并应有保证通行安全的措施。维持通车路段的服务水平可降低一级。

一、二、三级公路改建时，应作保通设计方案。

公路建设项目，应综合考虑设计、施工、养护、管理等成本效益，分析其安全、环保、运营等社会效益，选用综合效益最佳的方案。

7. **公路工程技术标准**

(1)技术标准的内容

公路的技术标准是指对公路路线和构造物的设计和施工在技术性能、几何形状和尺寸、结构组成上的具体尺寸和要求，把这些要求用指标和条文的形式确定下来即形成公路工程的技术标准。

技术标准是根据汽车的行驶性能、数量、荷载等方面的要求，在总结公路设计、施工、养护和汽车运输经验的基础上，经过调查研究、理论分析制定出来的。它反映了我国公路建设的技术政策和技术要求，是公路设计和施工的基本依据和必须遵守的准则。

我国现行《公路工程技术标准》(JTG B01—2003)(以下简称《标准》)分总则、控制要素、路线、路基路面、桥涵、汽车及人群荷载、隧道、路线交叉、交通工程及沿线设施等九章，共81条。各级公路主要技术指标详见《标准》。

(2)技术标准的应用

在公路设计中，掌握和运用技术标准要注意以下几点：

① 运用《标准》要合理。采用《标准》要避免走极端，既不要轻易采用极限指标，影响公路的服务性能，也不应不顾工程数量，片面追求高指标，使投资过大，占地增加。

② 确定指标要慎重。在确定指标时，要深入实际进行踏勘调查，征询各方面意见，掌握第一手资料，然后根据任务书的要求，结合目前和远景的使用要求，通过比较，慎重确定。如指标定得不当，会直接影响公路的使用效果、工程造价及工期。

③ 在不过分增加工程量的条件下尽量采用较高的指标，从而创造较好的营运条件，缩

短里程,减少运输成本。

1.2.2.2 城市道路的等级和标准

1. 城市道路分类、分级

按照道路在城市道路网中的地位、交通功能及对沿线建筑物的服务功能等,城市道路分为四种类型:快速路、主干路、次干路和支路。城市道路的分级主要依据城市规模、设计交通量以及道路所在的地形类别等。

(1)快速路

快速路应为城市中大量、长距离、快速的交通服务。快速路应设置中央分隔带,其进出口应采用全控制或部分控制。

快速路两侧不应设置吸引大量车流、人流的公共建筑物的进出口,必须设置时,应设置辅助道路。

(2)主干路

主干路应为连接城市各主要分区的干线道路,以交通功能为主。非机动车较多时,宜采用机动车与非机动车分隔形式,如三幅路或四幅路。

主干路上平面交叉口间距以800~1200m为宜,道路两侧不应设置吸引大量车流、人流的公共建筑物的出入口。

(3)次干路

次干路是城市内区域性的交通干道,应与主干路结合组成道路网,起集散交通的作用,兼有服务功能。

(4)支路

支路应为次干路与街坊路与小区的连接线,解决局部地区交通,以服务功能为主。它既是城市交通的起点,又是城市交通的终点。

我国《城市道路设计规范》(GJJ37—90)规定,除快速路外,其他各类道路各分为Ⅰ、Ⅱ、Ⅲ级。

2. 城市道路技术标准

我国《城市道路设计规范》(GJJ37—90)规定各类城市道路的技术指标见表1-1。

表1-1 各类城市道路的技术指标

类别 \ 项目	级别	计算行车速度(km/h)	双向机动车道数(条)	机动车道宽度(m)	分隔带设置	横断面采用的型式
快速路		60,80	≥4	3.75	必须设	双,四幅路
主干路	Ⅰ	50,60	≥4	3.75	应设	单,双,三,四
	Ⅱ	40,50	3~4	3.75	应设	单,双,三
	Ⅲ	30,40	2~4	3.5~3.75	可设	单,双,三
次干路	Ⅰ	40,50	2~4	3.75	可设	单,双,三
	Ⅱ	30,40	2~4	3.5~3.75	不设	单
	Ⅲ	20,30	2	3.5	不设	单

（续表）

类别＼项目	级别	计算行车速度 (km/h)	双向机动车道数(条)	机动车道宽度(m)	分隔带设置	横断面采用的型式
支路	Ⅰ	30,40	2	3.5	不设	单
	Ⅱ	20,30	2	3.25～3.5	不设	单
	Ⅲ	20	2	3.0～3.5	不设	单

［注］ (1)除快速路外，各类道路依城市规模、交通量、地形分为Ⅰ、Ⅱ、Ⅲ级，大城市采用Ⅰ级，中等城市采用Ⅱ级，小城市采用Ⅲ级；(2)设计年限规定：快速路、主干路为20年，次干路为15年，支路为10～15年；(3)大城市：指人口在50万人以上的城市；中等城市：指人口在20万～50万人的城市；小城市：指人口不足20万人的城市。

1.3 道路的基本组成

道路是布置在大地表面供各种车辆行驶的一种线形带状构造物。它分为线形组成和结构组成两部分。

1.3.1 线形组成

1. 路线

路线是指道路的中线。线形是指道路中线在空间的几何形状和尺寸。道路中线是一条三维空间曲线，由直线和曲线组成。

2. 平、纵面线形

在道路线形设计中，是从平面线形、纵面线形和空间线形（又叫平、纵组合线形）三个方面来研究的。如图1-2为道路平、纵面线形投影的示意图。

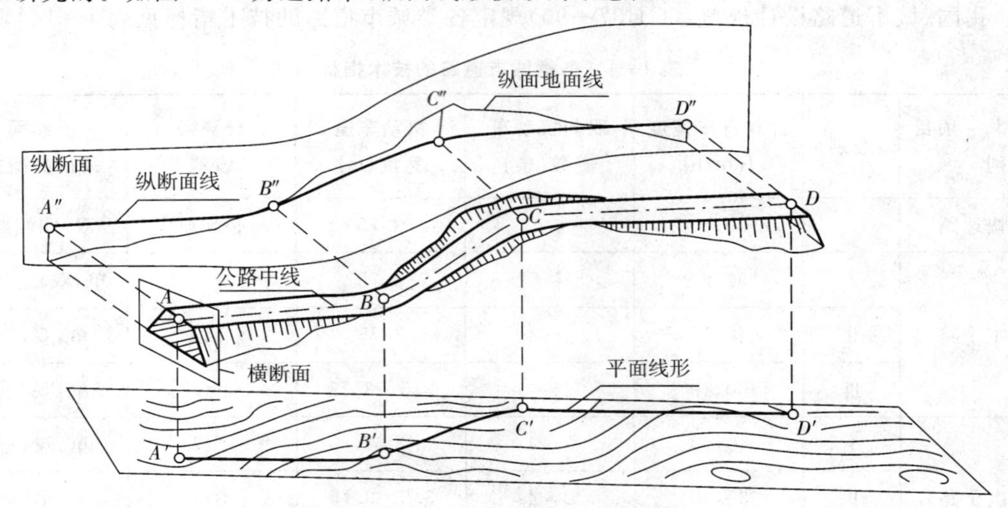

图1-2 道路的平面、纵断面示意图

1.3.2 公路的结构组成

公路的结构组成主要包括：路基、路面、桥涵、隧道、路线交叉、交通工程及沿线设施等。

1. **路基**

(1)路基的定义

路基是按照路线位置和一定技术要求修筑的作为路面基础的带状构造物。一般由土、石按照一定结构尺寸要求所构成，承受由路面传递下来的行车荷载。路基使道路连续，构成车辆及行人的通行部分。

(2)路基横断面组成

用一法向切面通过道路中线剖切路基得到的图形叫做路基横断面。路基横断面由行车道、中间带、路肩、边沟、边坡、截水沟、碎落台、护坡道等部分组成。如图1-3所示。

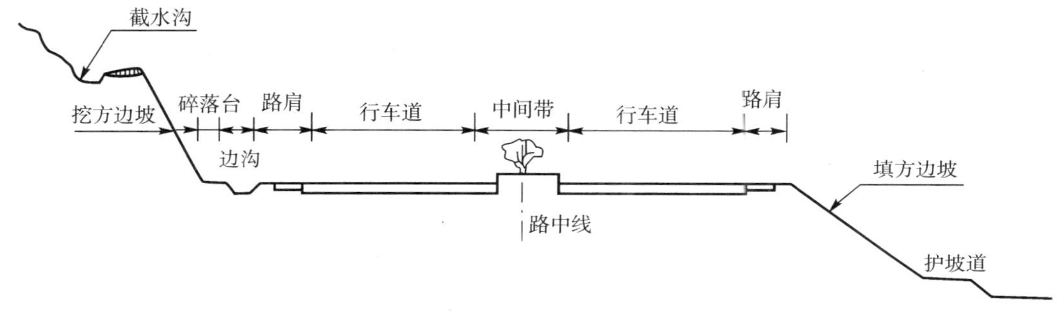

图1-3 路基横断面

(3)路基横断面形式

路基横断面形式通常有路堤、路堑、半填半挖路基三种基本形式，如图1-4所示。

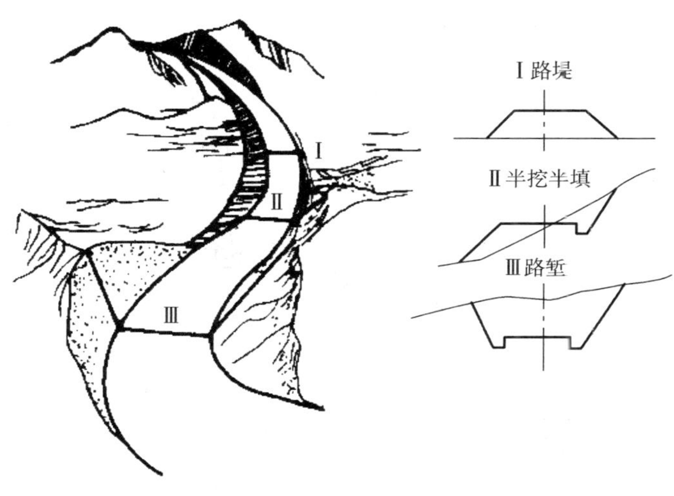

图1-4 路基横断面形式

路堤是指路基顶面高于原地面时，在原地面上填筑构成的路基。路堑则指路基顶面低于原地面时，将原地面下挖而构成的路基。在一个断面内，部分为路堤，部分为路堑的路基，则称半填半挖路基。路基结构必须稳定、坚实并符合规定的尺寸，以承受汽车和自然因素的作用。

(4)路基防护

路基防护是指在横坡较陡的山坡上或沿河一侧路基边坡受水流冲刷威胁的路段，为保证路基的稳定，加固路基边坡所修建的构造物。常见的路基防护工程有：填石路基(图 1-5)、砌石护坡(图 1-6)、挡土墙(图 1-7)、护脚(图 1-8)及护面墙(图 1-9)等。

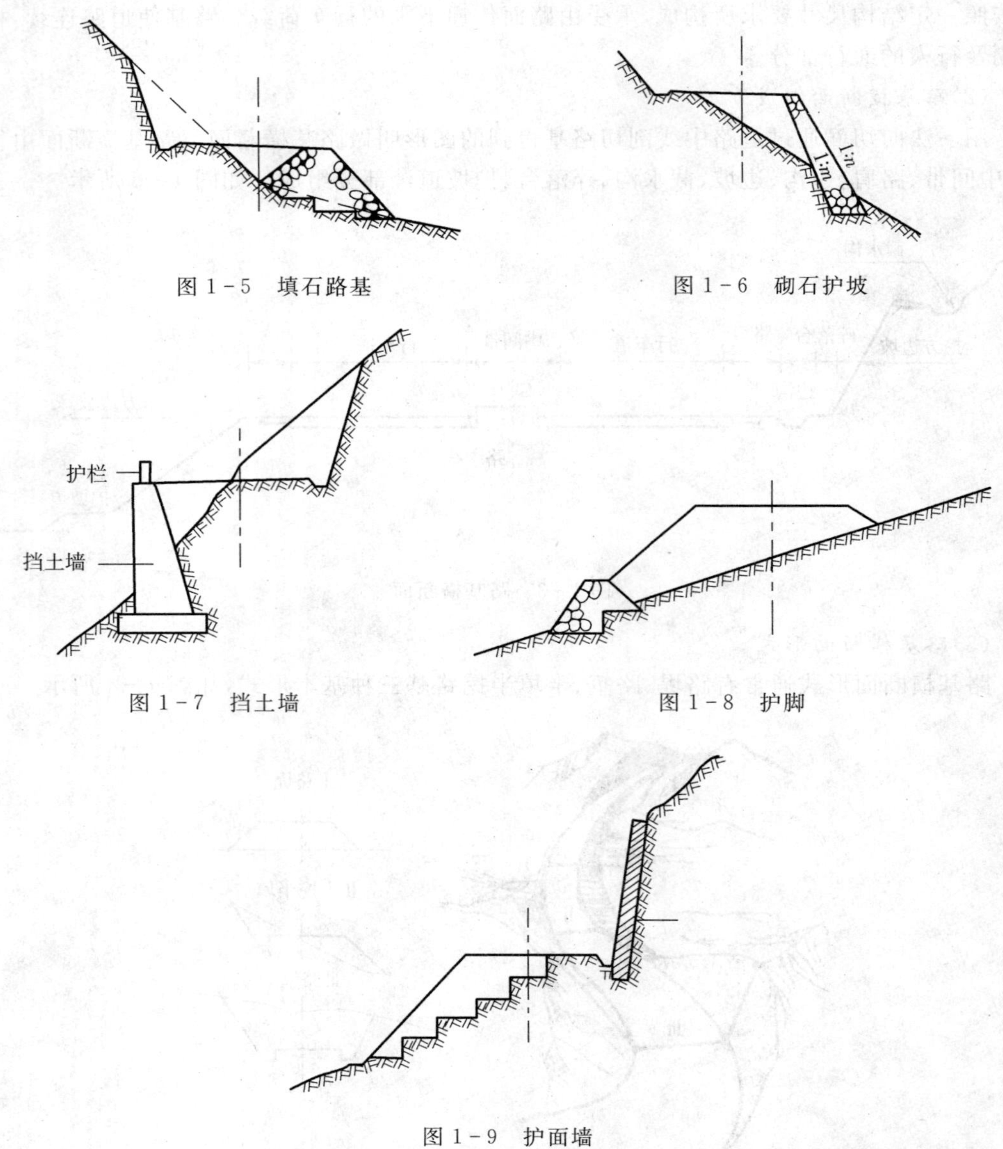

图 1-5　填石路基

图 1-6　砌石护坡

图 1-7　挡土墙

图 1-8　护脚

图 1-9　护面墙

(5)路基排水设施

是为保持路基稳定而设置的地面和地下排水设施。道路排水系统按其排水方向有纵向排水系统和横向排水系统。

纵向排水系统常见的有：边沟、截水沟、排水沟等；横向排水系统常见的有：路拱、桥涵、透水路堤、过水路面、渡槽等。

排水系统按其排水位置不同又分为地面排水和地下排水两部分。地面排水是用于排除危害路基的雨水、积水及外来水等地面水。在地下水位较高地段还应设置地下排水系统，盲沟是常见的地下排水结构物。

2. **路面**

路面是在路基表面用各种材料分层铺筑的结构物，以供车辆在其上以一定速度安全、舒适地行驶。其主要作用是加固行车部分，使之有一定的强度、平整度和粗糙度。路面按其使用性能、材料组成和结构强度可有高级、次高级、中级、低级之分。按其力学性能可分为柔性路面和刚性路面两大类。常用的路面材料有沥青、水泥、碎(砾)石、砂、黏土等。路面结构层构成如图1-10所示。

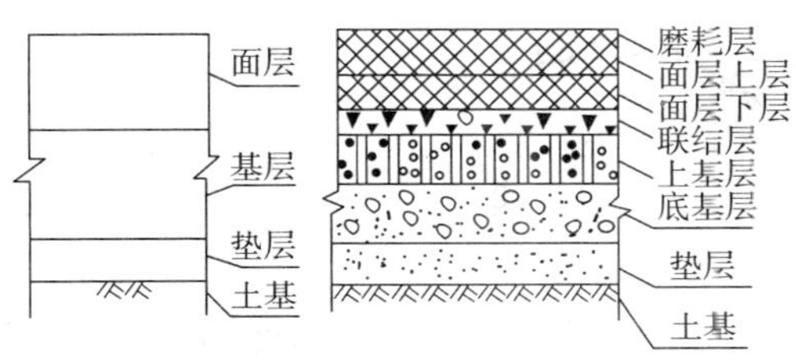

图1-10 路面结构层

3. **桥涵**

道路在跨越河流、沟谷和其他障碍物时所使用的构筑物叫桥涵。当桥涵的单孔跨径大于或等于5m、多孔跨径总长大于或等于8m时叫桥梁，反之则叫涵洞。如图1-11所示。

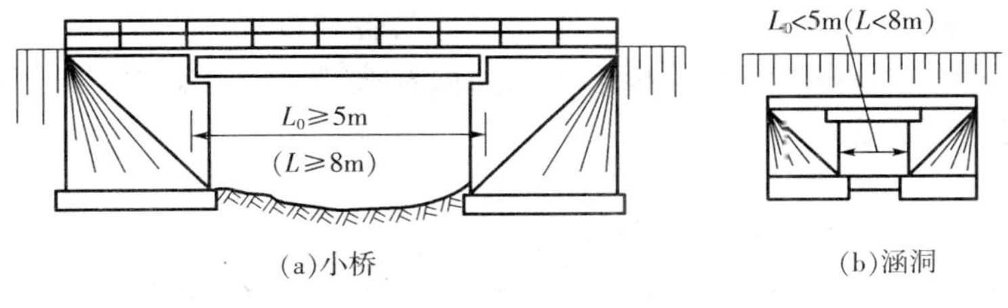

(a)小桥 (b)涵洞

图1-11 桥梁和涵洞

4. **隧道**

公路穿越山岭、置于地层内的结构物叫隧道。隧道在公路上能缩短里程，避免翻山越岭，保障行车的快捷，是山区公路中采用的特殊构造物之一，如图1-12所示。

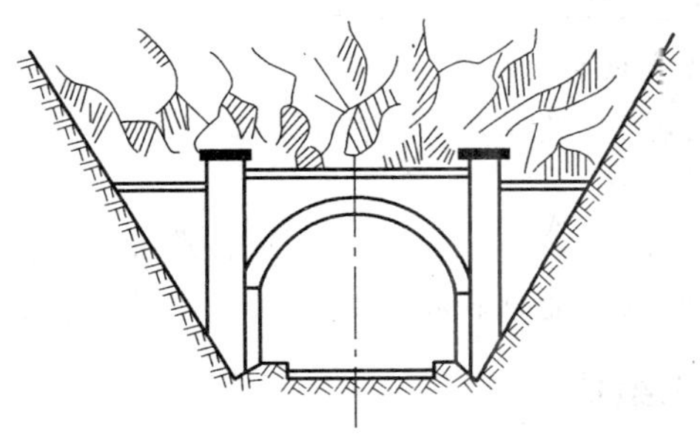

图1-12 隧道

明挖岩(土)体后修筑棚式或拱式洞身再覆土建成的隧道叫明洞,如图 1-13 所示。明洞常用于地质不良或土层较薄的地段。

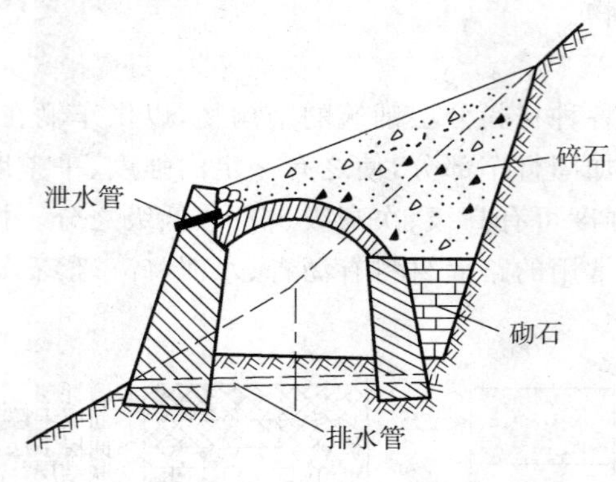

图 1-13 明洞

5. **沿线设施**

为了保证行车安全、舒适和增加路容美观,公路除设置基本结构物和特殊结构物外,还需设置各种沿线设施,沿线设施是公路沿线交通安全、管理、服务、环保等设施的总称。

(1)交通安全设施

为保证行车与行人安全和充分发挥公路的作用而设置的设施。这些设施包括:人行地下通道、人行天桥、标志、标线、交通信号灯、护栏、防护网、反光标志、照明、避险车道等设施。

(2)交通管理设施

为保障良好的交通秩序,防止事故发生而设置的各种设施。包括:公路标志(又可分为指示标志、警告标志、禁令标志、指路标志等)、路面标线、路面标志、紧急电话、公路情报、公路监视设施、交通控制设施等。

(3)防护设施

为防治公路上的塌方、泥石流、坠石、滑坡、积雪、雪崩、积砂、水毁等病害而设置的各种设施和构造物称防护设施。如抗滑坡构造物、防雪走廊、防沙棚、挑坝等。

(4)停车设施

为了方便旅客和保证安全,在沿线适当地点设置的停车场、汽车站、回车道等设施。

(5)渡口码头

三、四级公路跨越较大河流、湖泊、水库,当交通量不大而暂时不能建桥所设置的船渡设施。渡口通常包括引道、码头、渡船及附属设施等部分。

(6)路用房屋及其他沿线设施

包括养护房屋、营运房屋、收费站、加油站等设施。

(7)绿化

绿化是公路不可缺少的部分,它有稳定路基、荫蔽路面、美化路容、增加行车安全和发展用材林木之功能。有一些地区还能减轻积砂、积雪、洪水等对公路的危害。

1.3.3 城市道路的结构组成

城市道路应将城市各主要组成部分如居民区、市中心、工业区、车站、码头、文化福利设施之间联系起来,形成一个完整的道路系统,方便城市的生产和生活活动,从而充分发挥城市的经济、社会和环境效益。通常其组成部分如下：

1. 供各种车辆行驶的车行道。其中供汽车、无轨电车、摩托车行驶的为机动车道，供自行车、三轮车等行驶的为非机动车道。

2. 专供行人步行交通用的人行道（地下人行道、人行天桥）。

3. 具有卫生、防护和美化作用的绿化带。

4. 交叉口、交通广场、停车场、公共汽车停靠站台。

5. 交通安全设施，如交通信号灯、交通标志、交通岛、护栏等。

6. 排水系统，如街沟、边沟、雨水口、窨井、雨水管等。

7. 沿街地上设施，如照明灯柱、电线杆、邮筒、给水栓、清洁箱、接线柜、电话亭等。

8. 地下各种管线，如电缆、煤气管、给水管、污水管等。

9. 交通发达的现代化城市，还建有地下铁道、高架道路等。

1.4 道路勘测设计的基本依据

道路线形和结构设计的标准必须与道路上行驶汽车的性能如速度、数量、大小、轻重等相适应。反映车辆这些特性的数据则是道路几何设计和各部结构设计的基本依据。在道路几何设计中，基本的设计依据是：设计车辆、设计车速、设计交通量及道路服务水平。

1.4.1 设计车辆

1. 定义

作为公路设计依据的具有代表性的车型叫设计车辆。其外廓尺寸、载质量、运行性能等直接关系到行车道宽度、弯道加宽、道路纵坡、行车视距、道路净空、路面及桥涵荷载，并对决定道路几何尺寸和结构具有极其重要的意义。

2. 设计车辆的规定

(1)我国公路设计车辆

根据我国行驶车辆的具体情况、汽车发展远景规划和经济发展水平，出于经济和实用的考虑，设计车辆的外廓尺寸是按现有车型的尺寸进行统计后，以满足 85% 以上车型的外廓尺寸作为设计标准。公路设计所采用的各种设计车辆外廓尺寸如表 1-2 所示。

表 1-2 公路设计车辆外廓尺寸 （单位：m）

车辆类型	总长	总宽	总高	前悬	轴距	后悬
小客车	6	1.8	2	0.8	3.8	1.4
载货汽车	12	2.5	4	1.5	6.5	4
鞍式汽车	6	2.5	4	1.2	4+8.8	2

［注］ 自行车的外廓尺寸采用宽 0.75m，高 2.00m。

(2)我国城市道路设计车辆

我国城市道路机动车设计车辆外廓尺寸如表 1-3 所示。

表 1-3 城市道路机动车设计车辆外廓尺寸 （单位:m）

车辆类型	项目					
	总长	总宽	总高	前悬	轴距	后悬
小型汽车	5	1.8	1.6	1.0	2.7	1.3
普通汽车	12	2.5	4	1.5	6.5	4
铰接车	18	2.5	4	1.7	5.8 及 6.7	3.8

［注］ (1)总长为车辆前保险杠至后保险杠的距离(m)；(2)总宽为车厢宽度(不包括后视镜)(m)；(3)总高为车厢顶或装载顶至地面的高度(m)；(4)前悬为车辆前保险杠至前轴轴中线的距离(m)；(5)轴距：双轴车时为前轴轴中线至后轴轴中线的距离；铰接车时为前轴轴中线至中轴轴中线的距离及中轴轴中线至后轴轴中线的距离(m)；(6)后悬为车辆后保险杠至后轴轴中线的距离(m)。

我国非机动车设计车辆外廓参考尺寸如表 1-4 所示。

表 1-4 非机动车设计车辆外廓参考尺寸 （单位:m）

车辆类型	项目		
	总长	总宽	总高
自行车	1.93	0.6	2.25
三轮车	3.40	1.25	2.50
板车	3.70	1.50	2.50
兽力车	4.20	1.70	2.50

［注］ (1)总长。自行车为前轮前缘至后轮后缘的距离；三轮车为前轮前缘至后厢后缘的距离；板车、兽力车均为车把前端至车厢后缘的距离(m)。(2)总宽。自行车为车把宽度，其余车种均为车厢宽度(m)。(3)总高。自行车为骑车人骑在车上时，头顶至地面的高度，其余车种均为载物顶部至地面的高度(m)。

1.4.2 设计车速

1. 定义

设计车速又称为计算行车速度，是指道路几何设计所采用的车速。即具有控制性的路段上(如急弯、陡坡等)，具有中等驾驶水平的驾驶员，在天气良好、低交通密度时，安全行驶所能维持的最大速度。设计车速是道路几何设计(如确定平曲线半径、超高、纵坡坡度、坡长、视距等)的基本依据。作为技术指标，直接决定了道路的线形几何要素，同时又与道路的重要性、经济性有关，是用来体现道路等级的一项重要指标。

2. 设计车速的规定

影响设计车速的因素很多，主要有：地形、地区、设计交通量、汽车的技术性能、驾驶员的适应性、行车的安全性和经济性等。

在规定设计车速时，主要考虑汽车的以下几种车速：

(1)汽车行驶的最高车速

汽车的最高车速是受汽车的动力性能和机械性能及汽车构造的限制所能达到的最高车速。设计车速的规定必须与汽车所能行驶的最高车速相适应，并考虑道路上行驶的多数汽车的要求。

(2)汽车的经济车速

经济车速是指新出厂的汽车，在一般道路上行驶时，所测定的最经济(耗油少、轮耗小)的车速。一般解放牌 CA1090 型载货汽车的经济车速为 35km/h～45km/h。

(3)平均技术速度

平均技术速度是指汽车在道路上行驶的平均速度。在一条道路上，各路段的技术条件不同，如在平曲线最小半径或在最大纵坡路段上或在视距不良地段等，由于道路条件限制，汽车都有不同的行车速度，通常叫技术速度。各路段技术速度的平均值，即表示该路段上实际行车的车速。根据观测，平均技术速度由于一系列行车条件的限制，一般很难达到设计车速。设计车速较高时，平均技术速度约为设计车速的 60%～70%，设计车速较低时约为设计车速的 80%～90%。

由于各国设计车辆和地形条件的差异，设计车速规定的方法各不相同。目前主要有行政方式和统计法两种。

各级公路设计速度规定如表 1－5 所示。

表 1－5 各级公路设计速度 (单位:km/h)

公路等级	高速公路			一级公路			二级公路		三级公路		四级公路
设计速度	120	100	80	100	80	60	80	60	40	30	20

公路设计速度的选用应符合下列要求：

① 高速公路特殊困难的局部路段，且因新建工程可能诱发工程地质病害时，经论证，该局部路段的设计速度可采用 60km/h，但长度不宜大于 15km，或仅限于相邻两互通式立体交叉之间，与其相邻路段的设计速度不应大于 80km/h。

② 一级公路作为干线公路，且纵、横向干扰小时，设计速度宜采用 100km/h 或 80km/h。一级公路作为集散公路时，根据混合交通量、平面交叉间距等因素，设计速度宜采用 60km/h 或 80km/h。

③ 二级公路作为干线公路时，设计速度宜采用 80km/h。二级公路作为集散公路时，混合交通量较大、平面交叉间距较小的路段，设计速度宜采用 60km/h。二级公路位于地形、地质等自然条件复杂的山区，经论证该路段的设计速度可采用 40km/h。

④ 高速公路设计路段不宜小于 15km；一、二级公路设计路段不宜小于 10km。不同设计速度的设计路段间必须设置过渡段。设计车速变更点的位置，应选择在驾驶人员能够明显判断路况发生变化而需要改变行车速度的地点，如村镇、车站、交叉道口或地形明显变化等处，并应设置相应的标志。

我国城市道路设计车速参见表 1－1。

当旧路改建有特殊困难，如商业街、文化街等，经技术经济比较认为合理时，可适当降低计算行车速度，但应考虑夜间行车安全。

1.4.3 设计交通量

1. 定义

(1)交通量

交通量指单位时间内通过道路某一断面的双向车辆数，又叫交通流量。交通量可以年、日或小时计。车辆数量是按各种交通车辆不同折算系数换算成小客车的总和。其单位为辆/日或辆/小时。

(2)年平均日交通量 N(双向)

年平均日交通量指一年 365 天内观测交通量结果的平均值,按下式计算:

$$N=\frac{\text{一年内交通量总和}}{365}(\text{辆/日}) \tag{1-1}$$

年平均日交通量是计算设计小时交通量的依据,它也是决定路线等级及拟定道路修建时期的主要依据(但不能直接作为路线几何设计之用)。

(3)最大日交通量 N_1(双向)

最大日交通量指一年中 365 个交通量中的最大值。用以研究道路交通不均匀情况。

(4)高峰小时交通量

高峰小时交通量指一年中(或一日内)的最大小时交通量。用以研究道路交通不均匀情况。

(5)日平均小时交通量

日平均小时交通量指一日内,从早晨 5 时到晚上 9 时,16 小时通过车辆数按小时的平均值。

(6)设计交通量

设计交通量为预期到设计年限末,用以作为道路设计依据而确定的交通量。有设计年平均日交通量和设计小时交通量。我国《公路工程技术标准》(JTGB01—2003)规定采用设计小时交通量。

(7)第 30 位小时交通量

指全年 8760 小时中,交通量从大到小按序排列,位置为第 30 位的小时交通量。同理排第 20、40 位的小时交通量叫第 20 位小时交通量、第 40 位小时交通量。

2. 设计交通量的规定

(1)公路的设计交通量

① 设计小时交通量

设计小时交通量(辆/小时)是指预期到设计年限末,用以作为道路设计依据的以某 1 小时为计算时段的单位交通量。我国《公路工程技术标准》(JTGB01—2003)规定,一般采用第 30 位小时交通量为设计依据,或根据当地调查结果控制在第 20～40 位小时交通量之间。

设计小时交通量是确定公路等级、评价公路运行状态和服务水平的重要参数。大量的道路交通量变化图式表明,在一天及全年期间,每小时交通量的变化是相当大的。如果用一年中最大的高峰小时交通量作为设计依据,那肯定是浪费,但如果采用日平均小时交通量则不能满足实际需要,造成交通拥挤,甚至阻塞。为了设计交通量的取值既保证交通安全畅通,又使工程造价经济、合理,借助一年中每小时交通量的变化曲线来指导确定最合乎设计使用的小时交通量。方法如下:

将一年中所有每小时交通量按其与年平均日交通量的百分数的大小顺序排列起来并画成曲线如图 1-14 所示。从图 1-14 可以看出在 30～50 位小时交通量附近,曲线急剧变化,从此向右曲线明显变缓,而在它的左侧,曲线坡度则急剧加大。根据上述曲线规律,设计小时交通量的合理取值,显然应选在第 30～50 位小时的范围以内。如以第 30 位小时交通量作为设计依据，意味着在一年中有29个小时超过设计值，将发生拥挤，占全年小时数的0.33%，也就是说，能顺利通过的保证率达99.67%。目前世界许多国家，包括我国均采用第30位小时交通量作为设计依据。也可根据公路功能采用当地的年第20～40位小时之间最为经济合理时位的小时交通量。

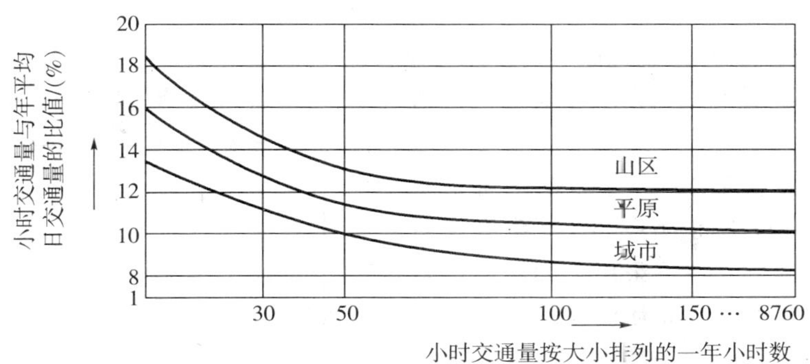

图1-14 年平均日交通量与小时交通量关系曲线

据调查资料分析，第30位小时交通量与年平均日交通量的比值k(称为设计小时交通量系数)比较稳定，一般约为15%。

② 设计年平均日交通量

二、三、四级公路通常以设计年平均日交通量作为设计依据。即以现有交通量为准，考虑将来经济的发展和道路改造引起交通量变化的需要，推算到设计年限的交通量。

《标准》规定，远景设计年限：高速公路、一级公路为20年；二级公路为15年；三级公路为10年；四级公路一般为10年，也可根据实际情况适当缩短。远景设计年限从公路建成通车年起算。

远景设计年限交通量是由现行的年平均日交通量，按设计年限以一定增长率推算而来，具体方法在《交通工程学》中介绍。

(2)城市道路的设计交通量

① 设计小时交通量

《城市道路设计规范》(CJJ37—90)规定，确定城市道路车道数的设计小时交通量按下式计算：

$$N_h = N_{da} k \delta \tag{1-2}$$

式中：N_h——设计小时交通量(辆/小时)；

N_{da}——设计年限的年平均日交通量(辆/日)；

k——设计高峰小时交通量与年平均日交通量的比值，当不能取得年平均日交通量时，可用有代表性的平均日交通量代替；

δ——方向的不均匀系数，即主要方向交通量与断面交通量的比值。一般取0.5～0.6，具体应用可根据当地的交通量观测资料确定。

年平均日交通量或平均日交通量与k、δ值均应由各城市观测取得。未进行观测的城市可参照性质相近的邻近城市的数值选用。新辟道路可参照性质相近的同类型道路数值选用。不能取得时，k值可采用11%，δ值可采用0.6。

确定设计年限的年平均日交通量时，应综合考虑现有交通量、正常增长交通量、吸引交通量和发展交通量等。

② 设计年限

道路交通量达到饱和状态时的设计年限规定如下：快速路、主干路为 20 年；次干路为 15 年；支路为 10～15 年。

路面结构达到临界状态的设计年限规定如下：

a. 混混凝土路面设计年限规定见表1-6。

表 1-6 水泥混凝土路面设计年限

交通等级	设计年限
特重	40
重	30
中等	30
轻	20

b. 沥青混凝土路面、沥青碎石路面与沥青贯入式碎(砾)石路面为 15 年，支路修筑沥青混凝土等高级路面时，可采用 10 年。

c. 沥青表面处治路面为 8 年。

d. 粒料路面为 5 年。

1.4.4 通行能力和服务水平

道路通行能力是在一定的道路和交通条件下，道路上某一路段适应车流的能力，以单位时间内通过的最大车辆数表示，单位时间通常以小时计，即辆/小时。车辆数对于多车道道路用一条车道的通过数表示，双车道公路用往返车道合计数表示，它是正常条件下道路交通的极限值。

1. 基本通行能力

基本通行能力是指在理想条件下，单位时间内一条车道或一条车道某一路段可以通过的小客车最大辆数，是计算各种通行能力的基础。理想条件包括道路本身和交通两个方面，即道路本身应在车道宽、侧向净宽有足够的宽度及平纵线形、视距良好；交通上只有小客车行驶，没有其他车型混入且不限制车速。现有道路基本上没有合乎理想条件的，所以，道路上可能通过的车辆数一般都低于基本通行能力。

基本通行能力的计算可采用“车头时距”或“车头间距”推求。车头时距是指连续两车通过车道或道路上同一地点的时间间隔，车头间距是指交通流中连续两车之间的距离。如以车头时距为例，则一条车道的通行能力按下式计算：

$$C=3600/t \tag{1-3}$$

式中：t——连续车流平均车头间隔时间(s)，可通过观测求得。

2. 可能通行能力

可能通行能力指考虑了现实道路和交通条件与理想条件的差距，对影响通行能力的各种因素(如车道宽、侧向净宽和大型车混入后)进行相应修正后的通行能力。

3. 设计通行能力与服务水平

设计通行能力是指道路交通的运行状态保持在某一设计的服务水平时，单位时间内道路上某一路段可以通过的最大车辆数。它是实际道路可能接受的通过能力，考虑了人为主观对道路的要求，按照车辆在道路运行质量及经济、安全和出入口交通条件等因素而确定作为设计的依据。

各种通行能力的计算方法参见有关交通工程书，此处不再赘述。

4. 服务水平及服务交通量

在道路上交通量少，行车自由度就大，反之，就会受到限制，这是一个简单的事实。我国按照车流运行状态，把从小交通量自由流至交通量达到可能状态的受限制车流这一运行条件范围分为四级服务水平。与每一级服务水平相应的交通量称为服务交通量。

公路服务水平分为四级。各级公路设计采用的服务水平规定如表1－7。

表1－7 各级公路设计采用的服务水平

公路等级	高速公路	一级公路	二级公路	三级公路	四级公路
服务水平	二级	二级	三级	三级	—

一级公路作为集散公路时，可采用三级服务水平设计。互通式立体交叉的分合流区段、匝道及交织区段，可采用三级服务水平设计。

1.5 道路勘测设计的阶段和任务

1.5.1 道路基本建设程序

道路建设是基本建设项目，其建设全过程包括：道路规划、道路勘测设计、道路施工和道路养护四个环节。根据我国《公路工程基本建设管理办法》的规定，公路基本建设程序为：

1. 根据长远规划或项目建议书，进行可行性研究；
2. 根据可行性研究，编制计划任务书（也称设计计划任务书）；
3. 根据批准的计划任务书，进行现场勘测，编制初步设计文件和概算；
4. 根据批准的初步设计文件，编制施工图和施工图预算；
5. 列入年度基本建设计划；
6. 进行施工前的各项准备工作；
7. 编制实施性施工组织设计及开工报告，报上级主管部门审批；
8. 严格执行有关施工的规程和规定，坚持正常施工秩序，做好施工记录；
9. 编制竣工图表和工程决算，办理竣工验收。

1.5.2 道路工程可行性研究

道路工程可行性研究是基本建设前期工作的一项重要内容，是建设程序的组成部分，是指一种对投资项目在投资决策前进行技术、经济论证的科学方法，是建设项目决策和编制计划任务书的科学依据。

道路建设必须严格遵守国家规定的基本建设程序。所有大中型项目应根据批准的项目建议书（或委托书），进行可行性研究，可行性研究工作完成后应进行评估。

道路可行性研究一般包括下列内容：

1. 总论

论述建设项目的任务依据、历史背景和研究范围，提出可行性研究的主要结论。

2. 现状及问题

调查及论述建设地区综合运输网的交通现状和建设项目在交通运输网中的地位与作

用。论述原有公路的工程技术状况及不适应的程度。

3. 发展预测

进行全面的交通调查和经济调查，论述建设项目所在地区的经济特征，研究建设项目与经济发展的内在联系，预测交通运输量的发展情况。

4. 公路建设标准和规模

论述项目建设规模和采用的等级及其主要技术指标。

5. 建设条件和方案选择

调查建设项目所处地理位置的地形、地质、地震、气候、水文等自然特征，建筑材料来源及运输条件；进行路线方案的比选，提出推荐方案的走向和主要控制点；评价建设项目对环境的影响，并编制环境影响报告书。

6. 投资估算与资金筹措

包括主要工程数量、公路建设用地和拆迁、单价拟定、投资估算及资金筹措等。

7. 工程建设实施计划

包括勘测设计和工程施工的计划与要求、工程管理和技术人员的培训等。

8. 经济评估

包括运输成本等经济参数的确定，建设项目的直接经济效益和费用的估算，进行经济评价敏感性分析，建设项目的间接经济效益分析。收费公路还需做财务分析。

经过综合分析，提出投资少、效益好的建设方案。

可行性研究工作是交通建设综合管理的手段，必须从运输生产的目的出发。研究技术可行性必须与经济效益相结合，研究经济效益必须考虑采用新技术的可能，重视运输领域的综合效益。

可行性研究应附有必要的图表，其中包括路线方案（及比较方案）图、历年工农业总产值与客货运量统计表、公路客货运量、交通量预测表、效益计算表等。

在可行性研究时，应进行环境影响分析，即依工程性质、路线位置、资源利用、环境影响等为依据，对工程进行宏观分析，确定项目是否成立。在计划任务书下达，进行初步设计的同时，应编制环境影响评价书，即根据预测工程对环境的影响，提出对环境污染和破坏的防治措施。

1.5.3 计划任务书

道路勘测设计工作是根据批准的计划任务书进行的。计划任务书应包括下述内容：(1)建设的依据和意义。(2)路线的建设规模和修建性质。(3)路线的基本走向和主要控制点。(4)工程技术等级和主要技术标准。(5)勘测设计的阶段划分及各阶段完成的时间。(6)建设期限，投资估算，需要钢材、木材、水泥的数量，分批修建应提出每期的建设规模和投资估算。(7)施工力量的原则安排。(8)路线示意图、工程数量、钢材、木材、水泥用量和工程投资估算在上报任务时列入，以供审批是参考。在计划任务书实施过程中，如对建设规模、期限、技术等级标准及路线走向等重大问题有变更时，应报原批准机关审批同意。

1.5.4 道路勘测设计程序

道路勘测设计是指具体完成一条道路所进行的外业勘测和内业设计工作。道路勘测设计根据路线的性质和要求，可分为一阶段设计、两阶段设计和三阶段设计三种。

1. 一阶段设计

一阶段设计适用于技术简单、方案明确的小型道路工程。即进行一次详细的测量并编制施工图设计和工程预算。

2. 两阶段设计

道路工程基本建设项目，一般应采用两阶段设计，即按初步设计和施工图设计两阶段进行。其步骤为：先进行初测、编制初步设计方案和工程概算；经上级批准初步设计后，再进行详细定测、编制施工图和工程预算。

3. 三阶段设计

三阶段设计对于技术上复杂而又缺乏经验的建设项目或建设项目中的个别路段、特殊大桥、互通式立体交叉、隧道等，必要时应采用三阶段设计。即初步设计、技术设计和施工图设计三个阶段。

技术设计阶段主要是对重大、复杂的技术问题，落实技术方案、计算工程数量，提出修正的施工方案，修正设计概算。其深度和要求介于初步设计和施工图设计之间。

不论采用哪种划分阶段设计，在勘测前都要进行实地调查（或称视察），它是勘测前不可缺少的一个步骤，也可与可行性研究结合在一起，但不作为一个阶段。

1.5.5 设计文件编制

设计文件是道路勘测设计的最后成果，经审查批准后是道路施工的依据。其组成、内容和要求随设计阶段不同而异。

根据《公路工程基本建设项目设计文件编制办法》(1996 年 1 月 1 日交通部批准)规定，设计文件由总说明书、总体设计（用于高速公路、一级公路）、路线、路基、路面及排水、桥梁、涵洞、隧道、路线交叉、交通工程及沿线设施、环境保护、渡口码头及其他工程、筑路材料、施工方案（施工组织计划）、设计概算（施工图预算）共十三篇及附件（基础资料）组成。其表达形式有：文字说明、设计图和设计表格三种。

1.5.6 城市道路网和红线规划

城市道路网是由城市范围内所有道路组成的一个体系。城市各组成部分是通过城市道路网联系起来成为一个有机的整体。城市道路网是编制城市规划时拟定的，它从总体考虑并对每条道路都提出明确的目的与任务。

1. 城市道路网的结构形式和特点

城市道路网的结构形式（轮廓或几何图形）随城市规模，城市中交通吸引点的分布以及自然条件不同而不同。其主要有四种基本类型：方格网式、环形放射式、自由式和混合式。具体规划时，应根据当时、当地的具体条件，结合规划的基本要求，把上述基本类型视为一种单元体，灵活地、符合实际地进行组合运用。

(1)方格网式

方格网式呈方格棋盘形状，是最常见的一种形式，即每隔一定的距离设置接近平行的干道，干道间距 800～1000m，干道之间再布置次要道路，将用地分为大小合适的街坊。其优点是街坊形状最简单，便于建筑布置，所有交叉口都是由两条道路相交而成，不会造成市中心交通压力过重；但对角线方向交通不便，为了便利方格网对角线方向交通，可加设对角线方向的干道，形成方格对角线式道路网，由于对角线干道形成三角形街坊与复杂的交叉口，对建筑布置与交通组织不利。因此采用方格网对角线道路网形式的城市不多，我国长春、沈阳等有类似的布置。我国建于平坦地区的古城，如北京、西安、太原、郑州、石家庄、开封等均属于方格网式。一些沿江(河)、沿海的工业城市，由于顺应地形的特点，道路网形成了不规则的棋盘式道路，如洛阳、福州等城市。

(2)环形放射式

环形放射式一般由旧城中心区逐渐向外发展，由旧城中心向四周引出放射干道的放射式道路网演变而来。由于放射式道路网有利于市中心对外联系，加上了环道克服了各分区之间联系不便的缺点，形成环形放射式道路网。一般认为这种形式对于大城市和特大城市在组织交通上比较适宜。例如我国成都市即由 8 条放射路和两条环道所组成。国外的大城市如莫斯科、巴黎、伦敦、柏林、东京的道路网都采用此种形式。

(3)自由式

自由式结合地形为主，路线弯曲无一定几何图形。我国许多山丘城市地形起伏大，道路选线时为了减小纵坡，常沿山麓或河岸布线，形成自由式道路网，如我国重庆、青岛、南宁、九江等城市。其优点是能充分结合自然地形，节省道路工程造价，缺点是非直线系数大，不规则街坊多，建筑用地较分散。

(4)混合式

混合式为上述三种形式的组合，如果规划得合理，能发扬上述各式的优点，又避免了它们的缺点，是一种扬长避短较合理的形式。我国多数城市，如北京、上海、南京、西安、合肥等，均保留原旧城的方格网式，为减少市中心的交通压力又加设了环路及放射路，形成方格网，环形和放射形相结合的混合式道路网系统。

2. 城市道路红线规划

道路红线是指城市道路用地、城市建筑用地、生产用地及其他备用地的分界控制线，红线之间的宽度为道路的用地范围，也称道路的总宽度或规划路幅。城市道路的红线规划通常是城市规划部门依据城市总体规划确定的道路网的形式和各条道路的功能、性质、走向和位置等因素确定。

思考题

1. 我国公路和城市道路等级划分有哪些？各级公路和城市道路应具备哪些主要技术条件？
2. 简述城市道路的特点及功能。
3. 公路和城市道路的结构组成有何异同？
4. 在确定设计车速时主要考虑哪些因素？
5. 道路施工图设计文件主要由哪些内容组成？施工图设计文件和初步设计文件的区别在哪里？

第2章　汽车行驶理论

2.1　概　述

道路主要是为汽车行驶服务的，道路设计应以满足汽车行驶的要求为前提，而汽车行驶总的要求是安全、迅速、经济与舒适。因此，在道路线性设计时，需要研究汽车在道路上的行驶特性及其对道路设计的具体要求，这是道路线性设计的理论基础，是制定道路线性几何标准的理论依据。本章将着重介绍汽车的动力特性及其与道路线形设计的基本关系。

2.1.1　汽车行驶理论与道路设计的关系

汽车行驶理论是在分析汽车行驶基本规律的基础上，研究汽车的行驶原理、使用性能及行驶性能，从而进一步分析影响汽车行驶性能的各种因素，最大限度地从道路设计以及其他行车条件等方面发挥其使用功效。

汽车行驶总的要求是安全、迅速、经济与舒适。道路线形的合理设计可使汽车行驶的要求得到满足。在研究汽车行驶过程中力系的平衡和行车稳定性的基础上，需要合理地选用圆曲线的半径和设置纵、横坡度，并提高车轮与路面间的附着力，以保证汽车行驶的安全性。在道路设计时控制好曲线半径、最大纵坡及其坡长，合理地设置缓和坡段和超高，并尽可能地采取大半径曲线及平缓的纵坡，保证平面上足够的视距和安全净空，纵断面上合理的竖曲线，横断面上足够的通行宽度，并尽可能地减少平面交叉等，都可促使汽车行驶速度的提高，从而保证了汽车行驶的经济性。合理地组合平面线形和纵断面线形，采用适合视觉要求的曲线半径，并注意线形与道路沿线景观、绿化的协调，可保证汽车行驶畅通，并提高舒适性。

如上所述，道路线形设计与汽车行驶时各主要使用性能是密切相关的，因此汽车行驶性能是道路线形设计的基础。

2.1.2　汽车行驶理论主要研究内容

本章主要介绍与道路设计密切关系的汽车的行驶性能：

(1)动力性能

汽车的牵引力、行驶阻力、爬坡性能等。汽车的动力性能越好，就会具有较高的车速、较好的爬坡能力和加速能力。动力性能决定道路的最大纵坡、坡长限制及长陡坡上陡坡与缓坡的组合。

(2)稳定性

汽车在行驶过程中，受外部因素作用，尚能保持正常行驶状态和方向，而不致失去控制产生侧滑、倒溜、倾覆等现象的能力。汽车行驶稳定性直接关系到行车的安全，其决定道路圆曲线极限最小半径和纵、横向组合最大坡度的取值，也影响道路纵坡度的设置。

(3)燃料经济性

汽车以最少的燃油消耗量完成单位运输工作的能力，它是汽车的主要使用性能之一。

汽车燃油经济性越好，单位行程的燃油消耗量越小。

(4)制动性

汽车行驶中能在短距离内停车且维持行驶方向稳定性和在下长坡时能维持一定车速的能力。汽车制动性的好坏，直接关系到行车安全。制动性能越好，汽车才能以较高的车速行驶，在下长坡时保障行车安全。制动性能与道路的行车视距直接相关。

2.2 汽车的牵引力及运动方程

为研究汽车在道路上的运动状况，首先分析汽车的驱动原理，掌握沿汽车行驶方向作用于汽车的各种外力，即驱动力与行驶阻力。

2.2.1 汽车的牵引力

汽车行驶需要不断克服行驶中所遇到的各种运动阻力，为克服这些阻力，汽车必须有足够的动力——牵引力。汽车行驶的牵引力来自它的内燃发动机。在发动机里热能转化成机械能，产生有效功率 N_e，驱使曲轴以每分钟 n 的转速旋转，产生 M_e 的扭矩，再经过离合器、变速器、传动轴、主传动器、差速器和半轴等一系列的变速和传动，将曲轴的扭矩传给驱动轮，产生 M_k 的扭矩驱动汽车行驶。

1. 发动机曲轴扭矩 M

如将发动机的功率 N_e、扭矩 M_e 以及燃油消耗率 g_e 与发动机曲轴的转速 n 之间的函数关系以曲线表示，则该曲线称为发动机转速特性曲线或简称为发动机特性曲线。如果发动机节流阀全开(或高压油泵在最大供油量位置)，则此特性曲线称为发动机外特性曲线；如果节流阀部分开启(或部分供油)，则称为发动机部分负荷特性曲线。

在进行汽车驱动性能分析时，只需研究外特性中功率 N、扭矩 M 与转数 n 之间的关系曲线。

图 2-1 为某汽油发动机外特性曲线。n_{emin} 为发动机的最小稳定工作转速。随着曲轴转速的增加，发动机发出的功率和扭矩都在增加。最大扭矩 M_{emax} 时的曲轴转速为 n_M。若转速再增加时，扭矩 M_e 有所下降，但功率 N_e 继续增加，一直到最大功率 N_{emax}，此时曲轴转速为 n_N。当转速继续增大时，功率 N_e 下降。允许的发动机最大转速为 n_{emax}，其一般不大于最大功率时转速 n_N 的 10%～25%。

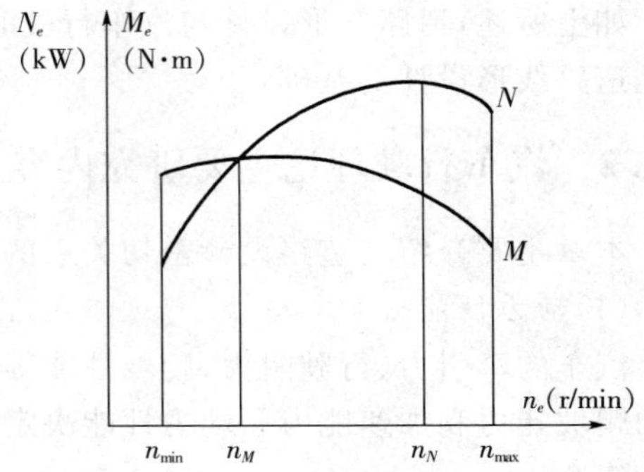

图 2-1 某汽油发动机外特性曲线

对于不同类型的发动机，其输出的功率不同，故产生的扭矩也不同。它们之间的关系如下：

$$N_e = M_e\omega\,(\mathrm{W}) = M_e\omega/1000\,(\mathrm{kW}) \tag{2-1}$$

$$\omega = 2\pi n_e/60\,(\mathrm{rad/s}) \tag{2-2}$$

将式(2－2)代入式(2－1)得：

$$N_e=\frac{M_e \cdot n_e}{9549}$$

$$M_e=9549\frac{N_e}{n_e} \tag{2-3}$$

式中：M_e——发动机曲轴的扭矩，N·m；

N_e——发动机的有效功率，kW；

n_e——发动机曲轴的转速，r/min；

ω——发动机曲轴转动角速度，rad/s。

2. 驱动轮扭矩 M_k

发动机曲轴上的扭矩 M_e，经过一系列的变速、传动后传递给驱动轮，使驱动轮产生扭矩 M_k，在 M_k 的作用下车轮滚动前进。汽车车轮根据受力情况的不同分为驱动轮与从动轮，从动轮上无扭矩的作用，是驱动轮上的力经车架传至从动轮的轮轴上而产生运动。普通汽车均系前轮从动，后轮驱动，只有某些特殊用途的汽车如牵引车、越野车的前后轮均为驱动轮。

发动机曲轴上的扭矩 M_e 经过变速箱(速比 i_k)和主传动器(速比 i_0)两次变速，设这两次变速的总变速比为 $\gamma=i_0 \cdot i_k$，传动系统的机械效率为 η_T，则传到驱动轮上的扭矩 M_k 为：

$$M_k=M_e\gamma\eta_T \tag{2-4}$$

式中：M_k——汽车驱动轮扭矩，N·m；

M_e——发动机曲轴扭矩，N·m；

γ——总变速比，$\gamma=i_0 \cdot i_k$；

η_T——传动系统的机械效率，发动机所发出的功率 N_e 在传到驱动轮的过程中，为了克服传动系统各部件中的摩擦，有一部分功率 N_T 消耗了，则 $\eta_T=1-N_T/N_e$，传动效率因受多种因素影响而变化，但对汽车进行动力性分析时可看做一个常数，一般载重汽车为0.80～0.85，小客车为0.85～0.95。

此时，驱动轮上的转速 n_k 为

$$n_k=\frac{n_e}{i_0 i_k}=\frac{n_e}{\gamma}$$

相应的车速 V 为：

$$V=2\pi r_k\frac{n_e}{\gamma}\frac{60}{1000}=0.377\frac{n_e r}{\gamma} \tag{2-5}$$

式中：V——汽车行驶速度，km/h；

n_e——发动机曲轴转速，r/min；

r_k——车轮工作半径，m，即变形半径，它与内胎气压、外胎构造、路面的刚性与平整度以及荷载等有关，一般为未变形半径 r_0 的0.93～0.96倍。

从以上可以看出，通过变速箱和主传动器的二次降速，其主要目的在于增大扭矩和驱动力以克服汽车的行驶阻力。

3. **汽车的牵引力**

如图 2-2，把驱动轮上的扭矩 M_k 用一对力偶 P_t 和 P 代替，P 作用在轮缘上与路面水平反力 F 抗衡，P_t 作用在轮轴上推动汽车前进，称为驱动力（或称牵引力），与汽车行驶阻力 R 抗衡。因此

$$P_t=\frac{M_k}{r_k}=\frac{M_e\gamma\eta_T}{r_k}=0.377\frac{n_e}{V}M_e\eta_T=3600\frac{N_e\eta_T}{V}(\mathrm{N}) \tag{2-6}$$

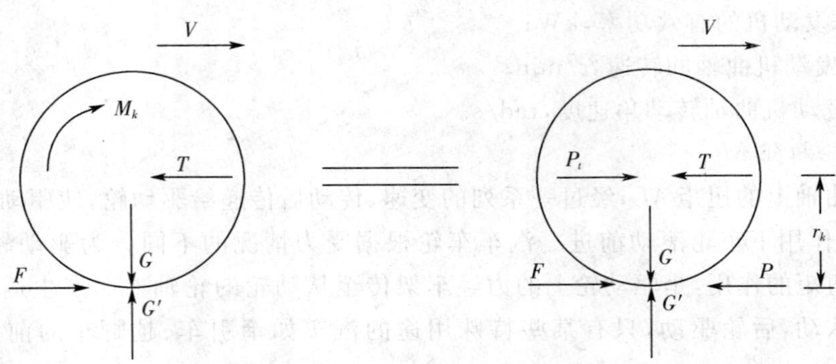

图 2-2 汽车驱动轮受力分析

由式(2-6)可知，如要获得较大的驱动力 P_t，必须要有较大的总变速比 γ。但 γ 增大，则车速 V 就降低，对同一发动机要得到大的驱动力和高的车速，二者是不可兼得的。为此，对汽车设置了几个排档，每一排档都具有固定的总变速比 γ，以及该档的最大车速和最小车速。当使用低排档时，用较大的 γ 值以获得较大的驱动力 P_t，但车速 V 较小；而使用高排档时，用较小的 γ 值，获得较小的驱动力和较高的车速。

2.2.2 汽车的行驶阻力

汽车行驶时需要不断克服运动中所遇到的各种阻力。这些阻力或来自汽车赖以行驶的路面，或来自汽车周围的介质——空气，通常将前者称为滚动阻力 P_f，而后者称为空气阻力 P_w。此外，汽车上坡行驶时，所需克服的汽车重力在平行与路面方向上称为坡度阻力 P_i；汽车加速行驶时，所需克服惯性的阻力，称为惯性阻力 P_j。

1. **滚动阻力**

车轮在路面上滚动所产生的阻力，是由轮胎与路面变形引起的。它与路面类型、状态、车速、轮胎结构及充气压力有关。滚动阻力 P_f 与轮胎承受的力 G 成正比，即 $P_f=fG$。全部车轮上的滚动阻力为：

$$P_f=fG_a \tag{2-7}$$

式中：P_f——滚动阻力(N)；

G——车轮负荷(N)；

G_a——车辆总重力(N)；

f——滚动阻力系数，它与路面状况、轮胎的性质和行驶速度等有关，一般应由试验确定，在一定类型的轮胎和一定车速范围内，可视为只和路面状况有关的常数，见表 2-1。

表 2-1　各类路面滚动阻力系数 f 值

路面类型	滚动阻力系数 f
水泥及沥青混凝土路面	0.01～0.02
表面平整的黑色碎石路面	0.02～0.025
碎石路面	0.03～0.05
干燥平整的土路	0.04～0.05
潮湿不平整的土路	0.07～0.15

2. 空气阻力

汽车在行驶中，由于迎面空气质点的压力，车后的真空吸力及空气质点与车身表面的摩擦力阻碍汽车前进，总称为空气阻力。现代汽车的行驶速度很高，空气阻力对汽车行驶的动力性和燃料消耗的经济性影响较大，当行驶速度在 100km/h 以上，有时一半的功率用来克服空气阻力。

由空气动力学的研究和试验可知，汽车在空气介质中运动时所产生的空气阻力 P_w 可以用下式计算：

$$P_w = \frac{KFV^2}{13} \tag{2-8}$$

式中：V——汽车的行驶速度，km/h；

K——空气阻力系数，kg/m³，其值可由道路实验、风洞实验等方法测得；

F——汽车迎风面积，m²，系汽车在其纵轴的垂直平面的投影面积，可直接在投影面上测得。乘积 KF 称为汽车流线型系数，可用于评定汽车的整体流线型程度。一般汽车的空气阻力系数、迎风面积和流线型系数值见表 2-2，常见车型的流线型系数见表 2-3。

表 2-2　一般汽车的 K、F、KF 值

车型	$K/(\text{kg}\cdot\text{m}^{-3})$	F/m^2	$KF/(\text{kg}\cdot\text{m}^{-1})$
闭式车身小客车	0.20～0.35	1.6～2.8	0.3～0.9
敞式车身小客车	0.40～0.50	1.5～2.0	0.6～1.0
载重汽车	0.50～0.70	3.0～3.5	1.5～3.5
车厢式车身大客车	0.25～0.40	4.5～6.5	1.0～2.6

表 2-3　常见车型的流线型系数值

车型	$KF/(\text{kg}\cdot\text{m}^{-1})$	车型	$KF/(\text{kg}\cdot\text{m}^{-1})$
北京 BJ—130	1.58	新款雅阁	0.52
长春 CC—130	1.6	国产皇冠	0.53
上海 SH—130	1.52	一汽捷达	0.6
解放 CA—10B	2.9	奇瑞风云	0.57
黄河 JN—150	3.1	华晨宝马	0.59
天津 TJ—620	0.91		

3. 坡度阻力

汽车在坡道倾角为 α 的道路上行驶时，车重 G_a 在平行于路面方向的分力为 $G_a\sin\alpha$，上坡时它与汽车前进方向相反，阻碍汽车行驶；而下坡时与前进方向相同，助推汽车行驶。坡度阻力可用下式计算：

$$P_i = \pm G_a \sin\alpha \tag{2-9}$$

因坡道倾角一般较小，认为 $\sin\alpha \approx \tan\alpha = i$，则

$$P_i = \pm G_a i \tag{2-10}$$

式中：P_i——坡度阻力(N)；

G_a——车辆总重力(N)；

i——道路纵坡度，上坡为正；下坡为负。

4. 惯性阻力

汽车变速行驶时，需要克服其质量变速运动时产生的惯性和惯性力矩称为惯性阻力 P_j。汽车的质量分为平移质量和旋转质量(如飞轮、齿轮、传动轴和车轮等)两部分。变速时平移质量产生惯性力，旋转质量产生惯性力矩。

由于旋转质量组成部分较多，且各部分的转动惯量和角加速度不同，计算比较复杂，为方便计算，一般给平移质量惯性力乘以大于 1 的系数 δ，来代替旋转质量惯性力矩的影响。即

$$P_j = \delta \frac{G_a}{g} a \tag{2-11}$$

式中：P_j——惯性阻力，N；

G_a——车辆总重力，N；

g——重力加速度，m/s^2；

a——汽车行驶的加速度，m/s^2

δ——惯性力系数(或旋转质量换算系数)。

因此，汽车的总行驶阻力 P 为

$$P = P_f + P_w + P_i + P_j \tag{2-12}$$

上述四种阻力，空气阻力和滚动阻力永远为正，汽车行驶的任何情况下都存在；坡度阻力汽车上坡为正，平坡为零，下坡为负；而惯性阻力则是加速为正，减速为负，等速为零。

2.2.3 汽车的运动方程和行驶条件

1. 汽车的运动方程

汽车在道路上行驶时，必须有足够的驱动力来克服各行驶阻力。当驱动力与各种行驶阻力之代数和相等的时候，称为驱动平衡。驱动平衡方程式(也称汽车的运动方程式)为

$$P_t = P = P_f \pm P_i + P_w \pm P_j \tag{2-13}$$

将有关公式代入式(2-13)，则汽车的运动方程又可写为：

$$\frac{M_e \gamma \eta_T}{r_k} = fG_a \pm G_a i + \frac{KFV^2}{13} \pm \delta \frac{G_a}{g} a \tag{2-14}$$

式中：P_i 前之"＋"表示上坡，"－"表示下坡；P_j 前之"＋"表示加速，"－"表示减速，P_f 与 P_w 恒为正值。

2. 汽车行驶的条件

汽车在道路上行驶，当驱动力等于各种行驶阻力之和时，汽车就等速行驶；当驱动力大于各种行驶阻力之和时，汽车就加速行驶；当驱动力小于各种行驶阻力之和时，汽车就减速行驶，直至停车。所以，要使汽车行驶，必须具有足够的驱动力来克服各种行驶阻力，即

$$P_t \geqslant P \tag{2-15}$$

式(2－15)是汽车行驶的必要条件(即驱动条件)。

只有足够的驱动力还不能保证汽车正常地行驶。若驱动轮与路面之间的附着力不够大，车轮将在路面上打滑，不能行进。所以，汽车能否正常行驶，还要受轮胎与路面之间附着条件的制约。汽车行驶的充分条件是驱动力小于或等于轮胎与路面之间的附着力，即

$$P_t \leqslant \varphi G_d \tag{2-16}$$

式中：φ——附着系数，主要取决于路面的粗糙程度和潮湿泥泞程度，轮胎的花纹和气压，以及车速和荷载等，计算时可按表 2－5 选用；

G_d——驱动轮荷载。一般情况下，小汽车为总重的 0.5～0.65 倍，载重车为总重的 0.65～0.80 倍。

式(2－16)称为汽车行驶的充分条件——附着条件。式(2－15)和(2－16)结合起来即为汽车行驶的充分和必要条件，亦称为汽车运动的驱动与附着条件。

根据以上汽车行驶条件，在实际工作中对路面提出了一定要求，从宏观上讲要求路面平整而坚实，尽量减小滚动阻力；从微观上讲又要求路面粗糙而不滑，以增大附着力。

表 2－4　各类路面上附着系数 φ 的平均值

路面类型	路面状况			
	干燥	潮湿	泥泞	冰滑
水泥混凝土路面	0.7	0.5	/	/
沥青混凝土路面	0.6	0.4	/	/
过渡式及低级路面	0.5	0.3	0.2	0.1

2.3　汽车的动力性能

汽车的动力性能系指汽车所具有的加速、上坡、最大速度等的性能。研究汽车的动力性能的目的主要为道路纵断面设计提供理论依据。

2.3.1　汽车的动力因数

为便于分析，将式(2－13)作如下变换，并将右端的行驶阻力表达式代入，则得到：

$$P_t - P_w = G_a(f \pm i) \pm \delta \frac{G_a}{g} a \tag{2-17}$$

上式等号左端 $P_t - P_w$ 称为汽车的有效牵引力(或后备牵引力),其值与汽车的构造和行驶速度有关,等号右端各项阻力与道路状况及汽车的行驶方式有关,一般不受行驶速度的影响。

为使不同类型汽车的动力性进行比较,将上式两端分别除以车辆总重 G_a,得

$$\frac{P_t - P_w}{G_a} = f \pm i \pm \frac{\delta}{g} a \tag{2-18}$$

令上式左端为 D,即

$$D = \frac{P_t - P_w}{G_a} \tag{2-19}$$

D 为动力因数,即为汽车单位重量的有效牵引力,它表征某型汽车在海平面高程上,满载情况下,每单位车重克服道路阻力和惯性阻力的性能。将有关公式代入式(2-19)得

$$D = \frac{P_t - P_w}{G_a} = \frac{M_e \gamma \eta_T}{r_k \cdot G_a} - \frac{KFV^2}{13G_a} \tag{2-20}$$

从上式可以看出 D 是关于 V 的二次函数,为使用方便,将 D 与 V 的函数关系用曲线表示,称为动力特性图。

动力因数和动力特性图是按海平面及汽车满载情况下的标准值计算绘制的。若道路所在地不在海平面上,汽车也不是满载,由于海拔增高,气压降低,使发动机的输出功率、汽车的驱动力及空气阻力都随之降低,所以,应对动力因数 D 进行修正。方法是给 D 乘以一个修正系数 λ,即

$$\lambda D = (f \pm i) \pm \frac{\delta}{g} a \tag{2-21}$$

λ 称为动力因数 D 的海拔荷载修正系数,其值为

$$\lambda = \xi \frac{G}{G'}$$

式中:ξ——海拔系数,可用 $\xi = (1 - 2.26 \times 10^{-5} H)^{5.3}$ 计算,式中 H 为海拔高度(m);

G——满载时汽车的总重力(N);

G'——实际装载时汽车的总重力(N)。

2.3.2 汽车的行驶状态

由式(2-21)可得

$$a = \pm \frac{\lambda g}{\delta}(D - \psi) \tag{2-22}$$

式中:ψ——道路阻力系数,$\psi = \dfrac{f \pm i}{\lambda}$。

对不同排挡的 $D-V$ 曲线,D 值都有一定使用范围,挡位愈低,D 值愈大,而车速愈低。

在某瞬时，当汽车的动力因数为 D，道路阻力为 ψ，汽车的行驶状态有以下三种情况：

当 $\psi < D$ 时，$a=\frac{\lambda g}{\delta}(D-\psi)>0$ 加速行驶

当 $\psi = D$ 时，$a=0$ 等速行驶

当 $\psi > D$ 时，$a=\frac{\lambda g}{\delta}(D-\psi)<0$ 减速行驶

在动力特性图上，与任意的 $\psi=D$ 相应等速行驶的速度称为平衡速度，用 V_p 表示。

如图 2-3，若汽车在道路阻力为 ψ_1 的坡道上行驶时，与 $D_1=\psi_1$ 对应的平衡速度为 V_1。当汽车的行驶速度 $V>V_1$ 时减速行驶，直到 V_1 为止；当 $V<V_1$ 时加速行驶，直到 V_1 为止。

每一排挡都存在各自的最大动力因数 D_{max}，与之对应的速度称作临界速度，用 V_k 表示。

如图 2-4，若汽车以某一排挡作等速行驶，当 $D_2=\psi_2$ 时，汽车可采用 V_1 或 V_2 的任一速度行驶。

当采用 $V_1>V_k$ 的速度行驶时，若道路阻力额外增加（如道路局部坡度增大，路面出现坑凹或松软等），汽车可在原来排挡上降低车速，以获得较大 D 值来克服额外阻力，待阻力消失后可立即提高到原 V_1 的速度行驶。这种行驶状态称为稳定行驶。

当汽车采用 $V_2<V_k$ 的速度行驶时，若道路阻力额外增加，汽车减速行驶而 D 值随之减小，如果此时不换挡或开大节流阀，汽车将因发动机熄火而停驶。这种行驶状态称不稳定行驶。

因此，临界速度 V_k 是汽车稳定行驶的极限速度。一般情况下汽车都采用大于某一排挡的临界速度 V_k 作为行驶速度，以便克服额外阻力而连续行驶。

如果道路阻力 ψ_3 更大，使得车速降低较快，若车速降至本挡 V_k 时需要换低挡行驶；相反，道路阻力 ψ_4 更小时车速增加较快，当增至本挡最高车速 V_{max} 时需要换高挡行驶。

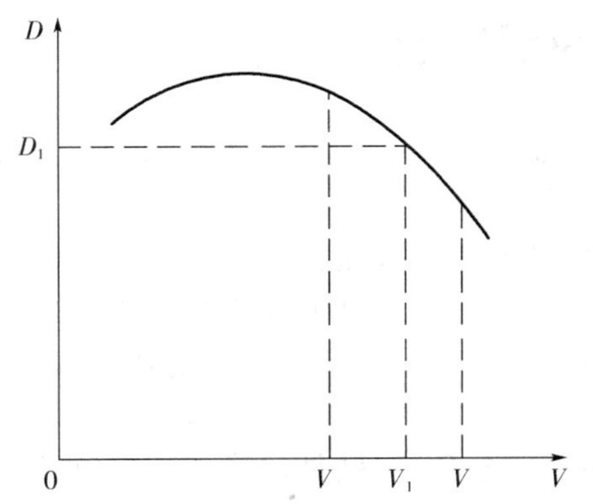

图 2-3 平衡速度与行驶状态分析

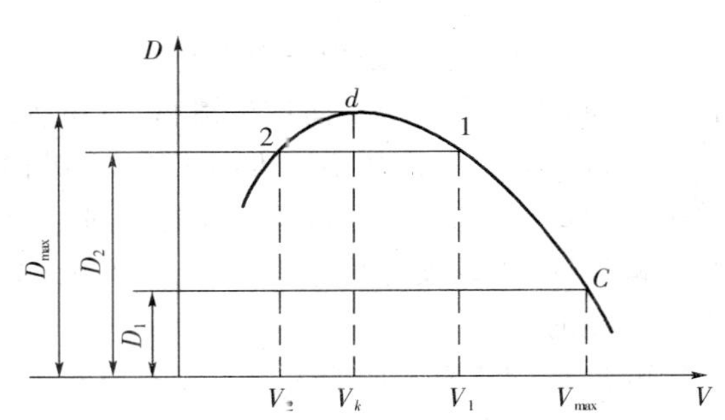

图 2-4 某排挡动力特性图

汽车的最高速度是指节流阀全开、满载（不带挂车）、在表面平整坚实水平路段上作稳定行驶的速度。每一排挡都有各自的最高速度，除个别车型外，一般直接挡的最高速度最大。

汽车的最小稳定速度是指满载（不带挂车）在路面平整坚实的水平路段上，稳定行驶时的最低速度（即临界速度 V_k）。汽车的最高速度与最小稳定速度之间的差值愈大，表示汽车对道路阻力的适应性愈强。其他排挡也同样存在着这两个对应值。

2.3.3 汽车的爬坡能力

汽车的爬坡能力是指汽车在良好路面上等速行驶时克服了其他行驶阻力后所能爬上的纵坡度。因 $a=0$,则

$$i=\lambda D-f \tag{2-23}$$

汽车的最大爬坡能力是用最大爬坡坡度评定的。最大爬坡度系指汽车在坚硬路面上用最低挡作等速行驶时所能克服的最大坡度。最大爬坡度是汽车动力性的主要评定指标,但不作为决定道路最大纵坡的依据。由于最低挡爬坡能力大,坡道倾角 α 也大,此时 $\cos\alpha\approx1$, $\sin\alpha\approx\tan\alpha=i$,应该用下式计算

$$\lambda D_{Imax}=f\cos\alpha+\sin\alpha \tag{2-24}$$

解此三角函数方程式,得

$$\alpha_{Imax}=\arcsin\frac{\lambda D_{Imax}-f\sqrt{1-\lambda^2 D_{Imax}^2+f^2}}{1+f^2} \tag{2-25}$$

则汽车的最大爬坡为

$$i_{\max}=\tan\alpha_{Imax}$$

式中:α_{Imax}——最低挡所能克服的最大坡度角度;

f——滚动阻力系数;

D_{Imax}——最低挡的最大动力因数;

$i_{\max}$——最大坡度角。

2.4 汽车行驶的稳定性

汽车的行驶稳定性是指汽车在行驶过程中,在外部因素作用下,汽车尚能保持正常行驶状态和方向,不致失去控制而产生滑移、倾覆等现象的能力。

汽车行驶的稳定性从不同方向来看,有纵向稳定性和横向稳定性两种。从丧失稳定的方式来看,有滑动稳定性和倾覆稳定性两种。分析和确保汽车行驶的稳定性对于合理设计汽车结构尺寸、正确设计公路、保证行车安全、提高运输生产率、减轻驾驶员的疲劳强度,有着十分重要的意义。

影响汽车行驶稳定性的因素主要有汽车本身的结构参数、驾驶员的操作技术以及道路与环境等外部因素的作用。

2.4.1 汽车行驶的纵向稳定性

图 2-5 为汽车等速上坡受力图,惯性阻力为零,因车速低可略去空气阻力和滚动阻力。图中 G_a 为汽车总重力,α 为坡道倾角,h_g 为重心高度,Z_1 和 Z_2 为作用在前、后轮上的法向反作用力,X_1 和 X_2 为作用在前、后轮上的切向反作用力,L 为汽车轴距,L_1 和 L_2 为汽车重心至前、后轴的距离,O 点为汽车重心,O_1 和 O_2 为前、后轮与路面接触点。

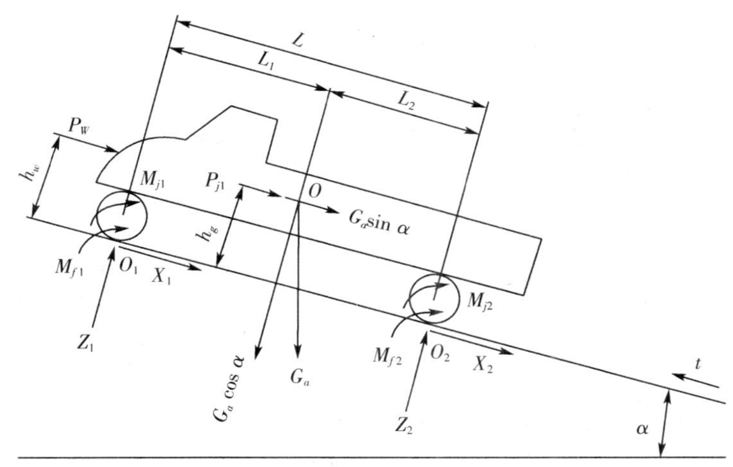

图 2-5　汽车等速上坡受力示意图

1. 纵向倾覆条件分析

产生纵向倾覆的临界状态是汽车前轮法向反作用力 $Z_1=0$，此时，汽车可能绕 O_2 点发生倾覆现象。对 O_2 点取矩并让 $Z_1=0$ 得

$$G_a\cos\alpha_0 L_2-G_a\sin\alpha_0 h_g=0$$

$$i_0=\tan\alpha_0=\frac{L_2}{h_g} \tag{2-26}$$

式中：α_0——汽车产生纵向倾覆时，道路纵向极限坡度角；

i_0——汽车产生纵向倾覆时，道路的纵坡度。

当坡道倾角 $\alpha\geqslant\alpha_0$（或道路纵坡 $i\geqslant i_0$）时，汽车可能发生纵向倾覆。由式(2-26)可知，纵向倾覆的稳定性主要与汽车重心至后轴的距离 L_2 和重心高度 h_g 有关。L_2 愈大，h_g 愈低，纵向稳定性愈好。

2. 纵向倒溜条件分析

对后轮驱动的汽车，根据附着条件，驱动轮不产生纵向倒溜的状态是下滑力与附着力平衡。即

$$G_a\sin\alpha_\varphi=Z_2\varphi$$

其中对点 O_1 取矩，可得

$$Z_2L=G_a\cos\alpha_\varphi L_1+G_a\sin\alpha_\varphi h_g$$

$$Z_2=\frac{G_a\cos\alpha_\varphi L_1+G_a\sin\alpha_\varphi h_g}{L}$$

则

$$\tan\alpha_\varphi=\frac{L_1+h_g\tan\alpha_\varphi}{L}\varphi$$

因为 h_g、$\tan\alpha_\varphi$ 较小，可忽略不计，且 $\frac{L_1}{L}\approx\frac{G_d}{G_a}$，则

$$i_\varphi=\tan\alpha_\varphi=\frac{G_d}{G_a}\varphi \tag{2-27}$$

式中：α_φ——汽车产生纵向倒溜时，道路极限坡度角；

i_φ——汽车产生纵向倒溜时道路的纵坡度；

G_d——驱动轮的轴重(N)。

由上分析可知，当坡道倾角 $\alpha \geqslant \alpha_\varphi$（或道路纵坡度 $i \geqslant i_\varphi$）时，汽车可能产生纵向滑移。i_φ 的大小主要取决于驱动轮荷载 G_d 与汽车总重力 G_a 的比值以及附着系数 φ 值，详见式(2-27)和表 2-4。

3. **纵向稳定性的保证**

分析式(2-26)和(2-27)，一般 L_2/h_g 接近于 1，而 $\varphi G_d/G_a$ 远远小于 1，所以

$$\frac{G_d}{G_a}\varphi < \frac{L_2}{h_g} \quad 即 \quad i_\varphi < i_0$$

也就是说，汽车在坡道上行驶时，纵向倒溜现象发生在纵向倾覆之前。为保证汽车行驶的纵向稳定性，道路设计应满足不产生纵向倒溜为条件，这样，也就避免了汽车的纵向倾覆现象出现。所以，汽车行驶时纵向稳定性的条件为

$$i < i_\varphi = \frac{G_d}{G_a}\varphi \tag{2-28}$$

只要设计的道路纵坡度 i 满足上式条件，当汽车满载时一般都能保证纵向行驶的稳定性。但在运输中装载过高时，由于重心高度 h_g 的增大而破坏纵向稳定性条件，所以，应对汽车装载高度有所限制。

2.4.2 汽车行驶的横向稳定性

1. **汽车在平曲线上行驶时受力分析**

如图 2-6 所示，汽车在平曲线上行驶时会产生离心力，其作用点在汽车的重心，方向水平背离圆心。离心力大小为

$$C = \frac{G_a v^2}{gR}$$

式中：C——离心力(N)；

R——平曲线半径(m)；

v——汽车行驶速度(m/s)。

离心力对汽车在平曲线上行驶的稳定性影响很大，它可能使汽车向外侧滑移或倾覆。

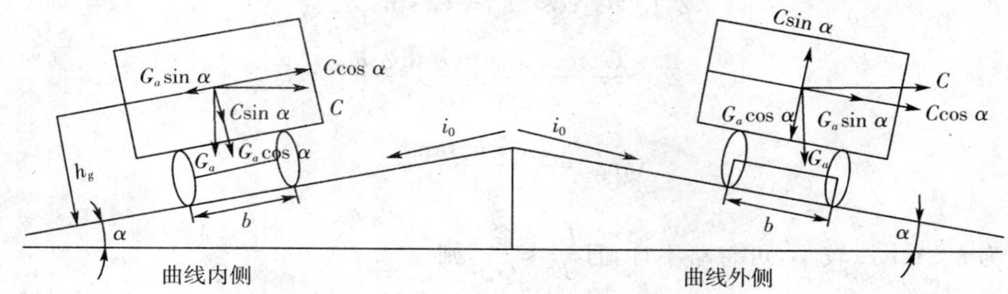

图 2-6 曲线上汽车的受力分析

将离心 C 与汽车重力 G_a 分解为平行于路面的横向力 Y，即

$$Y=C\cos\alpha\pm G_a\sin\alpha \tag{2-29}$$

因为
$$\sin\alpha\approx\tan\alpha=i_0,\cos\alpha\approx 1$$

所以
$$Y\approx C\pm G_a i_0 \tag{2-30}$$

式中："+"表示路拱双坡外侧，"−"表示路拱双坡内侧；

α——路面横坡坡脚，一般很小；

i_0——路面横坡坡度；

把离心力代入式(2-30)得

$$Y=\frac{G_a v^2}{gR}\pm G_a i_0=G_a\left(\frac{v^2}{gR}\pm i_h\right) \tag{2-31}$$

$$R=\frac{v^2}{g\left(\dfrac{Y}{G_a}\pm i_0\right)} \tag{2-32}$$

横向力 Y 是汽车行驶的不稳定因素，竖向力是稳定因素。由于同样大小的力作用在不同重量汽车上其稳定性程度是不一样的，于是采用横向力系数来衡量稳定性程度，其意义为单位车重的横向力，即

$$\mu=\frac{Y}{G_a}=\frac{v^2}{gR}\pm i_0$$

用 $V(km/h)$ 表达上述公式，则

$$\mu=\frac{V^2}{127R}\pm i_0 \tag{2-33}$$

$$R=\frac{V^2}{127(\mu\pm i_0)}$$

式中：R——平曲线半径(m)；

μ——横向力系数；

V——行车速度(km/h)；

i_0——横向坡度，或横向超高，"+"表示向外，"−"表示向内。

式(2-33)表达了横向力系数与车速、平曲线半径及超高之间的关系。μ 值愈大，汽车在平曲线上的稳定性愈差。

2. 横向倾覆条件分析

汽车在倾斜的横坡面上做曲线运动时，由于横向力的作用，可能使汽车绕外侧车轮触地点产生向外横向倾覆的危险。为使汽车不产生倾覆，必须使倾覆力矩小于或等于稳定力矩。即

$$Yh_g\leqslant(G_a\cos\alpha\pm C\sin\alpha)\frac{b}{2}\approx(G_a\pm Ci_0)\frac{b}{2}$$

因 Ci_0 比 G_a 小得多，可略去不计，则

$$\mu=\frac{Y}{G_a}\leqslant\frac{b}{2h_g} \tag{2-34}$$

式中：b——汽车轮距(m)；

h_g——汽车重心高度(m)。

将式(2-34)代入式(2-33)并整理，得

$$R\geqslant\frac{V^2}{127\left(\frac{b}{2h_g}+i_0\right)} \tag{2-35}$$

利用此式可计算汽车在平曲线上行驶时，不产生横向倾覆的最小平曲线半径 R 或最大允许行驶速度 V。

3. 横向滑移条件分析

汽车在平曲线上行驶时，因横向力的存在，可能使汽车沿横向力的方向产生横向滑移。为使汽车不产生横向滑移，必须使横向力小于或等于轮胎和路面之间的横向附着力，即

$$Y\leqslant(G_a\cos\alpha\pm C\sin\alpha)\varphi_h\approx G_a\varphi_h$$

$$\mu=\frac{Y}{G_a}\leqslant\varphi_h \tag{2-36}$$

式中：φ_h——横向附着系数，一般 $\varphi_h=(0.6\sim0.7)\varphi$，$\varphi$ 值详见表 2-4。

将式(2-36)代入式(2-33)并整理，得

$$R\geqslant\frac{V^2}{127(\varphi_h\pm i_0)} \tag{2-37}$$

利用此式可计算出汽车在平曲线上行驶时，不产生横向滑移的最小平曲线半径 R 或最大允许行驶速度 V。

4. 横向稳定性的保证

由式(2-34)和式(2-36)可知，汽车在平曲线上行驶时的横向稳定性主要取决于横向力系数 μ 值的大小。现代汽车在设计制造时重心较低，一般 $b\approx2h_g$，即 $\frac{b}{2h_g}\approx1$，而 $\varphi_h<0.5$，所以 $\varphi_h<\frac{b}{2h_g}$。也就是汽车在平曲线上行驶时，在发生横向倾覆之前先产生横向滑移现象，为此，在道路设计中应保证汽车不产生横向滑移，同时也就保证了横向倾覆的稳定性。只要设计采用的 μ 值满足式(2-36)条件，一般在满载情况下能够保证横向行车的稳定性。但装载过高时可能发生倾覆现象。

2.5 汽车的制动性能

汽车的制动性能是指汽车在行驶过程中强制性降低车速以致停车，或在下坡时保持一定速度行驶的能力。汽车的制动性能直接关系到汽车的行驶安全，与路线设计的行车视距、山区公路中陡坡长度指标及缓和坡段的设置等有关。

2.5.1 制动平衡方程

汽车制动时，给车轮施加制动力以阻止车轮前进。在急刹车时制动力最大，而最大的制

动力取决于轮胎与路面之间的附着力。在附着系数较小的路面上，若制动力大于附着力，车轮将在路面上滑移，易使制动方向失去控制。所以，作用在汽车上的最大制动力可按下式计算：

$$P_{T(\max)}=G\varphi \tag{2-38}$$

式中：G——分配到制动轮上的汽车重力。现代汽车全部车轮均为制动轮，$G=G_a$；

φ——路面与轮胎之间的附着系数，与轮胎、路面及制动等条件有关，其值见表2-4。

汽车制动减速行驶时，作用于车轮上的力矩方向与行驶方向相反。其余各项运动阻力与牵引行驶时一样存在。因此，这时汽车的运动力平衡方程为：

$$-P_T=P_f\pm P_i+P_w+P_j \tag{2-39}$$

由于制动初速度不高及速度下降迅速，故空气阻力可略去不计，即 $P_w\approx 0$，式(2-39)可简化为

$$P_T+P_f\pm P_i+P_j=0$$

即

$$G_a\varphi+G_af\pm G_ai+\delta\frac{G_a}{g}a=0 \tag{2-40}$$

$$a=-\frac{g}{\delta}(\varphi+f\pm i) \tag{2-41}$$

式中：a——制动减速度，m/s^2。

2.5.2 制动距离

由式(2-41)得

$$S=-\frac{\delta}{g(\varphi+f\pm i)}\int_{V_1}^{V_2}VdV=\frac{V_1^2-V_2^2}{254(\varphi+f\pm i)} \tag{2-42}$$

式中：V_1——制动初速度(km/h)；

V_2——制动终速度(km/h)。

当制动到汽车停止时 $V_2=0$，则

$$S=\frac{V_1^2}{254(\varphi+f\pm i)} \tag{2-43}$$

从公式(2-42)可以看出，决定汽车制动距离的主要因素是：最大制动减速度即附着力，制动起始速度。附着力越大、起始速度越低，制动距离越短。

思考题

1. 汽车行驶的性能有哪些？
2. 为什么汽车的行驶速度越高，作用在汽车上的牵引力反而越小？
3. 汽车在弯道上行驶会产生横向失稳吗？行驶在弯道内侧要比在外侧显得稳定吗？
4. 汽车在行驶过程中，受到哪些阻力的影响？影响阻力大小的因素有哪些？
5. 汽车行驶的两个条件是什么？

第3章　平面设计

3.1 概　述

3.1.1　路线

道路是一个带状构造物,它的中线是一条空间曲线。一般所说的路线,是指道路中线,而道路中线的空间形状称为路线线形。道路中线在水平面上的投影称为路线的平面。沿着中线竖直剖切,再行展开就称为纵断面。中线各点的法向切面是横断面。道路的平面、纵断面构成了道路的线形组成。路线设计是指确定路线空间位置和各部分几何尺寸的工作,为研究与使用的方便,把它分解为路线平面设计、路线纵断面设计。二者是相互关联的,即分别进行,又综合考虑。线形是道路的骨架,它不仅对行车的速度、安全、舒适、经济及道路的通行能力有决定性的影响,而且直接影响道路构造物设计、排水设计、土石方数量、路面工程及其他构造物,同时对沿线的经济发展、土地利用 、工农业生产、居民生活及自然景观、环境协调也有很大影响。道路建成后,要再对路线线形进行改造,其困难是较大的。

道路路线位置受社会经济、自然地理和技术条件等因素的制约。设计者的任务就是在调查研究、掌握大量材料的基础上,设计出一条有一定技术标准、满足行车要求、工程费用最省的路线来。在设计的顺序上,一般是在尽量顾及到纵断面、横断面的前提下先定平面,沿这个平面线形进行高程测量和横断面测量,取得地面线和地质、水文及其他必要的资料后,再设计纵断面和横断面。为求得线形的均衡、土石方数量的减少及构造物的节省,必要时再修改平面,这样经过几次反复,可望得到一个满意的结果。路线设计的范围,仅限于路线的几何性质,不涉及结构。结构设计在路基路面和桥梁工程等课程中讲述。

3.1.2　汽车行驶轨迹

现代道路的主要服务对象是汽车,因而研究汽车的行驶规律是道路设计的基本课题。在路线的平面设计过程中,主要考察汽车的行驶轨迹。只有当平面线形与这个轨迹相符合或相接近时,才能保证行车的顺畅与安全,特别是在高速行驶的情况下,对汽车行驶轨迹的研究尤其重要。

经过大量的观测研究表明,汽车行驶轨迹在几何性质上有以下特征:

1. 轨迹线是连续的,即在任何一点上不出现错头、折点或间断;

2. 轨迹线的曲率是连续的,即轨迹上任何一点不出现两个曲率值;

3. 轨迹线的曲率对里程或时间的变化率是连续的,即轨迹上任一点不出现两个曲率变化率值。

不满足上述第1条的平面线形如图3-1所示。

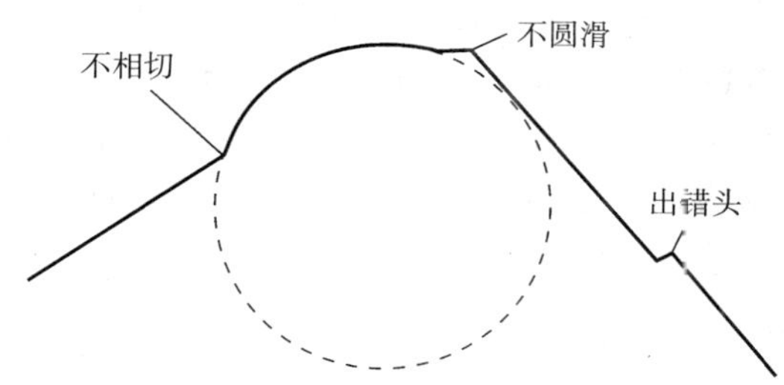

图 3-1　不连续的平面线形

满足上述第 1 条、不满足第 2 条的平面线形如图 3-2 所示。

满足上述第 1 条、第 2 条的平面线形如图 3-3 所示。

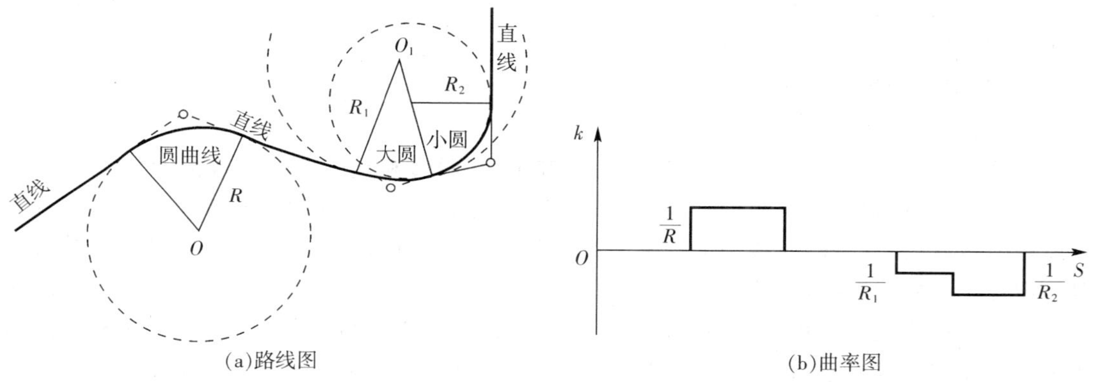

(a)路线图　(b)曲率图

图 3-2　曲率不连续的平面线形

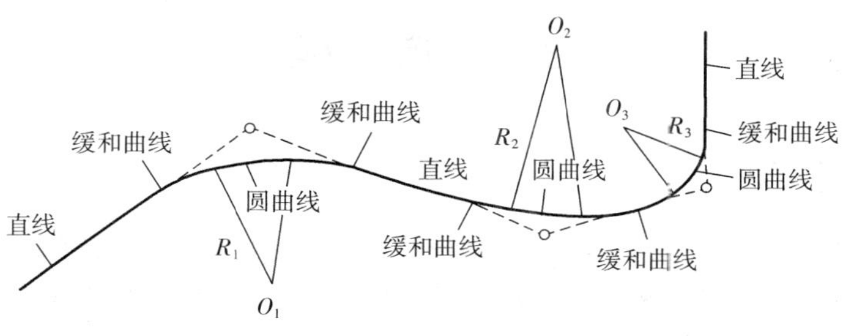

(a)路线图

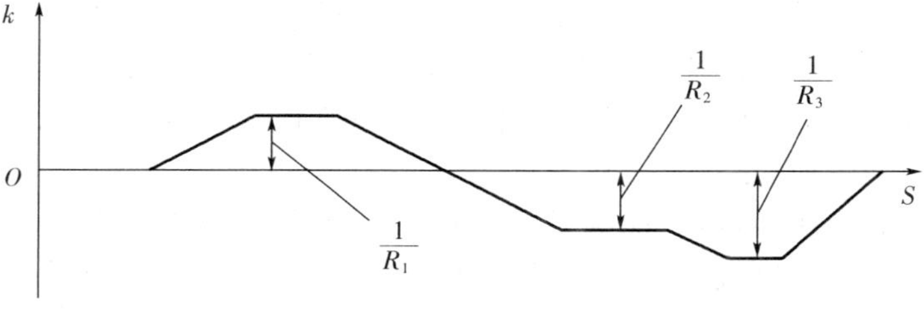

(b)曲率图

图 3-3　曲率连续的平面线形

图 3－3 所示平面线形的曲率变化率是不连续的，即不满足上述第③条的要求。从理论上讲，这种线形仍然不符合汽车行驶轨迹，但是，它与汽车的行驶轨迹偏离不大。为了便于设计和施工，现代高等级公路一般都采用图 3－3 所示类型的平面线形，即曲率连续的平面线形，尽管它是不完全可循的，但实践证明却是很好的线形。低等级公路由于行车速度低，图 3－2 所示的平面线形也被经常采用。

3.2.3 平面线形要素

行驶中的汽车其导向轮旋转面与车身纵轴之间有下列三种关系：

(1)角度为零；

(2)角度为常数；

(3)角度为变数。

与上式三种状态对应的行驶轨迹为：

(1)曲率为零的线形——直线；

(2)曲率为常数的线形——圆曲线；

(3)曲率为变数的线形——缓和曲线。

道路平面线形正是由上述三种线形——直线、圆曲线和缓和曲线构成的，称为“平面线形三要素”。当道路的平面线形受地形、地物等障碍物的影响而发生转折时，在转折处就需要设置曲线或组合曲线，曲线一般为圆曲线。为保证行车的舒适、安全与驾驶员操作方便，对于设计车速低的道路，为简化设计，也可以只使用直线和圆曲线两种要素。近代一些高速公路也有只用曲线而不用直线的。由此可见三要素是基本组成，但各要素所占比例及使用频率并无规定。各要素只要使用合理、配置得当，均可满足汽车行驶要求。至于它们的参数则要根据地形情况和人的视觉、心理、道路技术等条件来确定。

3.2 直　线

3.2.1 直线的特点

作为平面线形要素之一的直线，在道路中使用十分广泛。其主要特点如下。

(1)直线以最短的距离连接两目的地，具有路线短捷，缩短里程，行车方向明显等特点。

(2)由于已知两点就可以确定一条直线，因而直线线形简单，容易测设。在测设中用花杆和经纬仪即可直接定出一条直线的方向。用皮尺和光电测距仪可测出直线的长度。

(3)从行车安全和线形美观来看，过长的直线，线形呆板，行车单调，易使驾驶员产生疲劳，也容易发生超车和超速行驶，行车时难以估计车间距离，在直线上夜间行车相向行车会产生眩光等。这些都是影响行车安全的不利因素，因而直线段，特别是长直线，行车安全性差，往往是发生车祸较多的路段。

(4)直线虽然方向明确，但只能满足两个控制点的要求，难以与地形及周围环境协调。特别是在山区、丘陵区，采用过长的直线会严重破坏自然景观，不仅与环境协调差，而且造成大挖大填，工程经济效益也差。

3.2.2　直线的运用

1. **直线的适应场合**

在道路路线平面设计中，下述路段可采用直线：

(1)不受地形、地物限制的平坦地区或山间的开阔谷地；

(2)市镇及其近邻，或规划方正的农耕区；

(3)过长过大的桥梁、隧道等构造物路段；

(4)路线交叉点及其前后路段；

(5)双车道公路提供超车的路段。

2. **长直线的限制**

在道路设计中，直线的最大长度应有所限制。当采用长直线线形时，为弥补景观单调之缺陷，应结合沿线具体情况采取相应的措施并注意下述问题：

(1)在长直线上纵坡不宜过大，因为长直线加上陡坡，下坡行驶很容易导致超速行车。

(2)长直线与大半径凹形竖曲线组合为宜，这样可以使生硬呆板的直线得到一些缓和或改善，如图 3-4 所示。

(3)道路两侧地形过于空旷时，宜采取种植不同树种或设置一定建筑物、雕塑、广告牌等措施，以改善单调的景观。

(4)长直线尽头的平曲线，除曲线半径、超高、加宽、视距等必须符合规定外，还必须采取设置标志、增加路面抗滑能力等安全措施。

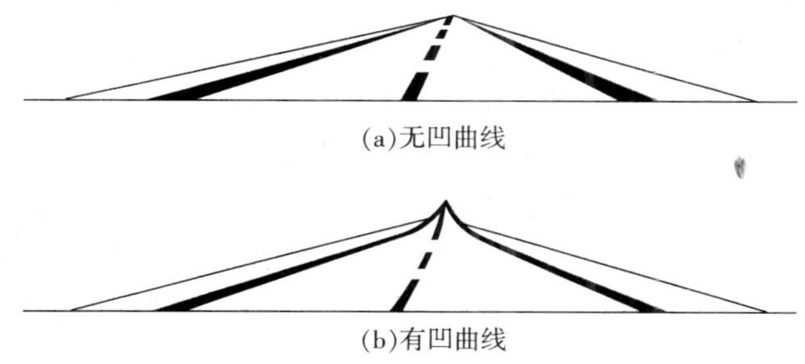

(a)无凹曲线

(b)有凹曲线

图 3-4　长直线与凹形竖曲线组合

长直线的量化是一个需要研究的课题。德国和日本规定直线的最大长度(以 m 计)为 $20V$(V 是计算行车速度，用 km/h 表示)，前苏联为 8km，美国为 4.83km。我国地域辽阔，地形条件在不同的地区有很大的不同，对直线最大长度很难做出统一的规定。总的原则是公路线形应该与地形相适应，与景观相协调，不强求长直线，也不硬性去掉直线而设置曲线。我国已建成的多条高速公路，大多位于平原微丘区，在长直线的使用上参照了国外的规定并允许稍有增长。如京津塘和济青高速公路的直线长不超过 3.2km；沈大高速公路多处出现 5～8km 的长直线，最大 13km。经过对不同路段、行驶车速在 100km/h 的驾驶人员和乘客心理反应和感受进行调查，有如下结果：

(1)位于城市附近的公路，作为城市干道的一部分，由于路旁高大建筑和多彩的城市风光，无论路基高低均被纳入视线范围，驾驶员和乘客无直线过长希望驶出的不良反应。

(2)位于乡间平原区的公路，随季节和地区不同，驾乘人员有不同的反应。北方的冬季，植物枯萎，景色单调，太长的直线使人情绪受到影响。夏天稍许改善一些，但驾驶人员加速行驶、希望尽快驶完直线的心理普遍存在。

(3)位于大戈壁、大草原的公路，直线长度可达几十千米，驾乘人员极度疲劳，车速超过设计速度很多，但在这种特殊的地形条件下，除了直线别无其他选择，人为设置弯道不但不能改善其单调，反而增加路线长度。

由此看来，直线的最大长度，在城镇附近或其他景色有变化的地点大于 20V 是可以接受的；在景色单调的地点最好控制在 20V 以内；而在特殊的地理条件下应特殊处理，若作某种限制是不现实的。

必须强调，无论高速公路还是一般公路或者城市道路，在任何情况下都要避免追求长直线的错误倾向。

3.2.3 直线的最小长度

考虑到线形的连续和驾驶的方便，相邻两曲线之间应有一定的直线长度，这个直线长度是指前一曲线的终点(缓直点 HZ 或圆直点 YZ)到后一曲线的起点(直缓点 ZH 或直圆点 ZY)之间的长度。

1. 同向曲线间的直线最小长度

转向相同的同向曲线之间若插入较短的直线段，则容易产生把直线和两端的曲线看成为反向曲线的错觉，如图 3-5 所示。当直线过短甚至把两个曲线看成是一个曲线。这种线形破坏了公路整体线形的连续性，且容易造成驾驶操作的失误，设计中应尽量避免。由于这种线形组合所产生的缺陷是来自驾驶员的错觉，所以若将两曲线拉开，也就是限制中间直线的最小长度，使前方相邻曲线在驾驶员的视觉以外则可以避免上述缺点。大量的观测资料证明，行车速度愈高，驾驶员注视点愈远，这个距离在数值上大约是行车速度(以 km/h 计)的 6 倍(以 m 计)，所以《公路路线设计规范》推荐同向曲线之间的最小直线长度以不小于 6V 为宜。这种要求在车速较高的公路($V \geq 60$km/h)上应尽可能保证，而对于低速公路($V \leq 40$km/h)则有所放宽，参考执行即可。在受到条件限制时，无论是高速公路还是一般公路，都宜在同向曲线之间插入大半径曲线或将两曲线做成复曲线、卵形曲线或 C 形曲线。

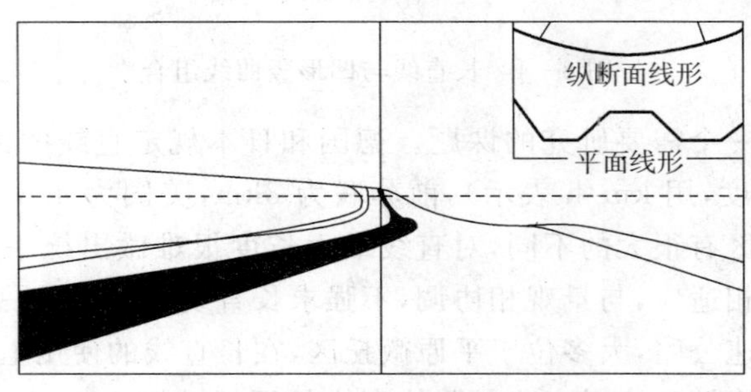

图 3-5 同向曲线间插入短直线

2. 反向曲线间的直线最小长度

转向相反的两曲线之间，考虑到为设置超高和加宽缓和段的需要以及驾驶人员转向操作的需要，宜设置一定长度的直线。《公路路线设计规范》规定，当计算行车速度≥60km/h 时，反向曲线间直线最小长度(以 m 计)以不小于行车速度(以 km/h 计)的 2 倍为宜；当计算行车速度≤40km/h时，可参照上述规定执行。特别困难的山岭区三、四级公路设置超高时，中间直线长度不得小于15m。若两反向曲线已设缓和曲线，在受到条件限制的地点也可将两反向曲线首尾相连，但被连接的两缓和曲线和圆曲线应满足一定的技术条件。

3. 相邻回头曲线间的直线最小长度

回头曲线是指山区公路为克服高差在同一坡面上回头展线时所采用的曲线。

两相邻回头曲线之间应争取有较长的距离。由一个回头曲线的终点至下一个回头曲线起点的距离，在二、三、四级公路上分别应不小于200m，150m和100m。

3.3 圆曲线

圆曲线也是平面线形中常用的线形。《公路路线设计规范》规定，各级公路不论转角大小均应设置圆曲线。圆曲线具有与地形相适应、可循性好、线形美观、易于测设等优点。所以在设计中使用相当广泛。

3.3.1 圆曲线的线形特征

各级公路与城市道路不论转角大小均应设置圆曲线，其主要特点如下：

(1)曲线上任意一点的曲率半径为常数，故测设比缓和曲线简便。

(2)能较好地适应地形的变化，适应范围较广且灵活。

(3)较大半径的长缓圆曲线线形美观、顺适、行车舒适。

(4)圆曲线上的每一点都在不断地改变方向，汽车受到离心力作用，同时汽车比直线段多占用宽度。

(5)圆曲线半径较小时，汽车在圆曲线内侧行驶，视线受到路堑边坡或其他障碍物的影响，视距条件差，容易发生交通事故。

3.3.2 圆曲线的几何要素

四级公路可以不设缓和曲线，其他各级公路当曲线半径大于或等于“不设超高的圆曲线半径”时，也可不设缓和曲线，所以此类弯道的平曲线中只有圆曲线。圆曲线的几何要素为(见图3-6)：

$$T=R\tan\frac{\alpha}{2}$$

$$L=\frac{\pi}{180}\alpha R$$

$$E=R(\sec\frac{\alpha}{2}-1)$$

$$J=2T-L$$

式中：T——切线长(m)；

L——曲线长(m)；

E——外距(m)；

J——超距或切曲差(m)；

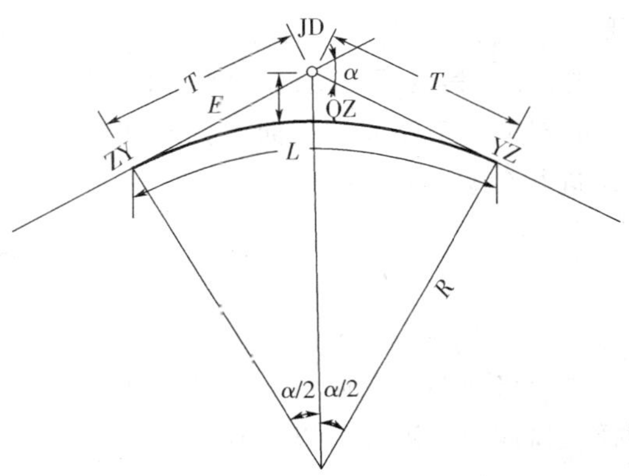

图3-6 圆曲线几何要素

α——转角(°)；

R——圆曲线半径(m)。

3.3.3 圆曲线半径

1. 圆曲线半径计算的一般公式

汽车在曲线上行驶时，除受重力作用以外，还受到离心力的作用，也正是离心力的作用，使行驶在平曲线上的汽车有两种横向不稳定的危险。一是汽车向外滑移，二是汽车向外倾覆。

在平曲线上行驶的汽车所受到的离心力 F 如图 3-7，其计算公式为：

$$F=\frac{G}{g}\cdot\frac{v^2}{R}=\frac{GV^2}{127R}$$

式中：G——汽车所受重力(N)；

R——圆曲线的半径(m)；

g——重力加速度(9.81m/s²)；

v、V——汽车的行驶速度，分别以(m/s，km/h)计。

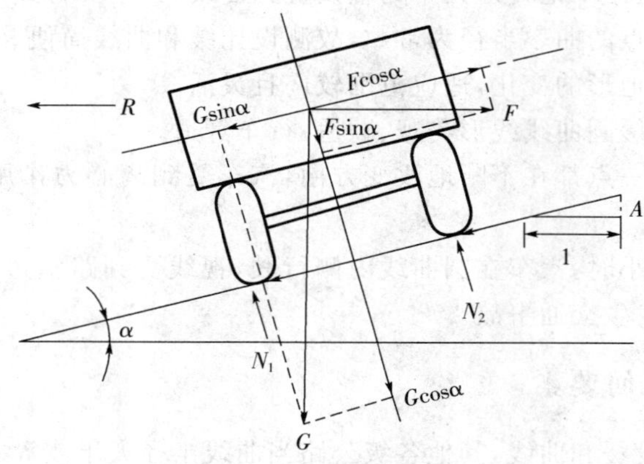

图 3-7 曲线上汽车的受力分析

为减小离心力的作用，保证汽车在平曲线上行驶的稳定性，把路面做成外侧高的单向横坡形式，也就是超高。汽车在具有超高的平曲线上行驶，重力的水平分力可以抵消一部分离心力的作用，其余可由横向摩阻力来平衡。

沿着平行于路面的横向力方向 X 和垂直于路面的竖直力方向 Y 对离心力 F 和汽车重力 G 进行分解，可得下式：

$$X=F\cos\alpha-G\sin\alpha$$

$$Y=F\sin\alpha+G\cos\alpha$$

由于路面的横向倾角 α 一般很小，$\sin\alpha=\tan\alpha=i_h$，$\cos\alpha\approx1$，其中 i_h 称为横向超高坡度(也称超高率)。因此可以得到：

$$X=F-Gi_h=\frac{G}{g}\cdot\frac{v^2}{R}-Gi_h=G\left(\frac{v^2}{gR}-i_h\right)$$

在汽车行驶的过程中，横向力 X 是一个不稳定的因素，为了表示汽车所受横向力的程度，采用了单位车重所受的横向力这个概念，也就是用横向力系数来衡量汽车所受横向力的程度，即：

$$\mu=\frac{X}{G}=\frac{v^2}{gR}-i_h$$

将车速 v(m/h)变成 V(km/h)，可以得到：

$$\mu=\frac{V^2}{127R}-i_h \tag{3-1}$$

式中：μ——横向力系数；

i_h——超高横坡度(或称超高率)；

V——计算行车速度(km/h)；

R——平曲线半径(m)。

上式表达了横向力系数和车速、平曲线半径及超高率之间的关系，从中可以看到，横向力系数越大，则汽车行驶的稳定性越差。

对式(3－1)进行变形可得：

$$R=\frac{V^2}{127(\mu\pm i_h)} \tag{3-2}$$

由上式可以看出，在 V 一定的前提下，曲线的最小半径决定于容许的最大横向力系数及最大超高率。因此首先对这两个因素进行讨论，然后再分析曲线的最小半径的计算。

(1)横向力系数 μ

横向力系数的存在会对行车产生不利的影响，主要表现在如下几个方面：

① 行车安全方面

汽车在路面上不发生滑移的前提条件是横向力系数 μ 不大于轮胎与路面之间的横向摩阻系数 f，即 $\mu\leqslant f$。

② 增进燃料消耗和轮胎磨损

在平曲线路段，由于横向力系数的存在，使车辆的燃油消耗和轮胎磨损较平直路段都有所增加，表3－1所列是实测的燃料消耗和轮胎磨损情况。

表3－1　实测的燃料消耗和轮胎磨损

横向力系数 μ	燃料消耗(%)	轮胎磨损(%)	横向力系数 μ	燃料消耗(%)	轮胎磨损(%)
0	100	100	0.15	115	300
0.05	105	160	0.20	120	390
0.10	110	220			

③ 乘客感觉不舒适

横向力系数的存在不仅造成驾驶员操作的困难、燃油消耗及轮胎磨损的增进，还对乘客的乘车感觉造成不良影响，在 μ 过大时，乘客感觉到不舒适。据试验，乘客的心理随 μ 的变化如下：

当 $\mu<0.10$ 时，不感到有曲线存在，很平稳；

当 $\mu=0.15$ 时，稍感到有曲线存在，尚平稳；

当 $\mu=0.20$ 时，已感到有曲线存在，稍感不稳定；

当 $\mu=0.35$ 时，感到有曲线存在，不稳定；

当 $\mu>0.40$ 时，非常不稳定，车辆有倾覆的危险。

综上所述，μ 值的采用关系到行车安全、经济与舒适，必须确定一个合理的限界。通过研究一般认为 0.11～0.16 是比较合理的一个范围，在设计中可以根据公路等级采用不同的值。

(2)超高横坡度 i_h

设置超高是为了抵消部分离心力的作用，但公路上行驶车辆的速度并不一致，特别是在混合交通的公路上，不仅要照顾快车，也要照顾慢车。因此要选择合适的超高率才能保证行车的安全。

确定最大的超高率，除了根据公路所在地区的气候条件外，还应充分考虑驾驶员和乘客的心理反应。对重山区、城市附近、交叉口及有相当数量的非机动车的公路，最大超高率比一般路段要小些。我国《公路工程技术标准》明确规定，超高的横坡度由计算行车速度、半径大小，结合路面类型、自然条件和车辆组成等情况确定，见表 3-2。当超高横坡度的计算值小于路拱坡度时，应设置等于路拱的超高。

《城市道路设计规范》规定的城市道路最大超高横坡度见表 3-3。

表 3-2 各级公路最大超高横坡度

公路所在地区的气候	高速公路、一级公路	二、三、四级公路
一般地区(%)	10 或 8	8
积雪冰冻地区(%)	6	6

表 3-3 城市道路最大超高横坡度

计算行车速度(km/h)	80	60	50	40	30	20
最大横坡度(%)	6	4		2		

2. 圆曲线最小半径

圆曲线最小半径包括极限最小半径、一般最小半径、不设超高的最小半径。《公路工程技术标准》和《城市道路设计规范》规定，圆曲线最小半径见表 3-4 和表 3-5。

表 3-4 公路圆曲线最小半径

设计速度(km/h)		120	100	80	60	40	30	20
一般最小半径(m)		1000	700	400	200	100	65	30
极限最小半径(m)		650	400	250	125	60	30	15
不设超高最小半径(m)	路拱≤2.0%	5500	4000	2500	1500	600	350	150
	路拱>2.0%	7500	5250	3350	1900	800	450	200

表3-5　城市道路圆曲线最小半径

计算行车速度(km/h)	80	60	50	40	30	20
不设超高最小半径(m)	1000	600	400	300	150	70
设超高推荐半径(m)	400	300	200	150	85	40
设超高最小半径(m)	250	150	100	70	40	20

(1)极限最小半径

极限最小半径是指按设计速度行驶的车辆，能保证其安全行驶的最小半径。计算时，μ值视设计车速采用0.11～0.16；i_h值视道路的不同环境而定，公路用0.10、0.08或0.06，城市道路用0.06、0.04或0.02。我国《公路工程技术标准》和《城市道路设计规范》中所制定的极限最小半径是考虑了我国的具体情况并参照国外资料，取适当的μ_{max}和$i_{h,max}$代入公式(3-2)计算整理出的。

极限最小半径是设计采用的极限值，是在特殊困难的条件下不得已才使用的，通常不轻易采用。

(2)一般最小半径

一般最小半径指按设计速度行驶的车辆能保证其安全性和舒适性的最小半径，它是通常情况下推荐采用的最小半径值。它介于极限最小半径与不设超高的最小半径之间，其超高值随半径增大而按比例减小。一般最小半径的μ和i_h取值如表3-6。

表3-6　公路一般最小半径μ及i_h取值

设计速度(km/h)	120	100	80	60	50	40	30	20
μ	0.05	0.05	0.06	0.06	0.06	0.06	0.05	0.05
i_h	0.06	0.06	0.07	0.08	0.07	0.07	0.06	0.06

(3)不设超高的最小半径

不设超高的最小半径是指曲线半径较大，离心力较小，靠轮胎与路面间的摩阻力就足以保证汽车安全稳定行驶所采用的最小半径。这时路面就可以不设超高。从舒适角度考虑，此时μ的取值比极限最小半径所用的μ要小得多。《公路工程技术标准》规定不设超高最小半径是按$\mu=0.035$，$i_h=-0.015$和公式(3-2)计算后取整得来的。《城市道路设计规范》规定的城市道路不设超高最小半径是按$\mu=0.06$，$i_h=-0.015$和公式(3-2)计算后取整得来的。

3. 圆曲线最大半径

选用圆曲线半径时，在地形等条件允许的前提下，应尽量采用大半径曲线，使行车舒适。但半径过大，使圆曲线太长，对测设和施工都不利，且过大的半径，其几何性质与直线无多大差异。因此，《公路路线设计规范》规定，圆曲线最大半径值不宜超过10000m。

4. 圆曲线半径的确定

圆曲线能较好地适应地形变化，并可获得圆滑的线形，使用范围较广且灵活。圆曲线在适应地形的情况下，应尽量选用较大的半径。在确定半径时，应注意以下几点：

(1)一般情况下宜采用极限最小半径的4～8倍或超高为2%～4%的圆曲线半径；

(2)地形条件受限制时，应采用大于或接近于一般最小半径的圆曲线半径；

(3)地形条件特别困难不得已时，方可采用极限最小半径；

(4)应同前后线形要素相协调，使之构成连续、均衡的曲线线形；

(5)应同纵面线形相配合，应避免小半径曲线与陡坡相重叠；

(6)每个弯道半径值的确定，应根据实地的地形、地物、地质、人工构造物及其他条件的要求，用外距、切线长、曲线长、曲线上任意点线位、合成纵坡等控制条件反算，并结合标准综合确定。

3.3.4 圆曲线的计算

对于未设置缓和曲线的单圆曲线，其几何要素为 T、L、E 和 J，其计算公式如 3.3.2 节所述。在圆曲线上有三个主点桩，如图 3-6 所示，其里程桩号计算如下：

$$ZY(桩号)=JD(桩号)-T$$

$$YZ(桩号)=ZY(桩号)+L$$

$$QZ(桩号)=YZ(桩号)-L/2$$

$$JD(桩号)=QZ(桩号)+J/2$$

【例 3-1】 某弯道交点桩号为 $K87+441.41$，$\alpha_{右}=26°52'$，$R=300m$，试计算曲线要素和曲线主点桩号。

【解】 (1)计算圆曲线要素

由已知条件可知：

$$T=R\tan\frac{\alpha}{2}=300\times\tan\frac{26°52'}{2}=71.66\text{m}$$

$$L=\frac{\pi}{180}\alpha R=\frac{\pi}{180}\times 26°52'\times 300=140.67\text{m}$$

$$E=R\left(\sec\frac{\alpha}{2}-1\right)=300\left(\sec\frac{26°52'}{2}-1\right)=8.44\text{m}$$

$$J=2T-L=2\times 71.66-140.67=2.65\text{m}$$

(2)计算曲线主点桩号

JD	K87+441.41
$-T$	71.66
ZY	K87+369.75
$+L$	140.67
YZ	K87+510.42
$-L/2$	70.33
QZ	K87+440.09
$+J/2$	1.32
JD	K87+441.41

(校核无误)

3.4 缓和曲线

缓和曲线是设置在直线和圆曲线之间或半径相差较大的两个同向的圆曲线之间的一种曲率逐渐变化的曲线，是道路平面线形要素之一。《公路工程技术标准》规定，除四级公路可不设缓和曲线外，其余各级公路都应按要求设置缓和曲线。在现代高速公路上，有时缓和曲线所占的比例超过了直线和圆曲线，成为平面线形的主要组成部分。在城市道路上，缓和曲线也被广泛地使用，《城市道路设计规范》规定，当设计车速大于等于40km/h时，应按要求设置缓和曲线。下面就缓和曲线的性质、参数、长度和设计方法等分别加以讨论。

3.4.1 缓和曲线的线形特征

从满足行车要求来看，缓和曲线具有以下线形特征：

(1)缓和曲线曲率渐变，设于直线与圆曲线间，其线形符合汽车转弯时的行车轨迹，从而使线形缓和，消除了曲率突变点；

(2)由于曲率渐变，使道路线形顺适美观，有良好的视觉效果和心理作用感；

(3)在直线和圆曲线间加入缓和曲线后，使平面线形更为灵活，线形自由度提高，更能与地形、地物及环境相适应、协调、配合，使平面线形布置更加灵活、经济、合理；

(4)与圆曲线相比，缓和曲线计算及测设均较复杂。

3.4.2 缓和曲线的作用与性质

1. 缓和曲线的作用

(1)缓和曲线通过其曲率逐渐变化，可更好地适应汽车转向的行驶轨迹

汽车在转弯过程中，其行驶轨迹是一条曲率连续变化的轨迹线，它的形式和长短则随行车速度、曲率半径和司机转动方向盘的快慢而定。从安全角度出发，缓和曲线的合理设计有利于车辆在行驶过程中不致偏离车道，从而保证行车安全。

(2)汽车从一曲线过渡到另一曲线的行驶过程中使离心加速度逐渐变化

汽车行驶在曲线上会产生离心力，离心力的大小与曲线的曲率成正比。从直线驶入圆曲线，如果不设缓和曲线，其曲率会产生突变，在一定的车速情况下，乘客就会有不舒适的感觉。设置了缓和曲线，其曲率是直线到圆曲线逐渐过渡的，离心加速度的过渡也是逐渐的，乘客就不会有不舒服的感觉。

(3)缓和曲线可以作为超高和加宽变化的过渡段

道路路线在弯道上要设置超高和加宽，从双面横坡过渡到单面横坡，和由直线上的正常宽度过渡到圆曲线上的加宽宽度，这一过程变化一般是在缓和曲线长度内完成的。

(4)与圆曲线配合得当，增加线形美观

圆曲线与直线相连接，其曲率是突变的，在视觉上有明显不平顺的感觉。设置缓和曲线以后，线形连续圆滑，增加了线形的透视美，同时驾驶人员也会感到安全。如图3-8所示。

(a)不设缓和曲线感觉路线扭曲

(b)设缓和曲线后变得平顺美观

图 3-8 直线与曲线连接效果图

2. 缓和曲线的性质

汽车由直线进入圆曲线，其行驶轨迹的曲率是逐渐变化的。假定汽车是等速行驶，司机匀速转动方向盘，当方向盘转动角为 φ 时，前轮相应转动角度为 ϕ，如图 3-9 所示。它们之间的关系为：

$$\phi = k\varphi \ (\text{rad}) \quad (k<1)$$

方向盘转动的角速度为 ω，则汽车前轮转动的角度为 $\phi = k\varphi = k\omega t$。根据图 3-9，可以得知 $r = \dfrac{d}{\tan\phi}$。

因为 ϕ 很小，因此可以近似地表示为：

$$r = \frac{d}{\phi} = \frac{d}{k\omega t}$$

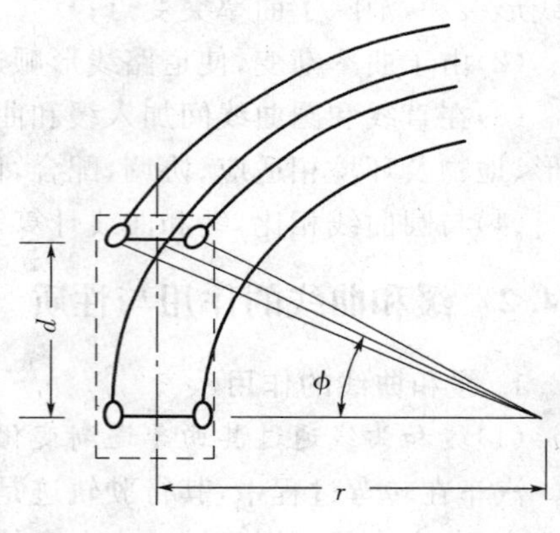

图 3-9 汽车转弯简化图

汽车以 v 等速行驶，因此存在如下关系 $l = vt$ 代入上式并整理得到 $l = v\dfrac{d}{k\omega r}$。式中：$v$、$d$、$k$、$\omega$ 都为常数，因此定义

$$\frac{vd}{k\omega} = C$$

故此得到：

$$l = \frac{C}{r} \text{或} rl = C \tag{3-3}$$

式中：l——汽车自曲线起点开始转弯，经 t(s)后行驶的距离(m)；

r——汽车行驶 t(s)后的曲率半径(m)；

C——常数。

推证说明，汽车匀速从直线进入圆曲线(或相反)其行驶轨迹的弧长与曲线的曲率半径之乘积为一常数。这一性质与数学上的回旋线正好相符。

3.4.3　回旋线作为缓和曲线

1. 缓和曲线的数学表达式

在公路设计中最常用的一种缓和曲线是回旋线。回旋线的基本公式为：

$$rl=A^2 \tag{3-4}$$

式中：r——回旋线上任意点的曲率半径(m)；

l——回旋线上任意点到原点的长度(m)；

A——回旋线的参数。

由于 rl 的量纲是(m^2)，因此为使量纲一致，故令常数 $C=A^2$，表示回旋线的曲率变化的缓急程度。对于回旋线的终点处 $r=R, l=L_S$，则上式可以表示为：

$$RL_S=A^2 \text{ 或 } A=\sqrt{RL_S} \tag{3-5}$$

式中：R——回旋线所连接的圆曲线的半径(m)；

L_S——缓和曲线的长度(m)。

回旋线作为缓和曲线，所使用的范围是曲率半径 $R=\infty$ 至 $R=R'$(圆曲线半径)，其数学计算式推导如下。由图 3-10 可知：

$$\begin{aligned} dl&=rd\beta \\ dx&=dl\cdot\cos\beta \\ dy&=dl\cdot\sin\beta \end{aligned} \tag{3-6}$$

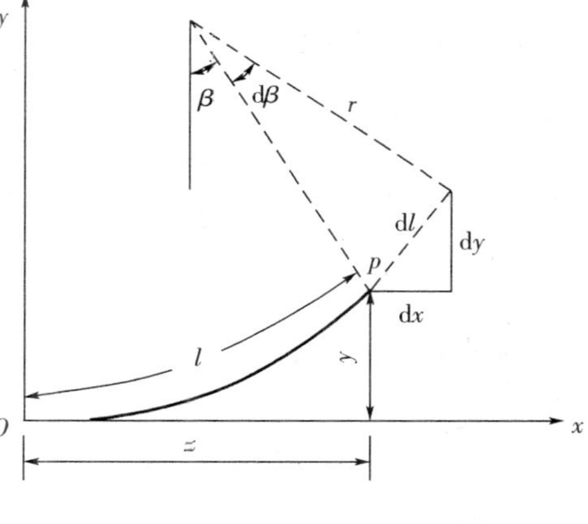

图 3-10　回旋线图

以 $rl=A^2$ 代入得：$ldl=A^2d\beta, dl=\dfrac{A^2}{l}d\beta$

积分得：　　$l^2=2A^2\beta$

则缓和曲线角：

$$\beta=\frac{l^2}{2A^2} \tag{3-7}$$

将 $dl=\dfrac{A^2}{l}d\beta$ 代入式(3-6)，则得：

$$\begin{cases} dx=\dfrac{A^2}{l}\cos\beta d\beta=\dfrac{A}{\sqrt{2\beta}}\cos\beta d\beta \\ dy=\dfrac{A^2}{l}\sin\beta d\beta=\dfrac{A}{\sqrt{2\beta}}\sin\beta d\beta \end{cases} \tag{3-8}$$

将上式积分并将 $\cos\beta\cdot\sin\beta$ 用级数展开整理得：

$$\begin{cases} x=l-\dfrac{l^3}{40r^2}+\dfrac{l^5}{3456r^4}-\cdots \\ y=\dfrac{l^2}{6r}-\dfrac{l^4}{336r^3}+\dfrac{l^6}{42240r^5}-\cdots \end{cases} \tag{3-9}$$

在回旋线终点处，$l=L_S$（L_S为回旋线长度），$r=R$，代入上式得：

$$\begin{cases} x=x_0=L_S-\dfrac{L_S^3}{40R^2}+\dfrac{L_S^5}{3456R^4}-\cdots \\ y=y_0=\dfrac{L_S^2}{6R}-\dfrac{L_S^4}{336R^3}+\dfrac{L_S^6}{42240R^5}-\cdots \end{cases} \tag{3-10}$$

如果用切线支距法敷设缓和曲线，则可用下列近似公式：

$$\begin{cases} x\approx l-\dfrac{l^3}{40r^2}\text{或 }x\approx l-\dfrac{l^5}{40C^2} \\ y\approx\dfrac{l^2}{6r}-\dfrac{l^4}{336r^3}\text{或 }y\approx\dfrac{l^3}{6C}-\dfrac{l^7}{336C^3} \end{cases} \tag{3-11}$$

2. 回旋曲线的几何要素

(1)回旋线上任意点 P 的计算公式

计算公式如下(图 3-11)。

P 点的曲率半径：$r=\dfrac{A}{\sqrt{2\beta}}$

P 点的回旋线长：$l=A\sqrt{2\beta}$

缓和曲线角：$\beta=\dfrac{l^2}{2A^2}=\dfrac{l^2}{2rl}=\dfrac{l}{2r}$

长切线长：$T_L=x-y\cdot\cos\beta$

短切线长：$T_K=\dfrac{y}{\sin\beta}$

P 点的弦长：$a=\dfrac{y}{\sin\delta}$

P 点的偏角：$\delta=arc\tan\dfrac{y}{x}\approx\dfrac{\beta}{3}$

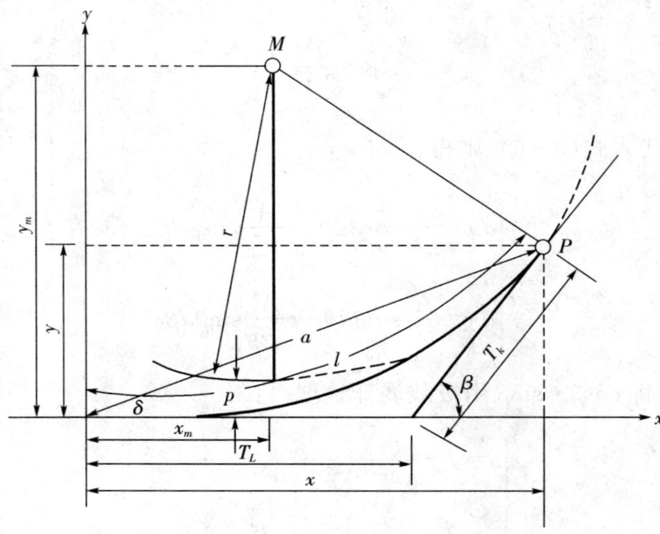

图 3-11 回旋线要素

(2)有缓和曲线的公路平曲线的几何要素

公路平面线形的基本组合为:直线—缓和曲线—圆曲线—缓和曲线—直线,如图 3-12 所示。其几何元素的计算公式如下:

$$q=\frac{L_S}{2}-\frac{L_S^3}{240R^2}$$

$$p=\frac{L_S^2}{240R}-\frac{L_S^4}{2384R^3}$$

$$\beta_0=28.6479\frac{L_S}{R}$$

$$T=(R+p)\tan\frac{\alpha}{2}+q$$

$$L=(\alpha-2\beta_0)\frac{\pi}{180}R+2L_S$$

$$E=(R+p)\sec\frac{\alpha}{2}-R$$

$$J=2T-L$$

式中:q——缓和曲线起点到圆曲线原起点的距离,也称为切线增值(m);

p——设缓和曲线后圆曲线内移值(m);

β_0——缓和曲线终点缓和曲线角(°);

L_s——缓和曲线长(m);

R——圆曲线半径(m);

α——转角(°);

T——切线长(m);

L——曲线长(m);

E——外距(m);

J——超距(m)。

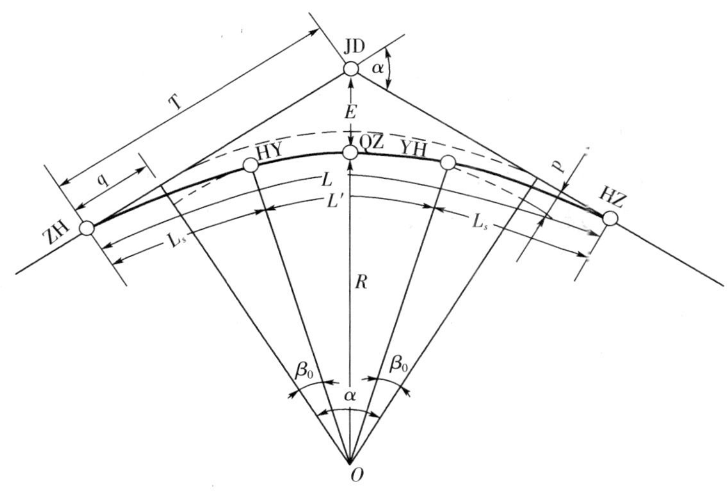

图 3-12　基本型平曲线

3. 回旋线参数 A 的确定

回旋线是缓和曲线的常用曲线形式。所有的回旋线在几何上都是相似的，参数 A 是长度的量度，可认为是放大的倍数。$RL=A^2$，如设 $R/A=r$，$L/A=l$，则单位回旋线方程为 $rl=1$，即参数 A 愈大，对缓和曲线长度 L 来说，回旋线的弯曲度愈缓，回旋线的整体大小度也愈大。这种性质与圆曲线类同，圆曲线半径愈大，圆弧弯曲度愈平缓，整个圆也就变得愈大是一样的。

参数 A 作为不同等级道路的回旋线标准，应根据下述几方面来计算，最好综合加以确定。

(1)从汽车在回旋线上缓和行驶确定

设 v 为汽车行驶速度(m/s)，L 为缓和曲线长度(m)，R 为圆曲线半径(m)，则离心加速度变化率为

$$p=\frac{v^2/R}{L/v}=\frac{v^3}{LR}=\frac{v^3}{A^2}$$

若 V 以(km/h)计，则

$$p=0.0214\frac{V^3}{A^2}$$

所以

$$A=\sqrt{\frac{0.0214}{p}}\sqrt{V^3}\ (\mathrm{m}) \tag{3-12}$$

p 值可参照下述规定，高速公路及快速路推荐值为 0.35、绝对最小值为 0.5；一般道路及 $V<60$(km/h)的匝道、地方道路为 0.6；山岭区公路为 0.75；其他特殊地区道路为 0.775。

(2)依行驶时间确定

设汽车在回旋线上行驶必要的最小时间为 $t(s)$，汽车车速为 v(m/s)，则 $L=vt$，

所以

$$A=\sqrt{RL}=\sqrt{vRt}\ (m)$$

以 V(km/h)代 v(m/s)，并取 t 为 3s，则

$$A=\sqrt{3vR}=\sqrt{\frac{VR}{1.2}}\ (\mathrm{m}) \tag{3-13}$$

(3)根据视觉条件确定

确定合理的缓和曲线参数 A，可以使线形达到顺适与美观的要求。根据跟踪司机的视觉发现，当缓和曲线角小于 3°时，曲线极不明显，在视觉上容易被忽略；当缓和曲线角大于 29°时，曲线过于弯曲，很难与相接的圆曲线顺接。保持缓和曲线角 β 在 3°～29°之间，就可以确定合适的 A 值。

因为

$$\beta_0=28.6479\frac{L_S}{R}$$

所以

$$L_S=\frac{R\beta_0}{28.6479}$$

而

$$A=\sqrt{RL_S}=R\sqrt{\frac{\beta_0}{28.6479}} \tag{3-14}$$

在回旋线终点，$\beta=\beta_0$，将 $\beta_0=3°$ 和 $\beta_0=29°$ 分别代入式 3－14，则大致有下面的关系：

$$\frac{R}{3}\leqslant A\leqslant R$$

不过上述关系只适用 R 在某种范围内。经验证明，设计时，一般当 $R\approx100\text{m}$ 时，取 $A=R$；$R<100\text{m}$ 时，取 $A\geqslant R$；$100<R<3000\text{m}$ 时，取 $A=R/3$；当 $R>3000\text{m}$ 时，取 $A<R/3$。

3.4.4　缓和曲线的最小长度

由于车辆要在缓和曲线上完成不同曲率的过渡行驶，所以要求缓和曲线有足够的长度，以使驾驶员能从容地操纵方向盘。这样乘客感觉舒适，道路线形美观流畅，圆曲线上的超高和加宽的过渡也能在缓和曲线段内比较合理地完成，所以应当规定缓和曲线的最小长度。为此，可从以下几方面考虑计算：

1. 依离心加速度变化率

即离心加速度从直线上的零增加到进入圆曲线时的最大值，离心加速度变化率限制在一定的范围内。

离心加速度变化率为：

$$p=\frac{v^3}{L_sR}(\text{m/s}^3)$$

设置缓和曲线通常采用 $p\leqslant0.6(\text{m/s}^3)$，并以 $V(\text{km/h})$ 代耆 $v(\text{m/s})$，则

$$L_s=0.036\frac{V^3}{R}(\text{m})\tag{3-15}$$

2. 依驾驶员操作反应时间

$$L_s=vt=\frac{1}{3.6}Vt(\text{m})$$

一般要求操作反应时间 t 不小于 $3s$，则

$$L_s=\frac{3V}{3.6}=0.83V(\text{m})\tag{3-16}$$

3. 依视觉条件

从回旋线特性知 $RL_s=C$，经验认为 $C=\frac{R^2}{9}\sim R^2$ 即可使线形舒顺协调。所以

$$L_s=\frac{R}{9}\sim R\tag{3-17}$$

实际采用的缓和曲线长度应取上述计算中的大值（一般取 $5m$ 的整倍数）。《公路工程技术标准》规定了各级公路缓和曲线最小长度，见表 3－7 所列。《城市道路设计规范》规定了城市道路的缓和曲线最小长度见表 3－8 所列。

表 3-7 各级公路缓和曲线最小长度

公路等级	高速公路			一			二		三		四
计算行车速度(km/h)	120	100	80	100	80	60	80	60	40	30	20
最小缓和曲线长度(m)	100	85	70	85	70	50	70	50	35	25	20

[注] 四级公路为超高加宽缓和段的长度。

表 3-8 城市道路缓和曲线最小长度

计算行车速度(km/h)	80	60	50	40	30	20
最小缓和曲线长度(m)	70	50	45	35	25	20

3.4.5 缓和曲线的省略

在直线和圆曲线之间设置缓和曲线后，圆曲线在原来与直线相切的基础上产生了一个内移值 p，在缓和曲线长度 L_s 一定的情况下，p 与圆曲线半径成反比，当 R 大到一定程度时，p 值甚微，即使直线与圆曲线径相连接，汽车也能完成缓和曲线的行驶，因为在路面的富余宽度中已经包含了这个内移值。因此，《公路路线设计规范》规定，在下列情况下可不设回旋线。

1. 直线与圆曲线间缓和曲线的省略

《公路路线设计规范》规定，当圆曲线半径大于或等于表 3-4 中不设超高的圆曲线最小半径时可不设缓和曲线；四级公路可将直线和圆曲线径相连接，在圆曲线两端的直线上设置超高缓和段、加宽缓和段。

《城市道路设计规范》规定，当计算行车速度小于 40km/h 时，可以省略缓和曲线；大于 40km/h 时，如半径大于不设缓和曲线的最小圆曲线半径时，缓和曲线可以省略，见表 3-9 所列。

表 3-9 城市道路不设缓和曲线的最小圆曲线半径

计算行车速度(km/h)	80	60	50	40
不设缓和曲线的最小圆曲线半径(m)	2000	1000	700	500

2. 半径不同的圆曲线间缓和曲线的省略

半径不同的圆曲线间缓和曲线的省略有以下两种：

(1)小圆半径大于表 3-4 中不设超高的圆曲线最小半径时，可以省略缓和曲线。

(2)小圆半径大于表 3-10 中所列半径，且符合下列条件之一时，均可省略缓和曲线：

① 小圆曲线按规定设置相当于最小回旋曲线长的回旋线时，其大圆与小圆的内移值之差不超过 0.10m；

② 计算行车速度≥80km/h 时，大圆半径与小圆半径之比小于 1.5；

③ 计算行车速度＜80km/h 时，大圆半径与小圆半径之比小于 2。

表 3－10　复曲线中小圆临界曲线半径

公路等级	高速公路			一			二		三	
计算行车速度(km/h)	120	100	80	100	80	60	80	60	40	30
临界曲线半径(m)	2100	1500	900	1500	900	500	900	500	250	130

3.4.6　缓和曲线计算示例

【例 3－2】　在平原区某二级公路(V＝80km/h)有一弯道 R＝250m，交点 JD 的桩号为 K17＋568.38，转角 $\alpha=38°30'00''$，试计算该曲线上设置缓和由线后的五个基本桩号。

【解】

1. 缓和曲线长度 L_s

平原区二级公路设计速度为 80km/h，则

$$L_s=0.036\frac{V^3}{R}=0.036\times\frac{80^3}{250}=73.73(\text{m})$$

$$L_s\geqslant\frac{V}{3.6}\times3=\frac{80}{3.6}\times3=66.67(\text{m})$$

取整数 5m 的倍数，采用缓和曲线长 75m(《公路工程技术标准》规定：V＝80km/h 时，最小缓和曲线长为 70m)。

2. 圆曲线的内移值 p

$$p=\frac{L_s^2}{24R}=\frac{75^2}{24\times250}=0.94(\text{m})$$

3. 总切线长 T

$$q=\frac{L_s}{2}-\frac{L_s^3}{240R^2}=\frac{75}{2}-\frac{75^3}{240\times250^2}=37.47(\text{m})$$

$$T=(R+p)\tan\frac{\alpha}{2}+q=(250+0.94)\tan\frac{38°30'}{2}+37.47=125.10(\text{m})$$

4. 曲线总长度 L

$$\beta_0=\frac{L_s}{2R}\cdot\frac{180}{\pi}=\frac{75}{2\times250}\times\frac{180}{\pi}=8°35'55''$$

$$L=(\alpha-2\beta_0)\frac{\pi}{180}R+2L_s=(38°30'00''-2\times8°35'55'')\times\frac{\pi}{180}\times250+2\times75=242.99(\text{m})$$

5. 五个基本桩号

JD $-T$	$K17+568.38$ 125.10
ZH $+Ls$	$K17+443.28$ 75
HY $+(L-Ls)$	$K17+518.28$ 167.99
HZ $-Ls$	$K17+686.27$ 75
YH $-1/2(L-2Ls)$	$K17+611.27$ 46.495
QZ $+J/2$	$K17+564.775$ 3.605
JD	$K17+568.38$

（校核无误）

其中超距 $J=2T-L=2\times125.10-242.99=7.21$(m)。

3.5 平面线形设计

3.5.1 平面线形设计的一般原则

1. 平面线形应与地形、地物相适应，与周围环境相协调

路线要与地形相适应，这既是美学问题，也是经济问题和保护生态环境的问题。在地势平坦开阔的平原微丘区，路线以方向为主导，线形应直接舒顺，平面线形三要素中以直线为主；在地势起伏很大的山岭重丘区，路线以高程为主导，为了适应地形，路线多弯曲，则曲线所占比例较大。如果在没有任何障碍物的开阔地区（如戈壁、草原）故意设置一些不必要的曲线，或者在高低起伏的山地硬拉长直线，都将给人以不协调的感觉。直线、圆曲线、缓和曲线的选用与合理组合取决于地形、地物等具体条件，片面强调路线要以直线为主或以曲线为主，或人为规定三者的比例都是错误的。

2. 保持平面线形的均衡与连贯

为使一条道路上的车辆尽量以均匀的速度行驶，应注意各线形要素保持连续性而不出现技术指标的突变。以下几点在设计时应充分注意。

(1)长直线尽头不能接以小半径曲线

长直线和大半径曲线会导致较高的车速，若突然出现小半径曲线，会因减速不及而造成事故。特别是在下坡方向的尽头更要注意。若由于地形所限小半径曲线在所难免时，中间应插入中等曲率的过渡性曲线，并使纵坡不要过大。

(2)高、低标准之间要有过渡

同一等级的道路由于地形的变化在指标的采用上会有变化，同一条道路按不同设计速度的各设计路段之间也会形成技术标准的变化。遇有这种高、低标准变化的路段，除满足有关设计路段在长度上的要求外，还应结合地形的变化，使路线的平面线形指标逐渐过渡，避免出现突变。

3. 平曲线应有足够的长度

平曲线太短，汽车在曲线上行驶时间过短会使驾驶操纵来不及调整，一般都应控制平曲线（包括圆曲线及其两端的缓和曲线）的最小长度，见表 3－11、表 3－12、表 3－13 和表 3－14 所列。

公路弯道在一般情况下是由两段缓和曲线（或超高、加宽缓和段）和一段圆曲线组成。缓和曲线的长度不能小于该级公路对其最小长度的规定，中间圆曲线的长度宜有大于 3s 的行程，当条件受限时，可将缓和曲线在曲率相等处对接，此时的圆曲线长度为零。

路线转角的大小反映了路线的舒顺程度，但如果转角过小，即使设置了较大的半径也容易把曲线长看成比实际的要短，造成急转弯的错觉。这种倾向转角越小越显著，以致造成驾驶者枉作减速转弯的操作。一般认为，$\theta<7°$ 应属于小转角弯道。对于小转角弯道应设置较长的平曲线，其长度应大于表 3－12 中规定的“一般值”。但受地形及其他特殊情况限制时，可减短至表中的“低限值”。

表 3－11　各级公路平曲线最小长度

公路等级	高速公路			一			二		三		四
计算行车速度(km/h)	120	100	80	100	80	60	80	60	40	30	20
平曲线最小长度(m)	200	170	140	170	140	100	140	100	70	50	40

表 3－12　公路转角等于或小于 7°时的平曲线长度

公路等级		高速公路			一			二		三		四
计算行车速度(km/h)		120	100	80	100	80	60	80	60	40	30	20
平曲线长度(m)	一般值	$1400/\alpha$	$1200/\alpha$	$1000/\alpha$	$1200/\alpha$	$1000/\alpha$	$700/\alpha$	$1000/\alpha$	$700/\alpha$	$500/\alpha$	$350/\alpha$	$280/\alpha$
	低限值	200	170	140	170	140	100	140	100	70	50	40

［注］　表中的 α 角为路线转角值(°)，当 $\alpha<2°$ 时，按 2°计。

表 3－13　城市道路平曲线与圆曲线最小长度

设计车速(km/h)	80	60	50	40	30	20
平曲线最小长度(m)	140	100	85	70	50	40
圆曲线最小长度(m)	70	50	40	35	25	20

表 3－14　城市道路小转角平曲线最小长度

设计车速(km/h)	80	60	50	40	30	20
平曲线最小长度(m)	$1000/\theta$	$700/\theta$	$600/\theta$	$500/\theta$	$350/\theta$	$280/\theta$

［注］　当 $\theta<2°$ 时，按 2°计。

3.5.2 平面线形的组合

平面线形由直线、圆曲线和缓和曲线三个几何要素组成，三个线形要素可以组合成不同的组合线形。

1. 简单型

当一个弯道由直线与圆曲线组合时称为简单型曲线，即按直线—圆曲线—直线的顺序组合，如图 3-13 所示。

简单型组合曲线在 ZY 和 YZ 点处有曲率突变点，对行车不利。当半径较小时，该处线形也不顺适，一般限于四级公路采用。在其他等级公路中，当平曲线半径大于不设超高半径时，省略缓和曲线后也可以构成简单型。

2. 基本型

直线—回旋线—圆曲线—回旋线—直线的组合，如图 3-14 所示。

基本型的两个回旋线应符合缓和曲线的规定，但不必要求相等，也可根据地形等条件设计成非对称形曲线。为使线形连续协调，回旋线—圆曲线—回旋线的长度之比最好设计成 1∶1∶1 或 1∶2∶1 。

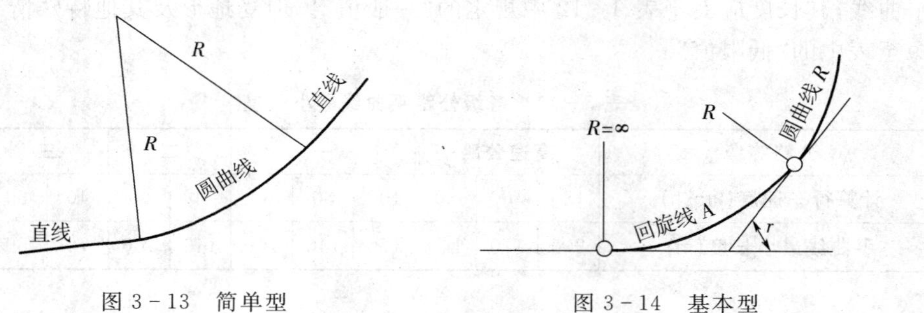

图 3-13 简单型　　　图 3-14 基本型

3. S 形回旋线

用两个回旋线连接两个反向圆曲线的组合，如图 3-15 所示。S 形相邻两个回旋线参数 A_1 与 A_2 宜相等。当采用不同的参数时，A_1 与 A_2 之比应小于 2.0，有条件时，以小于 1.5 为宜。此外，在 S 形曲线上，两个反向缓和曲线之间不应设置直线。不得已插入直线时，必须尽量地短，其短直线的长度或重合段的长度应符合下面公式：

$$l \leqslant \frac{A_1 + A_2}{40} \tag{3-18}$$

式中：l——反向回旋线间短直线或重合段的长度(m)；

A_1、A_2——回旋线参数。

S 形两圆曲线半径之比不宜过大，一般应控制在：

$$\frac{R_1}{R_2} = 1 \sim \frac{1}{3} \tag{3-19}$$

式中：R_1——小圆的圆曲线半径(m)；

R_2——大圆的圆曲线半径(m)。

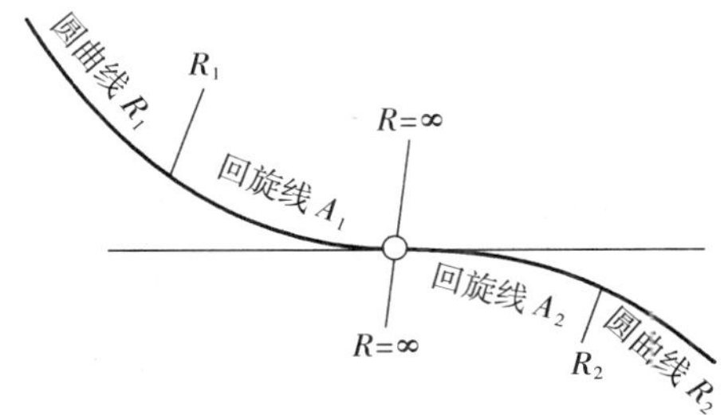

图 3-15　S 型

4. 卵形回旋线

用一个回旋线连接两个同向圆曲线的组合，如图 3-16 所示。

卵形回旋线的参数宜符合下式规定范围：

$$\frac{R_1}{2}\leqslant A\leqslant R_1 \tag{3-20}$$

式中：A——回旋线参数(m)；

R_1——小圆的圆曲线半径(m)。

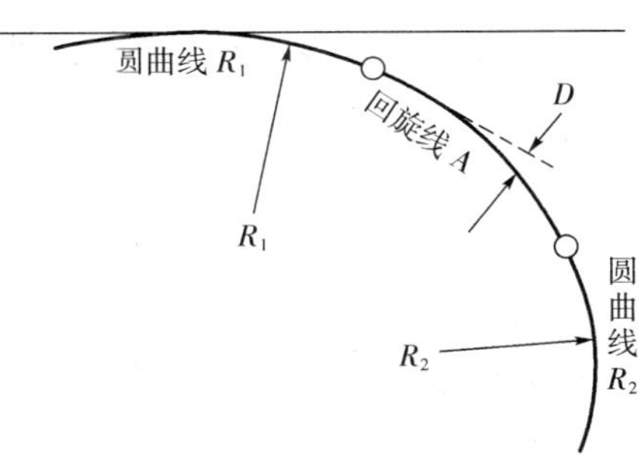

图 3-16　卵型

两圆曲线半径之比应控制在下式范围之内：

$$0.2\leqslant\frac{R_1}{R_2}\leqslant 0.8 \tag{3-21}$$

式中：R_1——小圆的圆曲线半径(m)；

R_2——大圆的圆曲线半径(m)。

两圆曲线的间距，宜在下列界限之内：

$$0.003\leqslant\frac{D}{R_1}\leqslant 0.03 \tag{3-22}$$

式中：R_1——小圆的圆曲线半径(m)，

D——两圆曲线的最小间距(m)。

5. 凸形回旋线

两同向回旋线间不插入圆曲线而直接径向衔接的组合，如图 3-17 所示。

一般情况下，最好不采用凸形回旋线，只有在地形受限制的山嘴等处使用。

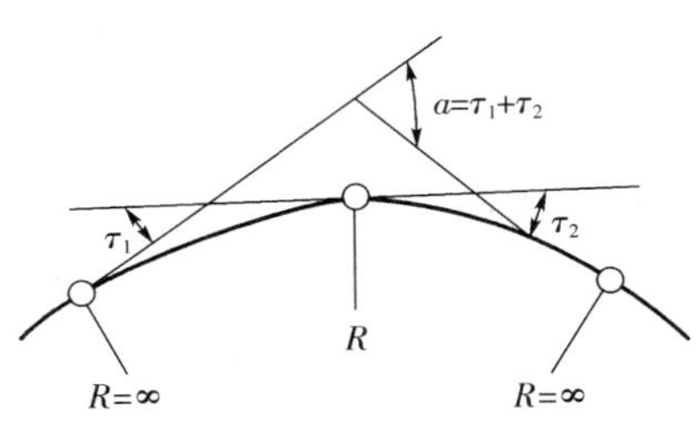

图 3-17　凸型

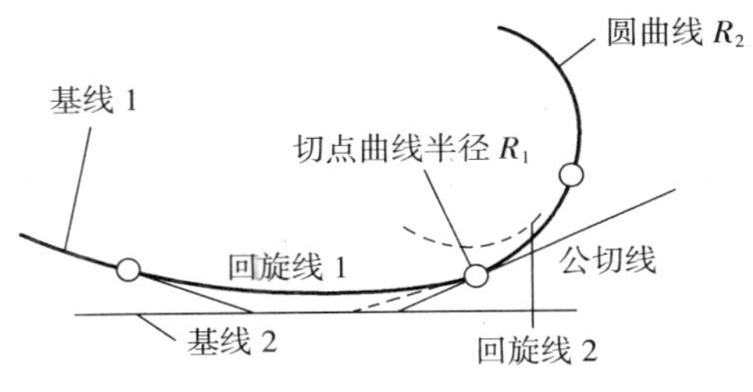

图 3-18　复合型

6. **复合型回旋线**

两个以上同向回旋线间在曲率相等处相互衔接的组合,如图 3－18 所示。复合型回旋线的两回旋线之比以 1∶1.5 为宜。

复合型回旋线除因地形或其他特殊原因限制外,一般很少使用。

7. **C 形回旋线**

同向曲线的两回旋线在曲率为零处径向连接的形式,如图 3－19 所示。其连接处的曲率为零,相当于两基本型的同向曲线中间直线长度为零,这种线形对行车也会产生不利影响。因此,C 形曲线只有在特殊地形条件下方可采用。

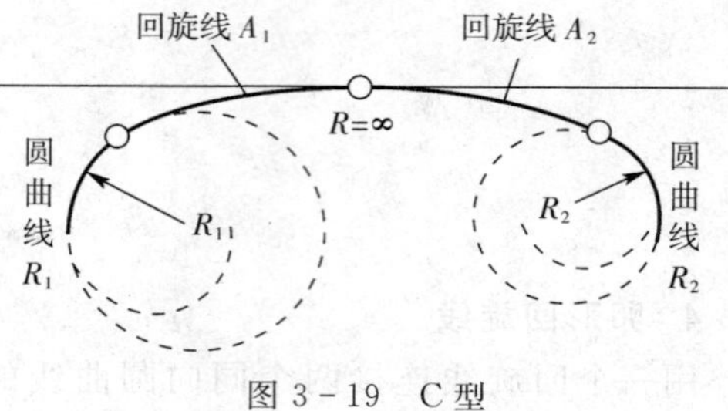

图 3－19 C 型

3.6 行车视距

为保证行车安全,当司机看到一定距离处的障碍物或迎面来车时,进行汽车刹车或绕过它们而在路上行驶所必需的安全距离,称为行车视距。道路平面上的暗弯(处于挖方路段的弯道和内侧有障碍物的弯道)、纵断面上的凸形竖曲线及以下穿式立体交叉的凹形竖曲线上都有可能存在视距不足的问题。

3.6.1 行车视距计算

1. **停车视距**

汽车在路上行驶时,司机看到前方障碍物,紧急安全制动所需的最短距离称作停车视距。此时,司机视线高度取 1.2m,障碍物高出路面 0.1m。

停车视距由三部分组成,见图 3－20,即

$$S_T = S_1 + S_2 + S_0 \text{(m)} \tag{3-23}$$

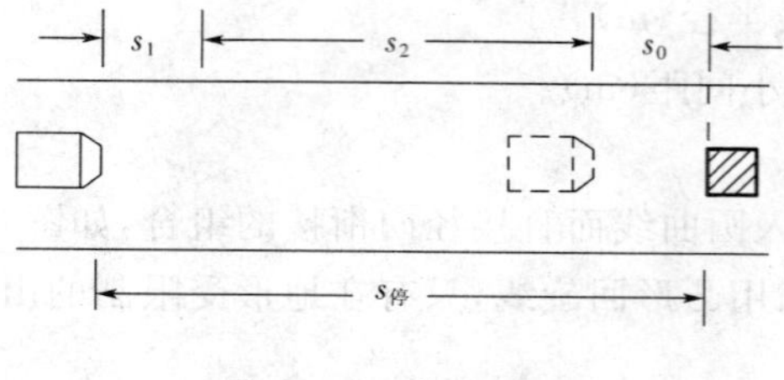

图 3－20 停车视距

式中:S_1——司机反应时间所行驶的距离(m);

S_2——制动距离,即司机开始制动到完全停止时所行驶的距离(m);

S_0——安全距离,一般可取 5～10m。

则

$$S_1 = \frac{V}{3.6}t \text{(m)} \tag{3-24}$$

制动距离 S_2 取决于制动力和车速的大小，当忽略滚动阻力系数 f 时，则其计算式为：

$$S_2=\frac{KV^2}{254(\varphi\pm i)}(\mathrm{m}) \tag{3-25}$$

式中：V——汽车行驶速度(km/h)；

K——制动系数，在设计中取1.0～1.4之间；

φ——路面附着系数；

i——纵坡度。

综上所述，停车视距的计算公式应为：

$$S_T=S_1+S_2+S_0=\frac{V}{3.6}t+\frac{KV^2}{254(\varphi\pm i)}+S_0(\mathrm{m}) \tag{3-26}$$

我国的现行《公路工程技术标准》充分分析了决定汽车制动的各种因素，结合国内外的基本情况，确定了各级公路的停车视距。见表3-15所列。

表3-15　各级公路停车视距

公路等级	高速公路、一级公路				二、三、四级公路				
计算行车速(km/h)	120	100	80	60	80	60	40	30	20
停车视距(m)	210	160	110	75	11C	75	40	30	20

《城市道路设计规范》对停车视距的规定见表3-16所列。

表3-16　城市道路停车视距

计算行车速(km/h)	80	60	50	45	40	35	30	25	20	15	10
停车视距(m)	110	70	60	45	40	35	30	25	20	15	10

2. 会车视距

会车视距为两辆对向行驶的汽车能在同一车道上及时刹车所必需的距离。

会车视距由三部分组成(如图3-21)：双方司机反应时间所行驶的距离，双方汽车的制动距离和安全距离。

可见，会车视距的规定值是其长度不应小于停车视距的2倍。

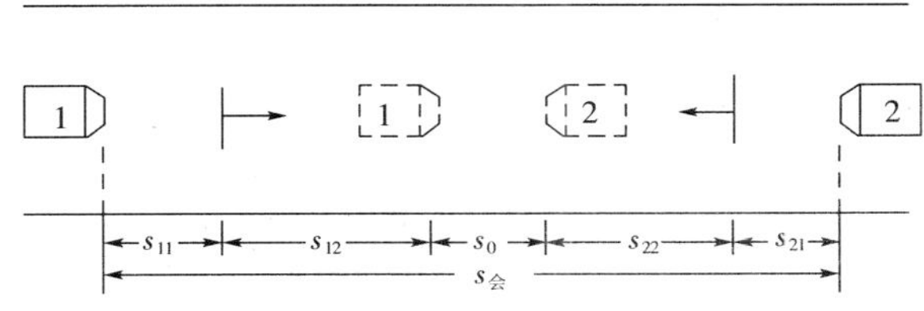

图3-21　会车视距

3. 超车视距

汽车行驶时为超越前车所必需的视距称作超车视距。在对向行驶的双车道公路上，当视高为1.2m，物高为1.2m，后面的快车超越前面的慢车的过程中，从开始驶离原车道之处起，至可见逆向来车并能超越慢车后安全驶回原车道所需的最短距离，如图 3－22 所示。为了超车的安全，驾驶员必须看到前面足够长度的车流空隙，以便保证超车时的交通安全。

超车视距可分为以下四个阶段。

全超车视距为：

$$S_C = S_1 + S_2 + S_3 + S_4 (\mathrm{m}) \tag{3-27}$$

式中：S_C——全超车视距；

S_1——汽车加速行驶的距离；

S_2——汽车在对向车道上行驶的距离；

S_3——完成超车时，汽车与对向来车之间的安全距离；

S_4——在这个超车过程中，对向汽车的行驶距离。

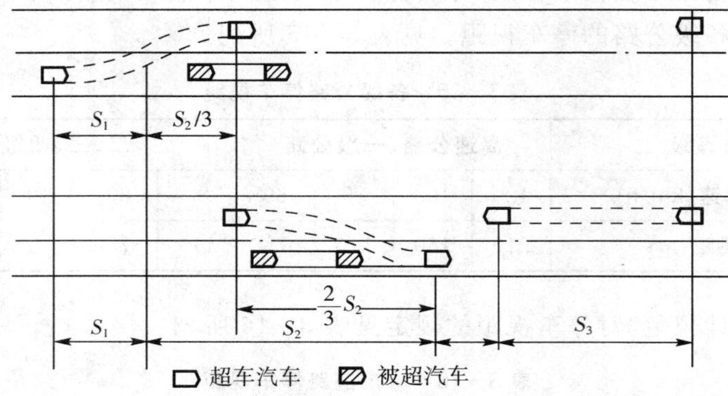

图 3－22 超车视距图示

(1)汽车加速行驶的距离

当欲超车的快车认为有超车可能时，于是加速行驶移向对向车道，在进入对向车道前所行驶的距离为：

$$S_1 = \frac{V_0}{3.6} t_1 + \frac{1}{2} a t_1^2 (\mathrm{m}) \tag{3-28}$$

式中：V_0——超车前汽车匀速行驶的速度(km/h)；

t_1——加速时间(s)；

a——平均加速度($\mathrm{m/s^2}$)。

(2)超车汽车在对向车道上行驶的距离

此距离为：

$$S_2 = \frac{V}{3.6} t_2 (\mathrm{m}) \tag{3-29}$$

式中：V——超车汽车在加速后的速度(km/h)；

t_2——在对向车道上行驶的时间(s)。

(3)超车完了时，超车汽车与对向汽车之间的安全距离

这个安全距离根据不同等级公路上的计算行车速度的不同而采用不同的值。一般取用

20～100m。

(4)超车汽车从开始超车到完成超车的过程中，对向汽车所行驶的距离

此距离为：
$$S_4=\frac{V_1}{3.6}(t_1+t_2)(\mathrm{m}) \tag{3-30}$$

在实际的超车过程中，不需要这样理想化的全超车距离，并且在地形较为复杂的地段要实现这一目标也较为困难。实际上在超车汽车加速追上被超汽车后，一旦发现有对向来车而距离不足时，还可以回到原来的车道。这个时间一般可取$\frac{2}{3}t_2$，所行驶的距离为$\frac{2}{3}S_2$；对向来车的行驶时间只考虑超车汽车进入对向车道后的时间就能够保证交通安全了，所以保证超车安全的最小超车视距为$\frac{2}{3}S_2+S_3+S_4$。在《公路工程技术标准》的制定过程中，充分考虑了超车时的各种因素，确定了各级公路的最小超车视距，见表3-17所列。对向行驶的双车道公路，应根据需要并结合地形，在适当的距离内设置具有超车视距的路段。

表3-17 二、三、四级公路停车视距、会车视距与超车视距

设计速度(km/h)	80	60	40	30	20
停车视距(m)	110	75	40	30	20
会车视距(m)	220	150	80	60	40
超车视距(m)	550	350	200	150	100

城市道路通常是分道行驶，不许利用对向车道超车，因此《城市道路设计规范》没有超车视距的规定。

4. 视距标准的采用

停车视距、超车视距和会车视距，应根据道路的等级和具体条件采用，《公路工程技术标准》和《公路路线设计规范》规定如下：

(1)高速公路和一级公路应满足停车视距的要求。其原因是高速公路和一级公路均有中间分隔带，无对向车，因此，不存在会车问题。并且高速公路和一级公路的车道数均在4个车道以上，快慢车用划线分隔行驶，各行其道，也不存在超车问题。

(2)二、三、四级公路，一般应满足会车视距的要求。在工程特别困难或受其他限制地段，可采用停车视距，但必须采取分道行驶的措施，如设分隔带、分道线、分隔桩、或设两条分离的单车道。

(3)对向行驶的双车道公路，应根据需要并结合地形在适当的距离内设置具有超车视距的路段，一般情况下，不小于路线总长度的10%～30%。

《城市道路设计规范》规定如下：

(1)道路平面、纵断面上的停车视距应大于或等于表3-16的规定。

(2)车道上对向行驶的车辆有会车可能，应采取会车视距，其值为表3-16中停车视距的两倍。

3.6.2　视距的保证

1. 横断面上视距保证

汽车在弯道上行驶时，弯道内侧行车视线可能被树木、建筑物、路堑边坡等障碍物所阻挡而使行车视距受到影响。因此，在路线设计时必须检查平曲线上的视距是否能得到保证，如有遮挡时，则必须清除视距区内侧横净距内的障碍物，如图 3－23 所示。

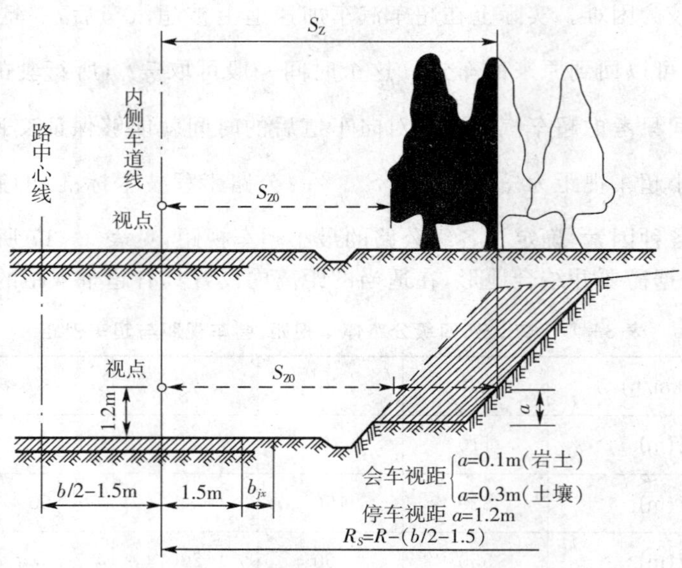

(a)横净距立面图

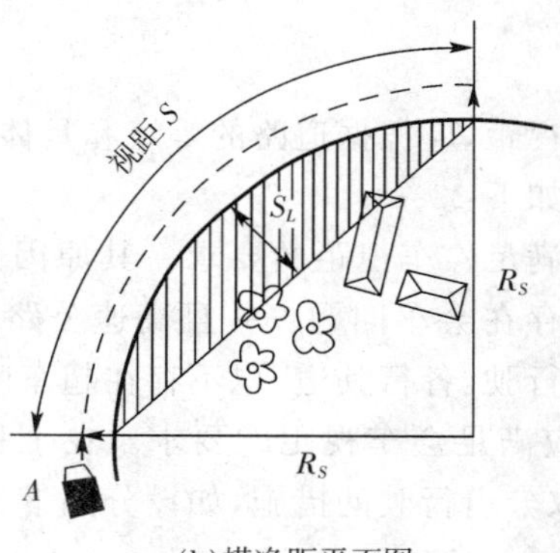

(b)横净距平面图

图 3－23　视线障碍与视距

图 3－23 中，阴影部分是阻碍司机视线的范围，范围以内的障碍物都应加以清除。S_Z 为内侧车道上汽车应保证的横净距。所谓横净距，即公路曲线范围最内侧的车道中心线行车轨迹由安全视距两端点连线所构成的曲线内侧空间的界限线（即包络线）的距离。可根据各种情况按公式计算横净距 S_Z，若横净距 S_Z 小于行车轨迹至障碍物的距离（即 $S_Z < S_{Z0}$），则视距能够得到保证；反之，视距不能得到保证。

行车轨迹一般取弯道内侧车道路面内缘（不包括加宽）加 1.5m，驾驶员视点离地面 1.2m。

2. 图解法确定视距切除范围

按公式计算的 S_Z 值是弯道上须清除的最大横净距，它在曲线中点或中点附近。在曲线上任意位置的横净距是随行车位置的改变而变化的，如果曲线全长上按最大横净距值切除，则会造成工程上的浪费。对于需要清除的是重要建筑物或岩石边坡时，多用图解法来确定清除范围。如图 3－24，其方法如下。

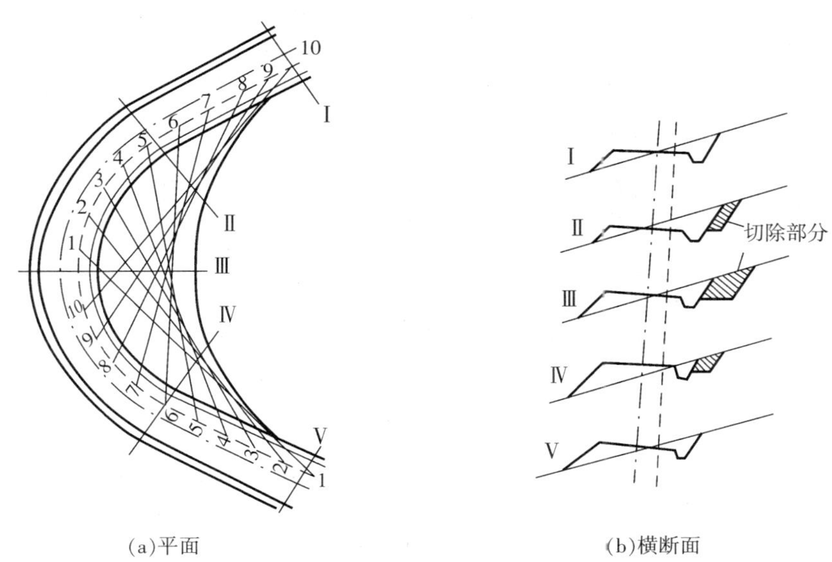

(a)平面　　(b)横断面

图 3－24　图解法确定视距切除范围

(1)按一定比例绘制弯道平面图，并示出行车轨迹线位置；

(2)在轨迹线上从弯道两端相连直线上距曲线起点(或终点)S 的地方开始，按 S 距离定出多组视线 1—1，2—2，3—3，…，10—10 等；

(3)绘出这些视线的包络线(内切曲线)即为视距曲线；

(4)量出相应断面位置的横净距，即可按上面的方法确定相应断面上的视距切除范围。

必须指出，除平曲线上考虑视距外，在竖曲线上也有保证视距的问题，其保证措施在选择竖曲线半径时考虑。《公路工程技术标准》对竖曲线最小半径的规定值也考虑了视距的保证因素。

3.7　平面设计成果

3.7.1　直线、曲线及转角一览表

直线、曲线及转角一览表全面反映了路线的平面位置和路线平面线形的各项指标，它是道路设计的主要成果之一。只有在完成“直线、曲线及转角一览表”以后，才能据此计算“逐桩坐标表”和绘制“路线平面设计图”，同时在作路线的纵断面设计、横断面设计和其他构造物设计时都要使用本表的数据。该表的格式见表 3－18。本表对公路和城市道路都适用，其中“交点坐标”一栏视道路等级和测设情况取舍。

表 3-18 某公路某段直线、曲线及转角表

交点号	交点坐标		交点桩号	转角值	曲线要素值					
	x	y			半径	缓和曲线长度	切线长度	曲线长度	外距	校正值
1	2	3	4	5	6	7	8	9	10	11
起点	41 808.204	90 033.595	K0+000.000							
2	41 317.589	90 464.099	K0+652.716	右 35°35′25.0″	800.000	0.000	256.777	496.934	40.199	16.620
3	40 796.308	90 515.912	K1+159.946	左 57°32′52.0″	250.000	50.000	162.511	301.100	35.692	23.922
4	40 441.519	91 219.007	K1+923.562	左 34°32′06.0″	150.000	40.000	66.753	130.412	7.545	3.094
5	40 520.204	91 796.474	K2+503.273	右 78°53′21.0″	200.000	45.000	187.380	320.375	59.533	54.385
6	40 221.113	91 898.700	K2+764.966	左 51°40′28.0″	224.130	40.000	128.667	242.140	25.224	15.194
7	40 047.399	92 390.466	K3+271.318	左 34°55′51.0″	150.000	40.000	67.323	131.449	7.715	3.197
8	40 190.108	92 905.941	K3+802.980	右 22°25′25.0″	600.000	0.000	118.932	234.820	11.674	3.044
终点	40 120.034	93 480.920	K4+379.175							

交点号	曲线位置					直线长度及方向			测量断链		备注
	第一缓和曲线起点	第一缓和曲线终点或圆曲线起点	曲线中点	第二缓和曲线起点或圆曲线终点	第二缓和曲线终点	直线长度(m)	交点间距(m)	计算方位角或计算方向角	桩号	增减长度(m)	
1	12	13	14	15	16	17	18	19	20	21	22
起点								138°44′00.0″			
2		K0+395.939	K0+644.406	K0+592.873		395.939	652.716	174°19′25.0″			
3	K0+997.435	K1+047.435	K1+147.985	K1+248.535	K1+298.535	104.562	523.850	116°46′33.0″			
4	K1+856.809	K1+896.809	K1+922.015	K1+947.221	K1+987.221	558.274	787.538	82°14′27.0″			
5	K2+315.893	K2+360.893	K2+476.081	K2+591.268	K2+636.268	328.672	582.805	161°07′48.0″			
6	K2+636.299	K2+676.299	K2+757.369	K2+838.439	K2+878.439	0.031	316.078	109°27′20.0″			
7	K3+203.995	K3+243.995	K3+269.720	K3+295.444	K3+335.440	325.556	521.546	74°31′29.0″			
8		K3+684.048	K3+801.458	K3+918.868		348.604	534.589	96°56′54.0″			
终点						460.307	579.239				

3.7.2　逐桩坐标表

逐桩坐标表是高等级公路平面设计成果组成之一，是道路中线放样的重要资料。高等级公路的线形指标高，表现在平面上是圆曲线半径较大，缓和曲线较长，在测设和放样时需采用坐标法，方能保证其测量精度。

逐桩坐标表即各个中桩的坐标，见表 3－19，其计算和测量的方法是按“从整体到局部”的原则进行的。一般是根据导线点坐标用全站仪或 GPS 测量路线交点坐标或从图上直接量取（纸上定线时）交点坐标，计算交点转角和方位角、交点间距。再根据选定的曲线半径和缓和曲线长度，计算中线上各桩的坐标。

表 3－19　某公路某段逐桩坐标表

桩号	坐标(m)		方向角	桩号	坐标(m)		方向角
	x	y			x	y	
K1＋500.00	40632.336	90840.861	116°46′33.0″	K2＋140.00	40471.158	91436.529	82°14′27.0″
K1＋540.00	40614.316	90876.572	116°46′33.0″	K2＋160.00	40473.858	91456.346	82°14′27.0″
K1＋570.00	40600.801	90903.355	116°46′33.0″	K2＋180.00	40476.558	91476.163	82°14′27.0″
K1＋600.00	40587.286	90930.139	116°46′33.0″	K2＋200.00	40479.258	91495.980	82°14′27.0″
K1＋630.33	40573.623	90957.216	116°46′33.0″	K2＋220.00	40481.959	91515.797	82°14′27.0″
K1＋669.00	40556.202	90991.740	116°46′33.0″	K2＋240.00	40484.659	91535.613	82°14′27.0″
K1＋680.00	40551.246	91001.561	116°46′33.0″	K2＋260.00	40487.359	91555.430	82°14′27.0″
K1＋700.00	40542.236	91019.416	116°46′33.0″	K2＋280.00	40490.059	91575.247	82°14′27.0″
K1＋720.00	40533.226	91037.272	116°46′33.0″	K2＋300.00	40492.759	91595.064	82°14′27.0″
K1＋750.00	40519.711	91064.055	116°46′33.0″	ZH2＋315.89	40494.905	91610.809	82°14′27.0″
K1＋780.00	40506.196	91090.838	116°46′33.0″	K2＋340.00	40497.902	91634.730	84°05′26.5″
K1＋800.00	40497.186	91108.694	116°46′33.0″	HY2＋360.89	40499.302	91655.568	88°41′08.7″
K1＋820.00	40488.176	91126.549	116°46′33.0″	K2＋380.00	40498.328	91674.665	94°09′37.3″
K1＋840.00	40479.166	91144.405	116°46′33.0″	K2＋400.00	40496.383	91694.506	99°53′23.8″
ZH1＋856.31	40471.593	91159.412	116°46′33.0″	K2＋420.00	40491.969	91714.005	105°37′10.3″
K1＋870.00	40465.708	91171.216	115°56′42.1″	K2＋440.00	40485.631	91732.965	111°20′56.7″
HY1＋896.81	40455.191	91195.860	109°08′09.7″	K2＋460.00	40477.431	91751.198	117°04′43.2″
K1＋900.00	40454.177	91198.885	107°55′03.1″	QZ2＋476.08	40469.544	91765.206	121°41′06.9″
QZ1＋922.01	40448.963	91220.253	99°30′30.3″	K2＋500.00	40455.794	91784.761	128°32′16.2″
K1＋940.00	40477.061	91238.126	92°38′19.1″	K2＋520.00	40442.573	91799.757	134°16′02.6″
YH1＋947.00	40446.902	91245.344	89°52′50.9″	K2＋540.00	40427.920	91813.357	139°59′49.1″
K1＋960.00	40447.413	91258.112	85°46′43.6″	K2＋560.00	40411.983	91825.427	145°43′35.6″
K1＋980.00	40449.567	91227.993	82°29′23.3″	K2＋580.00	40394.921	91835.845	151°27′22.1″
HZ1＋987.22	40450.531	91285.148	82°14′27.0″	YH2＋591.27	40384.875	91840.947	154°41′05.3
K2＋000.00	40452.257	91297.811	82°14′27.0″	K2＋600.00	40375.910	91844.518	156°56′35.0″
K2＋010.00	40453.607	91307.719	82°14′27.0″	K2＋620.00	40358.262	91851.740	160°17′15.4″
K2＋030.00	40456.307	91327.536	82°14′27.0″	HZ2＋636.27	40342.893	91857.077	161°07′48.0″
K2＋050.00	40459.007	91347.353	82°14′27.0″	K2＋650.00	40329.916	91861.563	160°31′48.6″
K2＋070.00	40461.707	91367.170	82°14′27.0″	K2＋670.00	40311.319	91868.655	157°30′02.7″
K2＋100.00	40465.757	91396.895	82°14′27.0″	K2＋700.00	40284.324	91881.898	149°57′30.4″
K2＋120.00	40468.458	91461.712	82°14′27.0″				

3.7.3　路线平面设计图

路线平面设计图是公路设计文件的主要内容之一，它综合反映了路线的平面位置、线形和几何尺寸，还反映出沿线人工构造物和重要工程设施的布置及公路与周边环境地形、地物和行政区划的关系等。

1. 公路路线平面设计图

(1)平面图的比例尺和测绘范围

公路路线地形图是指包括道路中线在内的有一定宽度的带状地形图。若为供工程可行性研究、初步设计阶段的方案研究与比选，可采用 1:50000 或 1:10000 的比例尺测绘(或向国家测绘部门和其他工程单位搜集)；若作为道路工程初步设计、施工图设计的设计文件组成部分则应采用更大的比例尺，一般常用 1:2000，平原微丘区可用 1:5000。地形特别复杂地段的路线初步设计、施工图设计可用 1: 500 或 1:1000。如为路线局部纸上移线，则比例尺应视具体情况酌情放大。

带状地形图的测绘宽度，一般为中线两侧各 100～200m。对 1:5000 的地形图，测绘宽度每侧应不小于 250m。如有比较线，应将比较线包括进去。

(2)路线平面图的内容及绘制方法

① 导线及道路中线的展绘

在展绘导线或中线以前，需按图幅的合理布局，绘出坐标方格网，坐标网格尺寸采用 5cm×5cm 或 10cm×10cm，要求图廓网格的对角线长度误差均不大于 0.5mm。然后按导线点(或交点，下同)坐标 x，y 精确地点绘在相应位置上。每张导线图展绘完毕后，用比例尺复核各点间距，再用量角仪校核每个角度是否与计算相符，复核无误后，再按“逐桩坐标表”所提供的数据，展绘曲线，并注明路线在本张图中的起点和终点里程桩号、曲线要素表等。

路线一律按前进方向从左至右绘，在每张图的拼接处绘出接图线。在图的右上角注明共几张、第几张。在图纸的空白处注明曲线元素及主要点里程桩号等。

② 控制点的展绘

各种比例尺的地形图均应展绘和测出各等级三角点、导线点、图根点、水准点等，并按规定的符号表示。

③ 各种构造物的测绘

各类建筑物、构筑物及其主要附属设施应按《公路勘测规范》的规定测绘和表示。各种线状地物，如管线，高、低压电线等应实测其支架或电杆的位置。对穿越路线的高压线应实测其垂线距地面的高度并注明电压。地下管线应详细测定其位置及埋深。道路及其附属物应按实际形状测绘。公路交叉口应注明每条公路的走向。铁路应注明轨面高程，公路应注明路面类型，涵洞应注明洞底标高等。

④ 水系及其附属物的测绘

海洋的海岸线位置，湖泊(水库)的湖岸线位置，水渠顶边及高程，堤坝顶部及坡脚的高程，水井井台高程，水塘塘顶边及塘底的高程，河流、水沟等应注明水流流向。

⑤ 地形、地貌等测绘

地形、地貌、植被、不良地质地带等均应详细测绘并用等高线和国家测绘局制定的“地形图图式”符号及数字注明。

(3)公路路线平面设计图

公路路线平面设计图示例如图 3 - 25 所示。

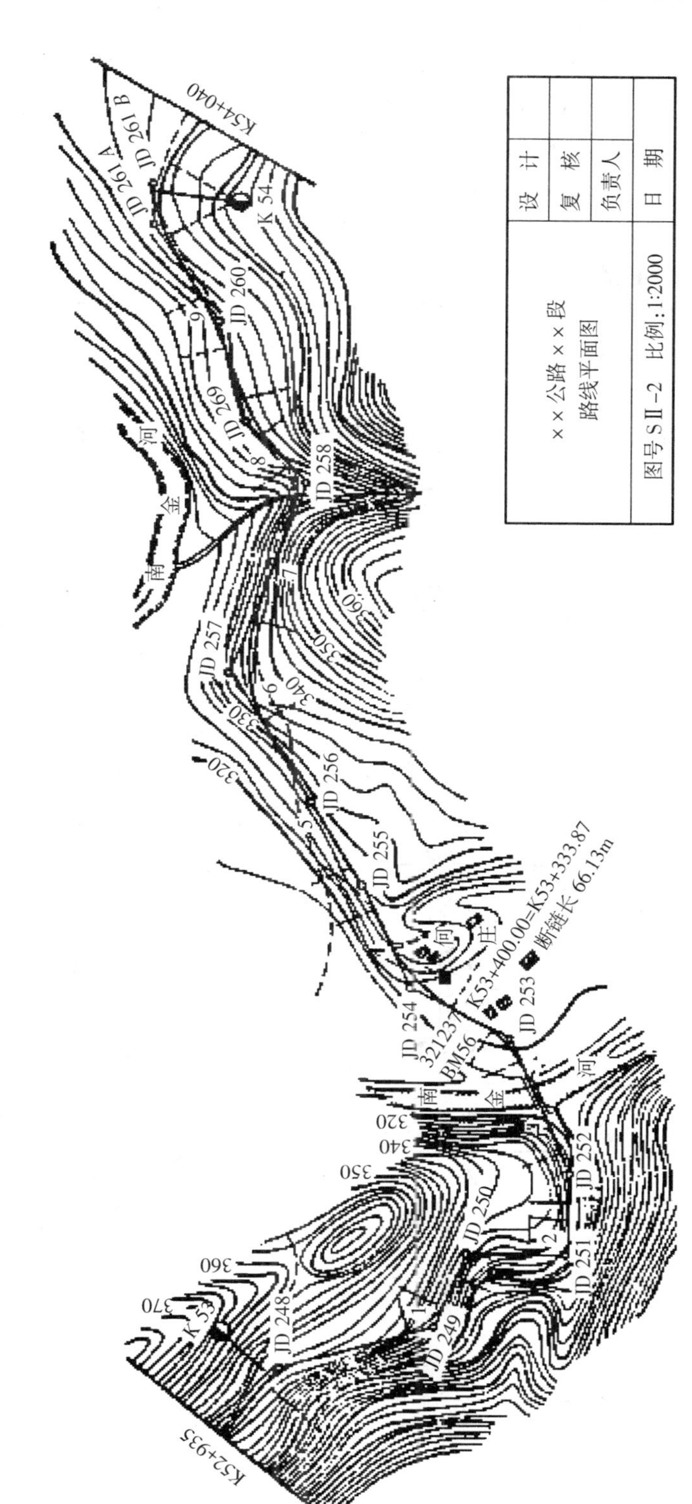

图 3-25　公路路线平面设计图

2. 城市道路平面设计图

(1)平面图的比例尺和测绘范围

城市道路相对于公路,长度较短而宽度较宽,在绘图比例尺的选用上一般比公路大。在做技术设计时,可采用1:500～1:1000的比例尺绘制。绘图的范围,视道路等级而定,等级高的范围应大一些,等级低的可小些。通常在道路两侧红线以外各20～50m,或中线两侧各50～150m,特殊情况除外。

(2)路线平面图的内容及绘制方法

城市道路平面图应示出路中线两侧红线以外各20～50m的地形、地物,应标明路中线,远、近期的规划红线、车行道线、人行道线、停车场、绿带、交通岛、人行横道线、沿街建筑物主要出入口、各种地上、地下管线的定向位置、雨水进出口、窨井等,注明交叉口及沿线里程桩。弯道及交叉口处应注明曲线要素、交叉口侧石的转弯半径等。如图3-26所示。

在城市道路设计文件中所提供的平面设计图应包括两种图式:一种是直接在地形图上

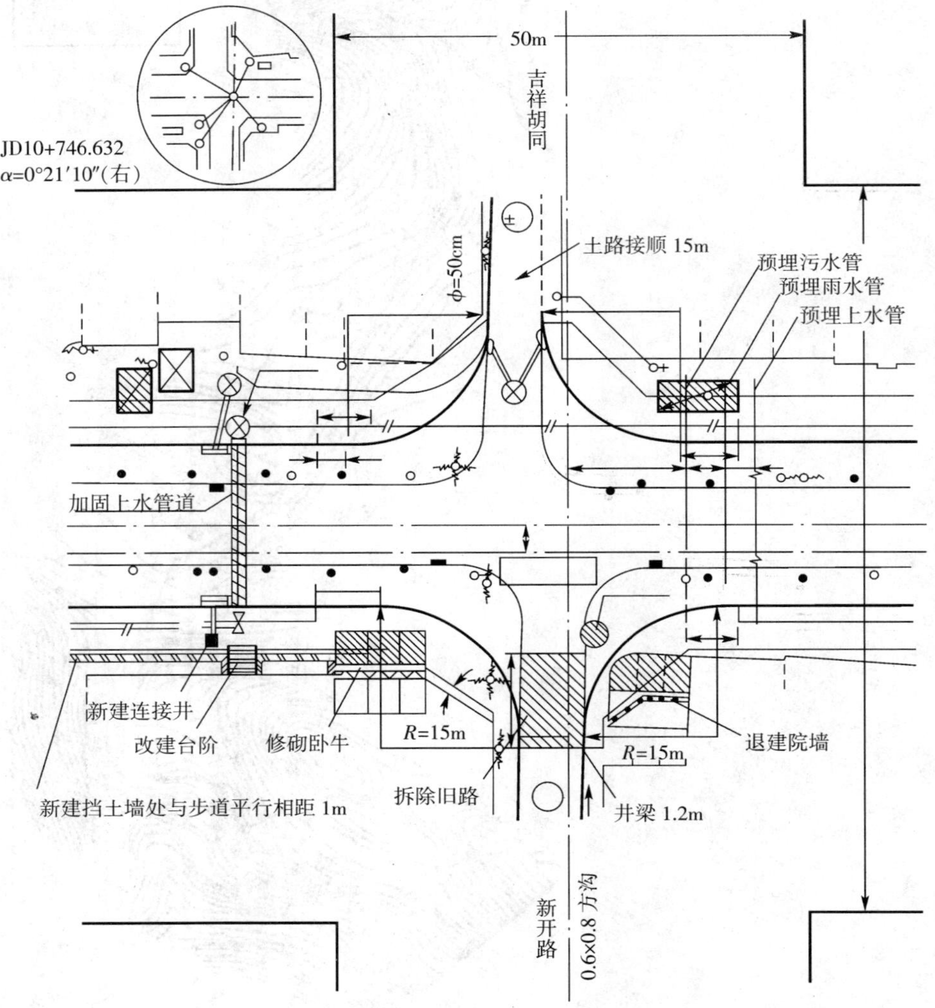

图3-26　城市道路平面图

所做的平面布置图，红线以内和红线以外的地形地物一律保留；另一种是只给红线以外的地形地物，红线以内只给车道线和道路上的各种设施而不给地形地物。两种图各有优缺点：前者可以看出设计人员是如何处理道路与地形地物之间关系（包括拆迁情况）；后者可更清晰地表现道路上各种设施的位置和尺寸。前一种图一般用在方案研究和初步设计中，后一种图用在技术设计或施工图设计中。

思考题

1. 平面定线应考虑哪些问题？

2. 为什么要设置缓和曲线？其作用何在？

3. 为什么道路上设置的缓和曲线常采用回旋线？回旋线的方程如何表示？请说明方程中各参数的意义。

4. 在怎样的情况下需要验算停车视距、会车视距、超车视距？如何计算？凡满足停车视距的要求，就一定能满足会车视距和超车视距的要求，这种说法对不对？为什么？

5. 山岭区某四级公路上有一平曲线，$R=15$m。

(1)如要求保证横向力系数 $\mu \not> 0.15$，试求超高横坡度 $i_{h,超}$ 应为多少？

(2)如最大超高取 $i_{h,超}=0.08$，试问汽车通过此弯道时需要限制的车速是多少？

(3)该弯道处的超高缓和长度应为多少？

6. 设微丘区某二级公路，采用沥青混凝土路面，路面横坡为2%，设计速度为80km/h。

(1)试求不设超高的平曲线半径以及设置超高（$i_{h,超}$ 取0.08）的极限最小平曲线半径（建议 μ 分别取0.04和0.15）。

(2)当采用极限最小平曲线半径时，缓和曲线长度应为多少？

(3)试计算会车视距和停车视距，并结合技术标准的规定加以分析。

7. 道路中线一转折处 A，转折角 $\alpha=60°$，其旁有一重要建筑物，基础尺寸5m×8m，外边缘距A点最短距离有25m，欲保留该建筑（如图3-27），试问该弯道可能最小的半径值为多少？已知该路设计速度为40km/h，道路宽度24m，路拱横坡2%，$\mu=0.1$。

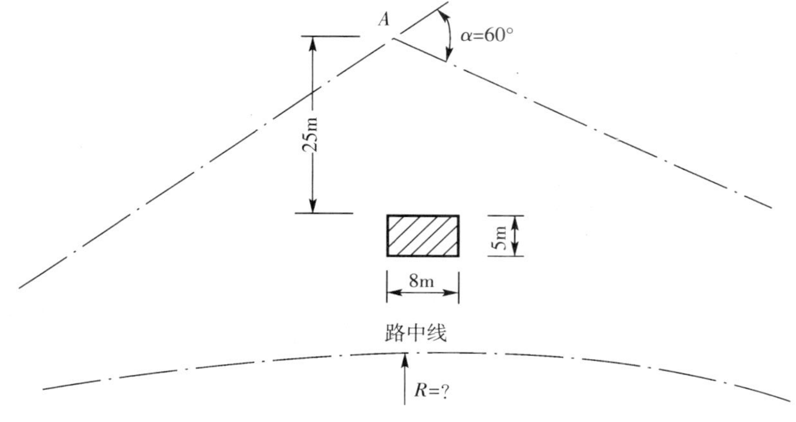

图3-27

8. 拟设计的公路曲线段资料，转角 $\alpha=0.8\text{rad}$，平曲线半径 $R=65\text{m}$，解放牌 CA—10B 型汽车设计速度 $V=30\text{km/h}$，双向行驶的砾石路面宽 6m，曲线布设在山岭区道路水平段上。求拟设计公路的停车视距、曲线上行车部分加宽值、超高横坡度、超高缓和段长度，并检查弯道视距是否能保证。

9. 今有甲、乙两救护车都以 54km/h 速度急驶在潮湿的混凝土路面的水平路段上，车间距保持约 50m 行驶，甲车驾驶员突然发现前方 50m 处有一小孩横穿道路，跌倒在路中，甲、乙两驾驶员先后紧急制动，问甲车撞倒小孩否？乙车撞倒甲车否？（$t_{甲}=1.2\text{s}$，$t_{乙}=1.4\text{s}$）。

10. 山岭区某三级公路测设中，测得某相邻两交点偏角（图 3-28）为 JD14 右偏 47°32′00″，JD15 左偏 11°20′30″，若选取 $R_{14}=65\text{m}$，$R_{15}=120\text{m}$。试求两交点间的最短距离应为多少？如实地距离为 52.45m，应选择 R_{15} 为多少才合适？

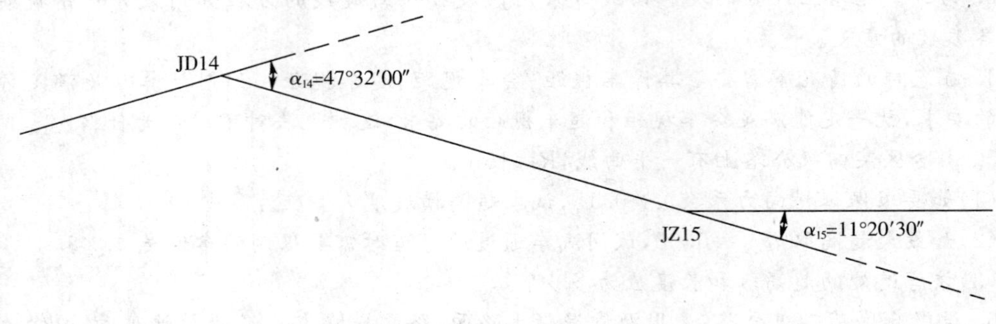

图 3-28

第4章　纵断面设计

4.1　概　述

通过道路中线的竖向剖面，称为纵断面。它是道路设计的重要技术图表之一，主要反映路线起伏、纵坡及与原地面的切割等情况。把道路的纵断面图与平面图、横断面图结合起来，就能够完整地表达出道路的空间位置和立体线形。

道路的纵断面线形应根据道路的性质、任务、等级和地形、地物、水文等因素，考虑路基稳定、排水及工程量等的要求，对纵坡的大小、坡长长短、竖曲线半径以及与平面线形的组合关系等进行设计。

在路中线的原地面标高，称为地面标高，地面标高的连线称为地面线。对于纵断面上的设计标高，即路基（包括路面厚度）的设计标高，有如下规定：

1. 新建公路的路基设计标高

高速公路和一级公路采用中央分隔带外侧边缘标高；二、三、四级公路采用路基边缘标高。在设置超高和加宽路段则是指在设置超高和加宽之前该处原路基边缘的标高。

2. 改建公路的路基设计标高

一般按新建公路的规定办理，也可视具体情况而采用中央分隔带中线或行车道中线标高。

3. 城市道路的路基设计标高

指建成后的行车道中线路面标高或中央分隔带中线标高。

在任一横断面上设计标高与地面标高之差，称为该处的施工高度（图4－1）。施工高度的大小决定了路堤的高度或路堑的深度。当设计线在地面线上面时，路基筑成路堤（填方），当设计线在地面线下面时，路基筑成路堑（挖方）。

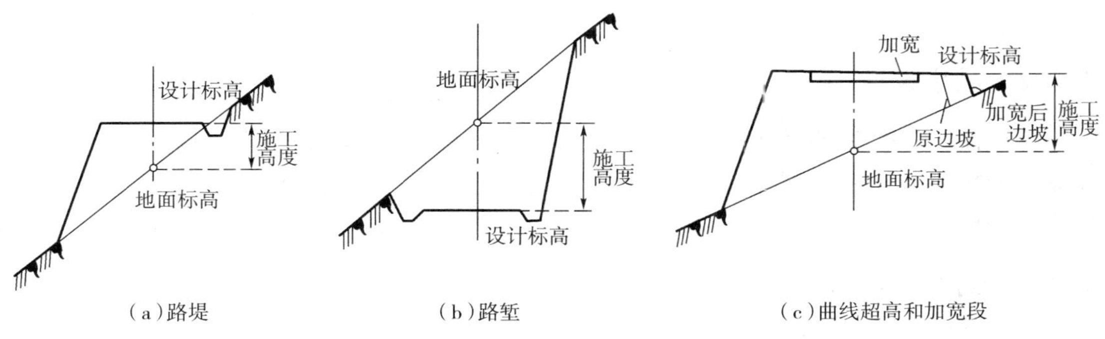

图4－1　路基的地面标高与设计标高

4.2 纵坡及坡长

4.2.1 最大纵坡

最大纵坡是指在纵断面设计中各级道路允许采用的最大坡度值。它是路线设计中的一项重要控制指标。它直接影响着路线长短、使用质量的好坏、行车安全以及运输成本和工程的经济性。

制定最大纵坡主要是依据汽车的动力特性、道路等级、自然条件、车辆安全行驶以及工程、运营经济等因素进行确定。汽车沿陡坡行驶时，因克服升坡阻力及其他阻力需增大牵引力，车速便会降低，若陡坡过长，将引起汽车水箱“开锅”(即沸腾)、气阻等情况，严重时，还可能使发动机熄火，使驾驶条件恶化；若沿陡坡下行，因制动次数增多，制动器易发热而失效，司机心理紧张，易引起交通事故。当道路泥泞时，情况更为严重。

根据上述因素，我国《公路工程技术标准》规定的公路最大纵坡及城市道路最大纵坡值见表 4-1 和表 4-2。

表 4-1 公路最大纵坡

设计速度(km/h)	120	100	80	60	40	30	20
最大纵坡(%)	3	4	5	6	7	8	9

[注] (1)设计速度为 120,100,80km/h 的高速公路受地形条件或其他情况限制时，经技术经济论证，最大纵坡可增加 1%；(2)设计速度为 40,30,20km/h 的公路，改建中利用原有公路的路段，经技术经济论证，最大纵坡可增加 1%；(3)四级公路位于海拔 2000m 以上或积雪冰冻地区的路段，最大纵坡不应大于 8%。

表 4-2 城市道路机动车道最大纵坡

设计速度(km/h)		80	60	50	40	30	20
最大纵坡(%)	推荐值	4	5	5.5	6	7	8
	限制值	6	7	7	8	9	9

[注] 海拔 3000～4000m 高原城市应按表值减小 1%，积雪寒冷地区应控制在 6%以内。

4.2.2 最小纵坡

为保证挖方路段、设置边沟的低填方路段和横向排水不畅路段的排水，以防止积水渗入路基而影响其稳定性，应采用不小于 0.3%的纵坡。当必须设计小于 0.3%的纵坡时，边沟应作单独排水设计。

4.2.3 高原纵坡折减

高原地区公路，随着海拔高度的增加，大气压力、空气温度密度都逐渐减小(见表 4-3)。空气密度的减小，使汽车发动机的正常操作状态受到影响，从而使汽车的动力性能受损。

表 4-3　海拔高度与空气密度、空气温度、空气充裕系数关系表

海拔高度 (m)	压力、水银柱高 (mm)	空气密度 (kg/m^3)	空气温度 (℃)	沸点 (℃)	空气充裕系数 α
0	760.00	1.225	+15.00	100.00	1.00
1000	674.10	1.112	+8.50	96.60	0.89
2000	592.20	1.001	+2.00	93.30	0.80
3000	525.80	0.909	−4.50	90.00	0.71
4000	452.80	0.819	−11.00	86.70	0.63
5000	405.10	0.736	−17.50	83.30	0.56

发动机实际燃烧的空气量与理论上所必需的数量之比称空气充裕系数，表示燃料混合物的成分。在一般条件下，汽车在空气充裕系数为 0.8～1.0 范围内的混合物燃烧下作用正常，空气充裕系数小于 0.8 的混合物燃烧较慢，而当系数小于 0.6 时，就完全不能燃烧。根据研究及试运转表明，解放牌汽车发动机平均功率在海拔 1000m 处下降 11.3%；在海拔 2000m 处下降 21.5%；在海拔 3000m 处下降 33.3%；在海拔 4000m 处下降 46.7%；在海拔 4500m 处下降 52.0%。

空气密度变稀，使汽车散热器的空气重量减少，因此，散热能力减低，发动机易过热。经常持久使用低挡，特别容易使发动机过热，并使汽车水箱中的水易沸腾而破坏冷却系统。相应地降低了汽车的爬坡能力。根据以上实验结果和分析，因此，对设计速度≤80km/h 位于海拔 3000m 以上高原地区的公路纵坡应按表 4-4 予以折减。

表 4-4　高原纵坡折减值

海拔高度(m)	3000～4000	4000～5000	5000 以上
纵坡折减(%)	1	2	3

最大纵坡折减若小于 4%，则最大纵坡仍采用 4%。

4.2.4　平均纵坡

平均纵坡是指路段高差与水平距离之比，它是衡量线形设计质量的重要指标之一。其值为：

$$i_{平均}=\frac{H}{l} \tag{4-1}$$

式中：$i_{平均}$——平均纵坡；

H——相对高度(m)；

l——路段长度(m)。

为保证行车安全与平顺、避免过多地使用最大纵坡和缓和坡段，对山区公路连续纵坡组合路段，给以平均坡度的限制。《公路工程技术标准》规定：为使连续升坡(或降坡)路段的纵坡运用合理，二、三、四级公路越岭路段的平均纵坡应符合下述规定：

(1)越岭路段相对高差为 200～500m 时，平均纵坡不应大于 5.5%；越岭路段相对高差大于 500m 时，平均纵坡不应大于 5%。

(2)任一连续 3km 范围内的平均纵坡不应大于 5.5%。

4.2.5 合成坡度

合成坡度是指在有超高的平曲线上，路线纵坡与超高横坡所组成的坡度，如图 4－2 所示。其值可按下式计算：

$$i_{合}=\sqrt{i_{超}^2+i_{纵}^2} \tag{4-2}$$

式中：$i_{合}$——合成坡度（%）；

$i_{超}$——超高坡度（%）；

$i_{纵}$——路线纵坡（%）。

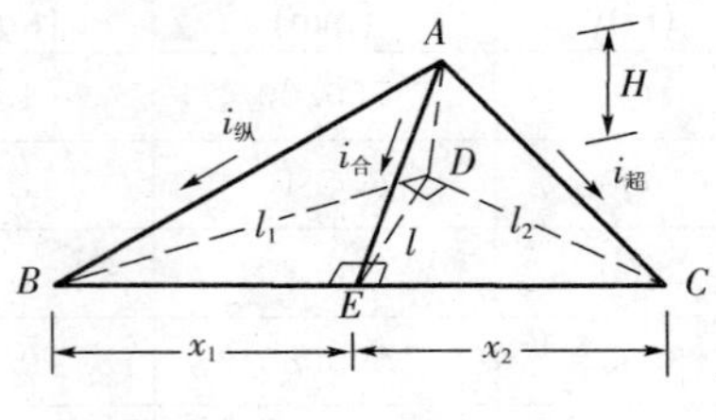

图 4－2 合成坡度

如果在小半径弯道上且伴有较大纵坡时，由于离心力作用会给汽车行驶造成危险。为防止汽车沿合成坡度方向滑移，应将超高横坡与纵坡的组合控制在适当范围内，以确保安全。

《公路工程技术标准》规定最大合成坡度见表 4－5(a)。

表 4－5(a) 公路最大合成坡度

公路等级	高速公路			一级公路			二级公路		三级公路		四级公路
设计速度(km/h)	120	100	80	100	80	60	80	60	40	30	20
合成坡度(%)	10.0	10.0	10.5	10.0	10.5	10.5	9.0	9.5	10.0	10.0	10.0

［注］ (1)在积雪冰冻地区，公路的合成坡度值应不大于 8%。(2)最小合成坡度，不宜小于 0.5%；在超高过渡的变化处，合成坡度不应设计为 0%；当合成坡度小于 0.5%时，应采取综合排水措施，以保证路面排水畅通。

我国城市道路对合成坡度的规定见表 4－5(b)所示。

表 4－5(b) 城市道路最大合成坡度

设计速度(km/h)	80	60,50	40,30	20
合成坡度(%)	7	6.5	7	8

合成坡度的组合图解以及相应公路等级、车速的圆曲线半径见图 4－3 所示。

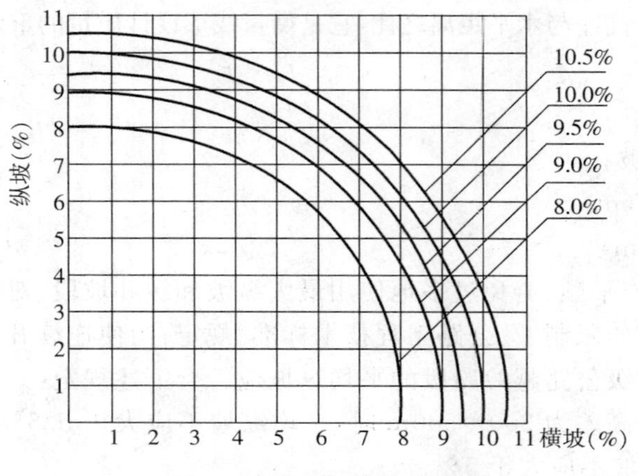

图 4－3 合成坡度临界线图

［注］ 下表为合成坡度与相应公路等级、车速的圆曲线半径关系。

设计速度(km/h)	曲线半径(m)								
120	3240	2160	1620	1300	1080	930	810	720	650
100	1710	1220	950	770	650	560	500	440	400
80	1240	830	620	500	410	350	310	280	250
60	810	570	430	340	280	230	200	160	125
50	590	410	310	240	200	160	130	100	80
横坡度(%)	2	3	4	5	6	7	8	9	10

4.2.6　坡长限制

坡长限制，主要是指对较陡纵坡的最大长度和一般纵坡的最小长度加以限制。

1. 最大坡长

山岭重丘区公路，当连续纵坡大于 5%时，汽车上坡时为发挥更大的牵引力，多用低速挡。如坡长过长，长时间使用低速挡会使发动机发热过分而使效率降低、水箱沸腾、行驶无力。而下坡时，则因坡度过陡、坡段过长而使刹车频繁，影响行车安全。因此，为保证行车安全，对较陡纵坡的坡长应加以限制(见表 4－6 和表 4－7)。

高速公路、一级公路当连续上坡由几个不同坡度值的坡段组合而成时，应对纵坡长度受限制的路段采用平均坡度法进行验算。

对计算行车速度≤80km/h 的道路，当连续纵坡大于坡长限值时，应在不大于表 4－6 和表 4－7 所规定长度处设缓和坡段。

当公路上有大量畜力车通行时，在可能情况下宜在超过 500m 处设置一段不大于 2%～3%的缓和坡段，以利于畜力车行驶。城市道路的非机动车车行道纵坡宜<2.5%，否则应按表 4－8 限制坡长。

表 4－6　公路不同纵坡最大坡长(m)

设计速度(km/h)		120	100	80	60	40	30	20
纵坡坡度(%)	3	900	1000	1100	1200			
	4	700	800	900	1000	1100	1100	1200
	5		600	700	800	900	900	1000
	6			500	600	700	700	800
	7					500	500	600
	8					300	300	400
	9						200	300
	10							200

表 4-7 城市道路坡长限制

设计速度(km/h)	80			60			50			40		
纵坡度(%)	5	5.5	6	6	6.5	7	6	6.5	7	6.5	7	8
坡长限制(m)	600	500	400	400	350	300	350	300	250	300	250	200

表 4-8 城市道路非机动车道坡长限制(m)

车种 坡长限制(m) 坡 度(%)	自行车	平板车、三轮车
3.5	150	—
3	200	100
2.5	300	150

2. 最小坡长

最小坡长是指纵面线形上两个变坡点之间的最小长度。纵断面上如变坡点太多,车辆行驶颠簸频繁,行车顺适性差,其长度太短,变坡点之间不能设置相邻两竖曲线的切线长,此外,对两凸形变坡点间的距离还应满足行车视距的要求。考虑上述因素,应对最小坡长加以限制。我国公路采用的坡段最小长度见表 4-9 所示。

表 4-9 公路坡段最小长度

设计速度(km/h)	120	100	80	60	40	30	20
坡段最小长度(m)	300	250	200	150	120	100	60

我国城市道路坡段最小长度按表 4-10 所用。

表 4-10 城市道路坡段最小长度

设计速度(km/h)	80	60	50	40	30	20
坡段最小长度(m)	290	170	140	110	85	60

[注] 平面交叉路口、立体交叉匝道等坡段不受此限制。

3. 坡长计算

当连续陡坡是由几个不同坡度值的坡段组合而成时,应按不同坡度的坡长限制折算确定。如公路坡段纵坡为 8%,长 160m,该长度是相应限制坡长(400m)的 2/5,如相邻坡段的纵坡为 7%,则其坡长不应超过相应坡长限制 600m 的 3/5,即 600×3/5=360m,也就是说,8%纵坡设计 160m 后,还可接着设计 7%纵坡段 360m 长或 6%纵坡段 480m 长,其后再设置缓和坡段。

4.2.7 缓和坡段

在纵断面设计中,当陡坡的长度达到限制坡长时,应安排一段缓坡路段,用以恢复在陡坡上下降的速度。同时，从下坡行车的安全考虑，缓坡路段也是需要的。在缓坡上汽车将以加速行驶，理论上缓坡的长度应适应这个加速过程的需要，但实际设计中很难满足这个需求。

据计算，除计算行车速度为 40km/h 及其以下时，理想的最大纵坡都未超过 3%，加上实际观测试验结果，通常采用缓和坡段的纵坡不大于 3%，其长度应不小于最小坡长（表 4－9、表 4－10）。

缓和坡段的具体位置应结合纵向地形起伏情况，尽量减少填挖方工程数量，同时应考虑路线的平面地形要素。在一般情况下，缓和坡段宜设置在平面的直线或较大半径的平曲线上，以便充分发挥缓和坡段的作用，提高整条道路的使用质量。在必须设置缓和坡段而地形又困难的地段，可以将缓和坡段设于半径比较小的平曲线上，但应适当增加缓和坡段的长度，以使缓和坡段端部的竖曲线位于该小半径平曲线之外。这种要求对提高行驶质量，保证行车安全是完全必要的。

4.3　竖曲线

纵断面上两相邻不同坡度线的交点称为变坡点。为保证行车安全，舒适及视距的需要，在变坡处设置的纵向曲线称为竖曲线。相邻两坡度线的交角用坡度差“ω”表示，坡度角一般较小，可近似地用两坡段坡度的代数差表示，即 $\omega=i_2-i_1$，式中 i_1、i_2 分别为两相邻坡段的坡度值，上坡为正，下坡为负，如图 4－4 所示。ω 为正，边坡点在曲线下方，竖曲线开口向上，称为凹形竖曲线；ω 为负，边坡点在曲线上方，竖曲线开口向下，称为凸形竖曲线。

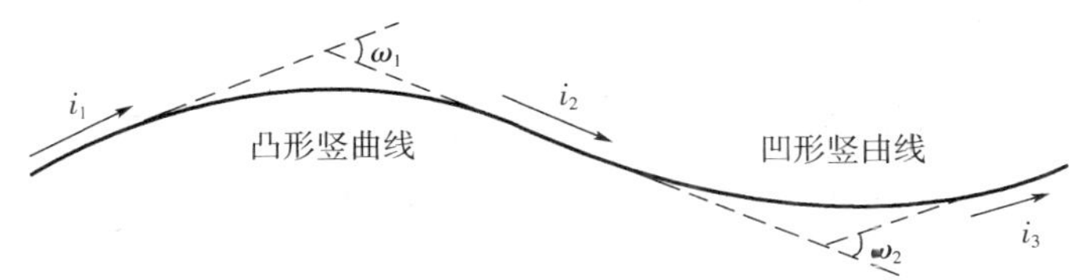

图 4－4　竖曲线示意图

我国规定各级公路及城市道路在变坡点处均应设置竖曲线，竖曲线形式为二次抛物线，因为在应用范围内圆形和二次抛物线线形几乎没有差别，用圆曲线半径表示更为方便，所以，通常竖曲线半径均以圆曲线半径表示。

竖曲线设置的主要作用如下：

（1）确保道路纵向行车视距；

（2）缓和纵向变坡处行车动量变化而产生的冲击缓冲作用；

（3）将竖曲线与平曲线恰当组合，有利于路面排水和改善行车的视线诱导和舒适感。

4.3.1　竖曲线要素计算

竖曲线的形式为二次抛物线，但在实用范围内圆形和二次抛物线线形几乎没有差别，所以通常采用圆形竖曲线。竖曲线要素，主要包括竖曲线长度 L、切线长度 T 和外距 E，如图 4－5 所示。设 R 为竖曲线半径，ω 为两纵坡段的变坡角，当 ω 很小时，可以用两坡段斜率的代数差来代替，即 $\omega=i_2-i_1$，因纵坡很小，而高程变化值与水平距离之比相差很大，因而实际计算时，均假定竖曲线的切线长度 T、曲线长度 L 等于其水平投影长度。则由几何关系得：

$$L=R\omega\frac{\pi}{180}\approx R(i_2-i_1) \qquad (4-3)$$

$$T=R\tan\frac{\omega}{2}\approx\frac{L}{2}\approx\frac{R}{2}(i_2-i_1) \qquad (4-4)$$

$$E=R(\sec\frac{\omega}{2}-1)$$

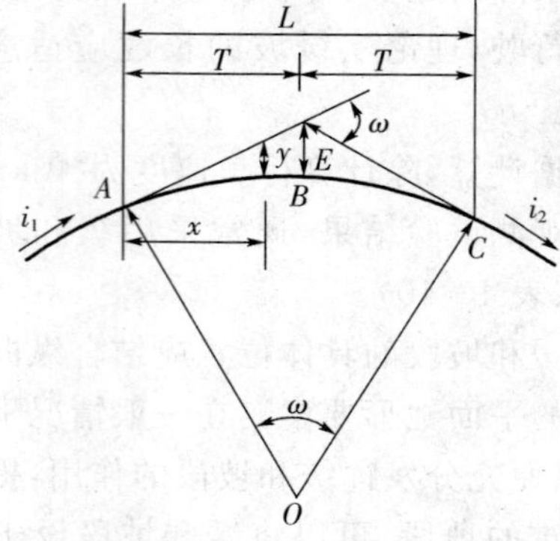

图 4-5 竖曲线几何要素

由几何关系可得：

$$(R+E)^2-T^2=R^2$$

故 $$E=\frac{T^2}{2R+E}$$

E 与 $2R$ 相比甚小，可忽略不计，则：

$$E=\frac{T^2}{2R}=\frac{L^2}{8R}=\frac{R\,(i_2-i_1)^2}{8}=\frac{T\omega}{4} \qquad (4-5)$$

为了具体敷设竖曲线坐标，竖曲线中间各点纵横坐标 x，y 值按下式计算：

$$y=\frac{x^2}{2R} \qquad (4-6)$$

式中：x——竖曲线起讫点至所求桩号之间的距离；

y——竖曲线各点的纵距。当 $x=T$ 时，$y=E$。

对于凸形竖曲线，设计标高＝未设竖曲线时的设计标高－y；

对于凹形竖曲线，设计标高＝未设竖曲线时的设计标高＋y。

【例 4－1】 某二级汽车专用公路上有一变坡点，桩号为 K10＋200，切线标高为 120.28m，两相邻路段的纵坡为 $i_1=5\%$ 和 $i_2=-3\%$，$R_凸=5000$m。试计算竖曲线诸要素及桩号为 K10＋100 和 K10＋340 处的设计高程。

【解】

(1)计算竖曲线要素

竖曲线长度 $L=R\omega=5000\times[0.05-(-0.03)]=400(\text{m})$

切线长度 $T=\frac{L}{2}=200(\text{m})$

外距 $E=\frac{T^2}{2R}=4(\text{m})$

(2)计算设计高程

竖曲线起点桩号：$K10+200-200=K10+000$

竖曲线终点桩号：$K10+200+200=K10+400$

① 桩号 $K10+100$ 处：

横距 $x_1=10100-10000=100(\text{m})$

纵距　$y_1=\frac{x_1^2}{2R}=\frac{100^2}{2\times5000}=1.00(\mathrm{m})$

切线高程　120.28－100×0.05＝115.28(m)

设计高程　115.28－1.00＝114.28(m)

② 桩号 $K10+340$ 处：

横距　$x_2=10400-10340=60(\mathrm{m})$

纵距　$y_2=\frac{x_2^2}{2R}=\frac{60^2}{2\times5000}=0.36(\mathrm{m})$

切线高程　120.28－140×0.03＝116.08(m)

设计高程　116.08－0.36＝115.72(m)

4.3.2　竖曲线最小半径

1. 竖曲线设计的限制因素

在纵断面设计中，竖曲线的设计要受到许多因素的限制，其中有三个限制因素决定着竖曲线的最小半径。

(1)缓和冲击

汽车在竖曲线上行驶时，产生径向(这里是垂直方向)离心力。在凹形竖曲线上这个力与重力方向一致，是增重(人的感觉为超重)，在凸形竖曲线上这个力与重力方向相反，是减重(人的感觉为失重)。这种增重与减重达到某种程度时，驾驶人员和乘客就有不舒服的感觉，同时对汽车的悬挂系统也有不利影响，所以在确定道路竖曲线半径时，应该对离心力(或离心加速度)加以控制。汽车在竖曲线上行驶时其离心加速度为：

$$a=\frac{v^2}{R}=\frac{V^2}{13R}(m/s^2) \tag{4-7}$$

式中：v——行驶车速(m/s)；

V——行驶车速(km/h)；

R——竖曲线半径(m)。

根据试验，认为离心加速度 a 限制在 0.5～0.7m/s^2 比较合适。但考虑到不因冲击而造成不舒适感，以及视觉平顺等的要求，我国《公路工程技术标准》规定的凹形竖曲线最小半径值取 $a=0.277(\mathrm{m/s^2})$ 获得。

$$R_{\min}=\frac{V^2}{13a}=\frac{V^2}{3.6}(\mathrm{m}) \tag{4-8}$$

(2)时间行程不过短

汽车从直道行驶到竖曲线上，尽管竖曲线半径较大，如果其长度过短，旅客同样会感到不舒适。因此，应限制汽车在竖曲线上的行程时间不能过短，最短应满足 3s 行程，即：

$$L_{\min}=vt=\frac{V}{3.6}\times3=\frac{V}{1.2}(\mathrm{m}) \tag{4-9}$$

(3)满足视距的要求

汽车行驶在凸形竖曲线上，如果半径太小，道路的凸起部分会阻挡司机的视线。为了行车安全，对凸形竖曲线的最小半径还应从保证视距的角度加以限制。

汽车行驶在凹形竖曲线上时，也同样存在视距问题。比如，在地形起伏较大地区的道路上，夜间行车时，若竖曲线半径过小，前车灯照射距离近，可能造成视距不足而影响行车速度和安全；又比如在高速公路及城市道路上有许多跨线桥、门式交通标志及广告宣传牌等，如果它们正好处在凹形竖曲线上方，也会影响驾驶员的视线。

总之，无论是凸形竖曲线还是凹形竖曲线都要受到上述三种因素的控制。需要明确的是，哪一种限制因素为最不利的情况，哪一种才是有效控制因素。就凸、凹形竖曲线来说，其控制因素是不一样的。

2. 凸形竖曲线最小半径

根据计算比较，凸形竖曲线最小半径和最小长度以满足视距要求为控制因素，按竖曲线长度 L 和停车视距 S_T 的关系分为两种情况。

(1)当 $L<S_T$ 时(图 4-6(a))

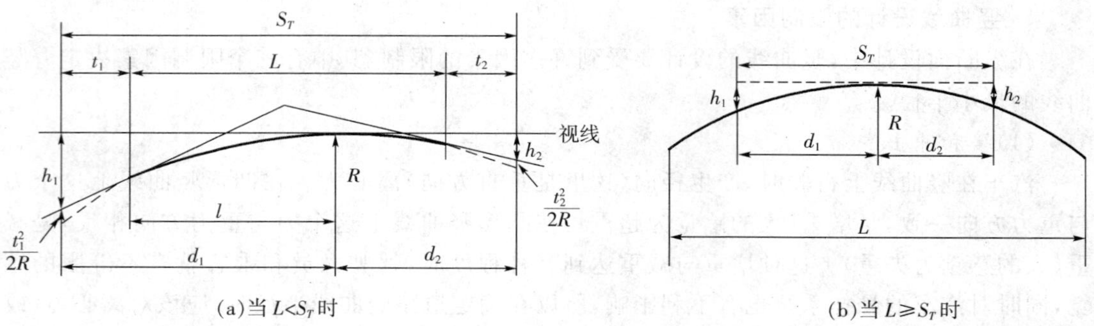

图 4-6 凸形竖曲线计算图示

$$h_1=\frac{d_1^{\ 2}}{2R}-\frac{t_1^{\ 2}}{2R} \quad 则 \quad d_1=\sqrt{2Rh_1+t_1^{\ 2}}$$

$$h_2=\frac{d_2^{\ 2}}{2R}-\frac{t_2^{\ 2}}{2R} \quad 则 \quad d_2=\sqrt{2Rh_2+t_2^{\ 2}}$$

式中：R——竖曲线半径(m)；

h_1——驾驶人员视线高，即计算目高，取 $h_1=1.2\text{m}$；

h_2——道路障碍物高，即计算物高，取 $h_2=0.1\text{m}$。

由 $t_1=d_1-l=\sqrt{2Rh_1+t_1^{\ 2}}-l$，得：

$$t_1=\frac{Rh_1}{l}-\frac{l}{2}$$

由 $t_2=d_2-(L-l)=\sqrt{2Rh_2+t_2^{\ 2}}-(L-l)$，得：

$$t_2=\frac{Rh_2}{L-l}-\frac{L-l}{2}$$

视距长度：
$$S_T=t_1+L+t_2=\frac{Rh_1}{l}+\frac{L}{2}+\frac{Rh_2}{L-l}$$

令$\frac{dS_T}{dl}=0$，解得$l=\frac{\sqrt{h_1}}{\sqrt{h_1}+\sqrt{h_2}}L$，代入上式有：

$$S_T=\frac{R}{L}(\sqrt{h_1}+\sqrt{h_2})^2+\frac{L}{2}=\frac{(\sqrt{h_1}+\sqrt{h_2})^2}{\omega}+\frac{L}{2}$$

$$L_{\min}=2S_T-\frac{2(\sqrt{h_1}+\sqrt{h_2})^2}{\omega}\approx 2S_T-\frac{4}{\omega} \tag{4-10}$$

(2)当$L\geqslant S_T$时(图4-6(b))

$$h_1=\frac{d_1^{\,2}}{2R}\quad 则\quad d_1=\sqrt{2Rh_1}$$

$$h_2=\frac{d_2^{\,2}}{2R}\quad 则\quad d_2=\sqrt{2Rh_2}$$

$$S_T=d_1+d_2=\sqrt{2R}(\sqrt{h_1}+\sqrt{h_2})$$

或
$$S_T=\sqrt{\frac{2L}{\omega}}(\sqrt{h_1}+\sqrt{h_2})$$

$$L_{\min}=\frac{S_T^{\,2}\omega}{2(\sqrt{h_1}+\sqrt{h_2})^2}\approx\frac{S_T^{\,2}\omega}{4} \tag{4-11}$$

比较以上两种情况，显然式(4-11)计算结果大于式(4-10)，所以将式(4-11)作为有效控制。

根据缓和冲击、时间行程及视距要求三个限制因素，可计算出各计算行车速度时的凸形竖曲线最小半径，如表4-11所列。表中《公路工程技术标准》规定的一般最小半径约为极限最小半径的1.5～2.0倍，在条件许可时应尽量采用大于一般最小半径的竖曲线为宜。

表4-11　凸形竖曲线最小半径

设计车速 V(km/h)	停车视距 S_T(m)	缓和冲击 $R_{\min}=\frac{V^2}{3.6}$	视距要求 $R_{\min}=\frac{S_T^{\,2}}{4}$	《标准》规定值	
				极限最小半径(m)	一般最小半径(m)
120	210	4000	11100	11000	17000
100	160	2780	6450	6500	10000
80	110	1780	3020	3000	4500
60	75	1000	1410	1400	2000
40	40	440	410	450	700
30	30	250	230	250	400
20	20	110	100	100	200

3. **凹形竖曲线最小半径**

凹形竖曲线要保证夜间行车灯光照射的要求。影响凹形竖曲线极限最小半径值的灯光视距情况主要有下述两种：

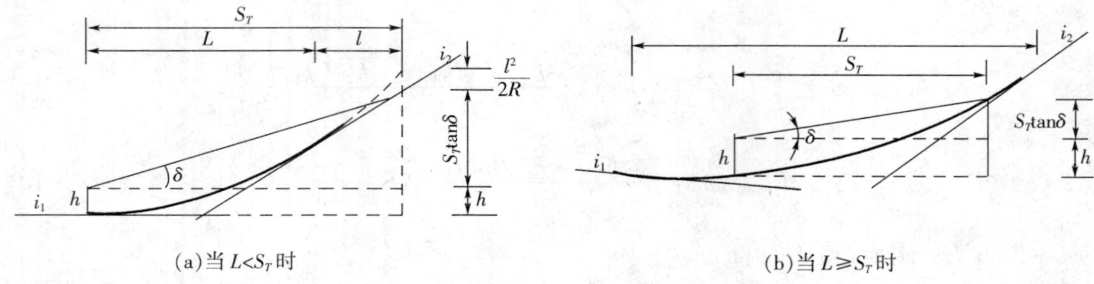

图 4－7　前车灯照射距离

(1)夜间行车前灯照射距离要求

① 当$L<S_T$时(图 4－7(a))

$$L_{min}=2(S_T-\frac{h+S_T\tan\delta}{\omega})$$

式中：S_T——停车视距(m)；

h——前车灯高度，取 0.75m；

δ——前车灯光束扩散角，取 1°。

代入得：
$$L_{min}=2(S_T-\frac{0.75+0.017S_T}{\omega}) \tag{4-12}$$

② 当$L\geqslant S_T$时(图 4－7(b))

$$L_{min}=\frac{S_T{}^2\omega}{2(h+S_T\tan\delta)}$$

代入得：
$$L_{min}=\frac{S_T{}^2\omega}{1.5+0.0349S_T} \tag{4-13}$$

显然，公式(4－13)计算结果大于公式(4－12)，所以应以公式(4－13)作为有效控制。

(2)跨线桥下行车视距要求

① 当$L<S_T$时(图 4－8(a))

$$L_{min}=2S_T-\frac{26.92}{\omega} \tag{4-14}$$

② 当$L\geqslant S_T$时(图 4－8(b))

$$L_{min}=\frac{S_T{}^2\omega}{26.92} \tag{4-15}$$

比较公式(4－14)和公式(4－15)，应以公式(4－15)作为有效控制。

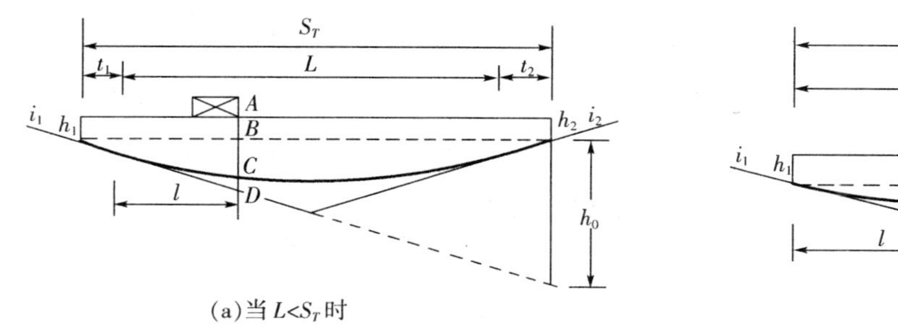

(a)当 $L<S_T$ 时

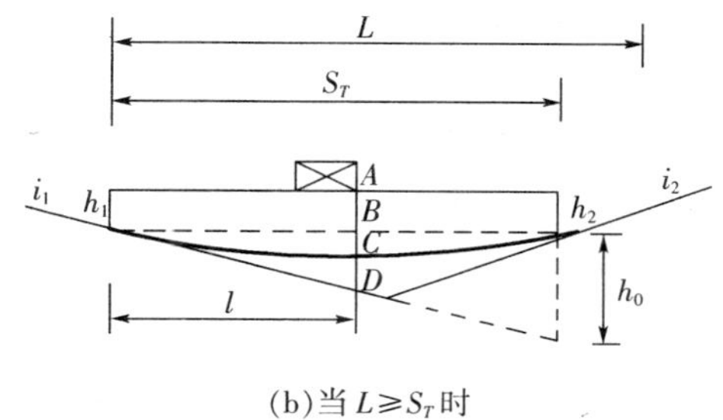

(b)当 $L\geqslant S_T$ 时

图 4－8　跨线桥下行车视距

根据影响竖曲线最小半径的三个限制因素，可计算出各计算行车速度时的凹形竖曲线最小半径，如表 4－12 所列。表中《公路工程技术标准》规定的一般最小半径约为极限最小半径的 1.5～2.0 倍，在条件许可时应尽量采用大于一般最小半径的竖曲线为宜。

表 4－12　凹形竖曲线最小半径

设计车速 V(km/h)	停车视距 S_T(m)	缓和冲击 $R_{min}=\frac{V^2}{3.6}$	车灯照明 $R_{min}=\frac{S_T^2}{1.50+0.0349S_T}$	桥下视距 $R_{min}=\frac{S_T^2}{26.92}$	《标准》规定值	
					极限最小半径(m)	一般最小半径(m)
120	210	4000	5000	1688	4000	6000
100	160	2780	3620	951	3000	4500
80	110	1780	2210	449	2000	3000
60	75	1000	1370	209	1000	1500
40	40	440	880	59	450	700
30	30	250	350	33	250	400
20	20	110	180	15	100	200

《城市道路设计规范》规定，各级道路纵坡变坡处应设置竖曲线。竖曲线采用圆曲线。竖曲线半径见表 4－13，在条件许可时应尽量采用大于一般最小半径的竖曲线为宜。

表 4－13　城市道路竖曲线最小半径

设计速度(km/h)		80	60	50	40	30	20
凸形	极限最小半径(m)	3000	1200	900	400	250	100
	一般最小半径(m)	4500	1800	1350	600	400	150
凹形	极限最小半径(m)	1800	1000	700	450	250	100
	一般最小半径(m)	2700	1500	1050	700	400	150

4.3.3　竖曲线最小长度

为满足汽车司机操作的需要，竖曲线最小长度按设计速度 3s 的运行距离计算。如以公式表示，即：

$$L=(\frac{5}{6})V(\mathrm{m}) \tag{4-16}$$

式中，V 为设计速度(km/h)。

我国《公路工程技术标准》规定见表 4－14。

表 4－14 竖曲线最小长度

设计速度(km/h)	120	100	80	60	50	40	30	20
竖曲线最小长度(m)	100	85	70	50	40	35	25	20

[注] 城市道路 V＝80～20(km/h)时，采用与表列相同值。

4.3.4 竖曲线设计

1. 竖曲线设计的一般要求

竖曲线是否平顺，在视觉上是否良好，往往是构成纵断面线形优劣的主要因素。竖曲线设计应满足以下要求：

(1)宜选用较大的竖曲线半径

在不过分增加工程量的情况下，宜选用较大的竖曲线半径。通常采用大于竖曲线一般最小半径的半径值，特别是当坡度差较小时，更应采用大半径，以利于视觉和路容美观。只有当地形限制或其他特殊困难不得已时才允许采用极限最小半径。在有条件的路段，为获得平顺而连续且视觉良好的纵面线形，可参照表 4－15 选择竖曲线半径。

表 4－15 从视觉观点所需的竖曲线最小半径

计算行车速度(km/h)	凸形竖曲线半径(m)	凹形竖曲线半径(m)
120	20000	12000
100	16000	10000
80	12000	8000
60	9000	6000
40	3000	2000

(2)同向竖曲线应避免“断背曲线”

同向竖曲线特别是同向凹形竖曲线间，如直坡段不长，应合并为单曲线或复曲线。

(3)反向曲线间由直坡段连接，也可径相连接

反向竖曲线间最好设置一段直坡段，直坡段的长度应能保证汽车以设计车速行驶 3s 的行程时间，以使汽车有一个缓和段。如受条件限制也可互相连接或插入短的直坡段。

(4)竖曲线设置应满足排水需要

若相邻纵坡之代数差很小时，采用大半径竖曲线可能导致竖曲线上的纵坡小于 0.3%，不利于排水，应重新进行设计。

2. 竖曲线半径的选择

选择竖曲线半径时应考虑以下因素：

(1)选择半径应符合表 4－11、表 4－12 和表 4－14 所规定的竖曲线的最小半径和最小长度。

(2)在不过分增加土石方工程量的情况下，为使行车舒适，宜采用较大的竖曲线半径。

(3)结合纵断面起伏情况和标高控制要求，确定合适的外距值，按外距控制选择半径：

$$R=\frac{8E}{\omega^2} \tag{4-17}$$

(4)考虑相邻竖曲线的连接(即：保证最小直坡段长度或不发生重叠)限制曲线长度，按切线长度选择半径：

$$R=\frac{2T}{\omega} \tag{4-18}$$

(5)过大的竖曲线半径将使竖曲线过长，从施工和排水来看却是不利的，选择半径时应注意。

(6)对夜间行车交通量较大的路段考虑灯光照射方向的改变，使前灯照射范围受到限制，选择半径时应适当加大，以使其有较长的照射距离。

4.4 爬坡车道

为了在长陡的路段上，将大型车、慢速车从主线车流中分离出去，从而提高主线车辆的行驶自由程度，以增加该路段的通行能力而设置的附加车道，称为爬坡车道。

一般讲，最理想的是路线纵断面本身就应按不需设置爬坡车道的条件来设计纵坡。但是这样做，在某些地段往往会造成路线迂回或路基高填深挖，增大工程费用。而采用稍大的道路纵坡值，增设爬坡车道，则可能产生既经济又安全的效果。需要说明的是，设置爬坡车道并非是最好措施，解决问题的根本途径还在于精选路线，定出纵坡值较小而又经济实用的路线。

4.4.1 设置爬坡车道的条件

我国《公路路线设计规范》规定：四车道高速公路、四车道一级公路以及二级公路连续上坡路段，符合下列情况之一者，宜在上坡方向行车道右侧设置爬坡车道。

(1)沿连续上坡方向载重汽车的运行速度降低到表 4－16 的容许最低速度以下时。

表 4－16　上坡方向容许最低速度

设计速度(km/h)	120	100	80	60	40
容许最低速度(km/h)	60	55	50	40	25

(2)上坡路段的设计通行能力小于设计小时交通量时。

(3)经设置爬坡车道与改善主线纵坡不设爬坡车道技术经济比较论证，设置爬坡车道的效益费用比、行车安全性较优时。

4.4.2 爬坡车道的设计

1. 横断面组成

爬坡车道设于主线道路上坡方向行车道右侧，如图 4－9 所示。爬坡车道的宽度一般为 3.5m，包括设在其左侧路缘带的宽度 0.5m。

爬坡车道的路肩和主线一样仍然由硬路肩和土路肩组成。但由于爬坡车道上行驶速度较低，其硬路肩宽度可以不按主线的安全标准要求设计，一般为 1.0m。而土路肩宽度以按主线要求设计为宜。

窄路肩不能提供停车使用，在长而连续的爬坡车道上，其右侧应按规定间隔一定的距离设置一紧急停车带。

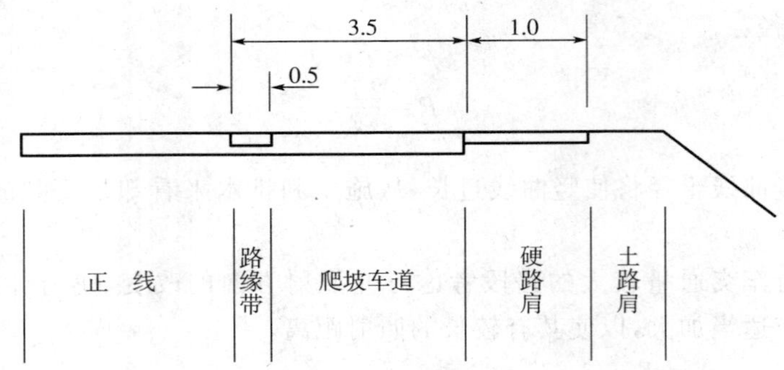

图 4-9 爬坡车道横断面组成(单位:m)

2. 横坡度

如上所述，因为爬坡车道的行车速度比主线小，为了行车安全起见，高速公路主线超高坡度与爬坡车道的超高坡度之间的对应关系见表 4-17 所列。

表 4-17 爬坡车道超高值

主线的超高坡度(%)	10	9	8	7	6	5	4	3	2
爬坡车道超高坡度(%)	5		4					3	2

超高坡度的旋转轴为爬坡车道内侧边缘线。

若爬坡车道位于直线路段时，其横坡度的大小同主线路拱坡度，采用直线式横坡，坡向向外。

另外，爬坡车道右侧路肩的横坡度大小和坡向参照主线与右侧路肩之间关系的有关规定确定。

3. 布置与长度

进行爬坡车道设计时，应综合考虑它与线形设计的关系。其起、终点应设置在通视良好、便于辨认和过渡顺适的位置。爬坡车道的长度应与主线相应纵坡长度一致。

爬坡车道的起点，应设于陡坡路段上载重汽车运行速度降低至表 4-16 中“容许最低速度”处。

爬坡车道的终点，应设于载重汽车爬经陡坡路段后恢复至“容许最低速度”处，或陡坡路段后延伸的附加长度的端部。该陡坡路段后延伸的附加长度规定如表 4-18。

表 4-18 陡坡路段后延伸的附加长度

附加路段的纵坡(%)	下坡	平坡	上坡			
			0.5	1.0	1.5	2.0
附加长度(m)	100	150	200	250	300	350

爬坡车道起点、终点处应按规定设置分流、汇流渐变段，其长度见表4-19规定。

按爬坡车道的起点、终点规定所确定的爬坡车道长度(不含爬坡车道分流、汇流渐变段长度)小于250m时，可不设爬坡车道。

相邻两爬坡车道相距较近时，宜将两爬坡车道直接连接。

表4-19　爬坡车道分流、汇流渐变段长度

公路等级	分流渐变段长度(m)	汇流渐变段长度(m)
高速公路、一级公路	100	150～200
二级公路	50	90

爬坡车道在纵断面上的布设形式如图4-10所示。

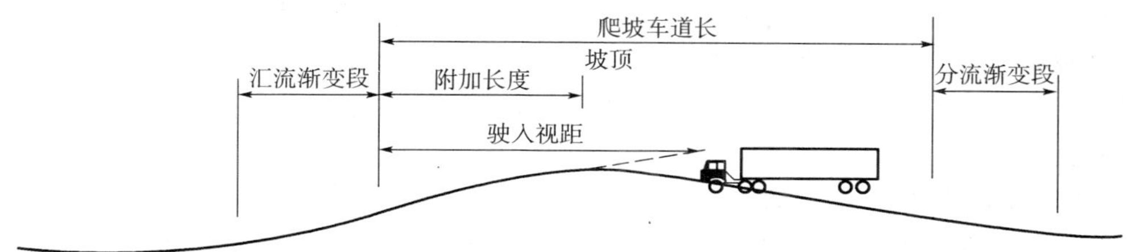

图4-10　典型爬坡车道

4.5　纵断面设计方法及纵断面图

4.5.1　纵断面设计方法与步骤

1. 纵断面设计方法

纵坡设计前，在路线位置拟定后，应先根据中桩的桩号和地面标高绘出纵断面图的地面线及平面线一栏，然后按选线意图决定控制点及其高程，考虑填挖等工程经济及与周围地形景观的协调，综合考虑平、纵、横三个方面试定坡度线，再对照横断面检查核对，确定纵坡值，定出竖曲线半径，计算设计标高，完成纵断面图。

2. 纵断面设计步骤

(1)准备工作

纵坡设计前，应先根据中桩和水准记录点绘出路线纵断面图的地面线，绘出平面直线、平曲线示意图，写出每个中桩的桩号和地面标高以及沿线土壤地质说明资料，并熟悉和掌握全线有关勘测设计资料，领会设计意图和要求。

(2)标注控制点

控制点是指影响纵坡设计的标高控制点。如路线起、终点、越岭垭口、重要桥涵、地质不良地段的最小填土高度、最大挖深、填挖平衡点(也称经济点)、沿溪线的洪水位、隧道进出口、平面交叉和立体交叉点、铁路道口、城镇规划控制标高及受其他因素限制路线必须通过

的标高控制点等。

(3)试坡

在已标出“控制点”的纵断面图上,根据技术指标、选线意图,结合地面起伏变化后,在这些点位间进行穿插与取值,试定出若干直坡线。对各种可能坡度线方案反复比较,最后确定出既符合技术标准,又满足控制点要求,且土石方较省的设计线作为初定坡度线,将前后坡度线延长交会定出变坡点的初步位置。

(4)调整坡度线

对照技术标准检查设计的最大纵坡、最小纵坡、坡长限制等是否符合规定;平、纵组合是否适当;路线交叉、桥涵和接线等处的纵坡是否合理等。若有问题应进行调整。调整方法是对初定坡度线平抬、平降、延伸、缩短或改变坡度值。

(5)核对

选择有控制意义的重点横断面,如高填深挖、地面横坡较陡路基、挡土墙、重要桥涵及其他重要控制点等,在纵断面图上直接读出对应桩号的填、挖高度,用路基设计“模板”在横断面图上“戴帽子”,检查是否填挖过大、坡脚落空或过远、挡土墙工程过大、桥梁过高或过低、涵洞过长等情况,若有问题应及时调整纵坡设计线。

(6)定坡

经调查核对无误后,逐段把直坡线的坡度值、变坡点桩号和标高确定下来。变坡点一般要调整到10m的整桩号上,相邻边坡点桩号之差为坡长。各变坡点标高是由纵坡度和坡长值依次推算而得。

(7)设置竖曲线

根据道路等级和地形情况,确定竖曲线半径,并计算竖曲线要素及各桩号的设计标高。

4.5.2 纵断面图的绘制

纵断面设计图是道路设计重要技术文件之一,也是纵断面设计的最后成果。

纵断面采用直角坐标,以横坐标表示桩号,纵坐标表示高程。为了明显地反映沿着中线地面起伏形状,通常横坐标比例尺采用1∶2000(城市道路采用1∶500～1∶1000),纵坐标采用1∶200(城市道路采用1∶50～1∶100),如图4-11所示。

纵断面图是由位于坐标系内的图形和位于图形下的注解栏两部分内容组成。图形部分主要用来绘制地面线和纵坡设计线,另外,也用以标注竖曲线及其要素;沿线桥涵及人工构造物的位置、结构类型、孔数和孔径;与道路、铁路交叉的桩号及路名;沿线跨越的河流名称、桩号、常水位和最高洪水位;水准点位置、编号和标高;断链桩位置、桩号及长短链关系。

注解栏主要用来填写有关内容,自下而上分别填写:直线及平曲线;里程桩号;地面标高;设计标高;填、挖高度;坡度/坡长;土壤地质说明;设计排水沟沟底线及其坡度/坡长、标高、流水方向(视需要而标注)。纵断面设计图应按规定采用标准图纸和统一格式,以便装订成册。

城市道路的纵断面图一般包括以下内容:道路中线的地面线;纵坡设计线;施工高度;土壤地质剖面图;沿线桥涵位置;街沟类型及孔径;沿线交叉口位置和标高;沿线水准点位置、桩号和标高等;以及在图的下方附以简要的说明表格。在市区主干道的纵断面图上,尚应标注出相交道路的路名与交叉口的交点标高,以及街坊与主要建筑物的出入口标高等。如图4-12所示。

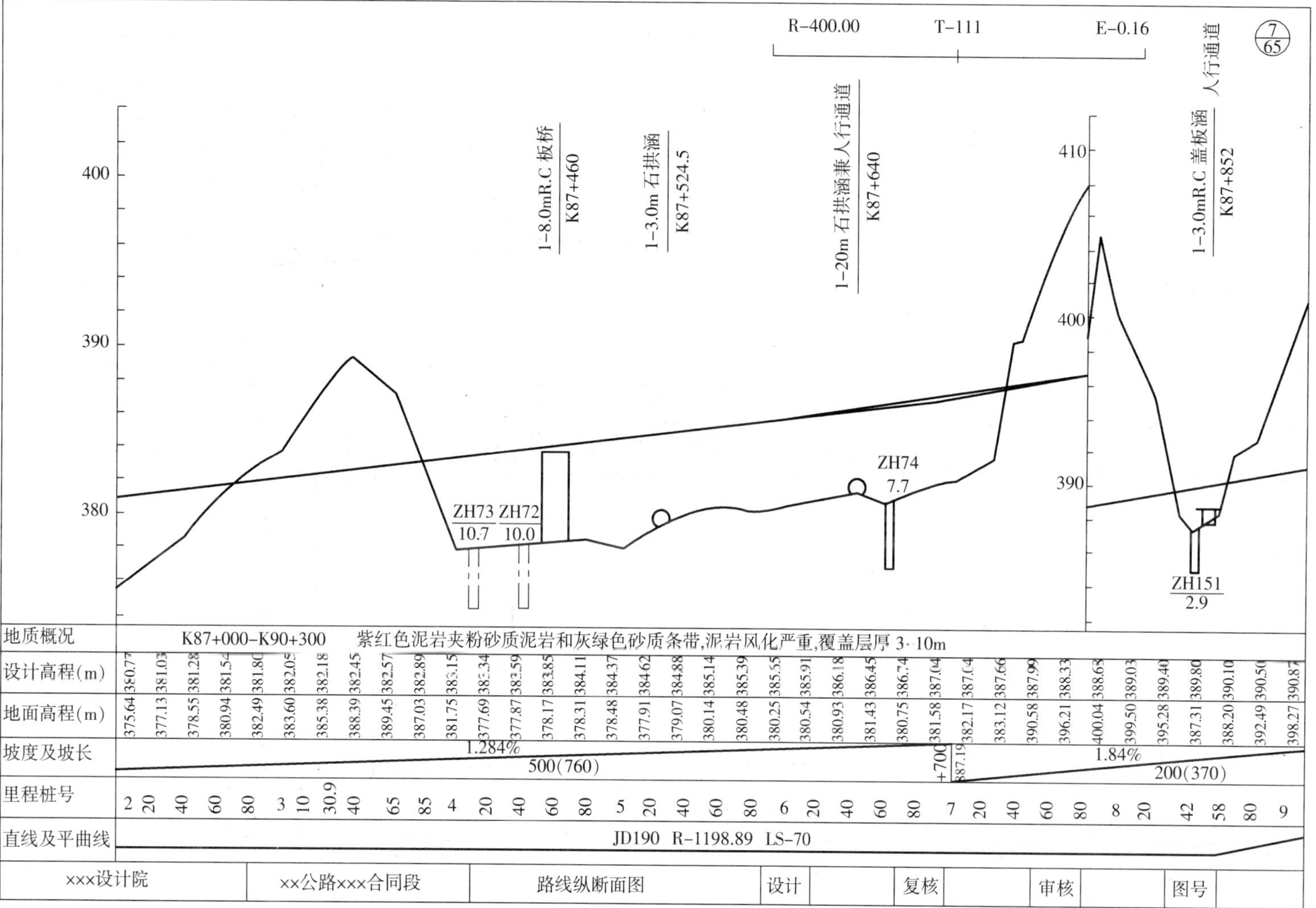

图 4-11　公路纵断面设计图

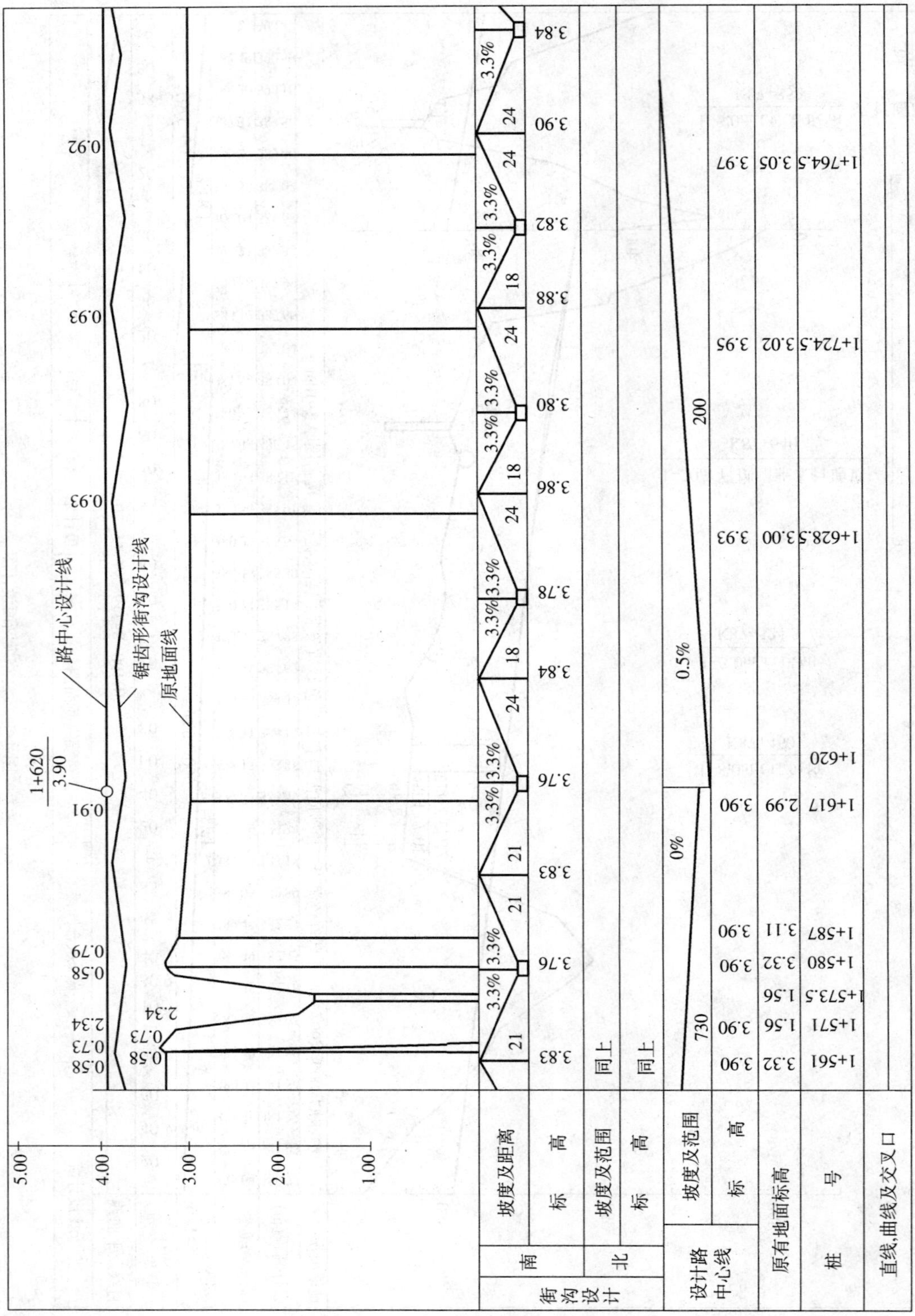

街沟设计	南	坡度及距离	21 3.3% 3.3% 21 21 3.3% 3.3% 24 18 3.3% 3.3% 24 18 3.3% 3.3% 24 18 3.3% 3.3% 24 24 3.3%
		标　　高	3.83 3.76 3.83 3.76 3.84 3.78 3.86 3.80 3.88 3.82 3.90 3.84
	北	坡度及范围	同上
		标　　高	同上
设计路中心线		坡度及范围	0% 730 0.5% 200
		标　　高	3.90 3.90 3.90 3.90 3.90 3.93 3.95 3.97
原有地面标高			3.32 1.56 1.56 3.32 3.11 2.99 3.00 3.02 3.05
桩　　号			1+561 1+571 1+573.5 1+580 1+587 1+617 1+620 1+628.5 1+724.5 1+764.5
直线,曲线及交叉口			

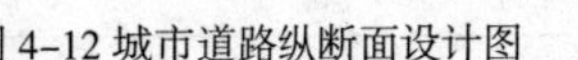

图 4-12 城市道路纵断面设计图

4.6　平、纵线形组合设计

4.6.1　视觉分析

1. 视觉分析的概念和意义

汽车在道路上快速行驶时，驾驶员是通过视觉、运动感觉和时间变化感觉来判断线形的。道路的线形、周围的景观、标志以及其他有关信息，几乎都是通过驾驶员的视觉感受到的。因此，视觉是连接道路与汽车的重要媒介。

从视觉心理出发，对道路的空间线形及其与周围自然景观和沿线建筑的协调等进行研究分析，以保持视觉的连续性，使行车具有足够的舒适感和安全感的综合设计称为视觉分析。

驾驶员的视觉判断能力与车速密切相关，车速越高，其注视前方越远，而视角逐渐越小，如表4－20所示。研究表明：

(1)驾驶员的注意力集中和心理紧张程度随车速的增加而增加。

(2)注意力集中点和视野距离随车速而增大，高速行驶时，驾驶员对前景细节的视觉开始变得模糊不清。

(3)视角随车速逐渐变窄，高速时驾驶员已不能顾及两侧景象了。

由此可见，对于快速道路来说，驾驶员的主要集中力是观察视点较远路幅的线形状况，因此道路设计和视觉分析时，必须使驾驶员明白无误地了解前方线形变化，尽量避免由于判断错误而导致的驾驶失误。

表4－20　行车速度与视角、注视距离的关系

车速(km/h)	40	60	80	100	120
视角(°)	100	86	60	40	22
注视距离(m)	180	335	377	564	710

2. 视觉分析方法

所谓线形状况是指道路平面和纵面线形所组成的立体形状，汽车快速行驶中给驾驶员提供的连续不断的视觉印象。该视觉印象的优劣，除依靠设计者对三维空间的想象判断之外，比较好的方法是利用视觉印象随时间变化的道路透视图来评价。它是按照汽车在道路上的行驶位置，根据线形的几何状况确定的视轴方向以及公路和风景是否协调，而且小自超高过渡段的连接，大至构造物的设计，差不多在公路几何设计的所有领域中都可以利用。在设计中用透视图检查出存在缺陷的路段可随时修改，然后再绘制透视图进行分析研究，因此，绘制透视图是视觉分析的较好方法。

4.6.2　平、纵线形组合设计

道路线形设计是从道路选线、定线开始，最终以平、纵、横面所组成的立体线形反映于驾驶员的视觉上。平、纵线形组合是指在满足汽车运动学和力学要求前提下，研究如何满足视觉和心理方面的连续、舒适，与周围环境相协调的要求，并有良好的排水条件。尽管平、纵线

形设计均按前述标准进行设计的，但若平、纵线形组合不好，不仅有碍于其优点的发挥，而且会加剧两方面存在的缺点，造成行车上的危险，也就不可能获得最优的立体线形。

对于不同设计速度的公路，平、纵线形组合设计的指导原则有所不同。对于设计速度≥60km/h 的道路，必须注意平、纵的合理组合，尽量做到线形连续、指标均衡、视觉良好、景观协调、安全舒适。设计速度愈高，线形设计可考虑的因素愈应周全。对于设计速度≤40km/h 的道路，首先应在保证行车安全的前提下，正确地运用线形要素指标，在条件允许的情况下力求做到各种线形要素的合理组合，并尽量避免和减轻不利的组合。

1. 平、纵组合的设计原则

(1)应在视觉上能自然地引导驾驶员的视线，并保持视觉的连续性。任何使驾驶员感到茫然、迷惑和判断失误的线形，必须尽力避免。在视觉上能自然地诱导视线，是衡量平、纵线形组合的最基本问题。

(2)注意保持平、纵线形的技术指标大小应均衡。它不仅影响线形的平顺性，而且与工程费用相关。对纵面线形反复起伏，在平面上采用高标准的线形是无意义的。反之亦然。

(3)选择组合得当的合成坡度，以利于路面排水和行车安全。

(4)注意与道路周围环境的配合。它可以减轻驾驶员的疲劳和紧张程度，并可起到引导视线的作用。

2. 平、纵线形组合的基本要求

(1)平曲线与竖曲线应相互重合，且平曲线应稍长于竖曲线

这种组合是使平曲线和竖曲线对应，即所谓的"平包竖"。图 4－13 为平曲线与竖曲线相互重合的透视形状。这种立体线形不仅能起诱导视线的作用，而且可取得平顺而流畅的效果。对于等级较高的道路应尽量做到这种组合，并使平、竖曲线半径都大一些才显得协调，特别是凹形竖曲线处车速较高，二者半径更应该大一些。

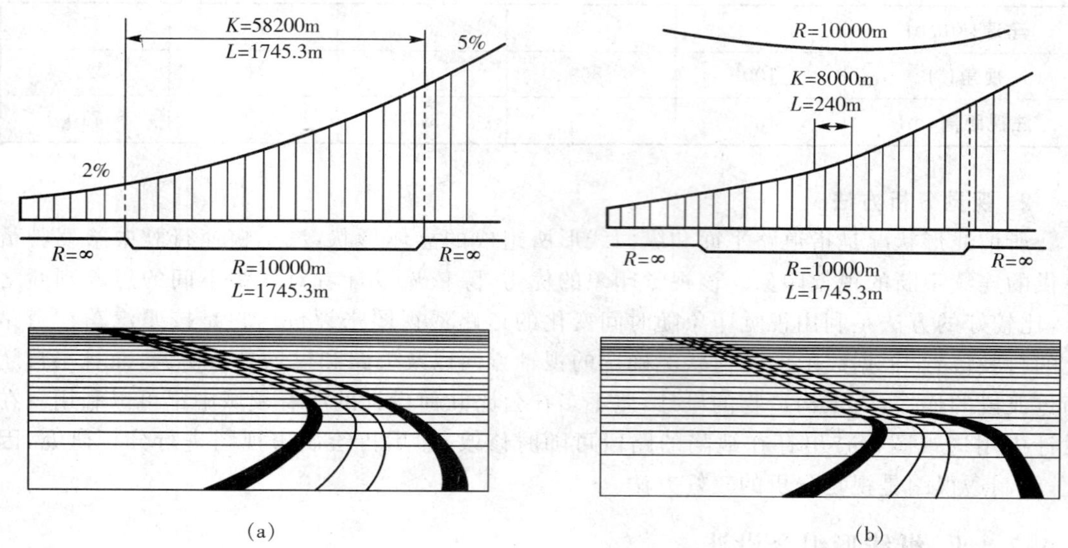

图 4－13 平、竖曲线组合对比

竖曲线的起终点最好分别放在平曲线的两个缓和曲线内，其中任一点都不要放在缓和曲线以外的直线上，也不要放在圆弧段之内，如图 4－14 所示。若平、竖曲线半径都很大且

坡率差较小时，则平、竖位置可不受上述限制；若做不到平、竖由线较好的组合，宁可把二者拉开相当距离，使平曲线位于直坡段或竖曲线位于直线上。

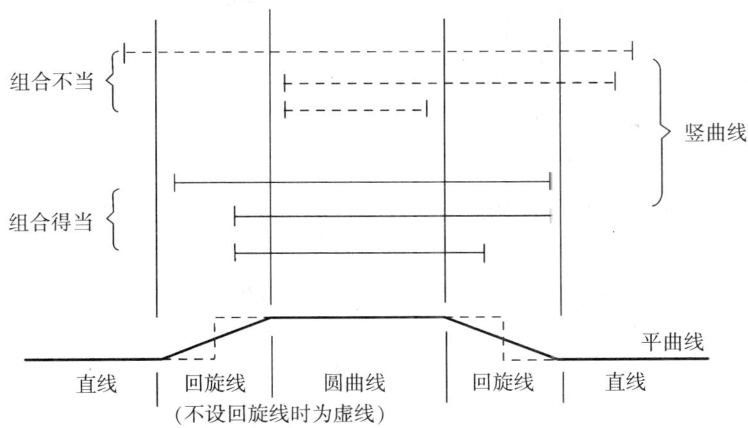

图 4－14　平曲线与竖曲线的组合

(2)要保持平曲线与竖曲线大小的均衡

平曲线和竖曲线其中一方大而平缓，那么另一方就不要形成多而小。一个长的平曲线内有两个以上凸、凹相间的竖曲线，或一个大的竖曲线含有两个以上反向平曲线，看上去非常别扭，图 4－15 即为上述两种组合的透视形状。

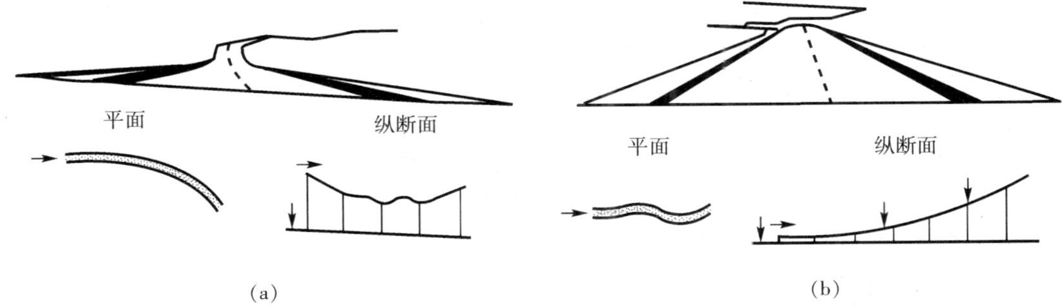

图 4－15　平曲线和竖曲线大小不均衡

研究认为，当平曲线半径在 1000m 以下时，竖曲线半径宜为平曲线半径的 10～20 倍，此时可获得视觉与工程费用经济的平衡，其协调关系见表 4－21。

表 4－21　平、竖曲线半径的均衡

平曲线半径(m)	竖曲线半径(m)	平曲线半径(m)	竖曲线半径(m)
500	10000	1100	30000
700	12000	1200	40000
800	16000	1500	60000
900	20000	2000	100000
1000	25000		

(3)要选择适当的合成坡度

合成坡度过大,对行车安全不利,车辆易出事故。山区纵坡大的路段插入小半径曲线时,应注意控制最大合成坡度,陡峻傍山路段及非汽车交通比率高的路段合成坡度最好小于8%。合成坡度过小,不利于路面排水,对高速行驶的车辆由于溅水而影响行车安全。如果变坡点与路面横向排水不良的平曲线路段组合,易使合成坡度过小,排水不利,妨碍高速行车,故合成坡度一般应不小于0.5%。

3. 平、纵线形设计中应避免的组合

平、竖曲线重合是一种理想的组合,但由于地形等条件限制,这种组合往往不是总能争取到的。如果平曲线的中点与竖曲线的顶(底)点位置错开不超过平曲线长度的1/4时,仍然可以获得比较满意的外观。但是,如果错位过大或大小不均衡就会出现视觉效果很差的线形。

(1)避免竖曲线的顶、底部插入小半径的平曲线

如果在凸形竖曲线的顶部有小半径的平曲线,不仅不能引导视线而且急转方向盘致使行车危险。在凹形竖曲线的底部有小半径的平曲线,便会出现汽车加速且急转弯,同样可能发生危险。

(2)避免使竖曲线顶、底部与反向平曲线的拐点重合

此类组合都存在不同程度的扭曲外观,前者不能正确引导视线,会使驾驶员操作失误,引起交通事故;后者路面排水不畅,积水影响行车安全。

(3)应避免小半径的竖曲线与缓和曲线的重合

对凸形竖曲线诱导性差,事故率较高;对凹形竖曲线路面排水不良,影响行车安全。

(4)避免出现驼峰、暗凹、跳跃等使驾驶员视线中断的线形

在一个平曲线或一段长直线内包含几个竖曲线,特别是小半径竖曲线,易出现驼峰、暗凹、跳跃等线形,使前方道路失去连续性,如图4-15所示。当然,我国平原微丘区的高速公路设计,因地形平坦,平曲线半径一般较大,但由于沿线通道多,为减少工程数量,降低路肩填土高度,有时不得不在一个长的平曲线内多次变坡。实践表明,当纵坡不大且坡差又较小时,在竖曲线半径选用较大的情况下,多次起伏并不影响线形的连续性。

4. 道路线形与景观的协调配合

道路作为一种人工构造物,应将其视为景观的对象来研究。修建道路会对自然景观产生影响,产生一定的破坏作用。而道路两侧的自然景观反过来又会影响道路上汽车的行驶,特别是对驾驶员的视觉、心理以及驾驶操作等都有很大影响。

平、纵线形组合必须是在充分与道路所经地区的景观相配合的基础上进行。否则,即使线形组合符合有关规定也不一定是良好设计。对于驾驶员来说,只有看上去具有优美的线形和景观,才能称为舒适和安全的道路。对设计速度高的道路,平、纵线形组合设计与周围景观配合尤为重要。

道路景观工程包括内部协调和外部协调两方面。其中内部协调主要指平、纵线形视觉的连续性和立体协调性;而外部协调是指道路与其两侧坡面、路肩、中间带、沿线设施等的协调以及道路的宏观位置。实践证明,线形与景观的配合应遵循以下原则:

(1)应在道路的规划、选线、设计、施工全过程中重视景观要求。尤其在规划和选线阶段,比如对风景旅游区、自然保护区、名胜古迹区、文物保护区等景点和其他特殊地区,一般以绕避为主。

(2)尽量少破坏沿线自然景观，避免深挖高填。比如沿线周围的地貌、地形、天然树林、池塘湖泊等。纵面尽量减少填挖；横面设计要使边坡造型和绿化与现有景观相适应，弥补必要填挖对自然景观的破坏。

(3)应能提供视野的多样性，力求与周围的风景自然地融为一体。充分利用自然风景如孤山、湖泊、大树等，或人工建筑物如水坝、桥梁、高烟囱、农舍等，或在路旁设置一些设施，以削除单调感，并使道路与自然密切结合。

(4)不得已时，可采用修整、植草、种树等措施加以补救。

(5)条件允许时，适当放缓边坡或将其变坡点修整圆滑，以使边坡接近于自然地面形状，增进路容美观。

(6)应进行综合绿化处理，避免形式和内容上的单一化，将绿化视作引导视线、点缀风景以及改造环境的一种技术措施进行专门设计。

思考题

1. 在设计纵断面时，应综合考虑哪几个方面要求？你认为应如何解决这些要求？

2. 在高原地区，汽车行驶时会遇到什么特殊困难？为什么要降低容许最大纵坡值？

3. 为什么要对路线最大纵坡加以限制？规定最大纵坡值主要考虑哪些因素？

4. 在纵断面上为什么要设置凸形和凹形竖曲线？如何确定它们的最小半径？在测设竖曲线时，如何具体计算各桩号的设计标高和施工高度？

5. 试述路线纵断面设计的一般原则。在设计时应如何遵循贯彻这些原则？

6. 试述路线纵断面设计的步骤。

7. 设在桩号K4＋800处为一纵坡转折点，其设计标高 $H=100$m，在桩号前的纵坡为3％升坡，在转折点以后为2％的降坡；现欲插入一个半径4000m的凸形竖曲线，试求该竖曲线的长度、切线长度、外距、竖曲线起始点桩号及每隔20m整桩处竖曲线各点的标高。

8. 某公路与铁路平交，其设计车速为60km/h，要求交叉点的两端至少各有20m长较平坦的路段。已知其中一端由交叉点 A 到竖曲线折点 O 的距离为30m，坡差 $\omega=0.02$(图4－16)。试问该竖曲线的半径最大为多少？验算选用值是否满足最小竖曲线半径的要求？

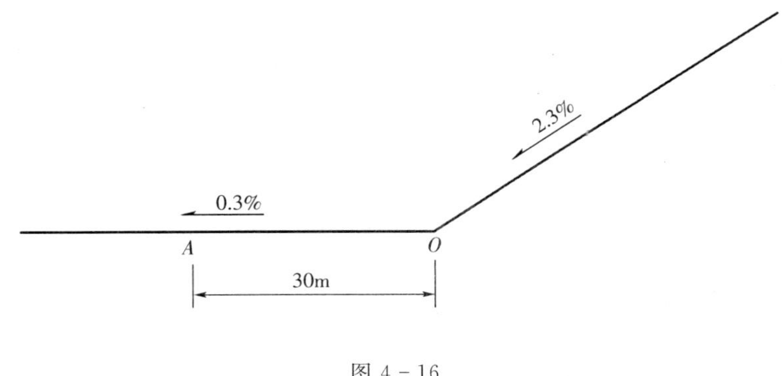

图4－16

9. 某城市Ⅱ级主干道，设计速度 $V=50$km/h，其纵坡分别为 $i_1=-2.5\%$，$i_2=+1.5\%$，转折点桩号为 $K0+640$，设计高程 $H_{设}=9.00$m，见图4－17。

(1)试确定竖曲线最小半径及计算竖曲线上各点高程(桩号每隔5m求一点高程)。

(2)由于受地下管线和地形限制，凹曲线曲中标高要求不低于 9.30m，而不高于 9.40m，这时，竖曲线半径应为多少？

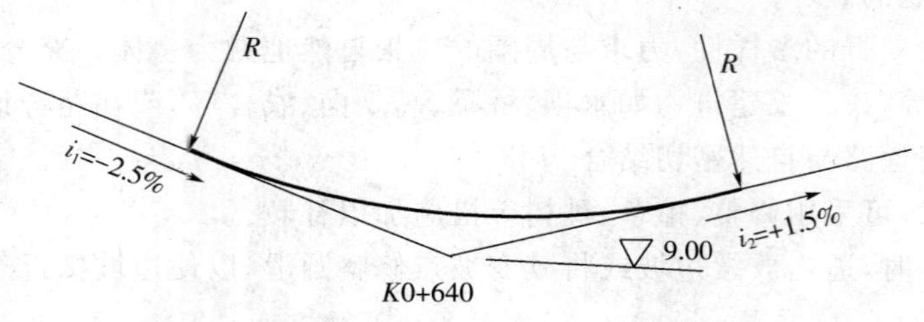

图 4－17

第5章 横断面设计

5.1 道路建筑限界与用地

一般地说，道路横断面是中线上各点的法向切面，其范围包括路面、路基（边坡）、路肩、中央分隔带、人行道以及在用地范围内设置的标志、照明灯柱、防护栅和专门设计的取土坑、弃土堆、边沟、植树等的整个断面。

道路横断面设计，应根据其交通性质、交通量（包括人流量）、行车速度，结合地形、气候、土壤等条件进行道路车行道、中央分隔带、人行道、路肩等的布置，以确定其横向几何尺寸，并进行必要的结构设计以保证它们的强度和稳定性。

5.1.1 道路建筑限界

道路建筑限界又称净空，由净高和净宽两部分组成。它是为保证道路上各种车辆、人群的正常通行与安全，在一定高度和宽度范围内不得有任何障碍物侵入的空间范围。在道路横断面设计中，道路标志、护栏、照明灯柱、电杆、管线、绿化、行道树以及跨线桥的梁底、桥台、桥墩等的任何部分不得侵入道路建筑限界之内。

道路建筑限界规定如下：

1. 公路建筑限界一般规定

公路建筑限界一般规定如图5-1。在建筑限界内，不得有任何部件侵入。二、三、四级公路的侧向宽度为路肩宽度减去0.25m。

2. 公路建筑限界的边界线划定

公路建筑限界的边界线划定如图5-2，按照下列原则确定。

建筑限界的上缘边界线：

(1)不设超高的路段，上缘边界线应为水平线；

(2)设置超高的路段，上缘边界线应与超高横坡平行。

建筑限界两侧的边界线：

(1)不设超高的路段，两侧边界线应与水平线垂直；

(2)设置超高的路段，两侧边界线应与路面超高横坡垂直。

图5-1中，各符号意义如下：

W——行车道宽度；

C——当设计速度大于100km/h时为0.5m，等于或小于100km/h时为0.25m；

S_1——行车道左侧路缘带宽度；

S_2——行车道右侧路缘带宽度；

M_1——中间带宽度；

M_2——中央分隔带宽度；

E——建筑限界顶角宽度：当$L \leqslant 1$m时，$E=L$；当$L>1$m时，$E=1$m；

H——净空高度，一条公路应采用一个净高，高速公路和一级、二级公路为5.0m；三级、四级公路为4.5m；

L_1——左侧硬路肩宽度；

L_2——右侧硬路肩宽度或紧急停车带宽度；

L——侧向宽度：高速公路、一级公路的侧向宽度为硬路肩宽度（L_l或L_2）。

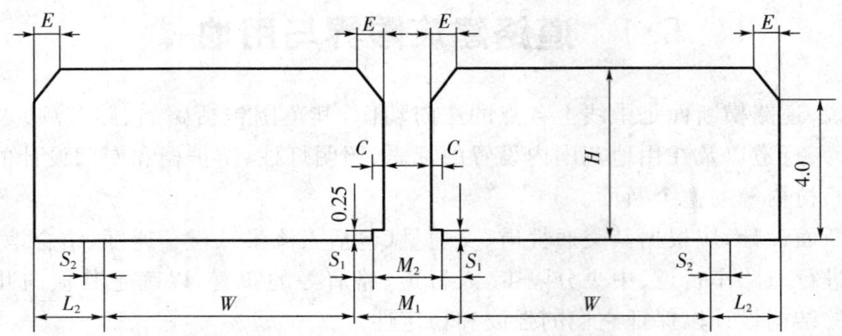

(a)高速公路、一级公路(整体式)

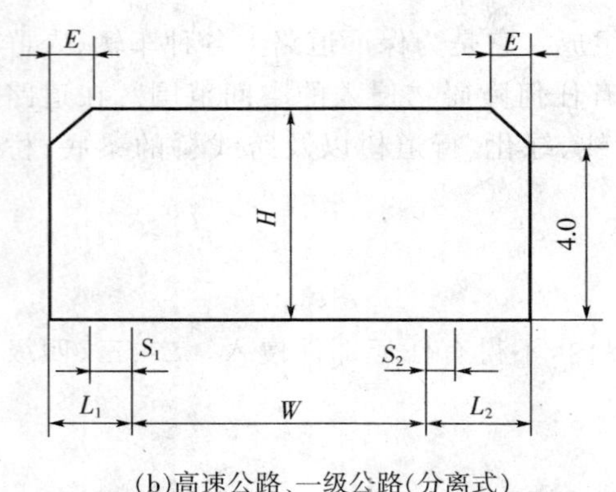

(b)高速公路、一级公路(分离式)

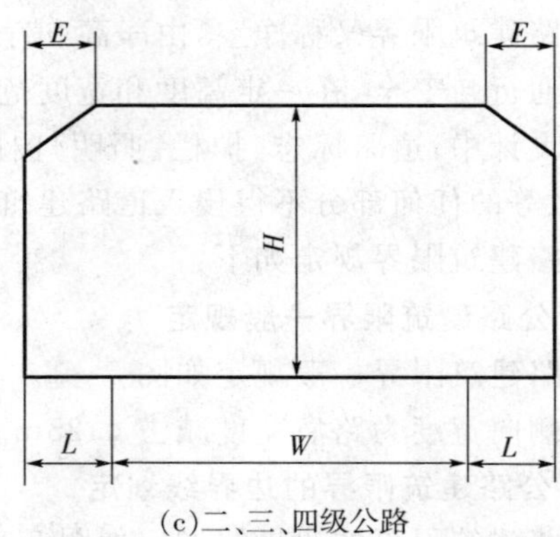

(c)二、三、四级公路

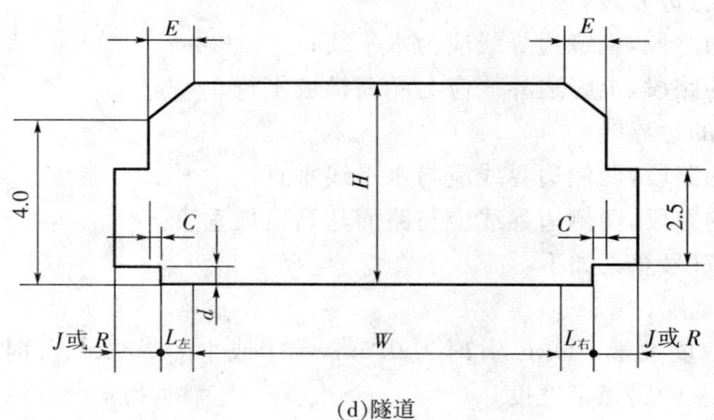

(d)隧道

图5-1 公路建筑限界(尺寸单位:m)

[注](1)当桥梁、隧道设置的人行道宽度大于侧向宽度时，建筑限界应包括所增加的宽度；(2)人行道、自行车道与行车道分开设置时，其净高一般为2.5m。

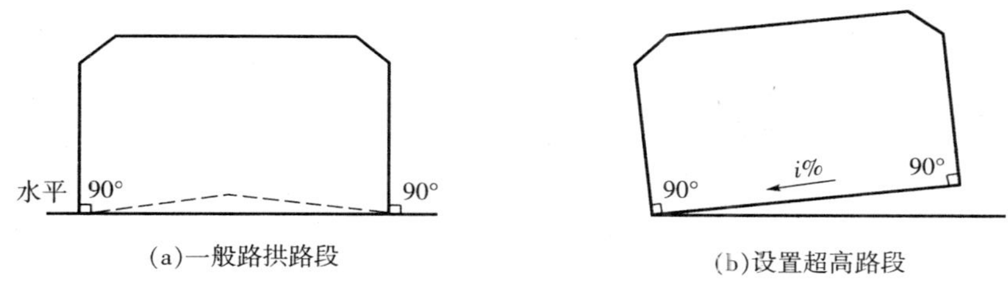

(a)一般路拱路段　　(b)设置超高路段

图 5-2　建筑限界的边界线划定

3. 城市道路建筑限界规定

城市道路建筑限界规定见图 5-3，顶角抹角宽度应与机动车道侧向净宽一致，最小净高见表 5-1。建筑限界内不得有任何物体侵入。

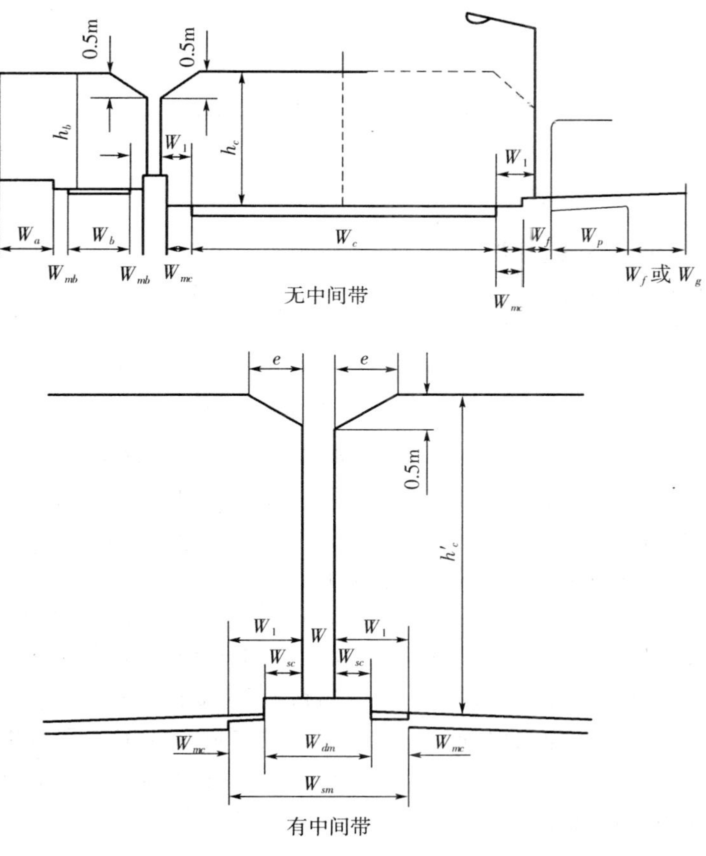

图 5-3　城市道路建筑限界(尺寸单位：m)

图 5-3 中，各符号意义如下：

w_{sm}——中间带宽度；

w_{dm}——中央分隔带宽度；

w_e——机动车行车道宽度或机动车与非机动车混合行驶的车道宽度；

w_1——侧向净宽；

w_{mc}——机动车道路缘带宽度；

w_{mb}——非机动车道路缘带宽度；

w_{sc}——机动车行车道安全带宽度；

w_b——非机动车行车道宽度；

w_a——路侧带宽度；

w_f——设施带宽度；

w_p——人行道宽度；

h_p——自行车道、人行道及其他非机动车行车道的最小净高；

h'_c——机动车行车道最小净高；

e——顶角抹角宽度。

表 5-1 最小净高

车行道种类	机动车			非机动车	
行驶车辆种类	各种汽车	无轨电车	有轨电车	自行车、行人	其他非机动车
最小净高(m)	4.5	5.0	5.5	2.5	3.5

5.1.2 道路用地

道路用地是指道路修建、养护及布设沿线各种设施等所需要占用的土地。道路用地必须按国家有关政策办理征地手续。在道路用地范围内不得修建非路用建筑物。

公路用地范围规定如下：

(1)公路路堤两侧排水沟外边缘(无排水沟时为路堤或护坡道坡脚)以外，或路堑坡顶截水沟外边缘(无截水沟为坡顶)以外不小于1m范围内的土地，在有条件的地段，高速公路和一级公路不小于3m、二级公路不小于2m范围内的土地为公路路基用地范围。

(2)在高填深挖路段，为保证路基的稳定，应根据计算确定用地范围。

(3)在风沙、雪害等特殊地质地带，需设置防护林，种植固沙植物，安装防沙或防雪栅栏以及设置反压护道等设施时，应根据实际需要确定其用地范围。

(4)桥梁、隧道、互通式立体交叉、分离式立体交叉、平面交叉、交通安全设施、服务设施、管理设施、绿化以及料场、苗圃等，应根据实际需要确定其用地范围。

(5)有条件或环境保护要求种植多行林带的路段，应根据实际情况确定用地范围。

(6)改建公路可参照新建公路确定用地范围。城市道路的用地是指建筑红线以内的范围。城市道路建筑红线是指划分城市道路用地和城市建筑用地、生产用地及其他备用地的分界控制线，通常由城市规划部门确实。红线宽度应根据道路的功能与性质、横断面形式及行车道、人行道等合理宽度，并考虑其发展予以确定。

5.2 横断面组成

5.2.1 公路横断面组成

道路横断面组成包括：行车道、分隔带、路肩、人行道、边坡、边沟等。

高速公路、一级公路的路基标准横断面分为整体式路基和分离式路基两类。

整体式路基的标准横断面由车道、中间带(中央分隔带、左侧路缘带)、路肩(右侧硬路肩、土路肩),以及设置的爬坡车道、加(减)速车道等部分组成。

分离式路基的标准横断面由车道、路肩(右侧硬路肩、左侧硬路肩、土路肩),以及设置的爬坡车道、加(减)速车道等部分组成。

高速公路、一级公路路基标准横断面如图5-4所示。

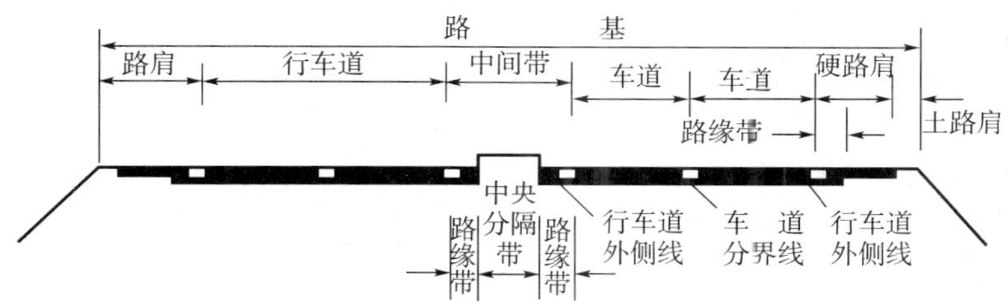

图5-4　高速公路、一级公路路基标准横断面

二级公路路基的标准横断面由车道、路肩(右侧硬路肩、土路肩)以及设置的爬坡车道等部分组成。

三级公路、四级公路路基的标准横断面应由车道、路肩以及设置的爬坡车道等部分组成。

二、三、四级公路路基标准横断面如图5-5所示。

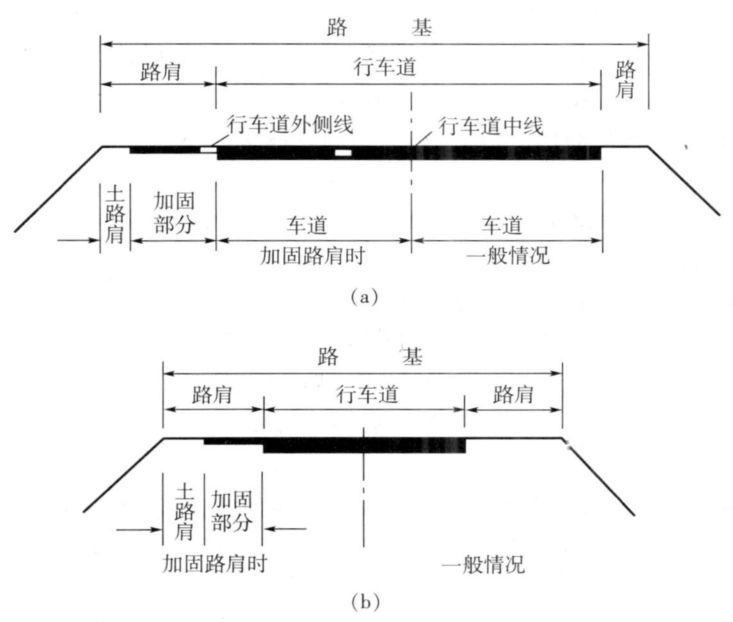

图5-5　二、三、四级公路路基标准横断面

路基宽度是指路基顶部边缘之间的宽度,一般公路通常是由双车道路面宽度及两侧路肩宽度组成。当设有中间带、爬坡车道、加(减)速车道、错车道时,还应包括这些部分的宽度。

各级公路整体式路基宽度见表5-2。

表 5-2 各级公路整体式路基宽度

公路等级		高速公路								一级公路				
设计速度(km/h)		120			100			80		100		80		60
车道数		8	6	4	8	6	4	6	4	6	4	6	4	4
路基宽度(m)	一般值	45.0	34.5	28.0	44.0	33.5	26.0	32.0	24.5	33.5	26.0	32.0	24.5	23.0
	最小值	42.0	—	26.0	41.0	—	24.5	—	21.5	—	24.5	—	21.5	20.0

公路等级		二级公路		三级公路		四级公路	
设计速度(km/h)		80	60	40	30	20	
车道数		2	2	2	2	2 或 1	
路基宽度(m)	一般值	12.0	10.0	8.5	7.5	6.5(双)	4.5(单)
	最小值	10.0	8.5	—	—	—	

[注] “一般值”为正常情况下的采用值;“最小值”为条件受限制时,可采用的值。

八车道高速公路路基宽度一般值为设置左侧硬路肩、内侧车道采用 3.50m 时的宽度,最小值为不设置左侧硬路肩、内侧车道采用 3.75m 时的宽度。

设计速度为 120km/h、100km/h 的高速公路,根据通行能力需要可设双向四车道、六车道、八车道,并采用相应的路基宽度。

设计速度为 120km/h 的四车道高速公路,宜采用 28.0m 的路基宽度。当地形条件及其他特殊情况限制时,可采用 26.0m 的路基宽度。

设计速度为 100km/h 的四车道一级公路,当预测交通量接近适应交通量高限时,宜采用 26.0m 的路基宽度。

设计速度为 100km/h、80km/h 的一级公路,根据通行能力需要可设双向四车道、六车道,并采用相应的路基宽度。

具集散功能的一级公路设置慢车道的路段,可利用硬路肩、土路肩的宽度(若宽度不足则另加宽)作为慢车道,并应在车道与慢车道之间设置隔离设施。

设计速度为 80km/h 的具集散功能的二级公路,需设置慢车道的路段,经技术经济论证其路基宽度可采用 15.0m,利用加固后的路肩作为慢车道,并应在车道与慢车道之间采用划线分隔。

设计速度为 60km/h 的具集散功能的二级公路,需设置慢车道的路段,经技术经济论证其路基宽度可采用 12.0m,利用加固后的路肩作为慢车道,并应在车道与慢车道之间采用划线分隔。

确定路基宽度时,其中央分隔带、路缘带、路肩等宽度的“一般值”、“最小值”应同类项相加。但高速公路、一级公路的六、八车道的路基宽度不采用“最小值”同类项相加。

四级公路宜采用 6.50m 路基宽。交通量小且工程特别艰巨的路段,可采用单车道 4.50m 路基宽。为此,应在不大于 300m 的距离内选择有利地点设置错车道。错车道沿两侧交错布置,并能互相通视。设置错车道路段的路基宽度应不小于 6.5m,有效长度应不小于 20m。错车道的布置尺寸规定如图 5-6 所示。

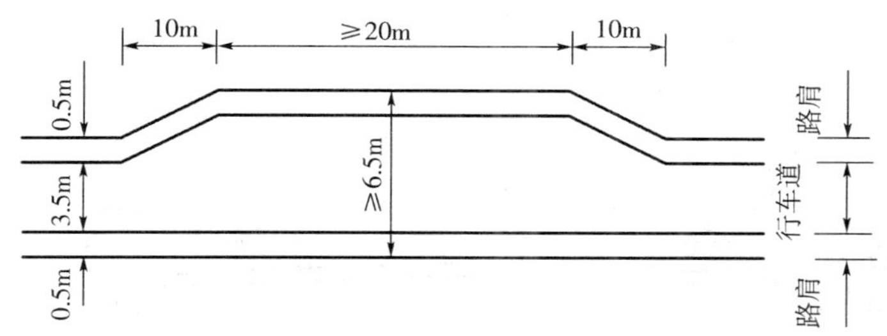

图 5-6　错车道

高速公路、一级公路分离式路基宽度见表 5-3。

表 5-3　高速公路、一级公路分离式路基宽度

公路等级		高速公路								一级公路				
设计速度(km/h)		120			100			80		100		80		60
车道数		8	6	4	8	6	4	6	4	6	4	6	4	4
路基宽度(m)	一般值	22.0	17.0	13.75	21.75	16.75	13.0	16.0	12.25	16.75	13.0	16.0	12.25	11.25
	最小值	—	—	13.25	—	—	12.5	—	11.25	—	12.5	—	11.25	10.25

［注］ (1)八车道的内侧车道宽度如采用 3.50m，相应路基宽度可减 0.25m；(2)表中所列“一般值”为正常情况下的采用值；“最小值”为条件受限制时，可采用的值。

5.2.2　城市道路横断面组成

城市道路横断面，由于它为城市交通服务的功能，特别是机动车、非机动车、行人的混合交通，一般由机动车道、非机动车道、人行道、绿化带、排水设施及各种管线工程等组成。城市道路横断面的基本型式有以下四种，即：单幅路、双幅路、三幅路及四幅路。

城市道路四种典型断面的适用条件如下：

1. 单幅路

适用于机动车交通量不大、非机动车较少的次干路、支路以及用地不足、拆迁困难的旧城市道路。

2. 双幅路

适用于单向两条机动车车道以上、非机动车较少的道路。

3. 三幅路

适用于机动车交通量大、非机动车多、红线宽度≥40m 道路。

4. 四幅路

适用于机动车速度高、单向两条机动车车道以上、非机动车多的快速路和主干路。

上述四种横断面布置型式见图 5-7。

图 5-7 中，各符号意义如下：

w_r——红线宽度；

w_e——机动车道宽度或机动车与非机动车混合行驶的车行道宽度；

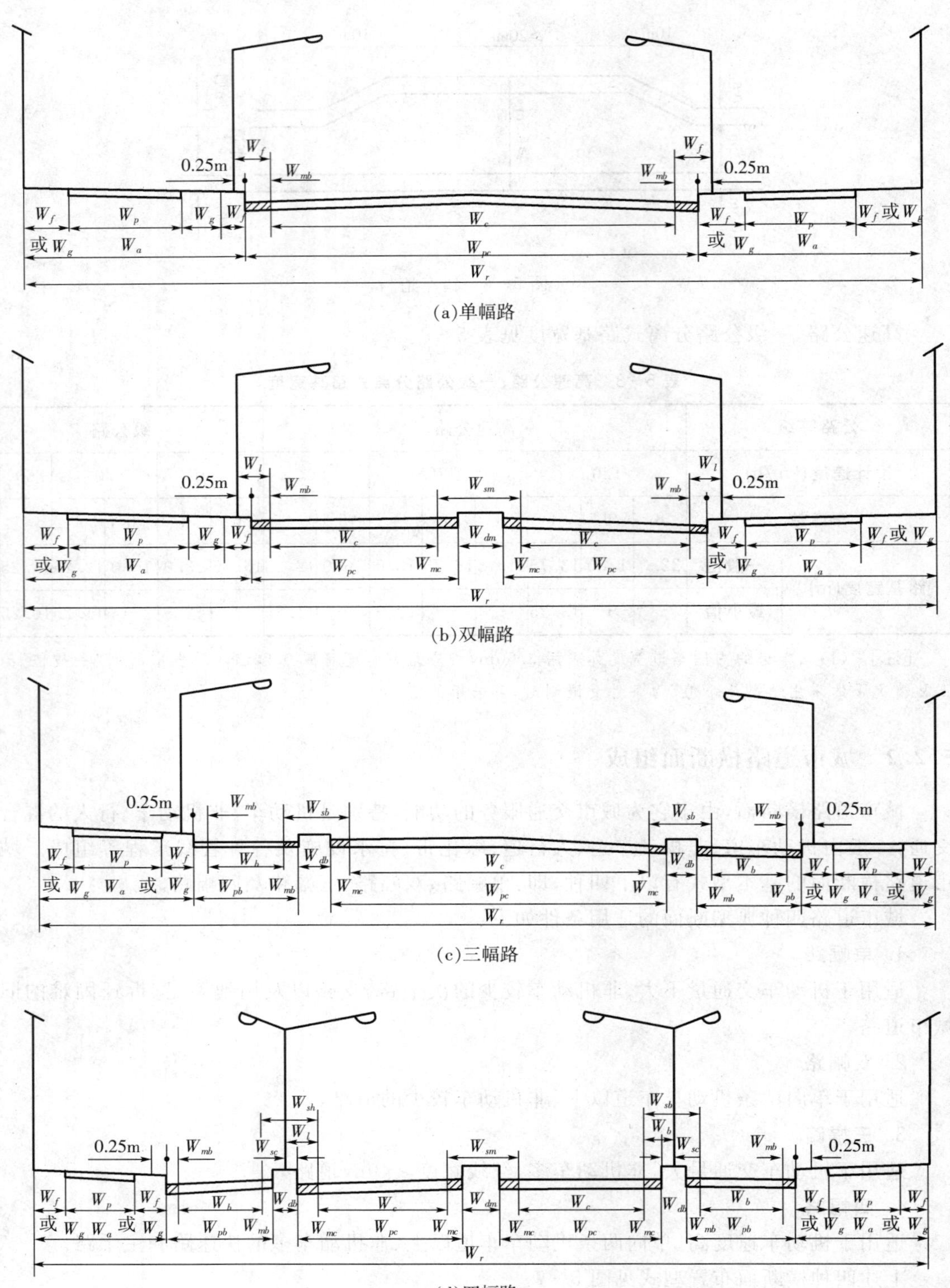

图 5-7 城市道路横断面布置基本型式

w_b——非机动车道宽度；

w_{pc}——机动车道路面宽度或机动车与非机动车混合行驶的路面宽度；

w_{pb}——非机动车道路面宽度；

w_{mc}——机动车道路缘带宽度；

w_{mb}——非机动车道路缘带宽度；

w_l——侧向净宽；

w_{dm}——中间分隔带宽度；

w_{sm}——中间分车带宽度；

w_{db}——两侧分隔带宽度；

w_{sb}——两侧分车带宽度；

w_a——路侧带宽度；

w_p——人行道宽度；

w_g——绿化带宽度；

w_f——设施带宽度。

现将四种横断面基本型式分析比较如下：

1. 交通安全

三幅路及四幅路比单、双幅路都安全，因为排除了机动车和非机动车相互干扰、容易产生事故的矛盾，同时分隔带起了行人过街的安全岛作用。但三、四幅路对公交车辆停靠站上下的乘客穿越非机动车道较为不便。双幅路由于机动车与非机动车混合行驶，事故较多，已较少采用。

2. 行车速度

单、双幅路由于机动车和非机动车混合行驶、相互干扰，所以车速较低。三、四幅路车速一般较高，而四幅路分隔对向车流，能保证要求车速行驶。

3. 照明

三幅路比单幅路容易布置，能较好地处理绿化与照明的矛盾，照度均匀，可提高夜间行车速度，并减少了因照度不良引起的事故。

4. 绿化遮阴

三幅路布置多排绿带，覆荫效果好，有利于夏季行车及行人交通。

5. 噪音减少

三幅路的机动车道在中间，两侧绿带起到隔离作用，噪音对行人和沿街居民干扰较小。

6. 造价

单幅路占地最小、投资省、各类城市道路都可采用。三、四幅路用地大、造价高，但有利于地下管线分期敷设以及非机动车道采用较薄的路面。此外，三幅路便于分期修建，即近期做成单幅式，待增长的交通量较大时再扩建为三幅路。

综上所述，可知三幅路优点居多，在条件具备的城市道路宜优先考虑采用三幅路断面。四幅路虽然造价较高，但是由于其明显的优点，因而我国在交通量较大的快速路或主干路当条件允许时均采用四幅路型式。

5.3 行车道、路肩、分隔带及其他

5.3.1 行车道宽度

1. 机动车道路面宽度

行车道是道路上供各种车辆行驶部分的总称，包括快车道、慢车道及非机动车道。行车道宽度直接影响道路的通行能力、行车速度、行车安全、工程造价等。行车道宽度必须有能满足对向车辆错车、超车或并列行驶以及车辆与路肩之间所必需的余宽。

路面宽度主要决定于车道数和每一车道的宽度，而车道数则依远景年的设计小时交通量和一条车道的设计通行能力而定。即

$$车道数=\frac{远景年单向设计小时交通量}{每一车道的设计通行能力}\times 2$$

当交通组织方案是各类型机动车分流行驶时，应分别计算来确定机动车道路面宽度。

路面宽度应是在保证要求车速及道路通行能力的情况下，安全行车所必需的宽度。路面宽度取决于设计车辆的几何尺寸、汽车行驶速度、交通量以及车辆之间或车辆与路肩之间的安全间隙。我国设计车辆宽度规定为 2.5m。余宽分同向车之间的余宽、对向车之间的余宽和车辆与行车道边缘所需的余宽三种情况，根据行车调查及测定资料确实，一般采用 1～1.5m。根据调查研究并参考国外资料，设计速度为 120，100，80km/h 时，车道宽度采用 3.75m，设计速度为 60，40km/h 时为 3.50m，设计速度为 20km/h 时为 3.00m。

我国《公路工程技术标准》规定的车道宽度列于表 5－4。

表 5－4 车道宽度

设计速度(km/h)	120	100	80	60	40	30	20
车道宽度(m)	3.75	3.75	3.75	3.50	3.50	3.25	3.00

［注］ (1)设计速度为 20km/h 且为单车道时，车道宽度应采用 3.50m；(2)高速公路为八车道，内侧车道宽度可采用 3.50m。

关于车道数，《公路工程技术标准》规定如下：

高速公路、一级公路各路段的车道数应根据预测交通量、采用的服务水平等确定，其车道数为四车道以上时，应按双数增加。

二级公路、三级公路应为双车道。

四级公路宜采用双车道，交通量小且工程艰巨的路段可采用单车道。

城市道路机动车道宽度，应根据汽车车型及设计车速予以确定，推荐按表 5－5 采用。机动车道的路面宽度应计入分隔带及两侧路缘带的宽度。机动车道路缘带宽度一般为 0.50m。

我国城市道路的实际经验，一般认为如下数值可供设计参考采用：

双车道 7.5～8.0(m)； 三车道 10.0～11.0(m)；

四车道 13.0～15.0(m)； 六车道 19.0～22.0(m)。

表5-5　机动车道宽度

车型	计算行车速度(km/h)	车道宽度(m)
大型汽车或大小型汽车混行	≥40	3.75
	<40	3.50
小客车专用线		3.50
公共汽车停靠站		3.00

[注]　小型汽车包括2t以下载货车、小型旅行车。

对于汽车与同向行驶非机动车之间的安全间隙，根据调查及观测：自行车与汽车并行时的横向距离约1.3～1.5m(至少为1.0m)；三轮车与汽车并行时的横向距离约为1.0m。因此，建议以汽车车厢右侧1m作为划分快慢车分道线的位置。

2. 非机动车道路面宽度

城市行驶的非机动车包括自行车、三轮车、兽力车、板车等。各种车辆具有不同的横向宽度和相应的平均车速。平均车速一般可采用下述数值：自行车为17km/h；三轮车为7.5～10km/h；兽力车为5km/h；板车为4.5km/h。

非机动车之间行驶的横向安全间隙，三轮车与自行车之间约为0.8～1.0m，兽力车与板车之间约为0.4～0.5m，非机动车与路缘石之间约为0.7m。

自行车车道的通行能力是以单车安全行驶所需的宽度划分车道线，以高峰时间各车道线平均的通行量作为一条自行车道的设计通行能力。根据观测及研究，推荐一条自行车道线(宽1.0m)的设计通行能力(单纯为自行车行驶，无人力三轮车等时)为：

采用分车线与机动车分隔的自行车道为850辆/h；

采用分车带与机动车分隔的自行车道为1100辆/h。

当有信号灯交通管制的路口时，因受路口条件，间距及路段行车密度的影响，设计时平均可按750辆/h采用。

根据各种车辆的横向宽度及不同的平均车速，通过理论观测研究，每条非机动车道宽度推荐按表5-6采用。

表5-6　非机动车道宽度(m)

类别	每条非机动车道宽度
自行车	1.0
三轮车	2.0
兽力车	2.5
板车	1.5～2.0

[注]　主要供自行车行驶的非机动车道宽度，应另计入两侧各25cm的路缘带宽度。

按照我国各城市对非机动车道的使用经验，非机动车道的基本宽度可采用5.0m，6.5m，8.0m三种。

5.3.2 路肩、分隔带与人行道

1. **路肩**

路肩是位于行车道外缘至路基边缘，具有一定宽度的带状结构部分。路肩通常包括右侧路缘带（高速公路和一级公路才设置）、硬路肩和土路肩三部分，如图 5-8 所示。其作用是保持行车道的功能、临时停放故障车辆，并作为路面的横向支承。各级公路路肩宽度见表 5-7 规定。

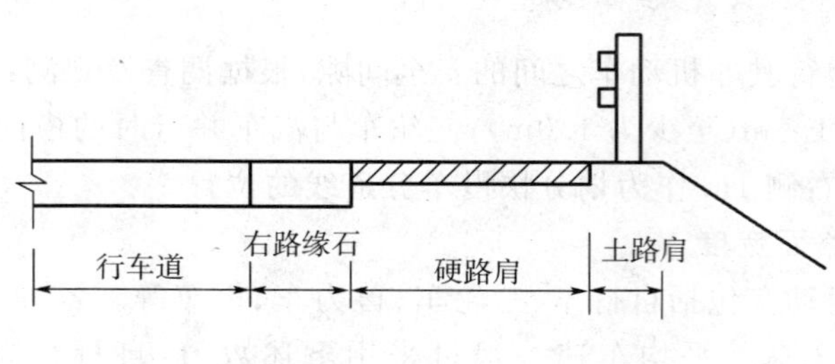

图 5-8 路肩组成

由于我国土地利用比较紧张，因而确定路肩宽度应根据在满足路肩功能要求的条件下，尽量采用较窄宽度的原则确定。高速公路、一级公路的路肩宽度应考虑发生故障时车辆随时都可在路肩上停置所需的宽度。

表 5-7 各级公路路肩宽度（m）

设计速度(km/h)		高速公路			一级公路			二级公路		三级公路		四级公路
		120	100	80	100	80	60	80	60	40	30	20
右侧硬路肩宽度	一般值	3.00 或 3.50	3.00	2.50	3.00	2.50	2.50	1.50	0.75	—	—	—
	最小值	3.00	2.50	1.50	2.50	1.50	1.50	0.75	0.25			
土路肩宽度	一般值	0.75	0.75	0.75	0.75	0.75	0.50	0.75	0.75	0.75	0.50	0.25(双车道)
	最小值	0.75	0.75	0.75	0.75	0.75	0.50	0.50	0.50			0.50(单车道)

［注］ (1)表中所列“一般值”为正常情况下的采用值；“最小值”为条件受限制时，可采用的值；(2)设计速度为 120km/h 的四车道高速公路，采用 3.50m 的右侧硬路肩；六车道、八车道高速公路，采用 3.00m 的右侧硬路肩。

高速公路、一级公路应在右侧硬路肩宽度内设右侧路缘带，右侧路缘带是路肩的一部分并与行车道相连接。其宽度一般为 0.50m。

八车道高速公路，宜设置宽度为 2.50m 的左侧硬路肩。左侧硬路肩宽度内设左侧路缘带，其宽度为 0.50m。

二级公路的硬路肩可供非汽车交通使用。非汽车交通量较大的路段，亦可采用全铺的方式，以充分利用路肩。

二级公路、三级公路、四级公路在路肩上设置的标志、防护设施等不得侵入建筑限界，必要时应加宽路基。

高速公路、一级公路为分离式断面时，应设置左侧硬路肩，但不考虑停放车辆，只需保证车辆在行驶过程中所需的侧向余宽。其宽度一般为：设计速度为 120km/h 时采用 1.25m，100km/h 时采用 1.00m，等于或小于 80km/h 时采用 0.75m. 土路肩宽度应按表 5-7 规定采用。

硬路肩是在路肩中靠近行车道用加固材料处理的、具有一定强度的结构部分，可承受偶然的车辆荷载。其作用主要是供车辆临时行驶、停放和慢交通使用，并作为底基层、基层和面层的横向支撑。主要是在高速公路、一级公路以及二、三、四级公路在村镇附近及混合交通量大的路段使用。

路肩宽度变化处，应有圆顺的过渡段，其渐变率一般应小于 1/30。

路肩的坡度应保证排水，直线路段的硬路肩应设置向外倾斜的横坡度，其坡度值宜与车道横坡值相同。路线纵坡平缓，且设置拦水带时，其坡度值宜采用 3%～4%。

曲线路段内，外侧硬路肩横坡的横坡值及其方向：当曲线超高≤5%时，其横坡值与方向应与相邻车道相同；当曲线超高＞5%时，其横坡值应不大于 5%，且方向相同。

硬路肩横坡的过渡应随邻近车道的横坡一同过渡，其过渡段的纵向渐变率应控制在小于 1/150 至大于 1/330 之间。

土路肩的横坡：位于直线路段或曲线路段内侧，且车道或硬路肩横坡值≥3%时，土路肩的横坡应与车道或硬路肩值相同；当车道或硬路肩横坡值＜3%时，土路肩的横坡应比车道或硬路肩的横坡值大 1%或 2%。位于曲线路段外侧的土路肩横坡度，应采用 3%或 4%的反向横坡值。

大中桥梁、隧道区段的硬路肩横坡值，应与车道相同。

高速公路和一级公路，当右侧硬路肩宽度小于 2.50m 时，应设置紧急停车带。设置间距：平原微丘区为 300m 左右，山岭重丘区为 500m 左右。紧急停车带宽度包括硬路肩在内为 3.50m，有效长度≥30m。

2. 中间带

中间带是指在两个不同行驶方向车道之间的地带。中间带由两条左侧路缘带及中央分隔带组成。

中间带的作用主要是分隔对向车流、防止对向车辆互撞，减少事故，保证车速，并可作为设置沿线设施如交通标志、护栏、防眩网和绿化之用，见图 5-9 所示。高速公路、一级公路的分隔带宽度为 1.00～3.00m，详见表 5-8 所示。城市道路的分隔带宽度（按设施带宽度 1.0m 考虑）一般为 1.50～2.00m，详见表 5-9 所示。设施带是分车带内设置防护栅、标志、绿化等的地带。分隔带一般用缘石围砌，高出路面 10～20cm。

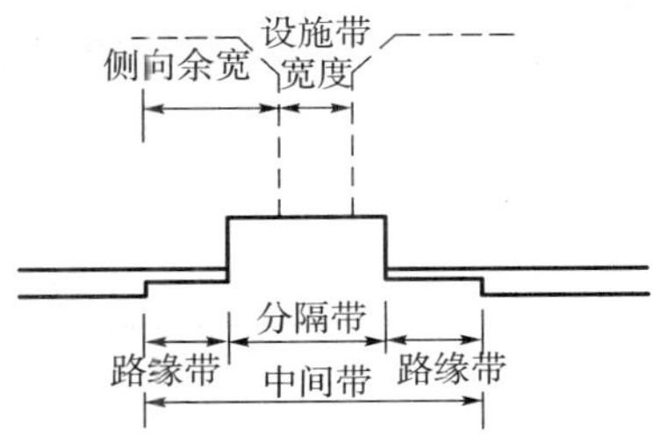

图 5-9　中间带

城市道路因机、非混合行驶设置非机动车道时，除设有中间分隔带外，还有两侧分隔带。

路缘带是路肩或中间带的组成部分，与行车道连接，用行车道的外侧标线或不同的路面颜色来表示。路缘带主要是起诱导驾驶员视线和分担侧向余宽的功能，以利于行车安全。高速公路、一级公路在行车道旁设左侧路缘带，一般为 0.50m，城市道路为 0.25～0.50m。详见表 5-8 及表 5-9。

一条道路上不得频繁地变化中央分隔带宽度，以保持良好的线形及视觉。不得已需改变中央分隔带宽度时，应设置渐变过渡段，使车道中心线的线形圆滑、顺适。

表 5-8 公路中间带宽度(m)

设计速度(km/h)		120	100	80	60
中央分隔带宽度	一般值	3.00	2.00	2.00	2.00
	最小值	2.00	2.00	1.00	1.00
左侧路缘带宽度	一般值	0.75	0.75	0.50	0.50
	最小值	0.75	0.50	0.50	0.50
中间带宽度	一般值	4.50	3.50	3.00	3.00
	最小值	3.50	3.00	2.00	2.00

[注] 表中所列“一般值”为正常情况下的采用值；“最小值”为条件受限制时，可采用的值。

表 5-9 城市道路分车带宽度(m)

类别		中间分车带			两侧分车带		
设计速度(km/h)		80	60,50	40	80	60,50	40
分隔带最小宽度		2.00	1.50	1.50	1.50	1.50	1.50
路缘带宽度	机动车道	0.50	0.50	0.25	0.50	0.50	0.25
	非机动车道				0.25	0.25	0.25
分车道最小宽度		3.00	2.50	2.00	2.25	2.25	2.00

[注] (1)60km/h 的快速路，采用表中 80km/h 一项数值；(2)≤40km/h 的主干路可设路缘带，采用表中 40km/h 一项数值；(3)≤40km/h 的支路可不设路缘带，应保证 25cm 的侧向净宽。

3. 人行道

人行道主要供行人步行交通，应能满足行人通行的安全和通畅，保证高峰小时的行人流量，并用来设置绿化、照明、地下管线等。

人行道的最小宽度见表 5-10 所示。人行道横坡为单向坡，一般为 1.5%～2%，向路缘石一侧倾斜，高出车行道 0.10～0.20m。

为协调街道各部分的宽度，一般认为：街道总宽与单侧人行道宽度之比，在 5∶1～7∶1 之间是适宜的。

表 5-10 人行道最小宽度(m)

项目	人行道最小宽度	
	大城市	中小城市
各级道路	3	2
商业或文化区集中路段	5	3
火车站、码头附近路段	5	4
长途汽车站附近路段	4	4

路缘石高度一般为 0.10～0.20m，对桥上、隧道内、线形弯曲陡坡段可采用 0.25～

0.40m，并应有足够的埋置深度，以保证稳定，缘石宽度宜为0.10～0.15m。

缘石有立式、斜式及平式三种，见图5-10。人行道范围的路缘石宜做成斜式或平式；分隔带两侧的路缘石多采用斜式或立式，平式适用于公路路肩。路缘石材料可采用石质、沥青混凝土或不低于30MPa的水泥混凝土。

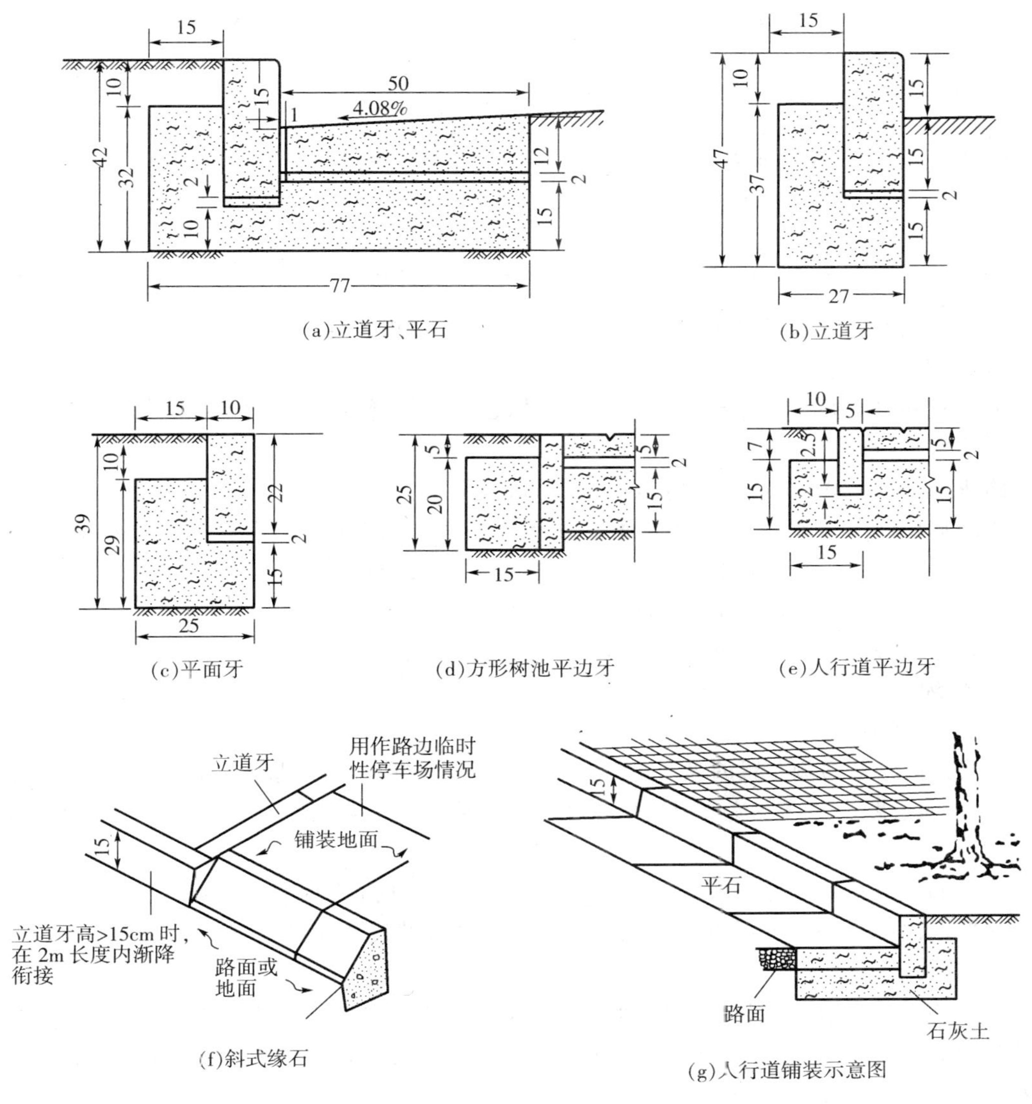

图5-10　路缘石

5.3.3　道路路拱、边沟与边坡

1. 路拱

为了迅速排除路面上的雨水，将路面做成由中间向两侧倾斜的拱形，称为路拱。

路拱虽然对排水有利，但对行车不利。这是由于汽车自身的重力沿着路拱横坡方向的分力增加了行车的不平稳，并且当路面有水时路面与轮胎间的横向附着系数很小，更增加了侧向滑移的危险。因此，在选择路拱的大小与形状时，应该在保证排水的情况下，兼顾到行车的要求，对于不同的路面类型和行车道宽度，结合当地的自然条件，降雨强度等采用不同的路拱坡度。路拱坡度取决于路面类型及当地的自然降水条件，设计时可参见表5-11规定的数值。

表5-11 路拱坡度

路面类型	路拱坡度(%)
沥青混凝土、水泥混凝土	1～2
其他沥青路面	1.5～2.5
半整齐石块	2～3
碎、砾石等粒料路面	2.5～3.5
低级路面	3～4

高速公路和一级公路位于中等强度降雨地区时，路拱坡度宜采用高值；位于严重强度降雨地区时，路拱坡度可适当增大。

分离式路基，每侧行车道可设置双向路拱，也可设置成向路基外侧倾斜的单向横坡。但在积雪冻融地区，应设置双向路拱。

路拱的形式有抛物线形、直线接曲线形、折线形等。

土路肩由于其排水性远低于路面，为了迅速排除路面水，其横坡度一般较路拱横坡增加1%～2%。硬路肩一般与路面采用同一横坡，也可稍大于路面。

非机动车道路拱坡度可根据路面面层类型参考表5-11选用。

人行道拱坡宜采用单面坡，坡度为1.5%～3%。

2. 边沟

(1)边沟的作用

边沟是沿路基两侧布置的纵向排水沟。设置于挖方和低填方路段，路面和边坡水汇集到边沟内后，通过跃水井或急流槽引到桥涵进出口或通过排水沟引到路堤坡脚以外，排离路基。

(2)边沟的纵坡

边沟的纵坡一般与路线纵坡一致，当路线纵坡为零时，边沟仍应保持0.3%～0.5%的最小纵坡。出水口附近的纵坡应根据地形高差和地质情况作特殊设计。

(3)边沟的流量

边沟的流量一般不做计算，仅做概略估计，其他排水沟渠的水流一般应避免进入边沟，但当个别的渠流量不大，拟利用一般边沟汇入桥涵时，应计算该段边沟的总流量，必要时应扩大边沟的断面尺寸。为防止边沟水流漫溢或产生冲刷，应尽可能利用当地有利地形条件，采取相应措施，将边沟水流分段排除于路基范围之外，或引入自然沟渠，以减少边沟的集中流量。

(4)边沟的断面形式及尺寸

边沟的断面形式一般采用梯形。底宽与深度一般都不应小于0.4m；干旱地区也可采用0.3m。边沟边坡根据地质情况而定，内侧边坡一般为1∶1～1∶1.5，石质路段可以直立；边沟外侧边坡，通常与挖方边坡一致。

当采用机械化施工时，土方边沟可做成三角形，其内侧边坡可用1∶2～1∶3，外侧边坡一般为1∶1～1∶2。

当路线通过分水岭时，路堑中的石质边沟在凸形变坡点外，边沟最小深度可减至0.2m，底宽可不变。边沟的断面形式如图5-11所示。

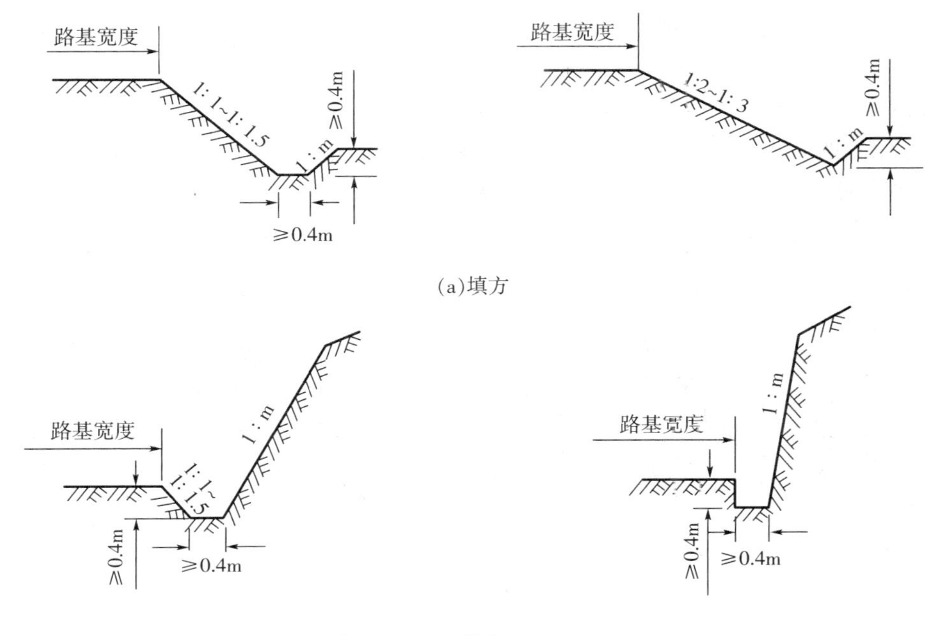

图5-11　边沟横断面

3. 边坡

(1)路堤边坡

路堤的边坡坡度，应根据填料的物理力学性质、气候条件、边坡高度及基底的工程地质和水文地质条件进行合理的选定。

① 填土路堤边坡

如果路堤基底情况良好，边坡高度≤20m，可参照表5-12选定其边坡坡度。边坡高度>20m应按高路堤设计，必须进行边坡稳定性分析，常用的方法有直线法、圆弧法等。

当采取其他措施，如逐层加强压实，铺砌护坡，加强排水防冲设施等，可根据具体情况确定边坡度。例如，当边坡总高度不超过表5-12的上部边坡高度，采用上述措施时，可采用1∶1.25～1∶1.33的边坡坡度。

表5-12　路堤边坡坡度表

填料种类	边坡的最大高度(m)			边坡坡度		
	全部高度	上部高度	下部高度	全部高度	上部高度	下部高度
粘性土、粉性土、砂性土	20	8	12	—	1∶1.5	1∶1.75
砂石土、粗砂、中砂	12	—	—	1∶1.5	—	—
碎(块)石土、卵石土	20	12	8	—	1∶1.5	1∶1.75
不易风化的石块	20	8	12	—	1∶1.3	1∶1.5

沿河受水浸淹路基的填方边坡坡度，在设计水位以下部分视填料情况可采用 1∶1.75～1∶2.0，在常水位以下部分可采用 1∶2.0～1∶3.0。如采用渗水性较好的土填筑路堤，可采用较陡的边坡。

为了必要时便于汽车驶下公路进行疏散，在平原微丘区不超过高度为 1.0m 的路堤，如用地条件许可，可采用不陡于 1∶3 的边坡。

② 填石路堤边坡

填石路堤(图 5-12)的边坡坡度依据其填料的大小、边坡高度和施工方法而定。

当边坡高度 $H \leqslant 20$m 时，其边坡坡度的选用可参考表 5-13；当 $H > 20$m 时，应进行稳定性验算，以决定采用其他措施。

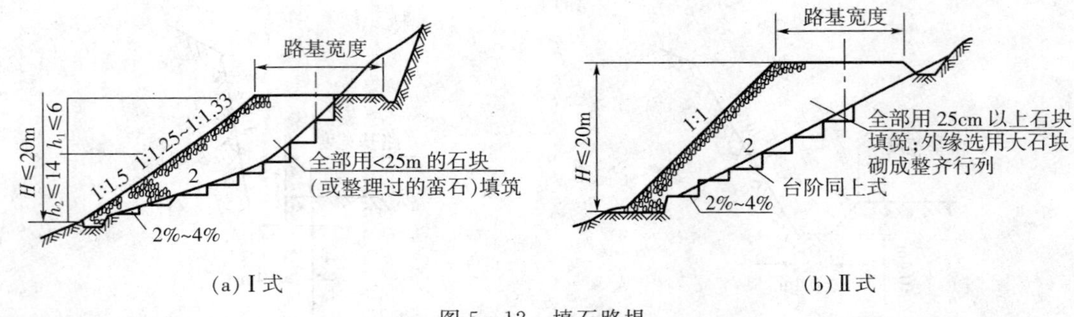

图 5-12 填石路堤

1—路肩以平整大块石铺砌或 10cm 粘土盖草皮；2—台阶每级宽 1～2m，向内坡 2%～4%

表 5-13 填石路堤边坡表

填料规格	边坡高度 H(m)	边坡坡度	施工方法
小于 25cm 的石块	<6	1∶1.25～1∶1.33	填筑
小于 25cm 的石块	6～20	1∶1.5	填筑
大于 25cm 的石块	<20	1∶1	表面用较大石块砌成规则整齐的行列，内部以一般石料分层填筑

当采用砌石路基(图 5-13)时，其砌石边坡的内外坡和襟边宽度按照表 5-14 和表 5-15采用。

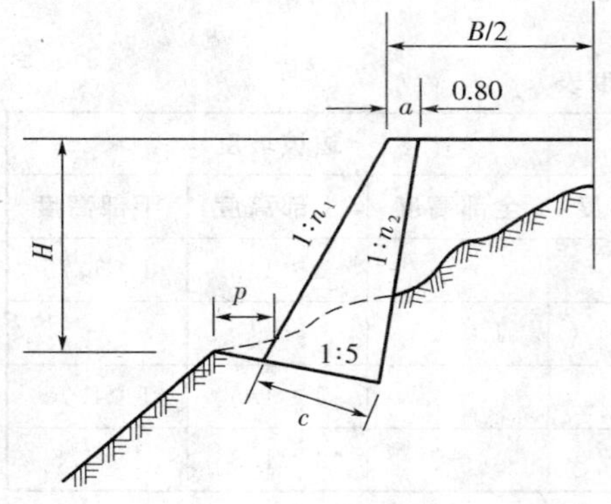

图 5-13 砌石路基

表 5-14 襟边宽度表

地基地质情况	襟边宽度 P(m)
轻风化的硬质岩石	0.2～0.6
风化岩石或软质岩石	0.4～1.0
坚实的粗粒土	1.0～2.0

表5－15　砌石边坡坡度表

编号	高度(m)	内坡坡度	外坡坡度
1	≤5	1∶0.3	1∶0.5
2	≤10	1∶0.5	1∶0.67
3	≤15	1∶0.6	1∶0.75

(2)路堑边坡

路堑或挖方路基边坡的稳定性主要和当地的工程地质、水文地质和地面排水条件有关。此外，地貌、气候等因素对其稳定性也有很大影响。设计时应参考当地稳定的自然山坡和人工坡(如已建成道路的边坡等)的坡度，并结合采用的施工方法等综合考虑。

① 土质路堑边坡

土质(包括粗粒土)挖方边坡坡度应根据边坡高度、土的密实程度、地下水、地面水的情况、土的成因类型及生成时代等因素确定。一般土质(包括粗粒土)的挖方边坡高度不宜超过30m，边坡高度≤30m时，其边坡坡度可参照表5－16选用。

② 石质路堑边坡

影响石质路堑边坡稳定性的因素很多，诸如岩性、地质构造、边坡高度、地面水及地下水、施工方法、地震作用等。所以在确定石质路堑边坡的坡度时，应针对具体路段的工程地质条件和影响因素做合理的调查分析，找出主导因素，兼顾其他因素，做出合理设计。

表5－16　土质挖方边坡坡度表

密实程度	边坡高度 H(m)		密实程度	边坡高度 H(m)	
	＜20	20～30		＜20	20～30
胶结	1∶0.3～1∶0.5	1∶0.5～1∶0.75	中密	1∶0.75～1∶1.0	1∶1.0～1∶1.5
密实	1∶0.5～1∶0.75	1∶0.75～1∶1.0	较松	1∶1.0～1∶1.5	1∶1.5～1∶1.75

［注］ (1)边坡较矮或土质比较干燥的路段，可采用较陡的边坡坡度；边坡较高或土质比较潮湿的路段，可采用较缓的边坡坡度；(2)高速公路、一级公路应采用较缓的边坡坡度；(3)开挖后，密实程度很容易变松的砂土及砂粒等路段，应采用较缓的边坡坡度；(4)土的密实程度划分见表5－17。

表5－17　土的密实程度划分表

分级	试坑开挖情况	分级	试坑开挖情况
较松	铁锹很容易铲入土中，试坑坑壁很容易坍塌	密实	试坑坑壁稳定，开挖困难，土块用手使力才能破碎，从坑壁取出大颗粒处能保持凹面形状
中密	天然坡面不易陡立，试坑坑壁有掉块现象，部分需用镐开挖	胶结	细粒土密实度很高，粗颗粒之间呈弱胶结，试坑用镐开挖很困难，天然坡面可以陡立

一般情况下，岩石挖方边坡坡度可参照表5－18确定。

表 5-18 岩石路堑边坡表

岩石种类	风化破碎程度	边坡高度与边坡值	
		<20m	20～30m
(1)各种岩浆岩 (2)厚层灰岩、硅钙质砂砾岩 (3)片麻、石英、大理岩	轻度	1∶0.1～1∶0.2	1∶0.1～1∶0.2
	中等	1∶0.1～1∶0.3	1∶0.2～1∶0.4
	严重	1∶0.2～1∶0.4	1∶0.3～1∶0.5
	极重	1∶0.3～1∶0.5	1∶0.5～1∶0.75
(1)中薄层砂砾岩 (2)中薄层灰岩 (3)较硬的板岩、千枚岩	轻度	1∶0.1～1∶0.3	1∶0.2～1∶0.4
	中等	1∶0.2～1∶0.4	1∶0.3～1∶0.5
	严重	1∶0.3～1∶0.5	1∶0.5～1∶0.75
	极重	1∶0.5～1∶0.75	1∶0.75～1∶1.0
(1)薄层砂页岩互层 (2)千枚岩、云母、绿泥石片岩	轻度	1∶0.2～1∶0.4	1∶0.3～1∶0.5
	中等	1∶0.3～1∶0.5	1∶0.5～1∶0.75
	严重	1∶0.5～1∶0.75	1∶0.75～1∶1.0
	极重	1∶0.75～1∶1.0	1∶0.1～1∶1.25

5.4 超高与加宽

5.4.1 超高

1. 超高设置与超高值

在弯道上，当汽车在双向横坡的车道外侧行驶时，车重的水平分力将增大横向侧滑力，所以，当采用的圆曲线半径小于不设超高的最小半径时，为抵消车辆在曲线路段上行驶时所产生的离心力，将曲线段的外侧路面横坡做成与内侧路面同坡度的单坡横断面，这样的设置称为超高。

超高计算公式为：

$$i_{h,超}=\frac{V^2}{127R}-\mu \tag{5-1}$$

式中：V——设计速度(km/h)；

R——圆曲线半径(m)；

μ——横向力系数。当极限最小半径时，μ 取 0.15，当不设超高的最小半径时，μ 取 0.035；城市道路采用不设超高的最小半径时，μ 取 0.067；介于中间的半径值按比例变化取用。

各级道路圆曲线部分最大超高值规定如表 3-2 和表 3-3 所示。介于中间数值半径的圆曲线（小于不设超高最小半径）超高则依变动的横向力系数来计算，其变动范围为 $\mu=0.15\sim0.035$（即极限最小半径至不设超高的最小半径），并随半径 R 的增大而减小。

超高的横坡度应根据设计速度、圆曲线半径大小计算，并结合路面类型、当地自然条件和车辆组成等情况确定，必要时，应按运行速度予以验算。

各级公路圆曲线部分最小超高应与该公路直线部分的正常路拱横坡度一致。

2. 超高缓和段

从直线段上的路拱双坡断面过渡到曲线上具有超高横坡的单坡断面，要有一个逐渐变化的区段，这一变化段称为超高缓和段，见图 5-14。

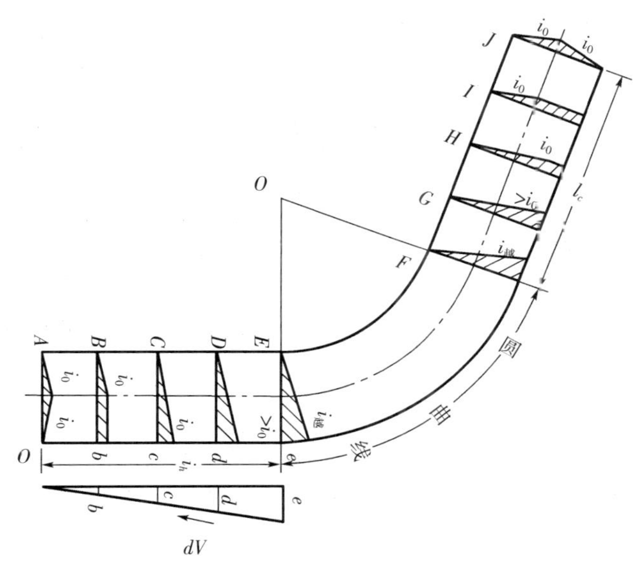

图 5-14　曲线的超高

超高缓和长度的计算随超高横坡过渡方式之不同而异。超高的过渡方式，应根据地形状况、车道数、中间带宽度、超高度、便于排水、路容美观等因素决定。通常超高横坡有下述两种过渡方式：

（1）无中间带道路的超高过渡

① 绕内侧边缘旋转

先将外侧车道绕中线旋转，当达到与内侧车道构成单向横坡后，整个断面再绕未加宽前的内侧车道边缘旋转，直至达到超高横坡值为止。一般新建工程多采用此种方式（图 5-15(a)）。此时，超高缓和段长度 L_c 按下式计算：

$$L_c=\frac{Bi_{h,超}}{\Delta P} \tag{5-2}$$

式中：B——双车道路面宽度（m）；

$i_{h,超}$——超高横坡（%）；

ΔP——超高渐变率，即旋转轴与车行道（设置路缘带时，则为路缘带）外侧边缘线之间相对升降的比率，其规定值参见表 5-19 和表 5-20。

表 5-19 公路超高渐变率

计算行车速度(km/h)	超高旋转轴位置	
	绕中线旋转	绕边缘旋转
120	1/250	1/200
100	1/225	1/175
80	1/200	1/150
60	1/175	1/125
40	1/150	1/100
30	1/125	1/75
20	1/100	1/50

表 5-20 城市道路超高渐变率

计算行车速度(km/h)	80	60	50	40	30	20
超高渐变率	1/150	1/125	1/115	1/100	1/75	1/50

② 绕中线旋转

先将外侧车道绕路中线旋转，待达到与内侧车道构成单向横坡后，整个断面绕中线旋转，直至超高横坡度(图 5-15(b))。

③ 绕外侧边缘旋转

先将外侧车道绕外边缘旋转，与此同时，内侧车道随中线的降低而相应降低，待达到单向横坡后，整个断面仍绕外侧车道边缘旋转，直至超高横坡度(图 5-15(c))。

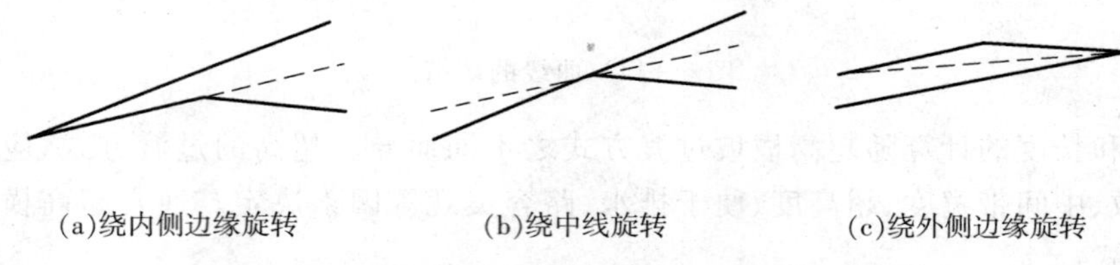

(a)绕内侧边缘旋转　(b)绕中线旋转　(c)绕外侧边缘旋转

图 5-15 无中间带道路超高的过渡方式

(2)有中间带道路的超高过渡

有中间带道路的超高过渡有以下三种方法：

① 绕中间带的中心线旋转

先将外侧车行道绕中间带的中心旋转，待达到与内侧车行道构成单向横坡后，整个断面一同绕中心线旋转，直至超高横坡度值。此时中央分隔带呈倾斜状(图 5-16(a))。

② 绕中央分隔带边缘旋转

将两侧车行道分别绕中央分隔带边缘旋转，使之各自成为独立的单向超高断面，此时中央分隔带维持原水平状态(图 5-16(b))。

③ 绕各自车行道中心旋转

将两侧行车道分别绕各自的中心线旋转，使之各自成为独立的单向超高断面，此时中央分隔带两边缘分别升高与降低而成为倾斜断面(图 5-16(c))。

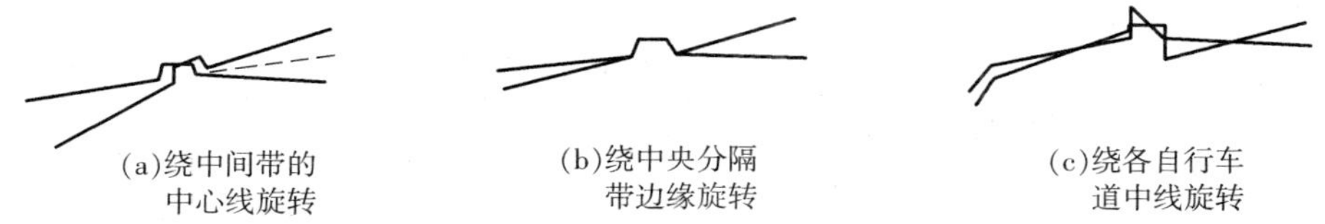

图 5-16　有中间带道路超高的过渡方法

5.4.2　加宽

1. 加宽设置与加宽值

汽车沿曲线行驶时,各车轮行驶的轨迹不相同,靠近曲线内侧后轮行驶的曲线半径最小,靠曲线外侧的前轮行驶的曲线半径最大。所以,汽车在曲线上行驶时所占有的车道宽度比直线段大。为保证汽车在转弯中不侵占相邻车道,曲线路段的路面需用加宽。如图5-17所示,由三角形 COD 得出

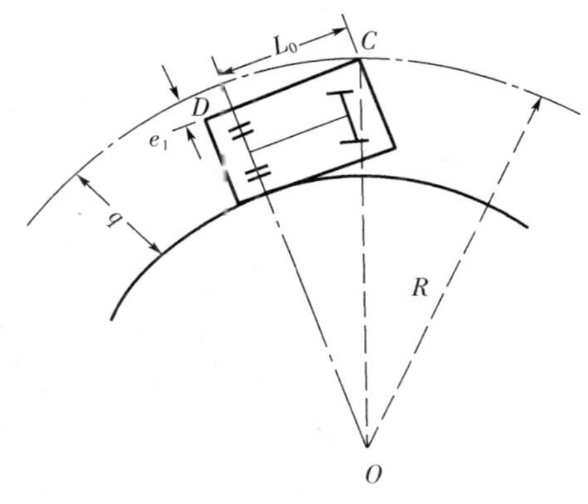

图 5-17　曲线上的路面加宽

$$L_0{}^2+(R-e_1)^2=R^2$$

所以 $$e_1=R-\sqrt{R^2-L_0{}^2}$$

若为双车道,取 $e=2e_1$,所以

$$e=2(R-\sqrt{R^2-L_0{}^2})$$

$$R^2-L_0{}^2=(R-\frac{e}{2})^2=R^2-\mathrm{Re}+\frac{e^2}{4}$$

因为$\frac{e^2}{4}$值与 R 相比甚小,可略去不计,所以

$$e=\frac{L_0{}^2}{R}$$

考虑到车速的影响,曲线上双车道路面的加宽值按下式计算:

$$e=\frac{L_0{}^2}{R}+\frac{0.1V}{\sqrt{R}} \tag{5-3}$$

式中:e——双车道路面加宽值(m);

L_0——汽车后轴至前沿的长度(m),解放牌载重汽车为 5m;

R——圆曲线半径(m);

V——设计速度(km/h);

e_1——一个车道路面的加宽值(m);

b——一个车道的宽度(m)。

《公路工程技术标准》规定，圆曲线半径等于或小于 250m 时，应在曲线内侧设置加宽，且加宽值不变。双车道公路路面加宽值规定见表 5－21。

表 5－21 公路曲线双车道路面加宽值

加宽类别	加宽值(m) / 圆曲线半径(m) / 汽车轴距加前悬(m)	250～200	＜200～150	＜150～100	＜100～70	＜70～50	＜50～30	＜30～25	＜25～20	＜20～15
1	5	0.40	0.60	0.8	1.0	1.2	1.4	1.8	2.2	2.5
2	8	0.60	0.70	0.9	1.2	1.5	2.0			
3	5.2＋8.8	0.80	1.0	1.5	2.0	2.5				

［注］ (1)单车道公路的路面加宽值为表 5－21 中所列值的一半；(2)四级公路和设计速度 30km/h 的三级公路可采用第 1 类加宽值。高速、一、二级公路及设计速度为 40km/h 的三级公路应采用第 3 类加宽值。对不经常通行集装箱运输半挂车的公路，可采用第 2 类加宽值。

对城市道路，曲线半径等于或小于 250m 时加宽，每条车道的路面加宽值见表 5－22。

表 5－22 城市道路曲线加宽值

加宽值(m) / 圆曲线半径(m) / 车型	200＜R≤250	150＜R≤200	100＜R≤150	60＜R≤100	50＜R≤60	40＜R≤50	30＜R≤40	20＜R≤30	15＜R≤20
小型车	0.28	0.30	0.32	0.35	0.39	0.40	0.45	0.60	0.70
普通汽车	0.40	0.45	0.60	0.70	0.90	1.00	1.30	1.80	2.40
铰接车	0.45	0.55	0.75	0.95	1.25	1.50	1.90	2.80	3.50

2. 加宽缓和段

在圆曲线范围内加宽为不变的全加宽值，两端设置加宽缓和段，其加宽值由直线段加宽为零逐渐按比例增加到圆曲线起点处的全加宽值。

加宽缓和段的长度可按如下两种情况确定：

(1)设置回旋线或超高缓和段时，加宽缓和段长度采用与回旋线或超高缓和段长度相同的数值。

(2)不设回旋线或超高缓和段时，加宽缓和段长度应按渐变率为 1∶15 且长度不小于 10m 的要求设置。

加宽过渡的方法依道路的等级可按下述两种方法进行：

(1)二、三、四级公路及一般的城市道路加宽缓和段的设置，采用在相应的回旋线或超高加宽缓和段全长范围内按其长度成比例增加的方法，即加宽缓和段上任一点的加宽值 E_x 与该点到加宽缓和段起点的距离 L_x 同加宽缓和段全长 L 的比率 $\left(K=\frac{L_x}{L}\right)$ 成正比，如图 5－18 所示。

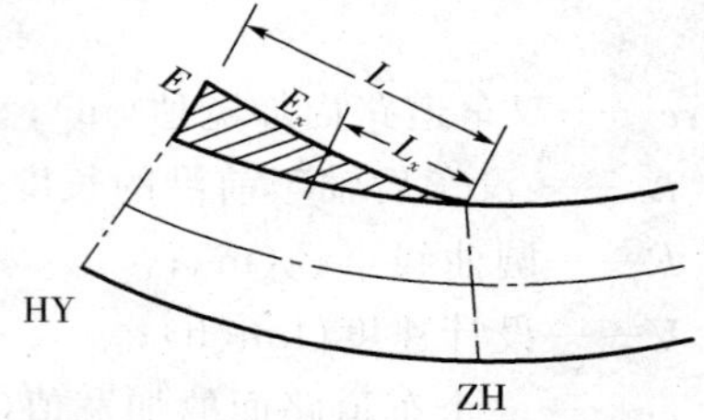

图 5－18 曲线路面加宽过渡方法

$$E_x = KE \tag{5-4}$$

式中，E 为圆曲线部分的路面加宽值。

(2)高速公路、一级公路及快速路设置加宽缓和段时，为使路面加宽后边缘线圆滑舒顺，可按图 5－18 采用下式计算：

$$E_x = (4K^3 - 3K^4)E \tag{5-5}$$

超高加宽缓和段长度，分别按超高、加宽求算，取其较大值，但最短应符合渐变率为 1∶15，且长度不小于 10m 的要求。地形困难处，允许将缓和段一部分插入圆曲线内，但长度不得超过超高加宽缓和段长度的一半。

四级公路及 $V \leqslant 40$km/h 的城市道路设置超高加宽缓和段，在圆曲线起终点内侧边缘往往产生突变的折点，为使连接顺适，使路面加宽边缘线与曲线路面加宽后的边缘圆弧相切，可参照下式近似计算(图 5－19)：

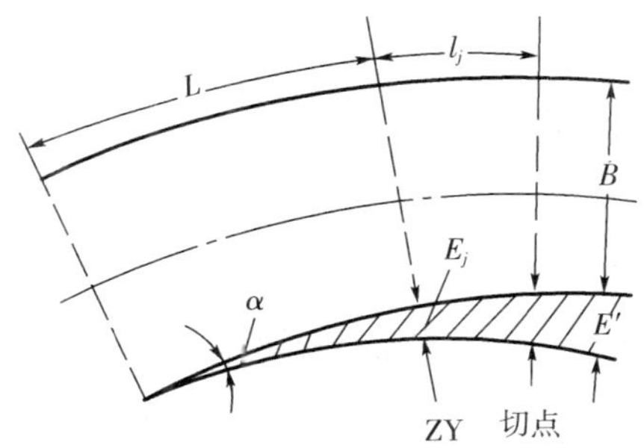

图 5－19　加宽超高缓和段边内侧边缘折点

$$\alpha = \frac{-L + \sqrt{L^2 + 2(R-B)E}}{R-B} \tag{5-6}$$

$$l_j = R\alpha \tag{5-7}$$

$$E_j = L\tan\alpha \tag{5-8}$$

式中：l_j——圆曲线起终点至切点的距离(m)；

E_j——修正后圆曲线起终点处的路面加宽值(m)；

R——圆曲线半径(m)；

L——规定的超高、加宽缓和段长度(m)；

B——未加宽前的路面宽度(m)；

E——圆曲线部分路面加宽值(m)；

α——路面加宽边缘线与未加宽路面边缘线的夹角(°)。

当圆曲线路段设置回旋线、加宽、超高时，超高加宽缓和段长度应与回旋线长度相一致，即选取大者作为统一的设计值。

5.5　横断面设计

5.5.1　横断面设计基本要求

横断面的设计要求，是使道路横断面的布置及几何尺寸应能满足交通、环境、用地经济、城市面貌等要求。路基是支承路面，形成连续行车道的带状土、石结构物。它即要承受由路面传来的车辆荷载，又要承受大自然因素的作用。因此，路基横断面设计必须满足以下基本要求：

(1)路基的结构设计应根据其使用要求和当地自然条件(包括水文地质和材料情况)，并结合施工条件进行设计。设计前应充分收集沿线地质、水文、地形、气象等资料，在山岭重丘区要特别注意地形和地质条件的影响，选择适当的路基断面形式、边坡坡度及防治病害的措施。在平原微丘区应注意最小填土高度，并设置必要的排水设施。

(2)路基的断面形式和尺寸应根据道路的等级、设计标准和设计任务书的规定以及道路的使用要求，结合具体条件确定。一般路基可参照典型横断面设计。特殊路基则应进行单独设计计算。

(3)路基设计应兼顾当地农田基本建设的需要。在取土、弃土、取土坑设置、排水设计等方面与农田改土、农田水利、灌溉沟渠等相配合，尽量减少废土占地、防止水土流失和淤塞河道。

5.5.2 路基横断面图的绘制

通常，路基横断面设计均不作单独设计，其断面型式及其横断面布置、构造尺寸和选用条件，一般均可参照路基标准横断面图进行设计与绘制。《公路路基设计规范》规定的常见典型横断面图如图 5－20 所示。其详细结构尺寸见《路基路面工程》教材。

5.5.3 横断面设计步骤

1. 公路横断面设计

对于公路横断面设计，主要是绘出横向地面线后，根据纵断面设计所确定的路基填挖高度、路基宽度、选定的边坡坡度、边沟尺寸绘出路基的外廓线，通常把这项工作称为“戴帽子”，具体设计步骤如下：

(1)点绘各横断面的横向地面线；

(2)根据《公路工程技术标准》的规定，确定路基宽度；按照土质、水文条件拟定路基边坡坡度；按照排水要求拟定边沟、截水沟等尺寸；

(3)按弯道半径大小分别拟定超高加宽值；

(4)根据纵断面设计资料，按设计标高，在路基设计表上逐桩进行计算，完成路基设计表(表 5－23)；

(5)按路基设计表数据，绘出横断面设计线，可用透明胶片做成模板(图 5－21)绘图；陡峻山坡需设挡土墙时，应绘于横断面图上，并将挡土墙设计成果另行绘图；

(6)检查弯道路段横断面内侧视距是否保证，是否需要清除障碍及设置视距台。

横断面的绘制，一般在方格纸上按桩号由下向上绘制，并在每个横断面上注明必要的数据(包括加宽、超高、土石分界等)。

横断面图应绘出所有整桩、加桩的横断面，包括边坡、边沟、开挖台阶、视距台等，注出用地界、挡土墙、驳岸、护坡、护脚均可绘在横断面图上，并注明其起讫桩号、圬工种类及断面尺寸(另绘防护工程设计图的，只注明起讫桩号)。比例尺一般用 1∶100～1∶200，如图 5－22 所示。

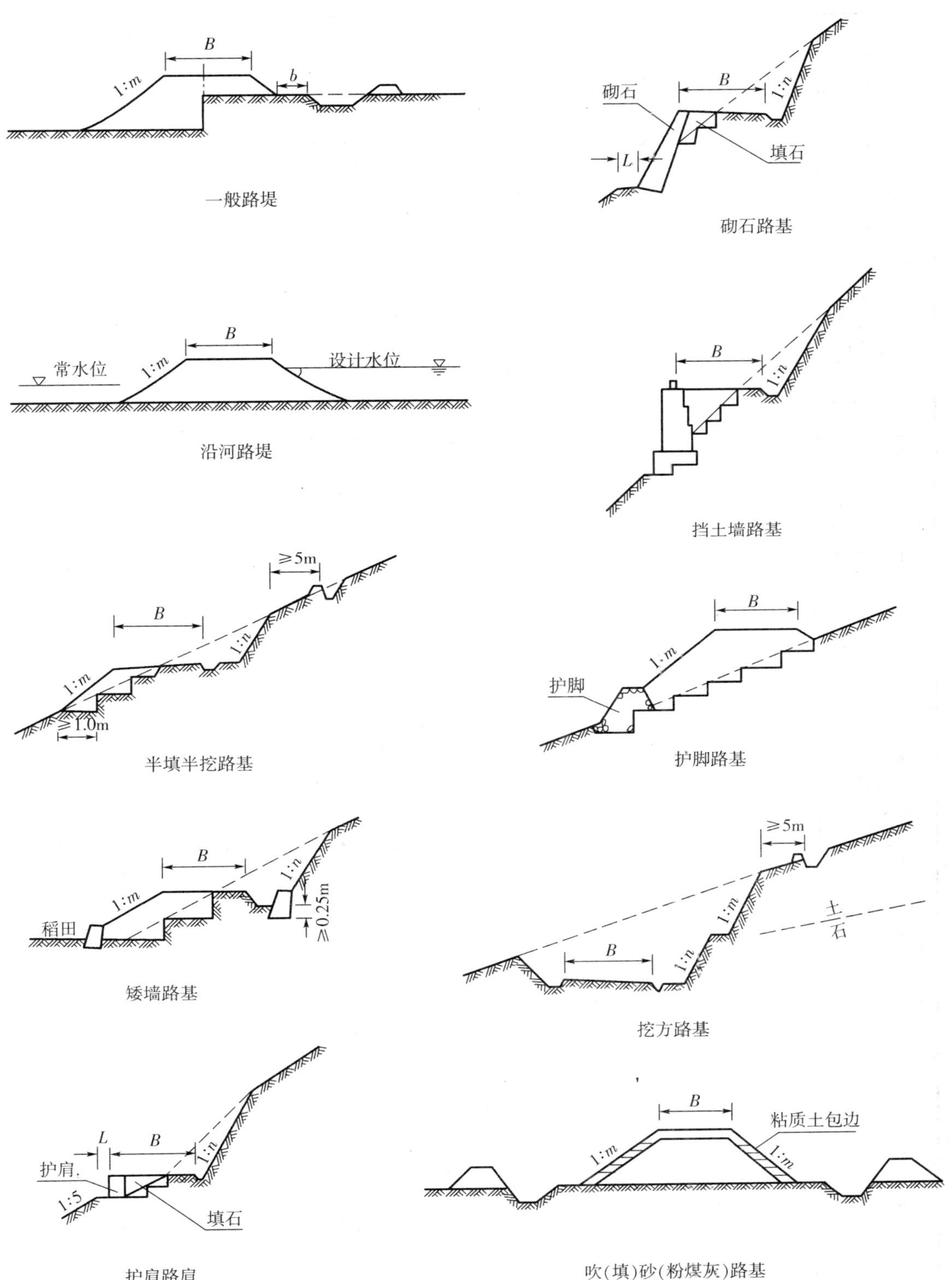

图 5-20　路基标准横断面图

（路段名称） **表 5-23 路基设计表**

桩号	平曲线		纵坡(%)及坡长	竖曲线		设计标高(m)	地面标高(m)	填挖高度(m)		路基宽度(m)			路基边缘及中桩与设计标高之高差(m)		
	左	右	(m)	凹	凸			填	挖	左	右	全宽	左	中	右
K5+200						270.51	270.40	0.11		4.25	5.25	9.50	0.40	0.19	−0.07
HY+200.18			269.99			270.51	270.40	0.11		4.25	5.25	9.50	0.41	0.19	−0.07
QZ+217.73			+210			270.44	272.17		1.73	4.25	5.25	9.50	0.41	0.19	−0.07
YH+235.29						270.53	269.98	0.55		4.25	5.25	9.50	0.41	0.19	−0.07
K5+251.29						270.77	263.67	7.10		4.25	4.89	9.14	0.26	0.12	−0.03
K5+261						270.96	260.83	10.13		4.25	4.68	8.93	0.18	0.09	−0.01
K5+277.29						271.27	262.28	8.99		4.25	4.32	8.57	0.03	0.07	0.01
HZ+280.29						271.33	263.61	7.72		4.25	4.25	8.50	0.01	0.09	0.01
K5+300						271.70	269.91	1.79		4.25	4.25	8.50	0.00	0.07	0.00
K5+320						272.08	270.93	1.15		4.25	4.25	8.50	0.00	0.07	0.00
K5+340						272.46	271.22	1.24		4.25	4.25	8.50	0.00	0.07	0.00
K5+360			+1.9%			272.84	272.03	0.81		4.25	4.25	8.50	0.00	0.07	0.00
ZH+380.36−21			390			273.23	273.13	0.10		4.25	4.25	8.50	0.00	0.07	0.00
K5+400		JD21				273.60	273.97		0.37	4.25	4.56	8.81	0.13	0.07	0.00
K5+420		$R=$				273.98	274.71		0.73	4.25	4.88	9.13	0.26	0.13	−0.03
HY+430.39		125.00m				274.18	274.88		0.70	4.25	5.05	9.30	0.33	0.16	−0.04
K5+440		$Ls=$ 50.03m				274.36	275.00		0.64	4.25	4.90	9.15	0.27	0.13	−0.03
K5+460						274.74	275.25		0.51	4.25	4.58	8.83	0.14	0.08	0.00
HZ+480.42						275.13	275.64		0.51	4.25	4.25	8.50	0.01	0.07	0.01
K5+500						275.50	276.11		0.61	4.25	4.25	8.50	0.00	0.07	0.00
K5+520						275.88	276.54		0.66	4.25	4.25	8.50	0.00	0.07	0.00
K5+540						276.26	276.84		0.58	4.25	4.25	8.50	0.00	0.07	0.00
K5+560					凸	276.64	277.03		0.39	4.25	4.25	8.50	0.00	0.07	0.00
K5+580					$R=2000$m	276.94	277.24		0.30	4.25	4.25	8.50	0.00	0.07	0.00
K5+600					$T=38.0$m	277.04	277.50		0.46	4.25	4.25	8.50	0.00	0.07	0.00
K5+620			277.40		$E=0.36$m	276.94	277.79		0.85	4.25	4.25	8.50	0.00	0.07	0.00
ZH+638.89−22			+600			276.66	277.86		1.20	4.25	4.25	8.50	0.00	0.07	0.00
K5+660						276.26	273.31		1.05	4.72	4.25	8.97	−0.02	0.09	0.19
HY+683.89						275.81	276.54		0.73	5.25	4.25	9.50	−0.08	0.19	0.40
K5+700			−1.9%			275.50	276.23		0.73	5.25	4.25	9.50	−0.08	0.19	0.40
K5+720	JD22		230			275.12	275.77		0.65	5.25	4.25	9.50	−0.08	0.19	0.40
K5+740	$R=$ 190.00m					274.74	275.12		0.38	5.25	4.25	9.50	−0.08	0.19	0.40
K5+760	$Ls=45$m					274.36	274.56		0.20	5.25	4.25	9.50	−0.08	0.19	0.40
K5+780						273.98	274.08		0.10	5.25	4.25	9.50	−0.08	0.19	0.40
K5+800						273.60	273.71		0.11	5.25	4.25	9.50	−0.08	0.19	0.40

制表：

施工时中桩(m)		边坡 1：m		护坡道				边沟						坡脚坡口至中桩距离(m)		备注
				宽度		边坡 1：m		坡度(%)		形状	底宽(m)	沟深(m)	内坡			
填	挖	左	右	左	右	左	右	左	右					左	右	
0.30		1：0.5	1：1.5							梯形	0.5	0.5	1：1	5.00	6.00	
0.30		1：0.5	1：1.5							梯形	0.5	0.5	1：1	5.00	6.00	
	1.54	1：0.5	1：0.5							梯形	0.5	0.5	1：1	5.00	7.10	
0.75		1：1.5	1：1.5	1.50	1.50	1：1.5	1：1.5							6.58	7.58	
7.24		1：1.5	1：1.5	1.50	1.50	1：1.75	1：1.75							16.40	21.29	
10.22		1：1.5	1：1.5	1.50	1.50	1：1.75	1：1.75							20.95	20.60	
9.06		1：1.5	1：1.5	1.50	1.50	1：1.75	1：1.75							19.20	20.15	
7.79		1：1.5	1：1.5	1.50	1.50	1：1.75	1：1.75							15.80	16.20	
1.86		1：1.5	1：1.5	1.50	1.50	1：1.5	1：1.5							8.45	8.80	
1.22		1：1.5	1：1.5	1.50	1.50	1：1.5	1：1.5							7.55	7.85	
1.31		1：1.5	1：1.5											8.00	8.10	
0.88		1：0.5	1：0.5											6.25	6.25	
0.17		1：0.5	1：0.5							梯形	0.5	0.5	1：1	5.00	5.00	
	0.30	1：0.5	1：0.5							梯形	0.5	0.5	1：1	5.20	5.20	
	0.60	1：0.5	1：0.5							梯形	0.5	0.5	1：1	5.37	5.58	
	0.54	1：0.5	1：0.5							梯形	0.5	0.5	1：1	5.21	5.21	
	0.51	1：0.5	1：0.5							梯形	0.5	0.5	1：1	5.32	5.62	
	0.43	1：0.5	1：0.5							梯形	0.5	0.5	1：1	5.15	5.45	
	0.44	1：0.5	1：0.5							梯形	0.5	0.5	1：1	5.15	5.77	
	0.54	1：0.5	1：0.5							梯形	0.5	0.5	1：1	5.28	5.89	
	0.59	1：0.5	1：0.5							梯形	0.5	0.5	1：1	5.30	5.50	
	0.51	1：0.5	1：0.5							梯形	0.5	0.5	1：1	5.21	5.25	
	0.32	1：0.5	1：0.5							梯形	0.5	0.5	1：1	5.20	5.20	
	0.23	1：0.5	1：0.5							梯形	0.5	0.5	1：1	5.15	5.15	
	0.39	1：0.5	1：0.5							梯形	0.5	0.5	1：1	5.30	5.70	
	0.78	1：0.5	1：0.5							梯形	0.5	0.5	1：1	5.50	5.90	
	1.13	1：0.5	1：0.5							梯形	0.5	0.5	1：1	5.60	5.95	
	0.96	1：0.5	1：0.5							梯形	0.5	0.5	1：1	5.50	5.55	
	0.55	1：0.5	1：0.5							梯形	0.5	0.5	1：1	5.40	5.60	
	0.54	1：0.5	1：0.5							梯形	0.5	0.5	1：1	5.40	5.80	
	0.46	1：0.5	1：0.5							梯形	0.5	0.5	1：1	5.32	5.45	
	0.19	1：0.5	1：0.5							梯形	0.5	0.5	1：1	5.20	5.30	
	0.01	1：0.5	1：0.5							梯形	0.5	0.5	1：1	5.10	5.13	
0.09		1：0.5	1：0.5							梯形	0.5	0.5	1：1	5.05	5.05	
0.08		1：0.5	1：0.5							梯形	0.5	0.5	1：1	5.00	5.00	

复核：

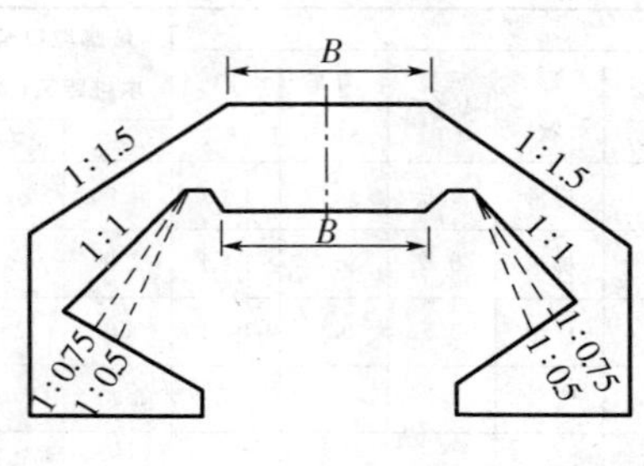

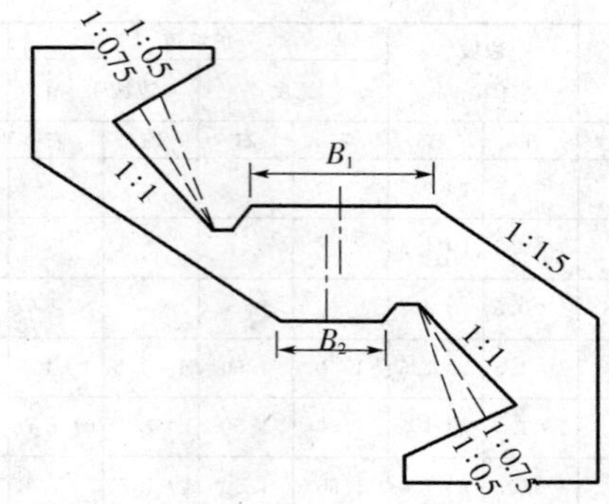

图 5－21 路基横断面模板

桩号 K2＋500.12(ZY)

填		挖	1.56
路基宽(m)		左	右
		3.75	5.55
超高(%)		＋0.43	－0.13
边坡			1∶0.5
边沟深度(m)			0.40
面积(m^2)		填	挖
	土		41.0
	石	0.4	
	砌石	1.4	

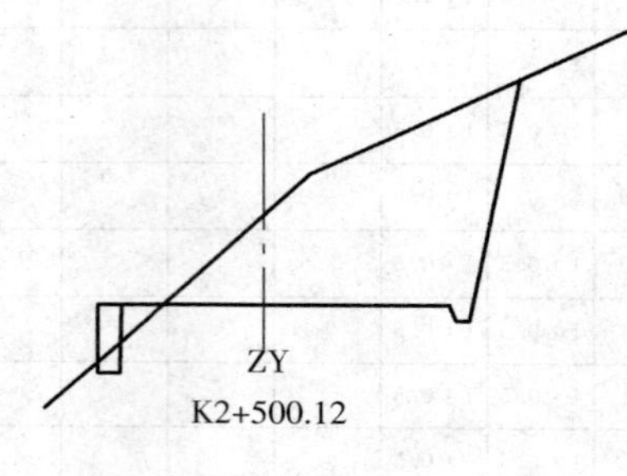

图 5－22 横断面图

2. 城市道路横断面设计

对城市道路横断面设计，其关系到交通、环境、景观和沿线公用设施的协调安排，所以除根据道路等级，交通量确定横断面形式外，还应特别注意下列要点：

(1)路幅应与沿街建筑物相协调

从日照、通风、防震及建筑艺术要求，一般认为沿街建筑物高度与路幅宽度之比为 $H:B=1:2$ 左右为宜。

(2)横断面应与路上的交通性质与组成相协调

由于城市道路主要由机动车、非机动车辆、行人交通以及公交汽车站等所组成，因此横断面要依据机非车辆与行人交通量的比例，并考虑公交线路及车辆的停靠等问题进行布置设计。

(3)横断面布置应与道路功能相适应

不同功能的道路应有不同的风貌与建筑艺术。例如商业性大街，因沿街有大型商店，影剧院等，一般以客运与行人交通为主，禁止过境载货车辆入内，断面布置时，车行道一般为四车道，并应考虑车辆的沿街停靠，且人行道宜宽，如图 5－23 所示。

对居民区滨河路道路(图 5－24)，往往靠河一边人行道最好布置成两条，一条靠近水面，供游人沿河漫步可观赏风光；一条靠近车行道便于过路行人通行。整齐的河岸、护栏、花坛、绿地等的合理布置构成优美的滨河景观。

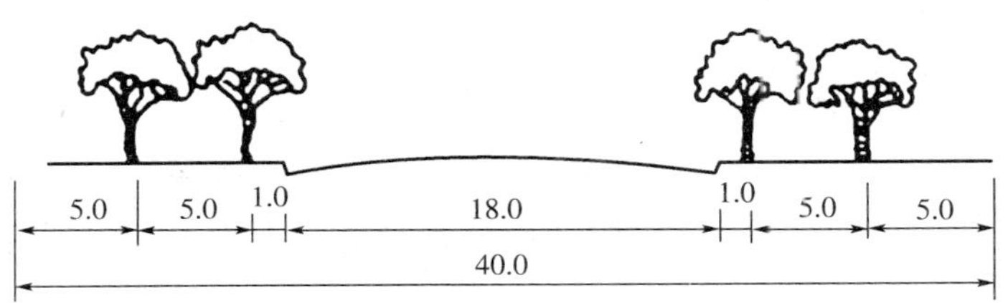

桂林市中山路

图5-23 商业性干道(单位:m)

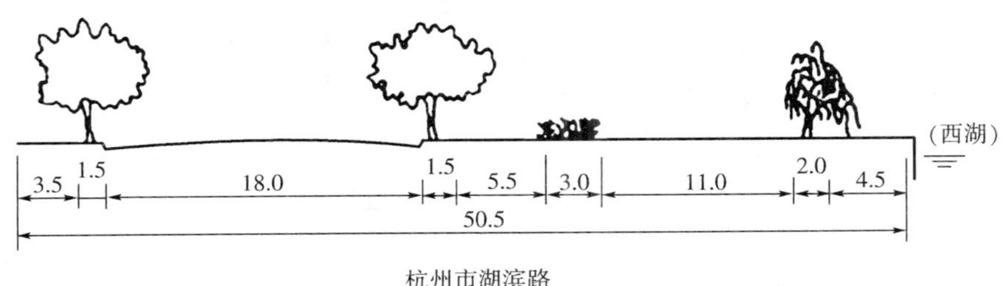

杭州市湖滨路

图5-24 居民区滨河路(单位:m)

城市道路横断面应绘出红线、车行道、人行道、绿带、照明、地下管线等的位置和宽度。通常采用比例尺1∶100或1∶200,包括现状横断面图、近期设计(一般5~10年)横断面图及远景(一般15~20年)规划横断面图,如图5-25所示。

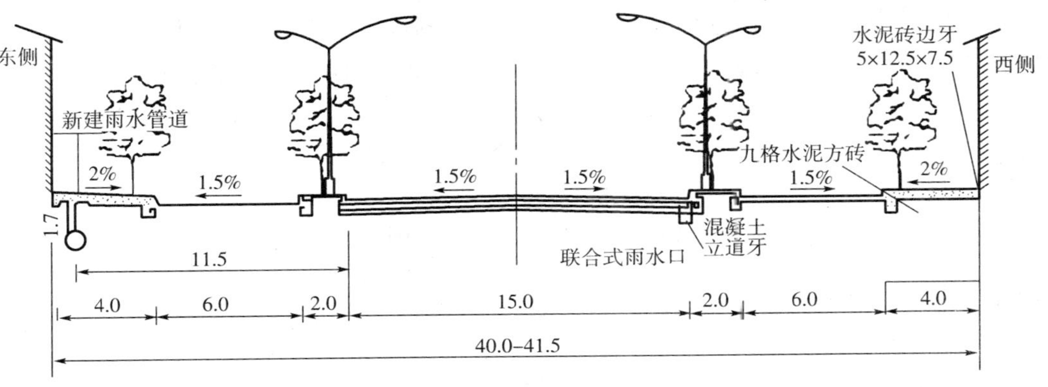

图5-25 城市道路标准横断面图(单位:m)

5.6 路基土石方数量计算及调配

路基土石方工程是道路工程的主要工程项目,在道路工程量中占有很大比重。土石方工程数量也是必选路线设计方案的主要技术经济指标之一。

土石方计算与调配的主要任务是:计算路基土石方工程数量,合理进行土石方调配,并计算土石方的运量。为编制道路工程概(预)算、道路施工组织、施工计量支付提供依据。

5.6.1 横断面面积计算

路基填挖的断面积,是指断面图中原地面线与路基设计线所包围的面积,路基设计线高于地面线者为填,低于地面线者为挖,两者应分别计算。下面介绍几种常用的面积计算方法。

1. 积矩法

如图 5-26,将断面按单位横宽划分为若干个梯形与三角形条块,每个小条块的近似面积为:

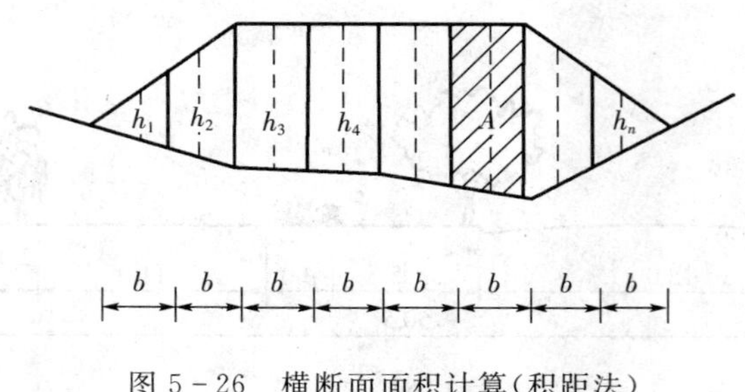

图 5-26 横断面面积计算(积距法)

$$F_i = bh_i$$

则横断面面积:

$$F = bh_1 + bh_2 + \cdots + bh_n = b\sum_{i=1}^{n} h_i \tag{5-9}$$

当 $b=1m$ 时,则 F 在数值上就等于各小条块平均高度之和 $\sum h_i$。

要求得 $\sum h_i$ 的值,可以用卡规逐一量取各条块高度的累积值。当面积较大卡规张度不够用时,也可用厘米方格纸折成窄条代替卡规量取积距。用积矩法计算面积简单、迅速。若地面线较顺直,也可以增大 b 的数值。若要进一步提高精度,可增加测量次数最后取其平均值。

2. 坐标法

如图 5-27,已知断面图上各转折点坐标(x_i, y_i),则断面面积为:

$$F = \frac{1}{2}\sum_{i=1}^{n}(x_i y_{i+1} - x_{i+1} y_i) \tag{5-10}$$

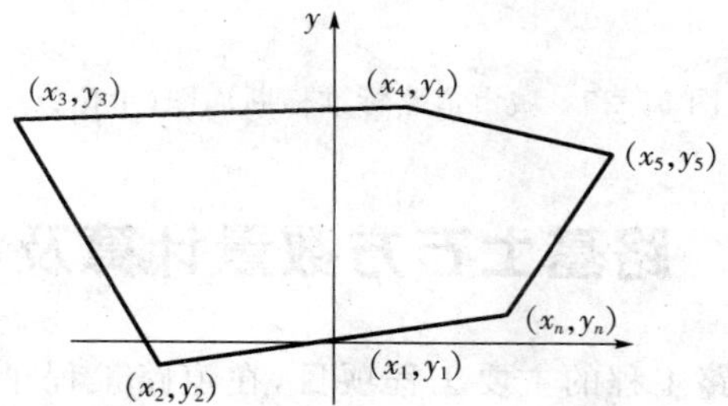

图 5-27 横断面面积计算(坐标法)

坐标法的精度较高，适宜于用计算机计算。

计算横断面面积还有几何图形法、数方格法、求积仪法等，不一一介绍。

5.6.2 土石方数量计算

若相邻两断面均为填方或均为挖方且面积大小相近，则可假定两断面之间为一棱柱体（图 5-28），其体积的计算公式为：

$$V=\frac{1}{2}(F_1+F_2)L \tag{5-11}$$

式中：V——体积，即土石方数量（m^3）；

F_1、F_2——分别为相邻两断面的面积（m^2）；

L——相邻断面之间的距离（m）。

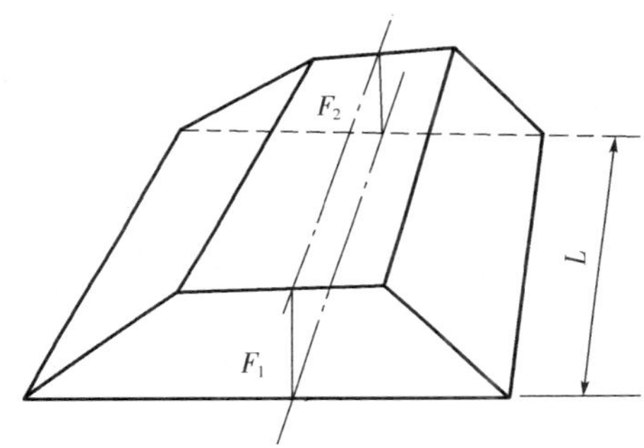

图 5-28　路基体积计算

此法计算简易，较为常用，一般称之为平均断面法。

若 F_1 和 F_2 相差甚大，则与棱台更为接近。其计算公式为：

$$V=\frac{1}{3}(F_1+F_2)L(1+\frac{\sqrt{m}}{1+m}) \tag{5-12}$$

式中：$m=\frac{F_1}{F_2}$，其中 $F_1>F_2$。

棱台公式的精度较高，应尽量采用，特别是用计算机计算时。

用上述方法计算的土石方体积中包含了路面体积。若所设计的纵断面有填有挖且基本平衡，则填方断面中多计的路面面积与挖方断面中少计的路面面积相互抵消，其总体积与实际体积相差不大。但若路基是以填方为主或以挖方为主，则最好是在计算断面面积时将路面部分计入。也就是填方要扣除、挖方要增加路面所占的那一部分面积。特别是路面厚度较大时更不能忽略。

5.6.3 路基土石方调配

土石方调配的目的是为确定填方用土的来源、挖方弃土的去向，以及计价土石方的数量和运量等。通过调配合理地解决各路段土石方平衡与利用问题，使从路堑挖出的土石方，在经济合理的调运条件下移挖作填，达到填方有所“取”，挖方有所“用”，避免不必要的路外借土和弃土，以减少占用耕地和降低道路造价。

1. 土石方调配原则

土石方调配原则如下：

(1)在半填半挖断面中，应首先考虑在本路段内移挖作填进行横向平衡，然后再作纵向调配，以减少总的运输量。

(2)土石方调配应考虑桥涵位置对施工运输的影响，一般大沟不作跨越调运，同时尚应注意施工的可能与方便，尽可能避免和减少上坡运土。

(3)为使调配合理，必须根据地形情况和施工条件，选用适当的运输方式，确定合理的经济运距，用以分析工程用土是调运还是外借。

(4)土方调配“移挖作填”固然要考虑经济运距问题，但这不是唯一的指标，还有综合考虑弃方或借方占地，赔偿青苗损失及对农业生产影响等。有时移挖作填虽然运距超出一些，运输费用可能稍高一些，但如能少占地，少影响农业生产，这样，整体来说也未必是不经济的。

(5)不同的土方和石方应根据工程需要分别进行调配，以保证路基稳定和人工构筑物的材料供应。

(6)位于山坡上的回头曲线路段，要优先考虑上下线的土方竖向调运。

(7)土方调配对于借土和弃土应事先同地方商量，妥善处理。借土应结合地形、农田规划等选择借土地点，并综合考虑借土还田、整地造田等措施。弃土应不占或少占耕地，在可能条件下宜将弃土平整为可耕地，防止乱弃乱堆，或堵塞河流，损坏农田。

2. 土石方调配方法

土石方调配方法有多种，如累积曲线法、调配图法及土石方计算表调配法等，目前生产上多采用土石方计算表调配法，该法不需绘制累积曲线图与调配图，直接可在土石方表上进行调配，其优点是方法简捷，调配清晰，精度符合要求。该表也可由计算机自动完成。具体调配步骤如下：

(1)土石方调配是在土石方数量计算与复核完毕的基础上进行的，调配前应将可能影响运输调配的桥涵位置、陡坡、大沟等注在表旁，供调配时参考。

(2)弄清各桩号之间路基填挖方情况并作横向平衡，明确利用、填缺与挖余数量。

(3)在作纵向调配前，应根据施工方法及可能采取的运输方式定出合理的经济运距，供土石方调配时参考。

(4)根据填缺挖余分布情况，结合路线纵坡和自然条件，本着技术经济和支农的原则，具体拟定调配方案。方法是逐桩逐段地将毗邻路段的挖余就近纵向调运到填缺内加以利用，并把具体调运方向和数量用箭头标明在纵向利用调配栏中。

(5)经过纵向调配，如果仍有填缺或挖余，则应会同当地政府协调确定借土或弃土地点，然后将借土或弃土的数量和运距分别填注到借方或废方栏内。

(6)土石方调配后，应按下式进行复核检查：

$$\text{横向调运}+\text{纵向调运}+\text{借方}=\text{填方}$$

$$\text{横向调运}+\text{纵向调运}+\text{弃方}=\text{挖方}$$

$$\text{挖方}+\text{借方}=\text{填方}+\text{弃方}$$

以上检查一般是逐页进行复核的，如有跨页调配，须将其数量考虑在内，通过复核可以发现调配与计算过程有无错误。经核证无误后，即可分别计算计价土石方数量、运量和运距等，为编制施工预算提供土石方工程数量。

3. 关于调配计算的几个问题

(1)经济运距

填方用土来源，一是路上纵向调运，二是就近路外借土。一般情况调运路堑挖方来填筑距离较近的路堤是比较经济的。但如调运的距离过长，以致运价超过了在填方附近借土所需的费用时，移挖作填就不如在路堤附近就地借土经济。因此，采用“调”还是“借”，有个限度距离问题，这个限度距离即所谓“经济运距”，其值按下式计算：

$$L_{经}=\frac{B}{T}+L_{免} \tag{5-13}$$

式中：B——借土单价(元/m^3)；

T——远运运费单价(元/(m^3 · km))；

$L_{免}$——免费运距(km)。

由上可知，经济运距是确定借土或调运的限界，当调运距离小于经济运距时，采用纵向调运是经济的，反之，则可考虑就近借土。

(2)平均运距

土方调配的运距，是指从挖方体积的重心到填方体积的重心之间的距离。在路线工程中为简化计算起见，这个距离可简单地按挖方断面间距中心至填方断面间距中心的距离计算，称平均运距。

在纵向调配时，当其平均运距超过定额规定的免费运距，应按其超运运距计算土石方运量。

(3)运量

土石方运量为平均运距与土石方调配数量的乘积。

在生产中，工程定额是将平均运距每 10m 划为一个运输单位，称之为“级”，20m 为两个运输单位，称为二级，以此类推。在土方计算表内可用符号①、②表示，不足 10m 时，仍按一级计算或四舍五入。于是：

总运量＝调配(土石方)方数×n

式中：n——平均运距单位，其值为：

$$n=\frac{L-L_{免}}{10} \tag{5-14}$$

式中：L——平均运距(km)；

$L_{免}$——免费运距(km)。

在土石方调配中，所有挖方无论是“弃”或“调”，都应予计价。但对于填方则不然，要根据用土来源决定是否计价。如果是路外借土，那当然要计价，倘若是移挖作填调配利用，则不应再计价，否则形成双重计价。因此计价土石方必须通过土石方调配表来确定其数量：

计价土石方数量＝挖方数量＋借方数量

一般工程上所说的土石方总量，实际上是指计价土石方数量。一条公路的土石方总量，一般包括路基工程、排水工程、临时工程、小桥涵工程等项目的土石方数量。对于独立大、中桥梁、长隧道的土石方工程数量应另外计算。

路基土石方计算和调配表见表 5-24 所示。

表 5-24 路基土石方数量计算表

桩号	横断面面积(m^2)（或为半面积）			平距面积(m^2)			距离(m)	总数量	挖方分类及数量(m^3)											
	挖	填		挖	填				土						石					
									松土		普通土		硬土		软石		次坚石		坚石	
		土	石		土	石			%	数量	%	数量	%	数量	%	数量	%	数量	%	数量
(1)	(2)	(3)	(4)	(5)	(6)	(7)	(8)	(9)	(10)	(11)	(12)	(13)	(14)	(15)	(16)	(17)	(18)	(19)	(20)	(21)
K14+000	60.0																			
				71.1			17	1209				242		121				604		242
+017	82.2										20		10				50		20	
				84.3		5.0 2.0	8	674				135		67				337		135
+025	86.4		10.0 4.0																	
				43.2	39.0	5.0 2.0	12	518				103		52				259		104
+037		78.0																		
					73.8		4													
+041		69.6																		
				39.2	34.8		9	353						71				176		106
+050	78.4																			
				56.4			10	564						113				282		169
+060	34.4																			
				60.6			12	727						145				364		218
+072	86.8																			
				55.9			8	447						89				224		134
+080	25.0																			
				12.5	12.3	27.3	6	75						15				37		23
+086		24.6	54.6																	
					26.3	55.3	8							20						
+094		28.0	56.0																	
					24.0	56.0	6													
+100		20.0	56.0										20				50		30	
					22.2	50.0	8													
+108		24.0	44.0																	
				12.0	12.0	22.0 1.0	6	72						14				36		22
+114	24.0		2.0																	
				35.0		1.5	10	350						70				175		105
+124	46.0		1.0																	
				31.0	4.0	0.5	16	496						99				248		149
+140	16.0	8.0																		
				29.0	7.0		20	580						116				290		174
+160	42.0	6.0																		
				52.0	3.0		20	1040						208				520		312
+180	62.0																			
				38.0	10.5		10	380						76				190		114
+190	14.0	21.0																		
				7.0	28.5		10	70						14				35		21
+200		36.0																		
小计							200	7555				480		1270				3777		2028

填方数量(m³)		利用方数量(m³)及运距(单位)								借方数量(m³)及运距(单位)		废方数量(m³)及运距(单位)		总运量(m³)		备注
		本桩利用		填缺		挖余		远运利用纵向调配示意								
土	石	土	石	土	石	土	石		土	石	土	石	土	石		
(22)	(23)	(24)	(25)	(26)	(27)	(28)	(29)	(30)		(31)	(32)	(33)	(34)	(35)	(36)	(37)
						363	946	调至上公里 土:363 石:500					346 ③		1038	1.(4),(7),(23)栏中的“”表示砌石； 2.(24),(30)栏中()的表示以石代土； 3.(31),(32),(33),(34)栏中,分子为数量,分母为运距； 4.(31),(32)系借普通土和次坚石,若有不同,须加注明。
	40 16		56			202	416	土:202 石:(87)					329 ③			
468	60 24	155 (279)	84	34				石:(40)								
295				295												
313		71 (242)					40									
						113	415						443 ②		886	
						145	582									
						89	358	②								
74	164	15	60	59	104											
210	442			210	442			土:347 石:882 (66)						694	1896	
144	336			144	336											
176	400			176	400									105	609	
72	132 6	14	58	58	80			土:105 石:480 (129) ①								
	5		15			70	265									
64	8	64	8			35	389						45			
140		116 (24)					440						440			
60		60				148	832					148	832			
105		76 (29)					275	石:(215)					60			
205		14 56		215												
2406	1574 69	585 (630)	281	1191	1362	1165	4894	土:654 石:1362(537)				148	2495	799	5416	

思考题

1. 公路横断面和城市道路横断面在组成、宽度上有何不同？

2. 路肩、分隔带、路缘石各有什么作用？

3. 在什么情况下需要设置超高？如何计算？怎样设置？

4. 在什么情况下需要加宽车道？如何计算？怎样设置？

5. 缓和曲线、加宽缓和段、超高缓和段的作用是什么，它们之间的关系如何？

6. 在平原区筑路时，为什么一般均做成低路堤？对较高的路堤，为什么两旁可以不设边沟？

7. 车行道路拱有哪几种型式？路拱各点标高如何计算？

8. 路基土石方调配的基本原则是什么？

第6章 道路选线与定线

6.1 概 述

6.1.1 选线的目的与任务

1. 目的

道路选线的目的，就是根据道路的性质、任务、等级和标准，结合地形、沿线地质条件，综合平、纵、横三方面因素，在实地或纸上选定道路路中线的平面位置。

2. 任务

道路选线的主要任务是：确定道路的走向和总体布局；确定道路的交点位置和选定道路曲线的要素，通过纸上或实地选线，把道路中线的平面位置确定下来。

6.1.2 选线的一般原则

1. 路线的基本定向必须与道路的主客观条件相适应

限制和影响道路基本走向的因素很多，但归纳起来可分为主观条件和客观条件两类。主观条件是指设计任务书（或其他文件）规定的路线总方向、等级及其在道路网中的地位和作用。客观条件是指道路所经地区原有交通的布局（如铁路、公路、航道、航空、管道等）、城镇、工矿企业、资源状况、土地开发利用和规划的情况以及地形、地质、气象、水文等自然条件。上述主观条件是道路选线的基本依据，而客观条件则是道路选线必须考虑的因素。选线人员要从各种可能的方案中选择出一条最优的路线方案，就要充分考虑上述条件对道路的影响，使之相适应。

2. 正确掌握和运用技术标准

在工程数量增加不大时，应尽量采用较高的技术标准。不要轻易采用较低指标或极限指标，也不应不顾工程数量增加，片面追求高指标。路线布设，应在保证行车安全、舒适、快捷的前提下，做到工程数量小、造价低、运营费用少、效益好，并有利于施工和养护。

3. 注意与农业配合

选线时要处理好道路与农业的关系。注意与农业基本建设的配合，做到少占田地，并应尽量不占高产田、经济作物田，避免穿过经济林园（如橡胶、茶林、果园等），并注意与修路造田、农田水利灌溉、土地规划等相结合。

4. 选线应重视水文、地质问题

不良地质和地貌对道路的稳定影响极大，选线时应对工程地质和水文地质进行深入勘测调查，弄清它们对道路的影响。

对于滑坡、崩塌、岩堆、泥石流、岩溶、泥沼等严重地质不良地段和沙漠、多年冻土等特殊地区的路线，应慎重处理，一般情况下应尽量绕避，必须穿过时，应选择合适的位置，缩小穿越范围，并采取必要的工程措施。

5. 重视环境保护工作

加强环保工作，重视生态平衡，为人类创造良好的生活环境，是我国的基本国策。在选线时应综合考虑由道路修建、汽车交通运行所引起的环境保护问题。主要应注意以下几点：

(1)通过名胜、风景、古迹地区的道路，应注意保护原有自然状态，并注意与周围环境、景观相协调，严禁损坏重要历史文物。

(2)路线对自然景观与资源可能产生的影响。

(3)占地、拆迁房屋对环境带来的影响。

(4)路线布局对城镇布局、行政区划、农业耕作区、水利排灌体系等现有设施造成分割而引起的影响。

(5)噪音以及对大气、水源、农田污染所造成的影响。

(6)充分考虑对破坏自然景观、资源和污染环境的防治措施及其实施的可能性。

6. 选线应综合考虑路与桥的关系

在选线中，个别特殊大桥桥位，一般作为路线总方向的控制点，大中桥位原则上应服从路线的总方向，一般作为路线走向的主要控制点。小桥涵位置应服从路线走向。

对于高速路和一级路，由于其路幅宽、可根据通过地区的地形、地物、自然环境等条件，本着因地制宜的原则，合理采用上下行车道分离的形式。

上述选线原则，对于各级道路都是适用的。但在掌握这些原则上，不同等级的道路会有不同的侧重点。如高等级公路主要为起终点及中间重要控制点间快速直达交通服务的，该功能决定了它的基本方向不应偏离总方向过远，需要与沿线城镇连接时，宜用支线连接。对于等级低的地方道路主要是为地方交通服务，在合理的范围内，多联系一些城镇可以带动地方经济的发展。

6.1.3 道路定线的任务

道路定线是道路选线的第三个步骤，就是具体落实道路中线确切位置的工作。其任务是在路线总体布局和逐段安排的基础上，按照已定的技术标准。结合地形、地质及其他沿线条件，综合考虑平、纵、横三方面因素，合理安排，定出路线中线位置。其内容包括确定交点和曲线定线两项工作。

6.2 道路选线

6.2.1 影响路线选择的主要因素

一条路线的起终点及中间必须经过的重要城镇或地点，通常是由公路网规划所规定或领导机关根据社会主义建设需要指定的。这些指定的点称为“据点”，把据点连接成线，就是路线的总方向或称大走向。两个据点之间有许多不同的定法，有的可能沿某河、越某岭；也可能沿某几条河，翻某几个岭；可能走某河的这一岸，靠近某城镇；也可能走对岸，避开某城镇等等。这些每一种可能的走法就是一个大的路线方案。选线的任务就是在深入调查的基础上，综合考虑路线方案选择的主要因素，通过方案的比选，提出符合设计要求、经济合理、切实可行的最优方案。路线方案的取舍是路线设计中的重要问题。方案是否合理，不仅直接关系到道路本身的工程投资和运输效率，更重要的是影响到路线在道路网中的作用，直接关系到是否满足国家政治、经济及国防的要求和长远利益。

选择路线方案应综合考虑以下主要因素：

(1)路线在政治、经济、国防上的意义；国家或地方建设对路线使用任务、性质的要求，改革开放、综合利用等重要方针的体现。

(2)路线在铁路、公路、航道、空运等交通网系中的作用；与沿线工矿、城镇等规划的关系；以及与沿线农田水利等建设的配合及用地情况。

(3)沿线地形、地质、水文、气象、地震等自然条件的影响；要求的路线技术等级与实际可能达到的技术标准及其对路线使用任务、性质的影响；路线长度、筑路材料来源、施工条件以及工程量、三材(钢筋、木材、水泥)用量、造价、工期、劳动力等情况及其对运营、施工、养护等方面的影响。

(4)其他如与沿线旅游景点、历史文物、风景名胜的联系等。

影响路线方案选择的因素是多方面的，各种因素又多是互相联系和互相影响的。路线应在满足使用任务和性质要求的前提下，综合考虑自然条件、技术标准和技术指标、工程投资、施工期限和施工设备等因素，通过多方案的比较，精心选择，提出合理的推荐方案。

6.2.2 选线的方法与步骤

1. 一般方法

(1)实地选线

实地选线是由选线人员根据设计任务书的要求，在现场实地进行勘察测量，经过反复比较，直接选定路线的方法。

这是我国传统的选线方法。其特点是方法简便，切合实际，容易掌握地质、地形、地物情况，做出的方案比较可靠，定线时一般不需要大比例尺地形图。但是，这种方法野外工作量很大，体力劳动强度大，野外测设工作受气候季节的影响大。同时，由于实地视野的限制，地形、地貌、地物的局限性很大，使路线的整体布局有一定的片面性和局限性。实地选线适用于一般等级较低、方案比较明确的公路。

(2)纸上选线

是在已经测得的地形图上进行路线布局，方案比选，从而在纸上确定路线，将此路线再放到实地的选线方法。

其特点是野外工作量较小，定线不受自然因素干扰，能在室内纵观全局，结合地形、地物、地质条件，综合平、纵、横三方面因素，选定的路线更为合理。但纸上定线必须有大比例尺地形图，地形图的测设需花费较大的工作量和具备一定设备。纸上选线的地形图若用航空摄影成图可大大缩短成图时间。

纸上选线的一般步骤是：

① 实地敷设导线；

② 实测地形图(可用人工或航测法)；

③ 纸上选定路线；

④ 实地放线。

随着航测技术的发展，纸上选线方法开始广泛运用，特别对于高等级公路和地形、地物及路线方案十分复杂的公路更为适用。

(3)自动化选线

随着航测技术和电子计算机技术的发展,一种将航测和电算相结合的自动化选线方法已研制成功,自动化选线的基本做法是:先用航测方法测得航测图片,再根据地形信息建立数字地形模型(即数字化的地形资料),把选线设计的要求转化为数学模型,将设计数据输入计算机,则计算机按照一定的程序进行自动选线、分析比较、优化,最后通过自动绘图仪和打印机将全部设计图表输出。

自动化选线用电子计算机和自动绘图仪代替人工做大量、繁重的计算、绘图、分析比较工作,能使选线方案更为合理、省工省时,是今后公路选线的发展方向。

2. 一般步骤

一条道路路线的选定是经过由浅入深、由轮廓到局部、由总体到具体、由面到带再到线的过程来实现的,一般要经过以下三个步骤:

(1)全面布局

全面布局是解决路线基本走向的全局性工作。就是在起讫点及中间必须通过的据点间寻找可能通行的“路线带”,并确定一些大的控制点,连接起来即形成路线的基本走向。例如,在起讫点及据点间可能沿某条河,越某座岭;可能走这一岸,也可能走另一岸。这些都属于路线的布局问题。

路线布局,是关系到公路“命运”的根本问题。总体布局如果不当,即使局部路线选得再好,技术指标确定得再恰当,仍然是一条质量很差的路线。因此,在选线中,首先应着眼于总体布局工作,解决好基本定向问题。全面布局是通过路线视察,方案比较来解决的。

(2)逐段安排

这是在路线基本定向已经确定的基础上,进一步加密控制点,解决路线局部方案的工作。即在大控制点间,结合地形、地质、水文、气候等条件,逐段定出小控制点。例如翻越同一山岭垭口后是从左侧展线下山,还是从右侧展线下山,沿一条河是仅走一岸还是多次跨河两岸布线等等都是属于局部方案问题。逐段安排路线是通过踏勘测量或详测前的察看路线来解决的。

(3)具体定线

这是在逐段安排的小控制点间,根据技术标准结合自然条件,综合考虑平、纵、横三方面因素,反复穿线插点,具体定出路线位置的工作。这一步更深入、更细致、更具体。具体定线由详测时的选线组来完成。

6.3 平原地区选线

6.3.1 平原区基本特征

1. 自然特征

平原主要是指一般平原、山间盆地、高原等地面高度变化微小的地区,地面起伏不大,一般自然坡度都在3度以下。其地形、地物特征是:除泥沼、盐渍土、河谷漫滩、草原、戈壁、沙漠等外,一般多为耕地,且分布有较多的各种建筑设施,居民点较密,交通网系较密。在农业区农田水系渠网纵横交错;在城镇区则建筑、电讯管网密布;在天然河网或湖区,还密布有湖泊、水塘和河岔。

从地质和水文条件来看，平原区一般不良地质现象较少，但有时会遇到软土和沼泽地段。另外，平原区地面平坦，往往排水较困难，地面积水较多，地下水位较高、平原区河流较宽阔，泥沙淤积，河床低浅，洪水泛滥较宽。

2. **路线特征**

平原地区地形对路线的约束限制不大，路线平、纵、横三方面的几何条件很容易达到标准，其路线特征是短捷顺直。平面线形顺直，以直线为主体线形，弯道转角一般较小，平曲线半径较大，在纵面上，坡度平缓、以矮路堤为主。路线布设除考虑地物障碍外，一般没有太大困难。

平原区路线要充分考虑近期和远期相结合，在线形上要尽量采用高标准，以便将来提高公路等级时能充分利用原路基、桥涵等工程。

6.3.2　布线要点

平原区路线，因地形限制不大，布线应在符合基本路线走向的前提下，着重考虑政治、经济因素，正确处理对地物、地质的避让。综合平原区自然和路线特征，布线时应着重考虑以下几点：

1. **以平面为主安排路线**

选线时，首先在起、讫点间把经过的城镇、厂矿、农场及风景文物点作为大的控制点，在控制点间通过实地视察进一步根据地形条件和水文条件选择中间控制点，除一般较大的建筑群、水电设施、跨河桥位、洪水泛滥线范围以外以及其他必须绕过的障碍物外均可作为中间控制点。在中间控制点之间，无充分理由一般不设转角点。在安排平面线形时，既要使路线短捷顺直，又要注意避免过长的直线，可能条件下多采用转角小、半径大的长缓平曲线线形。纵面线形应综合考虑桥涵、通道、交叉等结构物的要求，合理确定路基设计高度。注意避免纵坡起伏过于频繁，但也不应过于平缓，而造成排水不良。

2. **正确处理路线与农业的关系**

处理好公路与农田规划、农业灌溉、水利设施的关系，是平原微丘区选线的重要问题。主要注意以下几点：

(1)占用田地要与路线的作用、对支农运输的效果、工程数量及造价、运营费用等方面因素全面分析比较确定。既不能片面求直占用大量良田，也不能片面不占某块田，使路线绕行造成行车条件差。

(2)注意处理好路线与农田水利的关系。线路布置要尽可能与农业灌溉系统配合，除特殊情况外，一般不要破坏灌溉系统。布线要注意尽量与水渠平行，减少路线与渠道相交，最好把路线布置在渠道的非灌溉区一侧或渠道的尾部。如图 6－1 所示，布线时应优先考虑 I 方案，II 方案次之，III 方案则应避免。当路线与渠道方向基本一致时，应考虑沿渠道布线，注意堤路结合、桥闸结合，便于灌溉。

(3)注意筑路与造田、护田结合。可能条件下，布线要有利于造田、护田。路线通过河曲地带，当水文条件许可时，可考虑路线直穿，裁弯取直，改河造田，缩短路线里程(或减少桥涵数量)，如图 6－2 的布线方式。当路线靠近河边低洼村庄或从农田通过时，可考虑靠河岸布线，围滩造田、护田，如图 6－3 为某公路采用沿河布置路线，借石填筑路堤，使一百多亩河滩地变为良田。

(4)路线布置要尽可能考虑为农业服务。布线时要注意与农村公路的连接以及与土地规划相结合。较多地靠近一些居民点，并考虑地方交通工具的行驶，以方便群众，支援农业。

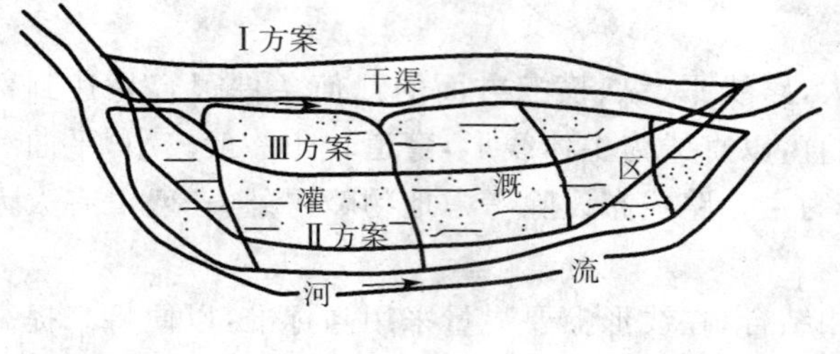

图 6－1　灌溉区路线布置

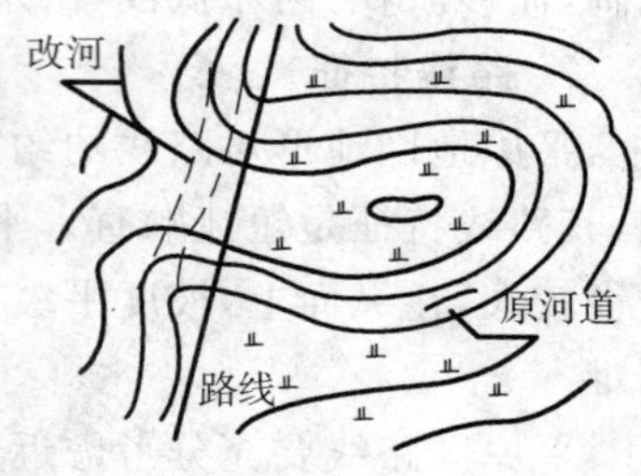

图 6－2　改河造田布线

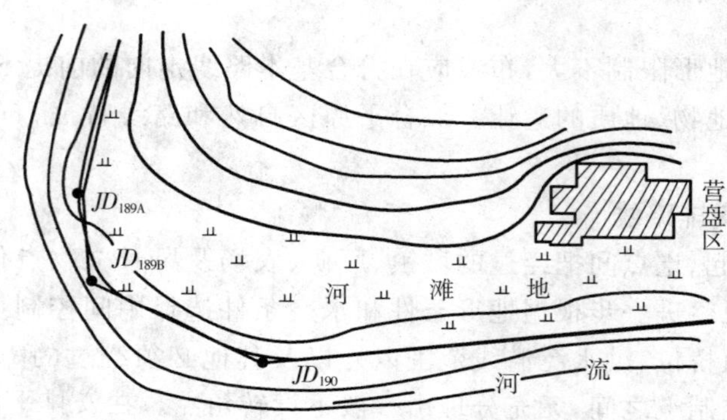

图 6－3　围滩筑路造田的布置

3. 处理好公路与城镇的关系

平原区有较多的城镇、村庄、工业区及其他公用设施，路线布置应正确处理好服务与干扰、穿越与绕避、拆迁与保留的关系问题。

(1)国防与高等级干线公路，应尽量避免直穿城镇、工矿区和居民密集区，以减少相互干扰。但考虑到公路对这些地区的服务性能，路线又不宜相离太远，必要时还应考虑支线联系。做到近村不进村，利民不扰民，既方便运输，又保证安全，布线时注意与地区规划相结合。

(2)一般沟通县、区、村直接为农业运输服务的公路，经地方同意可穿越城镇，但要注意有足够的行车视距和行车道宽度(应考虑行人的需要)及必要的交通设施，以保证行人和行车的安全。

(3)路线布设应尽量避开重要的电力、电讯及其他重要的管线设施。当必须靠近或交叉时，应遵守有关净空和安全距离的规定，尽量少拆或不拆各种电力、电讯和建筑设施。

(4)注意与铁路、航道、机场、港口、已有公路等交通运输配合，以发挥交通运输的综合效益。

4. 处理好路线和桥位的关系

(1)大、中桥位往往是路线的控制点，应在服从路线总方向的原则下，路、桥综合考虑，选择有利桥位，布设路线。一般情况下，桥位中线应尽可能与洪水主流流向正交，桥梁和引道都在直线上。桥位应选在水文、地质及跨河条件较好的河段。位于直线上的桥梁，如两端引道必须设置曲线时，应在桥两端以外保持一定的直线段，并尽量采用较大平曲线半径。当条件受限制时，也可设置斜桥或曲线桥。要注意防止两种偏向：一种是单纯强调桥位，造成路线过多地迂绕，或过分强调正交桥位，出现桥头急弯影响行车安全，另一种只顾线形顺直，不顾桥位，造成桥位不合适或斜交过大，增加建桥困难。

(2)小桥涵位置原则上应服从路线走向，但遇到斜交过大(夹角小于45°时)或河沟过于弯曲时，可考虑采取改移路线或改沟的办法，调整交角，布线时应通过比选确定。

(3)路线采用渡口跨河时，应在路线基本走向确定后选定渡口位置，渡口位置要注意避开浅滩、暗礁等不良河段，两岸地形要适于修建码头。

5. 注意土壤水文条件，确保路基稳定

(1)在低洼地区布线时，应尽可能在接近分水岭的地势较高处布线，以使路基具有较好的水文条件。

(2)路线通过排水不良的低洼地带，布线时要注意保证路基最小填土高度，低填及个别挖方地段要注意排水处理。

(3)路线要避免穿过较大湖塘、水库、泥沼地带，不得已时应选择最窄、最浅和基底坡面较平缓的地方通过，并采取保证路基稳定的措施。

(4)沿河布线时，应注意洪水泛滥对路线的影响，一般应布线于洪水泛滥线以外，必须通过泛滥区时，桥梁、路基应有足够的高度，以免洪水淹没，并应对路基边坡进行防护加固，避免冲毁。

6. 正确处理新、旧路的关系

平原地区通常有较宽的人行大路或等级不高的公路，当设计交通量很大，需要修建汽车专用公路时，应分别处理好新旧路间关系。

(1)现有一般二级公路由于交通量很大需建汽车专用二级公路时，宜利用、改造原路，并另建辅路供非汽车交通行驶。

(2)现行公路等级低于一般二级路标准，宜新建汽车专用公路，原有公路留作辅路。

7. 尽量靠近建筑材料产地

平原地区一般缺乏砂石建筑材料，路线应尽可能靠近建筑材料产地，以减少施工、养护材料运输费用。

6.4 山岭、丘陵地区选线

6.4.1 山岭地区的基本特征

山岭地区包括分水岭、起伏较大的山、陡峻的山坡，一般地面自然坡度在20°以上。其主要自然特征是：

1. 山高谷深，地形复杂，山脉水系分明

由于山区高差大，加之陡峻的山坡和曲折幽深的河谷，形成了错综复杂的地形，这就使得公路路线急弯、坡陡多、线形差，给工程带来困难，但另一方面清晰的山脉水系也给山区公路走向提供了依据。因此，在选线中摸清山脉水系的走向和变化规律，对于正确确定路线的基本走向，选择大的控制点是十分重要的。

2. 石多、土薄、地质复杂

由于山区的地质层理和地壳性质在短距离内变化很大，地质构造复杂，加之气候、水文及其他大气候因素变化急剧，引起强烈的风化、侵蚀和分割作用，不良地质现象（如岩堆、滑坡、碎落、泥石流等）较多。这些直接影响着路线的位置和路基的稳定。因此，在山区选线工作中，认真作好地质调查，掌握区域地貌和地质情况，摸清不良地质现象的规律，处理好路线与地质的关系，并在选线设计中采取必要的防护措施，对于确保路线质量和路基稳定具有十分重要的意义。另外，山区石多、土薄给公路建设提供了丰富的石料料场。

3. 水文条件复杂

山区河流曲折迂回，河岸陡峻，比降大、水流急，一般多处于河流的发源地和上游河段。雨季暴雨集中，洪水历时短暂，猛涨猛落，流速快，流量大，冲刷和破坏力很大，这样复杂的水文条件，要求在选线中正确处理好路线和河流的关系，选择好桥位并对路基和排水构造物采取必要的加固措施，确保路基稳定。

4. 变化的山区地形和地貌，引起多变的气候

一般山区气温较低，冬季多冰雪（特别是海拔较高的山区），一年四季和昼夜温差很大，山高雾大，空气较稀薄，气压较低。这些气象特征对于汽车行驶的效率、安全和通行性能都有很大的影响，这些在选线时应充分考虑。

山岭区由于自然条件复杂，地形变化很大，使得路线在平、纵、横三方面受到很大限制，因而技术指标一般多采用低限值。在所有自然因素中，高差急变是主导因素，因此，在路线布设时，一般多以纵断面线为主安排路线，其次是横断面和平面。在选线时要使平、纵、横三方面因素相协调，结合影响路线的主要自然因素，综合考虑。山岭地区按地形布线一般为顺山沿水或横越山岭，顺山沿水的路线可有沿溪线、山脊线等。

6.4.2 沿溪线

1. 沿溪线的基本特征

沿溪线是指公路沿河溪岸布置的路线，其基本特征是路线总的走向与等高线一致。

山区河流，谷底一般不宽，两岸台地较窄，谷坡时缓时陡，间或为浅滩和悬崖峭壁，河流多具有弯曲的特点，凹岸较陡而凸岸较缓，如沿一侧而行，常常是陡岸缓岸相间出现，两岸均为陡崖处即为峡谷、开阔处常有较宽台地，多是山区仅有的耕地。

河谷地质情况复杂，常有滑坍、岩堆、泥石流等病害存在。寒冷地区的峡谷因日照少，常有积雪、雪崩和涎流冰等现象。山区河流平时流量不大，但一遇暴雨，山洪暴发，洪流常夹带泥沙、砾石、树木等急速下泄，冲刷河岸，毁坏田园，危害甚大。上述自然条件会给选线工作造成一定困难，但和山区其他线型相比较，沿河（溪）线平、纵线形最好的，便于为分布在溪河两岸的居民点及工农业生产服务，有丰富的砾石、石料以及充足的水源，可供施工、养护使用。沿河设线，只要善于利用有利地形，克服不良的地质、水文等不利因素，在路线标准、工程造价等方面都有可能胜于其他线型。因此山区选线，往往把沿河（溪）线作为优先考虑的方案。

2. 沿溪线布线要点

路线布设的首要任务就是利用有利条件，防止和避让不利条件，沿溪线布局的决定因素是水的问题。出于路线自始至终都要与河流打交道，因此，解决好路线与水的关系是沿溪线布局的关键。路线与河流基本关系主要是指平面关系和纵面关系，平面关系主要是解决择

岸问题，路线选择走河流的哪一岸，而纵面关系则主要是解决线位的高低问题和在什么地点跨河。

(1)河岸选择

择岸，主要是解决路线是否跨河(即一岸布线还是两岸布线)和选择走哪一岸两个问题。

任何一条沿溪线公路，除了起终两点在同一岸，且相距又很近，工程又不大时，不考虑跨河外，一般情况下都有是否跨河两岸设线的问题。对于较大的河流，如果不是中间控制点的需要，一般因跨河桥梁工程过大而不宜跨河。但是，对于中小河谷，由于跨河较易，应充分利用两岸有利地形，往返跨河时有发生。

路线往返跨河主要有以下几种原因：

① 中间主要控制点的需要，当路线起讫点在河岸两侧，至少必须跨河一次。有时，起讫点虽在河流同一岸，控制点在对岸，如图6-4所示。这时，可有两种布线方式：

一种是两次跨河方案，如图中虚线；另一种是一次跨河方案，如图中实线，用支线与中间控制点连接。一般情况，后一方案可省一座桥，且干线直达快逗，路线短捷，是应优先考虑的方案。

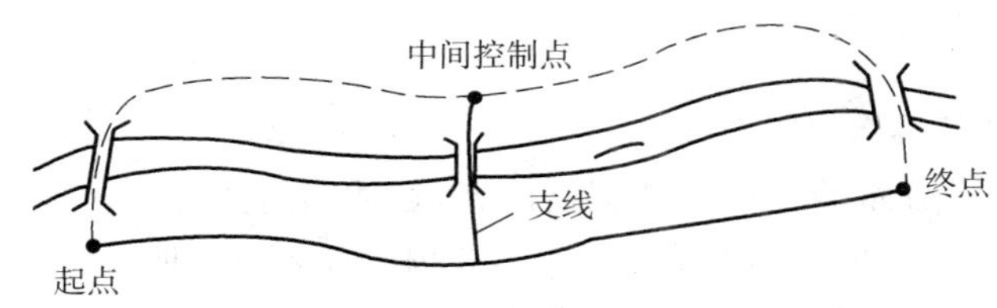

图6-4 连接中间点的跨河方案

② 由于避让严重不良地质地段的需要，对于严重地质病害无法穿越或处理时可考虑跨河绕避方案。

③ 由于避让艰巨工程跨河。在峡谷带，河谷两岸地形的好坏变化常是交替出现，为了利用有利地形，避开艰巨石方工程，常采用两岸交替布线。

④ 避让其他地物障碍，如铁路、农田、大型水利工程、重要建筑设施等。

(2)择岸

沿溪线考虑跨河是与择岸同时进行的。两岸情况不尽相同，各有利弊，选择时应综合比较确定。主要综合考虑以下几方面因素：

① 两岸地形、地质、水文条件。

② 积雪和冰冻的影响。主要是积雪高地区，阳坡和阴坡、迎风面和背风面的气候条件差异很大，在不影响路线总体布局的前提下，一般走阳坡面和迎风面比较有利，可减少积雪和流冰对公路的危害，但在冰冻地区，则走阴坡面比较有利。

③ 城镇、工矿和居民点的分布情况。除国防路线外，一般公路尽可能选择村镇较多，人口较密的一岸，对革命史迹，历史文物，风景区等创造有利条件。

④ 两岸施工、养护以及路线等级标准和投资情况。

3. 线位高低的确定

线位高低是路线纵面线形布局的问题。路线沿岸走多高，首先应考虑洪水的威胁。不管是高线位还是低线位，均应在设计洪水位以上一定安全高度。因此，在选线中应认真做好洪水位调查工作，以确保路线必需的最低线位高度。

(1)低线位:是指路基高出设计洪水位不多,路基临水一侧边坡常受洪水威胁的布线方案。其主要优点是:平、纵线形比较顺直、平缓,易争取到较高标准,路基土石方数量少,边坡较稳定,路线活动余地稍大,跨河利用有利条件和避让不利条件较容易;养护、施工用水、取材较方便;从国防来看,路基破坏后因线位低抢修也很快。其主要缺点是:线位低,受洪水威胁大,通常防护工程较多;低线位多在沟口附近跨越支沟,桥涵孔径较大,基础工程也较困难;路线与农田矛盾较大,处理弃方比较困难。

(2)高线位:指路线高出洪水位较多,完全不受洪水威胁的布线方案,其路线特征与山坡线相近。其主要优点是:无洪水影响,防护工程较少,弃方处理问题不突出。当采用台口路基时,路基比较稳定。其主要缺点是:路基多用台口路基,挖方大,弃方较多,由于线位高,路线势必随山形走势绕进绕出,特别是鸡爪地形地段,线形差,土石方大,跨支沟的桥涵构造物较多,工程费用较高;路基边坡常出现"缺口",因而挡土墙和加固工程较多,线位高需要跨河时比较困难;施工、养护取料、用水也不如低线位方便。

综上所述,高线位一般害多利少,在洪水允许的条件下,无特殊问题时,一般以低线位为主,结合路线具体条件,局部路段采用高线位。

6.4.3 越岭线

1. 越岭线基本特征

越岭线是指公路沿分水岭一侧山坡爬上山脊,在适当地点穿过垭口,再沿另一侧山坡下降的路线,称为越岭线。它的特点是布线不受河谷限制,活动余地大;由于无洪水问题,一般路基较稳定,桥涵及防护工程比沿溪线少;当采用隧道方案时,路线短捷且隐蔽,有利于运营和国防。但越岭线里程较长、线形差、指标低;线位高,远离河谷,施工用水、砂石材料的运输等都不方便。克服高差是越岭线的关键,路线的长度和平面位置主要取决于路线纵坡的安排,因此,在越岭线的选线中,须以路线纵断面为主导。

越岭线的布线主要应解决的问题是:垭口选择,过岭标高和展线布局三个问题,它们是相互联系,相互影响的,布局时应综合考虑,处理好三者的关系。

2. 越岭线的布线

(1)垭口的选择

垭口是体现越岭线方案的重要控制点,应在基本符合路线走向的较大范围内选择,要全面考虑哑口的位置、标高、地形条件,地质情况和展线条件。

① 垭口位置选择

垭口位置在基本符合路线走向的前提下,与两侧山坡展线方案结合考虑。首先考虑高差较小,而且展线降坡后能与山下控制点直接地衔接,不需无效延长路线。其次再考虑稍微偏离路线方向,但接线较顺、且不致过于增长里程的其他垭口。

② 垭口标高选择

垭口海拔高低及其与山下控制点的高差,对路线长短、工程量大小和运营条件有直接的影响,一般应选择标高较低的垭口。在高寒地区,特别是积雪、结冰地区,海拔高的路线对行车很不利。因此,有时为了走低垭口,即使方向有些偏离,距离有些绕远,也应注意比较。但如积雪、结冰不是太严重,对于基本符合路线走向,展线条件较好,接线方向较顺,地质条件较好的垭口,即使稍高,也不应轻易放弃。

③ 垭口展线条件选择

山坡线是越岭线的主要组成部分。而山坡坡面的曲折程度、横坡陡缓，地质好坏等情况，与线形标准、工程大小有直接关系。因此，选择垭口必须结合山坡展线条件一起考虑。如有地质较好，地形平缓，利于展线降坡的山坡，即使垭口位置略偏或较高，也应比较，不要轻易放弃。

④ 垭口的地质条件选择

垭口一般地质构造薄弱，常有不良地质存在，应深入调查研究其地层构造，如图 6－5 所示，摸清其性质和对公路的影响。对软弱层型、构造型和松软土侵蚀型的垭口，只要注意到岩层产状及水的影响，路线通过一般问题不大。对断层破碎带及断层陷落型垭口，一般应尽量避开；必须通过时，应查清破碎带的大小及程度，选择有利部位通过，并采取可靠工程措施（如设置挡土墙或明洞）以保证路基稳定。对地质条件恶劣的垭口，局部移动路线或采取工程措施也不能解决问题时，应该放弃。

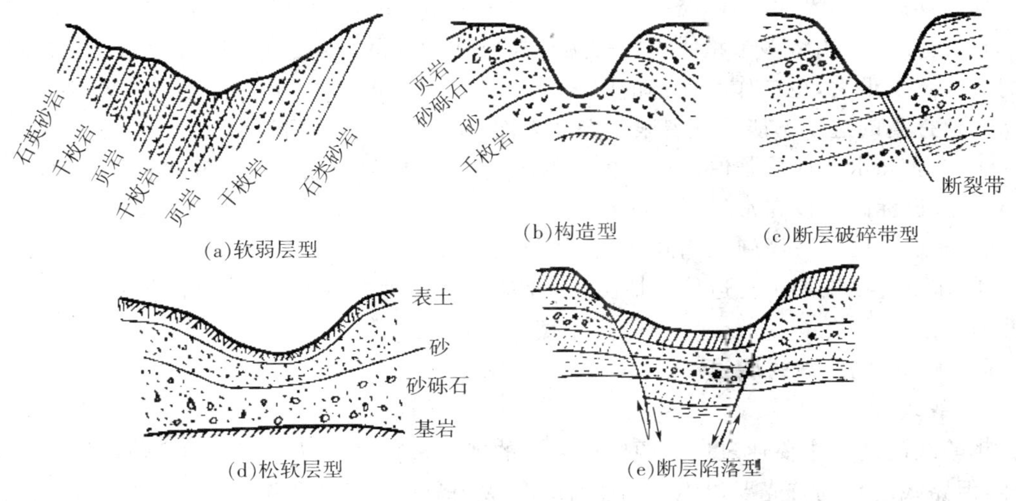

图 6－5　垭口的地层构造

3. 过岭标高的选择

路线过岭，一般采用路堑或隧道通过。过岭标高越低，路线就越短，但路堑或隧道就越深、越长，工程量也越大。因此过岭标高应结合路线等级、越岭地段的地形、地质以及两侧展线方案、过岭方式等因素经过技术经济比较来选定，这些因素是互相影响的，必须全面分析研究各种可能的比较方案，作出合理的选择。过岭方式主要有如下几种：

(1)浅挖低填

遇到过岭地段山坡平缓，垭口宽而厚(有的达到一二公里、有时还有沼泽出现)的地形，展线容易，适宜采用浅挖低填的方式过岭，过岭标高基本上就是垭口标高。

(2)深挖垭口

当垭口比较瘦削时，常用深挖的方式过岭。深挖垭口，虽土石方工程较集中，但由于降低了过岭标高，相应缩短了展线长度，总工程量并不一定增加。即使有所增加，也可从改善行车条件，节约运营费中得到补偿。至于深挖程度，应视地形、地质、气象条件以及展线对垭口标高的要求等因素而定。现有资料，一般挖深在 20m 以内，地质情况良好时，还可深些，垭口越瘦，越宜深挖。但垭口通常地质条件较差、挖深应以不致危及路基稳定为度，否则应采取有效措施，以防止遗留病害。有条件时，可采用隧道通过。

过岭标高是越岭线布局的重要控制因素，不同的过岭标高就有不同的展线方案。

深挖垭口，工程量集中，往往要处理大量弃方，施工条件差，影响施工期限，这些都应在选定过岭标高时充分考虑。

(3)隧道穿越

当垭口挖深在20～25m以上，采用隧道往往比明堑经济。特别是垭口瘦薄时，采用不长的隧道能大大降低路线爬升高度、缩短里程、提高路线线形指标，在经济上非常合算。另外为了避让严重不良地质以及减轻或消除高山严重积雪、结冰对公路的不良影响时，也应结合施工条件及施工期限，考虑采用隧道通过的方案。

一般情况，隧道标高越低，路线越短，技术指标也越易提高，对运营也越有利。但标高低，隧道就长，造价就高，工期也长。因此，隧道标高的选定通常根据越岭地段的地质条件，并以临界标高作为研究的基础。临界标高就是隧道造价和路线造价总和最小的过岭标高。设计标高如高于临界标高，则路线展长费用将多于隧道缩短的费用，设计标高如低于临界标高，则隧道加长费用将多于路线缩短费用。如设计标高降低，可节约运营费用，这对交通量大的路线意义重大，也应作为比选的因素。

隧道标高的选定不能单纯着眼于经济方面，还应考虑以下因素：

① 地质和水文地质条件是选择标高的决定因素、要尽可能把隧道放在较好的地层中。

② 隧道标高应设在常年冰冻线和常年积雪线以下，以保证施工和行车安全。

③ 隧道长度要考虑施工期限和施工技术条件等。

④ 在不过多增加工程造价的情况下，要适当考虑远景的发展，尽可能把隧道标高降低一些。

4. 垭口两侧路线的展线

(1)展线布局

越岭线的高程主要通过垭口两侧山坡上的展线来克服的，虽然山坡地形差别很大，线形多样，但路线的布局首先要以纵坡为主导，平、纵、横三方面相协调。越岭线利用有利地形、地质、避让不良地形，地质，是通过合理调整坡度和设置必要的回头线来实现的，而回头线的布置，也要根据纵坡来选定。只有符合纵坡标准的路线方案，才能成立。因此，展线布局必须从纵坡设计开始，其工作步骤如下：

① 拟定路线大致走向

在调查和踏勘阶段确定的主要控制点间进行广泛勘察，调查周围地形及地质情况，以粗略勘定的坡度作为指引，注意利用有利地形、地质，拟定路线可能的大致走向。

② 试坡布线

试坡的目的是进一步落实初步拟定的路线走向的可能性；发现和加密中间控制点，试定局部比较方案，拟定路线布局。

试坡由已定的控制点开始。越岭线通常先固定垭口，由上而下，视野开阔，便于争取有利地形。因此，一般多由垭口向下试坡。试坡选用的平均坡度，应根据“标准”的规定，地形曲折，小半径曲线多的地段，可略低于规定值。在试坡过程中遇到必须避让的地物、工程艰巨及地质不良地段，以及拟用作回头线的地点，要把路线最适宜通过的位置，暂时作为一个中间控制点。如果它和试坡线接近，并与前面的暂定控制点之间的坡度不致超过最大和最小值，就把这个点大致的里程、高程以及可活动的范围记录下来，可供以后调整落实参考。

如果这个点和试坡线的高差较大，则应返回重新试坡，或修改前面的暂定控制点，认为合适后再向前试坡。如经过修改后的路线纵断面或路线行经地带不够理想，应另寻比较线。这就是通过试坡发现控制点和局部比较线的大致过程，当一系列中间控制点暂定下来后，路线布局大体就有个轮廓了。

主要控制点间可能有几个方案，要经过比选，剩下一两个较好的方案，再进行下一步工作。

③ 分析、落实控制点，决定布局方案

控制点有固定和活动之分：一种是位置和高程都不能改变、如工程特别艰巨地点的路线和某些受限制很严的回头曲线地点，必须利用的桥梁，必须通过的街道等；另一种是位置固定、高程可以活动，如垭口、重要桥位等；第三种是位置、高程都有活动余地的，如侧沟展线的跨沟地点、宽阔平缓山坡的回头地点等。一般第一种情况较少，第二、三种情况居多。也就是说控制点大多是有活动余地的，但活动范围有大有小。对活动范围小的控制点，可视为固定控制点，把位置、高程确定下来。然后再去研究固定控制点之间的、活动范围较大的那些控制点。以便通过适当调整，达到既不增大工程而又能使线形更加合理的目的。

活动控制点的调整落实有下面两种情况和做法：活动性较大的回头地点，可从前后两个固定控制点以适当的坡度分头放坡交会得出；两固定控制点间的非回头的活控制点，应在其可活动的范围内调整，以使固定控制点间的坡度尽量均匀些。

(2)展线方式

越岭线的展线方式主要有自然展线、回头展线、螺旋展线三种：

① 自然展线

自然展线是以适当的坡度，顺着自然地形、绕山嘴、侧沟来延展距离，克服高差。自然展线的优点是走向符合路线基本方向，行程与升降统一、路线最短。与回头展线相比，线形简单，技术指标一般也较高，特别是路线不重叠，对行车、施工、养护均有利。如路线所经地带地质稳定，无割裂地形阻碍，布线应尽可能采用这种方案。缺点是避让艰巨工程或不良地质的自由度不大，只有调整坡度这一途径。如遇到高崖，深谷或大面积地质病害很难避开，而不得不采取其他展线方式。

② 回头展线

当控制点间的高差大，靠自然展线无法取得需要的距离以克服高差，或因地形、地质条件限制，不宜采用自然展线时，其特点是平曲线半径小，同一坡面上下线重叠，对施工、行车和养护都不利。但能在短距离内克服较大的高差，并且回头曲线布线灵活，利用有利地形避让艰巨工程和地质不良地段比较容易。回头地点对于回头曲线工程大小和使用质量关系很大、应慎重选择。回头曲线的形状取决于回头地点的地形，一般利用以下三种地形设置：直径较大、横坡较缓、相邻有较低鞍部的山包或平坦的山脊，如图 6－6(a、b)所示；地质、水文地质良好的平缓山坡，如图 6－6(c)；地形开阔，横坡较缓的山沟或山坳如图 6－6(d、e)。

为了尽可能消除或减轻回头展线对于行车、施工、养护不利的影响，要尽量把回头曲线间的距离拉长，以分散回头曲线、减少回头个数。虽然回头展线对不良地形、地质的避让有较大的自由度，但不要遇见难点工程，不分困难大小和能否克服就轻易回头，致使路线在小范围内重叠盘绕。对障碍要进行具体分析，当突破一点而有利于全局时，就要突破它。

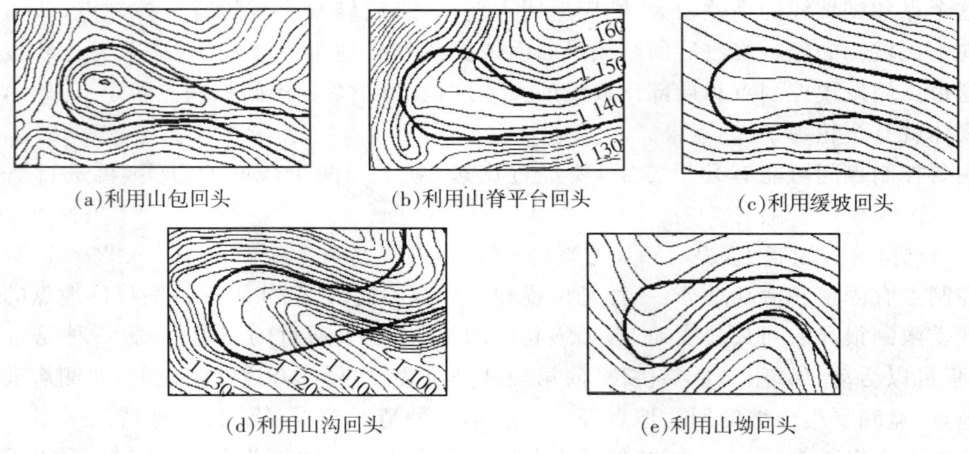

(a)利用山包回头 (b)利用山脊平台回头 (c)利用缓坡回头

(d)利用山沟回头 (e)利用山坳回头

图 6-6 适宜设回头曲线的有利地形

③螺旋展线

当路线受到限制，需要在某处集中地提高或降低某一高度才能充分利用前后有利地形时，可考虑采用螺旋展线。这种展线实际就是一种路线转角大于 360 度的回头展线形式。其特点是路线利用有利的山包或山谷，在很短的平面距离内就能克服较大的高差，它虽比回头曲线有较好的线形，避免了路线的重叠，但因需要桥或隧道，使工程造价增大。螺旋展线一般多在山脊利用山包盘旋，以旱桥或隧道跨线，分别见图 6-7(a、b)所示。

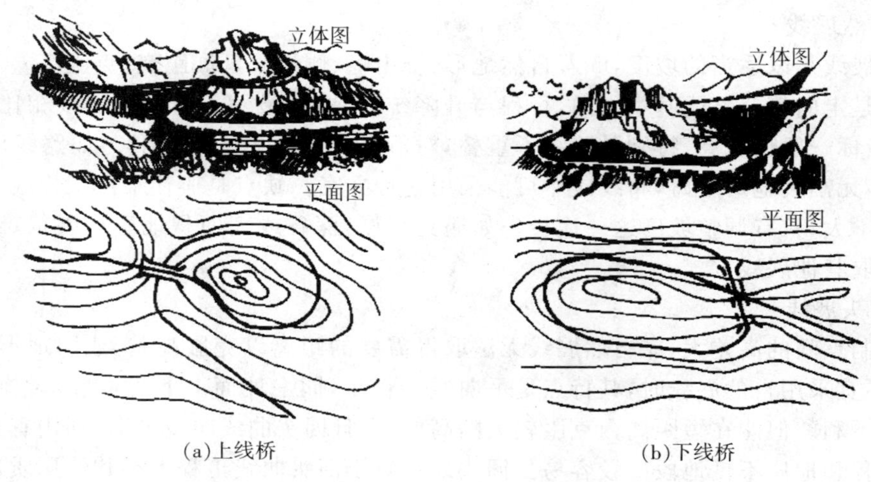

(a)上线桥 (b)下线桥

图 6-7 上、下线桥螺旋展线

6.4.4 山脊线

1. 基本特征

山脊线是指公路沿分水岭方向所布设的路线。实际上连续而又平顺的山脊往往很少，所以较长的山脊线一般很少见，山脊线多与山坡线结合，作为越岭线垭口两侧路线的过渡段。若采用部分山脊线，则必须有适宜的山脊，一般应服从路线走向。分水线平顺直缓，起伏不大，垭口间山坡的地形、地质情况较好。

山脊线的优点是山脊线一般里程短，土石方工程量小；水文、地质条件好，路基稳定、病害少、地面排水条件好；桥涵人工构造物少。其缺点是线位高，远离居民区，服务性能差；山势高、海拔高、空气稀薄、冬季云雾、积雪等对行车和养护不利；远离河谷，砂石材料及施工用水运输不便。

2. 山脊线的布线

当决定采用山脊线方案以后，剩下要解决的是山脊线的布设问题。由于山脊线基本沿分水岭而行，大的走向已经明确，布线主要解决以下三个问题：即选定控制垭口；在控制垭口间，决定路线走分水岭的哪一侧；路线的具体布设（包括选择垭间控制点）。三者是互相依存，互为条件，紧密联系的。

（1）控制垭口选择

每一组控制垭口代表着一个山脊线的方案。因此选择控制垭口是山脊线选线的关键。当分水岭方向顺宜，起伏不大时，几乎每个垭口都可暂定为控制点。如地形复杂，起伏较大，且较频繁，各垭口高低悬殊，则高垭口之间的低垭口一般即为路线的控制点，突出的高垭口可舍去；在有支脉横隔的情况下，相距不远的、并排的几个垭口，则只选择其中一个与前后联系条件较好的垭口。

控制垭口的选择还必须联系分水岭两侧山坡的布线条件综合考虑布线的过程中，对初步选定的控制点加以取舍、修正、最后落实。

（2）侧坡选择

分水岭的侧坡是山脊线的主要布线地带。要选择布线条件较好的那一侧，以取得平、纵线形好、工程最小和路基稳定的效果。坡面整齐、横坡平缓、地质情况好、无支脉横隔的向阳山坡较为理想。一般对两侧都要作比较以定取舍，除两个侧坡优劣十分明显的情况外。同一侧坡也还可能有不同的路线方案，可通过试坡布线决定。多数初选的控制垭口，在侧坡选择过程中即可决定其取舍，少数则需在试坡布线中落实。

如图 6－8 所示，A、D 两垭口是由前后路线所决定的固定控制点，其间 B、C、E 等垭口，哪个选为中间控制点，首先取决于路线布设在分水岭的哪一侧。显然，位于左侧的甲线应舍 C、E 而取 B，位于右侧的乙线应舍 B 而取 C 或 E。至于 C、E 的取舍以及甲、乙方案的比选问题，则有待于试坡布线时解决。

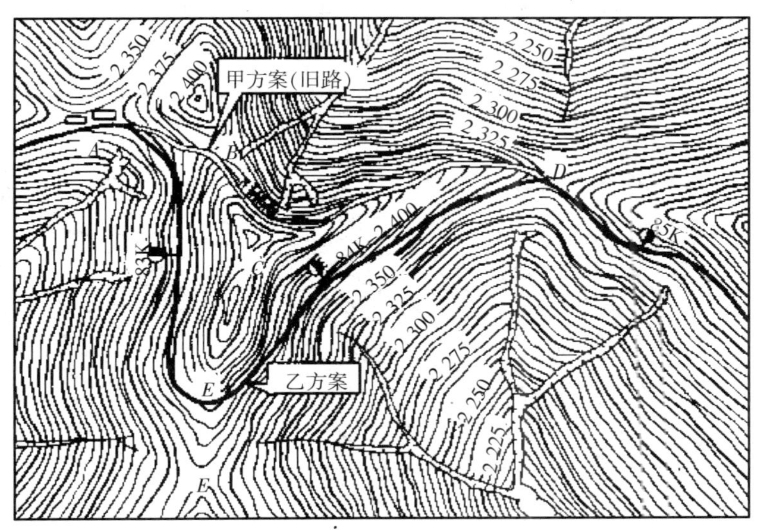

图 6－8　山脊线布线比较示意图

(3)试坡布线

在两固定控制点间布线，应力求距离短捷，坡度平缓。山脊线有时因控制点间高差很大，需要展线，也有时为避免路线过于迂绕，要采用起伏坡，以缩短距离。从总体看，山脊线难免有曲折、起伏，但不可使其过于急促、频繁。平、竖曲线和视距等指标也要掌握得高些，以利行车。

3. 山脊布线常见有三种情况：

(1)控制垭口间平均坡度不超过规定

如两控制垭口中间，地形、地质方面没有太大障碍，应以均匀坡度沿侧坡布线。如控制垭口间平均坡度较缓，而其间遇有障碍或难点工程时，可加设中间控制点，调整坡度来避让，中间控制点和各垭口之间仍应以均匀坡度布线。如图 6-8 所示的甲线，AB、BD 两段，地面自然坡度一上一下已经很陡，当适当挖深垭口 B 后，才分别获得 $+5.5\%$ 和 -5% 较合理的坡度；BD 段两次跨冲沟，需要防治，工程稍大。如欲减小防治工程，要在冲沟头上方加设中间控制点，这将使 B 到 D 的一段纵坡过陡，不宜采用。

(2)控制垭口间有支脉横隔

路线穿过支脉，要在支脉上选择合适垭口作为中间控制点。该垭口应不致使路线过于迂绕，合理深挖后两翼路线坡度都不超过规定。并使路线能在较好的地形、地质带通过。有时在支脉上选择的控制垭口虽能满足纵坡要求，但线形过于迂绕，为了缩短距离，控制点就不一定恰好设在垭口上。

如图 6-8 中的乙线是穿支脉的路线，支脉上有 C、E 两个垭口，选中间控制点时，首先考虑 C，因其位置过高，合理深挖后两翼路线坡度仍超过规范值，只好放弃而选择垭口 E。E 的两翼自然纵坡均低于规定值，为了既保证坡度符合要求，又能尽量缩短距离，从低哑口 D 以 5%～5.5%的坡度沿山坡向垭口 E 试坡、定出控制点具体位置 E'，使乙线得到合理的最短长度。AE'之间则按均匀坡度(约 3%)布线。乙线虽较甲线长，但工程小，施工较易。当交通量小时，宜采用。

(3)控制垭口间平均坡度超过规定

根据具体地形、地质条件，采用填挖、旱桥、隧道等工程措施来提高低垭口，降低高垭口，也可利用侧坡、山脊有利地形设置回头展线或螺旋展线，如图 6-9 所示。

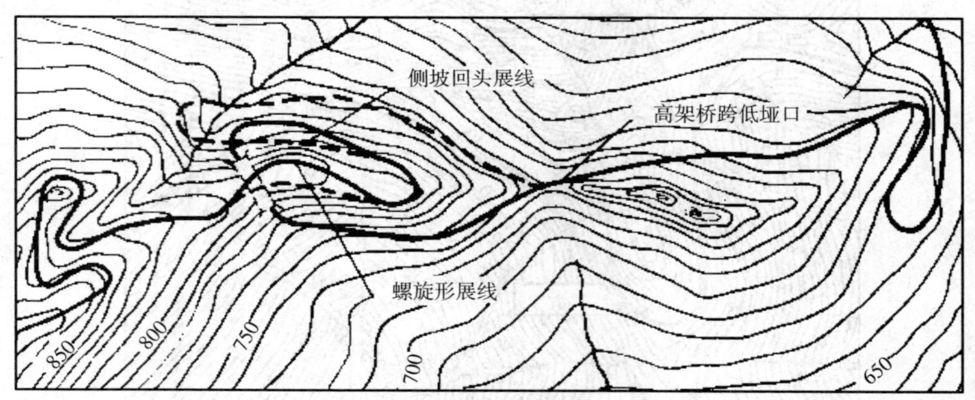

图 6-9 山脊展现示意图

6.4.5　丘陵区选线

1. 丘陵区基本特征

与山岭区相比，丘陵区的地貌特点是：山丘连绵，岗坳交错，此起彼伏，山形迂回曲折，岭低脊宽，山坡较缓，丘谷相对高差不大，重丘区与山区不易划出明确界线、微丘区与平原区同样难于区别。可见丘陵区包括了缓峻颇为悬殊的地形。

丘陵区的地形决定了通过丘陵区的路线特点是：局部方案多；为了充分适应地形，路线纵断面将会有起伏；路线平面也必将以曲线为主体。

丘陵区地形形态复杂、布线方法应随路线行经地带的具体地形而采用不同的布线方式。

2. 丘陵区路线布设方式

根据选线实践经验，可概括为三类地形地带和相应的三种布线方式

(1)平坦地带——直线布线

两个已知控制点间，地势平坦、应按平原区的布线为主导原则。如其间无地物、地质障碍，或应屈就的风景、文物以及居民点，路线应走直线；如有障碍，或应屈就的地点，则加设中间控制点，相邻控制点间仍以直线连接，路线转折处设有长而缓的曲线。这样的路线是平坦地形上平、纵、横三面最好的统一体，如果无故拐弯，就成为不合理的了。

(2)具有较陡横坡的地带——沿匀坡线布线

“匀坡线”是两点之间，顺自然地形，以均匀坡度定的地面点的连线，如图 6-10 所示，这种坡线常需多次试放才能求得。在具有较陡横坡的地带，在两个已定控制点间，如无地物、地形、地质上的障碍，路线应沿匀坡线布线，如有障碍，则在障碍处加设控制点，相邻控制点间仍沿匀坡线布线。上述两类地带的布线方式，与平原和山岭区的布线一致。唯有起伏地带，是丘陵区所特有。

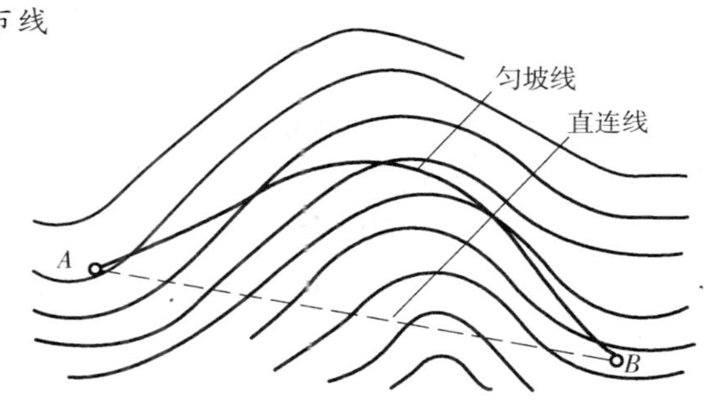

图 6-10　匀坡线示意图

(3)起伏地带——走直线和匀坡线直接

起伏地带也属于具有横坡的地带，特点是地面横坡较缓，匀坡线很迂回。其布线原则和方法按起伏多少分述如下：

① 两已定控制点间包括一组起伏时

就是说路线要交替跨越丘梁和坳谷，在两个相邻的梁顶(或谷底)之间，即出现一组起伏。在这种地形上布设路线，如沿直线走，路线最短，但起伏很大，为了减缓起伏，势将出现高填深挖，增大工程；如沿匀坡线走，坡度最好，但路线绕长太多，工程一般也不会省，这种“硬拉直线”和“弯曲求平”都是不合理的。

如果路线走在直连线和匀坡线之间，比直连线的起伏小，比匀坡线的距离短，而工程一般来说质量有所提高，造价有所降低，故在起伏地带应在直连线与匀坡线之间寻找最合理的路线方案。至于路线在平面上的具体位置，应根据路线等级结合地形作具体分析，做到路线平、纵、横三面最优组合。

对于较小的起伏，首先要坡度和缓，在这个前提下，再考虑平面与横断面之间的关系，大

体说低等级路工程宜小，平面上稍多迂回，增长些距离是允许的，高等级道路则宁可多做些工程，尽可能能减短一些距离，把路线定得离直连线近些。

对于较大的起伏，两侧的高差常不相同，高差大的一侧的坡度常常成为决定因素，要根据采用的合理坡度并结合梁顶的挖深和谷底的填高来确定路线的平面位置。纵坡应根据路线等级予以比较选定，“标准”有所规定，当距离增长不多或切梁填谷增加工程不大，能显著改善纵坡时，宜用得缓和些。

直连线和匀坡线给起伏地带指出一个布线范围，但不需要实地放出。因为梁顶处匀坡线是在直连线下方，谷底处匀坡线则在直连线上方是约定俗成的；而且在梁顶应是暗弯和凸曲线结合，在谷底应是明弯和凹曲线结合。否则，路线就显得扭曲，成为明显不合理的了。

② 两已定控制点间有多组起伏时

两个已定控制点间有多组起伏时，需要在每个梁项(或每个谷底)都定出控制点，然后按上述方法处理各组起伏。如何选定这些控制点要考虑许多因素，上述“起伏地带路线走直连线和匀坡线之间”的原则，可以为寻找这些控制点提供一个线索。

已定控制点间包括的起伏组数越多，直连线和匀坡线所包范围越大，路线的方案也越多。布线可分头从两个已定控制点向中间进行，逐步减少包括的起伏组数，这样就逐渐缩小了直连线和匀坡线所包范围，直到最后合拢。

在两个已定控制点间有时因地形、地质、地物上的障碍，路线会突破直连线与匀坡线的范围。这种为避让障碍所定的中间控制点，应视为又增加一个已定控制点，即这一控制点定下来后，实际上是把原来两定点间的路线分割成两段，上述的“走直连线和匀坡线中间”的原则分别适用于两段内。

3. 平、纵线形及其配合

丘陵区具体定线时还应注意平、纵线形及其配合。总结丘陵区选线的实践经验，应注意以下点：

(1)平面

不强拉长直线，而要尽量利用与地形协调的长缓平曲线，路线转折不要过于频繁，相距不远的同向曲线尽可能并为一个单曲线或复曲线，反向曲线间应有一定长度的直线段，否则，可设计成“S”形。

(2)纵断面

起伏地区路线采用起伏坡型是缩短里程或节省工程的有效方法。但起伏切忌太频繁，太急剧，坡长要放长些，坡度要用得缓些，避免形成锯齿形坡和短距离的“驼峰”和“陷洼”；陡而长的坡道之间要利用地形插设缓坡段。竖曲线也应像平曲线那样长而缓，相离不远的同向曲线尽量连接起来，反向曲线间最好设一段坡段。

(3)平、纵接合

长陡下坡尽头避免设小半径平曲线。平、竖曲线的位置，在两者半径很大的情况下，各设在什么地方对行车并无太大影响；但在起伏地形如梁顶、沟底等处，使暗弯与凸竖曲线、明弯与凹竖曲线结合，则能增进行车安全感和路容的美观。但要注意两者的半径都应尽可能大些，特别是明弯与凹曲线重合处，因为这种地点，车速一般都比较高，半径太小增加驾驶困难。最不好的情况是凸竖曲线与一个小半径平曲线相隔很近，因为凸竖曲线阻碍视线、驾驶者不能预先看到前方的平曲线，以作转弯准备，可能措手不及，发生事故。为避免这种情况，要把平、竖曲线重合起来，即使多费些工程也是应该的。

6.5　道路定线

6.5.1　道路定线任务和方法

1. 任务

公路定线是公路选线的第三个步骤，就是具体落实公路中线确切位置的工作，其任务是在路线总体布局和逐段安排的基础上，按照已定的技术标准，结合地形、地质及其他沿线条件，综合考虑平、纵、横三方面因素，合理安排、定出路线中线位置。其内容包括确定交点和曲线定线两项工作。

2. 方法

在具体作法上，可有直接定线和纸上定线两种方法。纸上定线可在实测的大比例尺地形图上或在通过航测得到的大比例尺地形图上进行。技术标准高的、地形、地物复杂的路线必须使用“纸上定线”，然后把纸上的路线敷设在地面上（实地放线）。直接定线省去了纸上定线的步骤，所以只适用于标准较低的路线。当实地定线需要局部修改时，可直接在纸上进行，而不必在实地修改，这种在纸上作局部修改定线的工作叫纸上移线。

6.5.2　纸上定线

6.5.2.1　纸上确定路线

1. 定导向线

（1）在大比例地形图上，仔细研究路线布局阶段选定的主要控制点间的地形、地质情况，选择有利地形如平缓、顺直的山坡、开阔的侧沟，利于回头的地点，拟定路线各种可能走向的方案，并详细比较选定合适方案。

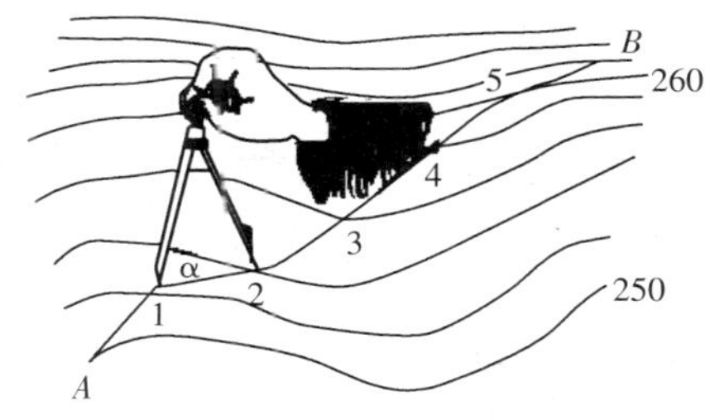

图 6－11　纸上放坡示意图

（2）纸上放坡：根据等高线间距 h 及选用的平均纵坡 i_p（5％～5.5％，视地形曲折程度而定），计算相邻等高线间距 $a=\frac{h}{i_y}$ 使两脚规开度等于 a（比例尺与地形图相同，如图 6－11 所示）进行纸上放坡，从某一固定点如图 6－12 的 A 点开始，沿各拟定走法在等高线上依次截取 a、b、c… 等点，如最后一点的位置和标高均接近另一固定点 D 时，说明这个方案能够成立，否则，修改走法或调整 i_p，重新试验至方案成立为止。连接 $Aabc\cdots D$ 各点，分析研究这条折线在利用地形和避让地物，以及工程艰巨的情况，从而选择出应穿或应避的特征点作为中间控制点。如图 6－12$Aabc\cdots D$ 折线从 C 处陡崖中间通过，B 处利于回头的地点也未利用上。如调整一下 B、C 前后路段的坡度，即能避开陡崖和利用上有利的回头地点，因此可以把 B、C 定为中间控制点，然后再分段仿照上法截取 $a'b'c'$…各点，连接 $a'b'c'\cdots D$ 的折线，$a'b'c'\cdots D$ 折线表明了路线将通过的部位，$a'b'c'\cdots D$ 折线称为“导向线”。

2. 修正导向线，作平面试线

导向线仍是折线，还应根据技术标准的要求，结合横坡变化情况，确定必须通过的点，作修正导向线，然后用“以点穿线，以线交点”的办法定出平面试线，反复试线最后确定出交点。如地形变化不大，采用的地形图比例又较小，则纸上定线即可结束，如图 6 - 12 中粗实线。

3. 二次导向线

为使路线更为经济合理，当地形较复杂，又有大比例尺地形图时，可在平面试线的基础上敷设曲线，确定中桩，做出纵断面、横断面，然后在横断面上用透明模板确定路中线的最佳位置(经济点位置或控制点位置)，分别按不同性质用不同符号绘于平面图上，这些点的连线则是一条具有理想纵坡、横断面位置最佳的平面折线，称为二次导向线。再进一步根据二次导向线对路线的局部进行修改，最后定出线位，如图 6 - 12 中的采用线。

纸上定线的过程是一个反复试线、比较，逐步趋于完善的过程。定线对要在满足标准的前提下结合自然条件，平、纵、横综合考虑，反复进行，直到满足为止。

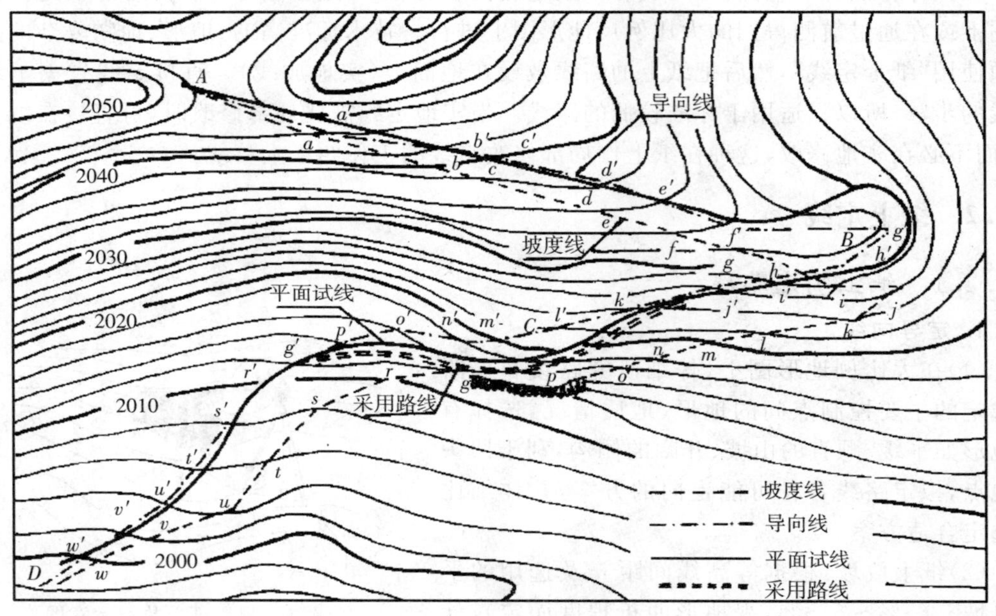

图 6 - 12　纸上放坡定线示意图

6.5.2.2　实地放线

根据纸上确定的路中线与导线(或地物特征点)关系，即可将路线位置钉设到实地，以供详测和施工之用。

实地放线方法很多，常用的有穿线交点法、拨角法和直接定交点法。

1. 穿线交点法

穿线交点法是根据平面图上路线与导线的关系，将纸上路线的各条线独立地放到实地，延长直线即可在实地放出交点，具体作法又可有两种：

(1)支距法

欲放出 JD，可按以下步骤进行(如图 6 - 13 所示)：

① 在图上量取支距，如图中导 1—A、导 2—B、导 3—D 等，量取时每条线至少应取三点，以便核对，并且尽可能使这些点在实地能相互通视。

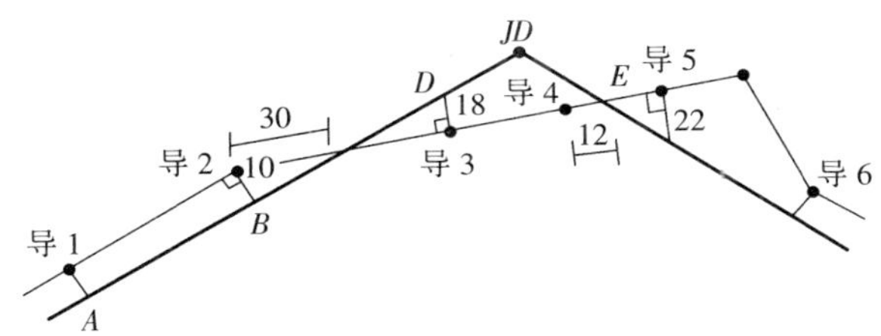

图 6-13　支距法放线示意图

② 在实地放支距。用皮尺和方向架(或经纬仪)即可按所量支距定出路线上各点,如图中 A、B、D 各点,插上花杆。

③ 穿线交点。一般用花杆穿线的方法延长各直线即可交出交点 JD,路线直线很长时,可用经纬仪延长交会。最后现场检查线位是否合适,再适当修改,确定路线位置。

支距法简便易行,较常用,多适用于地形不太复杂,地物障碍少,路线与导线相离不远的情况。

(2)解析法

解析法(如图 6-14 所示)是用经纬距计算图上路线与导线关系,再按极坐标原理在实地放出各路线点的方法。其步骤如下:

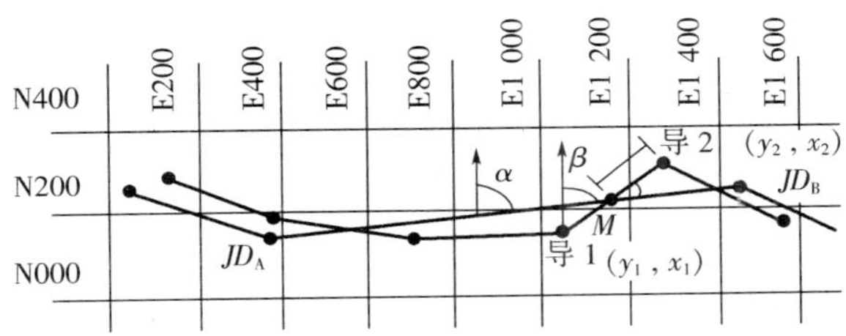

图 6-14　解析法放线示意图

① 计算路线与导线的夹角

如图 6-14,欲确定 JD_AJD_B 的方向必须计算其夹角 γ 和距离 l。从平面图上可量得交点 JD_A、JD_B 的经纬距为 (Y_A, X_A),$(Y_B、X_B)$,则 JD_AJD_B 的象限角可按下式计算:

$$tg\alpha=\frac{Y_B-Y_A}{X_B-X_A}=\frac{\Delta Y}{\Delta X} \tag{6-1}$$

导 1 导 2 的象限角 β 为已知,则 JD_AJD_B 与导 1 导 2 的夹角:

$$\gamma=\alpha-\beta \tag{6-2}$$

计算时要注意经纬距的正负号,即经距东正西负,纬距北正南负。

② 计算距离 l

先计算导线与路线交点 M 的经纬距 $(X_M、Y_M)$,解以下联立

$$\frac{Y_B-Y_M}{X_B-X_M}=\frac{Y_B-Y_1}{X_B-X_1} \qquad \frac{Y_2-Y_M}{X_2-X_M}=\frac{Y_2-Y_1}{X_2-X_1}$$

式中:$(Y_l、X_1)$,$(Y_2、X_2)$——导 1、导 2 的经纬距,为已知,

$(Y_A、X_A)$,$(Y_B、X_B)$——JD_A、JD_B 的经纬距,可由平面图上量取。

这样就可计算导 2 至 M 点的距离：

$$l=\frac{X_2-X_M}{\cos\beta}=\frac{Y_2-Y_M}{\sin\beta}$$

$$l=\sqrt{(X_2-X_M)^2+(Y_2-Y_M)^2} \tag{6-3}$$

③ 放线

置经纬仪于导 1，后视导 2，丈量距离 l 得 M 点；移经纬仪于 M，后视导 2，转 γ 角定出 $JD_A \sim JD_B$ 的方向；延长直线，用骑马桩交点法求出 JD_A，钉上小钉。用这样的计算比较麻烦，但精确度高，实际工作中可直接用比例尺从平面图上量取 l 的长度。

2. 拨角法

拨角法是根据图上求得的经纬距计算每条线的距离、方向、转角和各控制桩的里程，按此资料直接拨角量距定出交点，不必再穿线定点。外业工作较为迅速，但此法所依据的资料必须可靠准确。现举例说明方法步骤如下：

(1)内业计算

路线各直线的长度、象限角的计算与解析法相同(如图 6－15 所示)。

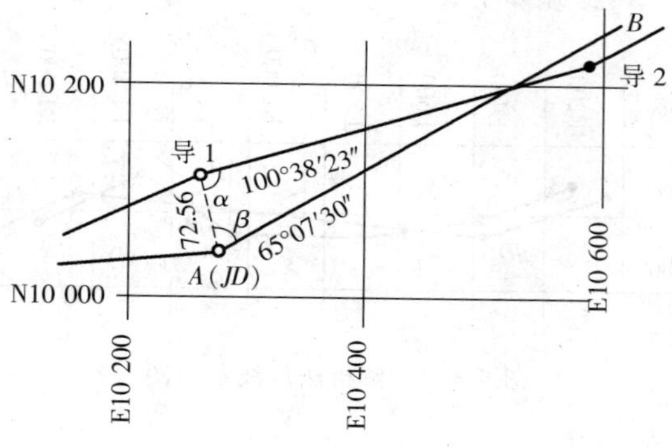

图 6－15 拨角法放线

① 计算路线起点 A 与导线的关系

已知导 1 的坐标为 $Y_1=10259$，$X_1=10117$，由前面的导线计算知导 1 导 2 的象限角 $N72°14'07''$，从平面图上量得 A、B 的坐标为 $Y_A=10268$，$X_A=10045$，$Y_B=12094$，$X_B=11186$。导 1A 的象限角为：

$$\alpha_A=\text{arctg}\,\frac{10268-10259}{10045-10117}=\text{arctg}0.12500=S7°07'30''E$$

AB 的象限角为：

$$\alpha_A=\text{arctg}\,\frac{12094-10268}{11186-10045}=\text{arctg}1.60035=N58°00'00''E$$

$$\tan\alpha_1=\frac{Y_A-Y_1}{X_A-X_1} \tag{6-4}$$

于是路线起点与导线的角度关系为：

$$\alpha=180°-(7°07'30''+72°14'07'')=100°38'23''$$

$$\beta=58°00'00''+7°07'30''=65°07'30''$$

导 1—A 的距离

$$l=\frac{X_A-X_1}{\cos\alpha_A}=\frac{10045-1017}{\cos°07'30''X}=72.56\text{m}$$

② 计算路线各边的转向角和距离

继续从平面图上量取路线各交点的坐标后，按上述方法依次计算路线每条边的象限角、转向角、距离，编成列表以供放线之用。

(2)外业放线

根据内业计算资料，依夹角 α 和距离 1，先从导 1 上放出路线起点 A 和第一边 AB，以后各边按转角和距离直接定出。拨角法的精度主要取决于定线所依据的原始资料是否可靠准确和放线误差积累的大小。因此现场放线时，必须注意路线的实际位置是否合适，高度是否恰当，必要时要现场变动改善。为消除拨角量距误差积累增大的影响，放线时，应视具体情况，每隔一定距离，与导线联系闭合一次，并进行调整。

3. 直接定交点法

在地形平坦、视线开阔，路线受限不十分严重，路线位置能根据地面目标明显决定的地区，可依纸上路线和地貌地物的关系，现场直接将交点定出。如图 6－16 所示，从图上得知 JD 离河岸约 200m，位于已有公路曲线内侧，另一端切线距房屋 25m，这样便可根据这些关系，直接现场定出 JD。

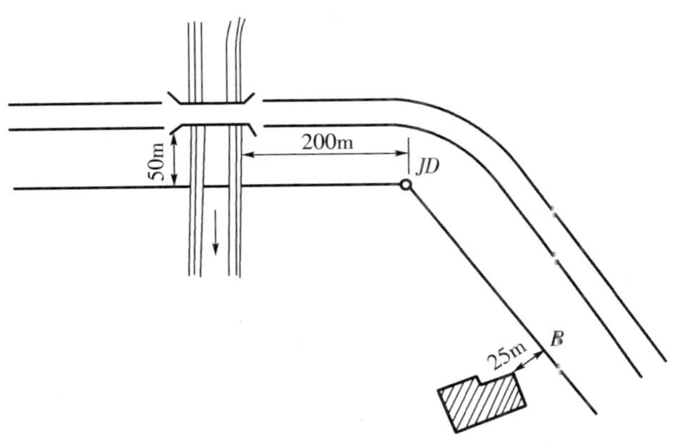

图 6－16　直接定交点法

在有些情况下，并没有上例这样明显的条件，路线的平面和高程位置，需要视地形、地质情况根据现场选线的原则，定出交点，做法参见现场直接定线。

综上所述，穿线交点定线费时较多，拨角定线误差积累，为了弥补这些工作方法的缺点，取长补短，可以两者结合，即拨角定线到一定距离后，再用穿线交点法放线相交，这样又拨又交，既能提高工作进度，有可以截断拨角定线的误差积累。放线前准备好交、拨所需的资料，能大大提高工效。上述三种方法中，穿线交点和直接定交点法，放线资料大都来自图解，准确度不高，适用于活动余地较大的路线。拨角法放线资料虽较准确，但放线误差累积、也影响定线的精度。三种方法都只用于路线导线的标定，路线的曲线部分还须用传统的曲线敷设方法标定。

6.5.3 直接定线(实地定线)

1. 一般情况下定线

当路线不受纵坡限制时,定线以平面和横断面为主安排路线。其要点是:以点定线,以线交点。以点定线,就是在全面布局和逐段安排确定的控制点间,结合各方面因素进一步确定影响公路中线位置的小控制点,然后,按照这些小控制点,大致穿出道路直线的方法。以线交点,就是在已定小控制点的基础上结合路线标准和前后路线条件,穿出直线,并延长交至交点。

(1)控制点的加密

两控制点之间,一般不可能作直线(特别是地形困难、等级较低的公路),常常需要设置交点,使路线转向,从而避开障碍物,利用有利地形,以达到技术上符合要求,经济合理的目的。加密控制点,就是在实地寻找控制和影响路中线位置的具体点位。一般小控制点有经济性和控制性两种。

① 经济性控制点

这类控制点,主要在路线穿过斜坡地带,考虑横向填挖平衡或横向施工经济(有挡土墙及其他加固边坡时)因素而确定的小控制点。如图 6-17 中 II—II 中线位置,使挖方面积和填方面积大致相等,这时的线位即为经济控制点。由于这类点仅从横向施工经济出发控制线位,它只能作为穿线定点的参考位置。

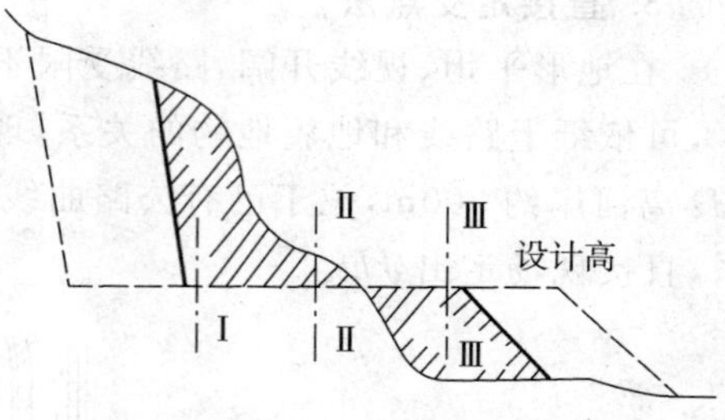

图 6-17 横断面经济位置

② 控制性控制点

这类控制点,是受艰巨工程、不良地质、地物障碍、路基边坡稳定等因素限制所确定的路中线位置。如图 6-18 为各种因素对线位影响的示意图。从图中可看出,控制点的位置还与路基的形状尺寸、加固方式、通过不良地质地段的工程措施、地表形状、路基设计标高等因素有关。定线时应综合考虑这些因素,合理确定小控制点的位置。

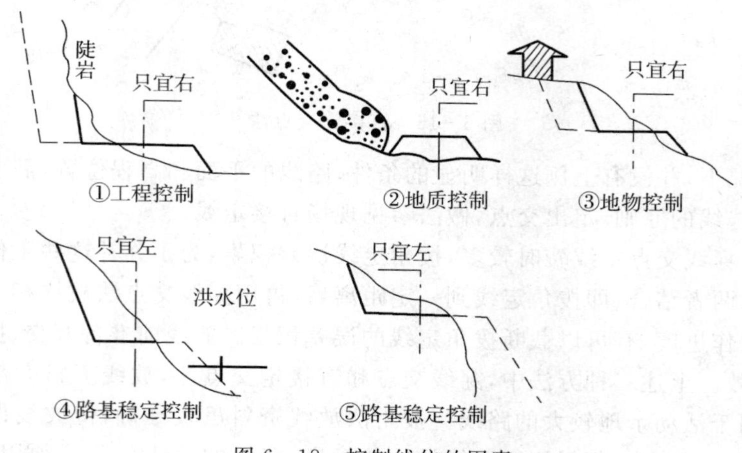

图 6-18 控制线位的因素

(2)穿线定点

受各种因素限制的平面位置控制点比较多,而且这些点在平面上的分布又没有一定规律,另一方面路线受技术标准和平面线形组合的限制,不可能照顾到每一个控制点。因此,穿线定点,就是根据技术标准和线形组合的要求,满足控制点和照顾多数经济点,前后考虑,用穿线的办法延长直线,交出转角点。

在进行穿线定点时,除要满足技术指标的要求外还应注意以下几方面:

① 平曲线间必须有足够的直线长度。

② 同向平曲线间应避免"断臂曲线"。在满足控制点要求的前提下,调整交点位置使路线偏角较小,交点间距较长,以争取较好线形。

③ 注意保证行车视距。确定交点位置时,应尽量避免交点正对山嘴或其他障碍物。

④ 注意力求平面线形指标均衡,保持线形的连续性,长直线尽头应尽量避免设小半径曲线,避免急弯,以利行车安全。路线绕避障碍物时,要及早转向,以使线形舒顺均衡。

⑤ 路线平面弯曲要与纵面起伏相协调。在定线中既要防止由于路线平面过直使纵面起伏很大,造成高填深挖现象,又要避免只求纵面平缓,使平面线形不顺适的现象。在复杂地形地段,可结合纸上移线来求得平、纵面协调的线形。

⑥ 定线应同时考虑纵面线形指标,尽量少用或不用极限纵坡,越岭线要避免反坡。

⑦ 注意平、纵面组合线形的要求。

⑧ 要考虑多数经济控制点的要求,使所穿直线横向填挖基本平衡。所定线形应保证路基横向稳定性和经济性。根据经验,一般要注意暗弯勿多填、明弯勿多挖,这样既减少土石方,又保证路基稳定。

⑨ 定线时应注意横向地形、地质、地物控制的要求,做到定的是一条线,考虑的是一条带,从整个路带范围来布置路线。

⑩ 在横坡较陡的路段,应注意结合路基边坡加固措施来安排路线,尽量避免高边坡和长深的路堑。注意路线与桥涵及其他特殊构造物的配合。

2. 放坡定线

(1)放坡

按照要求的设计纵坡(或平均坡度)在实地找出地面坡度线的工作叫放坡。

在山岭重丘区路段,天然地面坡度角均在 20°以上,而设计纵坡(或平均纵坡)有一定要求,如图 6-19,路线由 A 点到 B 点,如果沿最大地面自然坡度方向 AB(即垂直于等高线的方向)前进,将使路线上不去,显然不可能实施。如果路线沿等高线走(即 AC 方向),虽然纵坡平缓,但方向偏离,达不到上山目的。

图 6-19　放坡原理示意图

因此,就需要在 AB 和 AC 方向间找到 AD 方向线,使其地面坡度正好等于设计坡度(或平均坡度)i_p,这样既使路线纵坡平缓,又使填挖数量最小,寻求这条地面坡度等于设计坡度(或平均纵坡)i_p的工作就是放坡的任务。

(2)放坡定线

① 作修正导向线

放坡后的坡度点就是概略的路基设计标高位置，而实地路中线的位置对于路基的稳定和填挖工程量影响很大(如图 6－20 所示)。若中线在坡度点的下方(图 a)，则横断面以路堤形式为主；若中线正好通过坡度点(图 b)，则横断面为半填半挖形式；若中线在坡度点上方(图 c)，则横断面以路堑形式为主。

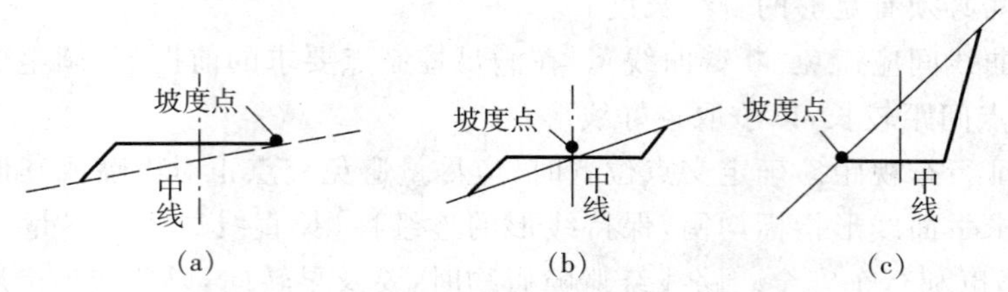

图 6－20　中线与坡度点在横断面上的位置

根据坡度线(如图 6－21 所示的虚线 $A_0A_1A_2\cdots$)连线结合地面横坡考虑路基稳定和工程经济即可确定出合适的中线位置，并插上花扦(或标志)，细实线 $B_0B_1B_2\cdots$叫修正的导向线。根据经验，一般情况当地面横坡在 1∶5 以下时，中线在坡度点上下方，对路基稳定和工程经济影响不大；当为 1∶2 时，中线与坡度点重合为宜；当横坡大于 1∶2 时，中线宜在坡度点上方，以形成全挖的台口式断面为好。

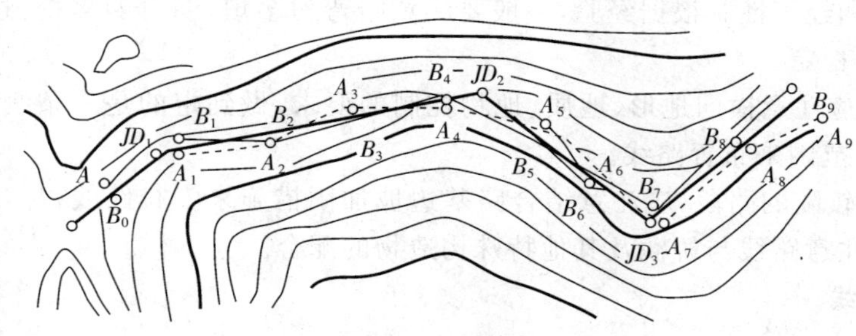

图 6－21　放坡定线示意图

② 穿线交点

修正导向线 $B_0B_1B_2\cdots$是具有合理纵坡且横断面上位置最佳的一条折线，但它不能满足平面线形标准的要求，尽可能靠近或穿过导向线上的点，裁弯取直，使平、纵、横三方面恰当结合，穿出与地形相适应并符合标准的若干直线，各相邻直线相交即可确定交点 JD_1、JD_2、JD_3等。这步工作是具体落实到交点，最后确定线位的工作，选线时要反复插试，逐步修改，才可能定出合理的线位。

3. 曲线定线

经过穿线交点确定了路线的交点位置，在交点处还需要根据标准结合地形、地物及其他因素选择适宜的平曲线半径，控制曲线线位。

(1)单交点法

单交点是实地定线最常用的方法之一。它是用一个交点来确定一段单圆曲线的插设曲线方法。该方法简便，适用于一般转角不大，实地能直接钉设交点的情况。半径 R 的大小，直接影响曲线线位，如图 6－22 所示，当转角较大，不同半径可能使曲线线位相差几米甚至几十米。线位的移动将直接影响线形、工程数量及路基稳定，确定半径一般结合地形和其他因素按以下控制条件来选择。

① 外距控制（即曲线中点控制）

如图 6－23 所示，根据弯道内侧的固定建筑物，确定曲线 A 点是不是与其发生干扰的控制点，即可用皮尺量出控制的外距值 E，并用罗盘仪（简易测角因盘）测出转角，即可反算确定半径。

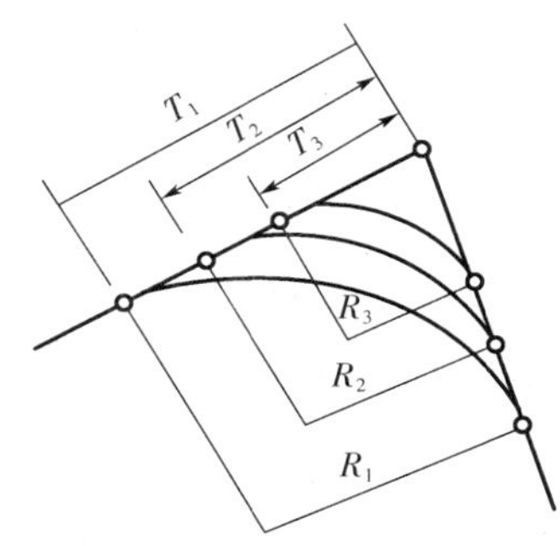

图 6－22　半径对线位的影响

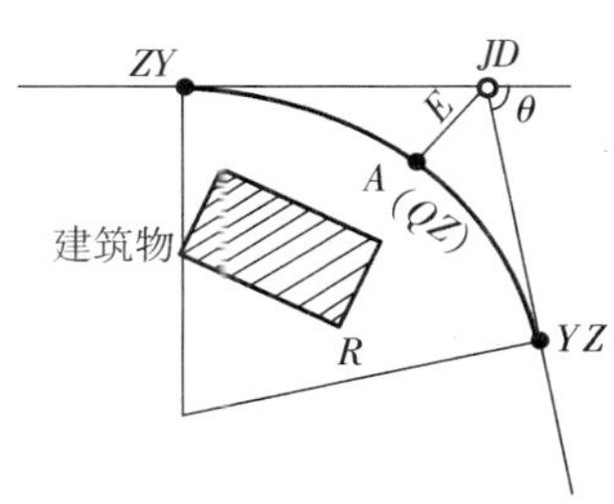

图 6－23　外距控制曲线半径

② 切线控制（即曲线起、终点控制）

有时路线为了控制起终点位置，要求曲线的切线长为一定值，比如相邻的反向曲线间要求一定的直线长度，或者要求桥头或隧道洞口在直线上等，这时由线半径就由控制的切线长来选定。

③ 曲线长控制

当路线转角较小，为使曲线长度满足最短曲线长度 L_{min}，则曲线半径最小值可反算确定。

④ 曲线上任意点控制

如图 6－24 所示，有时路线由于桥涵人工构造物位置或原路改建的要求，控制曲线必须从任意点 A 通过时，可用试算法选择半径。其办法是：先实地量出 JD 至 B 点的距离和要求的支距（即 BA），初选半径 R，用试算法确定。

⑤ 按纵坡控制

当路线纵坡紧迫时，为使弯道上合成纵坡不因曲线半径太小而超过规定值，这时，应根据已定的纵坡和合成纵坡标准值来反算出超高横坡，再按控制的超高横坡求得最小控制半径。

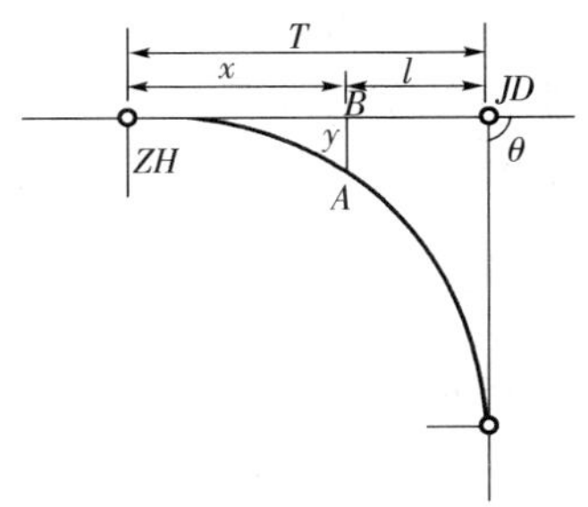

图 5－24　曲线上任意点控制

(2) 双交点法（即虚交点法）

当路线偏角很大及交点受地形或地物障碍限制，无法钉设交点时，如图 6－25 所示，可在前后直线上选两个辅助交点 JD_A、JD_B 来代替交点 JD，敷设曲线选择半径，JD_AJD_B 直线叫基线，具体作法可有两种：

① 切基线法

当选择基线可以控制曲线位置，能使所定曲线与基线相切时，叫切基线法。如图 6－25 所示，GQ 为公切点，量出转角 θ_A、θ_B 和基线长度 AB 后可反算半径。选择半径后还要检查是否合乎要求。该法简便,容易控制线位,计算容易,是生产中较常用的方法。

② 不切基线法

当选择基线不能控制曲线线位或切基线计算的半径不能满足标准要求时,则所设曲线不能与基线相切,只能按不切基线办法来选择半径。如图 6-26,其方法是:先根据标准要求初选半径R,测量θ_A、θ_B、基线AB、计算出T_A、T_B,由JD_A、JD_B量出T_A、T_B值,即可定出曲线起、终点ZH、HZ,并用切线支距x、y检查曲线上任一点的线位,如与实际情况相符,则所选半径合适,反之应再调整计算。

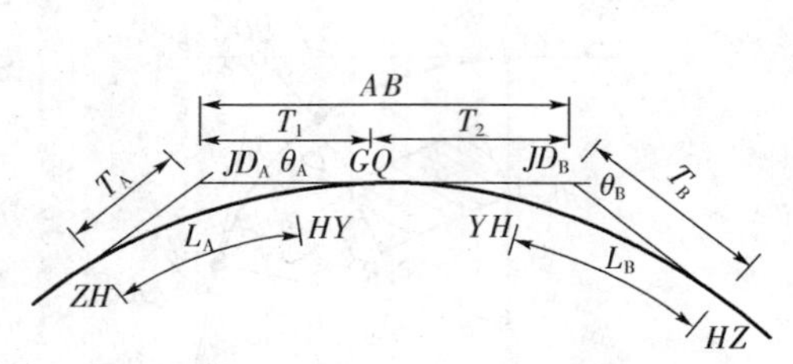

图 6-25 切基线的双交点

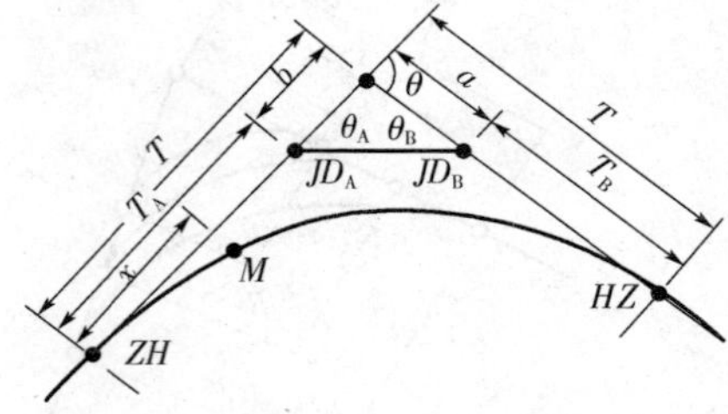

图 6-26 不切基线的双交点

(3)回头曲线定线法

一般来讲,有回头曲线的地方,路线受地形约束较大,主曲线和辅助曲线的平、纵面控制较严,定线时稍有不慎,对线形和工程量影响很大,插线时必须反复试线,才能得到满意的结果。回头曲线定线的方法很多,通常采用切基线的双交点定线。

6.6 线路方案比较

方案比较是选线中确定路线总体布局的有效方法。在可能布局的多种方案中,通过方案比较决定取舍,选择出技术合理、费用经济、切实可行的最优方案。路线方案的取舍是路线设计中的重要问题。方案是否合理,不仅直接关系到道路本身的工程投资和运输效率,更重要的是影响到路线在道路网中的作用,直接关系到是否满足国家政治、经济及国防的要求和长远利益。从方案比较的深度不同可有原则性方案比较和详细的方案比较两种。

6.6.1 原则性方案比较

从形式上看,方案比较可分为质和量的比较。对于原则性的方案比较,主要是质的比较,多采用综合评价的方法,这种方法不是通过详细计算经济和技术指标进行比较,而是综合各方面因素进行评比。主要综合因素有:

(1)路线在政治、经济、国防上的意义,国家或地方建设对路线使用任务、性质的要求,以及战备、支农、综合利用等重要方针的贯彻和体现程度。

(2)路线在铁路、公路、航道等网系中的作用,与沿线工矿、城镇等规划关系以及与沿线农田水利建设的配合及用地情况。

(3)沿线地形、地质、水文、气象、地震等自然条件对道路的影响,要求的路线等级与实际可能达到的技术标准及其对路线使用任务、性质的影响,路线长度、筑路材料来源、施工条件以及工程量、三材(钢材、木材、水泥)用量、造价、工期、劳动力等情况及其对运营、施工、养护的影响,以及施工期限长短等。

(4)工程费用和技术标准情况。

(5)其他如与沿线历史文物、革命史迹、旅游风景区的联系。

影响路线方案选择的因素是多方面的，而各种因素又多是互相联系和互相影响的，比选时应在满足使用任务和性质要求的前提下，综合考虑自然条件、技术标准和技术指标、投资、施工期限和施工设备等因素，精心选择，反复比较，才能提出合理的推荐方案。

6.6.2　详细的路线方案选择

路线方案的最终选择是在考虑上述影响因素的基础上再进一步进行详细的计算，主要包括技术指标和经济指标的详细计算，一般多用于局部方案比较。

1. 技术指标的比较

(1)路线长度及其延长系数

$$\text{路线延长系数}=\frac{\text{路线方案实际长度}}{\text{路线方案起终点的直线距离}} \tag{6-5}$$

有时在初步比较时，可计算路线方案各大控制点间直线距离之和，可不计算路线方案实际长度。这时计算的系数叫路线技术延长系数。其值一般为1.05～1.20之间，具体值由地形条件确定。

(2)转角数

包括全线的转角数和每公里的转角数。

(3)转角和转角平均度数

转角是体现路线顺直的一种技术指标。转角平均数按下式计算：

$$\theta=\frac{\sum_{i=1}^{n}\theta_i}{n} \tag{6-6}$$

式中：θ——转角平均度数(°)；

θ_i——任一转角的度数(°)。

(4)最小曲线半径数

(5)回头曲线数

(6)与既有道路及铁路的交叉数目(包括平面交叉和立体交叉)

(7)限制车速的路段长度(指居住区、小半径转弯处、交叉点、陡坡路段等)

2. 经济指标的比选

(1)土石方工程数量；

(2)桥涵工程数量(大桥、中桥、小桥涵的座数、类型及长度)；

(3)隧道工程数量；

(4)挡土墙工程数量；

(5)征地数量及费用；

(6)拆迁建筑物及管线设施的数量；

(7)主要材料数量；

(8)主要机械、劳动力数量；

(9)工程总造价；

(10)投资成本—效益比；

(11)投资利润率；

(12)投资回收期。

3. 方案比较步骤

一条较长的路线，可能的方案很多，不可能对每一方案都进行实地视察和比选。只能事先尽可能收集已有资料，在室内进行筛选。从中选择较佳的方案或者是优劣难辨的有限方案进行实地视察和比选。一般步骤为：

(1)收集资料；

(2)在小比例地形图上布局路线，初拟方案；

(3)室内初步比选，确定可比方案；

(4)实地视察、踏勘测量(或在地形图上进行)

(5)进一步比选，确定推荐方案。

【例 6－1】 图 6－27 为某公路干线，根据公路网规划要求按二、三级路标准进行视察，6－27 某公路方案必须共视察了四个方案，各方案的主要技术经济指标汇总如表 6－1。

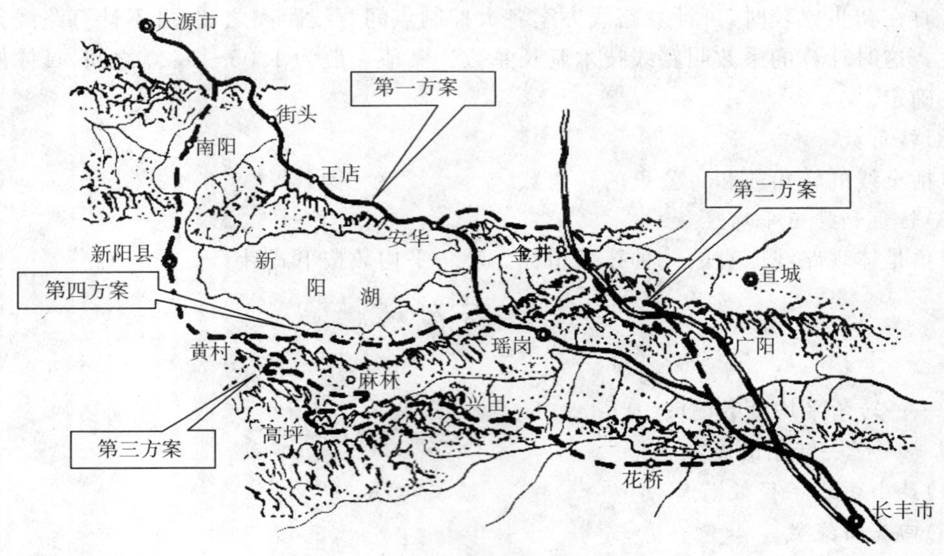

图 6－27 某公路方案

表 6－1 某路各方案主要指标比较表

指标	单位	第一方案	第二方案	第三方案	第四方案
通过县(市)	个	22	35	34	35
路线长度	km	1300	1290	1410	1390
其中新建	km	130	170	157	163
改建	km	1220	1120	1303	1253
地形：平原微丘	km	557	667	501	602
山岭、重岭	km	782	659	511	603

（续表）

指标		单位	第一方案	第二方案	第三方案	第四方案
工程数量	土方	$10^4 m^3$	352	462	490	513
	石方	$10^4 m^3$	121	72	80	119
	次高级路面	km^2	5316	5592	4453	5659
	大、中桥	m/座	1542/16	1802/20	1057/13	1207/15
	小桥	m/座	1084/57	846/54	980/52	1566/82
	涵洞	道	970	950	1091	1270
	挡墙	m^3	73530	53330	99770	111960
	隧道	m/处	300/1	150/1	290/1	240/1
用地		km^2	1525	1913	2092	1928
材料	钢材	t	1530	1961	1339	1460
	木材	m^3	18237	19052	18226	19710
	水泥	t	30601	39148	31281	33629
劳动力		万工时	1615	1770	1745	1918
总造价		万元	3118	5647	5178	5982
比较结果			推荐			

比选结果，第三、四方案路线过于偏离总方向且比第一、二方案长100～150km，虽能多联系两、三个县、市，但对发展地区经济所起的作用不大。而且第三方案线形指标较低，将来改建难以提高；第四方案又与现有高压电细线连续干扰，不易解决。因而第三、四方案不宜采用。第二方案虽路线最短，但与铁路严重干扰，且用地较多，最后推荐路线较短、线形标准较高、用地最省、造价也较低的第一方案。

思考题

1. 什么是道路选线？
2. 简述道路选线的原则和步骤。
3. 路线方案技术指标的比选的内容有哪些？
4. 平原区路线布设时，应注意哪些影响因素？
5. 沿溪线应解决的主要内容有哪些？
6. 越岭线应解决的主要内容有哪些？
7. 越岭线展现的方法有哪些？什么是自然展线？什么是回头展线？各有何优缺点？
8. 高线和低线各有何特点？
9. 丘陵区选线的特点有哪些？
10. 道路与现象相协调需注意哪些事项？
11. 简述纸上定线的一般步骤和要点。
12. 已知某二级公路三个交点 JD_1、JD_2、JD_3 的坐标分别为(60936.25,51142.36)、

(60351.53,51381.85)、(60826.43,51934.23),JD_1的里程桩号为 K7＋423.67,该曲线的校正值为 12.35。JD_2的圆曲线半径 $R=250$m,缓和曲线 $L_1=80$m。试计算:

(1)JD_2的曲线主点里程桩号及 JD_3的桩号;

(2)每隔 50m 整桩号的坐标及计算方位角。

13. 已知一个圆曲线的圆心 M 坐标为(21821.27,13449.57),拟通过缓和曲线与两条直线连接。其中第一条直线边上两点坐标为 D_1(22176.21,13800.71),D_2(21986.06,13259.67)。第二条直线上两点坐标为 D_3(21694.51,13192.87)、D_4(21475.38,13672.21)。其中 D_1点的里程桩号 K53＋277.82,要求计算缓和曲线长度和曲线主点里程桩号。

14. 已知有两个交点的圆心坐标分别为 M_1(8506.90,1404.95)及 M_2(8461.06,1783.81),两圆曲线的半径分别为 $R_1=1000$m,$R_2=900$m。试按 S 形曲线设计,计算两缓和曲线长度。

15. 已知某弯道为虚交点,JD_A桩号为 K15＋420.63,$\alpha_A=$右 35°12′36″,$\alpha_B=$右 29°41′50″,基线长度 $AB=158.61$m。设缓和曲线长度 $L_s=80$m,试按切基线法计算该曲线的半径。

第7章 道路平面交叉口设计

7.1 概　述

7.1.1 交叉口的交通分析

道路与道路(或铁路)在同一平面上相交的地方称为平面交叉,又称为交叉口。在道路网中、各种道路纵横交错,必然会形成很多交叉口,交叉口是道路系统的重要组成部分,是道路交通的咽喉。相交道路的各种车辆和行人都要在交叉口汇集、通过和转向,由于它们之间的相互干扰,会使行车速度降低、阻滞交通、耽误通过时间、降低通行能力,也容易发生交通事故。因此,如何正确设计交叉口,合理组织交通,对于提高交叉口的通行能力,避免交通阻塞,减少交通事故,都具有重要意义。

进出交叉口的车辆,由于行驶方向的不同,车辆与车辆之间的交错方式也不相同,可能产生的交错点的性质也不一样。同一行驶方向的车辆向不同方向分离行驶的地点称为分流点;来自不同行驶方向的车辆以较小的角度,向同一方向汇合行驶的地点称为合流点;来自不同行驶方向的车辆以较大的角度相互交叉的地点称为冲突点。上述不同的交错点都存在碰撞的可能,是影响交叉口行车速度和容易发生交通事故的主要原因,其中以左转与直行、直行与直行车辆之间所产生的冲突点对交通的干扰和行车的安全影响最大,其次是合流点,再次是分流点。因此,在交叉口没计时,应尽量采取措施减少冲突点和合流点,尤其要减少或消灭冲突点。

无交通管制时,三条、四条、五条路的平面交叉口的交错点分布如图 7-1 所示,其数量如表 7-1 所示。

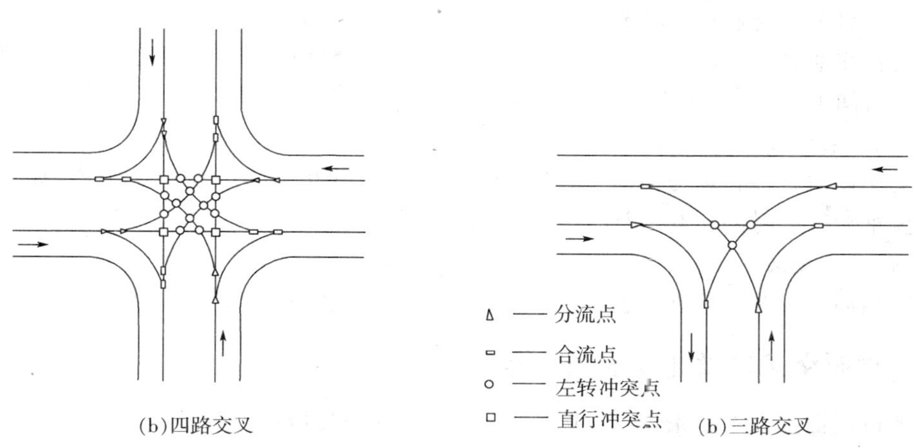

图 7-1　平面交叉口交通分析示意图

表 7-1 交叉口交通分析表

交错点类型	无信号控制 相交道路条数		有信号控制 相交道路条数	
	3	4	3	4
分流点	3	8	2 或 1	4
合流点	3	8	2 或 1	4
左转冲突点	3	12	1 或 0	2
直行冲突点	0	4	0 或 0	0
交错点总数	9	32	5 或 2	10

从以上图表可以看出：

1. 在平面交叉口上，冲突点的增加，并不是与相交道路条数的增加成直线比例，而是增加很多，其中增加最快的是冲突点。当相交道路均为双车道时，各交错点的数量可用下式计算

$$分流点=合流点=n(n-2) \tag{7-1}$$

$$冲突点=\frac{n^2(n-1)(n-2)}{6} \tag{7-2}$$

式中：n—交叉口相交道路的条数。

因此。在规划和设计交叉口时。应力求减少相交道路的条数，尽量避免五条或五条以上道路相交，使交通简化。

2. 产生冲突点最多的是左转弯车辆。四路交叉口若没有左转车流，则冲突点可由 16 个减至 4 个，而五路交叉口则从 50 个减到 5 个。因此，在交叉口设计中如何正确地处理和组织左转弯车辆，是保证交叉口交通通畅和安全的关键所在。

减少或消灭冲突点的方法：

(1)实行交通管制

在交叉口设置交通信号灯或由交警指挥，使发生冲突的车流从通行时间上错开，如四路交叉口实行交通管制后，冲突点由 16 个减至 2 个，分、合流点由 8 个减至 4 个。若将左转的车流再从时间上分开，则可完全消灭冲突点。

(2)采用渠化交通

在交叉口内合理布置交通岛，组织车流分道行驶，并将冲突点变为交织点(如环形交叉口)，减少车辆行驶时的相互干扰。

(3)作立体交叉

将互相冲突的车流分别设在不同平面的车行道上，各行其道，互不干扰。

7.1.2 平面交叉口设计要求和内容

交叉口设计的基本要求：一是保证车辆与行人在交叉口能以最短的时间顺利通过，使交叉口的通行能力能适应各条道路的行车要求；二是正确设计交叉口立面，保证转弯车辆的行车平稳顺适，同时符合排水要求。

交叉口设计的主要内容：

(1)正确选择交叉口的形式,确定各组成部分的几何尺寸;

(2)进行交通组织,合理布置各种交通设施;

(3)验算交叉口行车视距,保证安全通视条件;

(4)交叉口立面设计,布置雨水口和排水管道。

在设计平面交叉口时,需要收集和了解以下相关资料:相交道路的条数和等级、车辆和行人的估算交通量、车辆的设计行车速度、相交道路的设计纵坡及横断面、交叉口的地形、交叉口周围的房屋建筑、排水等。

7.1.3 交叉口的类型及其适用范围

平向交叉口的形式取决于道路网的规划和周围建筑的情况,以及交通量、交通性质和交通组织。常见的形式有“十”字形、“T”字形及其演变而来的“X”形、“Y”形、错位、多路交叉等。这些交叉口在平面上的几何图形,由道路网规划的形状所决定,一般不易改变。但在具体设计中,常因交通量、交通性质以及不同的交通组织方式,把交叉口设计成各具交通特点的形式,归纳为加铺转角式、分道转弯式、拓宽路口式和环形交叉四类。

1. 加铺转角式

交叉口用适当半径的圆曲线平顺连接相交道路的路基和路面,如图 7-2 所示

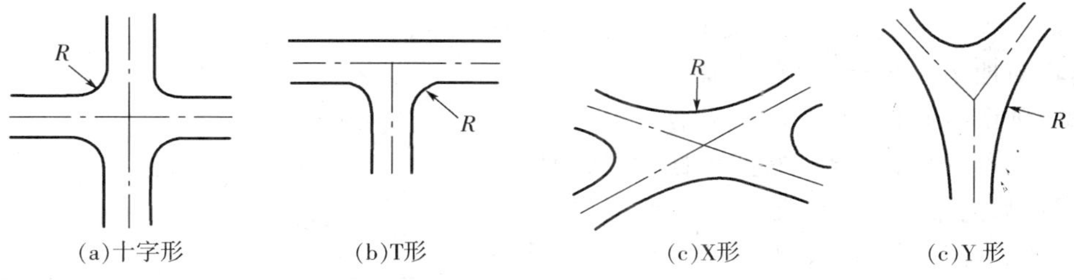

图 7-2 加铺转角式交叉口

此类交叉口形式简单,占地少,造价低,设计方便,但行车速度低、通行能力小。适用于交通量小,车速低,转弯车辆少的三、四级公路或地方道路,若斜交不大时,也可用于转弯交通量较小的主要道路与次要道路交叉。设计时主要解决转角曲线半径和足够的视距。

2. 分道转弯式

通过设置导流岛、划分车道等措施,使单右转或双向左、右转车流以较大半径分道行驶的平面交叉口,如图 7-3 所示。此类交叉口转弯车辆,尤其是右转弯车辆行驶速度和通行能力都较高。适用于车速较高、转弯车辆较多的一般道路。设计时主要解决分道转弯半径、保证足够的视距和满足导流岛端部半径的要求。

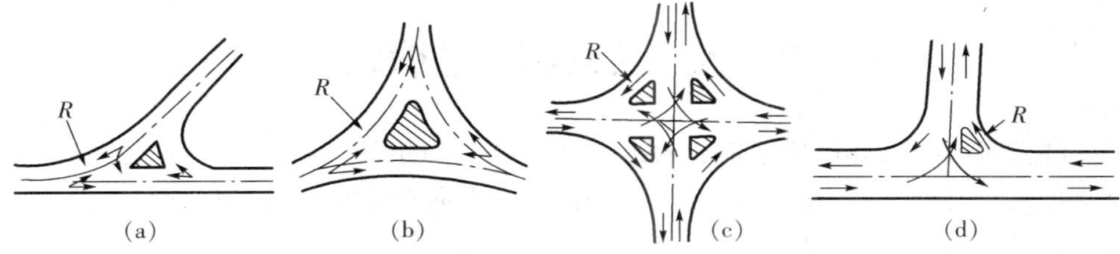

图 7-3 分道转弯式交叉口

3. 拓宽路口式

为使转弯车辆不影响其他车辆的正常行驶，在交叉口连接部增设变速车道和转弯车道的平面交叉口。这种交叉口可以单增右转或左转车道，也可以同时增设左、右转弯车道，如图 7-4 所示。此类交叉口可减少转弯交通对直行交通的干扰、车速较高、事故率低、通行能力大，但占地多，投资较大。适用于交通量较大、转弯车辆较多的二级公路和城市主干路。设计时主要解决拓宽的车道数，同时也要满足视距和转角曲线半径的要求。

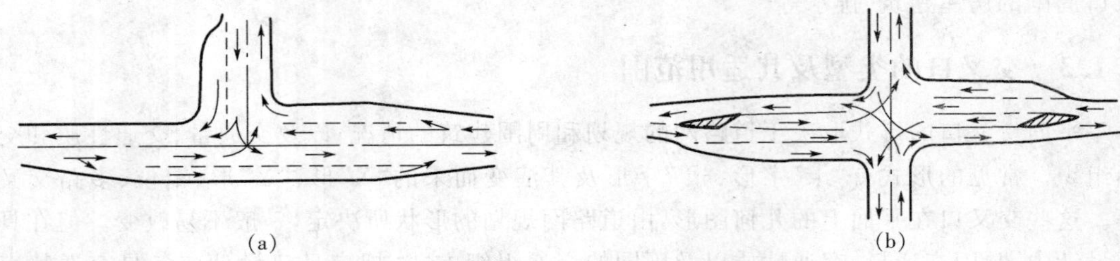

图 7-4 拓宽路口式交叉口示意图

4. 环形交叉口

在交叉口中央设置中心岛，用环道组织渠化交通，使进入环道的所有车辆一律按逆时针方向绕岛单向行驶，直至所要去的路口离岛驶出。环形交叉又称转盘，如图 7-5 所示。

环形交叉口的优点：驶入交叉口的各种车辆可连续不断地单向运行，没有停滞，减少了车辆在交叉口的延误时间；环道上行车只有分流与合流，消灭了冲突点，提高了行车的安全性；交通组织简便，不需信号管制；对多路交叉和畸形交叉，用环道组织渠化交通更为有效；中心岛绿化可美化环境。缺点：占地面积大，城区改建困难；增加车辆绕行距离，特别是左转弯车辆；一般造价高于其他平面交叉。当多条道路相交，通过交叉口的交通量总数为 500～3000 辆/小时，左右转弯车辆较多，且地形较平坦时可考虑采用。在快速道路和交通量大的干线道路上，有大量非机动车和行人交通、位于斜坡较大的地形以及桥头引道上均不宜采用。按规划需修建立体交叉处，近期用环形平面交叉作为过渡形式，并预留远期改建为立交的可能性。设计时主要解决中心岛的形状和半径，环道的布置和宽度，交织段长度，交织角，进出口曲线半径和视距要求等问题。

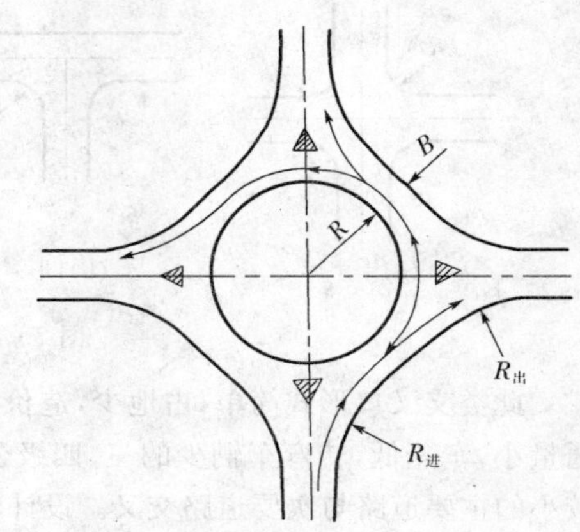

图 7-5 环形交叉口示意图

7.2 交叉口交通组织设计

交叉口交通组织设计包括车辆交通组织和行人交通组织。其基本任务是：保证相交道路车辆及行人的安全，提高交叉口的通行能力，使各方向车流安全、快速地通过交叉口。

7.2.1　车辆交通组织设计

车辆交通组织设计的方法有限定车流行驶方向,设置专用车道,渠化交通,实行信号管制等。

1. 设置专用车道

划分不同方向的车道线,组织不同行驶方向的车辆在各自的车道上分道行驶,互不干扰。根据行车道宽度和直行与左右转弯车辆的交通量,可做出多种组合车道的划分。如图7-6所示。

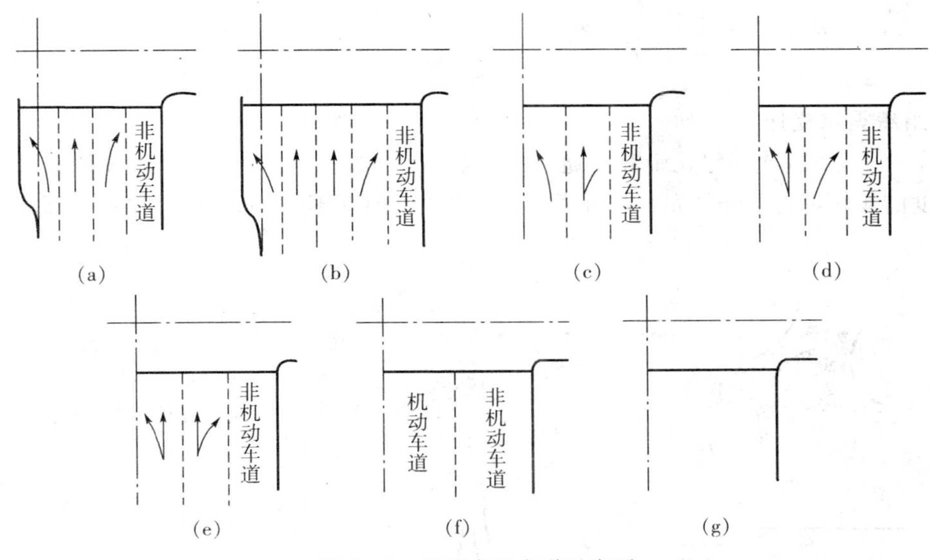

图7-6　设置专用车道示意图

2. 左转弯车辆的交通组织

如前所述,左转弯车辆是引起交叉口车流冲突的主要原因,合理地组织左转弯车辆的交通,是保证交通安全,提高交叉口通行能力的有效方法。左转弯车辆交通组织方法可采用以下几种形式:

(1)实施信号灯管制,设置专用车道

如图7-6(c)所示,在车行道宽度内紧靠中线划出一条车道供左转车辆专用,以免阻碍直行交通;若原有行车道宽度不够时,可向中线左侧适当扩宽设置专用左转车道如图7-6(a、b)。设置专用左转车道后左转车辆须在左转车道内在左转绿灯亮时左转,以减少左转对直行、右转车辆行驶的干扰阻滞。

(2)变左转为右转

① 环形交通

利用环道组织逆时针单向交通,变左转为右转,使冲突车流变为分流与合流,如图7-7(a)所示。

② 街坊绕行

使左转车辆环绕邻近街坊道路右转行驶实现左转,如图7-7(b)。这种方法绕街坊行程增加很多。通常仅用于左转车辆所占比例不大,旧城道路扩宽困难,或在桥头引道坡度大的十字线交叉口,为防止车辆高速下坡时直角转弯发生事故而采用。

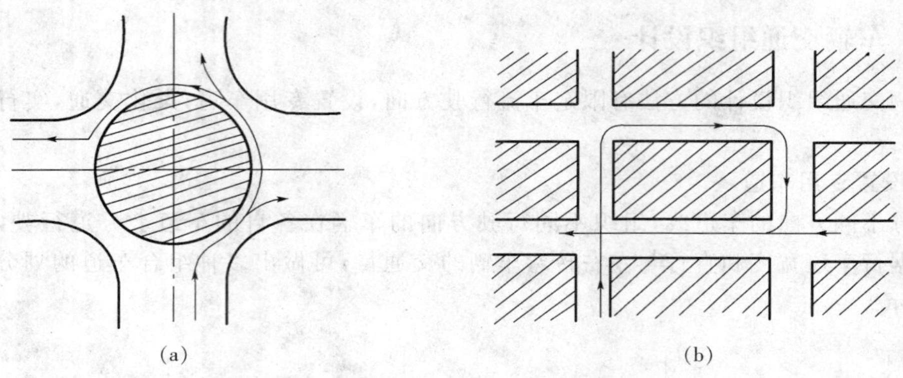

图 7-7 变左转为右转

3. **组织渠化交通**

在车道上划线，或用绿化带和交通岛来分隔车流（如图 7-8 所示），使各种不同类型和不同速度的车辆能像渠道内的水流那样，沿规定的方向互不干扰地行驶，这种交通称为渠化交通。

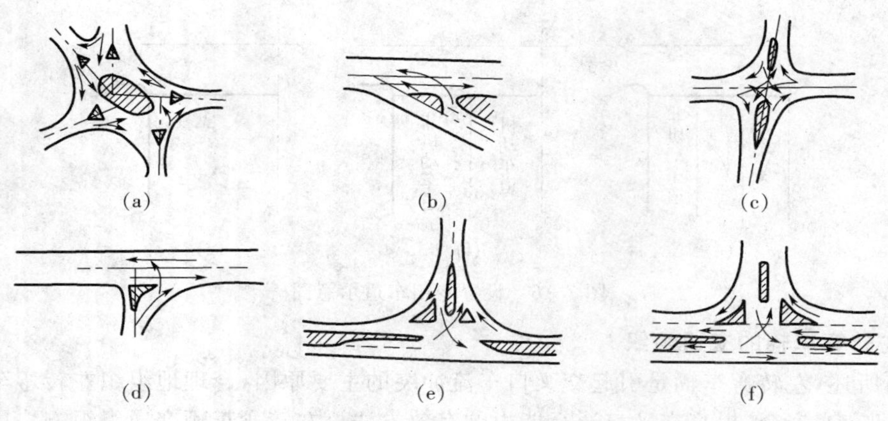

图 7-8 渠化交通示意图

渠化交通在一定条件下可以有效地提高道路的通行能力，减少交通事故。它对解决畸形交叉口的交通问题尤为有效。

渠化交通的主要作用是保证行车安全，具体表现在：

(1)利用分车线或分隔带、交通岛等，把不同方向和速度的车辆划分车道行驶，使行人和司机很容易看清互相行驶的方向，避免车辆相互侵占车道和干扰行车路线。因而可减少车辆相互碰撞的机会，增加行车的安全，如图 7-8(a)。

(2)利用交通岛的布置，限制车辆行驶方向，使斜交对冲的车流为直角交叉或锐角交叉，如图 7-8(b、c)。

(3)利用交通岛的布置，限制车道宽度，控制车速，防止超车。如图 7-8(d、e)。

(4)可利用渠化交通设在的交通岛或分隔带，设置各种交通标志，并为行人过街时避让车辆的安全岛。

(5)在交通量较大，车速较高的交叉口利用交通岛组织渠化交通时，还需考虑设置变速车道和候驶车道（如图 7-8(f)），以利于左转弯车辆转向行驶和变速行驶。

在渠化交通中，最常用的是高出路面的交通岛。按其作用不同可分为方向岛、分隔岛、中心岛、安全岛等。

方向岛又称导向岛，用以指引行车方向，它在渠化交通中起着很大作用，许多复杂的交叉口，往往只需用几个简单的方向岛就能组织好交通，减少或消灭冲突点。方向岛还可用于约束车道，使车辆减速转弯，保证行车安全。

分隔岛是用来分隔机动车和非机动车、快速车和慢速车以及对向行驶的车流，保证行车速度和交通安全的长条形交通岛。有时也可在路面上划线来代替分隔岛。

中心岛是设在交叉口中央，用来组织左转弯车辆和分隔对向车流的交通岛。

安全岛供行人过街时避让车辆之用。在宽阔的交通繁忙的街道上，宜在人行横道线中央设置安全岛，以保证行人过街安全。

4. 调整交通组织

当旧城道路改建困难时，可对城市道路网综合考虑，采取改变交通路线，限制车辆行驶，控制行驶方向，组织单向交通，以及适当封闭一些主要干道上的支路等措施，简化交叉口交通，提高整个道路网的通行能力。

5. 采用自动控制的交通信号指挥系统，提高行车速度和通行能力。

7.2.2 行人及非机动车交通组织

公路设计中往往不考虑行人和非机动车交通。但对城市道路因大量行人和非机动车存在，合理组织行人和非机动车交通，是消除交叉口交通阻塞，保障交通安全最有效的方法。

行人交通组织的主要任务是组织行人在人行道上行走，在人行横道线内安全过街，使人、车分离，干扰最小。

人行道通常对称布置在车行道两侧。交叉口内相邻道路的人行道互相连通，并将转角处人行道加宽，以适应人流集中转向需要。为使行人安全、有序地横穿车行道，应在交叉路口设置人行横道。交叉范围的人行道和人行横道相互连接，共同组成可达任意方向的步行道网。尽量不将吸引大量人流的公共建筑的出入口设在交叉口上。

若人、车流量较大且车行道较宽时，应在人行横道中间设安全岛；必要时在转角处用栏杆将人、车隔离，人行横道两端设置信号灯。

当交叉口宽阔、人流量多、车流量大且车速高时，可考虑设置人行天桥或人行地道，这是行人交通组织最彻底、最高效的办法。交叉口处的人行道除满足行人通过外，还应为过街行人提供等待场地，其宽度原则上不小于路段人行道的宽度。若因设置附加车道不得已压缩人行道时，应根据人流量决定最小宽度。拟设人行天桥或地道时，人行道还应考虑梯道或坡道出入口宽度。在人行道上除必要的道路标志、交通信号、照明及栏杆等外，不允许布置其他设施，以保证人行道的有效宽度。

人行横道应设置在驾驶员容易看清的位置，标线应醒目。人行横道一般可布置在交叉口人行道的延续方向后退4～5m的地方，如图7-9(a)。当转角半径较大时可将人行横道设在圆弧段内，如图7-9(b)。原则上人行横道应垂直于道路设置，可使行人过街距离最短；但如道路斜交时，为避免行人不拐直角弯及扩大交叉口交通面积。人行横道可与相交道路平行，如图7-9(c)。T形和Y形交叉口人行横道可按图7-9(d、e)设置。

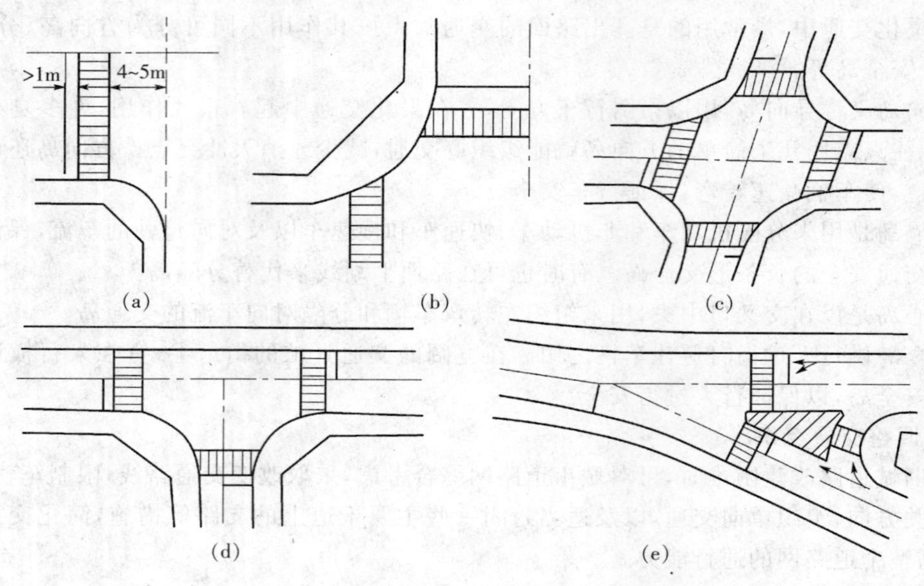

图 7 - 9

7.3　交叉口平面设计

7.3.1　交叉口车道数

从渠化交通的要求来看，交叉口最好能设置若干条专用车道，以便左、右转弯和直行的机动车辆和非机动车辆在驶近交叉口时，能在各自的车道上排列停候和行驶，避免相互干扰。但在交通量较小的道路上设置过多的车道，显然不经济，这时可考虑车道混合行驶。交叉口所设置的车道数，其通行能力的总和必须大于高峰小时交通量的要求，否则，交叉口会产生交通拥挤和阻塞现象。

交叉口的车道数可按以下方法确定：

首先选定交叉口的型式，然后根据设计年限的高峰小时交通量和不同行驶方向的交通组成，进行交通组织设计，由此初步定出车道数(该车道数也可直接取用路段上的设计车道数进行交通组织设计)。按照所确定的交通组织设计方案，对初定的车道数进行通行能力验算，如车道通行能力的总和小于高峰小时交通量的要求，则必须增加车道重新验算，直到满足交通量的要求为止。由于交叉口受到交通指挥信号的影响，在相同车道数的情况下，交叉口车道的通行能力一般都比路段上车道通行能力小，所以交叉口的车道数应不少于路段上的车道数。为了便于交通组织和提高通行能力，交叉口的车道数一般应比路段上的车道数最少多设一条。有关交叉口的通行能力计算在“交通工程”课程中讲述。

7.3.2　交叉口主要几何尺寸设计

7.3.2.1　交叉口视距

1. 视距三角形

为了保证交叉口上行车安全，驾驶人员在进入交叉口前的一段距离内，应能看到相交道路上的行车情况，以便能采取措施，顺利驶过或安全停车。这段距离应该等于或大于停车视距 S_T。

由相交道路上的停车视距所构成的三角形称为视距三角形。在其范围内不能有任何阻挡驾驶员视线的障碍物，如图 7－10 所示。

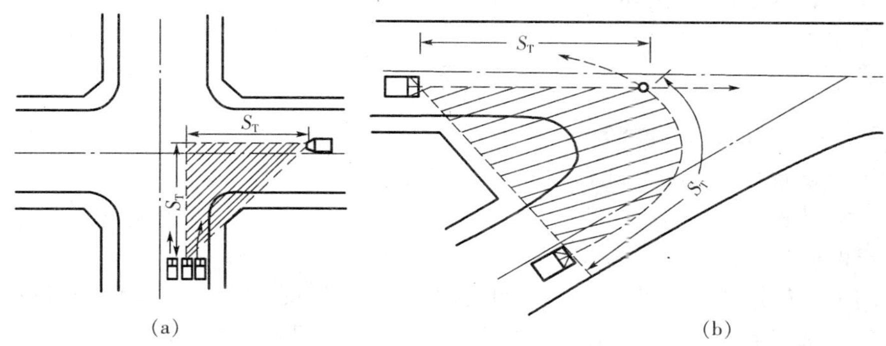

图 7－10　视距三角形

视距三角形应以最不利情况绘制，绘制的方法和步骤如下：

(1)确定停车视距 S_T

可用前述停车视距计算公式或根据相交道路的设计车速按表 7－2 采用。当受到地形或其他情况限制时，停车视距可采用表中低限值，但必须采取设置限速标志等措施。

(2)找出行车最危险的冲突点

不同形式的交叉口的危险冲突点的找法不尽相同。对常见的十字形交叉和 T 形交叉(或 Y 形交叉)的最危险冲突点可按下述方法寻找。

① 对十字形交叉口如图 7－10(a)所示，最靠右侧的第一条直行机动车道的轴线与相交道路最靠中心线的第一条直行车道的轴线所构成的交叉点为最危险冲突点；

② 对 T 形(Y 形)交叉口如图 7－10(b)所示，直行道路最靠右侧第一条直行车道的轴线与相交道路最靠中心线的一条左转车道的轴线所构成的交叉点为最危险冲突点。

(3)从最危险的冲突点向后沿行车轨迹线各量取停车视距 S_T

(4)连接末端构成视距三角形

表 7－2　停车视距及识别视距

设计车速(km/h)		100	80	60	40	30	20
停车视距	一般值	160	110	75	40	30	20
	低限值	120	75	55	30	25	15
信号控制的识别视距(m)		—	350	240	140	100	60
停车标志控制的识别视距(m)		—	—	105	55	35	20

2. 识别距离

为了保证车辆安全顺利通过交叉口，应使驾驶员在交叉口之前的一定距离能识别交叉口的存在和交通标志等，这一距离称为识别距离。该识别距离随交通管制条件而异。

(1)无信号控制的交叉口

对无任何信号控制的交叉口，通常都是等级低、交通量小及车速不高的次要交叉口距离应满足安全要求，可采用各相交道路的停车视距(见表7-2所示)。

(2)有信号控制的交叉口

对有信号控制的交叉口，在车辆正常行驶条件下，识别距离为使驾驶员能看清交通信号和显示内容，能有足够时间制动减速直至停车，但这种制动停车并非急刹车。因此，有信号控制的交叉口识别距离可用式(7-3)计算。

$$S_s=\frac{v}{3.6}t+\frac{v^2}{26a} \tag{7-3}$$

式中：S_s——交叉口的识别距离，m；

v——路段设计速度，km/h；

a——减速度，m/s²，取 $a=2\text{m/s}^2$；

t——识别时间(s)。

识别时间 t 包括驾驶员的反应时间和制动生效时间。在公路上识别时间可取10s；在城市道路上因交叉口较多，驾驶员对其存在已有思想准备，识别时间可取6s。

(3)停车标志控制的交叉口

对停车标志控制的交叉口，一般为主要道路与次要道路交叉，主次关系明确，而且对标志的识别要比对信号容易。因此，可采用式(7-3)及识别时间为2s计算。

7.3.2.2　交叉口平曲线半径

交叉口的圆曲线半径包括交叉范围相交道路的圆曲线半径，加铺转角式圆曲线半径及分道转弯式圆曲线半径。

1. 相交道路的最小圆曲线半径

为使直行车辆在交叉口范围能以一定速度顺利行驶，保证交叉口立面设计平顺美观，应对交叉口范围相交道路平曲线的最小半径或最大超高横坡加以限制，确定圆曲线最小半径。采用前面的计算圆曲线半径的公式 $R=\frac{V^2}{127(\mu\pm i_h)}$ 在交叉口范围内，主要道路的计算行车速度 V 仍采用路段规定值，次要道路可取路段的0.5～0.7倍，横向力系数 μ 可按车速在0.15～0.20之间选用，超高横坡 i_h 以不大于2%为宜，最大不超过6%，根据以上取值，可计算出相交道路最小圆曲线半径如表7-3所示。

表7-3　交叉口相交道路最小圆曲线半径

计算行车速度(km/h)		100	80	60	40	30	20
主要道路	一般值	460	280	150	60	30	15
	极限值	380	230	120	50	25	12
次要道路		/	/	60	30	15	15

2. 加铺转角式交叉口转角半径

为了保证各种右转车辆能以一定速度顺利转弯，交叉口转角处的缘石半径或车行道边缘应做成圆曲线或多心复曲线、抛物线等，一般多采用圆曲线，圆曲线的半径 R_1 称为缘石半径，如图7-11未考虑机动车道加宽以前的交叉口转角的缘石半径 R_1 为：

$$R_1=R-\left(\frac{B}{2}-W_b\right) \tag{7-4}$$

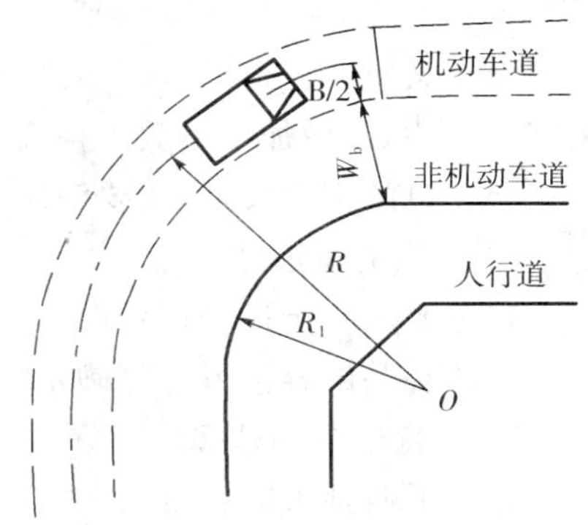

图 7-11　加铺转角式半径计算示意图

式中：B——机动车单车道宽度，一般采用 3.5m 或 3.75m；

W_b——交叉口转弯处的非机动车道宽度；

R——右转车道中心线的圆曲线半径(m)。

其中，W_b 在有非机动车行驶的交叉口上，应根据交叉道路的性质和非机动车交通量的要求，设置适当宽度的非机动车道；在一般情况下，应考虑至少能有两辆自行车并排通行。当直线部分的非机动车道较宽时，一般至少应采用 $W_b=3.0$m。R 可用前面的公式计算。由于此类交叉口多用于交通量小，车速不高的低等级道路，因此右转车速按路段计算行车速度的 0.5～0.7 倍计算，一般取 0.6 倍。根据观察，右转车速一般在 10～25km/h 之间。横向力系数一般在 0.15～0.25 之间，超高横坡采用 2%，此外，最小转弯半径不得小于汽车的最小转弯半径。城市道路如表 7-4 所示，公路道路如表 7-5 所示。在条件允许时应尽量采用较大转弯半径，有利于行车和以后交通发展的需要。

表 7-4　城市道路交叉口缘石转弯最小半径

右转弯计算行车速度(km/h)	30	25	20	15
交叉口缘石转弯半径(m)	33～38	20～25	10～15	5～10

［注］ 非机动车道宽度为 6.5m 时用小值，2.5m 时用大值，其余宽度可采用内插求得。

表 7-5　公路加铺转角式交叉口的最小转弯半径

右转弯车速(km/h)	不同交叉角的转弯半径						
	45°	60°	80°	90°	100°	120°	135°
25	35	32	30	30	29	29	28
20	27	23	20	19	19	18	18
15	25	17	13	12	11	10	10
10	27	20	12	10	9	8	7

3. 分道转弯式交叉口最小圆曲线半径

当右转弯车辆比较多时，为保证右转车辆能以规定的速度分道行驶，应对最小转弯半径加以限制。在右转车辆计算行车速度已确定的条件下，取 $\mu=0.16$～0.20，最小圆曲线半径的一般值采用 $i_h=2\%$ 计算，极限值用 $i_h=6\%$ 计算。分道转弯式交叉口最小圆曲线半径可参考表 7-6 采用。

表 7-6　分道转弯式交叉口最小圆曲线半径(m)

右转弯车速(km/h)		80	70	60	55	50	45	40	35	30	25	20
最小半径	一般值	280	210	150	120	100	80	60	50	35	25	15
	极限值	230	170	120	100	80	65	50	40	30	20	12

7.3.2.3 交叉口拓宽设计

当交叉口车行道的宽度不足时，为了提高交叉口的通行能力，常采用向道路一侧或两侧拓宽的办法，以增加车道数来提高交叉口的通行能力。

交叉口的拓宽设计，主要解决三个问题：

1. 拓宽的车道数

它主要取决于进口道各向的交通量、交通组织方式和车道的通行能力。这些可根据前面所讲的有关内容进行计算确定。一般在进口道方向比正常路段多增设一条车道。

2. 拓宽位置的选择

有以下两种可能：

(1)向进口道的左侧拓宽。如利用中间分隔带或越过中心线部分占用对向的车道宽度。

(2)向进口道的右侧拓宽。如利用车行道右侧的绿化带或拆迁部分房屋。

3. 拓宽车道长度计算

进口道处的右转弯车道的长度应保证转弯车辆不受相邻等候车队长度的影响，同时保证不影响横向相交道路上的直行车流，转弯后在横向相交道路的出口道处设置加速车道，左转弯车辆的等候车队的长度不影响相邻直行车道的行驶。这就需要设置相应的加速或减速的变速车道。变速车道的宽度为 3.0～3.5m。

(1)有红、绿灯控制的城市道路交叉口

如图 7－12 所示

$$L = L_1 + L_2 \tag{7-5}$$

式中：L——拓宽车道的长度；

L_1——车辆从原车道驶入相邻拓宽车道所需距离(m)，一般是侧移所需的距离，低速行驶时，取 $L_1=12$m；

L_2——右转车辆(或左转车辆)从最长的候车队伍的尾车后驶入托宽车道所需的长度，$L_2=nl_n$；

n——一个周期的红灯和黄灯时间内到达进口道的车辆数，即停候车辆数；

l_n——停候车辆的平均车头间距(m)，l_n 值与车型和停候间隔不均状况有关，一般取 $l_n=6$m～9m。

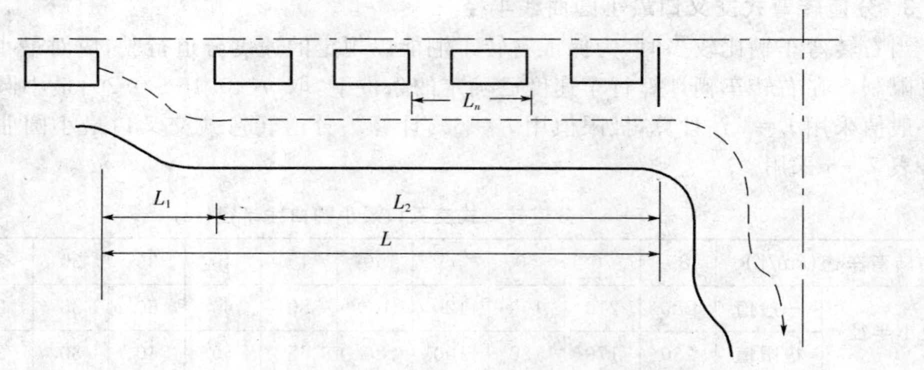

图 7－12 有信号控制的拓宽车道长度

(2)无红、绿灯控制的城市交叉口

如图 7-13 所示

$$L = L_d + L_e + L_s \tag{7-6}$$

L_d—分流长度(m),最小分流长度如表 7-7

L_e—减速长度(m);

L_s—等候转弯车辆排队长度(m),一般 $L_s = 2l_n$(m),

l_n—平均车头间距

m—平均每分钟转弯车辆数。

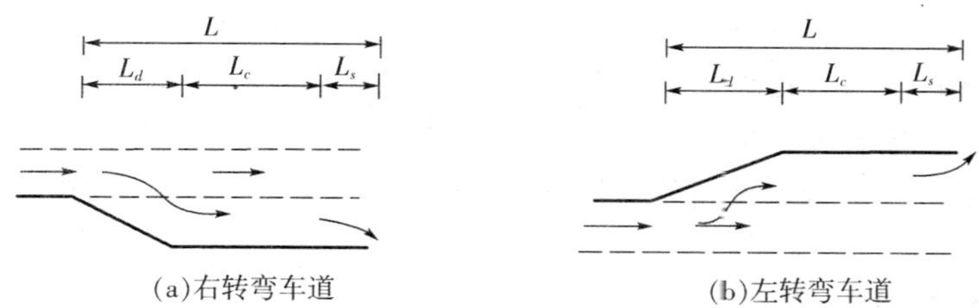

图 7-13　无信号控制的拓宽车道长度

表 7-7　最小分流长度

计算行车速度(km/h)	100	80	60	40	30	20
最小分流长度(m)	80	60	40	20	10	10

公路交叉口变速车道长度,应根据公路等级、使用性质、速度变化范围、车辆特性和纵坡等因素经计算确定,一般情况下可采用表 7-8 所列值。

表 7-8　变速车道长度

公路类别	公路设计车速(km/h)	减速车道长度(m) ($a=-2.5m/s^2$)			加速车道长度(m) ($a=1.0m/s^2$)		
		至 0	至 20	至 40	从 0	从 20	从 40
		(km/h)					
主要公路	100	100	95	70	250	230	190
	80	60	50	32	140	120	80
	60	40	30	20	100	80	40
	40	20	10	—	40	20	—
次要公路	80	45	40	25	90	80	50
	60	30	20	10	65	55	25
	40	15	10	—	25	15	—
	30	10	—	—	10	—	—

[注]　表中所列的长度包括渐变段的长度。

7.4 交叉口立面设计

7.4.1 交叉口立面设计的要求和原则

1. 立面设计的目的和要求

交叉口竖向设计的目的，是要统一解决相交道路之间以及交叉口和周围建筑物之间在立面位置上的行车、排水和建筑艺术三方面的要求。即使相交道路在交叉口内能有一个平顺的共同面，便于车辆和行人通行；使交叉口范围内的地面水能迅速排除；车行道和人行道的各点标高能与建筑物的地面标高相协调而具有良好的空间感。

交叉口的竖向设计，在很大程度上取决于相交道路的等级、交通量、横断面形状、纵坡的方向和大小，以及当地的地形情况。设计时首先应照顾主要道路上的行车方便，其次是次要道路，在不影响主要道路行车方便的前提下，可适当调整主要道路的纵、横坡，以照顾次要道路的行车方便。

2. 立面设计的原则

交叉口立面设计的一般原则如下：

(1)主、次道路相交，主要道路的纵、横坡度一般均保持不变(非机动车道纵坡、横坡可变)，次要道路的纵、横坡度可适当改变；

(2)同级道路相交，纵坡一般不变，横坡可变；

(3)路口设计纵坡不宜太大，一般不大于2%，困难情况下不大于3%；

(4)交叉口立面设计标高应与四周建筑物地坪标高相协调；

(5)为了保证交叉口排水通畅，设计时至少应有一条道路的纵坡离开交叉口。如遇困难地形，例如交叉口设在盆形的地形，所有道路纵坡都向着交叉口时，必须预先考虑修筑地下排水管道和设置进水口；

(6)合理确定变坡点和布置雨水口。在交叉口布置进水口，应不使地面水流过交叉口的人行横道，也不应使地面水在交叉口内聚集或流入另一条道路。为此，进水口应设在交叉口人行横道的前面能截住来水的地方和竖向设计的低洼处。

7.4.2 平面交叉口的立面设计

1. 相交道路的纵断面线形

(1)平面交叉范围内，两相交公路的纵面应尽量平缓。纵面线形应满足最小停车视距要求。

(2)主要公路在交叉范围内的纵坡应在0.15%～3%的范围内，次要公路上紧接交叉部分引道应以0.5%～2.0%的上坡通往交叉，而且此坡段至主要公路的路缘至少25m，如图7-14所示。

(3)主要公路在交叉范围内是超高曲线的情况下，次要公路的纵坡应服从主要公路的横坡。若次要公路在交叉前后相当长的范围内纵坡的趋势与主要公路的横坡相反，则次要公路在引道的一定范围内应设置S形竖曲线，如图7-15所示。

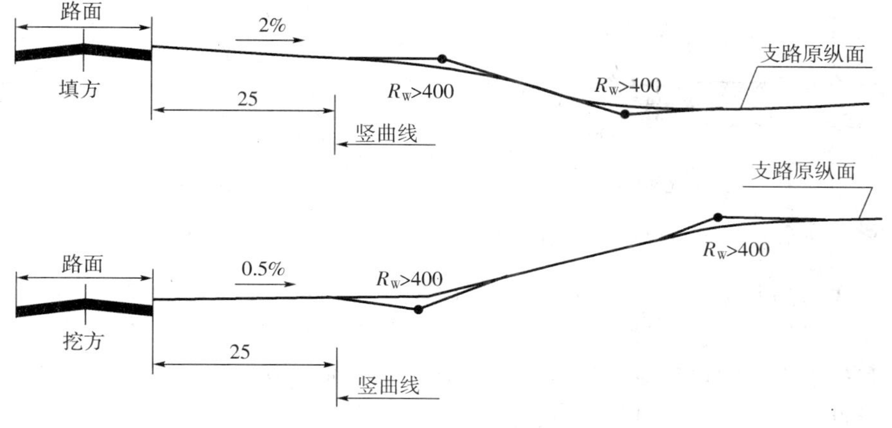

图 7-14　次要公路引道纵坡

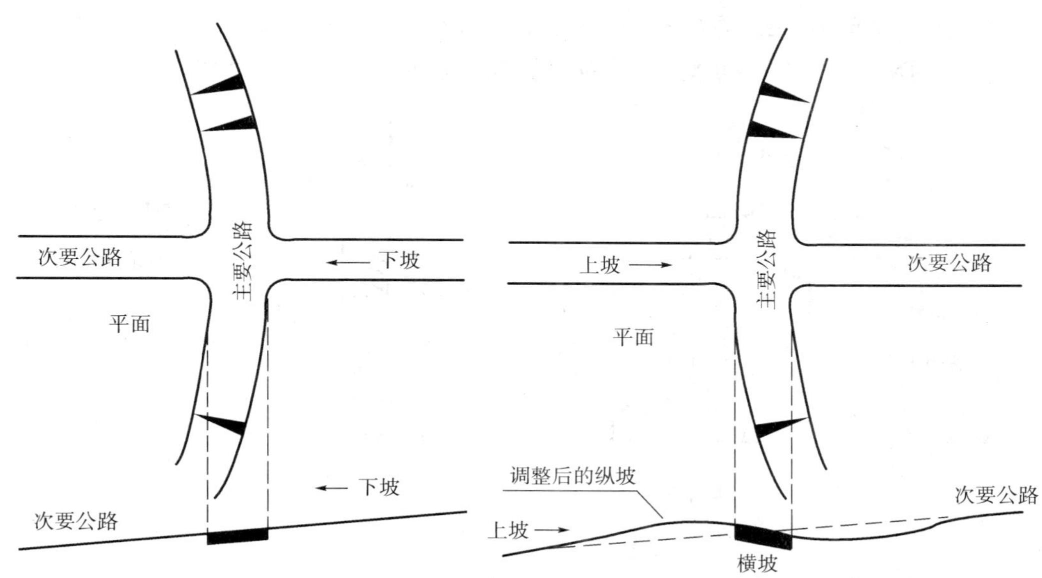

图 7-15　主要公路设超高时次要公路引道纵坡

2. 交叉口立面布置的几种基本形式

交叉口竖向设计的形式在很大程度上取决于地形以及和地形相适应的相交道路的纵、横断面。以十字形交叉口为例，根据相交道路纵坡方向的不同，立面设计有以下六种基本形式：

(1)处于凸形地形上，相交道路的纵坡均背离交叉口如图 7-16(a、b)所示。

设计时把交叉口上的坡度做成与相交通路同样的坡度，有时只需调整接近交叉口的道路横坡，不需设置雨水口。

(2)处于凹形地形上，相交道路的纵坡全指向交叉口，如图 7-17(a、b)所示。

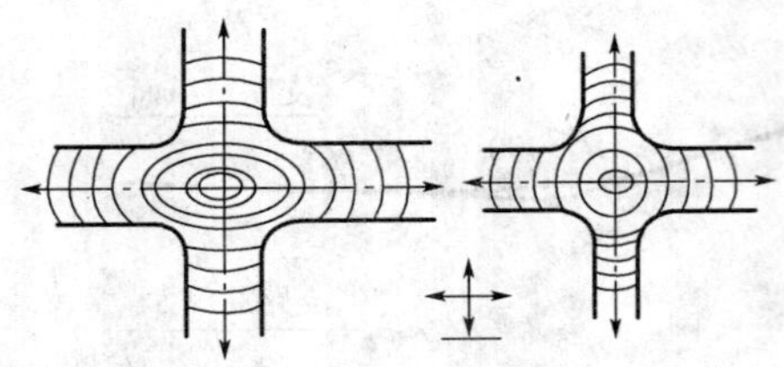

图 7－16 凸形地形处交叉口的立面设计

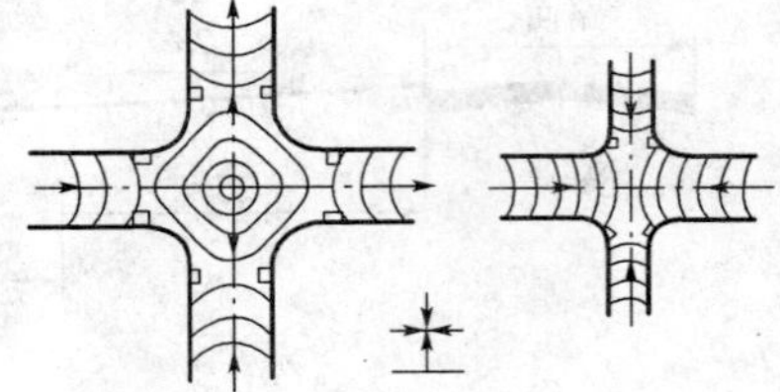

图 7－17 凹形地形处交叉口的立面设计

这时地面水都向交叉口汇集，因此，必须设置地下排水管排泄地面水。为避免雨水积聚在交叉口，除应尽可能抬高交叉口标高外，还应在交叉口四个角上的低洼处设置雨水口。此时对行车和排水都不利，应尽量避免，最好能争取一条主要道路的纵坡背离交叉口，即把其纵坡的转折点设在远离交叉口的地方。

(3)处于分水线地形上，三条道路纵坡背离，而一条道路纵坡指向交叉口，如图 7－18 所示。

设计时应将纵坡指向交叉口的道路路脊线在交叉口处分三个方向，相交道路的横断面均不变。同时在纵坡指向交叉口的道路两侧设置雨水口拦截地面水，防止雨水流入交叉口，影响交通。

(4)处于谷线地形上，三条道路的纵坡指向交叉口而另一条背离，如图 7－19 所示。

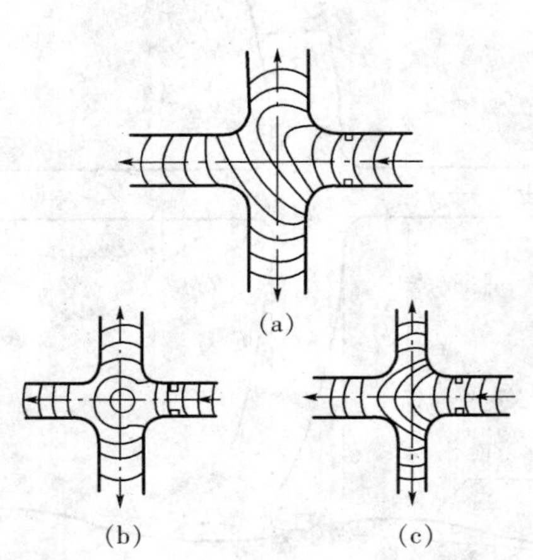

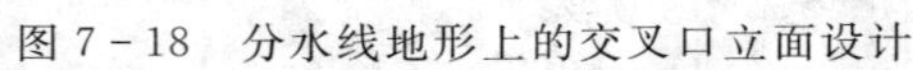

图 7－18 分水线地形上的交叉口立面设计

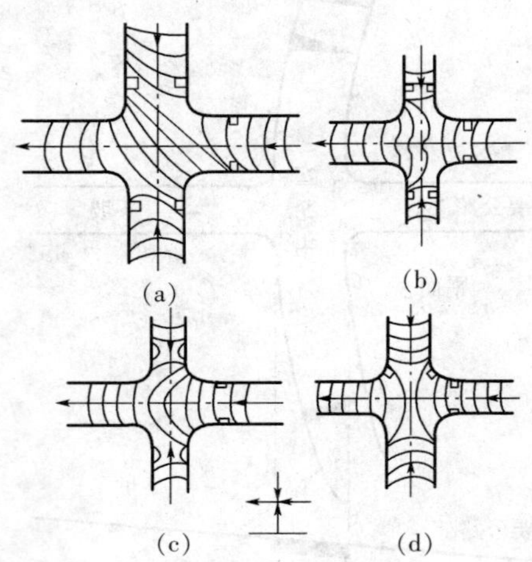

图 7－19 谷线地形上的交叉口立面设计图

设计时在纵坡向着交叉口的道路两侧设置雨水口拦截地面水，以免影响交通。

(5)处于斜坡地形上，相邻两条道路纵坡指向交叉口，而另两条背离，如图 7－20 所示。

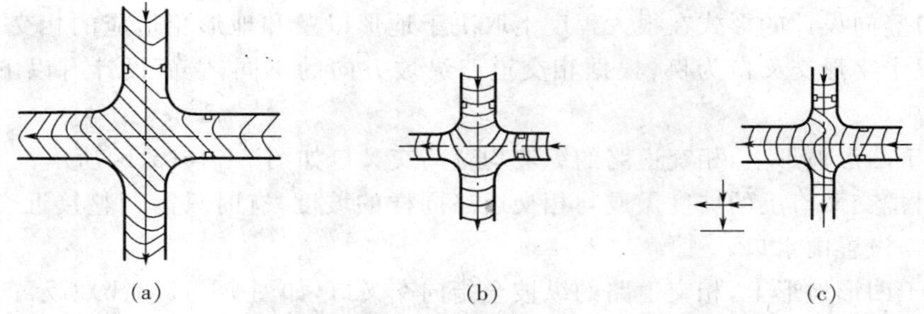

图 7－20 在斜坡地形上交叉口的立面设计

设计时相交道路的纵坡均不变，依照天然地形，将两条道路的横坡在进入交叉口前逐渐向相交道路的纵坡方向倾斜，而在交叉口上形成一个单向倾斜的斜面。在指向交叉口的道路两侧设置雨水口。

(6)处于马鞍形地形上，相对两条道路纵坡指向交叉口，而另外两条道路纵坡背离交叉口，如图 7－15 所示。设计时，相交道路纵、横坡都可按自然地形在交叉口内适当调整，并在纵坡指向交叉口的道路两侧设置雨水口。

除以上六种基本情况外，还有一种特殊形式，即交叉口位于水平的地形上，在这种情况下，只需把交叉口的设计标高稍微提高一些即可。

3. 立面设计方法步骤

(1)收集资料

① 测量资料：交叉口的控制标高和控制坐标，收集和实测 1∶500 或 1∶200 的地形图；详细标注附近地坪和建筑物标高。

② 交通资料：交通量和交通组成(直行、左转、右转的比例)。

③ 排水资料：已建或拟建的排水管道位置。

④ 道路资料：道路等级、宽度、纵坡、横坡、交叉口控制标高和周围建筑物标高。

(2)绘出交叉口平面图

包括路中心线、车行道和人行道的宽度、缘石半径。

(3)确定交叉口的设计范围

设计范围一般为缘石半径的切点以外 5～10m，这是考虑到自双向横坡逐渐过渡到单向横坡需要一定的距离，并应与相交道路的路面标高完全衔接。

(4)确定立面设计图式

根据相交道路的等级、纵坡方向和地形，确定采用的竖向设计等高线形式(如图 7－16 到图 7－21 所示)，并选定相邻等高线的高差 h(一般为 0.02～0.10m，取偶数便于计算)。

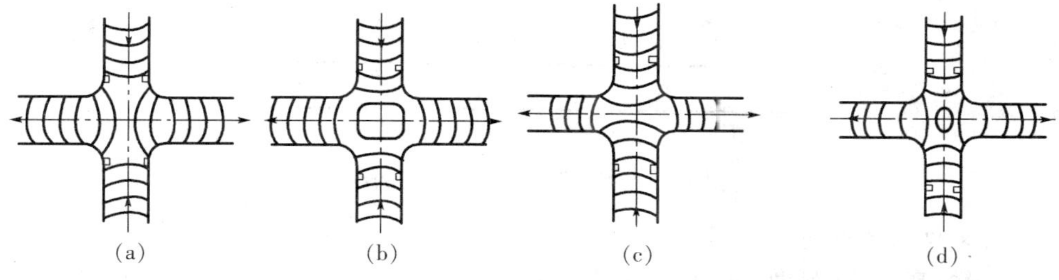

图 7－21　马鞍形地形上交叉口的立面设计

(5)路段设计等高线的绘制

绘制交叉口范围的设计等高线，如图 7－22 所示，应先根据道路的脊线和控制标高，按需要的设计等高线间距计算相邻等高线之间的水平距离，结合地形采用适宜的交叉口竖向图式，再计算与绘制交叉口等高线。

交叉口竖向设计的关键是选定合宜的路脊线和标高计算(辅助)线网。

道路的纵坡、横断面形式及路供横坡确定后，可按需要的设计等高线间距，计算出车行道、街沟及人行道的设计等高线的水平距离。

$$\text{对于路脊线：}l=\frac{Bi_g}{2i}\text{；对于街沟：}l=\frac{h}{i}$$

$$\text{对于缘石：}l_2=\frac{h_1}{i}\text{；对于人行道：}l_3=\frac{bi_1}{i} \tag{7-7}$$

式中：l—车行道上同一等高线与两侧街沟的交点到路脊线上该等高线顶点的水平距离；

l_1—路脊线或街沟处相邻两等高线之间的水平距离；

l_2—同一等高线与路缘石顶面和人行道外缘的交点，沿道路纵向的水平距离；

h—设计等高线间距；

h_1—路缘石高度；

i—车行道、人行道和街沟的纵坡；

i_R—车行道的路拱横坡；

i_1—人行道横坡；

B—车行道宽度；

b—每侧人行道宽度。

根据上述计算，便可绘制出图 7 - 22 所示路段的设计等高线图。首先绘制道路的平面中线、缘石线和人行道边缘线。然后根据控制标高和设计等高线间距在中线上找一相应点 A，由 A 点顺道路上坡方向量距离 $AA_1=l$，过 A_1点作道路中线的垂直线与两侧缘石线相交于 B_1点，连接 AB_1，即可得车行道上的设计等高线。再过 B_1点在缘石上沿道路下坡方向量 $B_1B_1'=l_2$，再过 B_1'点作缘石线的垂直线与人行道外缘线相交于 C_1点，由 C_1点在人行道外边缘线上沿道路下坡方向量 $C_1C_1'=l_3$，由此便可绘出同一等高线在车行道、缘石和人行道的位置，即为 C_1'、B_1'、B_1、AB_1、B_1'、C_1'。

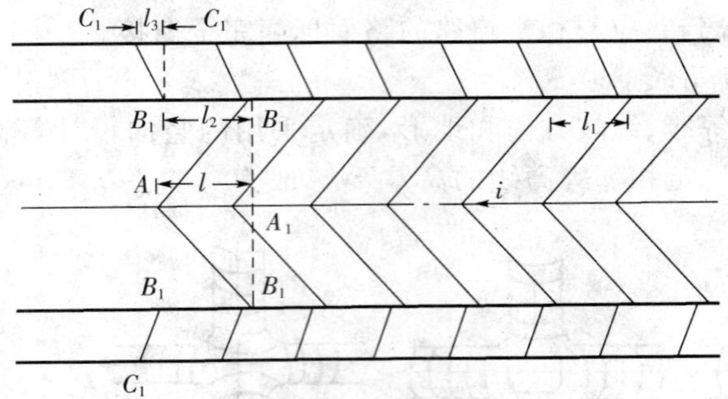

图 7 - 22　路段上设计等高线的绘制

(6)交叉口设计等高线绘制

借助于标高计算(辅助)线网，根据相交道路纵横坡和交叉口控制标高，便可求出交叉口的设计标高，参照等高线的基本形式即可勾画等高线。对于沥青路面可勾成曲线；对于水泥混凝土路面，在已确定的路口分块图上勾画等高线。由于每块混凝土板为平面，此时的等高线应勾绘成直线或折线。

路口道牙切点以外路段亦应按纵、横断面标高勾绘 10～20m，以检查路口范围的等高线是否协调。

(7)其他工作

① 根据行车舒适、排水通畅、与附近建筑物协调及外形美观的条件，对所画成的等高线线形及间距进行调整。

② 对于沥青路面可按与干道中线平行及垂直方向绘方格线(间距一般 5m)，根据所调整后的设计等高线，填写各方格网点处的设计标高，如图 7 - 23。对于水泥混凝土路面，可在各设计的水泥混凝土板角上填写设计标高，如图 7 - 24。

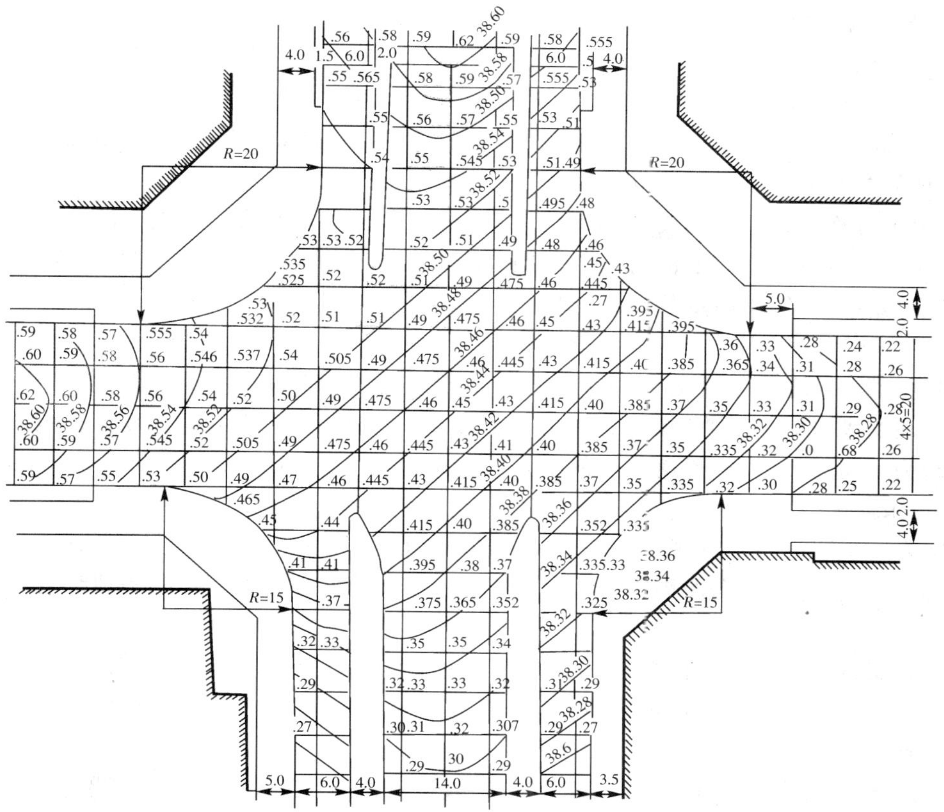

图 7－23　沥青路面交叉口等高线设计示意图

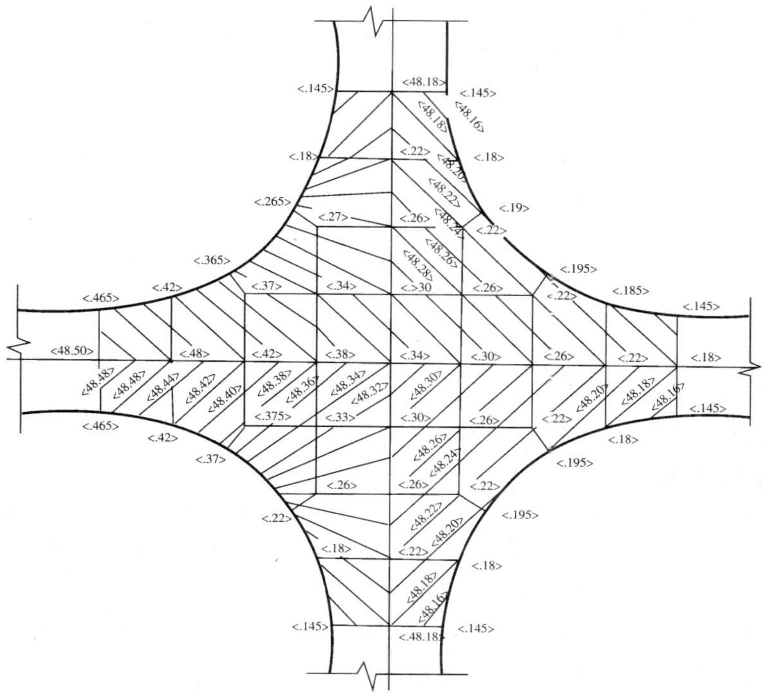

图 7－24　水泥混凝土路面交叉口等高线设计示意图

③ 支路与干道相交时，一般以干道纵断面为控制高程；同级道路相交时，路口部分中线高程不一定以干道作为控制高程，可视整个路口等高线协调情况予以调整。尤其如纵断线形在路口处为低点时，必须调整使路口不积水。

④ 根据等高线的标高，用补插法求出方格点上的设计标高，最后可以求出施工高度（它等于设计标高减去地面标高），以符合施工要求。

以上为方格网设计等高线法，适用于大型、复杂的交叉口和广场的立面设计。对于一般简单的交叉口也可采用特征标高点（如在纵、横坡方向选点）表示，道路较宽的、复杂的则点数可多些，路窄的、简单的点数则可少些。

4. 平面交叉口立面设计时应注意的问题

根据设计经验，在平面交叉口竖向设计中，应注意以下几项要点：

(1)在交叉口相交道路中的纵坡差不宜太大，尽可能使相交道路的纵坡大致相等。

(2)为了便于排水，车行道两侧的平石边沟的纵坡不宜小于 0.3%，缘石（侧石）高度控制在 0.10m～0.20m。

(3)在一般平坦地形的城市交叉口，其竖向设计的形状宜采用伞形型式，即把交叉口的中心标高稍微抬高一些向四周倾斜，这种型式的竖向设计，对排水、行车、美观和衔接处理均有利。

(4)在交叉口范围内的横坡要求平缓，一般情况其横坡不大于路段设计横断面的横坡。

(5)交叉口对角线上的横坡宜控制在 1%左右，如果定得太大，则其他方向的横坡就更大，对交通不利。

(6)新建道路与现行道路相交对路口等高线设计，新建道路与现有道路相接，在不刨除或尽量少刨除现有路面的原则下

① 根据测量的旧路的方格点标高，勾画现有路面等高线；

② 根据设计标高勾画新建道路与现有路面相接部分的设计等高线；

③ 调整勾画成的等高线的线形及间距，使其符合行车舒适、排水通畅及与建筑物协调、外形美观的原则；

④ 根据现有路面标高与设计标高，确定现有路面与新建路面重合部分的现有路面是加铺还是刨除，并勾画出其不同厚度的范围。

7.5 环形交叉口设计

7.5.1 中心岛的形状和半径

环形交叉口的组成如图 7－25 所示。

1. 中心岛的形状

中心岛的形状应根据交通流的特性、相交道路的等级和地形、地物等条件确定。原则上应保证车辆能以一定速度顺利完成交织运行，有利于主要道路方向车辆行驶方便，应满足交叉所在地的地形、地物和用地条件的限制。

中心岛的形状一般多用圆形，有时也可用圆角方形和菱形；主次道路相交时应采用椭圆形；交角不等的畸形交叉可采用复合曲线形；此外，结合地形、地物和交角等也可采用其他规则或不规则几何形状的中心岛。

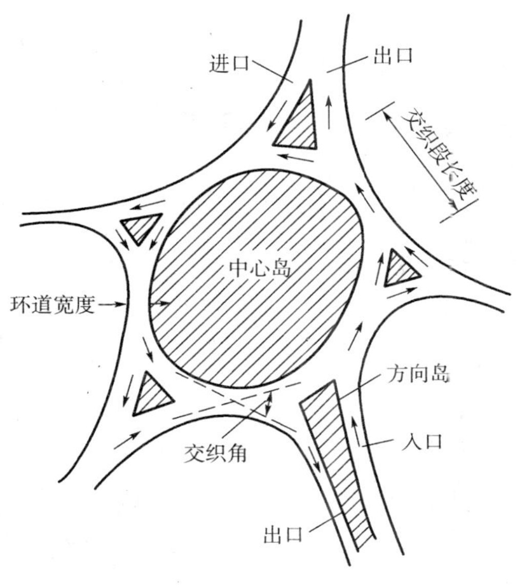

图 7－25　环形交叉口

2. **中心岛的半径**

中心岛的半径首先应满足设计行车速度的要求，然后按相交道路的条数和宽度，验算相邻道口之间的距离是否符合车辆交织行驶的要求。下面以圆形交叉口为例，介绍中心岛半径的计算方法。

(1)按设计速度的要求

按设计速度要求的中心岛半径 R 仍然用平曲线半径计算公式，但绕岛车辆是在紧靠中心岛、宽度为 b 的车道中间行驶，距中心岛边缘 $b/2$，故实际采用的中心岛半径按式(7－8)计算：

$$R_d=\frac{V^2}{127(\mu\pm i_h)}-\frac{B}{2}(\mathrm{m}) \tag{7-8}$$

式中：R_d——中心岛半径，m；

B——紧靠中心岛的车道宽度，m；

μ——横向力系数，建议大客车取 $\mu=0.10\sim0.15$，小客车取 $\mu=0.15\sim0.20$；

i_h——环岛横坡度，%，一般采用 1.5%；

V——环岛设计速度，km/h，国外一般采用路段设计速度的 0.7 倍；我国实测资料表明大客车 0.5 倍、载重车 0.6 倍、小客车 0.65 倍。

(2)按交织段长度要求

所谓交织就是两条车流汇合交换位置后又分离的过程。进环和出环的两辆车在环道行驶时相互交织，交换一次车道位置所行驶的距离，称为交织长度。交织长度的大小主要取决于车辆在环道上行驶的速度。当相邻路口之间有足够的距离，使进环和出环的车辆在环道上均可在合适的机会相互交织连续行驶，该段距离称为交织段长度。其位置大致可取相邻道路机动车道外侧边缘延长线与环道中心线交叉点之间的弧长，如图 7－26 所示。

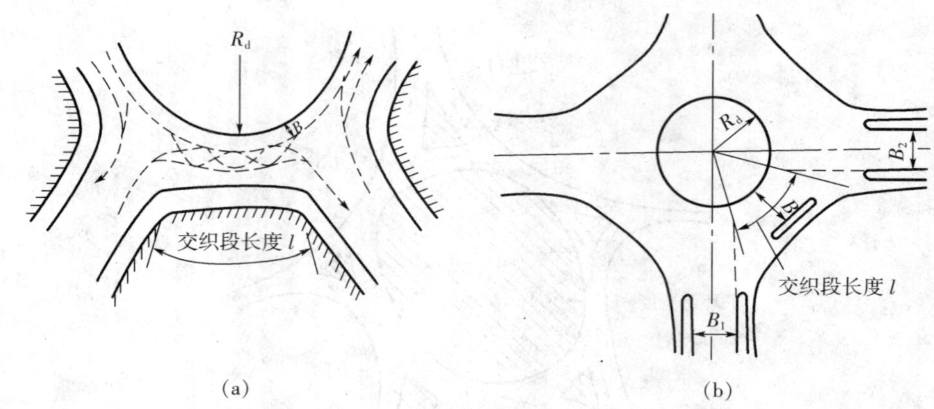

图 7-26 交织段长度

同时，中心岛半径必须满足两个路口之间最小交织段长度的要求，否则，在环道上行驶的需要相互交织的车辆，就要停车等候，不符合环形交叉口连续行驶的交通特征。环道上不同车速所需要的最小交织段长度如表 7-9 所示。

表 7-9 最小交织段长度

环道计算行车速度(km/h)	50	45	40	35	30	25	20
最小交织段长度(m)	60	50	45	40	35	30	25

按交织段长度所要求的中心岛半径 R_d，近似的按交织段长度所围成的圆周大小来推导，计算公式为：

$$R_d=\frac{n(l+B_p)}{2\pi}-\frac{B}{2}(\mathrm{m}) \tag{7-9}$$

式中：n——相交道路的条数；

l——相邻路口之间的交织段长度；

B——环道宽度，m；

B_P——相交道路的平均路宽，m。

当中心岛为圆形，交叉道路为十字正交时，$B_P=(B_1+B_2)/2$

其中 B_1 和 B_2 分别为相邻车行道宽度。

由式(7-9)可知，为保证最小交织段长度的要求，交叉口相交的道路条数越多，则中心岛的半径就越大，这将会增加交叉口的用地面积和车辆在环道上的绕行距离，既不经济也不合理。因此，环形交叉口的相交道路以不多于 6 条为宜。

对四路相交的环形交叉口，以可用式(7-8)和式(7-9)分别计算中心岛半径，然后选取较大的值。对中心线夹角差别大或多路交叉口，也可以先按式(7-8)确定中心岛的半径 R，然后再按(7-10)验算其交织长度是否符合要求。

$$l=\frac{2\pi}{n}(R+\frac{B}{2})-B_p \text{ 或 } l=\frac{\pi\alpha}{180}(R+\frac{B}{2})-B_p \tag{7-10}$$

式中：α——相交道路中心线的夹角，当夹角不等时用最小夹角验算。

当用公式计算的值大于最小交织段长度时，符合要求；否则，增大 R 重新验算，直至符合要求为止。根据实践经验，中心岛最小半径如表 7－10 所示(仅供参考)。

表 7－10　中心岛最小半径

环道计算行车速度(km/h)	40	35	30	25	20
中心岛最小半径(m)	60	50	35	25	20

7.5.2　环道的宽度

环道即环绕中心岛的单向行车带。其宽度取决于相交道路的交通量和交通组织。

一般，靠近中心岛的一条车道作绕行之用，最靠外侧的一条车道供右转弯之用，中间的一至两条供交织之用，这样环道上一般设计三至四条车道。实践证明，车道过多，不仅难于利用，反而易使行车混乱，导致不安全。据观测，当环道车道数从两条增加至三条时，通行能力提高得最为显著；而当车道数增加到四条以上时，通行能力增加得很少。因为车辆在绕岛行驶时需要交织，而在交织段长度小于两倍的最小交织段长度(考虑占地的经济性，一般不可能超过两倍)时，车辆只能顺序行驶，不可能同时出现大于两辆车交织。所以，不论车道数设计为多少条，在交织面上只能起到一条车道的作用。因此环形车道数一般采用三条为宜；如交织段长度较长时，环道车道数可布置四条；若相交道路的车行道较窄，也可设两条车道。

如果采用三条机动车道，每条车道宽 3.50～3.75m，并采用前述弯道加宽中单车道部分的加宽值。当中心岛半径为 20～40m 时，则环道机动车道的宽度一般为 15～16m。

一般为保证交通安全、减少相互干扰，非机动车交通与机动车交通可用分隔带(或墩)或标线等分隔。非机动车道宽应视具体情况而定，一般不小于相交道路中的最大非机动车行车道宽度，也不宜超过 8m。

7.5.3　交织角

交织角是进环车辆轨迹与出环车辆轨迹的平均相交角度。它以距右转机动车道的外缘 1.5m 和中心岛边缘 1.5m 的两条切线交角来表示，如图 7－27 所示。

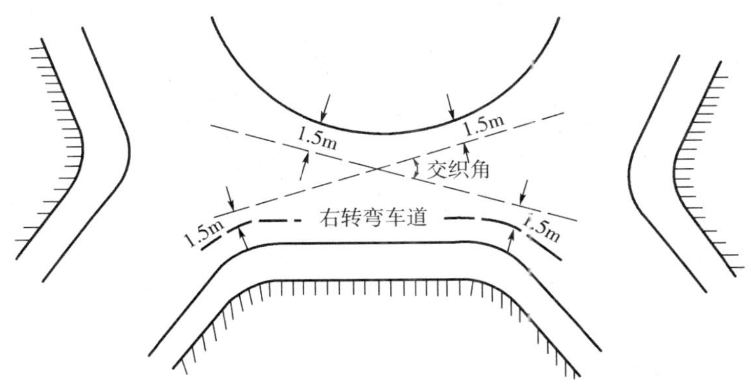

图 7－27　交织角

交织角的大小取决于环道的宽度和交织段长度。环道宽度越窄，交织段长度越大，则交织角越小，行车越安全。但交织段越长，中心岛半径就越大，占地也越多。根据经验，交织角以控制在 20°～30°之间为宜。通常在交织段长度已有保证的条件下，交织角多能满足要求。

7.5.4 环岛外缘线形及进、出口半径

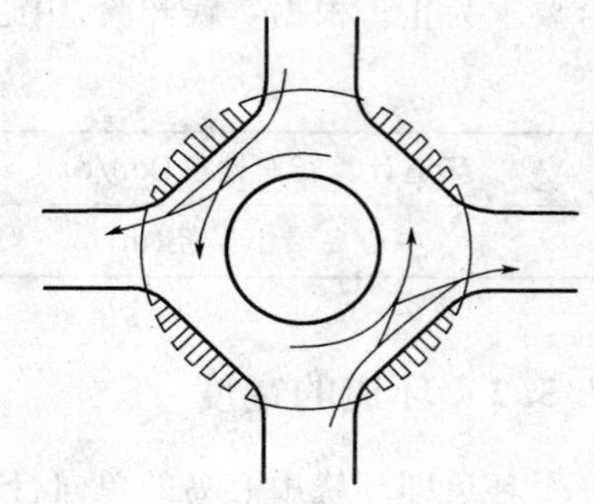

图 7-28 环道外缘线

如图 7-28 所示，从满足交通需要和工程节约考虑，环道外缘平面线形不宜设计成反向曲线形状，如图中虚线，据观测，这种形状在环道的外侧约有 20% 的路面无车行驶（如图中的实线与虚线之间部分），这既不合理也不经济。实践证明，环道外缘平面线形宜采用直线圆角形或复曲线形状，如图中实线所示。

环道进、出口的曲线半径取决于环道的计算行车速度。为使进环车辆的车速与环道车速相适应，应对进环车辆的车速加以限制。一般，环道进口曲线半径采用接近或小于中心岛的半径，而且各相交道路的进口曲线半径不要相差太大。环道出口的曲线半径可较进口曲线半径大一些，以便车辆加速驶出环道。

7.5.5 环道的横断面

环道的横断面形状对行车的平稳和路面的排水有很大关系，而横断面的形状又取决于路脊线的选择。通常，环道横断面的路脊线设在交织车道的中间，若机动车与非机动车之间没有分隔带时，其路脊线也可设在分隔带上。环道路脊线一般设于进、出口之间的三角形方向岛或直接与交汇道路的路脊线相连，如图 7-29 所示，图中虚线为路脊线，箭头指向为排水方向。显然，应在中心岛的周围设置雨水口，以保证环道内不产生积水。另外，进、出环道处的横坡度宜缓一些。

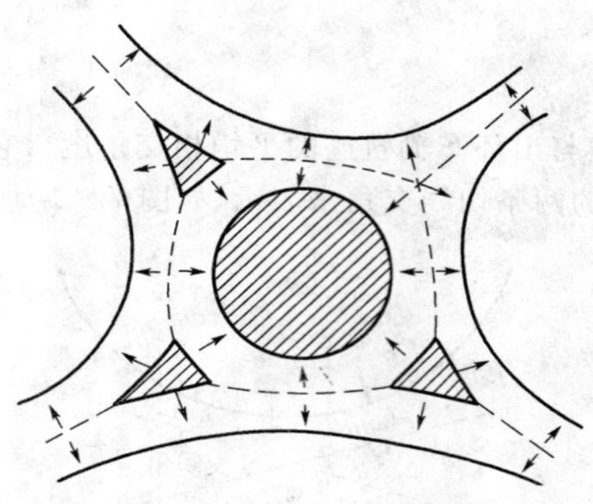

图 7-29 环道路脊线

思考题

1. 平面交叉口设计的基本要求和主要工作内容是什么？

2. 何谓分流点、合流点、冲突点，无交通管制的平面交叉口相交道路均为双车道时，相交道路条数与交错点的关系如何？

3. 消灭或减少冲突点可采用的方法有哪些？

4. 平面交叉口的常用类型有哪些？各有何特点？适用范围是什么？
5. 一般平面交叉口设计包括哪些内容？
6. 如何绘制平面交叉口的视距三角形？
7. 平面交叉口的圆曲线半径设计包括哪些内容？其设计有何要求？如何确定？
8. 何谓交织长度与交织角？交织段长度与交织角的大小对行车安全有何影响？
9. 定环形交叉口的中心岛半径如何确定？

第 8 章　道路立体交叉设计

8.1 概　述

道路立体交叉是指两条或多条道路(道路与道路、道路与铁路、道路与其他交通线路)在不同平面上互相交叉的连接方式,又叫道路立交枢纽。由于立交处设置有跨线结构物(桥梁、隧道或地道)和转向的匝道,使相交道路的交通流在平面和空间上分隔,车辆转向行驶互不干扰,从而保证了交叉口行车的快速、安全和顺畅。从根本上解决了道路交叉口的交通问题。道路立交枢纽是现代道路的重要交通设施,也是实现交通立体化的主要手段。

8.1.1 立交的组成

1. 主体部分

立交的主体是指实现车流空间分离的主体构造物,包括跨线构造物(桥梁、隧道或地道)、主线、匝道三部分,如图 8-1 所示。

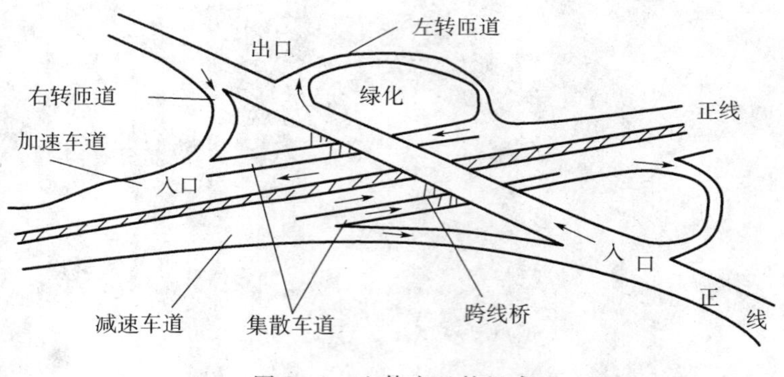

图 8-1　立体交叉的组成

(1)跨线构造物

跨线构造物是立体交叉实现交通流分离的主体构造物。立交主线间的相互交叉跨越方式可分为上跨式(跨线桥)和下穿式(隧道或地道)。跨线构造物是立交的重要组成部分,其工程量占全立交的 50%～70%。

(2)主线

主线又叫正线,是指相交道路的直行车道。主要包括连接跨线构造物两端地坪标高的引道(或坡道)和交叉范围内引道(或坡道)以外的直行路段。上跨的正线从立交桥到两端主线起坡点的路段叫引道,下穿的正线从立交桥下到两端主线坡点的路段叫坡道。引道与坡道使相交的路线与跨线设施连接而实现空间分离。主线由于有引道(或坡道),纵面起伏变化较大,再加上转弯匝道的进、出口均接于主线,并通过加、减速车道与主线连接,因而主线设计与一般路线相比有不同的要求。

(3)匝道

供相交道路转弯车辆转向使用的连接道。匝道使空间分离的两主线连接,形成互通式结构。匝道的线形和结构,直接影响转弯车辆行驶的技术条件和立交本身的经济环境效益。因而匝道的布置和设计是立交设计的重要内容。

2. 附属部分

除上述三大主体部分外,立交的其他组成部分称附属部分。主要包括出口、入口、辅助车道、三角地带、收费口等。

(1)出口与入口

出、入口是主线与匝道的结合部位。由主线驶出进入匝道的路口称为出口;由匝道驶入主线的路口称为入口。

(2)辅助车道

辅助车道是指在交叉口分、合流处,用作停车、减速、转弯、交织、车道数平衡、载货汽车爬坡以及其他辅助直行交通运行的所有车道的总称。

在进、出口处,为适应车辆变速行驶的需要,在主线的右侧的出入口附近设置的附加车道就是辅助车道的一种。

(3)三角区及立交范围

在立交范围内,匝道与主线间或匝道与匝道间的旷地统称为立交三角区。三角地带是立交绿化和美化,附属设施等的用地。三角区的布置是立交设计的内容之一。

立交范围一般是指各相交道路出入口变速车道渐变段顶点以内的全部区域,包含主线和匝道。立交范围线是划分路段与立交、立交与周围其他用地的界限,也是立交征地的依据。

8.1.2　立体交叉的基本特征

立体交叉工程是道路(特别是高等级道路)的重要组成部分,与道路其他构造物相比,它具有重要性、复杂性、庞大性及区域性等特征。

1. 位置重要,功能明确

立体交叉的位置通常是处于两条(或多条)等级较高道路的交叉点,它在道路网中起着重要的交通枢纽作用。同时,立交叉是高速公路控制出入、收费管理的重要设施。

2. 规模庞大,造价高

规模庞大,占地多,投资费用高是立体交叉的又一特征。一个完全互通式立体交叉,占地一般为 $5\times10^4\,m^2\sim8\times10^4\,m^2$。立交修建费用高,一座完全互通式立交一般费用为 2000 万～5000 万元,高的可上亿元。以北京四元立交桥为例,该立交为四层半苜蓿叶半定向式立交,占地 $5\times10^5\,m^2$,有 26 座桥梁,总长 2.8km,总面积 $40600m^2$,道路总面积达 $210000m^2$,地下管线总长有 19.6km。

3. 区域制约、形式多样,工程复杂

立体交叉跨线桥与匝道灵活多变,加上立交区域环境复杂,具有很强的区域性、经济性,使得立体交叉类型和式样千变万化,千姿百态。

8.1.3　立交设计的原则

立体交叉是道路(特别是高等级道路)的重要组成部分,在道路网中起着重要的枢纽作用。设计时除应遵循道路设计的一般原则外，还应遵循以下原则。

1. 功能性原则

立体交叉是道路上车辆交通转换的重要设施，设计时应首先满足其交通功能的要求，主要包括：

(1)确保行车安全，减少交叉口行车事故；

(2)车辆行驶快速、顺畅，路线短捷，使交叉口延误时间尽可能缩短；

(3)行车路线方向明确；

(4)主次分明，首先确保主线交通的原则；

(5)通行能力大，能满足远景设计年限交通的要求。

2. 经济性原则

在保证交通功能、满足行车要求的前提下，同时应满足：

(1)投资少，工程费用省；

(2)少拆迁，少占地。

3. 适应性原则

立体交叉的设计具有很强的区域性，必须与所在的区域条件相适应，主要有：

(1)立交方案及布设应机动灵活，因地制宜，且与环境条件、自然条件以及社会、经济等条件相适应；

(2)立交应与该立交在路网中的地位和作用相适应，发挥其在路网中应有的功能；

(3)立交规划应与区域规划和区域交通规划相适应。

4. 艺术原则

建成后的立交是构成该地区的风景之一。因此设计应满足以下几点：

(1)立交的造型和结构，要保证其自身建筑艺术的完美性，并具有独特的艺术风格；

(2)要注意与区域建设和自然景物相协调，达到与外界相融洽的自然美；

(3)立交的建设不能对区域的自然景观产生削弱和破坏作用。

8.1.4 立交规划设计内容

立交设计范围宽、内容多、按照立交设计的阶段不同主要有：

1. 立交规划

立交规划，是立交设计的前期工作。其目的是为下阶段的方案设计或初步设计提供依据，主要内容有：立交设置与否、位置确定、间距及设置数目、立交分类及分级、初步确定立交类型、立交设置原则和依据等方面的研究、规划工作。

2. 方案设计

方案设计是指在立交设计前进行的总体安排和布局，其核心是类型选择。其主要内容有：立交的形式和类型选择、方案拟订和比选、方案的推荐和确定、立交的总体布局、工程估算等。其目的是通过方案设计最终为初步设计和施工图设计提供适用、可行、合理、经济、美观的最优立交方案。

3. 初步设计

初步设计是在规划设计和方案设计的基础上，对立交进行的进一步深化设计，其内容包括：立交的定位、方案确定、初步测量、初步设计图表编制、设计概算编制等工作。初步设计成果是上报立项、审批的重要资料。批准后的初步设计，是下一步施工图设计的依据。

4. **施工图设计**

施工图设计是以提交详细的施工图为目的。它包括详细测量、施工图表编制和施工图预算编制等工作。批准后的施工图设计是工程招标和具体施工的基本依据。按照立交设计内容可有:立交总体设计、正线设计、匝道设计、桥跨设计、端部设计及其他设施的设计。

8.1.5 立交设计资料、步骤及成果

1. **设计资料收集**

在立体交叉设计之前,应通过实地勘测和调查,收集下列的设计资料。

(1)自然资料

测绘立交设计范围的1∶500～1∶2000地形图,详细标注建筑物的建筑线、种类、面积、层高、地上及地下各种杆柱和管线;调查并收集用地发展规划、地质钻探、水文、土壤和气候资料收集立交附近的国家测量控制点和水准点资料等。

(2)交通资料

调查并收集各转弯及直行交通量,交通组成,推算远景交通量,制作交通量流量和流向图或表,调查非机动车和行人流量等。

(3)道路资料

调查相交道路的等级、平纵面线形、横断面形式和尺寸;相交道路交角、控制坐标和标高;路面类型及厚度;确定道路净空高度、设计荷载、计算行车速度及平、纵、横技术指标等。与铁路交叉时,还应调查铁轨股数、间距、列车通过次数、断道时间、净空和净宽要求等资料。

(4)排水资料

收集立交所在区域的排水系统、现状和规划;调查各种管渠的位置、埋深和尺寸等。

(5)文书资料

收集设计任务书,上级主管部门的具体要求、意见及有关文件;有关技术标准和规范等资料。

(6)其他资料

调查取土、弃土和材料来源;施工单位、施工季节、工期、交通组织和安全等方面的资料。

2. **设计步骤**

一座立体交叉的设计,是通过规划、可行性研究、方案设计到技术设计的全过程。其中,方案设计和技术设计一般可按以下步骤进行。

(1)初拟方案

根据设计要求和地线条件,在地形图和其上覆盖的透明纸勾绘出各种可能的立交方案。

(2)确定比较方案

对初拟方案进行分析,应考虑线形是否顺适,转弯半径能否满足要求,各层间可否跨越,拆迁是否合理,一般选2～4个比较方案。

(3)确定推荐方案

在地形图上按比例绘出各比较方案,完成初步的平纵横、桥跨方案和概略工程量计算,做出各方案比较表,一般全面比较后确定1～2个推荐方案。比较时应考虑交通是否流畅安全,各匝道的平、纵、横及其相互配合是否合适,立交桥的结构、布置是否合理,设计和施工难易程度,整体工程的估价,养护营运条件以及立交的造型和绿化等。

(4)确定采用方案

对推荐方案根据需要做出模型或透视图，征询各方面的意见，最后定出采用方案。应权衡造价与方案、近期与远期、局部与全局的关系，也可采用分期修建的立交方案。

(5)详细测量

对采用方案实地放线并详细测量，进一步收集技术设计所需的所有资料。

(6)技术设计

完成全部施工图设计和工程预算。

以上(1)～(4)步为初步设计阶段，当可选方案较少或简单明了时可酌减步骤，(5)～(6)步为施工图设计阶段。

3. 设计成果

根据交通部《公路工程基本建设项目设计文件编制办法》和《公路工程基本建设项目设计文件图表示例》的有关规定，立体交叉设计在初步设计和施工图设计阶段应分别提交下列设计成果：

(1)初步设计阶段

① 互通式立体交叉

互通式立体交叉设置一览表、工程数量表、方案比较表、交通量分布图、立交平面图、主线、交叉道路和匝道的纵断面图、横断面图，桥型布置图、透视图等。

② 分离式立体交叉

分离式立体交叉设置一览表、工程数量表、立交平面图、道路和匝道纵断面图、桥型布置图等。

③ 通道与人行天桥

通道与人行天桥设置一览表、工程数量表、通道一般布置图、天桥一般布置图。

(2)施工图设计阶段

在施工图设计阶段的说明书中，应说明初步设计审批意见执行情况，设计说明，施工方法和注意事项说明等。

① 互通式立体交叉

互通式立体交叉工程数量表、平面设计图、线位图，主线、被交叉道路和匝道纵断面图，匝道及被交叉道路标准横断面图和路面结构图，匝道与主线连接部详图和路面高程数据图，排水系统布置图，排水沟加固及高路堤地段边坡、急流槽结构图，跨线桥桥型布置图，跨线桥全桥工程数量表，安全、管理设施布置图和大样图等。

② 分离式立体交叉

分离式立体交叉工程数量表、立交平面图、平纵面布置图、结构设计图和全桥工程数量表等。

③ 通道与人行天桥

人行天桥工程数量表和布置图，通道工程数量表和布置图等。

8.1.6 公路立交与城市立交的比较

对公路立体交叉和城市道路立体交叉，它们的作用、主要组成部分和设计方法方面是基本相同的。但由于受地形、地物、用地以及收费制等条件的影响，使得两者之间又有一些区别，设计的主导思想有差异。了解它们之间的共同特征，对于指导立体交叉的规划与设计具

有非常重要的意义。概括起来,公路立交和城市道路立交的不同特征表现在以下几方面:

1. 公路上一般为收费立交,可供选择的形式较少;而城市道路上的立交一般不收费,可供选择的形式较多。因此,城市道路立交形式多样,可结合场地条件充分发挥设计者的主观想象力,在满足交通功能的前提下,设计出新颖、美观的立交形式。

2. 公路立交无须考虑行人和非机动车交通,立交形式简单,以二层式为主;而城市道路立交需考虑行人和非机动车交通,立交形式复杂,以多层式为主。城市道路中最突出的问题是庞大的自行车流和行人交通,如果要把机动车、非机动车和行人交通全部分离、互不干扰,城市道路立交的层数至少应为三层以上,形式更为复杂。而高速公路一般为汽车快速、安全、直达运输服务,对少量的行人和非机动车可由辅道和通道组织交通。因此,在城市道路立体交叉设计中对非机动车和行人交通必须予以特别重视,合理组织。

3. 公路立交的计算行车速度比城市道路立交的高,相应的线形指标高,占地面积也大。

4. 公路交叉一般间距较大,相互之间干扰较小;而城市道路立交的间距较小,匝道不易布置,相邻立交之间影响较大。在城市道路上,当有连续多个路口时,一般立交距离在60m～800m之间,如果都采用立体交叉,由于距离较短,会造成匝道布置困难,或导致指示标志无法设置;若主要路口设置立体交叉,次要路口采用平面交叉,一旦平面交叉口发生交通堵塞,往往影响到立体交叉交通的正常运行。同时,平面交叉车辆的横穿,也会影响主线车辆的快速行驶,使主线通行能力下降。有时为了降低工程造价,相邻立体交叉之间需要下降或抬高,造成行车上下起伏不平顺。因此,在立体交叉的规划和设计时,应对一条道路上的立交全面分析,统一考虑。

5. 城市道路立交受地上、地下各种建筑物和管线的影响大;而公路立交受这方面的影响一般较小。通常,在城市道路的交叉口处地上建筑物(尤其是永久性高大建筑物)以及各种杆柱较多,而在地下各种管线纵横交错,使得拆迁数量大,费用高,非建安费有时达50%以上,并增加了立体交叉设计的难度。

6. 城市道路立交用地限制较严,往往采用非标准型立交;而公路立交用地限制较松,多采用标准型立交。

7. 城市道路立交比公路立交更多地重视美观问题。城市道路立交除满足交通功能以外,还应符合市政建设景观方面的要求。在结构上要求简洁、轻巧、线条连续;在外观上要求新颖、美观、飘逸等;并与周围环境协调统一。

8. 城市道路立交设计需考虑施工时场地的限制,维持原有交通和快速施工等问题;而公路立交施工时场地多不受限制,交通组织也较方便,只需注意适当的工期即可。

9. 城市道路立交比公路立交的排水系统更为复杂。城市道路立交多为地下管渠排水,并与城市整体排水系统连接,有时需要设置泵站动力排水;而公路立交多采用地上明沟排水,相对比较简单。

10. 城市道路立交的绿化设计比公路立交更为重视。公路立交的绿化一般注重对通过立交车辆的引导作用,而城市道路立交则更注重于对立交的美化,使之成为城市的象征或景观之一。

8.2 立体交叉的选型

8.2.1 立交的分类

1. **按结构形式分类**

立体交叉按相交道路结构物的形式分为上跨式和下穿式。

上跨式:是用跨线桥从相交道路上方跨过的交叉方式。这类立交施工方便,造价低,排水易处理。但占地大,引道较长。

下穿式:是用地道或隧道从相交道路下方穿过的交叉方式。这种立交占地少,立面易处理,但施工期较长,造价较高,排水困难。

2. **按相交道路的数量分类**

三路立交、四路立交、多路立交

3. **按交通功能分类**

(1)分离式立交

仅设跨线桥一座,使相交道路空间分离,上下道路无匝道连接的交叉方式。如图 8-2 所示。这种类型的交叉结构简单,占地少,造价低,但相交道路的车辆不能转弯行驶。

适用于高速公路与铁路或次要道路之间的交叉。

(2)互通式立体交叉

该交叉不仅设跨线构造物使相交道路空间分离,而且上下道路有匝道连接,以供转弯车辆行驶的交叉方式。这种立交车辆可转弯行驶,全部或部分消灭了冲突点,各方向行车干扰较小,但立交结构复杂,占地多,造价高。互通式立体交叉适用于高速道路和其他各级道路、大城市出口道路,以及通往重要港口、机场或游览胜地的道路相交处。

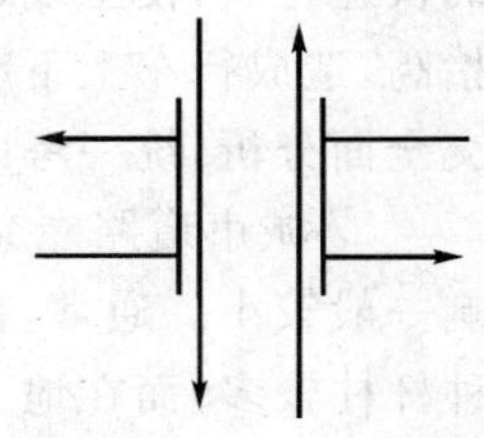

图 8-2 分离式立交

互通式立交根据交叉处车流轨迹线的交错方式和几何形状的不同,又可分为部分互通式、完全互通式和环形立交三种类型。

8.2.2 立交类型

8.2.2.1 三路立交

1. **三路 T 形立交**

(1)喇叭形立交

喇叭形立交是由一个小环道(转向角约为 270°的左转匝道)和一个半定向型匝道来实现左转所构成的立交形式,由于其外形似喇叭,故由此得名。这种形式实际上是小环道与半定向型匝道的一种组合形式,如图 8-3 所示。

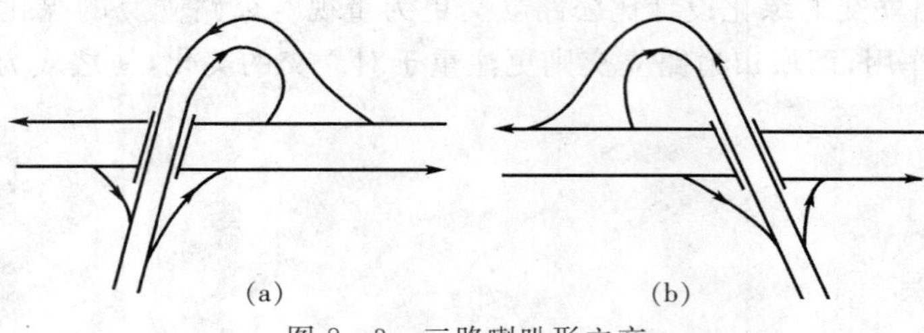

图 8-3 三路喇叭形立交

喇叭形立交是三路 T 形立交常采用的形式，其主要特点是：

① 各转弯方向均设有独立匝道，对交通量大的左转方向提供了车速较高的半定向型匝道。车辆可完全互通，无平交冲突点和交织段，通行能力较强；

② 结构简单，造型美观，各方向匝道独立，行车方向容易辨别；

③ 由于设有小环道，左转的转向角为 270°，与定向型相比，一个左转方向行车路线绕行较长，线形较差，同时小环道占地面积较大；

④ 全立交只设一座桥跨即实现完全互通，工程造价较省。

适用条件：主要适用于一般公路连接于高速公路、一级公路或连接于城市快速路、主干路的 T 形交叉。适应的设计车速小于或等于 50km/h。

(2)三路叶形立交

叶形立交是由两个小环道来实现车辆左转的 T 形立体交叉，两个小环道对称布置，形似叶状，故由此得名，如图 8－4 所示。其主要特点：

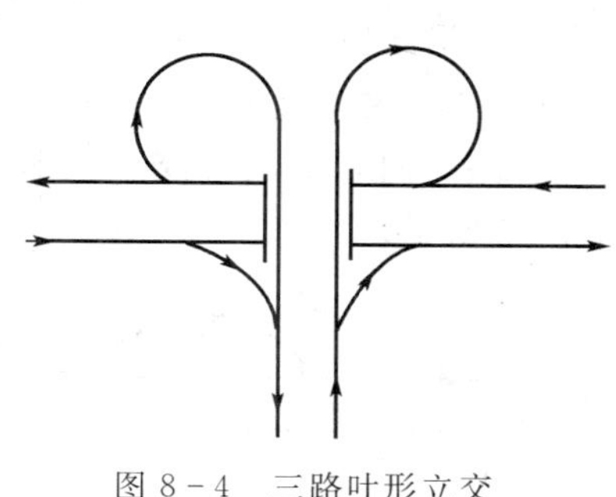

图 8－4　三路叶形立交

① 各方面匝道独立设置，无平交冲突点，无交织路段，完全互通，行车功能较好；

② 匝道对称设置，呈叶状，造型美观，若与城市绿化、雕塑、建筑等结合，有利于城市风景的美观；

③ 由于设有两个小环道，左转弯车辆绕行路线长，半径小，占地多；

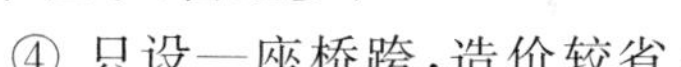

④ 只设一座桥跨，造价较省；

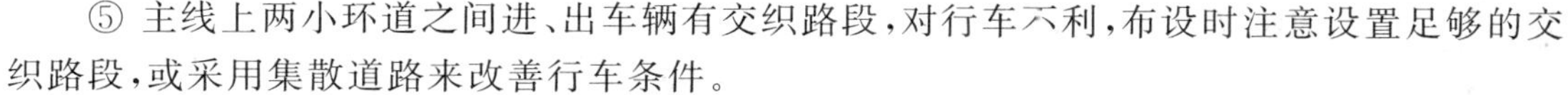

⑤ 主线上两小环道之间进、出车辆有交织路段，对行车不利，布设时注意设置足够的交织路段，或采用集散道路来改善行车条件。

(3)三路环形立交

环形立交由环形平交演变而来。它是用公共环道来实现各方向车辆转向的立交形式，如图 8－5 所示。其主要特点：

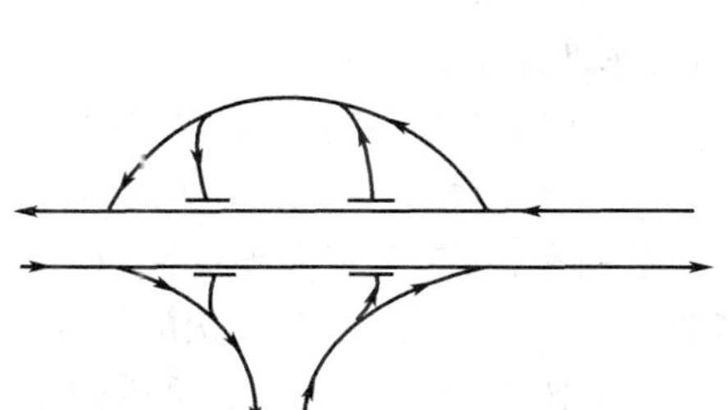

图 8－5　三路环形立交

① 左转车辆行车方向明确，有较好的行车条件；

② 仅设置一个环道，结构紧凑，占地较小，结合旧的平交改造十分有利；

③ 环道上有交织段，属交织型完全互通立交，对立交通行能力和行车速度有一定的影响；

④ 需修建两座桥跨结构物，造价较高；

⑤ 中心环岛与城市绿化相结合，有利于环境美化的布置。

适用条件：适用于各方向转弯交通量较均匀、用地较紧张、拆迁较大的情况。特别是对原有环形平交改造、能充分利用原有工程，重新征地较小的情况较适用。

(4)三路半定向型立交

三路半定向型立交，是用半定向型匝道来实现车辆左转的立交形式，如图 8－6 所示。

主要特点：

① 左转车辆用半定向匝道来实现转向，转弯半径大，行车条件较好，绕地距离比小环

道短；

② 半定向匝道跨越主线或匝道均需设跨线结构物，因而桥跨较多，特别是三层式结构物，行车条件好，但高差较大，桥跨长，匝道纵面线形起伏较大；

③ 匝道布置方式多，因而类型较多，布设时可结合设计要求、环境条件和投资条件灵活布置，采用适宜的形式；

④ 匝道布置灵活、结构紧凑、用地及拆迁较小。

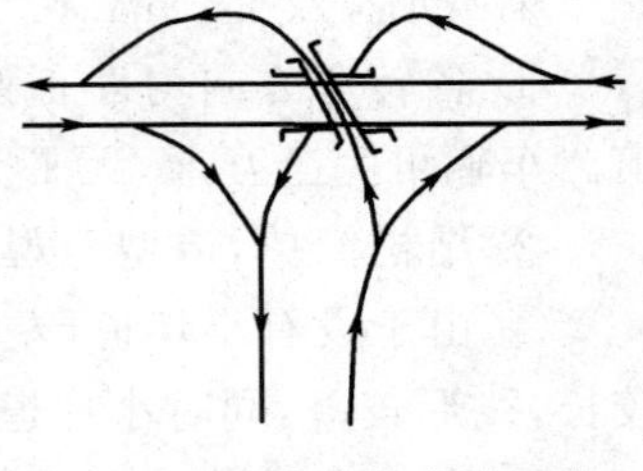

图 8－6 三路半定向形立交

适用条件：半定向型立交比其他几种类型行车条件均较好，多适用于交通量较大，车速要求较高的 T 形立交口，当连接道路为双向分离式布置时，采用这种形式匝道布置更为有利。

(5)三路定向型立交

三路定向立交，是用定向型匝道实现车辆左转的立交形式，可分为两层式和三层式，如图 8－7 所示。

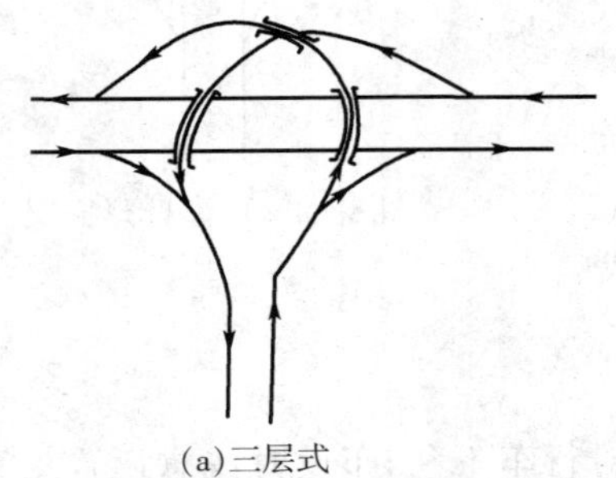

(a)三层式

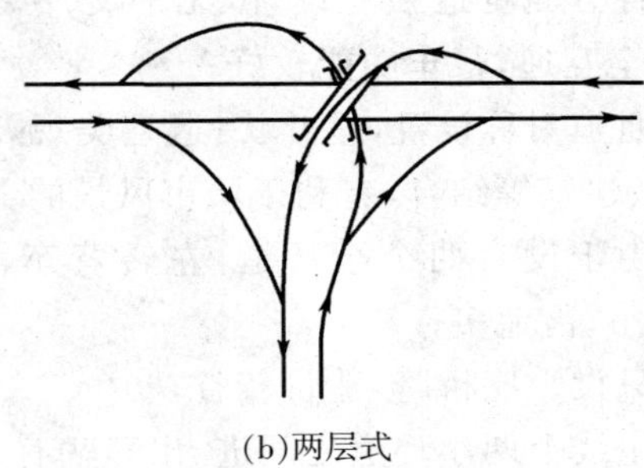

(b)两层式

图 8－7 三路定向立交

主要特点：

① 左转车用定向匝道实现转向，转向角较小(只有 90°左右)，左转路线短捷，转弯半径大，行车功能最好；

② 结构紧凑，用地较省，拆迁较少，直接转向，行车方向容易识别；

③ 匝道直接左转，路线交叉多，桥跨较长且较高，因而造价昂贵。

适用条件：三路定向型立交，在 T 形立交中行车功能最好，多适用车速高，交通量大的高速公路、一级公路相互连接的情况。当主线与连接道路均为双向分离设置的车道时(或设有中央分隔带时)，更有利于匝道的布设。

2. 三路 Y 形立交

Y 形立交的三个方向的交角相近，且每个方向均无直行车辆，转向角较小，一般在 75°～105°之间。与 T 形立交相比它具有线形好、行车方向明确、转弯车辆路线短捷、行车有利等特点。Y 形立交的类型很多，常见的如图 8－8 所示。其特点及适用条件与 T 形立交的相应类型相近。

8.2.2.2 四路立交

1. 全苜蓿叶形立交

全苜宿叶形立交是由四个小环道来实现四个方向左转所构成的立交形式。匝道数与转弯方向数相等、为完全互通式立交。由于四个小环道布置在四个象限，外形似苜蓿叶状，故

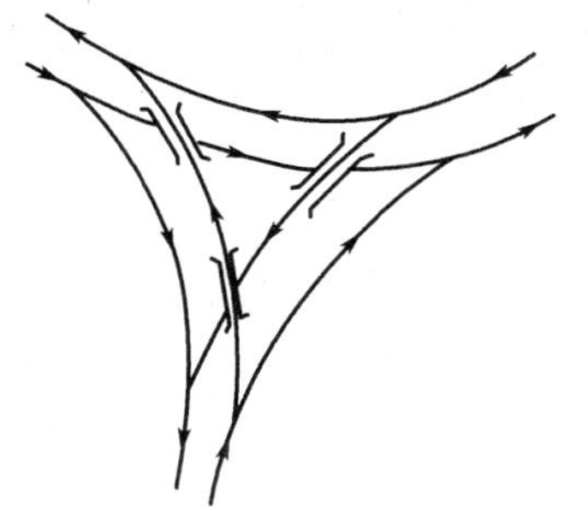
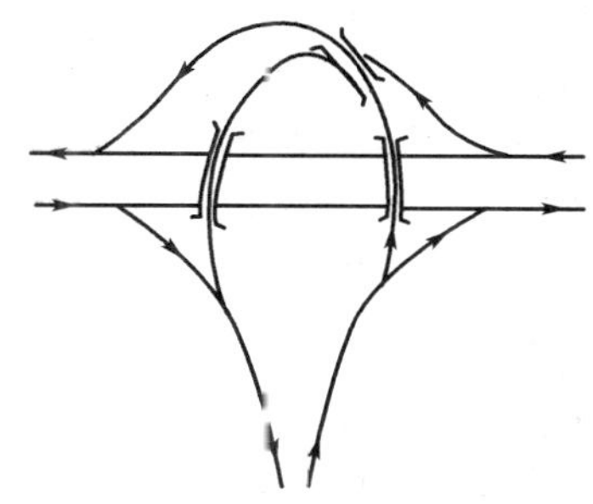

图 8-8　Y 形立交

由此得名，如图 8-9 所示。

全苜蓿叶形立交的主要特点：

(1)由于采用小环道，变左转为右转，只需一座结构物，即可实现完全互通，人工构造物少，工程费用省。

(2)全苜蓿叶形立交，外形简单、对称，呈全苜蓿叶状，造型美观，四个环道的中心岛可供绿化、美化之用。

(3)左转弯转向角 270°左右，转弯半径小，绕行路线长，并且右转和左转车流在同一直行车道上连续出现四个进、出口，两次分流，两次合流，形成交织路段，对主线行车干扰较大，交通标志设置复杂。

图 8-9　全苜蓿叶形立交

(4)小环道布置使立交占地面积大，拆迁面宽；

(5)主线每个方向的车流均有出有进，先出后进，进出均衡，车道数容易平衡。

适用条件：全苜蓿叶形立交适用于两条高速公路或一组公路相交，左转交通量不大的郊区及乡村立交。因占地较多，拆迁面大，城市较少采用。

由于各方向转弯车道均独立，进出口多，故不适于收费道路。

2. 部分苜蓿叶形立交

部分苜蓿叶形立交是苜蓿叶形立交去掉部分匝道而形成的一种立交形式。它仍然以小环道为左转匝道，但匝道数不足，如图 8-10 所示。

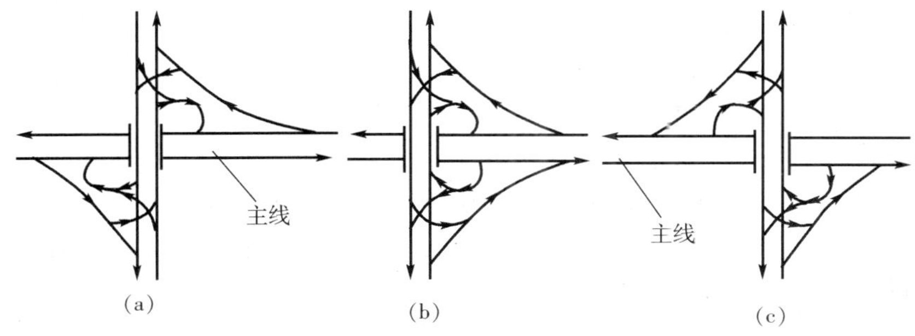

图 8-10　部分苜蓿叶形立交

部分苜蓿叶形立交有如下主要特点：

(1)由于左转环道仅在部分象限设置，可减少立交用地。

(2)因匝道数不足，故此型立交属于部分互通式立交。行车功能比全苜蓿叶立交差。

适用条件：部分苜蓿叶形立交适用于高速公路与其他公路相交，需限制某方向车辆出入或某些方向转弯交通量较小的情况。有时用地条件限制（如有不能拆迁的建筑物）可结合限制条件布设为远期全苜蓿叶形的一种过渡形式。

3. 菱形立交

菱形立交是用四条直线形匝道来实现所有方向（左转、右转）车辆转弯的立交形式。四条匝道在平面上呈“菱形”状，故由此得名，国外又叫“钻石”形立交，如图 8－11 所示。

菱形立交有如下主要特点：

(1)结构简单紧凑，用一座跨线结构物即实现完全互通，用地很省，费用较小；

(2)由于匝道数不足，左、右转匝道合并，构成平交型立交，在次要道路上形成两个平交路口，有冲突点（六个）和交织路段（两段），对行车安全不利，设计车速也较低；

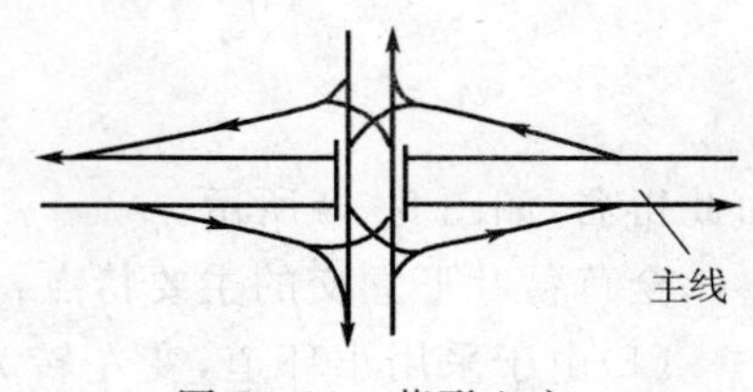

图 8－11 菱形立交

(3)左转车辆直接左转，行驶路线直捷；

(4)车辆出入主线状态一致，行驶路线单一，公路标志设置简便，同时这种单一的驶出驶入状态均避开了桥跨结构物，因而无需在桥上或桥下设置变速车道，可节省构造物造价；

(5)主线上无交织路段，进出车辆对主线干扰小；

(6)当主干线设在下层时，驶出车辆在匝道上为上坡行驶，驶入主干道车辆在匝道上为下坡，利于车辆驶出减速和驶入加速。

适用条件：菱形立交主要适用于高速公路、一级公路与次要道路相交。因其占地较小，常用于城市用地紧张、拆迁困难的立交。菱形立交属于平交型立交，为确保行车安全、顺畅，立交的左转交通量不能太大。布设时，应该注意将平交路口安排在次要道路上。

4. 环形立交

环形立交由环形平交演变而来，它是在交汇处设置中心岛，如图 8－12 所示。

环形立交有如下主要特点：

(1)环形匝道转弯半径较大，左转车辆行车路线绕行距离较小，环道短，行车方向明确；

(2)匝道公用，结构紧凑，用地较省，拆迁较小；

(3)由于左转车均在环道上绕行，进出车辆形成交织路段，因而对车速和通行能力影响较大，

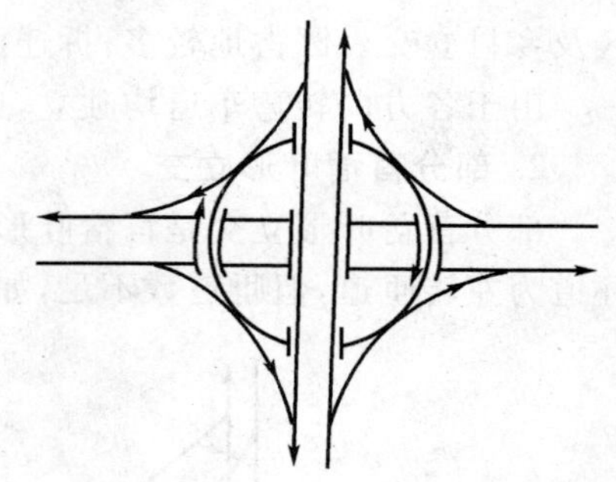
图 8－12 四路环形立交

(4)桥跨较多，工程费用较前几种高。

适用条件：环形立交用地较省，加之对原有城市环形平交的改造十分方便，一般不需重新征地，并能利用原有工程，是城市常采用的立交形式。由于车速及交通量有限，故适用于设计车速和设计交通量不太大的情况。

5. 简单跨越型立交

这是一种只设一个（或两个）直行方向跨线桥（或隧道），保证直行车畅通的简单立交。所有转弯车辆均在平面交叉口转向，无专设的独立匝道，属平交型立交，有平交冲突点，如图 8－13 所示。

简单跨越型立交有如下特点：

(1)简单跨越型立交,仅修一座跨线结构物,结构简单,工程量省,占地少;

(2)由于有平交冲突点,转弯车辆的车速和交通量都不宜太大,行车安全性较差。

适用条件:主要适宜城市中主干道与次道相交,为确保主干道车辆畅通的情况。对于直行交通量大,转弯车辆交通量小的路口最为适宜。

当相交道路路口距离太近时,为了保证直行车的畅通和纵面线形顺适,减少纵面起伏,可将相邻的跨线桥直接连通,形成直跨城市快速直达的高架道路。

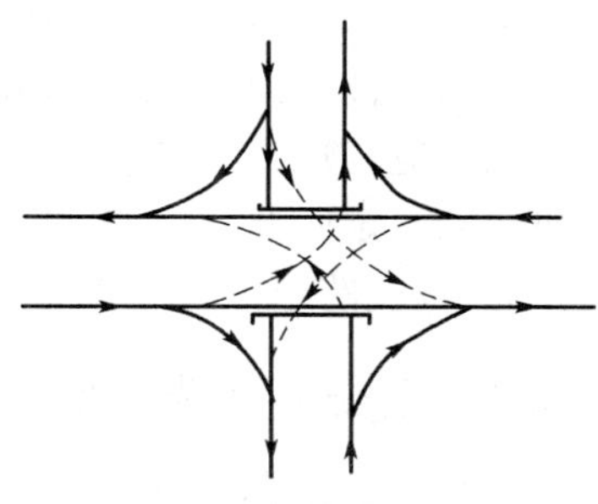

图 8-13　简单跨越型立交

6. 半定向型立交

半定向型立交是用半定向型匝道来实现左转车辆转向所构成的立交类型。由于半定向匝道转向功能较好,因此比以上立交具有较好的行车条件,如图 8-14 所示。其主要有以下特点:

(1)左转车在半定向型独立匝道上行驶,转弯半径大,绕行距离较小环道短,纵坡较平缓,行车功能好;

(2)匝道布设灵活,匝道可有多种变化类型,造型美观,适应面较宽;

(3)桥跨多且长,占地面积大,拆迁范围宽,因而工程造价较大。

适用条件:半定向型立交属高级的全互通、全立交型,适用于快速路、一级路相互交叉的情况,对于其他道路相交情况,当左转交通量大,车速要求较高时亦可选用。

7. 定向型立交

定向型立交是最高级的立交型式,它是采用定向型匝道从一个路口直接进入另一路口(不绕行)来实现左转车辆转向的立交型式。由于这种立交造价昂贵,目前国内采用较少,如 8-15 所示,其主要特点如下:

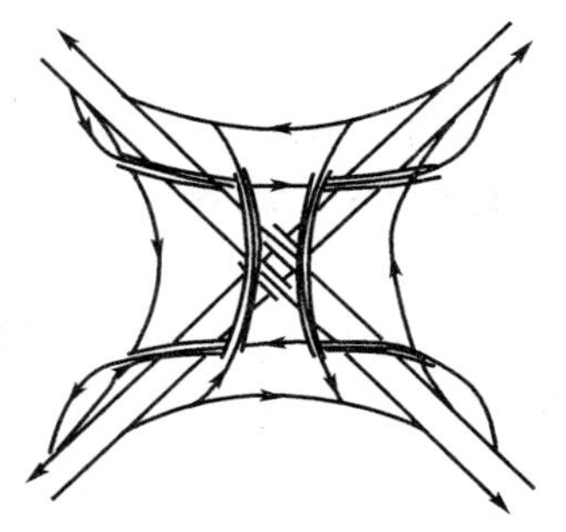

图 8-14　半定向型立交

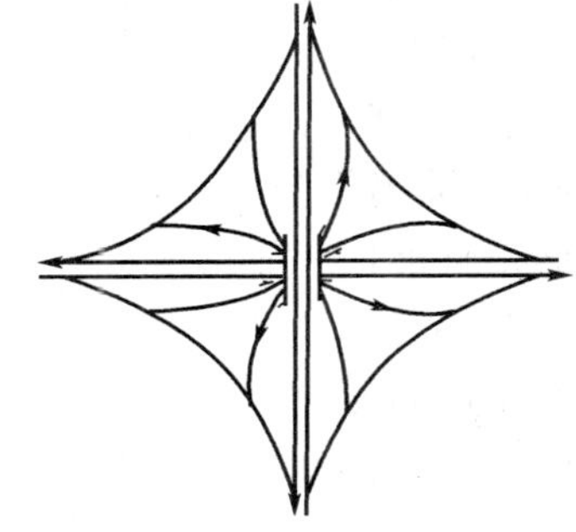

图 8-15　定向型立交

(1)匝道直接进出,不绕行,路线短捷,转向角小(一般只有 90°),转弯半径大,故平面线形好;

(2)各转弯车辆均在独立、定向的匝道上单向行驶,无平交冲突点,无交织路段,行车干扰小,因而行车速度高,通行能力大,安全性好;

(3)匝道布设向空间竖向发展,结构紧凑,用地省,拆迁少;

(4)由于左转车直接左进左出,路线重叠交叉多,匝道向空间发展建筑物高,因而立交结构复杂，造价昂贵，设计施工难度很大。

适用条件：定向式立交适用于高速公路、一级公路及城市快速路、主干路之间相交的情况。能适应车速高、交通量大。特别适用于人群密集、建筑物多、交通繁忙的高速公路和城市快速路。定向型立交，匝道布设灵活，跨越形式多样，空间层次多且无固定的模式，变换匝道布局，改变跨越方式和空间层次，可构成各种类型的定向式立交。

8.2.3 立交类型选择要点

1. 公路与公路立体交叉的类型应根据相交公路的等级、交通性质和社会条件、自然条件及交通管理方式等因素确定。

2. 高速公路及城市快速路同其他各级公路交叉，必须采用立体交叉。交叉类型除在控制出入的地点设互通式立体交叉外，均采用分离式立体交叉。

一级公路及城节道路间的交叉，在交通条件需要或有条件的地点，可采用立体交叉。

3. 设置互通式立体交叉应根据交通量、远景规划及其在公路网中的作用，并结合地形、用地条件、投资等因素确定。

下列情况应设置互通式立体交叉：

(1)高等级公路间相互交叉，以及高等级公路同交通繁忙的一般公路相交处。

(2)高速公路、一级公路同通往大城市、重要政治、经济中心、重点工矿区的公路相交处。

(3)高速公路、一级公路同通往重要港口、机场、车站和游览胜地的公路相交处。

(4)高速公路、一级公路同通往重要交通源的支线起点相交处。

8.3 立交主线设计

8.3.1 立交主线设计特点及要求

1. 立交区主线的特点

立交区主线与一般道路线相比，具有如下的特点：

(1)主线上交通复杂。互通式立交范围内，主线作为基本的交通流线，转弯车辆要进出主线，要与主线直行车流产生合流与分流，对主线的交通干扰大，行车安全受到影响。因此，立交主线线形标准比一般路段要高。

(2)影响主线线形的因素多。主线线形设计除考虑路线本身的影响因素外，还要考虑与相交路线在平面和立面上之间的影响，主线与匝道间的关系。

(3)立交范围内主线，跨线桥、地道、支挡结构较多且复杂(弯、坡、斜桥占多数)，在线形设计中要充分考虑主线与这些构造物在平面和竖向上的要求，这就增加线形设计的复杂性。同时，桥梁墩台对视线的障碍以及对道路净宽的限制，桥跨位置高度等不利的行车条件给驾驶员行车带来不良的反映，直接影响行车的快速和安全。

(4)立交线路路基横断面构造复杂。主线与匝道连接端部，行车道宽度的变化、超高和加宽的过渡、车道安排等与其他一般路段相比较，有所不同。这样，对主线行车有一定的影响，尤其在出口处，甚至会产生由于错误的视线诱导使直行车流误入转弯车道。

2. 主线设计要求

(1)主线设计应满足立交的易识别性，保证足够的行车视距，使主线上行驶的驾驶员从较远处看清立交，有充裕的时间注意立交出入车辆及出入口位置。为此，立交应尽可能布置在通视良好的直线或大半径的曲线路段，并位于大半径的凹型竖曲线中。

(2)为了确保立交主线上车辆行驶的要求，以及进出口车辆行驶安全、便利，在主线设计同时，还应综合考虑其他交通措施。如分、合流处主线右侧，一般要求设置变速车道、集散车道，以减少合流、分流对主线的交通影响，条件允许时还应设置导流岛等设施，以改善主线的行驶条件。

(3)在线形设计中，原则上匝道线形应服从主线线形的要求。在保证主线线形的前提下，主线和匝道综合考虑，为匝道设计创造较好的条件，便于进出口连接。

(4)主线线形应满足标准要求，尽可能使用较高的技术指标。相交主线力求正交，并在直线或大半径的曲线段相交，这样可减小桥跨或地道长度，避免斜、弯桥，利于设计、施工和运营。路线必须斜交时，其交角一般不小于 45°。

(5)力求主线纵坡平缓，注意排水问题。互通式立交主线陡下坡，不利于分流车辆的减速；相反，主线陡上坡则不利于合流车辆的加速。并且陡坡处主线与匝道、主线与变速车道的竖向连接处理困难。因此，纵面设计应尽可能采用缓坡。纵面设计还要注意满足下线排水的要求，这一点在平原区尤为重要。采用自流排水方式时应尽量使主线的下线最低点高出雨水管或排水沟出口，尽量减小水流的汇集范围，减少汇流量。

(6)处理好跨线构造物与道路的连贯性，避免平面、纵面和横断面的突变。

(7)保证相交路线有足够的跨越高度，满足行车及行车视距条件、桥下净空要求。

8.3.2　主线设计标准

1. 公路互通式立交

(1)线形标准

根据《公路规范》规定主线线形的技术标准如表 8-1 所示。

表 8-1　互通式立体交叉范围内主线的线形指标

设计车速(km/h)			120	100	80	60
最小平曲线半径(m)		一般值	2000	1500	1100	500
		最小值	150	1000	700	350
最小竖曲线半径(m)	凸形	一般值	45000	25000	12000	6000
		最小值	23000	15000	6000	3000
	凹形	一般值	16000	12000	8000	4000
		最小值	12000	8000	4000	2000
最大纵坡(%)		一般值	2	2	3	4.5(4)
		最小值	2	2	4(3.5)	5.5(4.5)

[注]　当主线以较大的下坡进入立交，且减速车道为下坡，同时，后随的匝道线形指标较低时，主线的纵坡不得大于括号内的值。

(2)间距的规定

高速公路上互通式立体交叉的距离规定如下：

① 大城市、主要产业区附近宜为 5～10km；其他地区为 15～25km。

② 为避免交织运行影响车流平稳,相邻互通式立体交叉的间距不应小于 4km。

当路网结构或其他条件受限制时,经论证相邻互通式立体交叉的间距可适当减小,但加速车道渐变段终点至下一个立交的减速车道渐变段起点间的距离不得小于 1000m。

当间距小于规定的最小值,且经论证而必须设置时,应将两者合并为复合互通式立体交叉。

③ 相邻互通式立体交叉的间距不宜大于 30km。在人烟稀少地区,此间距可适当增大,但不应超过 40km。超过这一最大间距时,应在合适位置设置与主线立体分离的 U 形转弯设施。

互通式立体交叉与相邻的其他有出入口的设施和隧道之间的距离规定如下:

① 互通式立体交叉与服务区、停车区和长途汽车停靠站之间的距离应能满足设置一系列出口预告标志的需要,当条件受限时,间距可适当减小,但入口渐变段终点至下一个出口渐变段的距离不得小于 1000m。

② 隧道出口与前方互通式立体交叉间的距离应满足设置一系列出口预告标志的需要,当条件受限时,隧道出口至前方互通立交出口渐变段起点的距离不得小于 1000m。

③ 互通立交与前方隧道进口间距离应满足标志设置和标志以后对洞口判断的需要。

(3)位置确定

确定互通式立体交叉位置时,首先应综合考虑公路网的现状和规划情况而选定合适的相交公路。在立交处,相交两公路应具有良好的线形指标。场址应具备良好的地形、地质和环境条件。

互通式立体交叉相连的公路应具备如下条件:

① 通行能力应满足过境和集散交通量的要求。

② 相连接公路在路网中应不低于次要干道或集散路的功能,不应有较大的横向干扰。

③ 与主要交通源的连接应短捷。

④ 分配到路网中附近公路的交通量应适当,不应使某些道路或路段负荷过重。

⑤ 根据路网布局等条件而选定的相交公路,在通行能力和其他方面不能满足需要时应进行改建。

2. 城市道路立交间距

(1)两个相邻互通式立交之间的最小净距应满足表 8-2 的要求。

(2)立交范围内相邻匝道口之间的最小净距应满足表 8-3 及图 8-16 所示。

表 8-2 互通式立体交叉之间最小净距

干道设计车速 (km/h) / 图号	80	60	50	40
图 8-17(a)(b)(c)	110	80	70	60
图 8-17(d)	55	40	35	30

[注] 图 8-17(a)中匝道口净距与计算的交织段的长度相比,取较大值。

表 8-3 相邻匝道口之间最小净距(m)

干道设计车速(km/h)	80	60	50	40
最小净距	1000	900	800	700

3. **主线平面线形设计**

立交主线平面线形设计主要任务是确定两条路线交叉点的位置、交叉角度以及主线的曲线要素(圆曲线半径、缓和曲线长度或参数 A)。交叉点的位置和交叉角度一般在立交规划中确定。主线线形设计方法与一般道路相同,考虑立交主线的交通特征,主线平面设计应注意以下几点:

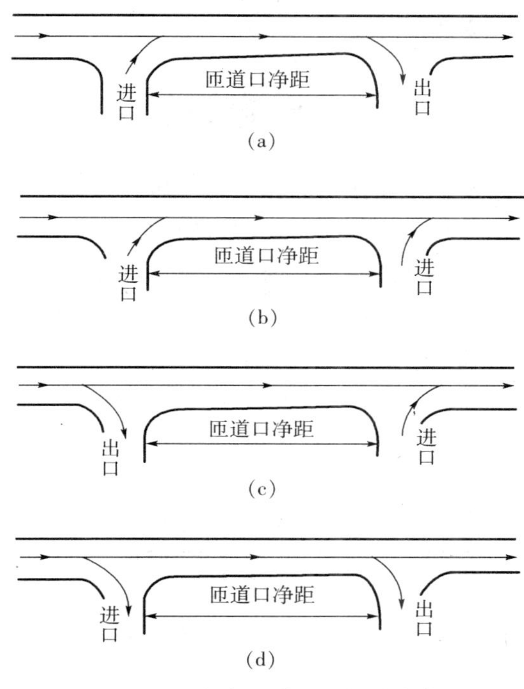

图 8－16　相邻匝道口之间最小净距

(1)尽量采用直线或大半径的曲线,避免使用小半径的由线,以便进、出口连接和匝道、集散道路的设置。

(2)立交桥跨主线宜采用直线,避免设置曲线桥,以便于桥梁设计和施工。不得已采用曲线桥时,应尽可能使相交路线走向沿曲线桥的圆心方向。

(3)在考虑交叉角、交点位置及确定线形要素时,先应满足主要道路的线形要求,尽可能为主线创造较好的行车和车辆出入的条件。

(4)平面设计应按《公路工程基本建设项目设计文件编制办法》的规定交付平面设计成果。

4. **主线纵断面线形设计**

立交主线纵断面线形设计方法与一般道路纵段面线形设计方法相同,除满足一般纵段面设计要求外,还应注意以下几点:

(1)注意满足控制标高的要求。立交交叉点的控制标高包括上线、下线的标高,是立交纵段面设计的基本依据,是在立交规划中已经确定的,设计时应作为纵面设计的主要控制标准。

(2)当需调整立交上线或下线的标高时,应注意保证相交路线有足够的跨越高度 H,H 的最小值应通过计算确定。

(3)主线进出口处的标高应与匝道设计通盘考虑，一般是先定主线标高，再控制匝道。但当匝道布设困难、展线长度很紧时，也可先定匝道进出口标高，控制主线纵断面设计。在主线与匝道相互交叉时，要注意处理好主线与匝道空间的关系，通常将这些点位的标高，标在主线纵断面上，作为主线纵面设计的控制点。

(4)主线纵断面设计的一般步骤是：① 点绘地面线；② 标注主线与主线交叉点的控制标高、主线与匝道交叉的控制标高以及其他控制标高；③ 进行主要道路的纵坡设计；④ 进行次要道路的纵坡设计；⑤ 核对和调坡；⑥ 定坡。

8.4 匝道设计

匝道是供相交道路转弯车辆转向使用的连接道。匝道使空间分离的两主线连接，形成互通式结构。匝道的线形和结构，直接影响转弯车辆行驶的技术条件和立交本身的经济环境效益。因而匝道的布置和设计是立交设计的重要内容之一。

8.4.1 匝道设计标准

1. 匝道设计车速

(1)公路匝道设计车速

规定如表 8 - 4 所示。

表 8 - 4 公路匝道设计车速

匝道形式		直连式	半直连式	环形匝道
匝道设计速(km/h)	枢纽互通式立交	80、60、50	80、60、50、40	40
	一般互通式立交	60、50、40	60、50、40	40、35、30

选用匝道设计速度时应遵循如下原则：

① 右转弯匝道应尽量采用上限或中间值。

② 直连弯匝道应尽量采用上限或中间值。

③ 匝道设计速度是指匝道中线形紧迫路段所能保持的最大安全速度。其余路段上应以与匝道中必然存在的变速行驶相适应的速度作为设计的控制值。接近入口和出口附近的匝道部分应有较高的设计速度；接近收费站或平面交叉的匝道端部，设计速度可酌情降低。

(2)城市道路匝道设计车速

如表 8 - 5 所示。

2. 匝道圆曲线最小半径

(1)公路匝道圆曲线的最小半径如表 8 - 6 所示

(2)城市道路匝道圆曲线的最小半径及平曲线最小长度如表 8 - 7 所示

表 8-5　城市道路匝道设计车速

相交道路的车速	80	60	50	40
120	60～40	50～40	—	—
80	50～40	45～35	40	—
60	—	40～30	35～25	30～20
50	—	—	30～20	30～20
40	—	—	—	25～20

［注］ ① 120km/h 为高速公路设计车速，用于与城市快速路或主干路的交叉；

② 一般推荐使用较大值，地形条件特殊困难时可采用小值。

表 8-6　公路匝道圆曲线的最小半径

匝道设计车速(km/h)		80	70	60	50	40	35	30
圆曲线最小半径	一般值	280	210	150	100	60	40	30
	最小值	280	175	120	80	50	35	25

表 8-7　城市道路匝道圆曲线的最小半径及平曲线最小长度

匝道设计车速(km/h)		60	50	45	40	35	30	25	20
横向力系数 μ		0.18						0.16	0.14
最小半径(m)	超高 $i_h=6\%$	120	80	65	50	40	30	20	15
	超高 $i_h=4\%$	130	90	75	60	45	35	25	20
	超高 $i_h=2\%$	145	100	80	65	50	40	30	20
	不设超高	180	125	100	80	60	45	35	30
平曲线最小长度		100	85	75	65	60	50	40	35

3. 城市道路匝道回旋曲线参数及长度

如表 8-8 所示。

表 8-8　城市道路匝道回旋曲线参数及长度

匝道设计车速(km/h)	80	70	60	50	40	35	30
30 回旋曲线参数 A(m)	140	100	70	50	35	30	20
回旋曲线长度(m)	70	60	50	40	35	30	25

［注］ 对行驶车速大于设计车速的匝道部位，设计时应按实际行驶速度采用相应的 A 值。

4. 匝道最大纵坡

(1)公路匝道最大纵坡值如表 8-9 所示；

(2)城市道路匝道最大纵坡值如表 8-10 所示。

表 8－9 公路匝道最大纵坡

匝道设计车速			80	70	60	50	40	35	30
最大纵坡（%）	入口匝道	上坡	3		4		5		
		下坡	3		3		4		
	出口匝道	上坡	3		3		4		
		下坡	3		4		5		

［注］ 地形困难或用地紧张时可增大 1%，非冰冻积雪地区在特殊困难情况下可增加 2%。

表 8－10 城市道路立体交叉引导和匝道的最大纵坡坡度

设计车速(km/h)		80	≤60
最大纵坡坡度(%)	冰冻地区	4	4
	非冰冻地区	4	5

5. 匝道竖曲线最小半径及长度值

如表 8－11 和表 8－12 所示。

表 8－11 匝道竖曲线最小半径及长

匝道设计车速(km/h)			80	70	60	50	40	35	30
竖曲线最小半径(m)	凸形	一般值	4500	3500	2000	1600	900	700	500
		最小值	3000	2000	1400	800	450	350	250
	凹形	一般值	3000	2000	15000	1400	900	700	400
		最小值	2000	1500	1000	700	450	350	300
竖曲线最小长度(m)		一般值	100	90	70	60	40	35	30
		最小值	75	60	50	40	35	30	25

表 8－12 分流端附近匝道竖曲线半径及长度

主线设计车速(km/h)			120	100	80	60
竖曲线最小半径(m)	凸形	一般值	3500	2000	1600	900
		最小值	2000	1400	800	450
	凹形	一般值	2000	1500	1400	900
		最小值	1500	1000	700	450
竖曲线最小长度(m)		一般值	90	75	60	40
		最小值	60	50	40	35

6. 匝道加宽及超高

(1)匝道平曲线加宽值

如表 8－13 所示。

表 8－13　匝道圆曲线加宽值

单车道匝道(R1 型)		单向双车道匝道(R2 型)	
圆曲线半径(m)	加宽值(m)	圆曲线半径(m)	加宽值(m)
25～<27	2.00	25～<26	2.25
27～<29	1.75	26～<27	2.00
29～<32	1.50	27～<29	1.75
32～<36	1.25	29～<31	1.50
36～<42	1.00	31～<33	1.25
42～<48	0.75	33～<35	1.00
48～<58	0.50	36～<39	0.75
58～<72	0.25	39～43	0.50
≤72	0	43～<47	0.25
—		≥72	0

［注］ ①表中加宽值是针对标准行车道宽度。当遇特殊断面时，加宽值可以调整，使加宽后的总宽度与标准一致；② 对向分隔的双向匝道，应按各自车道的曲线半径所对应的加宽值分别加宽。

(2)匝道平曲线超高值

如表 8－14 所示。

表 8－14　匝道平曲线超高值

匝道设计车(km/h)	80	70	60	50	40	35	30	超高(%)
匝道圆曲线半径(m)	280	<210	<140	<90	50	<45	—	10
	280 330	210 250	140 180	90 120	50 70	40 50	—	9
	330 380	250 300	180 220	120 160	70 90	50 60	30 40	8
	380 450	300 350	220 270	160 200	90 130	60 90	40 60	7
	450 540	350 430	270 330	200 240	130 160	90 110	60 80	6
	540 670	430 550	330 420	240 310	160 210	110 140	80 110	5
	670 870	550 700	420 560	310 410	210 280	140 220	110 150	4
	870 1240	700 1000	560 800	410 590	280 400	220 280	150 220	3
	>1240	>1000	>800	>590	>400	>280	>220	2

7. 匝道视距

(1)匝道识别视距

如表 8－15 所示。

表 8-15 匝道识别视距

设计车速(km/h)	120	100	80	60
识别视距(m)	350～460	290～380	230～300	170～240

［注］ 当驾驶员接受的信息较多时采用较大值。

(2)匝道停车视距

如表 8-16 所示。

表 8-16 匝道停车视距

设计车速(km/h)	80	70	60	50	40	35	30
停车视距(m)	110(135)	95(120)	75(100)	65(70)	40(45)	35	30

[注] 积雪冰冻地区,应大于括号内的数值。

(3)视通三角区

在合流端部,匝道与主线间应有保证视距的一定范围,其通视三角区规定如图 8-17 所示。

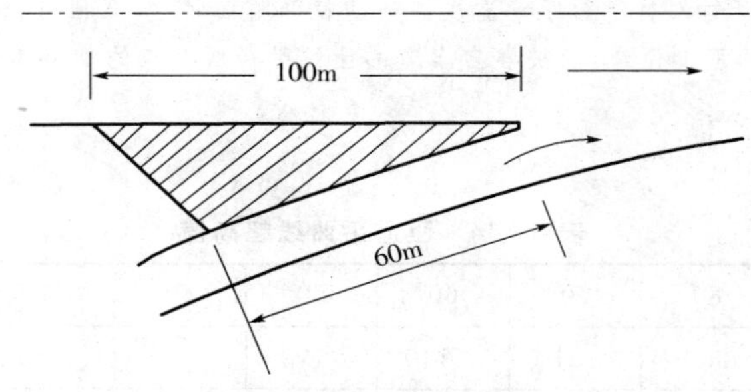

图 8-17 视通三角区

匝道出口位置应明显,易于识别。一般情况下,宜将出口设置在跨线桥前。当设置在其后时,则至跨线桥的距离宜大于 150m。出口接下坡匝道时,应保证驾驶员能在出口前看清楚匝道中第一曲线的起点及曲率趋势。

8. 匝道宽度

《公路规范》对匝道断面尺寸及类型规定如下:

(1)匝道横断面组成及尺寸

匝道横断面由车行道、路缘带、硬路肩和土路肩组成。对向分隔的匝道还应包括中央分隔带。各组成部分的尺寸规定如下:

① 匝道宽度为 3.5m;

② 路缘带宽度为 0.5m;

③ 左侧硬路肩(包括路缘带)的宽度为 1.0m;

④ 右侧硬路肩(包括路缘带)的宽度:不设紧急停车带时为 1.0m;设紧急停车带时一般为 2.5m;特殊困难路段中,或对向分隔式双车道时为 2.0m;

⑤ 土路肩宽度一般为 0.75m;特殊困难路段中,在不设侧护栏的情况下为 0.5m;

⑥ 中央分隔带的宽度一般为 1.0m。

(2)匝道横断面的基本类型

匝道的基本类型可分为以下四种,分别如图 8-18 所示。

① $R1$ 型——单车道匝道；

② $R2$ 型——无紧急停车带的双车道匝道；

③ $R3$ 型——设紧急停车道的双车道匝道；

④ $R4$ 型——对向分隔的双车道匝道。

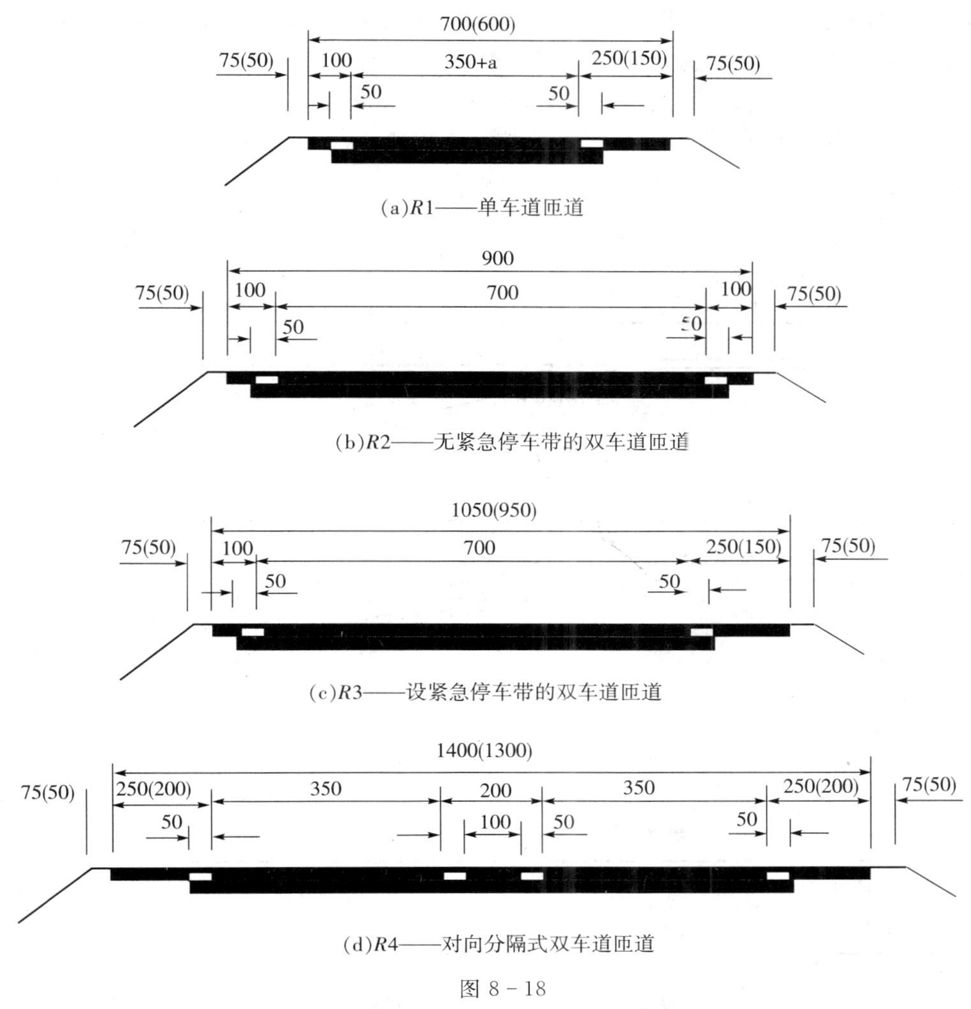

(a)$R1$——单车道匝道

(b)$R2$——无紧急停车带的双车道匝道

(c)$R3$——设紧急停车带的双车道匝道

(d)$R4$——对向分隔式双车道匝道

图 8－18

8.5　端部设计

端部是指匝道两端分别与正线相连接的道口，它包括出入口、变速车道及辅助车道等。两端的道口和中间部分匝道共同组成一条完整的匝道。从主要道路(简称主线)出入的道口都应是自由流畅式，而次要道路(次线)上的道口有时则是信号控制的。端部设计的一般原则是出入顺适、安全，线形与正线协调一致；出入口应便于识别；正线与匝道间应能相互通视。

8.5.1 出口与入口设计

1. 主线出、入口

一般情况下主线出、入口应设在主线行车道的右侧，出口位置应易于识别，一般设在跨线构筑物之前，若在其后时，应与构造物保持150m以上的距离。为便于车辆减速，出口最好位于上坡路段。人口应设在主线下坡路段，以利于重型车辆加速，并在匝道汇入主线之前保持主线100m和匝道60m的三角形区域内通视无阻，如图8-17所示。

主线与匝道分流处，应给误行车辆提供返回的余地，行车道边缘应加宽一定偏置值，加宽后主线和匝道的路面边缘用圆弧连接，并用路面标线引导行驶方向，如图8-19所示。偏置值和楔形端半径见表8-17所示。楔形端端部后的过渡长度 z_1 和 z_2 可按表8-18的渐变率计算。

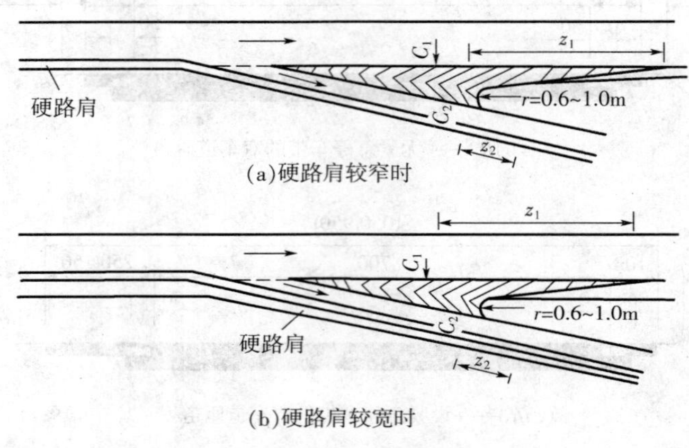

图8-19 分流处楔形端部布置

表8-17 分流处偏置值与端部半径

匝道设计车速(km/h)	80	60	50	40	35	30
停车视距(m)	110(135)	75(100)	65(70)	45	35	30

表8-18 分流处楔形端部渐变率

正线设计车速(km/h)	120	100	80	60	40
停车视距(m)	350～460	290～380	230～300	170～240	130～180

2. 互通式立交的平面交叉口

互通式立交在次线或匝道上可设置平面交叉口。这种平交道口往往决定整个立交的通行能力、服务水平和交通安全，设计时应予以充分重视。在选定互通式立交形式时，应考虑所含平面交叉的必要性和合理性。设计中应将匝道布置在合适的象限内，使冲突点减至尽可能少的程度。对平面交叉应根据交通量、交通组成和行驶速度等作出合理布置，并设置必要的标志、标线、分隔带、交通岛、变速车道、转弯车道等。行人与非机动车交通对平面交叉影响很大，必要时应采取专辟车道、渠化或立体交叉等措施，与机动车分离行驶。

8.5.2　变速车道设计

在匝道与正线连接的路段，为适应车辆变速行驶的需要，而不致影响正线交通所设置的附加车道称为变速车道。变速车道包括减速车道和加速车道。车辆由正线驶入匝道时减速所需的附加车道称为减速车道；车辆从匝道驶入正线时加速所需的附加车道为加速车道。

1. 变速车道的形式

变速车道一般分为直接式与平行式两种，如图8-20所示。

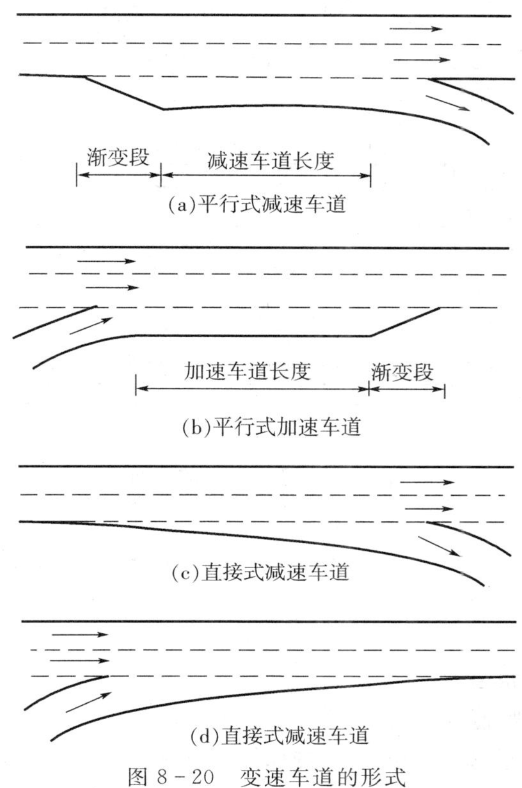

图8-20　变速车道的形式

(1)平行式

是在正线外侧平行增设的一条附加车道。其特点是车道划分明确，行车容易辨认，但车辆行驶轨迹呈反向曲线对行车不利。原则上加速车道采用平行式，因加速车道较长，平行式容易布置。平行式变速车道端部应设渐变段与正线连接。

(2)直接式

不设平行路段，由正线斜向渐变加宽，形成一条与匝道连接的附加车道。其特点是线形平顺并与行车轨迹吻合，对行车有利，但起点不易识别。原则上减速车道采用直接式，另外，加速车道较短或双车道变速车道应采用直接式。

2. 变速车道的横断面

变速车道横断面的组成与单车道匝道基本相同，是由行车道、路肩和路缘带组成，各组成部分宽度如图8-21所示，城市道路可不设右路肩，但应保留路缘带。

3. 变速车道的长度

变速车道长度为加速或减速车道长度与渐变段长度之和，如图8-22所示。

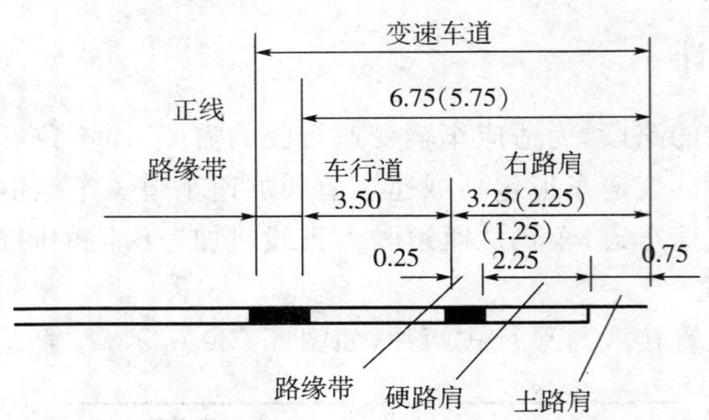

图 8-21 变速车道的宽度

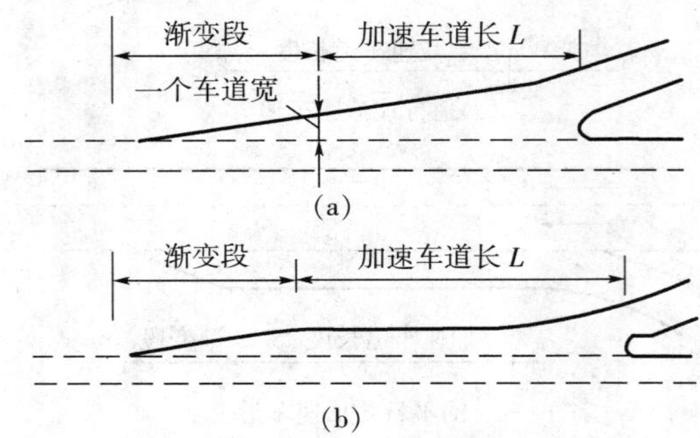

图 8-22 变速车道的平面

(1)加、减速车道长度

是指渐变段车道宽达一个车道的位置与分流或合流端之间的距离。其计算公式为

$$L=\frac{v_1^2-v_2^2}{26\alpha} \tag{8-1}$$

式中：v_1——正线平均行驶速度，km/h；

v_2——匝道平均行驶速度，km/h；

a——汽车平均加(减)速度，m/s^2，加速时 $a=0.8\sim1.2m/s^2$；减速时 $a=2\sim3m/s^2$。

平坡时加、减速车道长度可按表 8-19 查用，并根据正线纵坡度大小，按表 8-20 所示系数修正。

(2)渐变段

平行式变速车道渐变的长度不应小于表 8-19 所列数值。直接式变速车道渐变段按外边缘渐变率控制，出入端和入口端渐变率规定按表 8-19 选用。城市道路变速车长度按《城规》规定值选用。

表 8-19 变速车道及渐变率

正线设计车速(km/h)		120	100	80	60	40
减速车道长度(m)	单车道	100	90	80	70	30
	双车道	150	130	110	90	/
加速车道长度(m)	单车道	200	180	160	120	50
	双车道	300	260	220	160	/

（续表）

平行式渐变段长度(m)	单车道		70	60	50	45	40
直接式渐变率	出口	单车道	1/25		1/25	1/20	1/15
		双车道					
	入口	单车道	1/40		1/30	1/30	1/20
		双车道					

表 8-20　变速车道及渐变率

正线平均坡度(%)	$i\leqslant2$	$2<i\leqslant3$	$3<i\leqslant4$	$4<i\leqslant6$
上坡减速车道修正系数	1.0	1.1	1.2	1.3
上坡减速车道修正系数	1.0	1.2	1.3	1.4

8.5.3　辅助车道

在高速公路、一级公路和城市快速路的全长或较长路段为，必须保持基本车道数。同时在正线与匝道的分、合流处必须保持车道数目的平衡，两者之间是通过辅助车道来协调的。

1. 基本车道数

是指一条道路或其某一区段内，根据交通量和通行能力的要求所必需的一定数量的车道数。基本车道数在相当长的路段内不应变动，不应通过互通式立交而改变基本车道数，目的是防止因修建立交而可能形成瓶颈或导致不必要的浪费。

2. 车道平衡原则

正线的车流量必然会因分、合流的存在而发生变化，分沅减少，合流增大；为适应这种车流量的变化，保证车流畅通和工程经济，在分、合流处的车道数应保持平衡。车道平衡的原则为：

(1)合流以后正线上的车道数应不少于合流前相交道路上所有车道数总和减一。

(2)正线上车道数应不少于分流以后各道路的所有车道数总和减一。

(3)正线上的车道数每次减少不应多于一条。

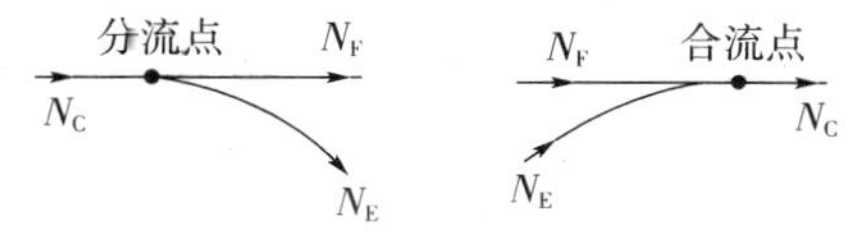

图 8-23　变速车道及渐变率

分、合流处应按车道数平衡公式(8-2)进行计算，以校验车道数是否平衡，如图8-23所示。

$$N_C\geqslant N_F+N_E \tag{8-2}$$

式中：N_C——分流前或合流后的正线车道数；

N_F——分流后或合流前的正线车道数；

N_E——匝道车道数。

3. 辅助车道

在分、合流处，既要保持车道数平衡，又要保持基本车道数，如果两者发生矛盾，可通过在分流点前与合流点后的正线上增设辅助车道的办法来解决，如图 8-24 所示。

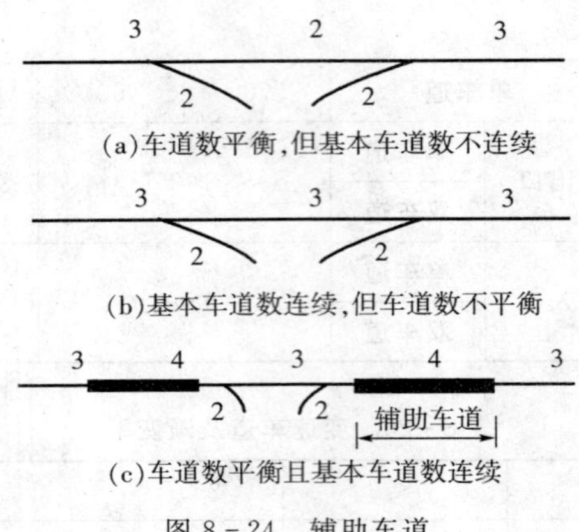

图 8-24　辅助车道

在基本车道数连续的条件下,一般单车道匝道也能满足车道平衡的要求;而设置双车道匝道时车道数不平衡,应增设辅助车道;一般规定辅助车道长度在分流端 1000m,最小为 600m;在合流端为 600m。另外,当前一个立交加速车道的末端至下一个立交减速车道起点之间的距离小于 500m 时,必须设辅助车道将两者连接起来。

思考题

1. 简述立体交叉的组成和公路立交与城市立交的主要区别。

2. 简述设置分离式立体交叉与互通式立体交叉的条件及互通式立体交叉与其他交通设施的间距。

3. 简述匝道的基本形式与特性。

4. 匝道的平面线形设计中对圆曲线半径与匝道回旋线参数有何设计要求?

5. 匝道的端部设计主要包括哪几部分内容,其每一部分内容有何设计要求?

6. 如图 8-25 所示的立体交叉属哪一种类型?试用粗线标出其交织路段。采用什么方法可消除主线上的交织路段?试画示意图说明。

图 8-25

第9章 道路交通设施设计

9.1 概 述

交通工程设施是根据交通工程学的原理和方法为使道路通行能力最大、经济效益最高、交通事故最少、公害程度最低而设置的系统、设施和给人或车配备的装备，即为使车辆高速、高效、安全、舒适地行驶而设置的各类设施。

道路不仅在承受汽车行驶的强度方面和交通容量方面应满足要求，而且应解决行车的安全性和舒适性，以及交通运行和环境方面的问题，因此对于交通工程设施的设置是必不可少的。其作用有下列几点：(1)提高行车安全性；(2)提高道路通行能力与利用率；(3)保证车辆连续运行；(4)创造良好的交通环境。

交通工程设施设计的主要研究范围和主要内容如下：

1. 交通管理设施

现代化的道路交通设施，科学的交通管理与控制，两者结合起来才能取得良好的效果。交通管理就是按照既定的法规与要求，运用各种手段、方法、工具和设备等对动态交通准确地调度，使其安全通畅地运行。实行交通管制的重点在于运用各种设施控制、掌握并及时地指挥交通。其主要研究内容包括：(1)道路交通标志；(2)交通标线；(3)交通信号灯等。

2. 交通安全设施

交通安全设施主要包括护栏、隔离设施、防眩设施、视线诱导设施等。对交通安全设施数量、位置、形式、安装工艺从交通工程学的观点出发认真分析研究，使之真正起到安全保障作用。

3. 道路服务设施

所谓服务设施是指设置在高速公路、汽车专用公路上为使用者提供服务的服务区。服务项目少的称为停车区，总体也称服务区。

9.2 道路交通管理设施设计

9.2.1 道路交通标志

1. 标志分类

不同类别的道路对交通标志有不同的要求。通常按道路类别分为一般道路标志和高速公路标志两类。标志按尺寸分为小型、大型、巨型三类，以适应不同行驶速度对标志认读距离的要求。高速公路上车速较高，车道多，标志牌尺寸比一般道路上的大得多。

交通标志按其功能可分为主标志和辅助标志两大类。

主标志分为：(1)指示标志，通常为圆形、矩形，蓝色底白色图案，是指示车辆和行人按规定方向、地点行进的标志，如直行、左转、右转、单向行驶、步行街等；(2)警告标志，通常为等边三角形(或菱形),黄色底黑边黑图案(或白色底红边黑或深蓝色图案),用于警告驾驶人员注意前方路段存在的危险及应采取的措施,如交叉口、急弯、铁路道口、易滑、路面不平、傍山险路等;(3)禁令标志,通常为圆形,白色底红边红斜杠黑色图案,是根据道路和交通量情况为保障交通安全而对车辆行为加以禁止或限制的标志,如禁止通行、禁止停车、速度限制等;(4)指路标志,通常为矩形,蓝色底白色字符(一般道路),绿色底白色字符(高速公路),用来指示市镇村的境界、目的地方向、距离,高速公路的出入口、服务区、著名地点等。

辅助标志为附设于主标志下起辅助说明作用的标志,为长方形,白底黑字黑边框,可分为表示车辆种类、表示时间、表示区域或距离、表示禁令和警告的理由等四种。

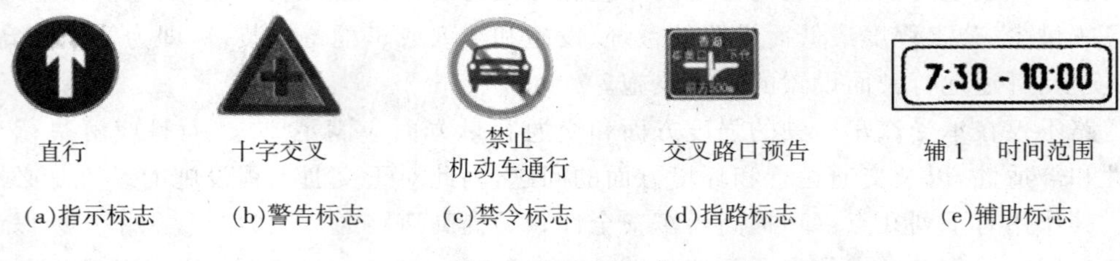

图 9-1 交通标志

2. 交通标志的支持方式

(1)柱式

柱式标志不应侵入公路建筑限界以内,标志内边缘距路面或土路肩边缘不得小于25cm。标志牌下缘距路面的高度为100～250cm。柱式标志牌又可分为单柱式和双柱式。单柱式标志牌安装在一根立柱上,如图 9-2a 所示,适用于中、小型尺寸的警告、禁令、指示等标志。双柱式标志牌安装在两根立柱上,适用于长方形的指示或指路标志,如图 9-2b 所示。

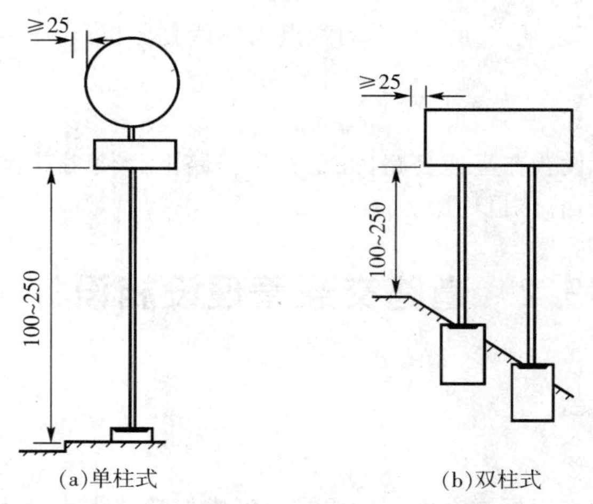

图 9-2 柱式标志牌(单位:cm)

(2)悬臂式

标志牌安装在悬臂上,如图 9-3 所示。标志下缘离地面的高度,至少按该道路规定的净空高度设置。适用于柱式安装有困难时;道路较宽、交通量较大、外侧车道大型车辆阻挡内侧车道小型车辆的视线时;视距受限制时以及景观上有要求时。

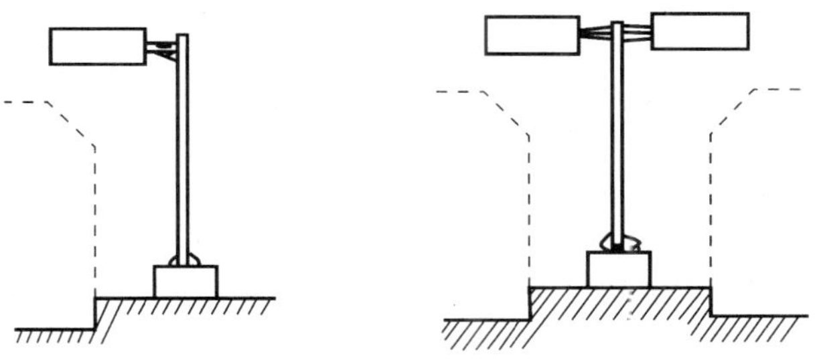

图 9-3　悬臂式标志牌

(3)门架式

标志安装在门架上，如图 9-4 所示。标志下缘距路面的高度，至少按该道路规定的净空高度设置。门架式标志适用于：多车道道路(同向三车道以上)需要分别指示各车道去向时；道路较宽、交通量较大、外侧车道大型车辆阻挡内侧车道小型车辆视线时；互通式立交间隔距离较近标志设置密集之处；受空间限制，柱式、悬臂式安装有困难时；车道变换频繁，出口匝道为多车道者；景观上有要求时。

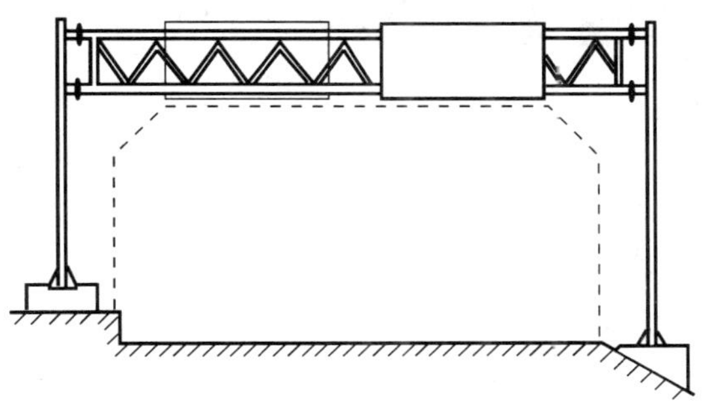

图 9-4　门架式标志牌

(4)附着式

标志安装在上跨桥和附近构造物上，如图 9-5 所示。附着式标志的安装高度也应符合上述净空的规定。

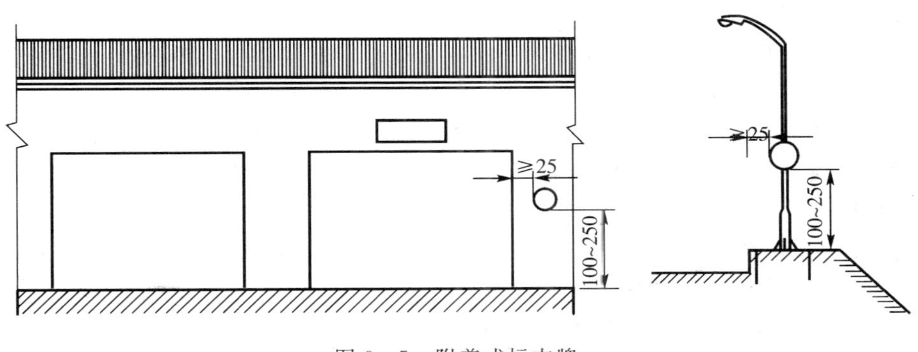

图 9-5　附着式标志牌

9.2.2　道路交通标线

道路交通标线是交通安全设施的重要组成部分，由标划于路面上的各种线条、箭头、文字立面标记、突起路标和轮廓标等构成，是引导驾驶员视线，管制驾驶员驾车行为的重要设施。

交通标线按功能分为：(1)警告标线：促使车辆驾驶人员及行人了解道路上的特殊情况，提高警觉，准备防范应变措施的标线。一般采用黄色和白色。(2)指示标线：指示车行道、行车方向、路面边缘、人行道等设施的标线。一般采用白色。(3)禁止标线：告示道路交通的遵行、禁止、限制等特殊规定，车辆驾驶人员及行人需严格遵守的标线。一般采用黄色和白色。

交通标线的种类、图形、颜色、尺寸按《道路交通标志和标线》(GB5768－2009)的规定执行。

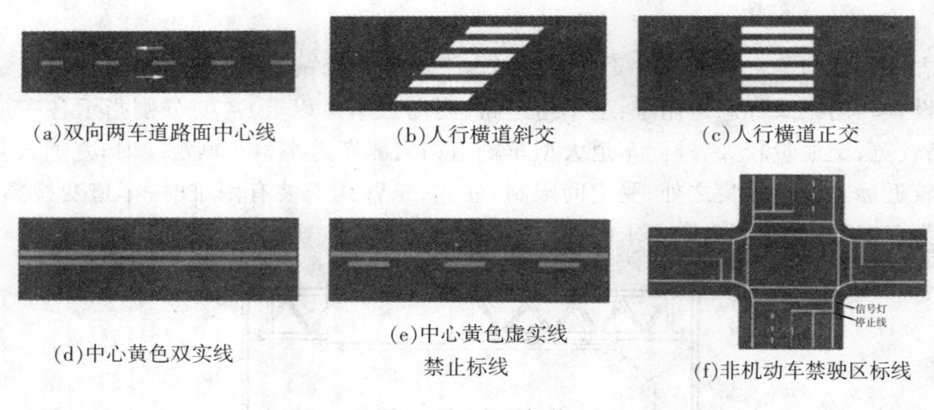

(a)双向两车道路面中心线　(b)人行横道斜交　(c)人行横道正交

(d)中心黄色双实线　(e)中心黄色虚实线禁止标线　(f)非机动车禁驶区标线

图 9－6　交通标线

交通标线涂料按施工温度可分为常温型(冷用)、加热型和熔融型三类。常温型和加热型(50℃～80℃)属于溶剂型涂料，呈液态供应。加热型涂料固体成分略多一些，粘度也高。熔融型涂料呈粉末状供应，需加高温(180℃～220℃)使其熔融才可涂敷于路面，欧美国家把这种涂料称为热塑涂料。

9.2.3　交通信号

交通信号灯机由信号灯及控制系统组成，依靠信号灯显示的灯色直接指挥管理交通的运行，故信号灯的构造必须能保证车辆及行人清晰地辨别信号。对信号灯性能的要求，须满足在昼夜从前方 100～150m 距离处即可看清的亮度；光束的发散角向左右及下方均在 45°以上，即自 45°方向识别的正确率应达到 99%，同时要求不应受日光或附近光线的影响而模糊不清或混淆。

灯具的构造一般系由灯箱、镜片、反射罩、灯泡、遮光罩、挡板及其他支架组合而成。灯箱一般用薄铁板制作，亦有采用轻合金铸造或塑料、合成树脂等制作者，镜片为玻璃或有机玻璃制，圆形凸面，有效直径为 20～30cm，一般采用 25cm，内面做成棱镜。反射罩的形状为旋转抛物面，内装灯泡，灯泡光源位于焦点处，使光线经反射罩反射出平行光线，再经镜片棱镜折射向左、右下方发散。灯泡应为耐震动耐久型。遮光罩冒于镜面上且前伸，以防止日光及其他光线干扰，长度应较镜片直径稍长，内侧涂成黑色以吸收外部采光防止产生乱反射现象。灯具背面设挡板，以加强白昼时对灯光的视认，同时亦防止晚间来自背后各种灯光的干扰。

每个信号灯可制成单独的一面发光的灯具，分别安装在灯架上。亦可用双灯前后连接成两面发光的灯具。或将三色灯光安装在一个整体的灯箱内，单面或两面发光。设于路口中心的信号灯则需按交叉道路数制成三面或四面发光的灯箱。图 9-7 所示为各种信号灯的安装形式。

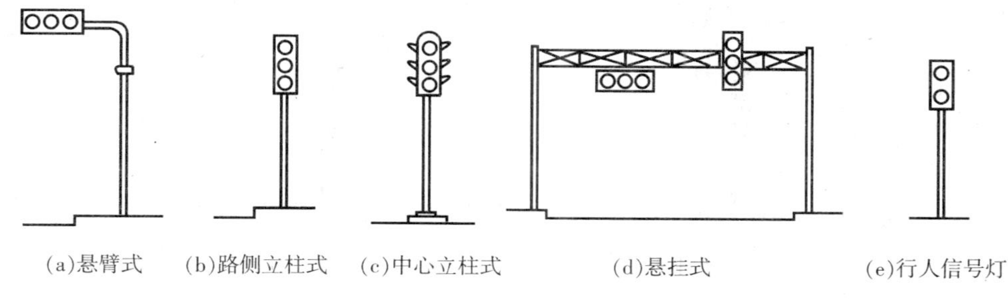

图 9-7　信号灯安装形式

行人信号灯的构造与车辆信号灯相同,但镜片可做成圆形或方形。镜面须标志行人形象图案(绿灯为行走姿势,红灯为站立姿势)。为使灭灯时标志形象仍可看到,可于镜片前加滤色片。遮光罩的长度可比车辆信号灯缩短。

9.3　道路交通安全设施设计

交通安全设施属于道路的基础设施,它对减轻事故的严重度,排除各种纵、横向干扰,提高道路服务水平,提供视线诱导,改善道路景观等起着重要的作用。交通安全设施主要包括:安全护栏及相应的防撞缓冲设施、防眩设施、隔离封闭设施和视线诱导设施等。我国近年来修建的高等级公路上都安装了这些基础设施,对保障道路交通安全,提高运输效益起到了良好的作用。

9.3.1　安全护栏

1. 护栏的种类

护栏按照构造形式可分为半刚性护栏、刚性护栏和柔性护栏。

(1)半刚性护栏

半刚性护栏是一种连续的梁柱结构。它是通过车辆与护栏间的摩擦、车辆与地面间的摩擦及车辆、土基和护栏本身产生一定量的弹、塑性变形(以护栏系统的变形为主)来吸收碰撞能量,延长碰撞过程的作用时间来降低车辆速度,并迫使失控车辆改变行驶方向,回复到正常的行驶方向,从而确保乘员安全和减少车辆损坏。梁柱式半刚性护栏又可分为 W 型波形梁护栏、三波波形梁护栏、管梁护栏、箱梁护栏等数种。从国内外实际应用情况看,波形梁护栏的应用最广泛,见图 9-8。

(2)刚性护栏

刚性护栏是一种基本不变形的护栏结构。对刚性护栏来说,是通过车轮转动角的改变,车体变位、变形和车辆与护栏、车辆与地面的摩擦来吸收碰撞能量。在碰撞过程中,车辆变形程度取决于其自身的刚度、碰撞能量和碰撞作用时间。刚性护栏又可分为混凝土墙式护栏、混凝土梁柱式护栏、桥梁用箱梁护栏和管梁护栏及组合式护栏。它的主要代表形式是混凝土墙式护栏,见图 9-9。

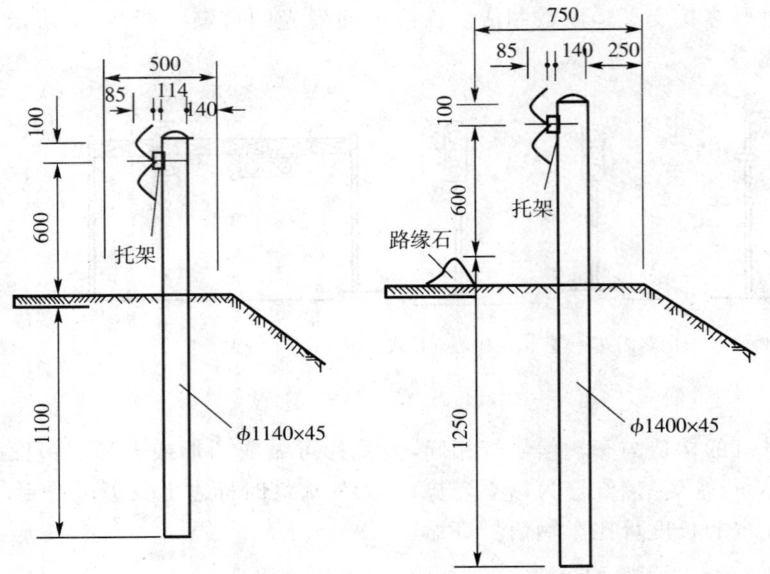

图 9-8 波形护栏结构图(尺寸单位:毫米)

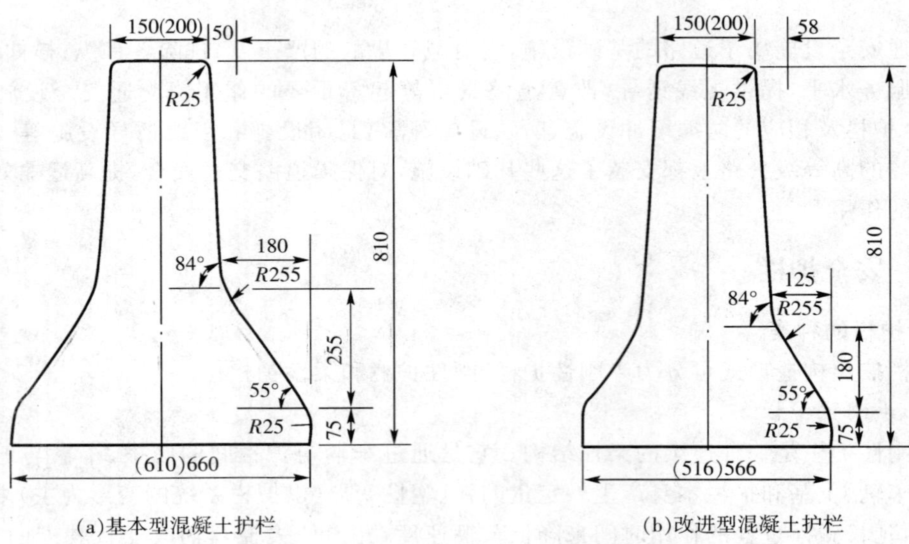

(a)基本型混凝土护栏 (b)改进型混凝土护栏

图 9-9 混凝土护栏结构图(尺寸单位:毫米)

(3)柔性护栏

柔性护栏是一种具有较大缓冲能力的韧性护栏结构,如图 9-10 所示。缆索护栏是柔性护栏的主要代表形式,它是一种以数根施加初张力的缆索固定于立柱上而组成的结构,完全依靠缆索的拉应力来抵抗车辆的碰撞,吸收能量。

2. 护栏形式选择

选择护栏形式时,应考虑下列因素:

(1)护栏的防撞性能

所选取的护栏形式在强度上必须能有效吸收设计碰撞能量,组织相应失控车辆越出路外或进入对向车道并使其正确改变行驶方向。

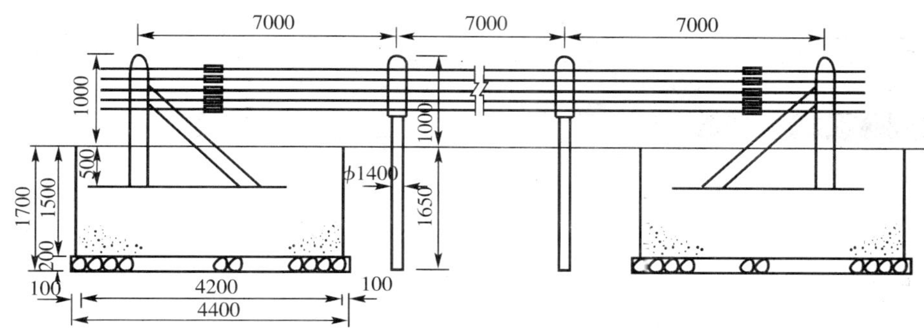

图 9-10　缆索护栏结构图(尺寸单位:毫米)

(2)受碰撞后的护栏变形程度

受碰撞后护栏的最大动态变形量不应超过护栏与被防护对象之间容许的变形距离。

(3)护栏所在位置的现场条件

路肩和中央分隔带宽度、公路的边坡坡度等均可影响某些形式护栏的使用。

(4)护栏材料的通用性

护栏及其端头、与其他形式护栏的过渡处理,宜采用标准化材料。

(5)护栏的全寿命周期成本

除考虑护栏的初期成本外,还应考虑投入使用后的养护成本。

(6)护栏养护工作量的大小和养护的方便程度

应综合考虑常规养护、事故养护、材料储备和养护方便性等因素。

(7)护栏的美观、环境因素

应适当考虑护栏的美观因素,并充分考虑沿线的环境腐蚀程度、气象条件和护栏本身对视距的影响等因素。

9.3.2　防眩设施

夜间在道路上行驶的车辆会车时,其前照灯(大灯)的强光会引起驾驶员眩目,致使驾驶员获得视觉信息的质量显著降低,造成视觉机能的伤害和心理的不适,使驾驶员产生紧张和疲劳感,是诱发交通事故的潜在因素。防眩设施就是防止夜间行车受对向车辆前照灯眩目的人工构造物,有板条式的防眩板、扇面状的防眩大板、防眩网、防眩棚等构造形式。

道路上使用的防眩设施可分为三种类型:

Ⅰ型:是指连续封闭型的防眩设施,如足够宽度的中央分隔带(宽度≥9m)上的树墙等。它基本上阻止了对向车道从水平面上所有角度射来的光线。

Ⅱ型:是由连续网状结构组成的防眩设施,金属(或塑料)防眩网为其代表形式。它能阻挡水平面上 $0\sim\beta_1$ 角度射来的光线,在 β_1 角以外可横向通视。

Ⅲ型:是以一定的间距连续设置板状结构而组成的防眩设施。金属(或塑料)防眩板为其代表形式,防眩扇板、百叶窗式防眩栅、一定间距植树等从遮光原理上讲均是Ⅲ型防眩设施。它可阻挡水平面上 $0\sim\beta_1$ 角度射来的光线,在 β_1 角以外可横向通视。

目前在公路上广泛使用的防眩设施结构形式主要为防眩板。防眩板是一种经济美观,对风阻挡小,积雪少,对驾驶员心理影响小的比较理想的防眩结构形式,见图 9-12。

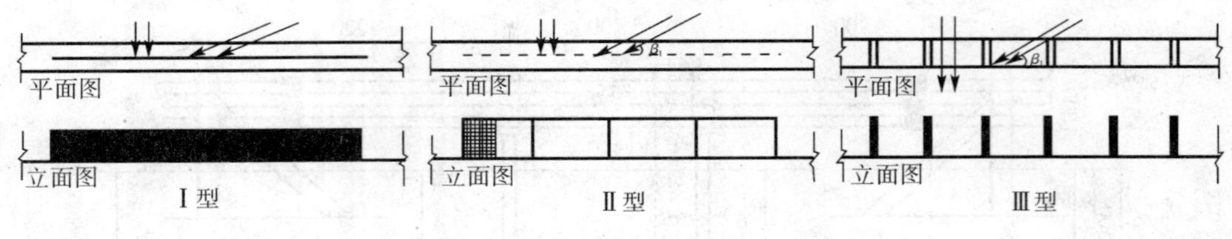

图 9-11 防眩设施形式

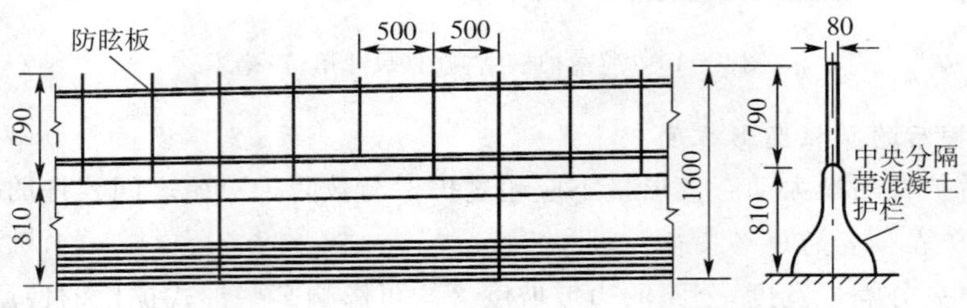

图 9-12 设置于混凝土护栏上的防眩板(单位:cm)

9.3.3 隔离封闭设施

隔离封闭设施是防止人和动物随意进人或横穿汽车专用公路,防止非法占用公路用地的人工构造物。隔离封闭设施可有效地排除横向干扰,避免由此产生的交通延误或交通事故,从而保障高速公路、一级公路快速、舒适、安全的运行特性。

隔离封闭设施包括设置于公路路基两侧用地界线边缘上的隔离栅和设置于上跨公路主线的分离式立交桥或人行天桥两侧的防护网。

1. 隔离栅的结构形式

隔离栅有金属网型、刺铁丝和常青绿篱三大类。常青绿篱在南方地区与刺铁丝隔离栅配合使用,具有降噪、美化路容和节约投资的功效。金属网隔离栅按网面材料的不同又可分为电焊网、钢板网、编织网等形式。

表 9-1 隔离栅的分类

类型		埋设条件	支撑结构
金属网	电焊网	混凝土基础或直埋土中	钢支柱
	钢板网		
	编织网		
刺铁丝		混凝土基础或直埋土中	钢筋混凝土支柱或钢支柱
常青绿篱		土中	

2. 隔离栅的形式选择

隔离栅的形式选择必须考虑其性能、造价、美观、与公路周围环境的协调、施工条件及养护维修等因素,并应与公路的设计标准相适应。

(1)金属网型

金属网隔离栅是一种结构合理、美观大方的结构形式，但单位造价较高，故主要适用于：城镇及城镇郊区人烟稠密的路段和城市快速干道的两侧；风景区、旅游区、名胜古迹等美观性要求较高的路段两侧；互通立交、服务区和通道的两侧。

(2)刺铁丝型

刺铁丝隔离栅是一种比较经济适用的结构形式，但美观性较差，故主要适用于：人烟稀少的路段，山岭地区的公路；郊外的公路保留用地；郊外高架构造物下面；路线跨越沟渠而需封闭的地方。

(3)其他

在互通立交区域、服务区、停车区、收费站、管理(局)所等处及设置刺铁丝隔离栅的路段，隔离栅的设置宜与绿化相配合，选择合适的小乔木或灌木，在管辖地界范围形成绿篱，以有效地增强该区域的景观。

9.3.4　视线诱导设施

驾驶员为了安全地驾驶汽车，应能判断设计视距以外的道路方向。行车时，驾驶员的视线在汽车前方寻视，以路旁地带、具有良好识别线的道路表面和与平行于车行道的各种线条(路缘或路面边线，路旁整齐的树木、护栏和视线诱导设施)来判定道路的行进方向。特别是在夜间、雨天、大雾、路上有积雪等不良气候条件时，路面标线可能不清楚，驾驶员对视线诱导设施的需求就更迫切。目前在道路上广泛使用的视线诱导设施有轮廓标、线形诱导标(导向标)等。

1. 轮廓标

轮廓标是设置于行车道边缘的设施，其构造与路边构造物有关。当路边无构造物时，轮廓标为柱体，独立设置于路边土路肩中。当路边有护栏、桥梁栏杆、侧墙等构造物时，轮廓标就附着于这些构造物的适当位置上。

(1)设置于土中的轮廓标

主体结构为三角形断面的立柱，由柱体、反射器和基础等部分组成，如图 9－13 所示。柱体为白色，与距路面 55cm 以上部分的 25cm 黑色标记形成对比色，称为白天标记，在黑色标记中间镶嵌一块 18cm×4cm 的反射器，反射器为定向反光材料。轮廓标的基础为混凝土。当道路设有中央分隔带时，轮廓标为单面；当道路没有中央分隔带时，轮廓标为双面。为使轮廓标损坏后更换方便，柱体与基础可以来用装配的形式。

(2)附着在波形梁护栏上的轮廓标

轮廓标附着于波形梁护栏中间的槽内时，反射器为梯形，与后底板铆在一起，后底板固定在波形梁与立柱的连接螺栓上。后底板应做成一定角度，角度大小以保证汽车前照灯光线大致与其保持垂直为原则，见图 9－14。

2. 线形诱导标(导向标)

线形诱导标又称为导向标，分为指示性线形诱导标和警告性线形诱导标两类。指示性线形诱导标为蓝、白相间，一般设置在小半径或通视较差、对行车安全不利的曲线外侧。警告性线形诱导标颜色为红、白相间，一般设置在因道路施工或维修作业而需临时改变行车方向，提醒驾驶员注意前方作业的路段前方。

(1)设置于土中的线形诱导标的构造，由反射器(或反光膜)、底板、立校、连接件和基础组成。反射器(或反光膜)可用粘贴剂贴在底板上,也可采用螺栓连接。底板与立柱用抱箍、滑动槽钢通过螺栓连接。立柱埋置于混凝土基础中,见图 9-15(a)。

(2)附着于护栏上的线形诱导标,由反射器(反光膜)、底板、立柱或连接件组成。线形诱导标的立柱通过抱箍与护栏柱连接,见图 9-15(b)。

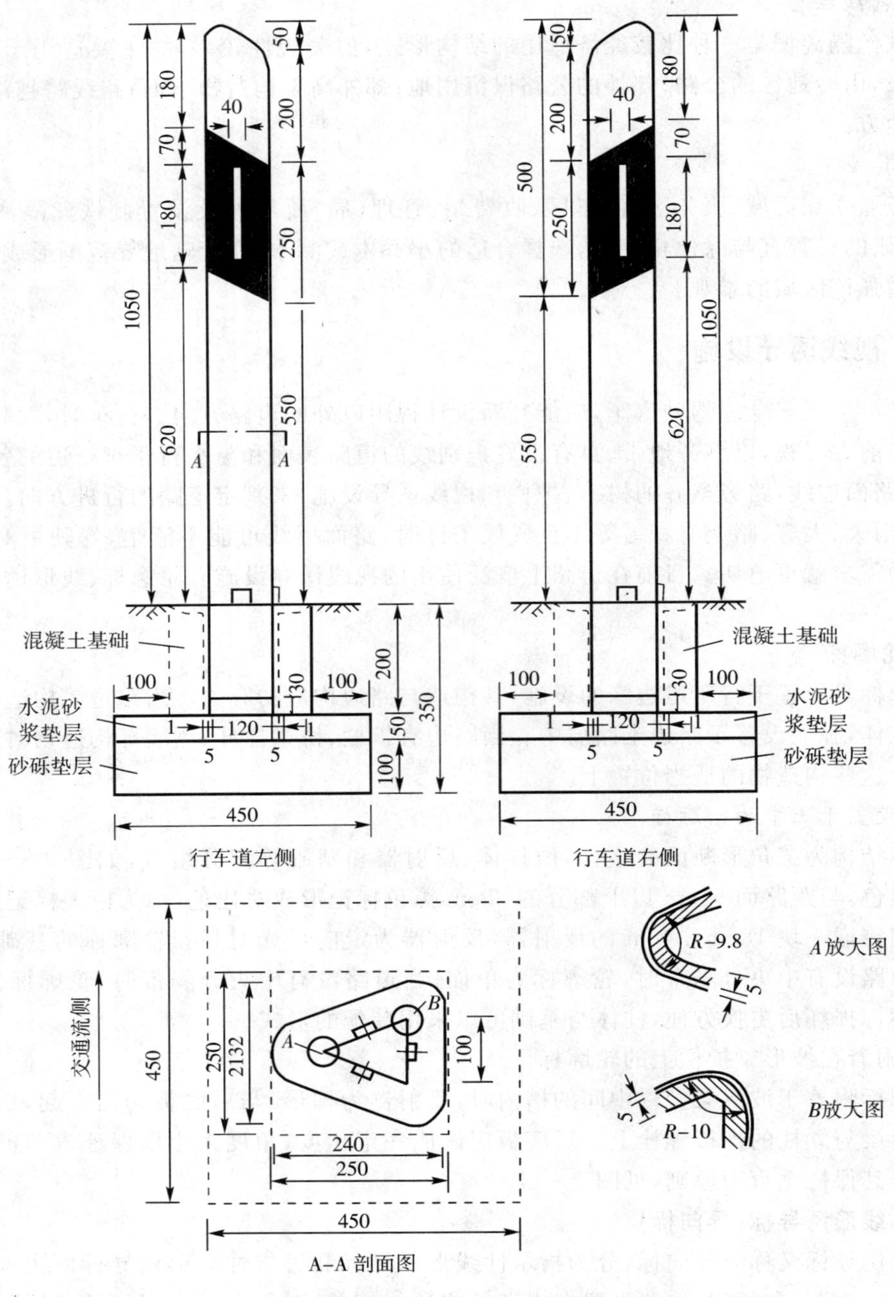

图 9-13 轮廓标(设置于土中)的构造(单位:毫米)

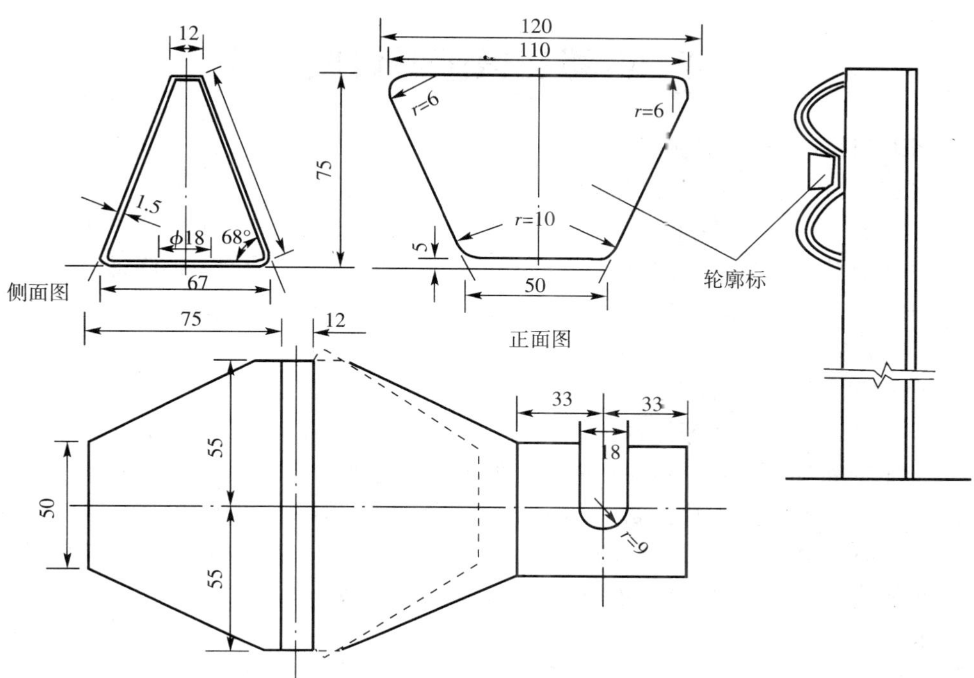

图 9-14　轮廓标(附着于波形梁护栏中间的槽内)的构造(单位:毫米)

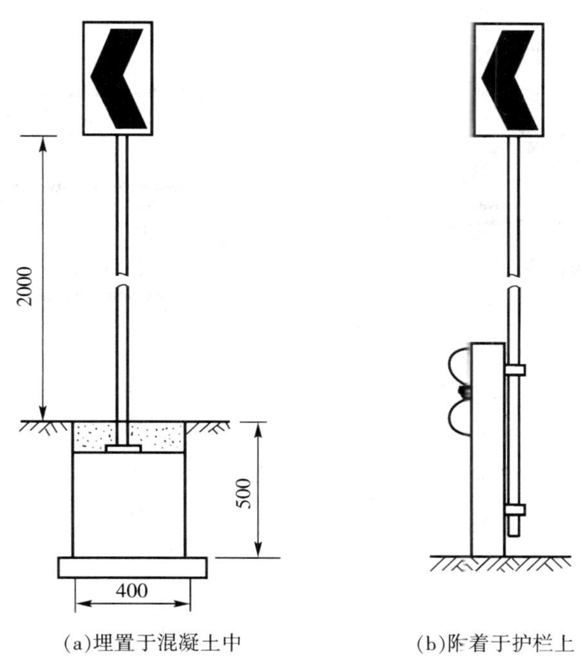

图 9-15　线形诱导标构造(单位:毫米)

9.4 道路交通服务设施设计

所谓服务设施是指设置在高速公路、汽车专用公路上为使用者提供服务的服务区。服务项目少的称为停车区，总体也称服务区。

高速公路的特点是车辆能够高速连续行驶，驾驶员必须经常保持高度的精力集中，因此，很容易造成精神上疲劳。同时道路线形的单调，也易引起驾驶能力的降低。为解除驾驶员连续行驶的疲劳和紧张，满足其生理上的要求，给汽车加油、加水，或者适当地满足检查等需要的休息设施，在保证安全上是很必要的。

高速公路的"封闭性"保证了行车速度快、通行能力大、交通事故少，从而体现了高速公路的高效、安全、节时、舒适等优越性。但另一方面，它却人为地阻隔车辆和旅客与外界的联系，给部分车辆和旅客带来了不便和困难。如乘客和驾驶员在旅途中的食宿、购物、通讯、汽车的维修等，都不能直接与社会联系，接受社会服务，因而需要借助于高速公路内部的有关服务设施。所以，高速公路服务区的设置使长途车辆及时得到燃料和检修，使驾驶员有良好的休息、就餐场所，保证驾驶员能集中注意力驾驶车辆安全行驶。

1. 服务区的类型

服务区由于其主要设施如停车场、餐厅和加油站等布置的位置不同，因而形式也有所不同。

(1)停车场的位置

① 分离式：上、下行车道、停车场分别布置在高速公路两侧，如图 9－16 所示。

② 集中式：上、下行车道、停车场集中布置在高速公路一侧，如图 9－17 所示。

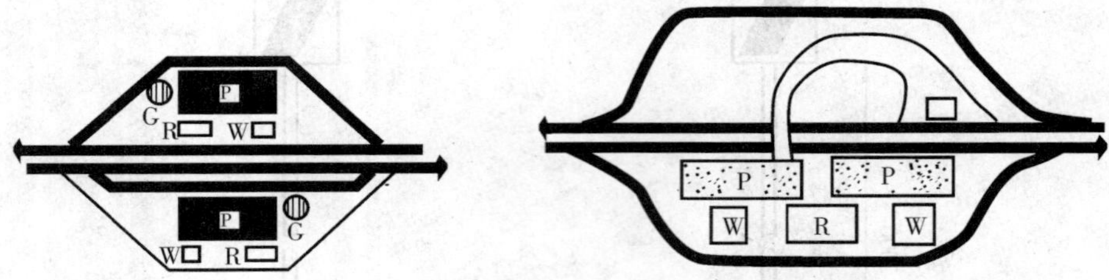

图 9－16 分离式服务区　　图 9－17 集中式服务区

图中的 P 为停车场、G 为加油站、W 为公共厕所、R 为餐厅。由于高速公路上、下行车道中间设有中央分隔带，两侧行驶的车辆都要使用停车场，所以分离式停车场便于停车。车辆可直接开到停车场，不必绕到对面停车场去。同时，在收费的高速公路上采用分离式停车场，还可以防止驾驶员互相交换通行卡和收费票证等作弊现象。所以，一般高速公路都采用分离式停车场。

(2)餐厅的位置

① 外向型：在餐厅和高速公路之间布置停车场、加油站等其他服务设施。这种布置适用于服务区外侧有较开阔的田原、山野、森林等风景秀丽的地带，旅客在用餐的同时，可以欣赏室外美丽的景色，使人心旷神怡，解除旅途的疲劳。如图 9－18 所示。

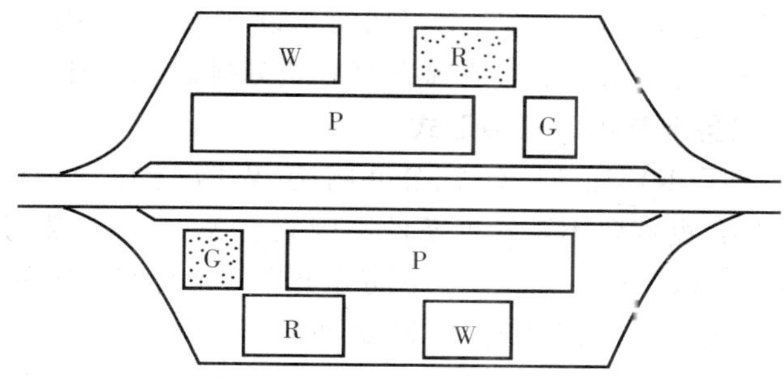

图 9－18　外向型服务区

② 内向型：餐厅与高速公路相邻，餐厅的另一侧布置停车场和加油站等其他服务设施。这种布置适用于服务区周围环境比较封闭，旅客无法向外远眺的情况，如深挖地段或四周为乡镇街道等。如图 9－19 所示。

③ 平行型：餐厅和停车场、加油站等服务设施都与高速公路相邻，沿高速公路方向作长条形布置。这种布置方式用于地势狭长和山区的地段，如图 9－20 所示。

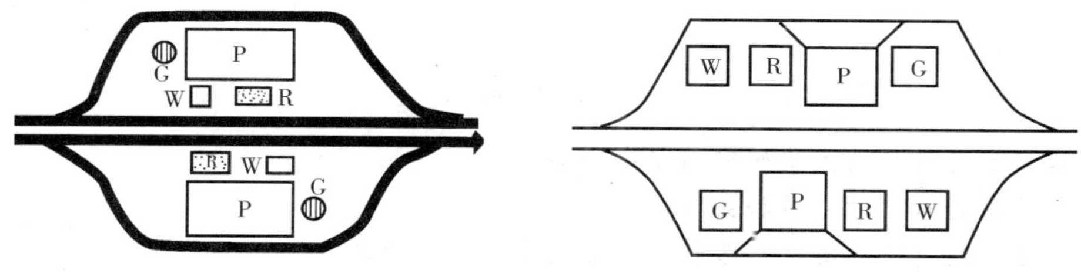

图 9－19　内向型服务区　　图 9－20　平行型服务区

外向型的服务区便于停车，且旅客进入服务区可避开嘈杂的汽车声的干扰，以便在安静的环境中得到较好的休息从而更快地缓解疲劳。同时，因餐厅离高速公路较远，有时还有花台、树木等绿化带的隔离，减少了尘土的污染，使旅客能得到较干净卫生的食品。因而，一般都采取外向型的方案。只有在地形条件受到限制时，才采用内向型的方案。

(3)加油站的位置

① 入口型：加油站布置在服务区的入口处，车辆一进入服务区立刻就可以进行加油，如图 9－21 所示。

② 出口型：加油站布置在服务区的出口处，车辆在休息后出服务区时再加油，如图 9－22 所示。

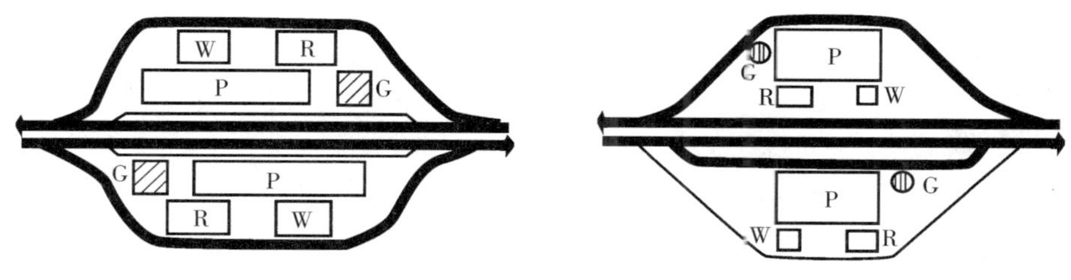

图 9－21　入口型服务区　　图 9－22　出口型服务区

③ 中间型：加油站布置在入口和出口之间，使用起来比较灵活。

在高速公路服务区中，加油站所处的位置三种形式都有。加油站设在出口处有利于场区合理布局、交通流畅及行人与行车的安全。加油站设在入口处,则更便于这些车辆加油。但是,当加油的车辆比较多的时候,就会在服务区人口处排队,妨碍匝道上车辆的行驶。

2. 我国高速公路服务区常见的几种形式

由于停车场(P)、餐厅(R)、加油站(G)、公共厕所(W)等主要设施的布置与地形、地貌、沿线自然特征、土地利用、投资费用及管理条件等因素有关,实际上服务区的形式是通过对各种因素的综合分析和比较,并且按照上述不同分类进行组合来确定的。

我国高速公路服务区常见的形式有:分离式外向型(图 9-23)、分离式平行型(图 9-24)、分离式餐厅单侧集中型(图 9-25)。

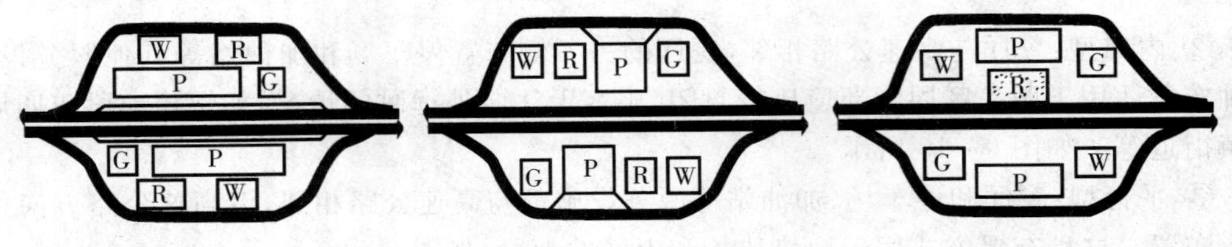

图 9-23 分离式外向型　　图 9-24 分离式平行型　　图 9-25 分离式餐厅单侧集中型

思考题

1. 道路交通设计的主要研究内容有哪些?
2. 简述交通标志的分类和支持方式。
3. 交通标线有哪些类型? 各种类型标线的作用是什么?
4. 简述交通信号的构造?
5. 护栏有哪些类型? 各类护栏的特点有哪些?
6. 隔离封闭设施的作用是什么? 有哪些类型?
7. 服务区有哪些类型? 简述各类服务区的特点。

第 10 章　道路排水设计

10.1　概　述

道路排水系统分公路排水系统和城市道路排水系统

10.1.1　公路排水系统

为防止地面水和地下水对公路的损害，确保公路排水通畅、结构稳定、行车安全所采用的各种拦截、汇集、拦蓄、输送、排放地表水或地下水的排水设施和构造物组成的有机系统为公路排水系统。公路排水设计是公路设计的重要组成部分，排水设施功能的有效发挥，是防治公路病害，保证公路正常运营的关键。

1. 公路排水系统的组成

道路排水系统由路界地表排水、路面内部排水、地下排水三部分组成。

(1)路界地表排水

路界地表排水是指公路范围内的表面排水，包括路面、路肩、中央分隔带、路基边坡坡面和路界范围内地表坡面的表面排水，以及有可能进入路界的公路毗邻地带的地表水和由相交道路进入路界内的地表水的排除，如图 10－1 所示。

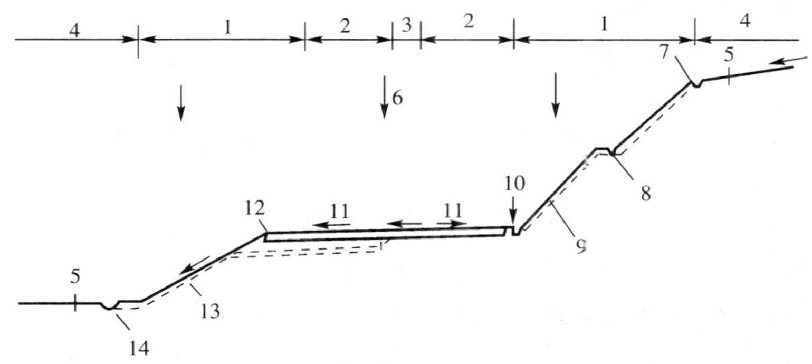

图 10－1　路界地表排水系统

1—坡面排水；2—路面排水；3—中央分隔带排水；4—相邻地带排水；5—路界；6—降雨；7—坡顶截水沟；8—边坡平台排水沟；9—急流槽；10—边沟；11—路面路肩横坡；12—拦水带；13—急流槽；14—坡脚排水沟

(2)路面内部排水

路面内部排水是指为排除通过路面接缝、裂缝或空隙，或者由路基或路肩渗入并滞留在路面结构内的自由水，沿路面边缘设置边缘排水基层或排水垫层排水系统，或者在路面结构层设置排水系统，或者在路面结构设置排水基层或排水垫层排水系统。

(3)地下排水

地下排水是指在地下水危及路基稳定(包括整体和局部稳定)或严重影响路基强度的情况下，根据具体情况采取拦截、旁引、排除含水层的地下水，以降低地下水位或者疏干坡体内地下水所设置的设施。

2. **排水设计的原则**

(1)功能性原则

设计公路排水设施的目的，是为迅速排除落在公路路界内的地表水，将公路上侧方的地表水和地下水排到公路的下侧方，以防让公路路基和路面结构遭受地表水和地下水的浸湿、冲刷等损害作用。而这些排水设施在实现其功能时，不应造成壅水或阻水，不应产生冲刷流速，也不应影响公路上车辆的安全运行。

(2)满足设计标准和目标的原则

排水设计的标准应同所设计公路的重要性以及水对毗邻财产可能产生的危害性相适应。排水设计的目标是提供功能完善、维修便利和造价合理的最佳排水设施方案。

(3)协调性原则

排水设计应同当地的自然水系、已有的或规划的水利设施(灌溉排水、河川治理或水土保持等)、公共下水道、地下管线等协调配合。

(4)环境保护的原则

各项排水设施应重视排放处理，防止排泄水冲毁农田及其水利设施，防止冲刷地表引起水土流失，或者污染水源。

(5)维修方便的原则

各项排水设施的设计断面尺寸，除应满足排泄设计流量的要求外，还应符合在使用过程中便于检查、维护和修理的要求。

3. **排水设计的内容及步骤**

公路排水设计应依据公路等级和排水类型确定设计所需的内容和步骤。

重要排水设计设施的设计内容和步骤主要包括：调查和采集数据，排水设施布设，水文分析，水力计算，结构设计，冲刷防护考虑等。

(1)调查和采集数据

查阅有关文献，实地调查公路沿线地区的自然生态环境及社会经济状况，必要时进行适当的测量、钻探和试验分析。

自然生态环境资料包括：①公路沿线汇水区的特性、地形、地貌、河川水系；②公路沿线汇水区的地质特性、土壤类型和性质；③公路沿线汇水区的地表覆盖情况，植物生态分布；④公路沿线汇水区的地下水类型和补给来源，地下水水位、流向和流速，涌水或泉水出露位置和流量；⑤当地的气象资料(降雨强度、时间分布和延时、温度等)；⑥公路沿线汇水区水系的水位和流量，河道冲淤情况等。

社会经济状况资料包括：①公路沿线汇水区的土地利用情况；②公路沿线汇水区和附近地区的水土保持措施及水利设施；③公路沿线汇水区和附近地区的有关防洪排水、河道整治、土地开发或城市发展规划等。

(2)排水设施布设

选取各种排水设施，如沟渠、管道、涵洞、急流、跌水、拦水带、进(出)水口、集水井、渗沟、透水管等，以拦截、汇集、拦蓄、输送或排放地表水或地下水，并进行平面和纵断面布置，形成合适的排水系统。

(3)水文分析

依据汇水区内的气象、水文和地形地貌资料，或参考邻近既有排水构造物的有关资料，分析水文特性，估算各项排水设施需排泄的设计径流量。

(4)水力计算

依据各项排水设施的设计径流量，进行水力计算，以确定各项排水设施所需的设计断面，并检验其流速是否在最大和最小允许范围内。

(5)结构设计

根据水力条件和计算结果、地质和土壤情况、维护要求等，进行各项排水设施的材料选用和结构设计。

(6)冲刷防护

进行出水口处的流水冲刷检查，考虑相应的冲刷防护措施。

10.1.2 城市道路排水系统

为了保证车辆和行人的交通安全，维持正常交通，改善城市卫生条件，防止水污染和保护环境，以及避免路面的过早破坏，在进行城市道路设计时，应做好城市道路的排水设计，迅速将地面雨雪水予以排除。因此，城市道路排水是城市道路的一个组成部分。

1. 城市排水系统制度

城市道路排水也是城市排水系统的一部分，应按城市排水规划进行设计。为了保障生产和人民生活，城市中除需要排除的雨雪水外，还有工业废水和生活污水。由于雨雪水和废污水的水质不同，对环境影响也不同，应分别组织不同的管道系统来排除。

排水制度分为分流制和合流制。

(1)合流制排水系统

用同一管渠收纳污水雨水的排水系统，称为合流制排水系统。过去我国很多旧城市大都采用合流制，污水未经处理直接排入天然水体，这是由于历史原因造成的。随着城市人口的不断增多和工业的高速发展，生活污水量和工业废水量急剧增加，合流制往往对环境造成严重的污染和危害。为了保护环境，需将合流的雨污水流经污水厂处理后，再行排放，处理费用高。

(2)分流制排水系统

用不同管渠分别收纳污水和雨水的排水系统，称为分流制排水系统，如图10-2。其中汇集和处理生活污水或工业废水的系统称为污水排水系统；汇集和排泄雨水的系统称为雨水排除系统。分流制排水系统又可分为两种情况：一种是分别设置污水和雨水管道系统；另一种是只设污水管道系统，不设雨水暗管，雨水沿着地面、街道边沟和明渠泄入天然水体。

采用分流制有利于环境卫生的保护和污水的综合利用，便于从废水中回收有用物质，可以做到清浊分流，降低需要处理的废水量。

合理地选择排水体制，是城市排水系统规划中一个十分重要的问题。它关系到整个排水系统是否实用，能否满足环保要求，同时也影响排水工程的总投资和运营费用。

合流制和分流制的选择，应根据当地的自然条件、环境保护要求、污水利用情况、原有排水设施、水质、水量、地形、气候和水体等条件，从全局出发，通过技术经济比较，综合考虑确定。新建的城市或地区，有时为了急于解决污水出路问题，初期采用不完全分流制，以后再建成完全的分流制排水系统。同一城镇的不同地区可以采用不同的排水制度。

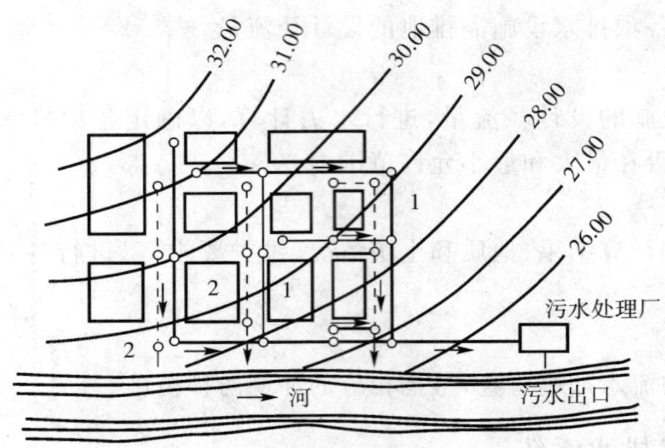

图 10-2 分流制排水系统示意图

1—雨水管道;2—污水管道

2. 城市道路雨水排水系统的类型

城市道路雨水排除系统一般采用管渠形式。根据构造特点,可分为明式、暗式和混合式三种。

(1)明式系统

公路和一般乡镇道路采用明沟排水,在街坊出入口、人行道处增设一些盖板、涵管等构造物。明沟可设在道路的两边或一边,也可设在车行道的中间。当道路处于农田区时,要处理好明沟与农田排灌系统的关系。

明沟的排水断面尺寸,可按照汇水面积经水力计算确定。一般也可根据当地实践经验来确定。明沟通常采用梯形断面,底宽至少 0.3m,边坡视土质及护面材料而不同,用砖石铺砌或混凝土块护面时,一般用 1∶0.75～1∶1 的边坡。有些城市也有石砌或砖砌和上面加盖板的矩形明沟。

(2)暗式系统

城区道路一般采用管道排水,即利用设在地下的相互连通的管道及相应设施,汇集和排除道路的地表水。包括街沟、雨水口、连管、干管、检查井、出水口等主要部分。

道路上及其相邻地区的地面水依靠道路设计的纵、横坡度,流向行车道两侧的街沟,然后顺街沟的纵坡流入沿街沟设置的雨水口,再由地下的连管通到干管,排入附近河流或其他水体中去,如图 10-3。

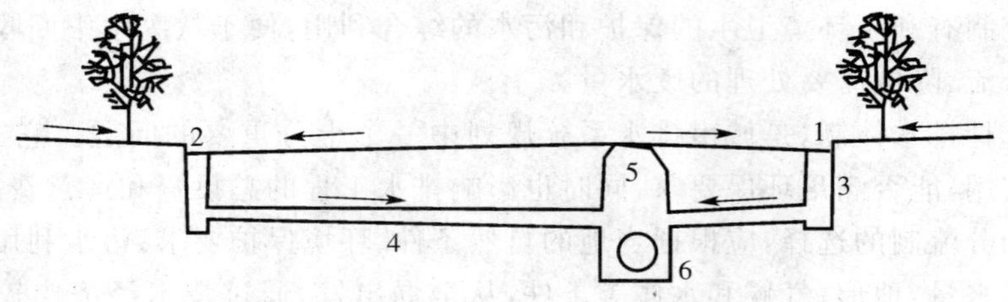

图 10-3 暗式排水示意图

1—街沟;2—进水孔;3—雨水口;4—连接管;5—检查井;6—雨水干管

(3)混合式系统

这是明沟和暗管相结合的一种形式。

城市中排除雨水可用暗管，也可用明沟。采用明沟可以降低造价，但在建筑物密度较高和交通频繁的地区，采用明沟往往引起生产、生活和交通不便，桥涵费用增加，占用土地较多，并影响环境卫生。因此，这些地区应采用暗式系统。而在城镇的郊区或其他建筑物密度较小、交通稀少的地区应首先考虑采用明沟。

10.2　公路排水设计

10.2.1　公路地表排水

公路排水包括路界地表排水、路面内部排水、地下排水和公路构造物及下穿道路排水等，在此主要介绍路界地表排水及地下排水。

1. 路界地表排水的一般规定

(1)地表排水设施的布设就充分利用地形和天然水系，形成完善的排水系统，并做好进出口位置的选择和处理，使水流顺畅，不出现堵塞、溢流、渗漏、淤积、冲刷、冻结等，以免对路基、路面和毗邻地带造成危害。

(2)各项地表排水设施的设计流量、各种沟管和泄水口的泄水能力应按规范所诉的方法计算确定，管口等断面形状和尺寸满足排泄设计流量的要求，沟管内水流的最大和最小流速应控制在允许流速范围内。

(3)各种排水构筑物所用材料的强度应满足规范要求。

(4)路界地表排水设施不应兼作其他流水用途。对于二级以下的公路，如受条件限制而需兼用时，应限制在较小的范围和规模内，且符合公路排水设计原则，并应进行个别设计。

(5)地表排水设计应与坡面防护工程综合考虑，采取有效措施防止坡面岩土遭受冲刷和失稳。

(6)地表排水沟管排放的水流不得直接排入饮用水的水源，也不宜直接排入养殖池、农田等。

2. 路面表面排水

(1)横坡

通过在行车道和路界上设置的横向坡度，使表面水流向路基边缘。

无中间带或采用分离式路基的公路，在未设超高路段上，行车道路面应沿路中心线设置向两侧倾斜的双向横坡；在设超高路段上，应设置向曲线内侧倾斜的单向横坡。设中间带的公路，各个行车方向的行车道路面应分别设置单向横坡；但单向车道数超过 3 个的高速公路及一级公路上，为了避免汇水区过大，使流量和流速太大，也可以为每个行车方向设置双向横坡(但超高路段仍为单向横坡)。此时，中央分隔带将汇集和排除内侧车道的路面表面水。

横坡大，有利于迅速排水，但不利于行车安全。路拱横坡值，列于表 10－1。路肩的横坡值应较行车道横坡值大 1%～2%。右侧硬路肩边缘设拦水带时，其横向坡度宜采用 5%；或者，也可在邻近拦水带内边缘约 0.5～1m 宽度范围内将路肩铺面的横向坡度增加到 5%或 5%以上，六车道、八车道的高速公路宜采用较大的路面横坡。

表 10-1 行车道路面横坡值

路面类型	横坡(%)	路面类型	横坡(%)
水泥混凝土、沥青混凝土	1～2	碎石、砾石等粒料	2.5～3.5
其他沥青面层、整齐块料	1.5～2.5	碎石土、沙砾土等	3～4
半整齐块料	2～3		

(2)路堤坡面漫流

在路线纵坡平缓、汇水量不大、路堤较低且边坡坡面不会受到冲刷的情况下,可采用让路面表面水以横向漫流形式向路堤坡面分散排放。

(3)路堤拦水带

在路堤较高,边坡坡面未做防护而易遭受路面表面水流冲刷,或者坡面虽已采用防护措施但仍有可能受到冲刷时,可沿硬路肩外侧边缘设置沥青混凝土拦水带,由拦水带和路肩铺面组成的浅三角形边沟汇集路面表面水,并通过间隔一定距离设置的出水口(进水口)和沿路堤坡面设置的竖向排水沟(吊沟)排出路堤,如图 10-4 所示。

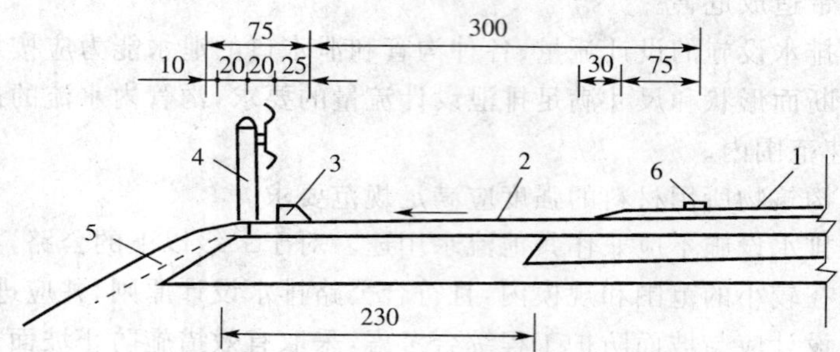

图 10-4 路堤拦水带(单位:cm)

1—行车道;2—硬路肩;3—拦水带;4—护栏;5—草皮铺砌;6—标线

在硬路肩外侧设有 U 形混凝土排水沟时,汇集在拦水带内的表面水,可通过间隔一定距离设置的出水口和泄水槽引排到水沟内,如图 10-5 所示。

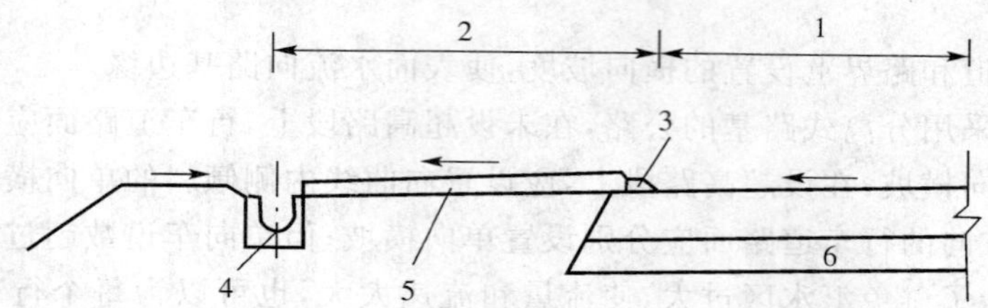

图 10-5 拦水带和混凝土排水沟

1—硬路肩;2—无铺面路肩;3—拦水带;4—U 形排水沟;5—泄水槽;6—基层

(4)路堤边沟

在上述路堤较高,边坡坡面易遭受路面表面水流冲刷的情况下,也可沿硬路肩外侧边缘设置三角形或碟形水泥混凝土边沟,以汇集路面表面水,如图 10-6 所示。

(5)路堑边沟

在挖方路段,可沿硬路肩边缘或者在无铺面路肩内或边缘处设置边沟,以汇集路面表面水和路堑边坡坡面水,如图 10-7 和图 10-8 所示。

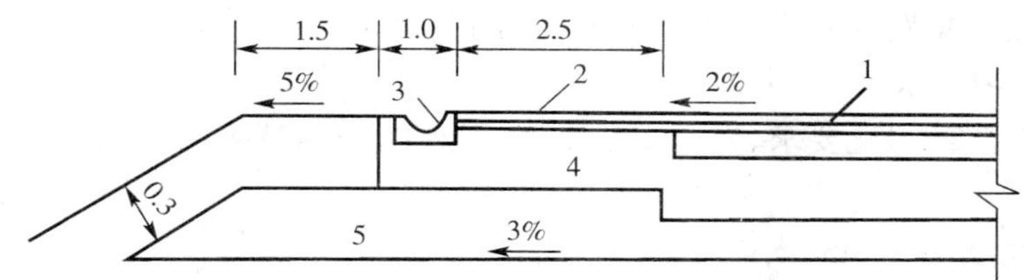

图 10－6　路堤混凝土边沟(单位:m)

1—行车道;2—硬路肩;3—碟形混凝土边沟;4—基层;5—垫层

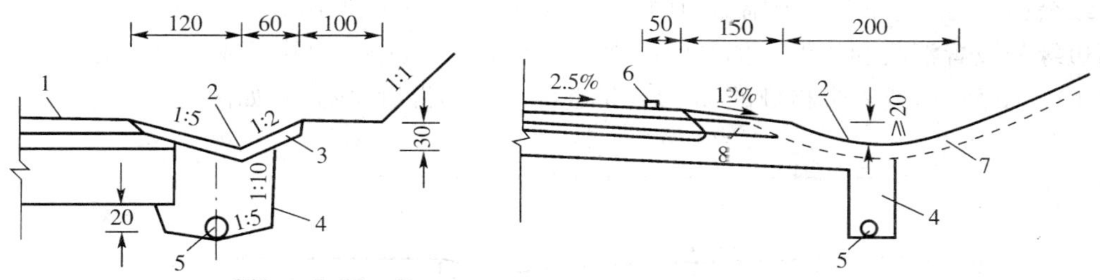

图 10－7　路堑边沟　(单位:cm)

1—硬路肩;2—三角形或皿形边沟;3—沟底铺砌;4—排水沟透水性回填料;
5—排水管;6—标线;7—沟底和坡面铺砌;8—沙砾

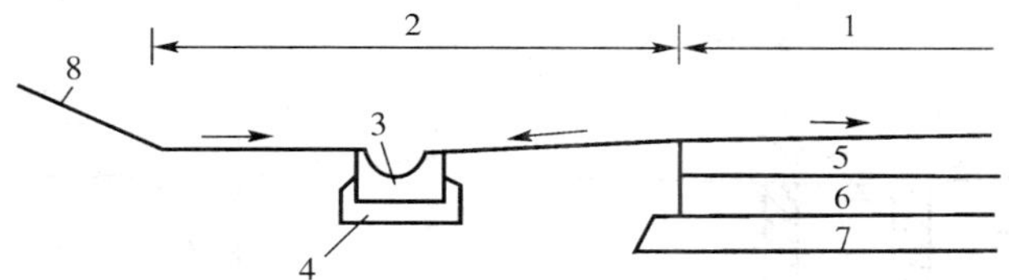

图 10－8　路堑混凝土边沟

1—硬路肩;2—无铺面路肩;3—碟形混凝土边沟;4—基础;5—面层;6—基层;7—底基层;8—边坡

边沟可采用三角形、碟形、U 形、梯形、矩形或矩形盖沟断面横断面,按公路等级、所需排泄的设计流量、设置位置和土质或岩质选定。高速及一级公路,宜采用三角形或碟形边沟;受条件限制而需采用矩形横断面时,应在顶面加盖格栅或者带槽孔的混凝土盖板。二级及二级以下公路．可采用梯形横断面(土质)或矩形横断面(岩质)。

路堑边坡坡面汇水面小时,也可采用由沥青混凝土拦水带构成的边沟,如图 10－9 所示。

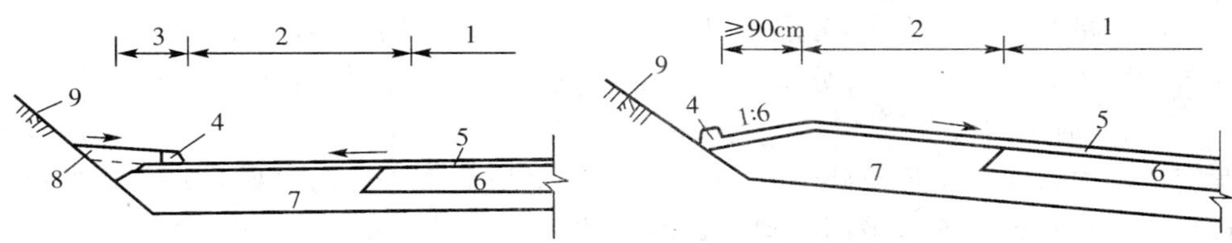

图 10－9　路堑拦水带

1—行车道;2—硬路肩;3—无铺面路肩;4—拦水带;5—面层;6—基层;7—底基层;8—草皮;9—边坡

(6)边缘边沟(街沟)

行车道路外侧设有人行道时,可沿其边缘设置路缘石(侧石),由它和平石组成 L 形边沟(或称街沟),以汇集路面和人行道铺面的表面水。

3. 中央分隔带排水

根据分隔带宽度、绿化要求、交通安全设施的形式、分隔带表面的处理方式等因素选择不同的排水方案。

(1)分隔带宽度小于 3m、表面采用铺面封闭

中央分隔带宽度小于 3m 时,一般采用带有铺面的横断面形式。在不设超高路段,中央分隔带铺面采用与两侧路面相同坡度的双向横坡,降落在分隔带上的表面水流向两侧路面,进入路面表面排水设施。在超高路段上,上侧半幅路面的表面水流向中央分隔带。在高速及一级公路上,不允许上侧半幅路面的表面水横向漫流过下侧半幅路面。因而,须在分隔带上侧边缘处设置汇集和排泄上侧半幅路面表面水的排水设施,如碟形或三角形混凝土边沟,如图 10-10 所示,或者带格栅的 U 形或带缝隙的圆形混凝土边沟,如图 10-11 所示。

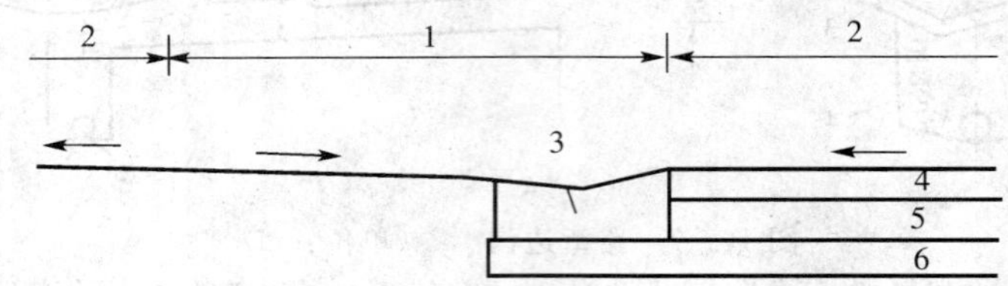

图 10-10 中央分隔带混凝土边沟

1—中央分隔带;2—行车道和左侧边缘带;3—三角形混凝土边沟;4—面层;5—基层;6—底基层

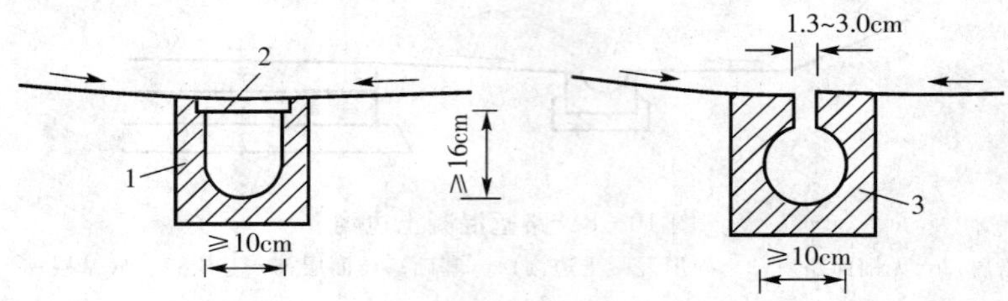

图 10-11 带格栅的 U 形和带裂缝的圆形混凝土边沟

1—U 形沟;2—格栅;3—带裂缝圆形沟

(2)分隔带宽度大于 3m、表面微凹且无铺面封闭

中央分隔带宽度大于 3m 且未采用铺面封闭时,采用分隔带内表面排水方案。分隔带表面可做成向内微凹的横断面形式,降落在分隔带上的表面水横向流向分隔带的低凹处,汇集在带的中央部位,并利用纵向坡度排向进水口或桥涵道中。

按照汇水量和流速的大小,分隔带过水断面可以采用不同的横断面形状和尺寸。分隔带的横向坡度不得陡于 1∶6;分隔带的纵向排水坡度,在过水断面无铺面时不得缓于 0.25%,有铺面时不得缓于 0.12%。当水流速度超过地面土的最大允许流速时,应在过水断面宽度范围内做成三角形或碟形断面的水沟,并对地面土进行防冲刷处理。防冲刷层可采用石灰或水泥稳定土或者采用浆砌片石铺砌,层厚 10～15cm。

(3)分隔带宽度大于 3m、表面凸起且无铺面封闭

表面无铺面且未采用表面排水措施的中央分隔带,降落在分隔带上的表面水,一部分形成表面径流向两侧流向行车道,由路面表面排水设施排走;另一部分表面水则向下渗入分隔带土体内。可通过在分隔带内设置地下排水设施(渗沟和管)汇集渗入水,并通过隔一定间

距设置的横向排水管将渗沟内的水排引出路界。

4. **坡面排水**

坡面可分为自然坡面、路堑边坡坡面和路堤边坡被面：

(1)自然坡面截水沟

路堑或路堤边坡上方自然坡面流入路界的地表水径流量大时，须设置拦截地表水的截水沟，如图 10－12 所示。在汇流长度大的坡面上，应酌情设置一道以上大致平行的截水沟。在坡体稳定性较差或有可能形成滑坡的路段，应在滑坡体的周界外设置拦截地表水的截水沟。

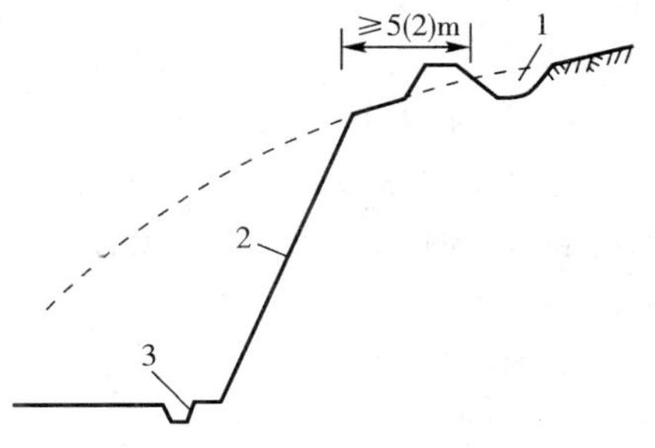

10－12　路堑边坡坡顶截水沟

1—截水沟；2—路堑边坡；3—边沟

截水沟设在路堑坡顶 5m 或路堤坡脚 2m 以外，如土质良好、路堑边坡不高或沟壁进行铺砌时，前者也可不小于 2m。截水沟应结合地形和地质条件沿等高线布置，将拦截的水顺畅地排向自然沟谷或水道。沟渠需转弯时，其曲率半径不得小于 3 倍水面宽度或 10 倍水深。截水沟一般采用梯形横断面。

(2)路堑边坡坡面边沟和排水沟

路堑边坡坡面水流向设在坡脚的边沟内，边坡同时接纳路面表面水。

深路堑边坡为增加坡稳定而做成台阶形(设边坡平台)时，在坡面径流量大的情况下可设置平台排水沟，以减少坡面冲刷。

(3)路堤边坡坡面边沟和排水沟

路堤边坡坡面水流向设在坡脚的边沟(低矮路堤)或排水沟(高路堤)内。边沟或排水沟同时接纳路面表面水。

高路堤边坡设边坡平台时，在坡面径流量大的情况下可设置平台排水沟，以减少坡面冲刷。

(4)竖向排水沟(吊沟)

在高路堤和深路堑的坡面上，从坡顶或者坡面平台向下竖向集中排水时，须设置竖向排水沟(或称吊沟)，如图 10－13 所示。

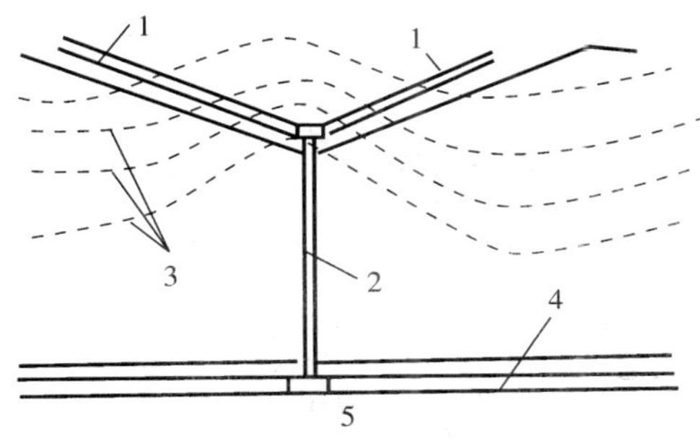

图 10－13　竖向排水沟

1—截水沟；2—吊沟；3—等高线；4—边沟 5—行车道

吊沟采用由浆砌片石铺砌成或水泥混凝土构件组成的矩形或梯形断面沟槽，或者混凝土或金属管。

10.2.2 公路地下排水

当路基范围内出露地下水或地下水位较高，影响路基、路面强度或边坡稳定时，应设置暗沟(管)、渗沟、检查井等地下排水设施。

采用地下排水设施的类型、位置及尺寸应由地质和水文地质条件决定。

1. 暗沟(管)

为排出泉水或地下集中水流，可采用暗沟(管)。暗沟横断面一般为矩形，用浆砌片石或水泥混凝土预制块砌筑，沟顶设置盖板，各部位尺寸大小根据排出水量及地形、地质条件确定。

暗沟的纵坡不宜小于1%，出水口应高出地表排水沟常水位0.2m。寒冷地区的暗沟设在冻结深度以下，并做防冻保温处理。

2. 渗沟

(1)为降低地下水位或拦截地下水，可在地面以下设置渗沟。渗沟可分为填石渗沟，管式渗沟和洞式渗沟。当水量较大时，渗沟底部可增设排水管(孔)。

(2)渗沟各部位尺寸根据埋设位置及排水需要等情况确定。渗沟的平面布置，当用作降低地下水位时，应尽量靠近路基；有作拦截地下水时，应尽量与地下水流向垂直。沟宽不宜小于0.6m。渗沟顶部和底部应设置封闭层，可采用M5浆砌片石或水泥混凝土。

(3)填石渗沟最小纵坡不宜小于1%，管式及洞式渗沟最小纵坡不宜小于0.5%。渗沟的设置长度视实际需要确定，一般间隔100～300m设置横向排水管。

(4)渗沟应设置反滤层，反滤层设置在迎水面一侧，背水面一侧设隔渗层，否则，在两侧沟壁均应设置反滤层。反滤层应选用颗粒大小均匀的砂石材料分层填筑，相邻层颗粒直径比不宜小于1∶4，层厚不宜小于15cm，砂石料粒径小于0.15mm的颗粒含量应小于5%，填料的粒径应为含水层粒料最大粒径的8～10倍。也可采用渗水土工织物做反滤层。

(5)管式渗沟的排水管可采用预制渗水管。水泥混凝土圆管的最小直径不宜小于20cm，带孔塑料渗水管直径宜为8～15cm。管的渗水孔径为1.5～2.0cm，管壁可采用渗水土工织物形成反滤层。带有钢圈、滤布和加强合成纤维组成的加劲软式透水管，直径为8～30cm。设于边沟下的管式渗沟如图10-14所示。

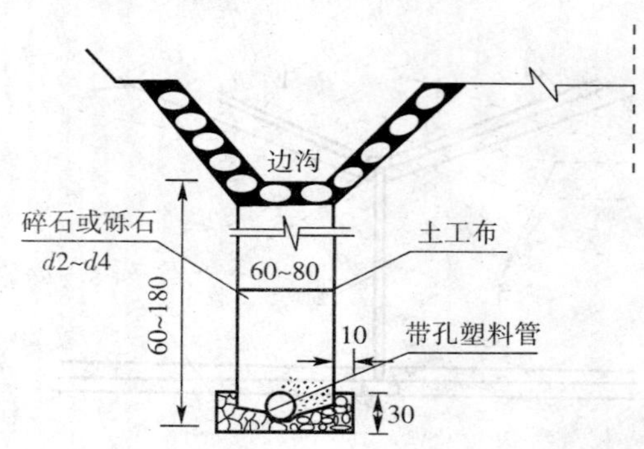

图10-14 管式渗沟(单位:cm)

(6)深而长的渗沟，应设检查井。在直线段每隔30～50m或在渗沟的转弯、边坡为外设置。检查井直径不宜小于1m，井壁应设渗水孔和反滤层。井壁处的排水管应高出井底0.3～0.4m。检查井应设检查梯，井口顶部应高出附近地面0.3～0.5m，并设井盖。

10.3　城市道路排水设计

10.3.1　雨水排水系统及其构造物的布置

1. 雨水管的布置

城市道路的雨水管应平行于道路的中心线或规划红线布置。雨水干管一般宜尽量设在快车道以外的慢车道或人行道一侧，当道路红线宽度大于60m时，可考虑沿街道两侧布置。

由于雨水管道施工及检修对道路交通干扰很大，因此，雨水管应尽可能不布置在主要交通干道的行车道下，而宜直接埋设在绿带或较宽的人行道下，并注意与行道树、杆柱、侧石等保持一定的横向距离。此外，雨水管还应尽可能避免或减少与河流、铁路以及其他城市地下管线的交叉，避免造成施工困难；必须交叉时，应尽量正交，并保证相互之间有一定的水平和垂直最小间距。雨水管道离开房屋及与其他管道的最小净距见表10－2。

表10－2　排水管道与其他管线(构筑物)的最小净距

名称		水平净距(m)	垂直净距(m)	名称	水平净距(m)	垂直净距(m)
建筑物		见注③		乔木	见注⑤	
给水管		见注④	见注④	地上柱杆(中心)	1.5	
排水管		1.5	0.15	道路侧石边缘	1.5	
煤气管	低压	1.0	0.15	铁路	见注⑥	轨底 1.2
	中压	1.5		电车路轨	2.0	1.0
	高压	2.0		架空管架基础	2.0	
	特高压	5.0		油管	1.5	0.25
热力管沟		1.5	0.15	压缩空气管	1.5	0.15
电力电缆		1.0	0.5	氧气管	1.5	0.25
通讯电缆		1.0	直埋 0.50	乙炔管	1.5	0.25
				电车电缆		0.5
			穿管 0.15	明渠渠底		0.5
				涵洞基础底		0.15

［注］①表列数字除注明外，水平净距均指外壁净距，垂直净距系指下面管道的外顶与上面管道基础底间净距；②采取充分措施(如结构措施)后，表列数字可以减少；③与建筑物水平净距：管道埋深浅于建筑物基础时，一般不小于2.5m(压力管不小于5.0m)；管道埋深深于建筑物基础时，按计算确定，但不小于3.0m；④与给水管水平净距：给水管管径小于或等于200mm时，不小于1.5m；给水管管径大于200mm时，不小于3m。与生活给水管道交叉时，污水管道、合流管道在生活给水管道下面的垂直净距不应小于0.4m。当不能避免在生活给水管道上面穿越时，必须予以加固，加固长度不应小于生活给水管道的外径加4m；⑤与乔木中心距离不小于1.5m；如遇现状高大乔木时，则不小于2.0m；⑥穿越铁路时应尽量垂直通过。沿单行铁路敷设时应距路堤坡脚或路堑坡顶不小于5m。

雨水管与其他管线发生平交时其他管线一般可用倒虹管的办法。如雨水管和污水管相交，一般将污水管用倒虹管穿过雨水管的下方。

如果污水管的管径较小，也可在交汇处加建窨井，将污水管改用生铁管穿越而过。当雨水管与给水管相交时，可以把给水管向上做成弯头，用铁管穿过雨水窨井，如图 10－15 所示。

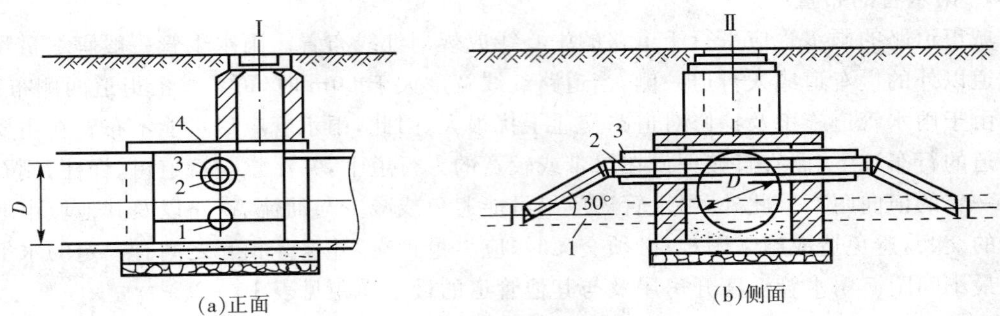

图 10－15 雨水管和给水管线相交(上穿式)

1—未搬迁前给水管位置；2—搬迁后给水管位置；3—钢套管；4—钢筋混凝土盖板

由于雨水在管道内多为重力流，雨水管道设计应尽量考虑自流排出。所以雨水管道应由上游向下游倾斜。雨水管的纵断面设计在满足自流排出的条件下，应尽量与街道地形相适应，即管道纵坡尽可能与街道纵坡取得一致。这样，不致使管道埋设过深，可节省土方量。因此在城市道路纵断面设计时，应考虑雨水的排除问题，为排除雨水创造条件。另外，路面上汇集的雨水往往带有尘土、砂、煤屑等物，易于在管道内沉淀，因此，要求管道内雨水宜有较高的流速，以防止或减少沉淀，其最小设计流速常采用自清流速，在满流时为 0.75m/s，这就要求雨水管的最小纵坡不得太小，一般不小于 0.3%。为了满足管中雨水流速不超过排水管道的最大设计流速及管壁受力安全的要求，对雨水管的最大纵坡也要加以控制。通常道路纵坡大于 4%时，为了不使雨水管纵坡过大，需分段设置跌水井。

管道的埋设深度，对整个管道系统的造价和施工影响很大，管道越深则造价越高，施工越困难，所以管道埋深不宜过大。管道最大允许埋深，根据技术经济指标及施工方法决定，一般在干燥土壤中，管道最大埋深不超过 7～8m，地下水位较高，可能产生流沙的地区不超过 4～5m。

雨水管的最小埋深等于管直径与管道上面的最小覆土深度之和。管顶最小覆土深度，一般根据雨水管可能承受的外部荷载、管材强度、土的冰冻情况以及临街建筑内排水支管的连接要求坡度等，结合实际经验确定。在行车道下，管顶最小覆土深度一般不小于 0.7m，当土的冰冻线很浅，且管道保证不受外部荷载损坏时，最小覆土深度可适当减小。当埋深不能满足最小覆土深度时，需对管道采取加固措施。至于北方冰冻地区，则要依靠防冻要求来确定覆土深度。

不同直径的管道在检查井内衔接时，应使上下游管段的管顶等高，称为管顶平接，这样可以避免在上游形成回水，如图 10－16 所示。

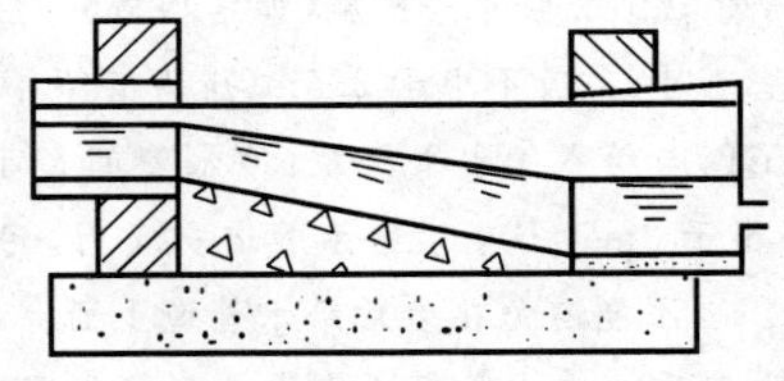

图 10－16 管顶平接

2. **雨水口位置**

雨水口是在雨水管道或合流管道上汇集地表水的构筑物。地面上、街道上的雨水首先进入雨水口，再经过连接管流入雨水管道。雨水口一般设在街区内、广场上、街道交叉口和街道边沟的一定距离处，以防止雨水漫过道路或造成道路及低洼地区积水，妨碍交通。

雨水口的形式、数量和布置，应按汇水面积所产生的流量、雨水口的泄水能力及道路形式确定。在纵断面凹处、街道低洼点、汇水点及人行横道线上游，应设置雨水口，雨水口应避免设在临街建筑物的门口、停车站、分水点及其他地下管道顶上。

(1)雨水口的布设形式

雨水口应根据不同的道路横断面形式合理布置。目前国内常见形式有：

① 单幅式：布置两排雨水口，如图 10－17 所示。

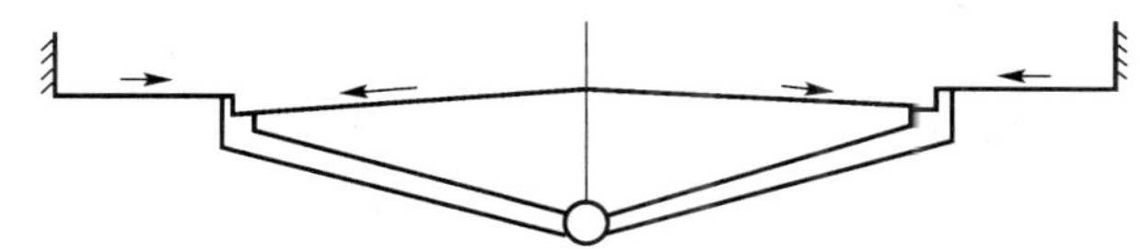

图 10－17　单幅式雨水口布置

② 双幅式：布置两排或四排雨水口，如图 10－18 所示。

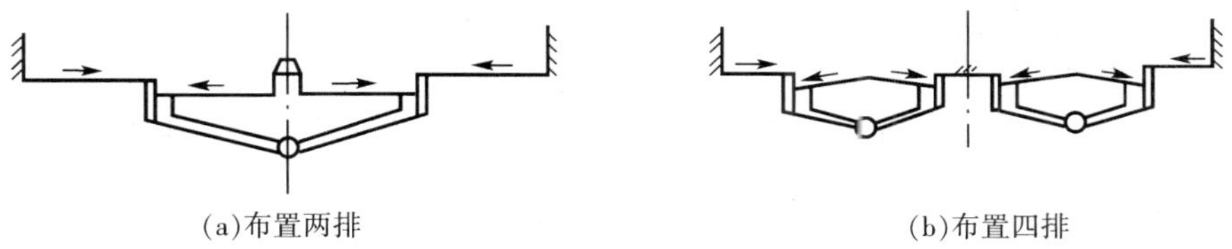

图 10－18　双幅式雨水口布置

③ 三幅式：布置两排至六排雨水口，又分 A 型、B 型两种，如图 10－19 所示。

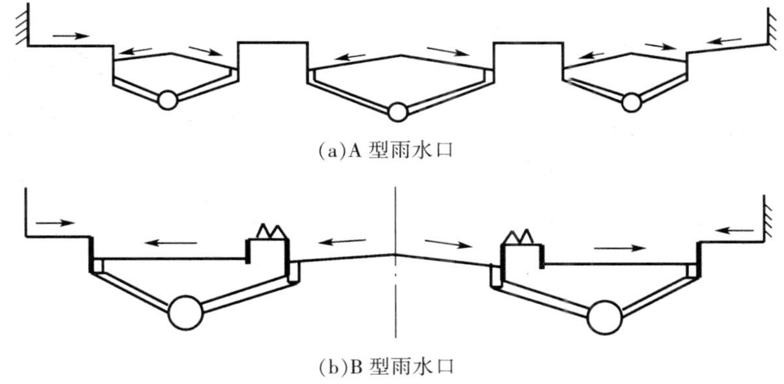

图 10－19　三幅式雨水口布置

(2)雨水口的泄水能力

雨水口的泄水能力按下式计算：

$$Q=\omega \cdot C\sqrt{2ghk} \tag{10-1}$$

式中：Q——雨水口排泄的流量(m^3/s)；

ω——雨水口进水面积(m^2)；

C——孔口系数，圆角孔用 0.8，方角孔用 0.6；

g——重力加速度，$g=9.80\ m/s^2$；

h——雨水口上允许贮存的水头，一般认为街沟的水深不宜大于侧石高度的 2/3，一般采用 h＝0.02～0.06m；

k——孔口阻塞系数，一般 k＝2/3。

由上式知：当由降雨强度算出需要排泄的流量，并规定了允许街沟积水深度后就可计算每个雨水口所需的进水面积，从而决定了进水篦的数量。

(3)雨水口的构造形式及适用地点

雨水口的构造包括进水篦、井身和连接管三部分，如图 10－20 所示。根据进水篦布置的不同，雨水口可分为平篦式、立式和联合式三种：

① 平篦式雨水口

又分为缘石平篦式及地面平篦式两种。缘石平篦式雨水口，适用于有路缘石的道路，主要排除路面水；地面平篦式适用于无路缘石的路面、广场及地面低洼聚水处等。平篦水流通畅，但暴雨时易被树枝等杂物堵塞，影响收水能力。

② 立式雨水口

有立孔式和立篦式两种，适用于有路缘石的道路。其中立孔式适用于篦隙容易被杂物堵塞的地方，边沟需保持一定水深。

③ 联合式雨水口

在水平和垂直方向上均有雨水篦子。适用于路面较宽、有缘石、径流集中且有杂物堵塞处。

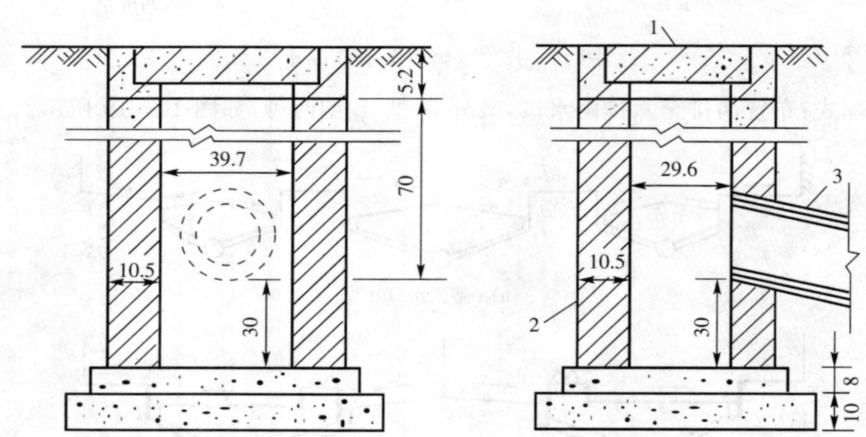

图 10－20 雨水口(单位：cm)

1—进水篦；2—井身；3—连接管

(4)雨水口布设

雨水口设计包括雨水口的平面布置、结构形式、间距、竖向高程等设计。其中最重要的是雨水口的布置。这里重点讨论雨水口的平面布置。其布设方法步骤如下：

① 确定街沟纵断面上低洼积水点和交叉口竖向规划上必需的雨水口。如街道上排水的汇合点，凹竖曲线的低洼处等，均应设置雨水口。

② 根据道路纵横坡度、街道宽度、路面种类、周围建筑地形及排水情况，选择雨水口形式及布设方式。

③ 根据当地暴雨强度、雨水口的泄水能力等因素，确定雨水口的数量、位置与间距。雨水口间距宜为25～50m。低洼和易积水地段，应根据需要适当增加雨水口。当道路纵坡大于2%时，雨水口的间距可大于50m，其形式、数量和布置应根据具体情况和计算确定。坡段较短（一般在300m以内）时，可在最低点处集中收水，其雨水口的数量或面积应适当增加。

④ 在交叉口处应根据路面雨水径流情况及方向布置雨水口。

⑤ 雨水口的连接，必要时可以串联，一般不超过三个。雨水口连接管最小管径为200mm，坡度不小于1%，长度不超过25m，覆土高度不小于0.7m。

⑥ 雨水口的标高布置。立式雨水口，应使进水孔底面比附近路面略低；平篦式雨水口，应使篦面低于附近路面3～5cm，并使周围地面坡向雨水口。雨水口井的深度不宜大于1m，冰冻地区应对雨水口及其基础采取防冻胀措施。在交通繁忙、行人稠密及泥沙量较大的地区，可根据需要及各地养护经验设置沉泥槽。

3. 检查井的位置

检查井又名窨井，是设在主干管（涵）上的一种井状构造物。为了对管道进行检查和疏通，管道系统上必须设置检查井；同时检查井还起连接不同方向和高度沟管的作用，如图10-21所示。相邻两个检查井之间的管道应在同一直线上，便于检查和疏通操作。检查井一般设置在管道容易沉积污物以及经常需要检查的地方，如管道改变方向处、改变坡度处、改变高程处、改变断面处和交汇处、跌水处以及直线管段上每隔一定距离，都应布设检查井。检查井在直线管段上最大间距根据《室外排水设计规范》(GB50014—2006)规定按表10-3采用。当管径或暗渠净高大于2000mm时，检查井的最大间距可适当增大。

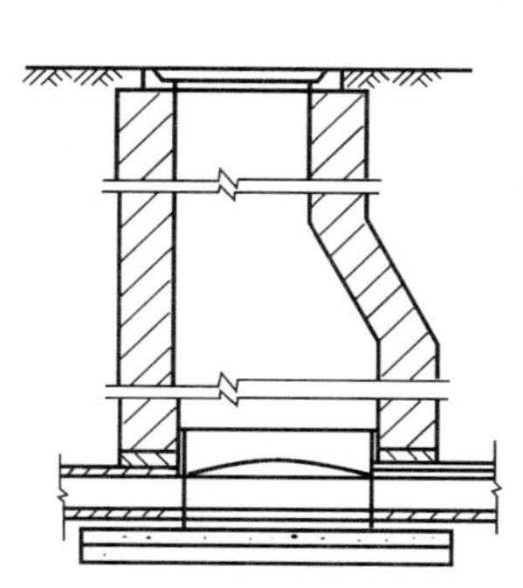

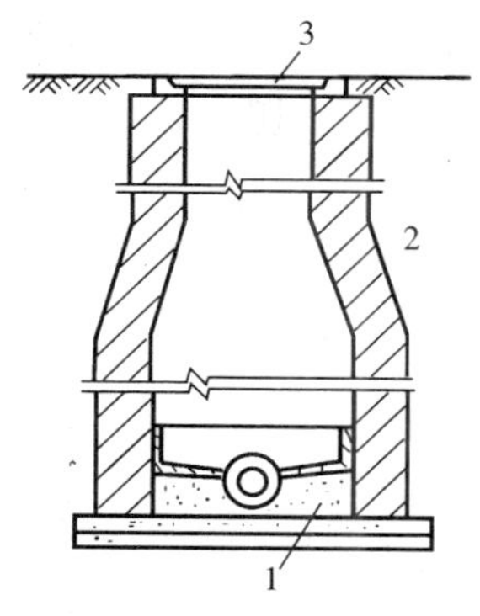

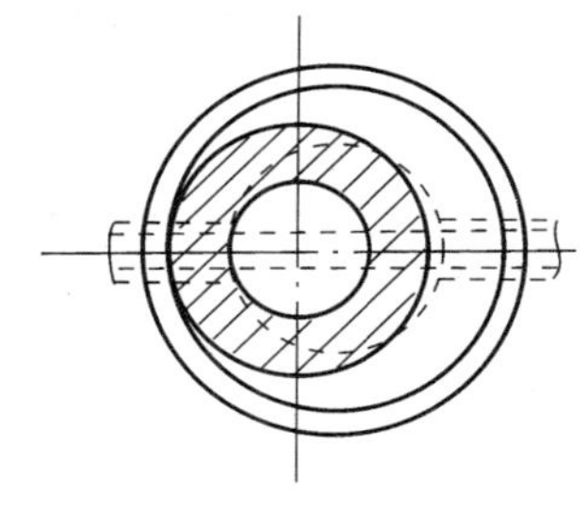

图10-21 检查井（单位：cm）

1—井底；2—井身；3—井盖

表10-3 雨水管道检查井最大间距

管径或暗渠净高(mm)	最大间距(m)	管径或暗渠净高(mm)	最大间距(m)
200～400	40	1100～1500	100
500～700	60	1500～2000	120
800～1000	80		

4. 齿形街沟设计

(1)设置锯齿形街沟的目的

由于我国大多数城市都坐落于地形平坦的地区，城市道路的纵坡很小，甚至是水平的，这样对车辆行驶虽然有利，但对排水却不利。在考虑道路地面排水时，尽管道路路面设置了路拱横坡，但由于纵坡很小，积留的雨、雪水就很难沿道路的纵向排除，尤其在下暴雨或多雨的季节，常使路面局部积水，甚至成片积水，这样既妨碍交通又影响路基路面的稳定性。所以，要用各种方法来保证当纵坡很小，甚至水平时的路面上的排水，其中锯齿形街沟设计就是一种有效方法。

(2)设置锯齿形街沟的条件

《城市道路设计规范》规定：道路中线纵坡坡度小于0.3%时，应在道路两侧车行道边缘设置锯齿形街沟。

(3)锯齿形街沟的设计

① 设置的方法

所谓街沟是指城市道路上利用高出路面的缘石(也称站石)与路面边缘(或平石也称卧石)地带作为排除地面水的沟道。锯齿形街沟的设置方法就是保持缘石顶面线与道路中线纵坡设计线平行的条件下，交替地改变路面边缘(或平石也称卧石)即沟底标高，在最低处设置雨水进水口，使雨水口处锯齿形街沟范围的路面横坡度增大，两雨水口之间分水点处的路面横坡减小，从而使路面边缘(或平石也称卧石)的纵坡度增大到0.3%以上，达到纵坡向排水的要求。由于街沟纵坡交替呈上下转折的锯齿状，故称为锯齿形街沟，如图10-22、图10-23所示。

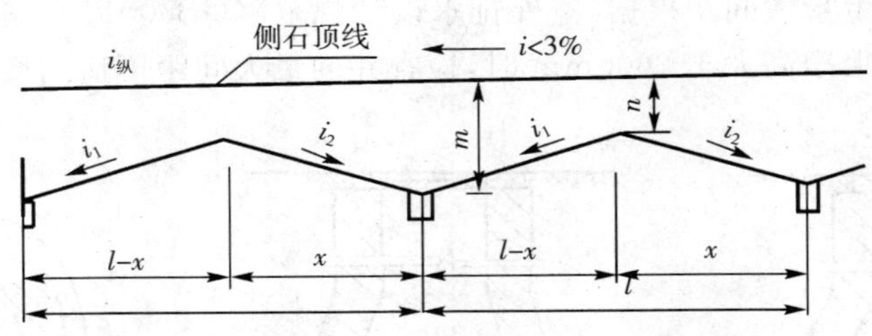

图10-22 锯齿形街沟立面示意图

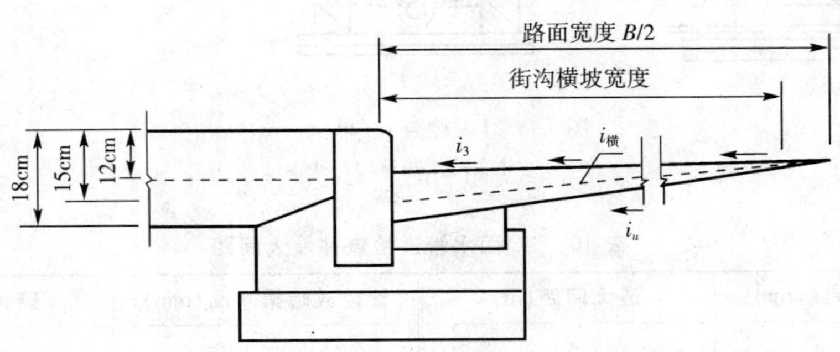

图10-23 锯齿形街沟横断面示意图

② 缘石外露高度

缘石外露高度不宜过低，否则将不能容纳应排泄的最大地面水流量，以致溢过缘石流到人行道上影响行人交通；但也不宜过高，以免影响行人跨越。所用常用的缘石外露高度为0.15m，设锯齿形街沟处的最低高度取0.12m（即n值），最高高度取0.18m（即m值），$m-n=0.06$m。

③ 分水点和雨水口位置

锯齿形街沟的设计主要是确定分水点和雨水口的位置，即街沟沟底纵坡边坡点之间的距离，以便布置雨水口。如图10-24所示，设两进水口间距为l，分水点距两边进水口的间距为x及$(l-x)$；雨水口处缘石外露高度为m，分水点处缘石外露高度为n；路中线纵坡为$i_{中}$，街沟纵坡为i_1和i_2，则，此时

$$左端\quad [i_1(l-x)+n]-i_{中}(l-x)=m;右端\quad i_{中}x+n+i_2x=m$$

两式相等，则得

$$\begin{cases} x=\dfrac{(i_1-i_{中})\cdot l}{(i_1+i_2)} \\ x=\dfrac{m-n}{i_2+i_{中}} \end{cases} \quad 或 \quad l-x=\frac{m-n}{i_1-i_{中}}$$

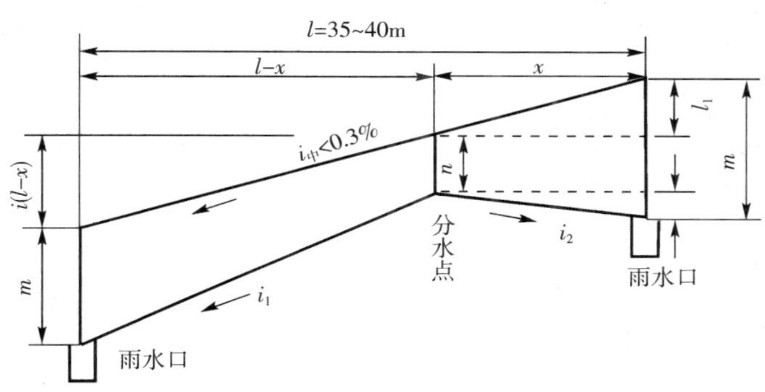

图10-24 锯齿形街沟雨水口布置的计算

通常设计时，根据地物在沿线建筑物出入口、交叉口行人横道线上游，以及凹形竖曲线最低处已布置好雨水口，然后在每段长度上取进水口间距l，$i_{中}$在纵断面设计时已确定，m、n值也已定，则可计算分水点距离x及$(l-x)$，再计算i_1。

值得说明的是设置锯齿形街沟，虽然能保证纵向排水要求，但施工比较麻烦，雨水干管埋设深度随长度而增加，路面拓宽改建困难，且在街沟宽度范围对行车有一定影响。因此，设计时尽量少采用锯齿形街沟，设法调整道路中线设计线纵坡使之达到最小纵坡的要求。

10.3.2 雨水管道设计

1. 雨水管道布置的基本原则

雨水管道的总体布置，要根据城市总体规划、排水工程总体规划、居住区的详细规划，结合自然地形、排水现状、道路网规划等来确定，力求做到工程经济合理，管网疏密恰当，并避

免埋深过大或过小，坡度过陡或过缓。一般应着重考虑以下问题：

(1)充分利用地形，分区就近排入水体

规划雨水管道时，首先在地区内按地形划分排水区域。根据分散和直接的原则，尽量利用自然地形坡度，使雨水以最短的距离，按重力流排入附近的池塘、河流、湖泊或郊区灌溉系统。只有当水体位置较远，且地形平坦或地形不利的情况下，才需要考虑设置雨水泵站，当天然水体的水位高于管道出口时，可以设置出口泵站，这时要尽可能使经泵站排泄的雨水量减少到最低限度，以节约泵站设施的投资。

(2)雨水干管应沿排水地区低处布置

在地形起伏较大的地区，雨水干管应结合主要道路走向沿山谷低处布置，两侧斜坡地可借支管连接。具体布置时，应先根据地形划分地面水径流的分水岭线，然后在相邻分水线之间，分别沿谷线低处布置。

(3)合理选择和布置出水口

出水口结合地形、水体具体情况可以分散或适当集中布置，如图 10－25 所示。管道通向池塘和河流的出水口构造比较简单，造价不高时，宜考虑分散布置。若河流水位变化很大，管道出水口离常水位很高很远时，出水口的建筑费用就很大，此时不宜采用过多的出水口，宜适当集中选择合适位置。

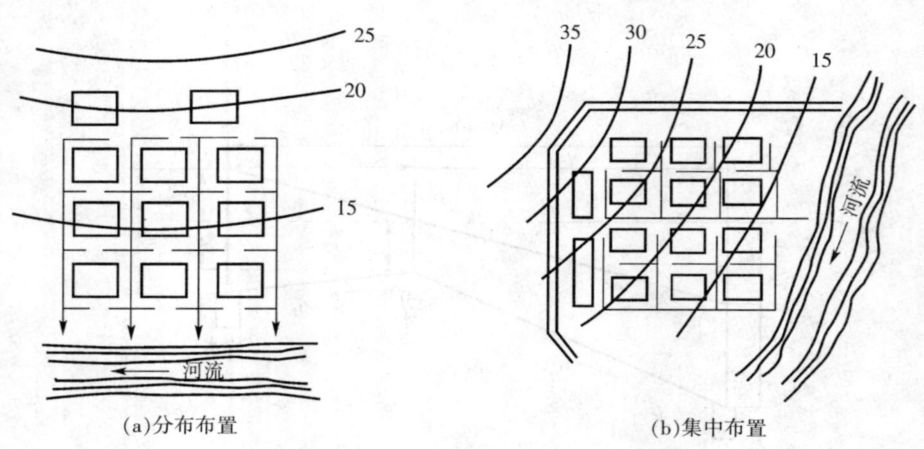

图 10－25 出水口布置方式示意图

2. 雨水管道设计的步骤

(1)在 1：2000～1：5000 并绘有规划总图的地形图上，划分排水流域，规划雨水管道路线，确定水流方向。

(2)划分各段管道的汇水面积，并确定水流方向。将计算面积及各段管道的长度，填写在图中。各支管汇水面积之和应等于该干管服务的总汇水面积。

(3)依地形图的等高线，确定各设计管段起讫点的地面标高；确定沿干管控制点的高程，准备进行水力计算。

(4)按整个区域的不同地面种类求出径流系数。

(5)依道路、广场、建筑街坊的面积大小、地面种类、坡度、覆盖情况，以及街坊内部的排水系统等因素，计算起讫点地面集水时间。

(6)根据区域性质、泄水面积、q_{20} 值、地形，以及漫溢后的损失大小等因素，确定设计重现期。

(7)确定暴雨强度公式，并绘制单位径流量与汇水时间关系图。

(8)确定设计流量，进行水力计算，确定管道断面尺寸、纵断面坡度，并绘制纵断面图。

(9)编写必要的设计和施工说明。

思考题

1. 什么是公路排水系统？公路排水系统由哪些设施组成？
2. 什么是城市道路排水系统？城市道路排水各系统适用于什么场合？
3. 公路排水的一般要求和规定是什么？
4. 简述设置雨水口及检查井的作用。
5. 综述锯齿形街沟设计要点。

第 11 章　小桥涵勘测设计

11.1　概　述

公路小桥涵设计是整条公路勘测设计的重要内容之一，特别是近年来，随着公路建设的发展，公路技术等级的不断提高，尤其是高等级公路的大规模兴建，桥涵构造物在公路工程中所占比重越来越大，在山岭地区公路中，桥涵构造物投资所占比例能够达到全线的 30% 以上。桥涵构造物在公路全线建设中所处的地位越来越重，桥梁构造物的安全和良好使用性能成为公路全线畅通的重要保证因素，因此，桥梁构造物的建设质量对整条公路的建设质量起着关键性的作用。而桥涵构造物设计的优劣是控制工程造价，保证工程建设质量的首要决定因素，因此在公路建设中桥涵设计的质量问题应当受到足够的重视。

11.1.1　桥涵划分

涵洞主要是为宣泄地面水流（包括小河沟）而设置的横穿路基的小型排水构造物。按《公路工程技术标准》(JTG B01－2003)（以下简称《标准》）规定：单孔标准跨径 $L_k<5$m（管涵及箱涵不论管径或跨径大小、孔数多少）均称为涵洞。

小桥为公路跨越小河流、山谷等天然或人工障碍物（如人行小道，机耕道等）而建造的构造物。按《标准》规定：单孔标准跨径 $5\text{m}\leqslant L_k<20\text{m}$ 或多孔跨径总长 $8\text{m}\leqslant L\leqslant 30\text{m}$ 的桥梁均称为小桥。

标准跨径对梁式、板式桥面以两桥（涵）墩中线间距或桥（涵）墩中线与桥台台背前缘线间距为准，拱式桥涵、箱涵、管涵以净跨径为准。

涵洞、小桥一般是按水文计算所确定的设计洪水位和设计洪峰流量来选择孔径。当所需通过的流量较小时，可选用涵洞，反之，当所需通过的流量较大时，可选用小桥。涵洞的构造简单，造价低；小桥相对来说，构造复杂些，造价也较高。

但不能单纯从经济造价来选择涵洞或桥梁，还必须根据目前和长远的需要，结合河沟地形特点和地质等天然条件，保证设计洪水、流冰、流木、泥石流及其他漂浮物的安全通过，满足国防、工农业生产和水陆交通的要求，确保桥涵建筑本身和附近路堤的安全，以及施工、养护和维修的条件综合考虑确定。

11.1.2　小桥涵的分类与选择

1. 小桥的组成与构造

(1) 小桥的组成

小桥是桥梁的一种，因此同大、中桥一样，也是由上部构造（包括主要承重结构和桥面系）、下部构造（包括桥台、桥墩及其基础）和附属构造（包括桥头路堤锥形护坡、护岸、导流工程等）组成。如图 11－1 所示。

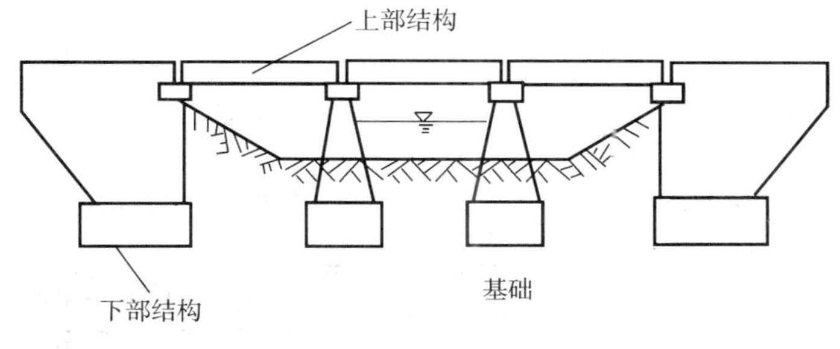

(a)梁桥

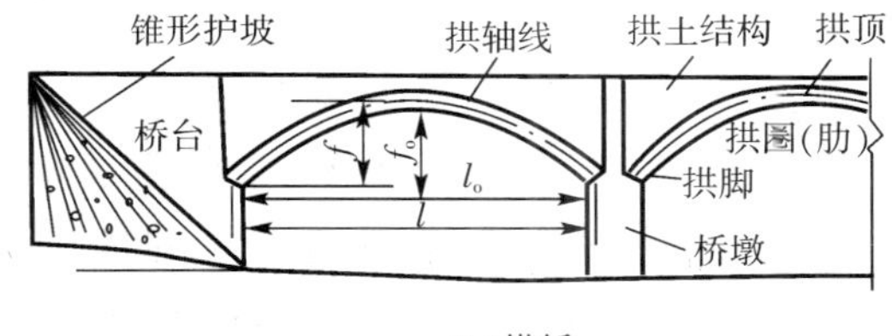

(b)拱桥

图 11-1　小桥的组成

(2)小桥的主要尺寸

计算跨径：对于梁式桥为上部构造两支座中心的距离。对于拱桥为拱圈的拱轴线两端点间的距离。桥跨结构的力学计算是以计算跨径为准的。

净跨径：梁式桥为设计洪水位上相邻两桥墩(台)间的净距离。拱桥为拱脚最低处之间的水平距离。桥梁各孔净跨径的总和为桥梁的总跨径，它反映了桥梁排泄洪水的能力。

桥梁总长：有桥台的桥梁为两岸桥台侧墙或八字墙尾端间的距离；无桥台的桥梁为桥面系行车道长度。

标准跨径：梁式桥、板式桥涵以两桥(涵)墩中线间距离或桥(涵)墩中线与台背前缘间距离为准；拱式桥涵、箱涵、圆管涵以净跨径为准。

标准设计或新建桥涵，当跨径在 50m 以下时，一般均应尽可能地采用标准跨径。根据交通部《公路工程技术标准》(JTG B01－2003)规定，桥涵标准跨径规定为：0.75m、1.0m、1.25m、1.5m、2.0m、2.5m、3.0m、4.0m、5.0m、6.0m、8.0m、10m、13m、16m、20m、25m、30m、35m、40m、45m、50m。

桥梁建筑高度：桥面(或轨顶)对桥跨结构最低边缘的高差叫做桥梁建筑高度。公路(或铁路)定线中所确定的桥面(或轨顶)标高对桥下通航必需的净空高度之差称为容许的建筑高度。桥梁的建筑高度不得大于它的容许建筑高度。

桥面净空：为了保证车辆及行人的安全通行，桥面以上应有一定的空间，叫做桥面净空。桥面净空内不得有任何桥梁构件或其他任何装置。桥面净空主要指净宽和净高。

桥下净空高度：跨越河流的桥梁指上部构造最低边缘(拱桥为拱顶处底面)至设计洪水位或计算通航水位之间的距离。跨线桥是指上部构造最低边缘至桥下线路路面之间的距离。桥下净空高度不得小于船只或车辆通行所必需的净空要求。

桥梁高度：对于跨越河流的桥梁是指行车道顶面至低水位(有时指河床最低点)之间的距离。对于跨线桥是指行车道顶面与桥下线路路面之间的距离。

2. 涵洞的组成与构造

(1)涵洞的组成

涵洞是路基下的一个过水孔道,由洞身、洞口和基础等组成,如图 11-2 所示。

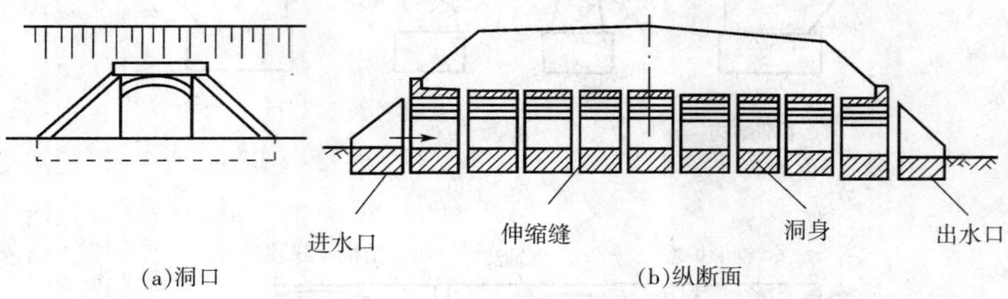

图 11-2 涵洞的组成

洞身是形成过水孔道的主体,通常由承重结构物(如盖板、拱圈等)、涵台、基础以及防水层伸缩缝等部分构成。洞口是洞身、路基、河道三者的连接构造物,位于涵洞上游侧的洞口称进水口,位于涵洞下游侧的洞口称为出水口。进水口应能达到“束水导流”的目的,出水口应能起到“散水防冲”的作用。

(2)涵洞的分类

涵洞按构造可分为管涵(通常为圆管涵)、盖板涵、拱涵、箱涵。

圆管涵适用跨径为 0.5～1.5m,圆管涵对基础的适应性及受力性能较好,不需墩台,施工数量少,造价低,见图 11-3。

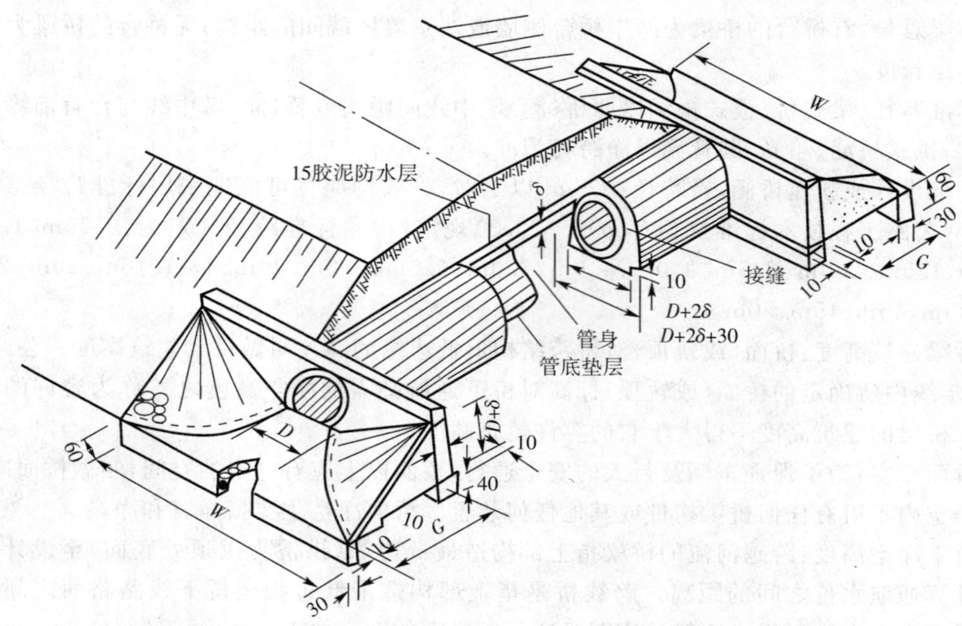

图 11-3 圆管涵的组成

盖板涵适用跨径为 0.75～4m,如图 11-4 所示。盖板涵构造较简单,维修容易。跨径较小时用石盖板,跨径较大时用钢筋混凝土盖板。

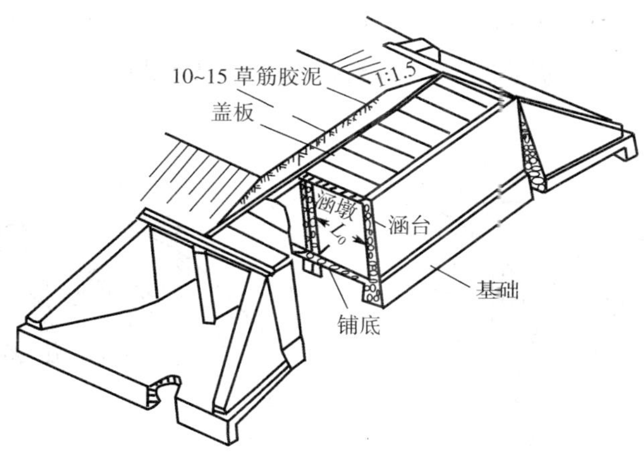

图 11-4　盖板涵的组成

拱涵适用跨径为 1～4m，如图 11-5 所示。拱涵跨径较大，承载潜力较大。但自重引起的恒载也较大，施工工序较繁多。

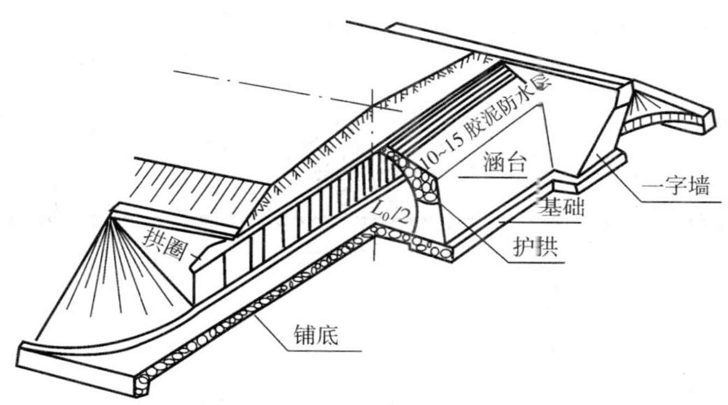

图 11-5　拱涵的组成

箱涵适用跨径为 2～5m，如图 11-6 所示。箱涵整体性强，但用钢量多，造价高，施工较困难。

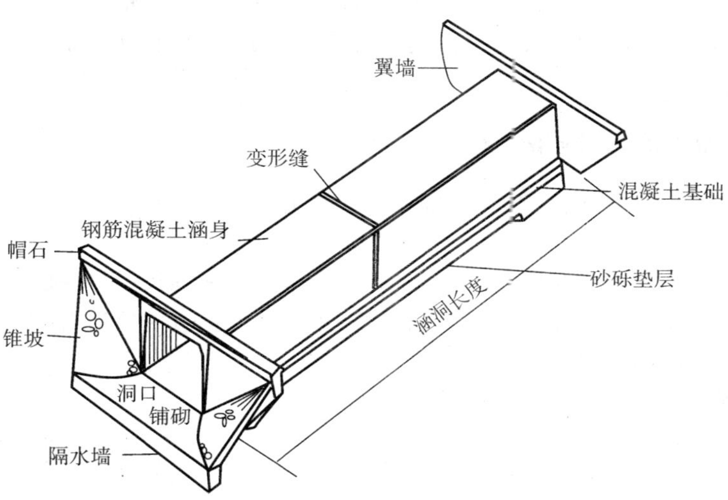

图 11-6　钢筋混凝土箱涵的组成

涵洞按洞顶填土情况可分为明涵和暗涵两类,如图 11 - 7、11 - 8 所示。明涵是指洞顶不填土的涵洞,适用于低路堤、浅沟渠;暗涵是指洞顶填土大于 50cm 的涵洞,适用于高路堤、深沟渠。

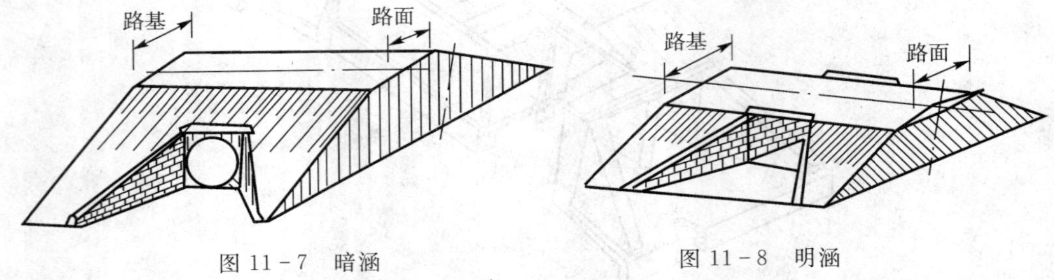

图 11 - 7 暗涵　　图 11 - 8 明涵

涵洞按水力性质可分为无压力式、半压力式和压力式三种,如图 10 - 9 所示。无压力式涵洞的进口水流小于洞口高度,水流受侧向束挟,进口后不远处形成收缩断面。半压力式涵洞的水流充满进口,呈有压状态,但进口不远的收缩断面及以后的其余部分均为自由水面,呈无压状态。有压力式涵洞在涵前壅水较高,全涵内充满水流,无自由水面。一般出口被下游水面淹没,但升高式进水口(流线型)且涵底纵坡小于摩阻坡度时,出口不被下游水面淹没。

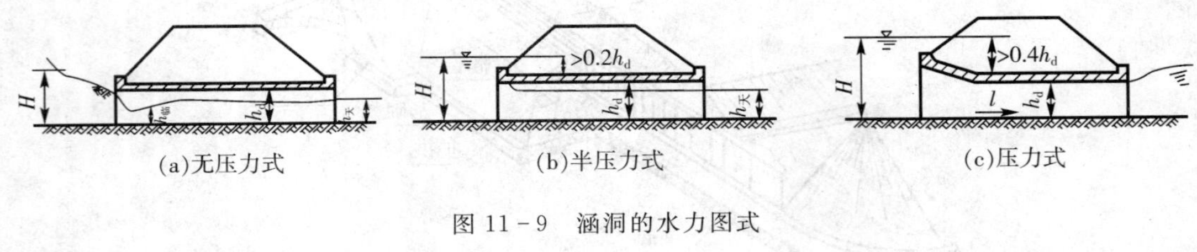

图 11 - 9 涵洞的水力图式

11.2 小桥涵勘测

小桥涵测设包括小桥涵外业勘测和内业设计两部分。外业勘测包括:资料收集及勘测准备;小桥涵结构类型选择;小桥涵位置选择;拟建小桥涵址处测量;小桥涵址调查。内业设计包括:设计流量计算及孔径确定;小桥涵主要尺寸拟定;小桥涵立面布置;工程数量计算及施工图预算编制。

11.2.1 小桥涵勘测的准备工作

勘测前的准备工作包括:仪器的准备和资料收集两项工作。

1. 仪器准备

用于地形测量的仪器有:经纬仪、水准仪、花杆、皮尺、水准尺、手水准、水平板仪等;用于水文测量的仪器有:流速仪、浮标、测绳、测杆等;用于地质调查的仪器有:罗盘仪、地质锤、取样盒、锹、镐、小型取样钻机等。

2. 资料收集

收集的资料有:

(1)地形图

一般应收集比例尺为 1∶10000～1∶50000 的路线地形图。地形图的范围和精度,以能获得汇水面积、主河沟纵横坡等资料为原则。

(2)水文资料

应向当地水文站、水利和防汛部门收集水文资料,包括各种频率的年洪峰流量及相应的洪水位标高;桥涵附近的坝、闸、渠等水利设施的修建情况和水文资料,以便考虑对桥(涵)位选择、孔径确定、类型选择、基础埋深、沟槽加固等的影响。

(3)气象资料

收集当地气象站、雨量站的气象资料,包括年、月平均降雨量;暴雨密度和持续时间;气温情况;主导风向和风力等。

(4)地质资料

地质资料主要包括:岩石种类及其分布、层理、节理、风化情况;地形地貌;土质类别;地下水、植被及其分布情况等。北方地区还应了解当地土壤冰冻层厚度。

(5)其他资料

对于改建公路,还需收集有关原路测设、施工及竣工资料,了解工程的使用、养护、水毁情况,征询对桥涵工程改建设计的意见等。

11.2.2　小桥涵的位置选择

1. 择位原则

(1)小桥涵位置应服从路线走向;

(2)与路基排水相配合,形成系统;

(3)维护天然水系,确保水流畅通,做到上游河段顺直,出口水流平稳;

(4)总体工程数量最省原则,以降低工程造价。

2. 设置地点

(1)天然河沟与路线相交处;

(2)农田灌溉渠与路线相交处;

(3)路基边沟排水渠;

(4)路线交叉处;

(5)其他设涵情况。如平原区路线通过较长的低洼地带及泥沼地带,为保证路基的稳定,避免排水不畅及长期积水的情况下,在地面具有天然纵坡的地方设置多道涵洞。

3. 小桥位置的选择

(1)桥梁纵轴线应尽可能与洪水主流方向垂直。如不能正交时,应使墩台轴线与水流方向平行,以减小水流对墩台、路基边坡的冲刷。如图 11－10 所示。

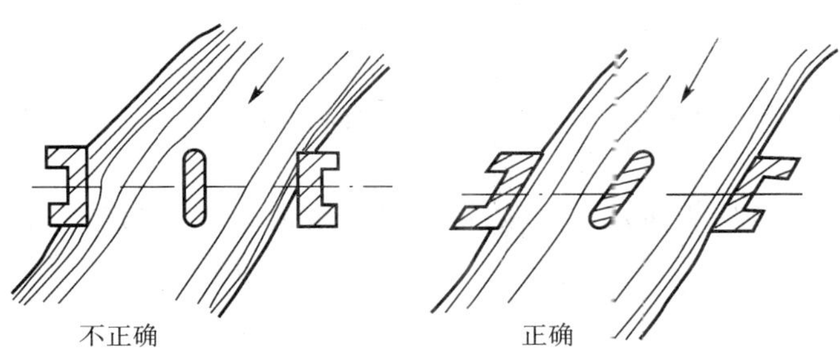

图 11－10　斜交桥位

(2)桥位应选择在河面窄、水流平缓、河段顺直、地质良好的河段。当路线跨越河湾时，最好把桥位选择在河湾的上游，如图 11-11 中的方案Ⅰ。如在河湾下游，一般最好设在河流宽度的 1～1.5 倍以外，如图 11-11 中的方案Ⅲ。桥位应避免设置河湾上，如图 11-11 中的方案Ⅱ。

(3)路线跨越两河流交汇处，选在汇合口处下游出河流宽度的 1.5～2.0 倍以外。如图 11-12 所示。

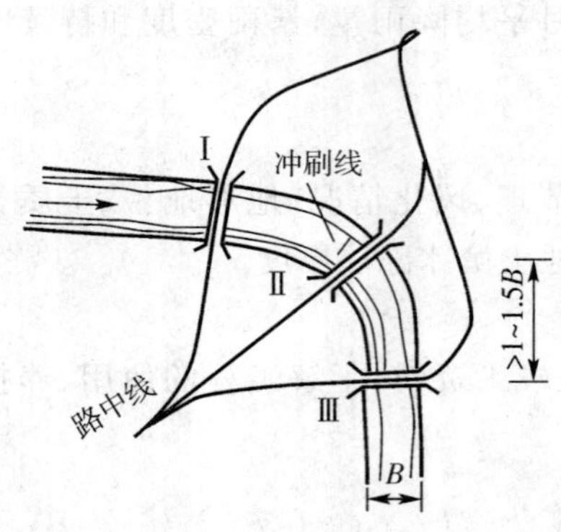

图 11-11 河湾处桥位

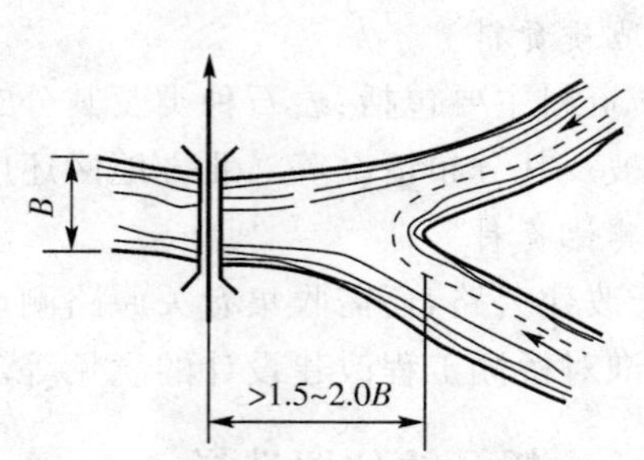

图 11-12 河流汇合口桥位

(4)沿溪线跨越支沟时，桥位应尽量选在受大河壅水倒灌影响范围之外，如图 11-13 所示。

(5)沿溪线与桥位配合，利用河湾、S 形河段以及适当斜交的办法跨河，以创造较好的线形条件，如图 11-14 所示。

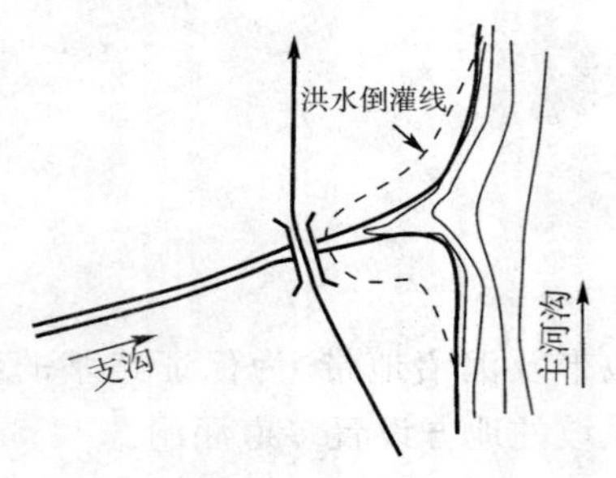

图 11-13 大河倒灌对桥位的影响

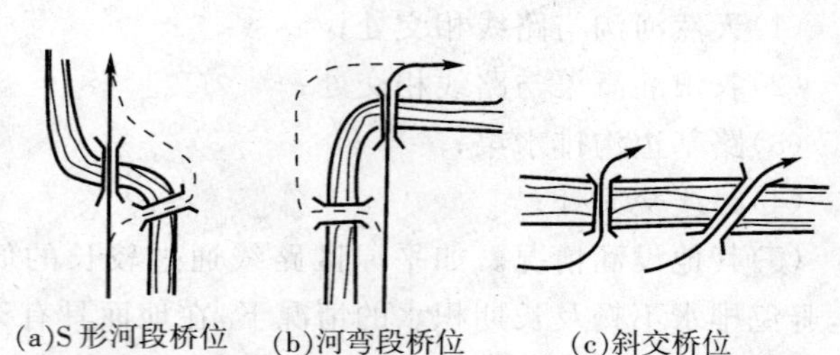

(a)S 形河段桥位 (b)河弯段桥位 (c)斜交桥位

图 11-14 桥位与路线配合

4. 涵洞位置的选择

(1)平原区涵位

① 沟心设涵

平原区涵位通常设于河沟中心，一般与路线方向正交，并使其进水口对准上游沟心。

② 适当改沟

在河沟十分弯曲地段，为使水流通畅，可采用裁弯取直或改移河沟的办法设正交涵，如图 11-15 所示。

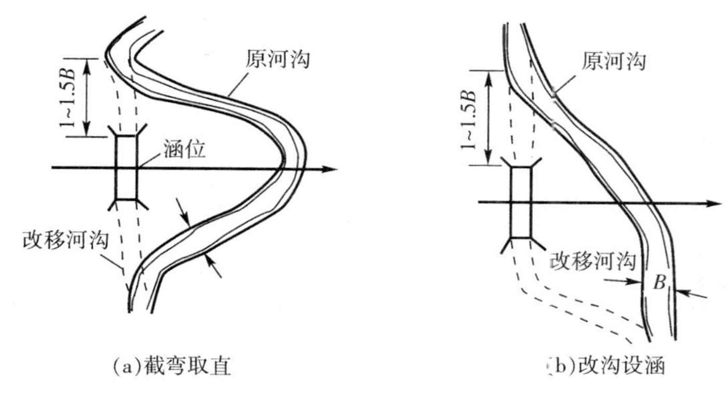

图 11-15 平原区改沟设涵

③ 注意设农田灌溉涵洞

当路线与农田排水渠相交时，应注意设置农田灌溉涵洞，避免设涵后对下游出口处农田产生不利冲刷，防止上游水位壅高造成积水淹没农田村庄。

(2)山岭及丘陵区涵位

① 顺沟设涵

山区河沟坡陡水急、洪水猛、历时短，冲刷及水毁比较严重，因此涵位应尽量符合水流方向，顺沟设置。

② 改沟设涵

只有当河沟比较宽浅，沟底纵坡平缓、水流较小时才考虑改沟设涵。改沟时要注意做好引水及防护工程，注意对下游农田的影响。

③ 路基排水涵

路线纵坡处由下坡变成上坡的凹形竖曲线，为排除路基两侧边沟水流，一般应考虑增设边沟排水涵，如图 11-16。当纵断面纵坡由陡坡变为缓坡时，内侧边沟水流由急变缓，容易产生水跃和泥沙沉积，不利排水。若在近距离内无其他涵洞时，在变坡点附近应考虑增设边沟排水涵，如图 11-17。当路线的偏角较大(大于 90°)，平曲线半径较小，路线进入弯道前的纵坡又为大于 4%的陡坡时，边沟水流直接顶冲路基内侧，在暴雨期甚至水流溢出边沟漫过路基，直接影响路基稳定及行车安全，因此在弯道起(止)点附近应考虑设边沟排水涵，如图 11-18。在路基挖方边坡上设有截水沟的地段，截水沟出口处应设置排水涵，如图 11-19，以免截水沟水流的流程过长，冲刷路基路面。

④ 岸坡设涵

当河沟边坡稳定、土壤密实、河沟又很深时，可考虑将涵位从沟底移至岸坡上，以缩短涵洞长度。

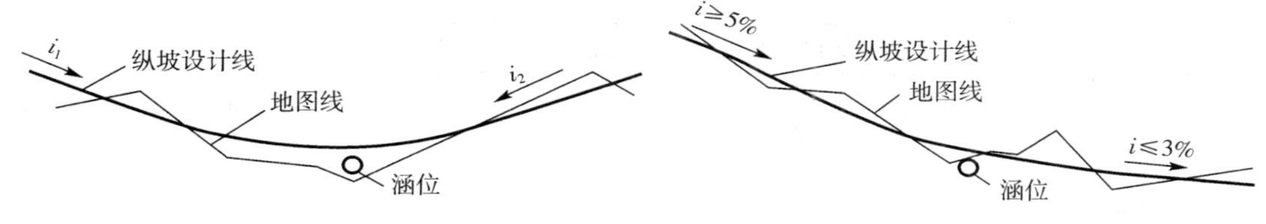

图 11-16 下坡变成上坡凹形竖曲线处设涵

图 11-17 陡坡变为缓坡处设涵

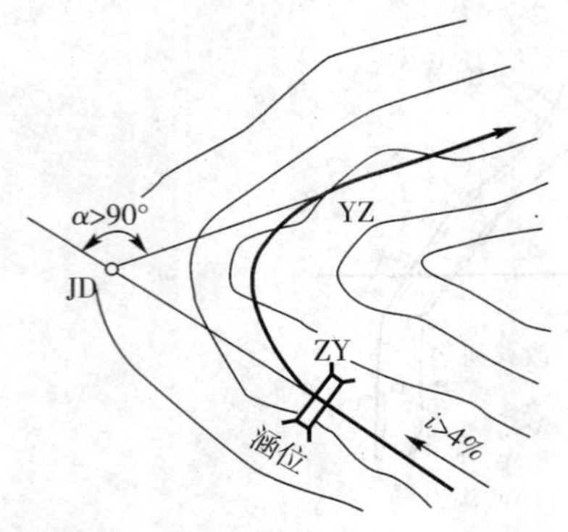

图 11-18 陡坡急弯处设涵

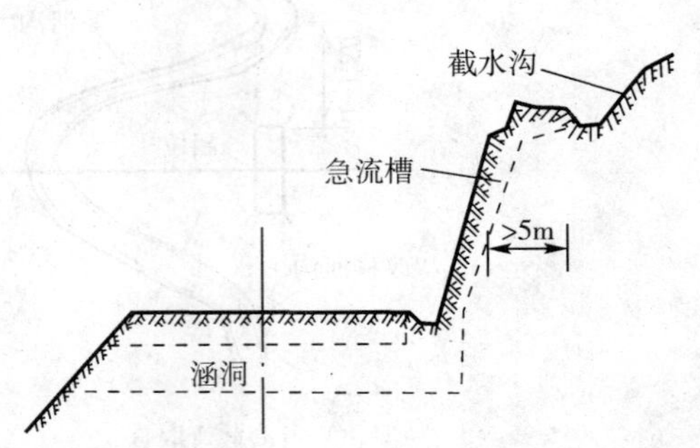

图 11-19 截水沟出口设涵

⑤ 改沟合并

当两条溪沟相距很近，汇水面积又很小，河沟纵坡小于 3%，且水流速度不大，含沙量较小时，经过经济比较，可考虑改沟合并以减少涵洞数量。

11.2.3 小桥涵测量

小桥涵测量包括涵位中桩测量、断面测量及桥涵位平面图测量三项内容。

1. 中桩测量

根据已定的路线线位、桥涵位置选择要求以及水流流向，即可在实地选择桥(涵)位，确定桥涵中心桩。位于直线上桥涵可直接用花杆穿线(或用经纬仪穿线)的办法确定中桩位置，并量距确定中心桩桩号。位于曲线上桥涵多用切线支距法(或偏角法)敷设桥(涵)位。

2. 断面测量

(1)小桥

沿路线方向测河床上、中、下游三个横断面。横断面图上，除绘制地面线外，还要注明中心桩号、测时水位、调查洪水位及设计水位、土壤类别等，如图 11-20 所示。

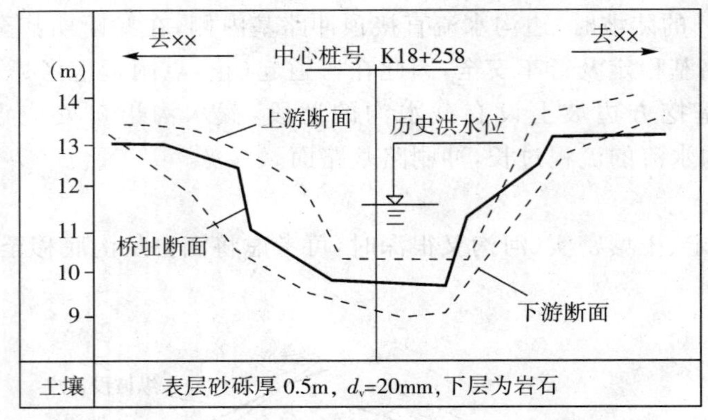

图 11-20 小桥河沟横断面

(2)涵洞

沿涵轴线方向测河沟纵断面，测量范围应根据涵洞长度(或中心填土高度)而定，一般上、下游各测 15～20m 即可。

3. 平面图测绘

一般的涵洞可不作详细的测量，涵址处的地形图也不需绘制。当小桥(涵)址地形比较复杂，上下游改挖河沟范围较大，不设小桥涵及其附属工程困难时，应测绘桥(涵)址地形图。地形图测量比例尺为1∶200～1∶500，等高距采用0.5m，测绘范围应能满足小桥涵的设计需要。

11.2.4 小桥涵水文勘测

水文勘测是指对桥涵位所在河沟的水文参数进行测量、调查和资料收集工作。

小桥涵流量推算的方法很多，如暴雨推理法、径流形成法、形态调查法、直接类比法等，不同的方法要求勘测调查的内容及深度也不同。

表11-1 水文勘测内容

编号	计算方法	勘测内容
1	暴雨推理法	汇水面积；主河沟长度及平均坡度；土壤植被种类；主河沟河床地质
2	径流形成法	汇水面积；主河沟长度及平均坡度；土壤吸水类属；汇水区植物覆盖情况；汇水区农田水利情况
3	形态调查法	形态断面；洪水调查；洪水比降；河床土质
4	直接类比法	洪水位调查；原有桥涵调查；河床土质

11.2.5 小桥涵工程地质调查

小桥涵地质调查的主要内容有：地基土壤名称、颜色、所含成分、密实程度、含水干湿与可塑状态；地下水情况；岩石走向、倾角、风化程度以及桥涵位处的地质构造、对小桥涵有影响的地质现象等。

小桥涵工程地质的勘测方法：以调查为主，挖(钻)探为辅。调查时应利用所收集的各种有关地质资料，当桥涵附近有已成的防护及排水工程时，应对其基底土壤、基础类型、埋置深度、冲刷深度及使用状况进行调查，为拟定桥涵基础设计参考。

11.2.6 小桥涵综合调查

1. 建筑材料调查

建筑材料调查是为了经济合理地选择桥涵的结构类型，贯彻就地取材的原则。一般采取调查与实地勘查相结合的方法进行。调查的主要内容有：工程材料的产地、蕴藏量、质量、规格、运输条件和运距等。

2. 原有桥涵调查

在改建公路上，应对原有桥涵进行调查，以便对原有桥涵提出改建或利用方案。在新建公路上也应对桥涵上、下游附近原有桥涵进行调查，以便用直接类比法来确定新建桥涵的设计流量及孔径。调查的主要项目有：原有桥涵的结构类型、洞口形式、加固类型、各部分主要尺寸、修建年月及使用情况等。

3. 其他调查

这类调查项目是视具体情况和需要做的一些补充调查，其主要内容有：

(1)灌溉渠道调查；

(2)当桥涵下兼做行人、汽车或船的通道时，则需调查有关跨径、净空及位置要求；

(3)当桥涵濒临大河时，应对大河倒灌、大河每年及 25 年、50 年一遇的洪水位进行调查；

(4)调查山洪暴发时有无泥沙、石块、柴草、竹木等沿河沟冲下，并查明数量、尺寸及产生原因；

(5)小桥涵附近如有水文站、气象站等，应视需要收集有关气温、雨量、风力、冰冻及地震资料。

11.3 小桥涵流量与孔径计算

11.3.1 流量计算

小桥涵流量是确定其孔径及类型的主要依据。通常采用的方法有：径流形成法、暴雨推理法、形态调查法以及直接类比法。

1. 径流形成法

径流形成法是从分析汇水区形成和地面径流的因素着手，从而建立这些因素与设计流量的函数关系，求得设计流量的方法。影响径流流量的因素主要有：暴雨特征(降雨强度、降雨历时等)和汇水区特征(汇水区面积大小及形状、地表情况等)。

径流形成法计算公式，归纳起来有两大类：一是根据实践经验建立径流流量与径流因素函数关系的公式，叫经验公式；二是根据径流形成的因素和条件，通过分析、推理而建立的径流流量与径流因素函数关系的公式，叫成因推理公式。

(1)径流成因简化公式

我国公路系统最常采用的是公路科学研究所提出的简化公式：

$$Q_s=\psi(h-z)^{\frac{3}{2}}F^{\frac{4}{5}}(m^3/s) \tag{11-1}$$

式中：Q_s 为设计流量(m^3/s)；ψ 为地貌系数；F 为汇水面积(km^2)；h 为暴雨径流厚度(mm)；z 为植物或地表洼地滞流的拦蓄厚度(mm)。

(2)径流流量经验公式

在汇水面积小于 $10km^2$ 时，

$$Q_s=kF^n(m^3/s) \tag{11-2}$$

式中：k 为径流模量；n 为地区指数。

当有降雨资料时，

$$Q_s=CSF^{\frac{2}{3}}(m^3/s) \tag{11-3}$$

式中：C 为系数，按不同地貌确定；S 为相应于设计洪水频率的一小时降雨量(mm)。

2. 形态调查法

形态调查法是用调查河槽形态与历史洪水位的手段，取得河槽某一过水断面在该洪水位下的过水面积、平均流速及洪水频率资料，推算桥涵处设计流量的方法。

形态调查法推算设计流量的步骤如下：

(1)选择形态断面，并进行形态和洪水调查；

(2)推算历史洪水在形态断面处的流量；

(3)将形态断面的流量换算为设计频率的流量；

(4)将形态断面的设计流量换算为桥址断面的设计流量。

3. 直接类比法

直接类比法是当公路路线所跨越同河沟上、下游附近存在原有小桥涵时，可通过对原有桥涵的泄流等情况调查，然后经过计算，推求出原有小桥涵在历史洪水情况下的通过洪峰流量，并换算为原有桥涵处的天然流量，进而推算出原有桥涵处拟建小桥涵规定频率的洪峰流量。

直接类比法推算设计流量的步骤如下：

(1)对原有桥涵的孔径尺寸及情况进行调查；

(2)推算历史洪水在原有桥涵下的流量；

(3)折算为原有桥涵处的天然流量；

(4)将形态断面的流量换算为设计频率的流量；

(5)将形态断面的设计流量换算为桥址断面的设计流量。

4. 暴雨推理法

暴雨推理法运用成因分析与经验推断相结合的方法，从实测的暴雨资料入手，应用地区综合分析方法来分析暴雨资料和地区特征关系，从而间接地推求设计流量，它是一种半理论半经验的计算方法。

直接类比法推算设计流量的步骤如下：

(1)根据桥涵位置所处不同地区查雨力等值曲线，确定频率为 P 的雨力 S_P；

(2)确定汇水区几何参数：汇水面积、主河沟长度、主河沟平均坡度；

(3)计算损失参数和汇流时间；

(4)按公式计算设计流量 Q_P。

11.3.2 孔径计算

孔径是指桥涵下过水净空的大小，它是桥涵设计的基本尺寸。桥梁孔径通常用孔数和单孔跨径表示，如2—13m。涵洞孔径用孔数、单孔跨径和涵台高度表示，如2—250×200cm(孔数—标准跨径×涵台高度)。圆管涵则用涵管的孔数和内径表示，如2—150cm。

1. 小桥孔径计算

(1)小桥孔径计算的特点

① 小桥的跨径与台高之间无一定比例关系，因而小桥孔径计算主要是解决跨径长度问题。通常是在一定桥梁高度限制的情况下，用增大跨径的办法加大过水面积，以达到宣泄设计流量的目的；

② 小桥沿水流方向的长度较小，因此桥身断面的过水阻力较小，在进行水力计算时一般沿程阻力忽略不计；

③ 小桥孔径通常比涵洞要大得多，为减少河床加固工程数量，因此用允许不冲刷流速作为小桥孔径计算的重要控制条件；

④ 由于小桥孔径较大，桥上一般无填土路基，孔径计算时都要求保证设计水位距桥梁

底部有一定的净空高度。计算时均按水力学中的宽顶堰计算。

(2)水力图式

按照宽顶堰流理论,小桥下的水流分为自由出流及非自由出流两种水力图式。

自由出流:当下游水深小于或等于临界水深的 1.3 倍时,桥下为临界水流状态,则为自由出流。这种图式类似于流水通过不淹没式宽顶堰情况,如图 11-21 所示。

非自由出流:当下游水深大于临界水深的 1.3 倍时,由于下游水位的顶托作用,桥下临界水深被淹没,桥下水深即为天然水深,形成非自由出流。这种图式类似于流水通过淹没式宽顶堰情况,如图 11-22 所示。

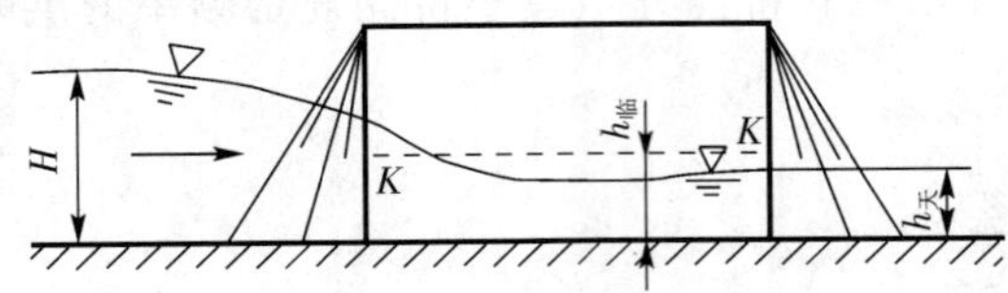

图 11-21　自由出流图式

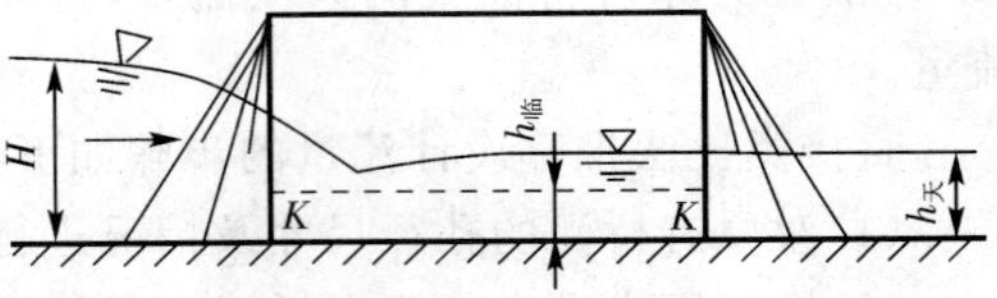

图 11-22　非自由出流图式

(3)小桥孔径计算方法及步骤

① 确定天然水深,桥下临界水深,判定桥下水力图式;

② 确定桥梁跨径长度;

③ 计算桥前水深;

④ 确定桥头路堤及桥面标高。

2. 涵洞孔径计算

(1)涵洞孔径计算的特点

① 涵洞洞身随路基填土高度增加而增长,洞身断面的尺寸对工程数量影响较大,因此计算涵洞孔径时,还要求跨径与台高应有一定的比例关系,其经济比例通常为 1∶1～1∶1.5。

② 涵洞孔径小、孔道长,涵底具有一定的纵向排水坡度,水流经过涵洞时所受阻力较大,计算涵洞孔径时要考虑洞身过水阻力的影响。

③ 涵洞孔径小,通常采取人工加固河床的措施来提高流速,以缩小孔径。但由于涵前水深较大,因此采用窄而高的洞身断面尺寸或因过高的积水使涵洞和路堤使用安全受到威胁,这是既不经济又不安全的。所以控制涵前水深和满足孔径断面一定的高宽比例则是涵洞孔径计算的重要控制条件。

④ 为提高泄水能力,最大限度地缩小孔径,降低工程造价,在涵洞孔径计算中要考虑水流充满洞身触及洞顶的情况。

(2)水力图式

按照涵前水深是否淹没洞口以及进水口洞口建筑形式,可有三种水力图式:

① 无压力式

水流通过涵洞时,在其洞身长度内都有与洞顶不接触的自由水面,其水力图式相当于水力学中的自由式宽顶堰,如图 11-23 所示。

② 半压力式

涵洞进水口被淹没,但整个洞身仍具有自由水面。此时洞口呈有压状态,其水力图式与水力学中的水流穿过侧壁孔口或闸门的水力状态相似,如图 11-24 所示。

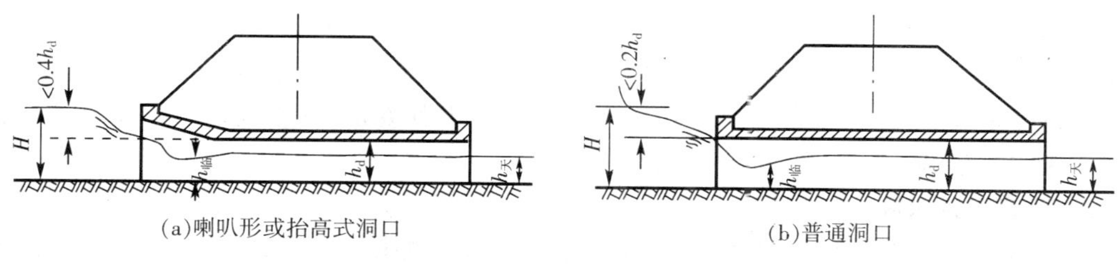

(a)喇叭形或抬高式洞口　　(b)普通洞口

图 11－23　无压力式涵洞

③ 压力式

涵洞进水口完全被水淹没，且整个洞身被水流充满，整个洞身呈有压状态，其水力图式与水力学中的短管出流的水力状态相似，如图 11－25 所示。

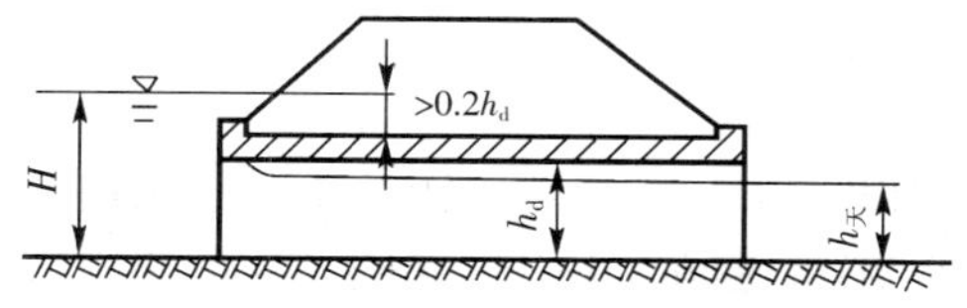

图 11－24　半压力式涵洞

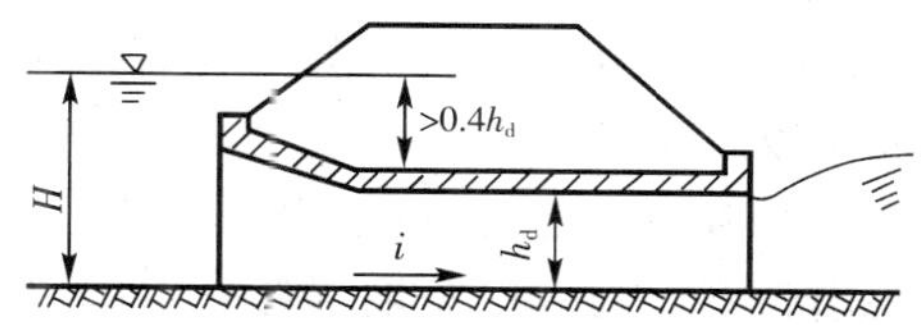

图 11－25　压力式涵洞

(3)涵洞孔径计算方法及步骤

以无压力式涵洞为例，总结涵洞孔径计算的步骤：

①初拟洞内净高；

②计算壅水高度；

③计算跨径，取整为标准跨径；

④检查跨径与台高是否满足经济断面要求(1∶1～1∶1.5)；

⑤若基本符合比例，则计算结束。否则重拟洞内净高，重新计算，直至合格。

11.4　小桥涵设计

11.4.1　小桥涵基础设计

1. 基础类型

(1)按建筑材料分类

按建筑材料可分为石料基础、混凝土基础以及钢筋混凝土基础。石料基础一般采用水泥砂浆砌片石，石料的强度不应小于 MU30，砌筑砂浆的强度不应小于 M5。混凝土基础的整体性较好，便于机械化施工，涵洞基础混凝土的最低强度为 C20(现浇)、C25(预制块)。为了节约水泥，混凝土中可掺入不多于其体积 20％的片石。当基础承受较大挠曲时，可采用钢筋混凝土，混凝土强度等级不应低于 C20。

(2)按构造形式分类

根据上部构造要求以及地基情况不同，涵洞基础可分为整体式基础和分离式基础。整体式基础一般为矩形基础，其尺寸通常由上部结构的大小而定，不受地基承载力的控制。分离式基础是单独修筑在各涵台下相互独立的基础，在跨径较大及地基强度较高时采用。

(3)按工作条件分类

可分为刚性基础和柔性基础。刚性基础的材料抗拉强度低,计算中不计其弯曲变形,如石料基础及混凝土基础;柔性基础在荷载作用下应考虑其变形,除钢筋混凝土基础外,将涵管置于天然土层或砂砾垫层上,亦属柔性基础。

2. 基础埋置深度

影响基础设计的因素有:地基土壤的承载力;水流的冲刷能力和地基冰冻程度。考虑这三方面因素,基础埋置深度应符合下列要求:

(1)设于基岩上的地基,基础可直接置于基岩上,但应清除风化层;

(2)当地基为土壤,又无冲刷时,基础应埋于地面下 0.6m 或 1.0m;

(3)当地基为淤泥或软弱层时,可采用扩大基础、块石挤淤、砂垫层等加固措施;

(4)小桥基础应在设计洪水位冲刷线以下 1.0m;

(5)在冰冻地区,一般情况下基础应置于冰冻线以下 0.25m。

3. 扩大基础

地基承载力不足时,可采用多层的扩大基础,如图 11-26 所示。刚性基础扩大时,其台阶的挑出长度应与台阶高度保持一定的比例,通常用刚性角 α 控制。对于片石、块石、料石砌体,用 M5 以上水泥砂浆砌筑时,$\alpha \leqslant 35°$;对于混凝土基础,$\alpha \leqslant 40°$。

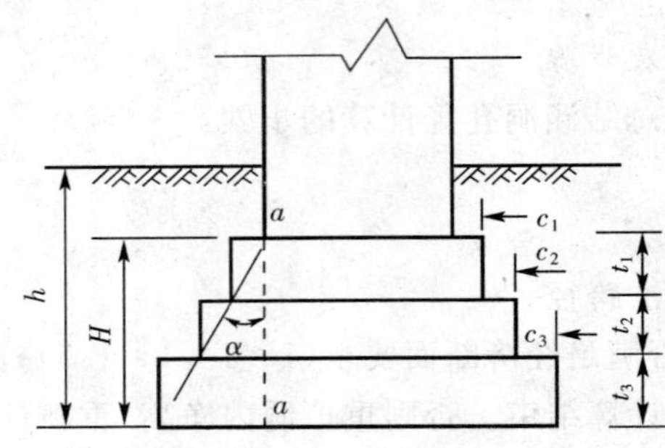

图 11-26 刚性扩大基础

10.4.2 涵洞设计

1. 涵洞孔径的选择

(1)排洪涵洞孔径的选择

对于排洪涵而言,选择孔径的主要依据是涵洞的水力性质。涵洞一般设计成无压力式的。选择孔径的具体步骤如下:

① 收集有关资料,如涵位处路堤高度、设计流量等;

② 考虑排洪条件,初选孔径;

③ 按初选孔径检查路堤高度;

(2)农田灌溉涵孔径的选择

灌溉涵的孔径主要取决于通过的流量,同时保证涵洞前的积水不能太深,以免影响上游渠道的正常使用。同时不压缩原有渠道的过水断面,因此应根据通过的流量选用比排洪涵大一些的孔径。

(3)交通涵孔径的选择

交通涵即所谓的通道,其设置需满足横向交通的要求。公路例题交叉通道的净空,按公路建筑限界的规定确定。当乡村道路从公路下穿过，净空可根据当地通行的车辆组成，与有关部门协商确定。通道净空不仅要满足目前需要，还要适当考虑今后发展的需要。

2. 涵洞的布置

(1)涵洞的平面布置

对一座涵洞而言，其平面布置主要应解决好涵位以及涵洞轴线与路线的交角问题。涵洞应尽量布置成与路线正交。若天然河道与路线斜交，但地形变化不大，且水流较小，则可经过人工改河，仍可设置成正交涵洞；若不宜改河，则采用斜交涵洞。

(2)涵洞的立面布置

① 排洪涵流水槽面标高的确定

一般按涵中(涵洞轴线与路线中线在平面图上的交点)流水槽面标高与相应的原天然沟底标高相等或接近相等设置，然后依据涵长和涵坡计算确定涵洞出入口处的流水槽面标高。

② 排洪涵涵坡的确定

若洞沟的天然坡度接近所选涵洞的临界坡度，涵洞坡度按临界坡度设置。若两者相差较大，则可按河沟纵坡设置。

③ 灌溉涵、交通涵的立面布置

涵洞的标高和坡度原则上均按原沟渠或道路的标高和坡度设置。如涵洞连接当地规划中的沟渠或道路，则其标高和坡度应与有关部门协商解决。

3. 绘图步骤及示例

(1)绘图步骤

①整理外业资料，收集有关路线及路基设计资料，拟定主要尺寸，选定标准图；

②点绘河沟纵断面；

③绘路基设计线；

④结合地面线和地质水文确定基础位置，至下而上标出洞身长度；

⑤绘进出洞口图、平面图、横断面图及有关剖面图；

⑥计算并标出各部尺寸；

⑦计算工程数量、编写说明、整理完成全图。

(2)示例

图11－27所示为某公路K3＋895.10～K5＋388.40路段的涵洞布置图。

4. 涵洞设计成果

(1)初步设计阶段

在初步设计阶段应完成的主要成果是涵洞表。表中应列出中心桩号、结构类型、交角、填土高度、孔数及孔径、长度、进出口形式、设计流量、主要工程数量表等。

(2)施工图设计阶段

在施工图设计阶段主要完成涵洞工程数量表和涵洞设计图。在涵洞工程数量表中，列出中心桩号、交角、孔数及孔径、涵长、结构类型、进出口形式、采用标准图编号、工程材料数量等。

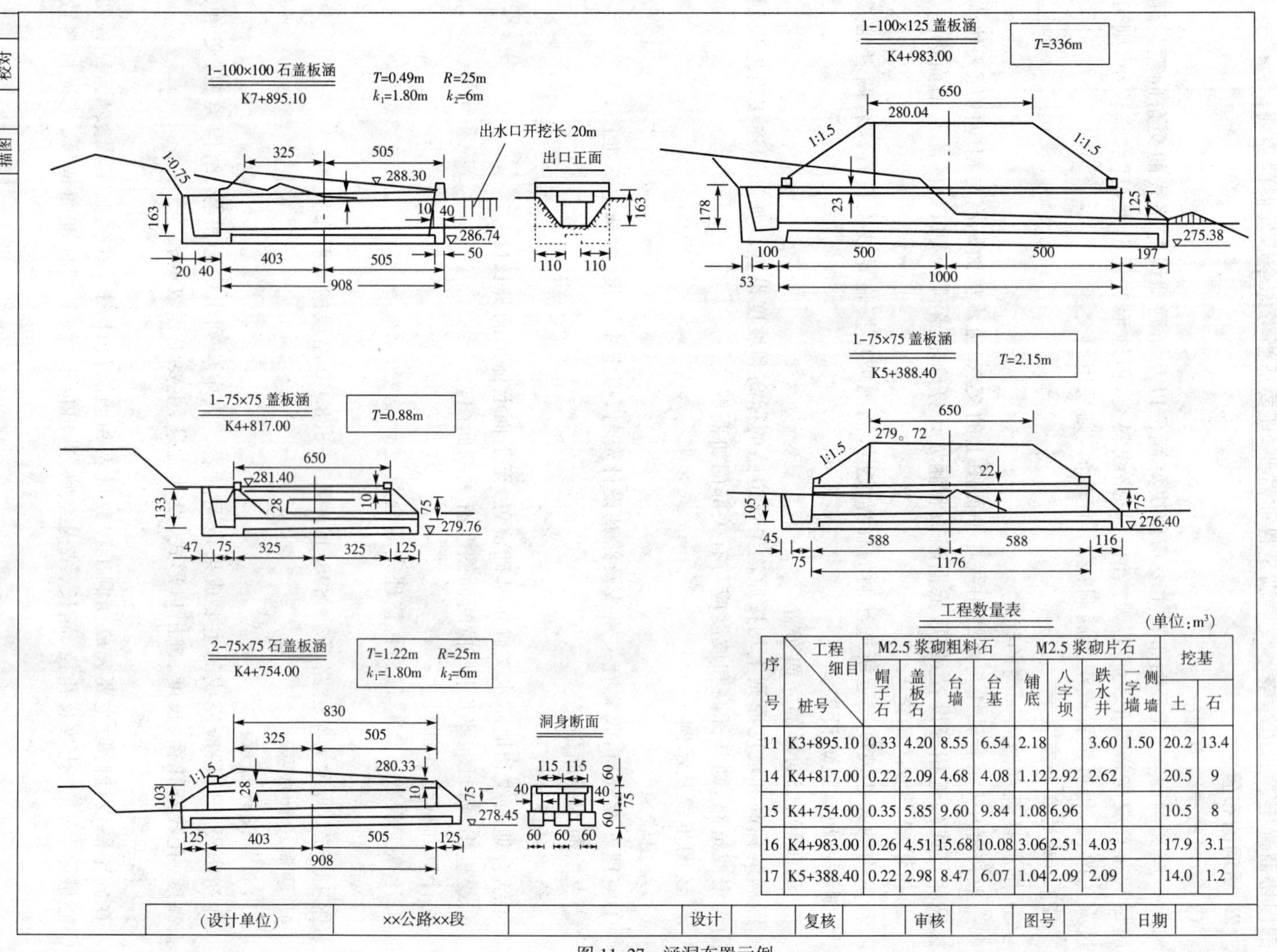

工程数量表

(单位：m^3)

序号	工程细目 / 桩号	M2.5 浆砌粗料石				M2.5 浆砌片石				挖基	
		帽子石	盖板石	台墙	台基	铺底	八字坝	跌水井	一字墙 侧墙	土	石
11	K3+895.10	0.33	4.20	8.55	6.54	2.18		3.60	1.50	20.2	13.4
14	K4+817.00	0.22	2.09	4.68	4.08	1.12	2.92	2.62		20.5	9
15	K4+754.00	0.35	5.85	9.60	9.84	1.08	6.96			10.5	8
16	K4+983.00	0.26	4.51	15.68	10.08	3.06	2.51	4.03		17.9	3.1
17	K5+388.40	0.22	2.98	8.47	6.07	1.04	2.09	2.09		14.0	1.2

图 11-27 涵洞布置示例

11.4.3　小桥设计

1. 小桥设计的步骤和内容

(1)选定桥下中心流水面标高和纵坡

通常情况下,宜将桥址中心的天然沟床标高选为小桥桥下铺砌后的重心流水面标高,以利排洪和减少开挖工程量。小桥沿水流方向的长度较短,故对于比较平缓的沟床,可设成临界坡、平坡或保持原沟床的纵坡。

(2)桥式选择与孔径计算

桥式选择应在保证运营安全的前提下,尽量就地取材。在一段线路内,尽量减少小桥的类型,以便于施工和养护;小桥一般采用钢筋混凝土简支梁桥;基础施工简单、桥头路基填土较低的小桥可采用小跨多孔,填土较高或交通用的小桥宜采用较大跨径的单孔。

(3)小桥的平面和立面布置

小桥的平面布置一般只需在 1∶2000 地形图上进行,现场核对即可。当地形、地貌复杂,上下游有附属设施或 1∶2000 地形图不能满足平面布置要求时,需实测桥址 1∶500～1∶1000 平面图。小桥的桥址纵断面一般利用路线测量资料,绘图比例一般为 1∶50～1∶200(纵横一致),并加绘地质资料。

(4)设计图绘制与工程数量计算

小桥设计一般只绘全桥总体布置图,由于小桥一般都套用标准图或通用设计图,故绘图时仅标注结构各部分的主要尺寸。

2. 绘图步骤及示例

(1)绘图步骤

① 整理外业资料,收集有关路线及路基设计资料,拟定主要尺寸,选定标准图;

② 在立面图上点绘河床横断面,将上、中、下三个断面套绘在一张图上;

③ 绘立面图。一般自上而下绘制起拱线(或墩台顶面),然后确定基础标高,再自下而上绘出全图,并计算每个墩台高度;

④ 绘横断面图;

⑤ 由立面及横断面图绘出平面图;

⑥ 根据需要,绘必要的细部结构、剖面图、大样图;

⑦ 计算并标出各部尺寸;

⑧ 计算工程数量、编写说明、整理完成全图。

(2)示例

图 11－28 所示一座小桥的总体布置图。

3. 小桥设计成果

(1)初步设计阶段

主要完成小桥表,表中应列出中心桩号、河名或地名、孔数及孔径、交角、桥长、结构类型(分上、下部结构)、设计流量、主要工程材料数量等。

(2)施工图设计阶段

① 小桥工程数量表

列出中心桩号、河名或地名、孔数及孔径、交角、桥长、结构类型(分上、下部结构)、采用标准图编号、上下部构造、墩台基础、主要工程材料数量等。

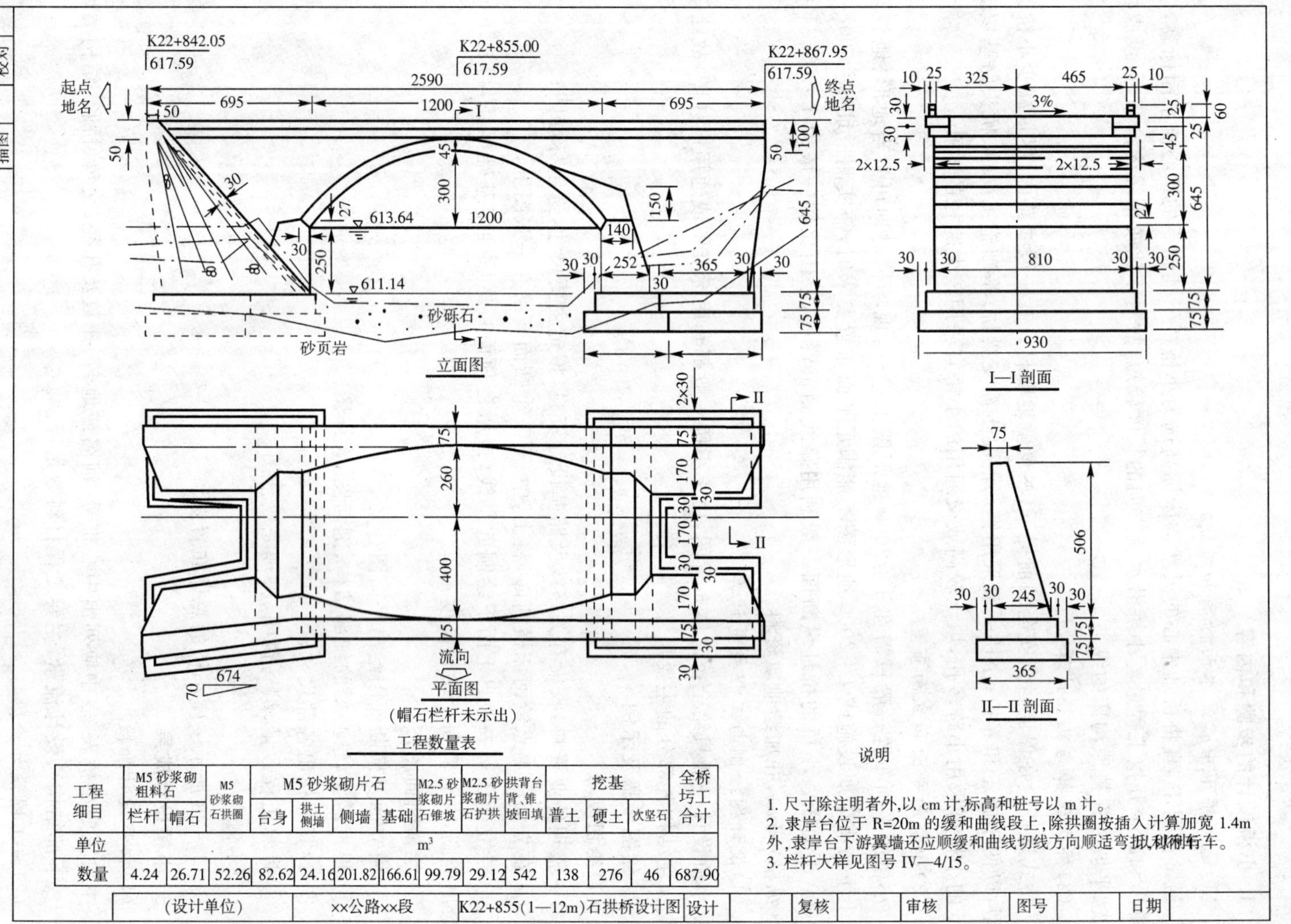

工程数量表

工程细目	M5砂浆砌粗料石		M5砂浆砌石拱圈	M5砂浆砌片石				M2.5砂浆砌片石锥坡	M2.5砂浆砌片石护拱	拱背台背、锥坡回填	挖基			全桥圬工合计
	栏杆	帽石		台身	拱上侧墙	侧墙	基础				普土	硬土	次坚石	
单位	m^3													
数量	4.24	26.71	52.26	82.62	24.16	201.82	166.61	99.79	29.12	542	138	276	46	687.90

图 11-28 小桥设计图示例

② 小桥设计图

在总体布置图中，绘出立面(或纵断面)、平面、横断面，示出河床断面，注明水位、地质概况、各部尺寸、高程和里程。

思考题

1. 划分小桥与涵洞有哪两项指标？怎样划分？
2. 简述盖板涵和拱涵的组成及各组成部分的功能及构造。
3. 小桥位置确定应综合考虑哪些条件？
4. 小桥涵外业测量包括哪些内容？
5. 综述小桥涵流量计算的常用四种方法的原理和适用条件。
6. 试比较小桥孔径计算与涵洞孔径计算的特点。
7. 小桥涵基础有哪些类型？各类基础的特点及适用条件怎样？
8. 试比较小桥和涵洞设计要求有何异同？
9. 小桥与涵洞设计应完成哪些成果？

第12章　道路外业勘测

12.1 概　述

道路外业勘测的最终目的就是把工程师构思、设计的路线放在实地，并为道路的设计提供可靠的测量和调查资料。本章根据现行的《公路勘测规范》(JTG C10－2007)中规定的勘测内容，对公路勘测初测和定测的测量、调查等野外工作的内容进行介绍。

12.1.1　目的和任务

公路外业勘测的总体目的就是把研究的路线走向方案通过适当的勘测放到实地，并取得相关的设计资料。公路工程基本建设项目一般采用两阶段设计，即初步设计和施工图设计，路线的初步设计阶段的勘测工作称为初测，施工图设计阶段的勘察工作称为定测。

1. 初测的目的和任务

初测的目的是根据批复的《工程项目可行性研究报告》所拟定的修建原则和设计方案，进行现场勘测，确定采用的方案，并搜集编制初步设计文件的资料。

初测中路线方案的选定应采用"纸上定线法"，当受地形、地物及设备条件限制时，可采用"现场定线法"。

初测的任务则是要对路线方案作进一步的核查落实，并进行导线、高程、地形、桥涵、路线交叉和其他资料的测量、调查工作。

2. 定测的目的和任务

定测的目的是根据批准的初步设计文件及确定的修建原则和工程方案，结合自然条件与环境，通过优化设计后进行实地定桩放线，准确测定路线线位和构造物位置，为道路施工图设计提供准确、可靠的外业资料。

定测的任务是：根据上级批准的初步设计，具体核实路线方案，实际标定路线或放线，并进行详细测量和调查工作。

12.1.2　外业测量记录和标志

1. 测量记录

测量记录是勘测设计的原始资料之一，并必须遵守下列规定：

(1)应按规定的内容(包括简图)要求在现场记录清楚，不得事后补记，记录字迹要清楚、整齐，不得擦改、转抄。

(2)现场发现看错或记错而须改正观测数字时，应用横道线整齐划去原始记录的错误数字或文字，重新记录正确的数字和文字。如测站发生错误，应划去该页，另页记录，并在划去页中加注说明。

(3)记录本应分类编号，并编写记录本目录，注明上承下接册序及页号。标准记录簿中所规定的项目，应逐项记录齐全，说明及草图要精炼、准确。

(4)测量结束后，应及时整理、检查计算是否正确，成果是否符合各项限差及技术要求，经复核无误并签署后，方能交付使用。

(5)测量完毕后，各种记录簿应编目、整理，并由测量、复核及主管人员签署，按规定归档、保存。

(6)公路勘测的各种记录，应采用专用记录簿，记录簿必须编排页码，严禁撕页。采用电子设备记录时，打印输出的内容应具有可查性。

2. 测量记录

(1)测量使用的符号，可采用英文(包括国家标准或国际通用)字母或汉语拼音(包括国家标准或国际通用)字母。一条公路宜采用一种符号。公路测量符号按《公路勘测规范》中规定执行

(2)桩志是各设计阶段及施工的测量依据，凡用于控制测量的GPS点、三角点、导线点、水准点等，应采用永久性的水泥混凝土桩，或凿刻在稳固岩石或永久建筑物上的永久性标志，并绘制固定位置草图。其他如路线控制桩、一般构造物控制桩等，可采用规定长度的木桩，必要时应采用水泥砂浆固定。一般性的路线中桩则可采用一定规格的木质或竹质板桩。

12.2 道路初测

12.2.1 前期工作

1. 准备工作

(1)搜集资料

为满足初测和初步设计的需要，航测像片初测前应搜集、掌握以下资料：

①可供利用的各种比例的地形图、航测图、三角点、导线点、水准点资料；

②了解沿线自然地理概况，收集沿线的工程地质、水文、气象、地震基本烈度等资料；

③搜集沿线农林、水利、铁路、公路、航道、城建、电力、环保等有关部门的规定及规划、科研成果等资料；

④对于改建公路还应收集原路的测设、施工及路况等资料。

(2)室内研究路线方案

根据工程可行性研究报告拟定的路线基本走向方案，在地形图(1：10000～1：50000)或航测像片上进行室内研究，经过对路线方案的初步比选，拟定出需勘测的方案(包括比较线)及需现场重点落实的问题。

2. 现场踏勘

踏勘是正式初测前，在现场对路线方案进行全面的调查和核实的工作。其核查的主要内容有：

(1)核查所搜集的地形图与沿线地形、地物有无变化，对拟定的路线方案有无干扰，并研究相应的路线调整方案。

(2)核查沿线居民的分布、农田水利设施、主要建筑设施等，并研究相应的路线调整方案。

(3)核查路线各种地上、地下管线、重要历史文物、名胜古迹、旅游风景区、自然保护区、景观区点等，应研究路线布设后对环境和景观的影响。

(4)对沿线重点工程和复杂的大、中型桥，隧道，互通立交等，应逐一核查落实其位置及设置条件。

(5)了解沿线主要建筑材料的产地、质量、储量和开采条件，对缺乏的筑路材料应提出解决的途径。

(6)核查工作应与当地政府或主管部门取得联系，对重要的路线方案、同地方规划或设施有干扰的方案，应征求相关部门的意见。

(7)核实中应充分考虑对环保的影响。

3. 资料整理

通过收集资料和现场的查实调查，应提出如下资料：

(1)根据已掌握的资料，概括说明沿线的地形、河流、工程地质、水文地质、气象等情况，指出采用路线方案的理由，提供沿线主要工程和主要建筑材料情况，提出勘测中应注意的事项、需要进一步解决的问题等。

(2)估计野外工作的困难程度和工作量，确定初测队伍的组织及必备的仪具和其他装备，编制野外工作计划和日程安排。

(3)提出主要工程(如桥涵、隧道、立交等)的工程地质勘察工作量和要求。

12.2.2 道路初测要点

根据实际情况对拟定的路线方案和比较方案进行调整与修正，确定路线走廊带后进行初测。

1. 路线平面控制测量

公路平面控制测量，包括路线、桥梁、隧道及其他大型建筑物的平面控制测量。平面控制网的布设应符合因地制宜、技术先进、经济合理、确保质量的原则。

路线平面控制网是公路平面控制测量的主控制网，沿线各种工点平面控制网应联系于主控制网上，主控制网宜全线贯通，统一平差。

平面控制网的建立，可采用全球定位系统(GPS)测量、三角测量、三边测量和导线测量等方法。平面控制测量的等级，当采用三角测量、三边测量时，依次为二、三、四等和一、二级小三角；当采用导线测量时，依次为三、四等和一、二、三级导线。

各级公路、桥梁、隧道及其他建筑物的平面控制测量等级的确定，应符合表 12-1 的规定。

表 12-1 平面控制测量等级

等级	公路路线控制测量	桥梁桥位控制测量	隧道洞外控制测量
二等三角	—	＞5000m 特大桥	＞6000m 特长隧道
三等三角、导线	—	2000～5000m 特大桥	4000～6000m 特长隧道
四等三角、导线	—	1000～2000m 特大桥	2000～4000m 特长隧道
一级小三角、导线	高速公路、一级公路	500～1000m 特大桥	1000～2000m 中长隧道
二级小三角、导线	二级及二级以下公路	＜500 大中桥	＜1000m 隧道
三级导线	三级及三级以下公路	—	—

采用“现场定线法”进行初测的导线或中线，应根据地形变化钉设加桩，以供测绘地图

使用。

应利用路线经过地区已有国家或其他有关部门的平面控制资料，但应进行以下工作：

①对原有控制点应进行检测；

②控制测量的坐标系统与本路的坐标系统不一致时，应进行换算；

③原有平面控制点不能满足公路放线要求时，应按规定予以加密。

2. 路线高程测量

公路高程系统，宜采用1985国家高程基准。同一条公路应采用同一个高程系统，不能采用同一系统时，应给定高程系统的转换关系。独立工程或三级以下公路联测有困难时，可采用假定高程。

公路高程测量采用水准测量。在进行水准测量确有困难的山岭地带以及沼泽、水网地区、四、五等水准测量可用光电测距三角高程测量。

各级公路及构造物的水准测量等级应按表12-2选定。

表12-2　公路及构造物的水准测量等级

等级	测量项目	水准路线最大长度
三等	4000m以上特长隧道、2000m以上特大桥	50
四等	高速公路、一级公路、1000～2000m特大桥、2000～4000m长隧道	16
五等	二级及二级以下公路、1000m以下桥梁、2000m以下隧道	10

水准测量的精度应符合表12-3规定。

表12-3　水准测量的精度

等级	每公里高差中数中误差(mm)		往返较差、附和或环形闭合差(mm)		检查已测测段高差之差(mm)
	偶然中误差 M_Δ	全中误差 M_W	平原微丘区	山岭重丘区	
二等	±1	±2	$\pm 4\sqrt{l}$	$\pm 4\sqrt{l}$	$\pm 6\sqrt{L_i}$
三等	±3	±6	$\pm 12\sqrt{l}$	$\pm 3.5\sqrt{n}$或$\pm 15\sqrt{l}$	$\pm 20\sqrt{L_i}$
四等	±5	±10	$\pm 20\sqrt{l}$	$\pm 6.0\sqrt{n}$或$\pm 25\sqrt{l}$	$\pm 30\sqrt{L_i}$
五等	±8	±16	$\pm 30\sqrt{l}$	$\pm 45\sqrt{l}$	$\pm 40\sqrt{L_i}$

［注］　计算往返较差时，l为水准点间的路线长度(km)；计算附和或环线闭合差时，l为附和或环线的路线长度(km)。n为测站数。L_i为检测测段长度(km)，小于1km时按1km计算。

3. 路线地形图测量

初测路线地形图必须全线贯通测绘。在具体测绘时，为保证测设精度，应尽量以导线点作测站。必要时可以根据导线点用视距法或交会法设置地形转点。

路线地形图的测绘宽度，在采用“纸上定线法”初测时，路线中线两侧应各测绘200～400m；采用“现场定线法”初测时，路线中线两侧测绘宽度可减窄为150～250m。

高速公路和一级公路采用分离式路基时，地形图测绘宽度应覆盖两条分离路线及中间带的全部地形；当两条路线相距很远或中间带为大河与高山时，中间带的地形可不测。

地形图的具体测绘可根据不同的条件采用不同的方法。

4. 路线测量

各级公路应在地形测量之后，进行纸上定线；受条件限制或地形、方案较简单，也可采用现场定线。

路线定线应符合《公路工程标准》(JTG B01－2003)、《公路路线设计规范》(JTG D20－2005)的规定，正确掌握和运用技术标准。定线工作应做好总体布局，根据各类地形特点，结合人工构造物的布设，进行路线平、纵、横面的协调布置，定出合理的线位。对地形、地质、水文条件复杂、工程艰巨的路段，应拟定出可能的比较方案，进行反复推敲、比较，确定采用方案。

5. 其他勘测与调查

初测除上述四项测量内容外还应包括以下勘测与调查的内容：

(1)路基、路面及排水勘测与调查；

(2)小桥涵勘测；

(3)大、中桥勘测；

(4)隧道勘测；

(5)路线交叉勘测与调查；

(6)沿线设施勘测与调查；

(7)环境保护勘测与调查；

(8)沿线筑路材料调查；

(9)渡口码头勘测与调查；

(10)改移公路、铺道、连接线的勘测与调查；

(11)占用地、拆迁建筑、构筑物调查；

(12)临时工程调查；

(13)伐木、挖根、除草的调查；

(14)概算资料调查。

6. 初测的内业工作

(1)初测内业工作内容

① 复核、检查、整理外业资料；

② 进行纸上定线或移线及局部方案比选；

③ 初步拟定各种构造物设计方案，并综合检查定线成果；

④ 编制勘测报告及有关图表制作与汇总；

⑤ 应逐日复核、检查外业中原始记录资料，如有差错、遗漏，必须及时纠正或弥补；对于向其他部门收集资料，应根据测设需要，检查、分析其是否齐全、可靠和适用，做到正确取用；

⑥ 综合检查、协调路线设计与有关专业及结构物布设的合理性，并进行现场校对。

(2)初测应提交的成果

① 各种调查、勘测原始记录及检验资料；

② 纸上定线或移线成果及方案比较资料；

③ 各种主要构造物设计方案及计算资料；

④ 路基、路面、桥梁、交叉、隧道等工程设计方案图及比较方案图；

⑤ 沿线设施、环境保护、筑路材料等设计方案；

⑥ 平纵面缩图，主要技术指标表，勘测报告及有关协议、纪要文件。

12.3　道路定测

12.3.1　定测的内容及准备工作

1. 定测的内容

(1)对初步设计方案进行补充勘察，如有方案变化应及时与有关主管部门联系，并报上级批准；

(2)实地选定路线或实地放线(纸上定线时)，进行测角、量距、中线测设、桩志固定等工作；

(3)引设水准点，并进行路线水准测量；

(4)路线横断面测量；

(5)测绘或勾绘路线沿线的带状地形图；

(6)对有大型构造物地带，应测绘局部大比例地形图；

(7)进行桥、涵、隧道的勘测与调查；

(8)进行路基路面调查；

(9)占地、拆迁及预算资料调查；

(10)沿线土壤地质调查及筑路材料调查；

(11)检查及整理外业资料，并完成外业期间所规定的内业设计工作。

2. 准备工作

(1)资料收集

① 工程可行性报告及有关文件；

② 初步设计文件及审批意见；

③ 初测有关的记录、计算及设计资料；

④ 检查并核实初步设计阶段所收集的资料；

(2)现场核查

① 初测控制桩的保存情况；

② 沿线地形、地物及地貌的变化情况；

③ 初设的路线走向、控制点及桥隧、立交等工程方案情况；

④ 局部改移和调整方案的意见。

12.3.2　定测的分工

定线测量中，纸上定线和直接定线的工作方法略有不同，纸上定线的现场放线一般有下列过程。

1. 路线放线

路线放线一般有坐标法、拨角法、支距法及直接定交点法。目前随着测量设备的改进，通常采用坐标法。

当对交点水平角度进行观测时，高速公路、一级公路及二级公路应使用精度不低于 J6 经纬仪，采用圆测回法测量右角，观测一测回。两半测回间应变动度盘位置，角度值相差的限差在±20″以内取平均值，取位至1″。二级及二级以下公路角度值相差的限差在±60″以内取平均值，取位至30″。

具体详见《公路勘测规范》、测量学及相关资料。

2. **中桩测量**

中桩测量可采用坐标法及链距法，条件受限时亦可采用交会法。高速公路、一级公路、二级公路应采用坐标法，三、四级公路条件受限时方可采用链距法。

放桩过程中要注意桩距及精度的要求。

3. **高程测量**

首先复核初测时的水准点，检查初测水准点的精度及位置。精度超出要求时必须进行复测，并保证水准点距定测中线50～200m，不满足要求的进行迁移。

中桩高程测量应起闭于水准点，其允许误差：高速公路、一级公路为$\pm 30\sqrt{L}$ mm；二级及以下公路为$\pm 50\sqrt{L}$ mm；中桩高程可观测一次，读数取位至厘米。

中桩高程检测限差：高速公路、一级公路为±5cm；二级及以下公路为±10cm；对沿线需要特殊控制的建筑物、管线、铁路轨顶等，应按规定测出其标高，其检测限差为±2cm。

4. **横断面测量**

横断面测量中，高速公路、一级公路应采用水准仪—皮尺法、横断面仪法、全站仪法或经纬仪视距法，二级及二级以下公路可采用手水准仪—皮尺法。

横断面测量要逐桩进行，保证施测方向在直线段与路线垂直，曲线段与曲线切线方向垂直；施测宽度满足路基及排水的设计要求，反映地形、地物、地质的变化，标注相关水位、建筑物、土石分界等的位置；对分离式路基和回头曲线段，应测出连通上、下路线横断面，并标注相关关系。横断面中的高程、距离的读数取位至0.1m，检测限差见表12-4。

表12-4 横断面检测限差(m)

公路等级	距离(m)	高差(m)
高速公路、一级公路	$\pm(L/100+0.1)$	$\pm(h/100+L/200+0.1)$
二级及以下公路	$\pm(L/50+0.1)$	$\pm(h/50+L/100+0.1)$

[注] h—检测点与路线中桩的高差(m)；L—检测点与路线中桩的水平距离(m)。

横断面成图后必须进行现场核对。

5. **地形补充测量**

定测应对初测地形图进行现场核对，有出入的进行补测，发现错误及变化大时进行重测。

此外，还应进行路基路面及排水勘测与调查，桥、涵调查与勘测，隧道勘测，路线交叉勘测与调查，沿线设施的勘测与调查，环境保护勘测与调查，其他勘测与调查详见《公路勘测规范》。

6. **内业工作**

内业应随外业的进程，逐日复核、检查外业记录资料，以发现错误及遗漏，以便及时修正及弥补，以保证资料的齐全、可靠、适用、正确。

同时各专业必须进行良好的配合，以保证设计方案的可行性和合理性。

定测完成后应提交以下成果：

(1)各种调查、勘测原始记录图纸及资料；

(2)各专业勘测调查的质量检查及分析评定资料；

(3)路线平、纵面设计及各种底图底表；

(4)各专业主要计算分析论证资料；

(5)各专业主要设计布置图及设计底表；

(6)外业勘测说明书及有关协议和文件。

外业完成后，应经主管部门的检查及验收，认可后方能离开现场及开展设计工作。

12.3.3　道路定测各作业组的工作任务及注意事项

1. 选线组

(1)主要任务

选定控制路线大致走向的JD和ZD，并初步选定曲线半径和控制要素。

(2)考虑因素

视察报告、路线布局、选线原则、技术标准、实际地形、景观协调、纵面放坡和其他要求。

(3)注意事项

① 选线组所用标志采用5cm×5cm×(25～30)cm方木桩；交点桩在桩顶画"⊙"；转点画"▲"，以示区别，并用小铁钉标示。

② 所选点中活转点或活交点桩打入一部分，死点桩打到与地面齐平。

③ 点位旁应设麻纸或布条制作的红、白小旗，以引导后续组找点，并在其点旁设指示桩。

④ 选线应做好记录，并在桩位处留置纸条并用无线通话机通知后续组，以便使测角组了解其意图。

2. 测角组

(1)主要任务

① 标定交点及转点；

② 测量导线右角计算转角；

③ 选定曲线半径计算元素；

④ 确定角分线方向，设分角桩；

⑤ 测定磁(或真)方位角，推算计算方位角；

⑥ 测定后视距离(校核链距)；

⑦ 丈量或用视距仪测基线长度(在虚交或复曲线处)；

⑧ 设置护桩。

(2)注意事项

① 本组所定点位因故如与选线意图不符时，应及时联络，合理确定；

② 所定桩一律用方桩并打入与地面平齐，上钉小钉，并在其旁设指示桩；

③ 所有观测结果必须用铅笔做好记录，如写错可划掉重写，不准用橡皮涂擦。

3. 中桩组

(1)主要任务

将道路中心线的平面位置用桩标定到实地上，并丈量其里程。

(2)注意事项

① 特殊地段的中线丈量可用导线等方法穿过，但应注意地形变化点、拆迁等处的加桩；

② 路线经过旧路地段时，一律钉带有红布条的蘑菇钉，并在旧路肩上设指示桩，指示桩的正面写正桩号和指示桩到正桩的方位和距离，背面写序号(0～9 循环)；

③ 公里桩和百米桩及曲线主点桩等重要标志一律先写里程后写桩号；

④ 岩石上的中桩可刻痕凿记并用油漆书写。

4. 水平组

(1)基平组主要任务

沿线设置水准点(BM)并测其高程。

(2)中平组主要任务

以基平 BM 为依据，测量每个桩的地面高程。

(3)操作要点

一个测站上一般用视线高程控制，即在一个测站观测 MB 或 ZD 读数后，紧接着观测一系列中桩地面读数，按此方法依次设置转点和测站，直到下一个水准点或转点，经闭合差检查符合要求后，再进行下一水准区段测量。限差一般为基平的 1.5～2 倍。

5. 横断面组

(1)主要任务

测设每个中桩垂直于路线方向左右一定范围内(一般为 15～30m)的地面起伏状况(如与地形组合并勾绘地形图或大填大挖处的横断面，则应加大施测范围，一般左右各 100m)。

(2)主要内容

① 用横断面方向架确定横断面方向；

② 找横断面地形变化特征点；

③ 进行横断面测量，方法有：抬杆法、花杆皮尺法、手水准花杆法、横断面测量仪法、全站仪测量法等；

④ 绘制横断面地面线图(亦可采用现场成图)。

(3)注意事项

① 施测时注意左右横断面，切莫弄反；

② 横断面方向上如遇地物，要在图上标明。

6. 地形组

(1)主要任务

地形组的任务就是根据设计的需要，按一定比例测绘出沿线一定宽度范围内的带状地形图(或局部范围的专用地形图)，供设计和施工使用。

地形图分为路线地形图和工点地形图两种。路线地形图是以导线(或路线)为依据的带状地形图，主要供纸上定线或路线设计之用。工点地形图是利用导线(或路线)或与其取得联系的支导线，进行测量的为特殊小桥涵和复杂排水、防护、改河、交叉口等工程布置的专用地形图。

(2)测设要求

路线地形图比例尺采用 1∶2000；测绘宽度两侧各为 100～200m；对于地物、地貌简单、地势平坦的地区，比例可采用 1∶5000；测绘宽度每侧不应小于 250m。

7. 其他作业组

除上述六个作业组外，详测工作还有：桥涵组、地质组、调查组及内业组等。这些作业组的工作内容将在相关课程中讲述。

思考题

1. 道路外业勘测一般由哪些作业组组成？简述各作业组的任务。
2. 道路初测的目的和任务是什么？
3. 道路定测的目的和任务是什么？
4. 综述道路定测选线组、测角组、中桩组的主要工作内容。

第 13 章　计算机辅助设计

13.1　概　述

13.1.1　道路 CAD 的基本概念

随着计算机技术的发展，国外自 20 世纪 60 年代后期开始研究一项旨在利用计算机帮助人们完成设计过程的技术——计算机辅助设计（Computer Aided Desing），简称 CAD。该技术最初应用于电子设计领域，随后逐步扩展到机械工程及土木工程设计领域，日益成为现代设计的重要手段之一。

道路设计中的平面设计、纵断面设计及横断面设计工作量大、计算复杂、图表众多，于是我们将计算机辅助设计引入到道路设计中来，从而诞生了道路 CAD。所谓道路 CAD 技术，就是在道路设计过程中，人和计算机之间通过"人机交互技术"建立联系，全面交流，充分利用人的逻辑推理能力、综合判断能力、图形识别能力及联想思维、模糊思维等特点，利用计算机的运算速度快、数据精度高、记忆能力强、不疲劳、不出错、成图迅速、图表规范等优势，使人和计算机能相互取长补短，从而提高道路设计能力、缩短设计周期、改善设计质量、降低设计成本。

13.1.2　道路 CAD 系统

道路 CAD 系统包括硬件系统和软件系统两个部分。硬件系统由主机、输入设备和输出设备组成。软件系统包括系统软件和应用程序两个部分。目前，大部分个人计算机均采用 windows 操作系统，市场上的道路 CAD 应用程序绝大多数也是基于 windows 操作系统开发的。基于 windows 操作系统的道路 CAD 系统具有界面友好、可视化操作、项目化管理、对象化编程等优点。

道路 CAD 发展至今，把道路设计师从繁杂的手工计算和绘图中解脱出来，已经取得了相当的进展。随着道路 CAD 系统的不断完善，它将具有更高的人工智能选线功能、更高效的数据自动采集及更新功能、更强大的道路仿真功能，具备更强的多目标决策和最优化技术。

13.2　计算机辅助道路平纵横设计

13.2.1　计算机辅助道路平面设计

1. 平面设计任务

在公路设计中，根据测设阶段和数据采集方法的不同，平面设计可分为实地定线和纸上定线。在实地定线的情况下，计算机辅助路线平面设计的任务是：验算曲线要素和主点桩号；进行超高、加宽计算；处理断链；生成平面图。在纸上定线设计时，计算机辅助路线平面设计的任务则是：路线导线及偏角计算；人机交互中线设计（包括曲线要素和主点桩号计算）；超高、加宽计算、生成平面图。无论是实地定线还是纸上定线，中线设计（定线）是其中最关键也是最复杂的工作。平面定线所涉及的地形、地物、地质、水文等因素复杂多变，需要由选线工程师作出决策，这主要取决于工程师的经验。但计算机辅助设计可以在土石方快速计算、多方案比选、线形指标的量化评价、设计规范的查询等方面给选线工程师很大程度的参考和提示。因此，目前平面定线最有效的方法是人机交互的设计方法。对于实地定线，平面定线是在野外完成，进行内业设计时，将已经确定的交点坐标、偏角、平曲线类型、曲线半径和缓和曲线长度等要素输入计算机。计算机辅助平面设计实际上只起到验算曲线要素及成图的作用。对于纸上定线，定线工作在图纸或在计算机屏幕上进行，通常路线交点、圆曲线半径、缓和曲线长度等由工程师选定或由其他确定的约束条件反算得到。工程师与计算机相互取长补短，工程师主要运用经验决策，计算机则主要提供快速的计算和海量的存储。

2. **平面设计流程**

计算机辅助路线平面设计的流程分为实地定线和纸上定线两种情形。所以，设计流程首先要确定实地定线还是纸上定线，其次是数据的输入，然后进行交互设计与修改，最好计算机成图。实地定线还是纸上定线在数据采集、计算内容、断链处理等方面存在较多不同，所以两者流程也有所区别。而后继的修改和成图流程就大同小异，计算机辅助路线平面设计的流程见图 13－1。

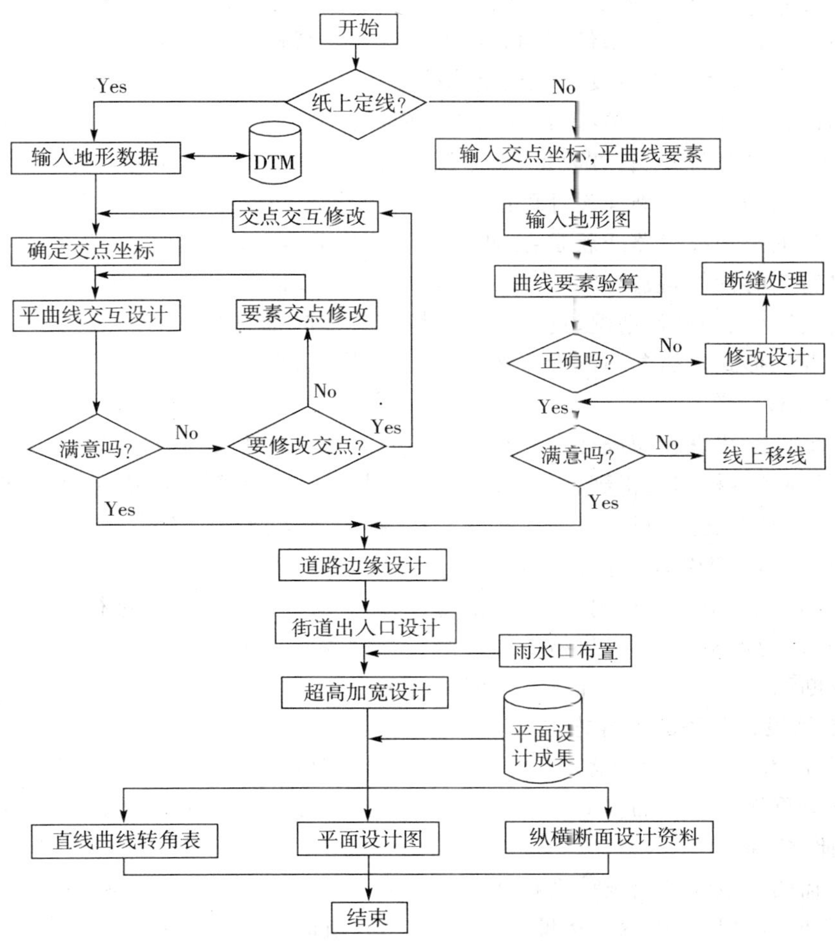

图 13－1　计算机辅助路线平面设计流程图

对于公路计算机辅助平面设计主要是指中线设计。中线设计最基础的模块为数据管理和单个曲线的设计模块，其中平曲线的初始设计和修改设计模块建立在单个曲线设计模块上，输入、输出数据模块则建立在数据管理模块上，其他功能基本上以单个独立的模块构成。

平面设计完成后，自动将设计成果以数据文件格式存储在指定目录下，供后面的纵、横断面计算子模块调用。

3. 平面线形设计方法

道路中线平面线形复杂多变，组合形式灵活。线形设计既要考虑各种地形、地物、地质等因素的制约，又要考虑满足各项线形指标及行车安全。平面线形设计的优劣从根本上决定了道路的安全性、经济性和适用性。计算机辅助线形设计模型涉及设计系统的易用性、适用性、数据管理的统一性和人机交互实现的可能性。根据设计习惯的不同，中线线形设计方法主要有导线法、曲线法和线元法，具体三种设计方法的使用可参考有关内容。

13.2.2 计算机辅助纵断面设计

1. 纵断面设计的任务

纵断面设计主要包括纵坡设计和竖曲线设计两个部分。因此，计算机辅助路线纵断面设计的任务是：输入并处理原始地面高程数据，在综合考虑平纵组合、纵坡技术标准、工程量大小及土石方平衡等因素的条件下确定边坡点桩号及高程，计算各坡段的坡度值，确定各边坡点处竖曲线半径，逐桩进行设计高程及填挖值计算。

虽然纵断面设计比较简单，但往往与横断面设计密切相关，传统的人工拉坡设计不能大量地、快速地估算横断面土石方数量，从而经常造成横断面设计阶段进行再次调坡的“返工”现象。计算机辅助路线纵断面设计可以在很大程度上解决这一问题。目前的计算机辅助路线纵断面设计的基本技术路线就是：工程师在计算机屏幕上进行动态拉坡，而计算机辅助设计系统则进行实时计算，快速产生多个方案，并提供初步横断面图、填挖方工程量、线形指标的量化评价、控制点的满足情况、规范的满足情况等实时信息，供工程师决策参考。工程师通过人机交互的形式对纵断面设计方案进行调整、优化，直至得到一个较为满意的结果。

2. 纵断面设计流程

计算机辅助路线纵断面设计第一步是输入原始数据。狭义的数据是指纵断面地面工程数据，一般是现场逐桩实测得到；广义的数据还包括分段进行的地质描述数据、桥涵标注桩号及类型数据、平面交点数据、水准点标注数据、控制点数据等。第二步是在原始数据基础上进行拉坡设计，计算机辅助路线纵断面设计系统通常满足传统纸上拉坡和屏幕动态拉坡两种需求。第三步，由计算机内置的“方案检查”模块对已设计的方案进行平纵组合检查、技术规范检查、控制点检查等，提供检查结果给工程师参考。第四步是人机交互修改，直至得到满意的纵断面设计方案。其详细流程图见图 13-2。

3. 纵断面设计高程的计算方法

在纵断面拉坡完成以后，设计系统将逐桩进行设计高程的计算。该工作在传统的手工设计中是件繁重而又琐碎的重复劳动，对于计算机辅助路线纵断面设计系统而言，该工作变得简单、方便、快速。

计算机辅助路线纵断面设计高程计算方法是：系统首先读取与地面高程数据相对应的桩号，然后判断该桩号在哪两个边坡点之间，进而判断该桩号是直线坡段上还是在竖曲线范围内，最后按固定的算法进行高程计算。

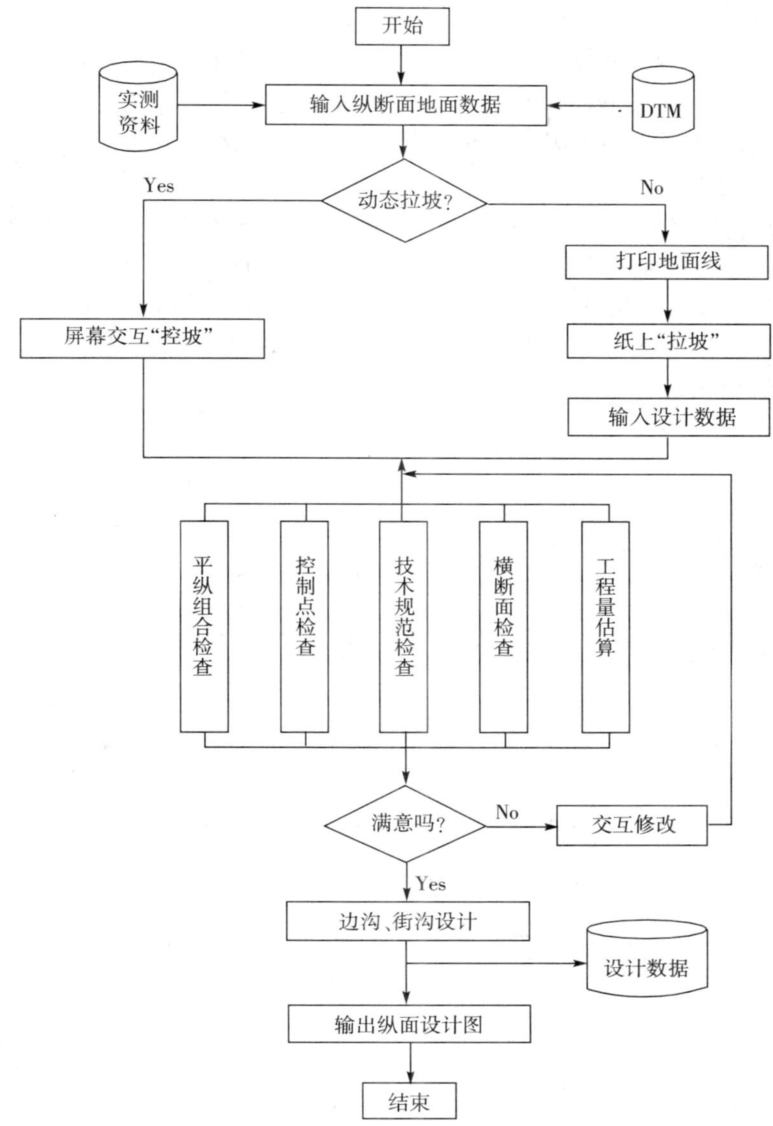

图 13－2　计算机辅助路线纵断面设计流程图

13.2.3　计算机辅助路线横断面设计

1. 横断面设计的任务

道路横断面通常由横断面地面线和横断面设计线组成，其中横断面设计线还包含边坡防护、护坡道、挡土墙、截水沟等结构物设计线。计算机辅助路线横断面设计的主要任务是：根据定义的标准横断面形式，确定各桩号路基的形状和尺寸（含超高和加宽）、确定各断面的边沟类型、对各桩号路基结构物设计，以及计算土石方工程量并绘制土石方工程数量表和横断面设计图。

在道路平纵横设计中，横断面设计是一项工作量大、重复性多的工作，它同时具有较高的综合性、经验性、灵活性。计算机辅助路线横断面设计系统通常采用自动化设计和人工交互修改相结合的方式来进行横断面设计，提供横断面设计图初稿。由于道路沿线地形、地物、地质变化多样，横断面结构物种类繁多且设计灵活，有部分横断面无法由自动化设计模块完成或完成不合理，这些横断面就需要通过人机交互修改来完成。因此，自动化设计的合理性和人机交互修改的易用性成为评价一个横断面设计系统优劣的重要指标。为了做到两者的有机结合，目前许多软件都基于中桩对象，实现了对象化编程。

2. 横断面设计流程

计算机辅助路线横断面设计的流程比较简单，首先是输入各类数据资料，特别是横断面地面资料。然后进行标准横断面定义，包括路幅宽度、边沟尺寸、边坡坡度及高度等，这些将是下一步进行横断面自动化设计的基本依据。自动化设计完成后，进行人机交互修改。逐个横断面形式和尺寸确定后，系统将进行土石方计算，并绘制横断面设计图及土石方工程数量表。其详细流程图见图 13－3。

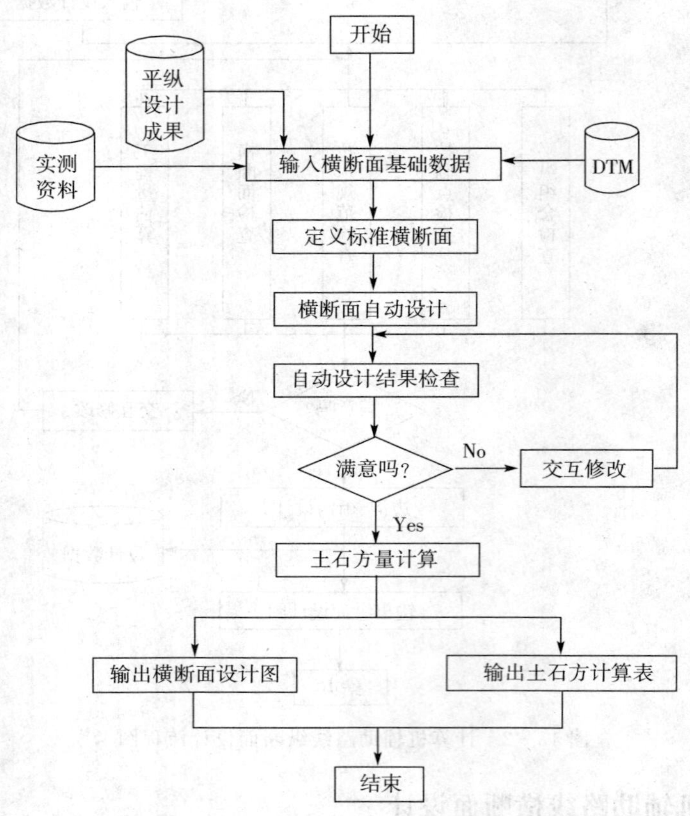

图 13－3 计算机辅助路线横断面设计流程图

3. 横断面土石方计算方法

任一横断面设计完成后，一般要对该断面进行填、挖面积计算。填挖面积其实就是设计线与地面线所围成的任意封闭多边形面积。根据求得的各桩横断面的面积，采用"平均断面法"求出两相邻断面之间的填挖土石方的体积，再将相邻断面间土石方体积累加，得到路基土石方工程数量汇总。扣除本桩利用后，剩余的土石方应合理地纵向运到填缺桩号。土石方调配的方法较多，其中土石方累计曲线法比较适合计算机辅助设计。同时，土石方工程数量的调配往往需要人机交互完成。

13.3　道路透视图

随着道路等级的提高，人们对道路线形的审美要求和道路与周围景观的协调性越来越重视。道路透视图是路线计算机辅助设计的重要组成部分，可以使设计者在设计阶段获得形象逼真的道路全貌，如图 13－4 所示，它可以检查路线设计的线形质量以及道路与周围景观的协调程度，并借此作为修改设计的依据。

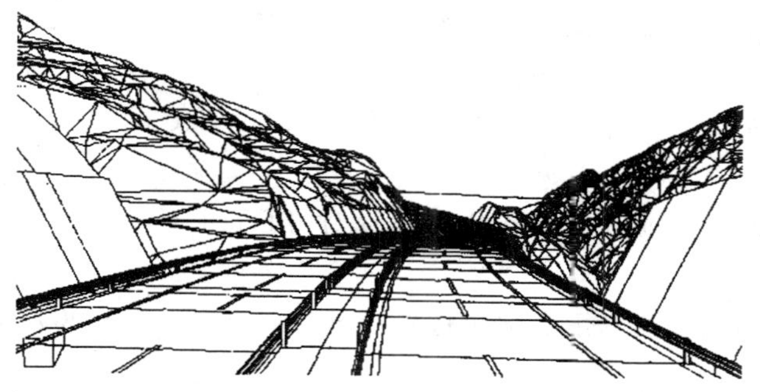

图 13－4　路线全景透视图

道路透视图有线形透视图、全景透视图、复合透视图和动态透视图等。线形透视图，只绘出路面线以内的线条，这种透视图主要用来检查驾驶人员眼中的立体线形是否顺适，或走向是否清楚。全景透视图是在线形透视图的基础上，将路线走廊内的景观全面地描绘出来，主要用来检查路线线形同周围景观的协调程度。复合透视图将线形透视图与照相技术相结合，最后以照片形式反映公路与周围景观的配合情况，这种透视图不全是计算机的产物。动态透视图以移动的画面模拟汽车行驶时驾驶员所感受到的道路情况，对一些条件复杂、比选方案困难的地段，可通过大屏幕动态显示路线全景透视图，这对提高设计质量会有很大帮助。

思考题

1. 谈谈道路 CAD 未来的发展方向。
2. 在计算机辅助路线平面线形设计中，纸上定线和实地定线的流程有何异同？
3. 计算机辅助路线平、纵、横设计的任务分别是什么？
4. 简述道路透视图的作用。

参考文献

1. 中华人民共和国行业标准．公路工程技术标准(JTG B01 — 2003)．北京:人民交通出版社,2004

2. 中华人民共和国行业标准．公路路线设计规范(JTG D20—2006)．北京:人民交通出版社,2006

3. 中华人民共和国行业标准．公路勘测规范(JTG C10—2007)．北京:人民交通出版社,2007

4. 中华人民共和国行业标准．公路勘测细则(JTG/T C10—2007)．北京:人民交通出版社,2007

5. 中华人民共和国行业标准．城市道路设计规范(CJJ 37 — 90)．北京:中国建筑工业出版社,1991

6. 中华人民共和国行业标准．公路排水设计规范(JTJ 018 — 97)．北京:人民交通出版社,1998

7. 孙家驷．道路勘测设计．北京,人民交通出版社,2005

8. 张志清等．道路勘测设计．北京:科学出版社,2005

9. 赵永平．道路勘测设计．北京,高等教育出版社,2004

10. 张金水,张廷楷．道路勘测设计．上海:同济大学出版社,2005

11. 吴瑞麟,沈建武．道路规划与勘测设计．广州:华南理工大学出版社,2002

12. 杨少伟．道路勘测设计．北京:人民交通出版社,2004

13. 蒋承楷．道路勘测设计．北京:人民交通出版社,1996

14. 张雨化．道路勘测设计．北京:人民交通出版社,1997

15. 黄文元、汪双杰等．公路勘测手册．北京:人民交通出版社,2007

16. 刘培文．现代公路勘测技术(修订版)．北京:人民交通出版社,2001

17. 孙家驷．道路设计资料集 2．北京:人民交通出版社,2001

18. 孙家驷等．道路立交枢纽设计．成都:成都电子科技大学出版社,1996

19. 陈胜营．公路设计指南．北京:人民交通出版社,2000

20. 陈明杰．公路测设方法．北京:人民交通出版社,1990

21. 庄海涛．公路线形设计概要．南京:东南大学出版社,1993

22. 冯桂炎．道路选线．长沙:湖南大学出版社,1986

23. 李峻利．交通工程设施设计．北京:人民交通出版社,2001

24. 徐家钰．城市道路设计．北京:中国水利水电出版社,知识产权出版社,2005

25. 高速公路丛书编委会．高速公路立交工程．北京:人民交通出版社,2001

26. 高速公路丛书编委会．高速公路交通工程及沿线设施．北京:人民交通出版社,1999

27. 黄兴安．公路与城市道路设计手册．北京:中国建筑工业出版社,2004

28. 孙家驷．公路小桥涵勘测设计．北京：人民交通出版社，2009

29. 刘培文等．公路小桥涵设计示例．北京：人民交通出版社，2004

30. 交通部公路科学研究所．公路小桥涵勘测设计计算与工程示例设计图表实用手册．北京：人民交通出版社，2008

31. 朱林．路基路面工程．合肥：合肥工业大学出版社，2008